工程建设企业项目管理实论

张家年 编著

中国建筑工业出版社

图书在版编目（CIP）数据

工程建设企业项目管理实论 / 张家年编著. -- 北京：中国建筑工业出版社，2024.9. -- ISBN 978-7-112-30387-8

Ⅰ. F407.906

中国国家版本馆 CIP 数据核字第 20248C1C88 号

责任编辑：朱晓瑜
责任校对：赵　力

工程建设企业项目管理实论
张家年　编著

*

中国建筑工业出版社出版、发行（北京海淀三里河路9号）
各地新华书店、建筑书店经销
北京红光制版公司制版
鸿博睿特（天津）印刷科技有限公司印刷

*

开本：787毫米×1092毫米　1/16　印张：34½　字数：793千字
2025年1月第一版　2025年1月第一次印刷
定价：**109.00**元
ISBN 978-7-112-30387-8
(43741)

版权所有　翻印必究
如有内容及印装质量问题，请与本社读者服务中心联系
电话：(010) 58337283　QQ：2885381756
（地址：北京海淀三里河路9号中国建筑工业出版社604室　邮政编码：100037）

序 言

在实战中总结，在总结后实战

项目管理的实施过程，是根据安索夫《战略管理》中的思想，收集项目管理的环境适合性信息，结合项目合同和公司对项目的战略定位来设定项目目标，通过项目预算、目标管理（MBO）、项目管理计划等系统化管理实现企业的抱负期望，指导项目组织行为的活动。我们在开展项目伊始，需要对整个活动进行计划决策，这就是这里要论述的重点内容。

党的十一届三中全会之后，中国建筑业快速增长。在1984年鲁布革水电站的建设中，工程管理进行了一次伟大的提升。鲁布革水电站全面提升工程管理，各项资源配置得到有效发挥，为我国建筑业规模化发展提供了思路。

21世纪初，中国加入WTO，工程项目管理逐渐与世界融合，各项现代化的管理方法与手段进入中国。FIDIC体系与本土化的结合，使我国的项目管理体系有了飞跃式进步。随着质量体系、环境体系和职业安全健康体系的推行，项目管理由混沌向有序长足迈进。PMP体系在中国慢慢普及之后，项目管理也逐渐标准化。结合质量体系的引入，中国的项目管理再次进步，各大建筑企业融合项目管理与质量管理体系，形成自己的管理方法论，制定了集目标管理、流程管理、后评价于一体的管理手段与方法，使项目管理目标明确、方案与措施有效、风险受控、资金保障有力，为企业发展和规模化竞争带来绝对优势，并形成各自企业管理的特点和文化。

由于改单的需要，市场由单纯的施工企业模式走向以投资带动的集团化建造模式。集团化的分工和专业化的实施相结合，使很多企业在市场中占据领先地位。单个项目由施工管理模式走向工程总承包模式，一些实力不强、人才不济、提点大包模式的公司遭到淘汰。面对生存环境发生的变化，企业必须在市场中探索，从自身企业抱负出发，全力进行战略推力的改进，以适应新形势发展需要。伴随着市场竞争，工程建设企业采用"资金＋施工＋供应链"的多方合作经营模式，要求项目管理朝着更加科学高效的方向转变。定额计价模式向清单竞争模式的转变，使企业发展竞争更加激烈。这些改变使工程建设企业从单纯地追求施工利润转向全面项目管理的阶段利润汇集,项目管理由原来单一的施工环节管理转向立项、可研、设计、资金筹措、建造、运维管理全生命周期的管理。因此,一个项目能否成功实施、达到预期效果、符合公司战略目标与要求,需要通盘考虑。

项目实施是否有效,关键在于项目管理是否有效。有目标、有人干、干得好是管理有效的基础。现代项目管控朝着"3C"方向迈进,项目经理(部)责任制、项目管理包干制、事业部制的项目管理架构正在形成。一个项目要获得圆满成功,就必须实现3个"C"的原则,即首先是预定目标明确(Clarity),将组织待完成项目的具体目标明确预定,其中包括总体目标、项目小组目标等;其次是对完成任务有明确的承诺(Commitment),根据预定目标,通过组织成员自行实现对任务完成的具体承诺,由任务施行者自发产生的承诺使得项目管理目标实现的可行性大幅度提高;最后是根据结果对工作表现给予相应的奖惩(Consequence),以组织目标与成员承诺为标准实现行为效果的评估。项目管理策划正是对"3C"活动的提前安排,实现事前、事中、事后均可控的目标。

本人拥有10年施工项目管理、9年建设开发管理和8年投资管理经历,在项目管理的每个环节都有过成功的经验与失败的教训。特别是VUCA新常态下[①],建筑业市场环境面临诸多条件约束,能够成功运作工程项目很不容易。随着工程总承包类项目大量出现,投资、建造、运营一体的BOT类项目不断翻新,工程项目运作要达到理想效果,就必须进行科学有效的管理,特别是风险有效受控,不再仅从工程造价价差中实现,还要从项目全生命周期每个环节的全面项目管理过程中得到实现。

本书通过项目管理策划阐述项目在其全生命周期中,通过全面策划整合企业与项目资源,统筹考虑管理、风险控制、资金运用,以实现项目管理的最终目标。运维部分一般是在项目交付后由相关公司负责,该部分内容与项目管理内容相差较大。本书仅从工程项目的创造

---

① VUCA:V指Volatility(易变性);U指Uncertainty(不确定性);C指Complexity(复杂性);A指Ambiguity(模糊性),即变幻莫测的意思。

和管理过程叙述从工程建设企业管理到项目管理协同的实施内容。市场上各大建筑集团在投资管理和项目实施两部分控制相对较为重要，因此本书就从这两个部分来阐述项目管理。

本书从实战角度对项目投、融、建、管、收等环节进行论述，重点是项目管理要素各环节的有效实施、风险控制、效益分析、保障措施等的组织应对与方法应对，最终确保项目运行稳健可靠，在确保效益的前提下开展项目管理工作。当然，操作过程中还有不可抗力或恶意行为等不利因素，这不在本书所阐述范围之内。本书的关键内容是以 PMBOK 体系为基础，从管控依据和工程项目的特点、难点、重点等出发对项目部署、组织管理、要素分配、计划与资源整合、质量安全和环境管理、分包与物资管理、工程非实体措施、项目资金管理、风险识别、合同管理等方面进行论述，所有环节均围绕项目管理全生命周期展开，为精益化项目管理提供一种思路。

本书的目的，在于与同仁共同探讨新形势下工程项目的发展、风险控制的管理手段和方法，达到精益化管理的要求，促进工程建设项目的高质量发展。当然，具体实施和执行力有关。关键是在项目管理中总结、在总结后实战，便于很多没有经过系统化训练的同志快速进入实战状态，促进管理水平不断提高。

目 录
Contents

第 1 章　我国工程建设项目管理发展　　1
1.1　我国古代的工程建设项目管理　　1
1.2　项目法施工组织的产生　　1
1.3　现代工程建设项目管理的发展　　3

第 2 章　工程项目管理　　7
2.1　项目的概念　　7
2.2　项目管理　　7
2.3　工程建设项目的特点　　8
2.4　国际工程项目的特点　　10
2.5　工程项目管理的基本过程　　10
2.6　VUCA 时代工程建设项目的环境特点　　11
2.7　工程建设企业项目管理的内容　　13

第 3 章　工程建设企业项目管理　　16
3.1　企业项目管理的概念　　16
3.2　项目管理实现企业对项目的管理与控制　　18
3.3　企业项目管理的实施　　24
3.4　企业的改革与发展促进项目管理的发展　　44

第 4 章　项目管理策划　　47
4.1　项目管理策划的原则　　47
4.2　项目管理策划的工作流程　　48
4.3　项目管理策划依据　　49
4.4　项目管理策划的内容　　51

第 5 章　项目管理模式　　62
5.1　项目管理模式概述　　62
5.2　项目管理模式　　62

5.3 工程建设项目管理模式发展 68
5.4 项目管理模式的确定 70
5.5 项目管理模式的运用 74
5.6 工程建设企业参与项目投资模式 77

第 6 章 项目特点、难点与重点 84
6.1 项目概况 84
6.2 工程特点、难点与重点 86
6.3 工程建设项目特点、难点的应对措施 89

第 7 章 项目范围管理 91
7.1 项目范围概述 91
7.2 项目范围分解 92
7.3 项目分解的成果 93
7.4 工作包 93
7.5 项目范围分解程序 95
7.6 项目分解的意义 104

第 8 章 项目总计划管理 105
8.1 项目总计划 105
8.2 工程建设项目分解内容 105
8.3 各组成项目生产要素之间的关系 106
8.4 确定工作之间的关系 109
8.5 工作持续时间的确定 110
8.6 日历与日程 112
8.7 网络计划图的制作 112
8.8 网络计划编制软件的运用 119
8.9 案例分析 120

第 9 章　项目组织　　141
9.1　项目组织概述　　141
9.2　项目组织建立原则　　142
9.3　项目组织的内容　　146
9.4　项目管理组织系统设计　　151
9.5　企业治理体系与项目经理部的关系　　159
9.6　对于复杂群组工程项目的组织管理　　160
9.7　工作程序与信息沟通的方式　　164
9.8　项目绩效管理　　164
9.9　项目团队的建设　　166

第 10 章　项目计划　　174
10.1　项目计划概述　　174
10.2　计划的制定依据　　175
10.3　项目计划的作用　　179
10.4　项目管理计划　　180
10.5　项目实施计划　　241

第 11 章　安全、环保管理　　243
11.1　工程建设项目安全现状与分析　　243
11.2　安全事故的致因因素　　246
11.3　安全管理的内容　　248
11.4　安全环保管理实施　　254
11.5　风险分级管理　　267

第 12 章　项目合同管理　　275
12.1　工程建设项目合同概述　　275
12.2　工程建设项目的主要合同关系　　276
12.3　项目合同策划　　278

12.4	合同模式	282
12.5	合同规划	287
12.6	合同内容的确定	295
12.7	工程建设项目合同管理	307
12.8	合同的风险管理	313

第 13 章 项目采购管理   325

13.1	采购管理概述	325
13.2	项目采购的分类	325
13.3	项目采购管理目标	327
13.4	项目采购特点	327
13.5	工程建设项目采购存在的问题	329
13.6	项目采购内容	331
13.7	影响项目采购实施的因素	332
13.8	采购管理策略	333
13.9	采购方式的选择	353
13.10	采购成本控制	354
13.11	企业项目管理采购的实施	355

第 14 章 项目成本   358

14.1	项目成本控制的必要性	358
14.2	项目成本管理现状分析	359
14.3	项目全生命周期成本因素	361
14.4	成本管理的目标	367
14.5	项目成本管理的流程与方法	367
14.6	成本控制原理	389
14.7	成本控制内容	395

第 15 章　信息管理

15.1 工程建设项目信息的特点	405
15.2 项目管理信息的作用	406
15.3 项目信息的内容	407
15.4 项目信息的收集与提取	409
15.5 项目信息的传递	409
15.6 项目信息的归档与保存	411
15.7 项目信息数字化管理	412

第 16 章　项目沟通管理

16.1 项目沟通管理依据	415
16.2 项目沟通的对象	417
16.3 项目沟通计划	417
16.4 沟通分析与沟通策略	419
16.5 项目沟通的方式	420
16.6 工程建设企业项目沟通中的几个问题	421

第 17 章　项目冲突管理

17.1 项目管理中的冲突	423
17.2 项目冲突的解决	428
17.3 冲突管理的策略	429
17.4 冲突解决方法与运用	430

第 18 章　项目投资

18.1 项目投资的基本原理与方法	433
18.2 项目财务评价	440
18.3 项目交易结构	467
18.4 项目融资	475
18.5 项目投资风险分析与应对措施	498
18.6 可行性研究	503

第 19 章　项目质量管理　511

- 19.1　工程建设企业质量管理的重要意义　511
- 19.2　工程建设项目质量的特性　512
- 19.3　工程项目建设的质量与工期、成本之间的关系　513
- 19.4　工程建设企业项目管理目标的制定　515
- 19.5　项目全生命周期各阶段的质量控制　517
- 19.6　影响项目质量的因素　518
- 19.7　项目质量管理的原则　520
- 19.8　项目质量管理的基本原理　522
- 19.9　项目质量管理过程　526
- 19.10　质量保证　533
- 19.11　质量控制　536

第 1 章　我国工程建设项目管理发展

我国历史悠久，工程建设项目管理在不同时代有着不同的特色，它们都是劳动人民智慧的结晶。到了近现代，尤其是随着改革开放不断深入，项目管理也不断深化。通过了解我国工程建设项目管理的发展历史，可以更好地为项目管理的发展和推广做出贡献。

1.1　我国古代的工程建设项目管理

工程建设项目管理在我国起步比较早，发展得比较晚，这和我国的历史发展有着密切关系。在我国古代，万里长城、都江堰、赵州桥、应县木塔、布达拉宫、大运河等伟大工程，通过系统设计、精心建造，创造了一个又一个建筑奇迹。在历史的长河中，它们发挥了重要作用。这些宏伟工程，都是按照当时"工部"的"国家标准"进行建造的，取得了伟大成就。这些标准蕴含了现代意义上的工料定额、工时、造价等项目管理要素。宋朝，李诫收集汴京工程的实际做法，结合工匠及自身的管理经验，编纂了我国古代最为系统的建造名著《营造法式》，从名例、制度、工限料例、图样等方面对工程建设项目管理的内容与方法进行了阐述。梁思成先生对这部著作的评价是"北宋官家管理营造的'规范'"。《营造法式》按质量高低对建筑等级进行分类，对不同的建筑区别对待，控制工料、节制开支，为工程建设项目管理提供了早期案例。《营造法式》中提到的"工限料例"，以及对建筑等级的分类管理思想，对我国早期的工程建设项目管理有着重要的指导意义与深远的影响，为我国工程建设项目管理的发展奠定了坚实的基础。

1.2　项目法施工组织的产生

在计划经济体制下，我国工程项目建设负重前行，项目管理非常落后，生产力得不到有效发挥，资源要素得不到有效配置，严重阻碍了经济建设的快速发展。直至 1982 年，鲁布革水电站项目由于采用了世界银行贷款，不得不改变原有的工程建设项目管理模式，通过招标、工程管理、造价控制、技术管理、资源配置、分配制度、采购供应、交通运输、通信信息等一系列的改革，开启了"鲁布革效应"。通过 2 年的招标、4 年的建设，我国工程项目建设迈入项目法施工新时代。在 1987 年全国施工工作会议上，提出了以"逐步建立以智力密集型的工程总承包公司为龙头，以专业施工队伍为依托，全民与集体，总包与分包，前方与后方，分工协作，互为补充，具有中国特色的企业组织结构"为指导的施工管理体系，随后在 18 个试点工程项目应用，项目法作为施工组织方式正式提出并推广。从此，工程建设项目从行政化管理系统中逐渐分离出来，形成以"项目"为全要素的全面管理体系。

项目法不是一部法律，而是一种管理方法，其根本要求是去行政化，落实市场化；也可以理解为是一种管理理念。既然不是法律，就需要由行业内的一些力量来推动而非强制执行；既然是一种方法和理念，大家在实践中就会产生各种不同的理解，也会在不同企业内部微观环境下产生各种各样的"项目法"。项目法施工的本质：一是企业转换经营机制，以工程项目管理进行企业生产方式的变革和企业配套改革；二是工程项目的建设，依据项目创造产品的内在规律，按市场化要求进行项目管理与组织实施。

在计划经济条件下，国有施工企业的工程项目是国家拿钱搞建设，并分配给不同的国有企业（包括央企）。这种通过行政计划分配的项目，不具有独立的市场化的价值创造，企业的利润无从谈起。同时，企业的行政化设置类似于政府机构，对利润也没有追求。整个工程项目的运行不以最优化完成并从中获取最大利益为目的，参与项目各方的主观能动性不足，工程项目实施效率低下、工期超长、成本与造价失控等情况在所难免。

这种宏观的经济环境和微观的企业情形是落后的，造成了生产力落后和社会资源的浪费，严重阻碍了社会经济发展。没有责任、没有考核、没有绩效，工程建设项目资源配置效率低下甚至错配，人、财、物大量闲置和浪费，这种制度的安排不是从激发人的积极性和企业积极性出发，必然会导致上述问题的出现，创新与发展更是无从谈起。

项目法的提出，以"项目"为生产对象的市场化运作必然成为市场经济产物。项目组织必须随着市场进行调整，以适应市场化运作需要。项目的实施企业必然分化为企业管理与项目实施管理的两层组织，这两层组织是一个组织内部上下级关系，通过不同分工、不同责任的压实、不同的工作内容、不同的管理途径和方式，形成一个组织中的两个层面。对项目实施管理的组织一般称之为项目经理部（又称指挥部），通过授权方式组织项目的实施。

项目法施工对改变工程建设企业落后的生产要素占有方式、落后的生产资料支配方式、固化的生产要素流动方式起着重要作用，对受计划经济体制和工业生产方式影响而建立起来的局、处、队的"三级管理，三级核算"体制进行了重要改革。为了适应新形势的需要，应对市场挑战，参与国际竞争，改革势在必行。通过学习"鲁布革"经验、学习借鉴国外经验和之后出台的一系列与项目管理相配套的改革措施，以及国内市场与国际市场接轨的深入，国家相应提出国有企业改革的方向是建立适应社会主义市场经济体制要求的现代企业制度，标志着我国建筑企业改革进入机制转换、制度创新、配套改革的新阶段。项目法施工的形成有一个过程，就是学习推广鲁布革工程项目管理经验，进行企业机制变革，适应社会主义市场经济走向国际化的趋势。

项目法在当前最主要的体现形式是项目经理责任制，企业通过对项目经理（部）授权，让项目经理（部）在责任范围内负责并获取报酬和利益。项目经理责任制自然而然地将企业与项目经理（部）的工作目标指向项目履约，并以此为基础追求项目利益最大化。企业层面通过组织结构、授权、管理规章、制度、基础工作的支持来管理和监督项目经理（部），充分发挥了企业与项目组织的协同作用。

1.3 现代工程建设项目管理的发展

科学意义上的项目管理来源于曼哈顿计划的实施（Manhattan Project，1942），并经过多项大型项目的运用与发展，不断地得到完善与创新。中国的现代项目管理作为技术在1950年左右引入建筑业，伴随着20世纪60年代对华罗庚统筹法的推广应用，项目管理思想逐渐形成，其在20世纪80年代鲁布革水电站等工程项目的应用，在工期、造价等方面取得明显优势，进而得到广泛推广。

随着改革开放的深入和加入WTO，中国经济飞速发展。现代项目管理作为先进的项目管理手段与方法，根据国内建设发展需要，与中国传统项目管理相结合，为传统项目管理注入了新的活力。FIDIC合同条件的引入，为我国"走出去"提高对外工程承包管理水平发挥了重要作用，也对基于现代项目管理的工程建设项目的标准管理推进起着重要的作用。特别是国内大型项目的建设，都是在学习借鉴现代项目管理的基础上实施的。

现代项目管理主要有两个代表，一个是美国的PMP体系，一个是英国的IPMP体系，两者的知识体系基本相同。我们通常在进行现代项目管理时，以美国项目管理协会（PMI）的《项目管理知识体系指南》（简称《PMBOK®指南》）为指导，形成项目管理所需方法论、政策、程序、规则、工具、技术和生命周期阶段的基础。IPMP侧重的是项目执行能力要求，即ICB（IPMA Competence Baseline）要求，PMP侧重的是项目管理过程要求。

近年来，随着科技的发展，国际项目管理的手段与方法在不断创新，以信息化为手段的管理得到了较快的发展，如ANCEX、P6等信息手段运用，大大提高了项目的管理效率。

北京中信大厦、北京城市副中心、环球影城等项目，均以现代项目管理为方法论，以现代信息技术为手段，高效高质地完成了项目建设。

1.3.1 知识体系的引入

1991年6月，在西北工业大学等单位的指导下，我国成立了第一个跨地区、跨行业的项目管理专业学术组织——中国优选法统筹法与经济数学研究会项目管理研究委员会（Project Management Research Committee，China，PMRC）。PMRC的成立是我国项目管理学科体系开始走向成熟的标志。为促进我国项目管理与国际项目管理专业领域的沟通与交流，工程建设行业成立了中国建筑业协会工程项目管理委员会、中国国际工程咨询协会项目管理工作委员会、中国工程咨询协会项目管理指导工作委员会等，这些团体与机构的成立对工程项目管理现代化起着重要的作用。2000年后，IPMP引入中国并推广，培养了一批训练有素的国际工程项目管理人才，但对于工程建设项目管理系统化的推进还有一段很长的路要走。

沙特阿拉伯王国为缓解每年数百万穆斯林在朝觐期间的交通压力，在伊斯兰教第一圣城麦加投资兴建了铁路，全长18.25km、合同金额17.7亿美元，是沙特第一条轻轨铁路。2009年

2月10日中沙两国签订合同，2010年9月23日全线铺通，2010年11月14日开通运营。这是中国企业在海外第一次采用"EPC+O&M"总承包模式（即设计、采购、建设、运营维护）建设的铁路项目。中国企业负责项目的设计、采购、施工、系统（包括车辆）安装调试，以及从2010年11月13日起，承担三年的运营和维护。该项目完工后，经核算亏损约55亿元人民币。由于国际承包没有系统化地走出去，对国际承包合同的认识不到位，对国际化的环境、法律、规范、规程、标准、合同的适用范围等没有深入了解，按照国内传统工程设计和施工方法去实施，最终导致项目在设计、施工、采购、运营等方面出现严重亏损。分析原因，主要是对国际工程项目管理的内涵没有认识到位，没有与国际化工程项目管理相适应的管理组织与管理人才，没有系统化地推行国际工程项目管理等，从而导致项目出现了亏损。但是可喜的是，通过该条铁路的建设，中国企业吸取了教训，为后来"走出去"培养和训练了一批高素质的国际工程人才队伍，为中国企业走向海外市场开创先河，特别是卡塔尔世界杯场馆及配套设施工程的建设，更是彰显了中国企业项目管理的智慧与贡献。

中国加入WTO和经济全球化后，中国的工程建设市场成为国际工程市场的一个重要组成部分，国际承包商进入中国，中国工程建设企业"走出去"，工程项目管理走向国际化也是必然。通过引进学习、研究试点、总结推广、完善规范、创新发展等，项目管理得到普及与应用。2000年后，随着IPMP、PMP、FIDIC、PMBOK知识体系的引进与推广，项目管理得到普及与发展，项目法组织施工日趋成熟并朝着国际化、规范化和科学化方向发展，为现代项目管理的实现提供了知识基础。伴随着企业体制与机制的改革，工程建设项目的组织施工方法得到长足进步与发展。

1.3.2 现代工程项目管理职业化

为了适应国情，我国推行了项目经理、结构工程、建筑工程、桥梁工程、市政工程、铁道工程等一系列的资格认证和注册制度的办法，从专业认证方面为工程项目管理职业化进行了知识储备。虽然这些认证更偏向于专业，但在项目管理职业化方面也有很大进步。随着IPMP与PMBOK体系不断普及与推广，项目管理越来越受到各大工程建设企业的重视。不断有计划地进行项目管理专业培训，为系统化项目管理提供了职业化基础，虽然我们在现代项目管理职业化和学术发展方面与国际上还存在很大差距，但伴随着改革开放的不断深入，引进来、走出去，项目管理国际化与国情相适应的工程建设的组织方法是经济建设发展的必由之路。当前，各大企业都在推进数字信息化、管理现代化。为了更好地提升生产力、优化资源配置，工程建设项目的管理信息化、数字化也成为促进时代发展的重要手段与方法，项目管理的知识体系与模块在应对未来的竞争、突变的环境和提升企业竞争力方面有着先天的优势，职业化发展趋势不可避免。

1.3.3 产、学、研一体化的发展

当前，我国的现代项目管理理论和实践水平与国际上还有相当大的差距，大部分工程建

设企业管理还处于施工管理层面，从施工总承包向工程总承包发展还有很大差距，现场以"包"代管、"包"而不管的现象还很严重，造成很大的资源浪费，企业发展举步维艰。究其原因，还是对项目管理的认识不足和管理精益化方面存在很大的问题，归根结底是项目管理人才匮乏。因此，我们需要从学术研究和专业教育方面、职业化发展与管理实践方面，培养更加适合我国国情且在国际上有竞争力的人才。现阶段，我们需要各方面共同努力，通过引进、消化、创新做好培养人才、开展学术研究等方面的工作，形成有中国特色的现代项目管理理论和方法体系，以及相应的职业化和学术发展道路。参加国际项目管理协会的各成员国，也都在积极探索、研究和发展自己的项目管理模式、项目管理理论和方法。我们要在高校、项目管理协会和民间培训机构大力培训和普及项目管理。以中国建筑集团为代表的工程建设企业已经按项目管理知识体系和自身的企业项目管理需要，不断创新发展项目管理体系，并结合数字化的发展提出了新的理论、概念和方法，取得了丰硕的成果。中国铁建、中国交建等企业也在致力于现代项目管理的研究。我们迫切需要一个由产、学、研共同合作的体制和专业性、学术性的组织，使我们能够与国际现代项目管理的发展保持一致，从而不断促进我国现代项目管理全面发展。

1.3.4 项目管理数字化发展

随着社会发展，工程项目逐渐复杂化和长期化，企业项目管理也出现多样化，项目管理数字化发展成为必然趋势。数字化技术嵌入项目管理，是现代项目管理的必然。要在数字化业务管控架构基础上建立数字化技术保障体系和治理体系，形成资产数字化、基于业务流程的项目管理过程数字化、资源配置数字化、职能管理数字化、企业管理体系决策数字化等全面数字化项目管理体系。很多工程建设企业通过实施项目管理的数字化运行，实现了高效管理，提高了项目管理精益化程度。就项目管理过程而言，项目数字化监控与分析、数字化控制、数字化支持、数字化产业链协同与多方协同，使项目的管理更加高效，同时也降低了管理成本，减少了管理差错。项目管理实现了企业信息化、科技化生产转型，提高了生产能力和资源整合能力。

建立企业级价格平台，积累企业造价指标库、材料价格库、施工单价库等基础数据库，从项目概算、采购、合同执行、结算不同阶段进行全过程造价控制。建立从设计立项、设计计划分解、人员配备、工时管理、委托提资、图纸签章管理、校审管理、成品管理、打印出版、归档管理、绩效管理到设计外委、BOM 表等业务的全过程数字化。

建立设计协同管理数字化，打通设计管理中的 BOM 清单和采购管理中的请购计划，让设计成果直接为采购服务，使设计计划、采购计划和施工计划之间形成联动效应。使设计、采购、施工的衔接更加紧密。

建立进度管理业务融合数字化，将进度计划的编制、审核、发布、反馈、更新、分析、报告等工作集成到统一平台，从传统依赖工具型转向平台型；使项目进度管理相关方，从企业领导、项目管理部门、项目部，到各级承包商均可以通过各自入口访问所需数据，实现工作协同和交流。通过费用工作表将所有涉及费用的业务工作有机地联系在一起，无论是收入或支出，无论是实际发生或即将发生，甚至于可能发生的费用，通过费用分摊全部反映到费用工作表中，达到过程管理费用控制的目的，实现项目成本精细管控。

智慧工地管理平台实现数据采集的智能化，通过物联网技术、移动互联网技术等手段，实现项目建设现场人、机、法、料、环的可视化、智能化管理。

从项目管理的内生动力来看，传统的粗放式、高速发展模式已经一去不复返，企业内部成本压力促使企业到了向项目管理要效益的阶段。要适应企业发展、提高企业效益，必须突破传统的粗放管理模式，走向精细化管理。从传统的管理模式向以 IT 数字化和 AI 智能化为手段的精细化、一体化、协同化经营管理模式转型，以数字化转型为契机拓展企业经营业务。如传统的以勘测设计业务为主的设计院向涵盖勘测设计、总承包、项目管理、数字化交付等全业务链并具备数字服务能力的工程公司转型。

将业务从线下搬到线上，并规范和固化业务过程。提高管理的规范性和工作效率，降本增效。将内部各部门、外部客户、承包商等相关方纳入管理系统使用范围，从而实现多方协同工作和管理，实现基于数字化的项目管理、项目协同、数据共享和知识传递。数字技术对商业进行赋能，实现管理创新，拓展新的业务模式。北京环球中心项目数字化的管理不仅提高了建设效率，在商业运营阶段也发挥了重要作用。

项目管理数字化的发展，是当前多数工程建设企业项目管理发展的必由之路。实践证明，实现数字化管理对企业在市场中的竞争更加有利。

第 2 章 工程项目管理

2.1 项目的概念

项目是一个组织为实现自己既定的目标,在一定的时间、人员和资源约束条件下,所开展的具有一定独特性的一次性工作。它是为创造特定产品、服务或成果而进行的,需要逐渐细化的临时性工作。"临时性"指每一个项目都有明确的起点和终点;"特定"指一个项目所形成的产品或服务在关键特性上不同于其他相似产品和服务。项目是具有一定的目的性、独特性、一次性、制约性的活动,这是项目本身的特点。项目的实施具有整体性、不确定性和风险性,项目的实施过程具有渐进性,项目实施成果具有不可挽回性,实施项目的组织具有临时性和开放性等。项目具有很大的独特性,每个项目的实施必须根据自身情况做出特色。

2.2 项目管理

项目管理是以项目为对象的系统管理方法,通过一个临时性的专门项目组织,对项目进行高效率的计划、组织、协调与控制,以实现项目全过程的动态管理和项目目标的综合协调与优化,从而确保项目目标的实现和项目价值最大化。有效的项目管理以需求为导向,明确管理目标,在效益、范围、质量上达到绩效;化解成本、进度、资源等各种管理制约因素,实现各相关方的要求与期望。

项目管理的重点是根据项目环境确定有效的项目组织,充分、有效地调度与整合资源,实现相关方的需求和目标。

项目管理是企业生存与发展的基础,企业项目管理的目标包括基本目标与社会目标,质量、成本、工期是项目的基本目标,安全与环保是项目的社会目标。项目管理的质量、成本、工期、安全与环保决定了项目的生存。企业要获得发展,项目管理过程中必须注重技术创新与管理创新,这也决定了企业持续发展的目标。在项目策划时,项目管理目标必须做到具体、可测量、可实现、相关性、可追踪,常用 SMART 原则确定项目管理目标。因此,企业项目化管理基于企业管理原则,以满足顾客(合同方)需求为宗旨,以项目管理为手段,通过创造性的工作、特殊的组织形式、科学有效的工作方法,让利益相关方满意。

项目的实现是通过项目管理创造项目产品的过程,即通过启动、规划、执行、监控和收尾的过程来实现项目的立项、设计、采购、施工和试运行。通过启动招标、委托工程咨询,对项目立项,编制可研,获得批准;通过规划,策划项目的设计、采购、施工、试运行等实施；通过组织安排、绩效测量对项目的实现过程进行管理，通过监控过程对实施过程纠偏。

项目管理要明确包括范围管理（做什么）、进度管理（什么时候做，做多长时间）、成本管理（花多少钱）、质量管理（做到什么程度）、资源管理（企业内部能提供什么）、采购管理（外部能提供什么）、沟通管理（各种资源要靠沟通实现计划、组织、协调）、整合管理（所有的内容如何实现利润、效益最大化）、风险管理（整合过程中存在哪些风险）、相关方（如何搞好关系）等要素。这些要素按照项目管理的五个过程来实现最终的管理。

现代项目管理的程序是确定总体目标，建立健全组织实施机构，对项目的工作内容进行分解，制定里程碑计划，分配工作责任与任务，规范项目实施程序与顺序，对完成工作的时间进行估算，确定项目实施的各项计划，完成资源配置，并依据配置的内容进行费用分解，做好资源分解和各费用预算，并按时间进行组合，按照进度、费用、风险、质量、信息沟通等控制手段与方法对项目进行持续监测、管控并纠偏，最终实现管理目标，实现交付成果。

2.3 工程建设项目的特点

2.3.1 工程建设项目本身的特点

工程建设项目完成后是固定的产品，其功能、类型、区域的不同等形成了项目的多样性。随着经济发展到一定阶段，现代工程项目的科技含量越来越高，功能越来越强大，建造趋于复杂，产品呈现复杂性。特别是数字经济和创新经济的到来，新基建项目等不断出现，工程建设项目被赋予信息化、数字化、智能化、远程化等内涵，其实施的复杂性和多样性表现得更加明显。从项目本质来说虽仍属工程项目，但实质内容发生了重大变化。以城际高速铁路为代表的基础设施建设，以5G为代表的城市智慧保障服务，物联网、智慧城市、智慧空间新基建项目，以光伏和储能等现代技术应用结合为城市提供新的能源解决方案的能源项目；以碳达峰、碳中和为主题的生态环保项目，这类项目的根本特点是专精特新；以投资带动的TOD、EOD项目也在大力推广，片区开发项目多点实行，这类项目为项目组合形式提供了多样性，由于不属于某一特定行业或者多行业交叉，在行业归类方面存在一定的模糊性。复杂项目、专精特新项目以及传统项目，共同形成了工程项目的多样性。超大规模的现代项目，工程建成后使用寿命较长，外部环境要应对更多的可能性变化，这类项目表明了其可变性和不确定性。综合项目本身的特点，工程建设企业面对的项目具有一定的易变性、不确定性、复杂性和模糊性。

2.3.2 工程建设项目生产特点

工程建设项目最终的交付目标，是在合理的价格范围内，在特定的时间里，在安全和质量保障的前提下完成项目的生产。项目生产组织的物流、人流相对复杂，流动性较强，特别是城市内的工程项目往往面临场地限制，物流更趋复杂。工程建设项目的多样性决定了不同的工程建设项目在组织管理上具有单一性；项目的规模和内容决定了生产周期比较长。工程项目施工一般均是露天作业，受自然环境、地质环境的影响较大，不确定性因素较多。工程项目的施工生产工厂化率还不是很高，很难实现均衡生产，工业化水平也亟待提高。随着现代化的发展，工程项目对功能要求也越来越高，运用的技术也越来越复杂，给项目的生产组织带来更多的不确定性，这些不确定性，增加了项目实施的难度，如智能建筑、现代物流园等。工程建设项目一般需要设计师、咨询工程师、承包商、供应商、服务商及相关方等多方参与，而这些相关方在组织上是割裂的，社会协作关系复杂，相应地给项目生产带来一定的难度。

2.3.3 生产经营管理的特点

生产经营业务不稳定、客户的不同需求、科技的发展、工程项目产品的多样性等因素均会导致生产经营对象和业务不稳定，需要通过战略研判，预测社会经济发展趋势，调整战略推力，提升社会需求的应变能力。

管理环境的多变，工程项目产品的固定性和生产的流动性本身就是矛盾的存在，受自然环境和社会环境的变化而变化，因区域的不同而改变，受国内和国外环境的改变而改变。因此，项目实施前的调查研究、分析研判、方案准备、成本预测都要因环境而制宜。

各工程项目承包方式不同，法律环境约束、合同模式不同，需要讲究竞争策略，实施企业需要根据合同约定相关要求，并在监督中实施。

项目基层组织变动大。由于产品具有多样性，生产流动，任务和环境多变，组织和领导生产经营活动中的基层组织和人员，随着时间、区域、项目性质与规模的不同而不断变化和调整。项目生产企业需要制定特殊的政策和措施确保基层队伍稳定，运用数字信息技术替代部分管理岗位，实现精简管理。

劳动力管理。在建设过程中，基层人员变动非常大，各工种和作业人员流动性较强。因此，需要通过设计合格供应商、服务商、劳动合同等约束来加强管理。

计划管理。主要是企业的生产经营计划和项目的组织设计易变化。由于项目的建设受市场、资金、环境等因素影响，计划的纠偏需要及时跟进，总计划、分级计划要前后依托，密切关联。

成品建造成本。严格按照合同约定的计价规则、价格约定、当地市场进行研判，确定项目实施成本。

资金管理。资金是项目驱动的原动力，对资金的管理需要统筹规划，对资金的使用成本需要精心测算，工程项目的周期长，其资金占用费要做到提前安排。

了解项目生产经营管理特点是项目制定应对措施的前提，在项目管理策划时要重点考虑、重点研判、重点应对。

2.3.4 工程建设项目的模式特点

随着改革开放的深入，工程项目管理模式在不断创新与发展。现阶段，从项目的实施性质看，主要有新建、改建、扩建等；从项目的融建模式看，主要有PPP、BOT投资和收购等；从项目的发包模式看，主要有咨询、工程设计、工程施工、项目管理服务、项目管理承包、设计—采购—施工管理（EPCM）、设计—采购—施工总承包（EPC）、设计＋施工（DB）等。不同的模式反映了业主和承包商关系的不同，采用的管理手段与方法也有所区别。

2.4 国际工程项目的特点

随着企业的不断发展，走出国门承接国际工程是工程建设企业的必由之路。国际工程项目除了具有国内产品本身特点、生产特点、经营特点外，由于项目所处的国际环境不同，还包括环境更加陌生，项目所在国的政治、社会、经济、法律、自然环境不同，因此，要加强深度调研；与国内不同的技术标准、合同格式、审批程序和工作要求，要对比学习改进；与国内不同的文化、习俗，要尽快适应并加以利用；与国内不同的监管机构、参与方、相关方、合作伙伴，需要增加信任，强化沟通；与国内项目相比，可利用的资源更为稀缺，要提前布局与安排；在沟通、公共关系、安全安保等方面面临重大挑战，要提前做好预控；应对更大的风险，要做好风险识别、分级管理和提前预防。

2.5 工程项目管理的基本过程

产品创造过程包括机会研究、可行性研究、项目评估立项、项目实施准备、方案设计、初步设计、施工图设计、工程施工、设备采购安装、试运行、竣工投产等。

工程项目管理主要分为六个阶段，分别是项目启动、项目论证、项目计划、实施监控、竣工移交和项目运营。

项目的建造过程一般相对固定，而工程建设企业的项目管理过程必须要充分研究和准备。

2.5.1 项目启动

明确项目需求，项目要做什么，能否达成项目目标，时间节点如何控制，采用何种项目管理模式，各项分工与职责如何，并下达项目任务书（Project Mandate）。

2.5.2 项目论证

需要论证主项目范围和目标、技术可行性、环境影响评价、相关方咨询、法律、政府审批要求、主要风险、成本估算、投融资计划、项目财务可行性、总体进度计划、场地评估、论证结论及批准、项目章程。

2.5.3 项目计划

主要包括项目背景、项目目标、范围管理、进度管理、成本管理、质量管理、安全与环境管理（SHE）、项目组织、沟通管理、风险管理、采购和合同管理、相关方管理等方面的计划。

2.5.4 项目实施和监控

主要包括项目组织建设与管理团队、组织资源，实施项目（设计、采购、施工），收集工作绩效数据、将工作绩效数据和计划中的要求对比，发现项目范围、质量、进度、财务、安全等方面的偏差。及时采取必要的纠正措施、管理沟通，实施风险应对措施、监控风险，定期进行内部项目管理状况评审。

2.5.5 竣工移交运营

主要包括竣工验收、测试和调试、项目移交、竣工文件、用户手册、运营培训。

当执行项目合同实施管理时，需要通盘考虑项目的全过程，找准合同中各项工作的定位，将管理向合同所处阶段的两边延伸，既管控风险，又使管理有效。

2.6 VUCA 时代工程建设项目的环境特点

VUCA 时代指的是复杂不确定性的时代。VUCA 一词起源于 20 世纪 90 年代的美国军方，指的是在冷战结束后出现的多边世界，其特征比以往任何时候都更加复杂以及不确定，随着国际局势的风云多变，贸易战、金融战兴起，国际局势动荡，原有的国际规则正在改变，即百年之大变局。国内改革进入深水区，为了巩固改革成果，国家层面出台了各种涉及房地产的金融政策。同时，由于生态文明建设和改善民生的需要，乡村振兴又给工程建设企业带来机遇。大拆大建模式已不允许，新的城市更新又应运而生。为了适应国内外环境需要，面对随时出现的各种新情况、新问题，工程建设企业如何在危与机中找到自身价值，需要了解和研究新常态下的 VUCA 时代。在这样的时代背景下，无论对我们个人还是企业，如何改变环境或适应环境，企业进化论就显得尤为重要。

国际局势变化多端，国内改革不断深入，全球化和信息化进程不断发展，电商冲击实体经济，建筑产品需求面临萎缩。工程建设企业面对新的环境，必须进化才能得以生存。在化解各种危机面前，政府负债逐年提高，降低债务势在必行。工程建设企业竞争更加激烈，部分企业为了生存和获得市场份额，低成本战略大行其道，工程建设企业的发展受到严重威胁。

为了适应当前局势，必须进行适应和引领经济发展新常态的重大创新改革，需要调整工程企业的结构、生产要素（如劳动、资本、土地、环境、企业家管理、政府管理等）、要素升级（如技术进步、人工智能、工程管理信息性价比等）、结构变动（投资建设一体化等）、制度变革等战略推动因素。在这样的国内国际环境下，工程建设企业所处环境变化多端，越来越不稳定、不确定，越来越复杂、模糊，这是新时代的明显现象。

2.6.1　Volatility（易变性）

工程项目周期长，受到的内外部环境因素影响特别大，导致工程易变性非常明显。政策改变、疫情冲击、社会环境、市场预期、信贷收紧以及各种重大风险和不可抗力等因素，都会造成工程建设项目的易变性。

2.6.2　Uncertainty（不确定性）

工程建设项目前期预测与结果往往在实施过程中受到各种影响而出现差异，这种差异就是工程项目的不确定性。如业主的需求改变，融资能力、外部环境、政府领导班子的变化、市场冲击均有可能导致项目收益达不到预期要求，甚至出现亏损。随着经济形势的变化，这种不确定性表现得更加明显。如现在很多片区开发项目由于融资能力问题，按既定计划展开工作的不确定性很大。

2.6.3　Complexity（复杂性）

工程建设项目构成复杂，系统与专业繁多，资金渠道多样，参建队伍、工种水平、能力参差不齐，导致项目管理复杂多样。特别是在市场环境下，构成项目实施的各项原因多样，无法采用一套方法论解决所有问题，这就是工程项目的复杂性。

2.6.4　Ambiguity（模糊性）

模糊性是指项目管理的边界不确定。沟通是项目推进的重要环节，在沟通过程中，由于经营的需要，当对项目的整体方向把握不清的时候，会产生各种不利于项目推进的结果。如和政府沟通的时候，政策的解读和政策的执行会产生歧义，这种歧义对项目的执行会造成不同程度的影响。

在应对不稳定、不确定、复杂的和模糊的外界环境和工程项目时，工程建设企业项目组织需要对不同的工程项目及其外部环境做出相应的识别和判断，一旦识别出环境的变化需要项目组织做出变革举措来应对时，就必须采取相应的措施和方法来适应环境的调整与改变。在项目组织变革举措适应环境的过程中，企业项目管理的各职能部门应做出相应变革。为实现这样的变化，需要转变相应的职能，通过突破组织边界将新的变化应对融入，修正自身不合适的一些职能，并通过平衡适度分权和集中管理，使企业项目管理的职能适应新环境，增强主观能动力，实现整体性和局部性的有机统一。为了应对不确定性的变化，改变企业项目管理职能来应对复杂多变的外部环境和工程项目，是 VUCA 环境下的常态。根据工程项目的具体特点，设计相应的项目组织来完成项目管理任务，也是一种常态。由于工程项目的固有属性和管理要素是不变的，以现代项目管理为依托的项目管理模式，为解决这一复杂的项目环境和工程项目提供了可能。

2.7 工程建设企业项目管理的内容

工程建设企业项目管理的内容是以工程建设项目为载体来完成所有的经济活动。因此，根据工程建设企业参与项目的不同阶段，其管理的内容不尽相同。传统的工程建设企业是在图纸设计完成后再介入，此时主要任务是施工总承包管理。随着建筑业的发展，越来越多的项目是以被动投资建设的形式介入，工程建设企业项目管理从施工总承包向工程总承包转变，管理内容向项目前端不断延伸。还有部分项目，工程建设企业是以社会投资人的形式主动介入，相应的管理内容与知识体系需要更加全面。由于工程建设项目是全生命周期的一个过程，在不同的阶段需要储备和积累不同的知识体系。同时，在项目实施过程中，由于外部环境（如市场、政策等）的变化，项目的功能和有关需求也在不断转变，项目管理过程中的不同变更对项目的知识体系灵活运用有着较高的要求。为了确保工程建设高质量发展，在竞争中处于有利地位，工程建设企业需要从战略的角度对企业进行愿景规划，以便高效、快速地为企业的发展提供管理支撑和知识体系的准备。

根据对国际项目管理知识体系的总结，项目的全生命周期包括两个部分，其中一个部分是工程建设项目自身实现的过程，包括项目立项（可研、批准）、设计（文件与图纸）、采购过程（设备、总承包商确定）、施工过程（建筑、安装）和运行过程（试运行、验收）。这五个阶段是工程建设项目自身实现必须完成的过程，完成后才可以达成建设目的和意义。工程建设企业项目管理就是对这五个阶段的工作内容进行管理，相应的工作内容是启动过程（招标、委托）、策划过程（策划、计划）、实施过程（组织实施、绩效监测）、控制过程（偏差监测与纠偏）、收尾过程（验收、移交和试运行）。工程项目实现过程亦是与工程项目管理相互融合的过程。

2.7.1 工程建设项目前期可研、立项决策阶段

该阶段主要内容是通过招标或委托的方式获得概念方案，确定项目的基本情况，并对项目的可行性进行专题研究，形成工程可行性研究报告。各项专题研究包括政策、法规、国家经济发展规划、行业及区域规划、技术经济政策、建设布局、自然地理、地质、气象、环境、交通、社会经济等区域资源和相关的基础数据，以及项目经济评价的基本参数和指标、投资估算指标、经济技术指标。工程建设企业根据交流结果向项目发起人提交项目建议书，编制项目可行性研究报告，报政府相关建设部门审批，编制项目投资估算报告、项目投资可行性研究报告和项目实施方案，并根据项目可行性研究报告及相关条件进行方案设计，对项目的功能进行设计安排。

2.7.2 工程建设项目设计阶段

此阶段设计一般分为两个部分,即初步设计和施工图设计。初步设计确定投资概算,施工图设计确定项目预算。初步设计需要依据工程项目建议书和可行性研究报告,对工程项目所处的自然条件、气候环境、水文地质、文物勘察、地质勘察、工程建设规模、等级、设计年限、已经获得批准的设计方案,以及项目的技术特点、设备选型、电力供应、供水、供电等相应的配套进行全面的设计统筹,并确定经济可行性、合理性以及是否满足工程经济的要求。设计阶段需确保项目设计方案的经济可行性、合理性及科学性。在项目概算得到批复后,施工图设计对工程项目的相关技术参数进行详细固化,形成可执行和可操作实施的设计内容,同时需要编制相关预算,从而确定项目整体造价。在设计阶段,需要将项目设计的情况反映到造价部门及相关职能部门,做到设计与造价相互协调与对应,使项目投资可控,必要时工程造价部门需要帮助设计单位进行限额控制和图纸优化,编制和审核工程概算、预算等工作。

2.7.3 工程建设项目招标阶段

工程建设项目招标的范围与内容,根据项目管理模式最终确定。是采用工程总承包还是施工总承包,招标的内容不尽相同,业主方一般根据自身管理需要确定采购招标的内容。投资类项目招标,可以估算或概算进行招标,施工类招标一般是在施工图预算完成后,根据确定的工程量再进行招标,两者最大的区别在于是否包括设计或投资。收集与建设工程招标投标有关的法律、法规、对工程建设项目的要求(包括拟采用的招标投标方式和工程项目的实施范围与内容、项目概况、资金来源、承包模式),编制竞标文件、技术要求所需的基本资料。工程建设项目招标过程涉及的流程和单位较多,包括但不限于政府行政部门和招标单位等。招标单位根据业主要求,通过合法的交易平台公布工程建设项目的招标信息,以便于各工程建设企业了解。如果属于招商类项目,需要制定相应的招商条件。工程建设企业需要编制符合招标方要求、企业能力的自主报价及相关的响应条件,构成完整的竞标文件,通过竞争获得工程项目。

2.7.4 工程建设项目实施阶段

施工类项目主要是履行施工合同,按合同进行项目管理,确定工程进度款的结算和支付、工程造价的定价模式等;确定并履行施工图纸,了解相关定额、合同计价标准等;明确施工过程中结算的计价依据、设计变更、工程量变更、现场签证等。投资建设类项目主要是履行投资合同与项目承包合同,对工程项目进行施工图设计,审批通过后再行实施;做好资金来源的安排,确保项目顺利进行。工程建设企业需要沟通协调的对象是相关需求方、政府部门、监理单位、材料销售商等。注重施工图设计与方案设计和施工之间的差异,确保施工图设计满足概算要求,设计意图在施工过程中得到充分体现。同时,对各类项目变更、造价变化、图纸优化等工作要做到详尽到位。

2.7.5 工程建设项目竣工结算阶段

施工类项目需要对各类竣工资料进行验收，包含由需求方所选定的竣工图纸，施工期间发生的设计变更、工程量变更、现场签证材料、竣工结算申请材料、建设项目概况等。投资类项目还需对还款方式和时限做好必要的安排。转入缺陷期和保修期内的工作需要尽到义务与责任，并为项目进入运营期内的工作做好准备。工程竣工后移交需求方，工程造价部进行最终结算。

2.7.6 项目试运行和运行阶段

施工类项目一般为项目试运行做好辅助和移交工作，完成缺陷期和保修协议即可。对于投资建设类项目，还需要将项目承包管理工作转向运行工作。为做好运行的准备工作及对运营管理组织进行统筹安排，一般运行期也是项目投资回收期的重要阶段，做好运营策划和资金回收策划与实施是项目运行阶段的主要工作。

第 3 章 工程建设企业项目管理

3.1 企业项目管理的概念

全球经济组织对有限资源的争夺越来越激烈，客观上要求各类组织最大限度地发挥其资源效用。各类金融工具和政策不断向工程建设类项目延伸，业主方也在不断探索新的管理模式，给越来越多的工程建设企业带来了变革的活力，企业对项目管理的应用促使了企业项目管理的发展。工程建设企业为了顺应时代的变化，在竞争中获得有利地位，必须树立以目标为导向的价值观来指导组织的经营管理活动。在新环境、新常态下，企业为了适应多变的市场，必须增强对市场的适应能力和创新能力，项目管理的创新与发展才能确保工程建设企业在市场竞争中获得有利地位。随着现代企业制度的改革推向纵深，项目管理方法适应企业改革势在必行。标准化、规范化、规模化的项目管理，不仅带来了体系的健全，更提升了企业管理项目的效率。将企业的各项经营项目按项目进行管理（Management by Project），不仅要对传统项目型任务实行项目管理，而且还将一些传统的作业型业务当作项目对待进而实行项目管理，即开展企业项目管理（Enterprise Project Management，EPM）。

项目型企业是工程建设企业的基本特征，着眼于企业层次总体战略目标的实现。对企业中诸多项目实施管理，管理整个企业范围内的项目（Managing Projects on an Enterprise Wide Basis）是企业环境变化带来的根本性改革。随着外部环境的发展变化，项目管理的意义已不再具体到工程项目，对于一切服务于工程项目、企业管理的各项活动，采用项目管理的方法，也一并可以解决，因此企业项目管理已延伸到企业管理的方方面面。

企业项目管理就是站在企业高层管理者的角度对企业中各种各样的工作内容与工程项目实行项目管理，是一种以"项目"为中心的组织管理方式，其核心是多项目管理与项目管理体系建设的问题。

项目管理作为工程建设企业管理项目的方法与手段，不同企业对项目管理的指导所依据的方法和手段不尽相同。因此，不同的工程建设企业在项目管理实施过程中的影响也不同。以项目管理为出发点和立足点，并以项目管理作为生产单元实现公司的生产任务。企业对外以经营为手段参与市场竞争、开拓市场经营业务；企业对内形成内部市场，引导企业不断改革与发展，以适应环境变化。根据经营成果，结合公司的管理目标与指标，执行经营合同的管理，建立项目经理部，以项目管理为基层组织，代表企业实现经营成果，并履行社会责任。

企业使命，是指企业在社会进步和社会经济发展中所应担当的角色和责任，是企业的根本性质和存在的理由，表明企业的经营领域、经营思想，为企业目标的确立与战略的制定提供依据。

企业愿景，是指企业的长期愿望、未来状况和组织发展的蓝图，体现组织永恒的追求，通过项目目标的实现而实现。以项目管理为依托，聚焦企业发展方向和战略定位，快速提升企业自身领导力及管理能力，从而达到推动企业成长的目的。

企业项目管理具有以下特点。

3.1.1 项目管理是企业管理项目的具体体现

项目管理是企业管理向现场管理的延伸，又是促进企业管理达成效果的具体方式，与企业管理相互融合、共同发展，形成系统的、上下联系的有机体。项目管理更是实现企业战略的重要抓手和落实战略的根本体现，将项目管理与战略管理有机融合，共同促进战略目标的实现，形成组织战略层决策与作业层执行的相互映衬，形成宏观与微观管理角色。根据战略目标的分解法则，企业战略目标通过层层分解，将项目战略分项目标进行项目分配，被分配的项目形成项目章程，各项目通过项目管理来实现各自的目标，最终实现企业的战略目标。企业管理借用项目管理来优化、提升企业管理能力。项目的终极目标是实现企业的战略目标，并确保企业战略的成功。

3.1.2 按项目进行管理（Management by Project）是企业管理的有效手段

企业的项目管理是从组织高层管理者的角度对企业组织中各项管理的应用。项目管理是企业高层将项目管理的方法与理念通过组织手段，根据不同的业务类型，通过全员参与，将项目观念渗透到组织所有业务领域，实现全面项目管理。形成上下一致、业务有效衔接和流转的有机体。从而使企业的各组织能够有效地指导、调度、检查和监督项目的运行状态，实现所有项目的全生命周期管理，包括但不限于参与需求确定、项目选择、项目计划直至项目收尾的全过程，对项目全要素在时间、成本、质量、风险、合同、采购和人力资源等方面进行全方位管理。

3.1.3 构建企业项目管理体系，是实现企业项目成果的重要保障

在整个企业范围内实施项目管理，需要对所有项目进行管理。企业管理既要实现单项目管理目标，还需要确保所有项目目标的实现。企业在进行多项目资源的调度与整合过程中，还需要协调各项目之间的利益，特别是采用项目管理承包制或模拟法人的项目，更要做好项目间的平衡，以保证所有项目的实现。创造有效的项目组织环境，搭建项目支撑平台，统一企业文化管理，形成有效的企业项目资源的共享，完善企业的各项管理制度，构建企业项目管理体系，是实施企业项目管理的重要支撑。

3.1.4 项目管理是企业通过市场实现战略目标的系统方法

工程建设项目除了要实现企业特定目标外，还要实现市场合同管理目标，每个项目的目标既要符合企业目标的分配，还要实现合同中约定的各项内容与要求，这两个目标的统一调度与指挥是项目管理的重要内容。因此，项目管理目标既要与企业战略目标相适应，也要与合同管理目标相适应，通过两个目标的融合形成项目管理的目标与指标，才可以明确项目中的每一项任务。必要时设置节点目标或阶段性目标，并依托项目组织将责任分配到组织中的所有成员，促使项目管理实施成果得到保障。项目组织根据项目的自身条件，整合企业和市场的所有资源，做好统筹与调度，在确定分配目标的前提下，完成责任范围内的工作，以目标为导向逐一解决问题，通过持续不断的过程，最终确保项目总体目标的实现，保证组织战略的实现。

3.2 项目管理实现企业对项目的管理与控制

3.2.1 项目管理是企业管理的基础

工程项目本质是项目，具有项目的一切属性，现代项目管理适用于一切工程项目。实践表明，现代项目管理是以项目为单元来实现工程建设企业管理，是与企业战略相匹配、与企业愿景相适应、与企业抱负目标相一致的基本管理单元。

项目管理的实施，需要在企业认同的文化背景和相关制度支持下，通过企业对项目的管理与控制，来展开各项目管理的活动。项目管理是企业管理的核心，项目管理的各项要素是实现企业管理的重要支撑，如项目计划是项目管理的一项重要内容，项目计划是落实企业管理目标与指标的具体措施与方法，通过一个个项目计划的落实，来实现企业管理的目标与指标，从而实现企业对项目的管理与控制。

项目管理是实现企业管理与项目实施的有效衔接，项目通过实施生产，企业通过监督与指导，形成企业与项目的互动，实现生产过程的精细化、一体化。通过项目管理各项要素的实现，使企业监督有依据，指导有落脚点，形成上下统一、打通企业全业务链的管理协同。

项目管理是将产品创造的过程与项目管控过程有机衔接，更加有利于项目各项管理实施，过程得到有效保障，确保了项目产品创造过程按计划、有组织地协调与控制，确保了产品创造过程的效率与效益。

因此，项目管理有利于公司的战略目标实现，有利于企业愿景、发展规划得到有效落实。

3.2.2 项目管理是企业管理的重要保障

在复杂的环境与新趋势面前，企业必须通过战略管理，做好战略环境的分析，未雨绸缪、高瞻远瞩、运筹帷幄，才能掌握主动、利用机会，取得生存与发展。对工程施工企业或总承包企业而言，工程项目又是构成企业生存与发展的基本单元，无论公司管理层级有多少个，项目管理都是这些层级最终的落脚点。项目管理的好与坏，决定企业的发展质量与发展方向，更决定着企业的生存与发展。不同的工程项目，由于所处的环境、时间和性质不同，项目管理的实施千差万别。对一个企业来说，面对如此繁多的项目如何进行有效管理，确保项目的实施满足公司生存与发展的需求，是我们要深入研究的课题。国际项目管理在中国深入推进，各种国际管理体系引入，为解决这一难题提供了可能。IPMP体系及PMBOK体系的推进逐渐与本土化管理相结合，我们摸索出所有项目管理的方法论基本是一致的，也就是全面项目管理的方法。我们把项目比作战场，在进行战斗之前做好作战方案，在战斗打响时就可以有效"杀敌"。而项目管理策划就是针对项目管理的方法在不同的项目制定的作战方案，当每一场战斗胜利之后，公司的战略往纵深更进一步。如此反复，最终实现公司整体战略目标。

3.2.3 项目管理是企业生存的重要手段

项目策划是确保生存目标与发展目标有效实现的重要手段。在项目管理中，项目的工期、质量与成本是决定企业未来的基本目标；安全、环保和文明施工是决定企业发展的社会目标。基本目标与社会目标共同决定了公司项目发展的生存目标，这是我们所有合同中最重要的条款，也是我们获得市场认可、产生价值的源泉。只有实现这些目标，企业才能在市场中立得住，才能更好地生存与发展。在项目实践和管理活动中，技术创新和管理创新是决定项目可持续发展的动力源，企业的"创优创杯"管理提升也是决定企业在发展过程中增强竞争力、取得优势地位的重要目标与指标，我们称之为可持续发展的目标。在国家经济发展到一定高度后，很多工程类企业缺乏先进的技术，管理效能低下，陈旧老套，只着眼于眼前的经济利益，在市场中缺乏竞争力和可持续性动力，最后惨遭淘汰。在市场竞争中，很多客户需要获得性价比较高的产品，在选择总承包企业的时候，同类工程的业绩显得至关重要。国有资金背景的业主更依据工程业绩和管理人员素质、经历设置招标门槛，导致很多工程建设企业在竞争中处于明显不利的地位，从而逐渐失去市场机会。

3.2.4 项目管理是企业有效管理的前提

一个项目要想做好，既能给企业带来经济价值，又能为企业在发展中增强竞争力，有效的项目管理势在必行。有效的管理要求管理者做到既有效益又有效率。效益与效率又是在一个个滚动目标实现后最终形成的，即集计划、组织、协调与控制于一体的过程。为了实现这一过程，要对项目整体进行策划，做好谋篇布局，才能实现企业管理与项目管理的有机统一。凡事预则立，不预则废。提前谋篇布局非常重要，项目谋篇布局做得好，企业的项目管理策划目标更加明确，企业为项目提供的资源、全业务链的支撑等更加精准，企业的管理更加有效。做好项目有效管理，项目管理策划是重要手段和保障。工程项目的有效管理就是进度、质量、成本在安全、环保等环境条件下，依据企业的管理目标和管理体系，得到有效的落实与保障。实现企业管理的目标与指标，依据目标与指标做好项目的策划是工程项目管理的重要内容。

3.2.5 项目管理是企业管理的延伸

项目管理的各项要素与企业项目管理的对应关系，确保了项目管理是企业管理向工程项目实施现场的延伸，项目的目标是一个项目合同计划执行依据，也是一个以项目管理结果为导向的管控依据。它是实现公司战略目标的基石，是企业愿景、使命和发展规划实现的支撑，项目管理目标的实现，最终是为了公司战略目标的实现。从公司治理层面来看，法人是管控项目的重要抓手，是依据公司的企业使命、管理方针、管理目标、指标、制度、流程，以矩阵管理架构的模式延伸到项目管控。公司的项目管理目标与指标承继关系如图 3.1 所示。

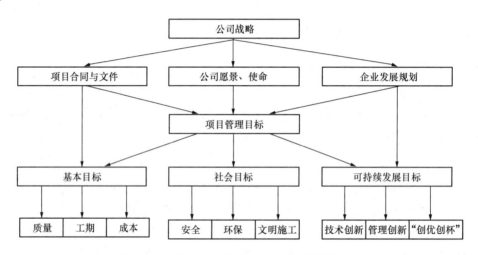

图 3.1　公司的项目管理目标与指标承继关系图

从上图中我们可以清楚地理解项目管理目标与指标的承继关系，即公司的战略决定了市场经营方向，企业的愿景、使命、发展规划、项目合同与文件决定了项目管理目标，从企业生存与发展的角度，质量、工期、成本是基本目标；安全、环保、文明施工是社会目标，技术创新、管理创新、"创优创杯"是可持续发展的目标，通过基本目标与发展目标的协同，更加有利于企业的长远发展。

现代企业制度都是法人管控项目，其组织形式的基本特点是通过职能部门，按照矩阵的组织模式对所有项目进行管理安排。这些职能组织对公司来说就是战略推动，按照项目管理的要素，分别从多维度、多角度对项目要素进行指导与监督，以此实现企业管理向项目管理的延伸。

项目管理有利于企业的资源调度与整合、合法依规规避与化解风险，有利于企业项目层面治理体系的落实、项目管理组织结构与团队建设，确保管理团队对项目有清晰的认识，管理目标明确，管理行动一致，资源整合优化，风险管控到位。项目管理落实企业管理，使企业管理向项目和现场延伸，确保项目实施有保障，生产纲领、企业方针得到有效贯彻落实。项目管理有利于企业成本的落实，项目管理是以预算管控为核心、以效益和效率为准绳展开的计划实施、控制风险、合法依规、质量保证、安全保障、组织管理、资源保证、进度控制、成本控制、资金管控、管理创新和技术创新的全过程优化统筹的结果。项目管理策划中的各项指标要做到可测量，刚性兑现为主要管控依据，所有管理过程中的参数都要以项目管理要素为依据进行分解，量化执行。

项目的目标与指标的实现是企业绩效目标的重要条件，项目制约因素化解企业管理需要解决的重要内容，项目管理的最终目标是实现企业客户的期望和实现企业价值目标的最大化。实现一致的目标效益，所有项目的实施达到预期获得的有形和无形商业价值；实现一致的战略目标，项目效益及实施支持公司的业务战略并与之保持一致；实现一致的效益时间要求，要在有限时间内获得短期效益、长期效益和持续性效益。项目的创效责任人，要在管理目标与指标确定的情况下落实计划、接受监督、留存记录和实现效益，这些工作需要在企业管理的监测与考核中得到落实。加强企业风险管理和项目风险管理，保证大风险能够规避，中小风险可控。

3.2.6 项目管理要素是企业管理的重要抓手

项目产品创造的过程，是各项资源按照既定的标的物进行有效整合的过程，而项目管理又是为实现整合过程进行计划、组织、协调、控制的手段。依据 IPMP 原理，项目管理过程的本质就是整合管理的过程，一般统称为项目管理十大要素的整合，即项目的范围、时间、成本、质量、资源、沟通、风险、采购、合同与干系人管理，都是为了最终实现项目的整合管理。而这些管理要素正是企业管控项目，实现企业发展的基本条件。这十大要素的逻辑关系如图 3.2 所示。

这十大要素之间的逻辑关系可以描述为：在整合管理思想的指导下，第一，弄清楚项目的工作内容（范围）；第二，弄清楚这些工作要在什么时间完成（时间），以多大代价完成（成本），做到什么要求（质量）；第三，弄清楚需要什么资源来完成项目，以及组织内部有没有这些人力资源（包括相应的知识与技能）；第四，如果没有足够的资源，就需要外包一些工作给其他公司或个人，从而就需要对采购及相应的合同进行管理；第五，项目所涉及的内外部的人力资源之间都需要进行有效沟通，才能较好地相互协调；第六，弄清楚哪些风险会促进或妨碍项目的成功，并积极加以管理；第七，自始至终都要进行项目利益相关者等干系人管理，以便了解干系人，引导干系人积极参与项目工作，并满足干系人在项目上的利益追求。这十大要素之间的逻辑关系可以简单概括为：整合管理是指导思想；范围、时间、成本和质量管理是为了满足项目本身的要求（在规定的范围、时间、成本和质量要求下完成项目任务）；资源、采购和沟通管理是保证项目达到要求的手段；风险管理则是对所有工作的支撑，相当于项目管理大厦的柱子；干系人管理与每一个要素相互关联，即管理组织和管理

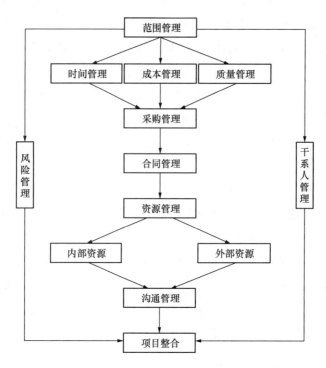

图 3.2 项目管理十大要素图

行为的体现。

项目管理要素是实现项目目标的过程管理的基本要素，上述要素的有效管理是确保项目管理目标有效的具体体现。企业管理以战略推力为抓手，以项目管理要素为重要抓手，通过对项目管理要素的过程进行指导与监督，形成企业管理与项目管理的无缝连接。

3.2.7 项目计划是企业指导和监督项目管理实施的纽带

项目计划是项目管理实施的各项管理目标与指标落实的具体措施与方法，既要体现项目合同的要求，还要体现企业对项目的有关要求。通过项目计划，将企业的战略、愿景、使命、规章、制度、科技成果、企业知识等进行贯彻和落实。同时，通过项目计划的落实来促进、提升企业的管理。

在项目管理实践中，项目计划分为项目管理计划和项目实施计划，项目管理计划是结合项目贯彻企业对项目的要求，而实施计划是体现企业对合同管理的具体措施。项目管理计划与项目实施计划不能混淆，否则管理重点不清、目标不明、效果不理想。

项目管理计划（PMP）是企业内部管理文件，是企业管理向项目管理延伸的具体体现，是企业为实现项目管理而采取的管理措施方法论，不同企业的管理计划不尽相同，不向业主发表，具有一定的密级。其中包含了企业的内部信息（包括索赔、设计变更意向、设计、利润和管控指标等）等，因此不得对外公布。项目管理计划是由企业主导，由企业经理亲自编制，并通过企业评审后实施的项目生产纲领，是指导项目管理过程中的各项实施计划并实现企业管理目标的手段，也是以此为依据编制项目实施计划的指导性文件。企业通过对项目管理计划的指导与监督,来检查、指导和纠偏项目管理。

项目实施计划(PEP)是项目实施的指导性文件,是履行合同义务并向业主方、监理方提供的项目实施方案,由项目经理组织编制。关键的实施计划需要业主方审查确认,经过批准后作为项目管理的依据,并有利于合同双方共同协调执行。实施计划也是后期合同履约的重要凭证,是合同履约双方发生争议解决争端的合法性资料,应做到完整、详细、合理、可行。

3.2.8 项目实施的过程,为企业项目管理改革深化指明了方向

项目管理是针对过程创造的各项目标与过程进行计划、组织、协调与控制,确保创造产品的过程能够高效、节约,最终实现企业的管理目标。

在项目实施过程中,创造项目产品的过程与项目管理的过程是两个不同的概念,两者既有区别又有联系,通常容易混淆。区别在于:创造项目产品的过程是为实现某个特定的工作而需要进行的管理组织过程,如立项可研报告的编制、设计过程、施工过程、技术方案、试运行过程都属于创造项目产品的过程,它不属于项目管理过程,不因项目管理过程的影响而改变,部分创造项目产品的过程管理可以委托第三方独立完成;项目管理过程是对项目的组织和逻辑进行安排,为实现创造项目产品而进行的计划、组织、协调与控制的过程,受企业文化和规章、制度等因素影响。一般来说,两者相互之间的关系如图3.3所示。

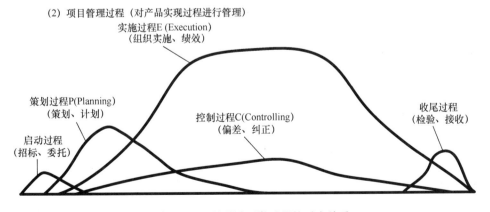

图3.3 工程项目两类过程的对应关系

以上论述,充分说明了项目管理是落实企业对项目管理与控制的具体措施与方法。项目管理的过程和创造产品的过程,正是项目管理层和作业层分层的重要依据,工程建设企业的

发展,通过项目管理层的不断改革与发展,促进了管理水平与管理能力的提升;通过作业层向内外部市场整合资源促进了市场化资源的有效整合,这两层关系相辅相成,不断促进工程建设企业的深化改革与发展。

3.3 企业项目管理的实施

企业项目管理是站在组织整体战略的角度,对项目获取、项目过程管理、项目交付与运营的全方面统筹与安排。企业项目管理是保证所获取的项目符合企业战略方向与发展安排,需要对项目的信息进行筛选,对边界条件、风险和项目要点进行研判,确定所要获取的项目适合企业发展需要和企业资源配置,减少资源浪费。企业项目管理是为保证企业所有项目按照既定目标高质高效顺利完成进行的管理活动,是以项目作为其相对独立的组织单元,围绕项目来组织资源。它根据项目全生命周期各个阶段的具体需要,计划、组织、协调和调度、控制项目资源,确保人力、原材料、设备、资金及时间等资源得到有效利用,最大限度地利用有效资源,以项目目标为导向进行管理,确保所有项目目标实现。统筹企业战略安排,建立科学有效的项目管理体系,做实企业项目管理的基础工作,是企业项目管理的核心。

3.3.1 企业项目管理与项目组织的关系

企业项目管理与项目组织的关系本质上是权力与影响力的关系,现代企业制度的科学管理为项目管理提供了思路。随着生产力和科学技术的发展,工程建设企业的管理发展体系日渐成熟、日渐科学,并逐步形成较为系统的管理理论。随着国际项目管理的引入,现代企业管理在科学管理基础上不断发展,形成了以经营决策为中心,以信息技术为手段,以运筹学、统计学为系统的理论方法,结合行为科学的应用,逐步形成以人和物所组成的完整系统而进行的综合治理,即较为有效流行的现代企业管理。企业项目管理与项目组织正是运用现代企业管理,融合现代项目管理的内容与方法,在企业管理与项目管理形成了上下联动、融合发展的有机体。主要体现在以下几个方面:

(1) 系统关系

现代企业管理是系统化的原则管理的有机体,各项管理内容要系统安排、科学组织、全局掌控、统筹推进,企业必须按系统化原则开展工作。作为企业管理的重要组成部分,项目管理必须放在重要的位置。企业项目管理是协调企业管理与项目管理的重要抓手,企业要综合协调好企业与项目的关系,要关注工程项目所处的外部关系,即企业与外部环境的适应关系。同时,坚持辩证统一的观点,抓住事物间的内在联系,不要相互割裂、孤立地就事论事地处理某个项目单方面的问题,要注意综合治理、统筹安排、动态管理。要运用定量分析的方法,研究企业管理系统的设计和实施,切实地从工程项目的获取、合同全生命周期内的各项管理活动做到计划、组织、协调与控制。

(2) 分工协调关系

高效率的管理必须要了解企业整体的发展战略，明确企业管理与项目管理之间的有效分工和协调机制。法人管理项目，必须通过企业内部分工与项目组织分工相结合，形成有效的管理、监督和控制，同时加强有力的组织协调，形成项目组织与企业管理同频共振，形成强大合力。通过合理分工，企业的发展、生产和工作效率都会有效提升，形成企业的综合生产力。通过合理分工，从企业管理到项目管理，职责清晰，目标明确，工作责任压实到位，绩效监测与考核才能有效到位，形成全员参与的有效管理，最终形成较高的工作效率和最优的经济效果。

(3) 反馈互动关系

"谁来呼唤炮火，应该让听得见炮声的人来决策。"任正非经营决策的名言正是反馈关系的具体体现。所谓反馈，就是企业相关信息输送到项目，项目将其作用结果返送回来，并对制定相关的措施与要求起到控制的作用，以达到管理预期目的。工程建设企业通过批准的项目决策、各项指导性文件、项目的绩效承诺等对项目经营活动监测管理、反馈结果，以确保项目管理活动处于正常的运行状态。

企业管理的各项活动过程，在实施预定目标管理与控制过程中，往往会发生偏差。将这一偏差反映到原控制（或计划、决策）部门，并由该部门对实施活动的过程施加影响，促使实施活动沿着预定计划目标进行，达到预期效果，这就是反馈原理的应用。同时，项目组织在执行项目合同、实施项目管理计划和实施计划的过程中，需要及时将项目的有效信息反馈到企业总部，特别是外部环境的变化造成项目执行偏离，除要求项目组织自身纠偏外，对部分超出项目组织能力范围的内容偏差还要借助企业集团力量加以纠偏。没有反馈，就不能达到有效控制，也就不能达到有效管理，更谈不上科学管理。因此，反馈就是企业针对项目管理活动变化做出应有的反应。面对不断变化的客观实际，管理是否有效，关键在于是否有灵敏、准确、迅速、有力的反馈。做好企业与项目有效沟通，是确保反馈有效的重要渠道。

(4) 能级匹配关系

项目组织是企业的派出机构，是企业管理向现场管理的延伸，项目管理能力直接反映企业的管理能力。规模、复杂程度及业主要求不同的工程建设项目，需要企业有相应的能力与之匹配，需要派出的项目团队成员在知识、经验和素质上满足项目管理要求，这就需要进行能级匹配。能级，即企业管理的能力。能力有大有小，就可以分级。分级就是确定一定的规范、一定的标准，企业在用人标准中要明确。要使管理顺利进行并得到最佳的效益，必须建立合理的管理能级。

管理能级的确定必须保证管理结构具有最大的稳定性，对于不同的管理能级应授予与其责任相适应的权力、物质利益和精神荣誉，做到责、权、利相互统一。在其位，谋其政，行其权，尽其责，取其值，获其荣，同时惩其误，以形成能促使职工自觉做好本职工作的体制与机制。

人与岗位匹配动态对应。各种管理岗位有不同的能力要求，每个人能力有大小，人才匹配是关系,小马拉大车,导致马累死也不能完成任务。现代企业管理要求管理人员动态地处于与其才能相对应的能级岗位。做到人尽其才,各尽所能,这种管理才能有高效率。为此,现代管理必须知人善任,保证岗位流动性,通过各个层次岗位的实践、发展、锻炼和检验其才能,使其各得其所;岗位层次必须有序,做到以岗定人、人岗匹配。

(5) 封闭闭环关系

所谓封闭原理是指企业内的管理过程和管理环节,必须构成一个封闭的环路,这样才能形成有效管理,要做到事事有回音,才能件件有着落,项目管理的各项活动才能有序推进并受控。

封闭闭环管理是企业控制项目和推进项目的有效手段,通过效能监察和督办、专项活动的安排与总结,有力推动项目进行。如开展质量安全月活动,要有活动方案,项目有执行、成果有反馈,质量与安全的管理才能得到有效提升。

项目管理与企业管理必须在指挥、执行、监督、处理之间形成封闭环路。严格责任监督与考核,严格过程检查与监督,严格考核与奖惩联动,企业管理与项目管理才能形成联动,真正将企业管理的各项要求在项目管理中体现出来。

在采取管理措施和制度时,要考虑到可能产生的后果,及其是否符合预期目标,有无副作用。如有副作用,就要采取对策加以封闭。

封闭闭环管理从后果出发,循踪追迹,对后果采取针对性措施,直至达到预期目标。要在管理中通过定期与不定期的检查,不断反馈、纠偏和修正,不断促使封闭闭环。

(6) 弹性管理

工程建设项目的特点是"计划赶不上变化",这是项目管理普遍存在的一种现象。根据管理活动的特点,管理必须保持充分的弹性,以及随时适应客观事物各种可能的变化。但对于影响项目重大风险、重大进展的事件,弹性的幅度与范围要严加控制,如关键线路上的工作,过于弹性管理可能会导致项目的最终目标难以实现。

工程建设项目体量大、周期长、专业多,项目管理活动影响因素多、变化大,完全按照既定计划目标进行管理不切实际,百分之百地反映客观规律的管理是不存在的。由于工程项目由一系列子项、分部工程构成,相互之间互为条件,在项目管理时要科学决策、系统推进,非关键线路上的工作可在自由时差与总时差之间进行调节,涉及项目根本性的问题,如资金链断裂等极端情况,需要审慎对待,不能只抓主要矛盾。

对于工作实际中的遗漏疏忽等工作失误,管理必须留有余地、保持弹性,要有预见,要进行科学预测,要有应变措施等。

3.3.2 企业项目管理的组织设计

项目管理是执行公司战略规划和战略意图的具体体现,本质上是企业管理的重要组成部分。企业是战略的制定者,而项目组织是企业战略具体的执行者,企业通过集权与分权的授权方式实现法人管控项目,由项目组织实现企业的战略意图。企业围绕着以项目管理为中心制定规章、制度并管理供应链体系。项目管理的目标与企业的目标要实现管理的一致性和统一性。

企业项目管理以企业承揽的项目合同为基础，结合企业的项目管理目标和企业的规章、制度、战略、发展规划、使命与愿景，以及合同的承包要求，科学组建项目经理部、授权项目经理完成企业的项目合同，并根据企业资源配置，确定项目经理部的管理幅度与范围（如大宗材料采购由公司集中统一供应，项目经理部没有采购权，只有使用权等）。

企业以责任书的方式对项目经理部下达任务，明确企业与项目经理部的权利与义务，落实企业层级与项目经理部的分工，并以指导、监督的方式管控项目经理部；项目经理部按照项目管理的方法与手段，履行项目产品的生产过程，执行合同管理，落实企业发展意图。

项目经理部是公司管理治理体系向具体工作的延伸机构，本质上是以现代企业制度的原理、观念、组织、经营为宗旨，并以项目管理为手段，履行企业管理体系和治理体系的执行角色。

项目组织是以企业组织为基础的管理延伸的组织。企业按照项目式、职能式和矩阵式等多种形式建立项目组织，通过组建项目经理部、联合体、事业部等来实现对项目的管理。通过组建项目经理部，项目经理部以与企业签订的项目合同为依据，根据授权代表企业执行合同，实施项目管理；通过组建联合体，共同执行工程承包合同，并按联合体的分工协议（联合体协议）共同履行合同范围内的工作；通过组建事业部，以企业本部的身份管理执行项目合同，履行项目管理；组建 SPV 公司，按照股东协议、章程，履行具有投资性的项目管理，履行项目合同，同时组建施工项目经理部，履行工程总承包合同管理。以上这些要求，需要企业对项目组织及治理体系进行系统规划和安排，以满足项目管理的要求。

（1）企业项目管理组织的设计原则

企业项目管理组织及项目组织的设计，要根据企业的经营战略、内外环境、任务与规模等因素来规划和构造，使企业项目管理组织的功能与协调达到优化组合。企业要根据工程建设项目所处的位置、环境特点、合同内容及完成的目标来进行项目组织的设计。因此，企业项目管理组织与项目组织的设计要遵循以下原则：

1）发展战略

企业的发展战略是企业对在不断变化的环境中长远发展的认识和规定，必须要求企业的项目管理组织与之相匹配，以保证战略实施。企业项目管理组织必须服从企业的发展战略，贯彻发展战略提供协调机制，企业的不同发展战略要求不同的组织与之相适应，不同的战略会导致新的组织结构与管理方式的出现。项目组织需要根据企业的发展战略分解项目的指标要求，并将这些指标在项目中进行分配，通过压实责任、抓好落实来满足项目组织的发展目标。

2）内外环境

企业是一个开放且复杂的系统，它的生存与发展直接受到其所处的内外环境的影响。企业外部环境对于企业来说是不可控因素,企业组织要设法适应外部环境;企业内部环境是可以改变和影响的,企业组织通过制定规则、建立文化,可以改变或者掌控内部环境。权变组织理论认为,没有一个最好的组织结构形式,企业的组织结构与内外环境适当配合,组织才有效率。组织的内部环境,如企业文化、企业各种资源条件对组织结构会产生一定的影响,这些影响可以通过培训、整合来进行改变或者适应。对企业组织进行设计的时候,需要根据环境变化来调整各种能力,以满足企业项目管理的需要和项目组织的需要。

3) 控制企业项目管理组织和项目组织的规模

企业项目管理组织规模增长意味着人数的增加,管理组织中劳动分工就越多、越细。企业项目管理组织规模超过一定的幅度与范围之后,上一级组织或者高层管理者难以直接控制其下属的一切活动,这就有可能造成管理层级增加或者委托他人来加强管理,从而造成分权或使高层的意图在执行中大打折扣。企业的项目管理组织规模与企业的发展能力应相辅相成,规模的增长速度超过企业发展速度将导致企业的各项资源处于超负荷状态,将会因为企业规模与企业能力的不匹配导致企业出现危机,如现金流的中断。同样,项目组织的规模应与工程项目的规模相匹配,项目组织规模过大将导致项目管理经费不足、管理成本失控;项目组织规模过小容易造成项目管理过程中的疏漏和顾此失彼,不能达成项目的目标。

(2) 设计企业项目管理组织

1) 适应战略目标

企业项目管理组织系统的确立是为实现企业发展战略与经营目标服务的,要做到与目标相一致、与任务相统一。特别是工程项目类型多,涉及多种行业,具体的项目管理方法与专业分工有着很大的不同。特大型企业通过专业化集团或者设立事业部制的方法将企业项目管理组织进行分设,做到专业的人干专业的事,如某企业承揽有轨道交通、建筑工程、铁路工程,在企业整体框架下,根据需要分设轨道交通事业部、建筑工程事业部、铁路工程事业部。通过不同的事业部设置,将企业项目管理组织按专业化程度进行分设,达到适应项目管理的需要。项目管理组织系统的设计,应根据合同的内容与范围,结合企业战略目标分解项目的目标,按专业和项目管理组织系统的完整性进行机构配置,做到项目管理组织责任分配的合理与适度,确保项目管理组织满足项目过程管理的需要。

项目管理组织结构的建立必须有利于目标的实现和任务的完成。目标要明确,离开了战略目标,管理组织的改革达不到预期效果。

一般工程建设企业项目管理组织的形式有项目式、职能式和矩阵式等三种,其中,采用现代项目管理模式的工程建设企业以矩阵式居多。

2) 统一领导、分级管理

权力与领导力,需要遵循集权与分权的原则,这是组织系统设计的基本原则。统一领导就要恰当地集权,分级管理要适当地分权,集权与分权在组织设计中要做好正确处理。

工程建设企业内部的集权主要是指生产经营的决策指挥权、评价奖惩权等权力需要相对集中于相应的领导者手中。企业及其各个部门均由一把手运用权力，副职必须服从一把手的调度与指挥。集中领导不仅能够提高工作效率，还可以提高各级各部门领导者的责任感，使他们能够独立负责、敢于负责，有利于培养企业管理人才。但是，由于工程项目任务重、技术及经济情况复杂，为了防止指挥失误和失灵，一定要适度分权，分权是按项目管理的各项要素及其组合进行的。特别是不同的部门需要有一定的掌控某一项要素的权力，才能将分属范围内的工作做到一定的程度，一般需要通过岗位授权或者任命授权的方式来实现分权。工程项目管理要形成管理等级链条，通过逐级授权，权力逐步传递到相应的管理岗位，集权与分权需要根据项目管理的要素来进行和妥善安排，将集权和分权组合起来运用，项目组织中的项目经理通过企业授权对项目全面负责，各职能部门通过岗位授权的方式完成专业化分工授权。

集权与分权，一般需要设置权力清单，明确权力的运用范围与程度，否则会造成权力滥用或不作为。授权要有适当的程度，一般授权程度是指授予下级可以自己做主、不需要事先请示的权力范围。授权程度取决于企业规模大小、项目区域情况、工程技术复杂程度、业务渠道多少、上层控制手段和健全程度、各级领导能力强弱等。如某集团拓展海外业务，此时的授权力度与范围会超过国内同等条件下的权力。

权力范围要受到约束，一般不可越权办事、越权做事，越权容易造成团队分裂，导致缺乏相应的战斗力，最终影响目标的实现。

3）分工与协作

工程项目具有专业多、体量大、全生命周期长等特点，全生命周期各阶段的工作内容复杂多样，专业分工具有必然趋势，做精、做专之后才能提升企业的战略推力，有助于解决企业发展和项目管理过程中的各种问题。这种分工具有社会化大生产的特点，企业项目管理要实现专业分工，以提高管理工作的质量和效率，以利于创新。项目管理的分工按项目全生命周期不同阶段以及所要实施的内容来划分，即任务的垂直和横向，并配备相应资格的人员从事工作。分工的原则是根据相应岗位要完成的相应任务，要因事设岗而非因人设岗，一般企业采用发展编制的方法来进行企业项目管理岗位分工和项目组织分工，由人力资源根据分工的情况将具有相应能力的人员安排到相应岗位。工程项目一般分属不同地区，按区域分工也常见于一些大型企业。最有效的分工是分配的岗位适合相应的人员，而且企业规模不会因分工造成不恰当的扩大，不会造成机构臃肿、效率低下。

协作是在分工基础上做到统一调度、协调与配合，形成良好的组织行为和团队精神。要达到分工基础上的良好协作，必须高度集权，形成统一的意志和行动。通过目标管理，使部门岗位的层次分明，有利于促成项目总目标的实现。通过岗位界限划分，有利于明确分工，明确不同部门、岗位、层次之间的上、下、左、右关系，进一步厘清组织的协作关系。通过上一层级的岗位协调和调度下一级多个岗位的工作组织安排，使组织的协调机制更加顺畅。在组织设计时，要对这些组织关系充分论证与研究。

3.3.3 企业项目管理战略的实施

(1) 项目管理目标与企业战略的一致

安索夫《战略管理》中提到的企业的战略管理，是将企业的日常业务决策同长期的计划决策相结合而形成的一系列经营管理业务。工程建设企业的战略管理随着市场及其环境的变化而调整，是通过其工程项目的市场形势研判、领导者管理理念的加持和企业管理结构形成的战略推力（不同的企业不同的管理方式）来指导企业全部活动所需采用的管理措施与方法。这是根据外部环境和自身经营要素来确定的，因此，它是一个动态的管理。如某企业原来一直从事房建工程施工，由于房建工程市场的萎缩，为了企业生存，在保证原有业务基础上，向铁路工程市场进军，此时，企业内部的经营要素和管理结构需要向铁路工程建设需要的各种要素进行转移，这就是战略调整。工程建设企业全部管理活动的重点是制定战略和实施战略，在某一时期企业承揽的工程项目管理需要不断地调整战略，制定战略和实施战略的关键在于根据企业外部市场环境的变化进行分析，确定该阶段或在一定时期内承接什么样的项目来促进企业发展，同时根据承接项目的情况对企业内部条件和要素进行评估，调整企业内部结构以应对未来这一时期的经营活动，并实现企业管理目标。确定企业的战略目标，使企业的外部环境、内部条件和企业目标三者之间达到动态平衡，项目的战略实施才是高效的。

工程建设企业战略管理的任务，就在于通过企业对工程建设市场的形势分析，制定相应的战略，确保战略实施和战略实施得到有效的控制，这一系列的管理活动，是在保持动态平衡的条件下，最终实现企业的战略目标。

工程建设企业战略管理是指对企业活动实行的总体性管理，是通过对工程建设市场的形势研判，制定战略、实施战略、控制战略等一系列的管理活动，其核心问题是使企业的现有自身条件和所需获得的工程项目管理环境相适应，以求得企业的生存和发展。通过项目管理的实施，及时捕捉利用工程建设市场的有利变化，给企业提供良好的时机，为企业在竞争中求得发展，明确企业在竞争中的地位。

企业的项目管理是企业在基层管理的延伸，项目管理作为企业战略环节的一个重要组成部分，其目标必须与企业的战略目标保持着一致性和管理的统一性，以符合企业战略目标制定的项目管理目标，是企业整体发展的基础。而项目管理目标的实现有助于促进企业战略目标的实现，有利于企业建立长远发展方向和奋斗目标。

(2) 企业战略和项目管理的关联关系

1) 全局性和局部的关系

企业全局性以企业全局为对象，根据企业总体发展的需要而制定企业的总体行动。从企业战略角度对项目管理进行指导，确保了项目管理的方向和目标与企业战略保持一致，通过为客户做好服务、执行好项目合同来确保企业全局目标的实现。

2) 长远性和阶段的关系

企业在制定战略时要着眼于未来，对生存做好长远的发展规划，确保企业发展目标的实现。项目管理作为企业规划发展分支上的一个重要方向，是长远发展的重要组成。

3) 整体与部分的关系

企业战略是将组成公司的各有机体作为整体对象进行研究，立足于整体功能的实现。项目管理作为整体的一部分，与整体相互依赖、相互结合，并按公司的整体管理需要做好项目管理，实现整体需要的目标。

4) 风险一致性

企业的外部环境、市场机会都会有一定的风险性，企业需要面对来自各方的竞争、压力和困难，要想办法适应环境，变压力为动力。项目管理作为企业直接面对风险的一线，需要化解各种不利因素，从而实现企业在基层的风险得到管控。一个重大项目的失败，会导致公司整体元气大伤，甚至破产。

5) 共同的社会性

企业战略有自身的目的性和倾向性，是社会整体发展战略的重要组成部分，企业管理不仅体现自身利益，更要服务于社会共同利益。项目管理必须接受来自企业的社会性，又要接受所在地的社会性，唯此才能让企业立足。很多企业的文化就体现了这一点，如"建一座工程、立一座丰碑、建一方市场"。

（3）企业战略管理决定项目管理目标

企业的宗旨和目标是通过市场，根据自身能力承揽工程项目和确定服务范围，为社会和人们所需的工程项目产品提供服务，并在竞争中取得优势地位，这是战略管理的起点。项目管理是战略管理起点的基础要素。

工程项目的发展是企业战略管理的过程，作为企业的一个重要的生产力的提供者直接与环境发生相互作用，并受环境影响，企业需要根据其环境的要求做出决策选择。工程项目的选择取决于企业所控制的资源，需要企业根据自身能力评估项目的机会与威胁、分析其所拥有的资源和技术限制、如何取得优势地位，以及在资金、技术、管理、供应链和协作方面的能力等。面对工程项目与既有的战略目标存在的差距，综合企业的优势、劣势、机会和威胁进行机会评价，以便发现可以发掘的细分市场。以企业的资源及内外环境机会为准则，制定和调整战略方案，获得竞争机会。如中国铁路建设步入低谷期，高速公路建设蓬勃发展，中国中铁提前预判，并及早拓展路外业务，形成"路内＋路外"两条腿走路的方针，获得了不错的市场机会。企业战略随着工程项目所在行业的改变，促使企业结合公司资源进行调整，市场环境的不同为企业战略发展提供了新的机会。

（4）企业战略形势为项目的管理目标提供方向

工程项目管理为企业战略提供支撑，企业为了战略的实现，需要从经济、社会、政治、法律、技术等外部环境对工程项目进行分析，明确项目管理目标与方向。

立足于管理过程分析，项目的管理目标对公司整体目标的支撑点在哪里，项目管理的目标能为公司战略目标提供什么样的支撑，企业各层次、各部门的工作与项目的目标能否有效协调、共同支持战略目标的实现，企业需要建立什么样的项目组织，责任与权力如何明确和规范，利益如何分配，基层员工的积极性怎样调动，出现偏差能否得到及时纠正。

立足于市场经营分析，工程项目对准目标市场能否获取市场青睐，项目成本能否满足公司要求，项目业绩能否支撑开拓市场，项目的社会满意度是否获得业主认可，当前市场调研成果能否支撑项目生存，本企业的市场占有率与竞争对手的差别，企业的市场形象，当前市场的需求和潜在的市场需求，行业的发展潜力，竞争的营销策略，地区建筑市场的需求。

立足于财务分析，项目管理的资金来源、资金使用和资金控制，决定了资金筹措的方法和资金分配。企业财务状况分析对项目的支持，对于战略性的项目具有重要意义，对于具有融建性质的项目的偿债能力、现金流、负债、备付率、内部收益率的确定，提供战略性的选择，对于以设计为导向的项目，再融资、资金来源、采用何种分包模式，也是很关键的。

立足于施工生产情况分析，项目管理是将企业投入（原材料、劳动、资本等）转化为工程项目产品和服务的系列过程，施工生产管理包括生产准备、过程管理、能力管理、库存管理和质量安全环境管理等。需要分析原材料、构配件的供应是否满足公司和合同要求的质量与价格；施工生产的程序与顺序，施工流程是否合理，采用的方案、组织是否更加高效。管理能力与项目生产能否有效平衡，HSE（质量标准体系、职业安全健康体系、环境体系）运行是否有效，"两金"（应收账款、合同资产与库存）是否控制在合理范围之内，项目的设备设施是否处于有效状态。

立足于创新与发展方面，主要是管理创新与技术创新，企业的发展战略如何才能得到有效性的持续支撑。采用哪些新产品、新工艺、新方法、新材料，工法有何改进，总结与论文是否有效，人员素质与知识、经验是否得到有效的发展，研发经费投入是多少，对企业发展的科研立项是否促进企业的发展。

(5) 项目经营与成本控制战略目标

由于竞争的需要，企业的经营战略因工程项目的不同而不同，这取决于工程项目对公司发展战略的支撑作用和意义的重要性。在什么基础上取得竞争战略、企业如何做出判断，依据的是企业发展需要。工程项目的管理定位在企业战略中有成本领先战略、差异化战略和集中化战略三种。目前很多大型企业对项目在企业战略中作用的定位上采用"三三制"原则，三分之一的项目为企业的发展做贡献，增强市场竞争力，创业绩，强发展；三分之一的项目是维护各种市场，形成企业规模；三分之一的项目采用成本领先战略，以利润为目标，维护企业生存。

1) 成本领先战略

成本领先战略的核心是利润战略，以获取利润作为公司战略的唯一目的，使企业的成本低于竞争对手的成本。实施成本战略需要有高效率的施工生产设备、先进的施工工艺、高水平的成本控制和精干高效的施工组织。成本领先战略在企业的质量、服务和其他方面往往低于同行业的要求与水平。成本领先战略一般依靠规模效益，要求企业必须具有较高的生产规模和重复再生产的经验效益。企业利用成本优势在市场中更多地占有份额，增强讨价还价的能力，应对市场变化的风险，前提是建立起巨大的生产规模和成本优势。如果获取的项目在公司战略定位中属于成本领先战略，在项目管理策划时，需要将各项管理目标与指标调整到以成本为核心的战略思路上来，保持与公司战略的一致性。目前国内很多大型工程建设企业为了扩大规模，采用低成本战略，见项目就揽，见工程就上，导致合同方的投诉较多，质量、安全和环境事故频发。为了减少管理成本，在实施低成本战略时，提点大包、转包、挂靠等现象频出。在竞争中利用集中化战略的实施来击败竞争对手，获取市场份额，以低成本战略来主导生产，导致产品的性价比不高，给业主/合同方带来很多负面影响。如很多公司的保障房建设品质很差，投诉较多，就是低成本战略导致的后果。有经验的业主会在合同条款中增加惩罚力度，明确质量、工期与安全文明施工的标准，加大合同中的有关材料和设备品牌、档次的约定，锁定投标承诺中的管理团队人员，增加缺陷期、上黑名单等，以阻止此类行为。

作为总承包项目管理策划，需要将策划重点放在成本控制方面，并应对各种风险。

2）差异化战略

差异化战略是企业使自己的工程实施区别于竞争对手，创造出与众不同的产品与服务，在施工技术和用户服务上形成差异化，不以降低成本为代价的战略模式。实施差异化的项目，需要企业有很强的研发能力，具有独特的技术声望，具有能够吸引人才的物质设施基础。实施差异化的目的是建立稳固的市场竞争地位，获得较好的市场收益，其优势是建立用户对工程项目的产品和服务的认识与信赖。当价格发生变化时，由于独特的战略优势，使用户对价格的敏感度降低并对企业信赖和忠诚，在该用户或行业内形成相对较高的优势，提高了边际收益，掌控企业在该领域的话语权。实行差异化战略，企业在先期获得效益可观，有利于企业在该领域做大做强。差异化的优势地位吸引了很多企业，整合自身的有利资源，来实施该战略，削弱竞争对手的优势。差异化战略一般对于新兴行业的工程项目特别适用，如轨道交通列控系统的集成与安装，在轨道交通新兴之时，提前进入该行业获得优势，随着更多企业进入，其毛利率急剧下降，如果不加以创新产品，竞争优势便逐渐失去。

3）集中化战略

企业的经营活动集中于特定的建筑产品或某一地域的市场，如同差异化战略也有多种形式。虽然成本领先战略和差异化战略是行业范围内能够达到的，集中化的目的是更好地服务于某一特定的目标，其关键在于能提供更为有效的服务，企业既可以通过差异化战略来满足某一特定目标的需要，又可以通过低成本战略服务于这个目标。

集中化战略是集中使用整个企业的资源，以更好地服务于某一特定项目为目标；将目标集中于特定的部分市场，企业可以更好地研究与其有关的施工生产技术、市场及竞争对手等各方面的情况，战略目标集中明确，经济成果易于评价，战略管理过程也易于控制等。

集中化战略也有相当大的风险，在于企业全部力量和资源都投入某一项目或者某一个特定的市场。当用户偏好发生变化、技术出现创新或者竞争对手强势介入时，企业就会受到很大的打击。

集中化战略更多的是为了提升企业的市场占有率，特别是在投标项目时，业绩缺乏的企业需要集中化战略来获取业绩,是提升企业进入该竞争范围的重要手段。如某企业在中高级房建市场一直处于优势地位,但随着经济发展,超高层建筑开始流行,由于没有超高层业绩,其在该类型建筑竞争中处于劣势,企业采用集中化战略,以借资方式获得超高层项目,并纳入集中化战略管理,获得了超高层的业绩,为开拓市场奠定了业绩基础。

项目管理策划的重要性取决于公司的战略,在策划时根据公司的战略,来确定项目的管理目标,从而在组织安排中提升管理水平与能力。

3.3.4 企业项目管理能力的要求

企业能力是对企业的资源加以统筹整合以完成预期的生产任务和目标的技能,主要体现在企业的管理能力。这是确保企业管理的资源保值和增值的原动力,也是企业资源得到高效使用的能力。因此,工程项目管理的能力主要为公司职能领域的能力、供应链资源供给和利益相关方的整体束合能力,体现在经营、人力、研发与创新、金融、财税、生产、信息管理等方面。

经营方面。经营是指获取工程项目的能力,促进市场营销,整合企业各项资源,在实现战略目标的前提下,获取的工程项目能够确保企业的生存与发展,必要时,进入某个行业引领发展,确保企业在市场上获取项目的能力。

人力资源。从企业层面激发员工项目生产的热情,激励科创水平与能力,提升项目组的复杂项目的管理能力,同时通过开展培训来获取企业所需的知识,助力企业发展。

研发与创新。包括各种工法、QC、论文、专利、总结、发明创造等,以及解决复杂性的问题。

金融。获取资金的能力,多元的资金渠道,较低的融资成本。

财税。资金的统筹与安排,最优的税费管理。

生产。合理的建设方案,施工工艺,组织管理,施工技术,质量、安全、环保体系的运行,如模板方案的合理设计、桩基的运用、边坡支护方案设计。这些生产过程中流水节拍制定的科学性,统筹资源的路径的有效性,工艺与方法的选择合理性等都需要一体化谋划。

信息管理系统。包括数字化信息的共享,BIM 系统的运用,人员管理系统,OA 系统,无人机的运用等。

战略整合能力。包括有效的供应商体系,如合格供应商、供货商、业主的战略联盟体系等。

上述企业的能力以企业的职能为指导和监督,项目组织落实并形成有效反馈,实现企业整体能力的提升。

3.3.5 工程建设企业项目管理基础工作

(1) 企业项目管理基础工作的概念及其意义

企业项目管理基础工作是指为了顺利而有效地进行项目管理活动,为建立正常的管理秩序而提供资料数据、共同准则、基本手段、前提条件等必不可少的各种工作,它既是工程建设企业项目管理工作的重要组成部分，又是实施各项专业管理措施的重要前提。所以，它对整个企业的项目管理工作具有十分重要的意义。

首先，企业项目管理基础工作是进行项目管理的条件。如在一定的企业组织系统中进行各项管理工作，必须按事先规定的工作范围、内容、职责、权限进行，需要有大家共同遵守的规章制度，否则就会造成管理混乱、生产中断、人员伤亡等，建立健全企业的规章制度是进行企业管理工作的基本条件。

其次，企业项目管理基础工作是进行项目管理决策和计划编制的依据。决策必须掌握内外信息，编制计划。企业定额亦是决策的基本依据。

最后，企业项目管理基础工作为项目管理活动的组织和控制提供手段和标准。如企业的技术规范是进行生产组织的重要手段，是对生产技术进行控制的标准。

总之，企业项目管理基础工作不仅是进行项目管理的基础，更重要的是提高管理水平和技术水平的基础，是向现代化管理过渡的必要前提。

（2）建立健全以责任制为核心的各项规章制度

规章制度是指对企业各部门和职工在生产经营管理活动的例行性工作中所应遵守的有关要求、程序、方法和标准等。它是企业职工的行为规范和标准，是企业的法规。健全的规章制度，能维护生产经营活动的正常秩序，保证其顺利进行。它是指挥的基础、监督的依据、控制的标准，是促进生产经营发展的有力工具。

企业的规章制度大致可分为责任制和各项管理工作制度。

责任制是规定企业内部自上而下各部门、各类人员的工作范围、所担负的责任和相应的权力考核标准以及相互协作要求的制度。这种制度能使各部门和全体人员按自己的职责有秩序、协调地工作，以保证实现共同的目标。责任制是制定各项管理工作责任的基础，责任制要有各级领导、职能人员、生产工人等的岗位责任制，生产、技术、成本、质量、安全等管理业务责任制。建立责任制必须明确由谁承担责任、对谁负责、负什么责、衡量标准四个问题，这样才能做到有序有效和有序管理。

管理工作制度包括：经营管理方面有市场调查预测制度、合同管理制度、交工验收及工程回访技术服务制度；施工生产管理方面有生产计划管理制度、施工调度制度、统计报告制度、技术管理制度、质量管理制度、安全管理制度；物资管理方面有入库验收制度、库存保管制度、回收利用制度、机械设备管理制度；劳动和人事管理方面有职工考勤制度、职工工资制度及奖惩制、培训制度、劳保制度等；经济管理方面有财务管理制度、成本管理制度、经济核算制度等。以生产技术活动的客观要求建立必要的规章制度，作为管理的准则与依据。

根据发展的需要和内外部环境的变化，需要不断地修订和完善各项规章制度，及时做好"废、改、立"规章制度等工作。

（3）标准化工作

标准化工作是企业实现规模化的前提，没有标准，企业谈不上规模化。标准化工作是指技术标准、技术规程和管理标准的制定、执行和管理工作。推行标准化工作可以使企业的生产技术、经营管理活动科学化、规范化和制度化。它是保证企业各项工作的正常秩序、提高效率、获得良好经济效益的重要手段。如项目质量、安全标准化工作，很多企业通过 HSE 体系认证（质量体系、职业安全健康体系和环境体系）来实现标准化。

推行标准化工作要求做到：建立健全并严格执行技术标准和技术规程。技术标准通常是指产品的技术标准。技术标准通常有国家标准、部标准、企业标准等。建筑安装工程的技术标准是对建筑安装工程的质量、规格及其检验方法所做的技术规定。如建筑工程施工质量验收统一标准、工程施工及质量验收规范、建筑材料及半成品的技术验收标准等。技术规程则是为了执行技术标准，保证生产有秩序地进行，对工艺过程、操作方法、设备机具使用、安全技术要求所做的规定。建筑生产中的技术规程有：施工工艺规程，用以规定各类工程的施工工艺、步骤和方法；操作规程，用以规定采用某种工艺或机械设备必须遵守的操作方法或注意事项；设备设施维护和检修规程，用以规定机械设备的维护和修理方法；安全生产技术规程，规定在生产过程中保证人身安全和设备运行安全的要求以及应采取的防范措施。没有统一的技术标准与技术规程，工程建设的质量、安全和工期都将缺乏统一依据，生产的配合协作也就无法进行，安全生产受到影响。所以建立技术标准和技术规程，是企业各方面的重要基础工作。

企业应建立健全并严格执行一套严密的经营、生产、技术、质量、劳资、材料、机械、财务等管理标准。管理标准是对企业生产经营管理活动中反复循环出现的例行性管理工作的职责、程序、方法、质量标准等的规定，使企业的管理标准化、合规化和高效化。

建立必要的模板，如文件模板、方案模板等技术模板。同时建立样板制度，如质量样板房、样板间、安全体验馆等。

（4）内部定额工作

企业内部定额工作是结合企业的管理能力、管理水平、整合资源的能力、技术水平等综合体现企业整体水平的经济造价工具，是经营与生产之间的对标标尺，是衡量企业市场竞争力的工具，也是项目组织从事生产经营的经济控制线。

定额工作是指各类技术经济定额的制定、执行和管理工作，定额是在一定的生产技术组织条件下，完成各种生产经营工作所规定的人力、物力、财力、时间、空间利用和消耗方面应遵守和达到的数量标准，它是数量控制和促进生产经营活动的一种手段，是编制计划的基础、经济核算的依据，也是贯彻责任制的标准、按劳分配的重要依据。没有定额，就没有科学管理。

定额工作要求做到：企业应建立健全各类技术经济定额，要求定额齐全配套，具有先进性。工程建设企业管理中需要的定额很多，按用途来分有消耗定额、状态定额和效率定额。消耗定额指规定劳动的消耗量，如时间定额或产量定额、工资定额、材料消耗定额、机械台班定额、设备修理定额等。状态定额是与用量标准有关的定额，如库存量定额、设备有效工时定额等。效率定额是用以反映劳动产出成果的定额，如劳动生产率、产品合格率、优良率等。

凡是能用定额考核的劳动、物资、机械、资金、工期等都应实行定额管理。企业要配备劳资、材料等专职的定额人员，专门负责定额的制定、执行、考核、修订、补充等工作。

（5）计量工作

计量工作是指计量鉴定、测试、化验分析等方面采用的计量技术和计量手段的管理工作。主要是用科学的方法和器具对生产经营活动中的各种物质要素的数量和质量进行控制和管理。企业的计量工作是获得生产经营活动各种信息的重要手段，加强计量工作提高其水平，及时准确全面地提供计量检测数据，对确保工程质量、节约能源和降低消耗都有十分重要的作用。

计量工作要求做到：企业应建立由总经理和总工程师直接领导的计量检测管理机构，配备相应的计量检测人员，建立健全计量检测管理制度；要配备齐全计量器具，不断提高能源、大宗材料、施工工艺过程、工程质量主要参数的检测率；要加强计量技术素质，积极改革计量器具和计量检测方法，逐步实现检测手段和计量技术的现代化。

（6）信息工作

信息工作主要是指企业生产经营管理活动所必需的资料数据的收集、处理、传递、贮存等管理工作。信息是企业生产经营决策、制定计划、施工、财务活动的可靠依据，是实行有效控制的工具，也是联系企业各职能部门和各方面工作的纽带。

信息工作要求做到：收集整理分析企业生产经营活动全过程和供、产、销各个环节的有关信息，即企业内部和外部的一切有关信息。如企业外部市场动态、行业情况、用户要求及反映等，企业内部的资源、生产经营能力，以及原始记录、凭证、统计报表、经济技术情报、技术经济档案等。信息工作基本要求是全面、准确、及时，并有统计分析。

要建立和完善企业管理信息系统。先建立人工信息系统，逐步建立计算机管理信息系统，即建立一个与企业组织系统相对应的信息机构，落实其信息职能，沟通信息传递通道，形成反馈系统，能及时准确地向各管理层次、各部门提供需要的信息。

（7）教育与培训工作

对每个企业从事本职工作、履行岗位责任所必需的知识和技术能力进行的基础教育和基本技能教育训练的管理工作。

（8）党政工团工作

党政工团是企业内部的重要组织，在企业内部起着承上启下的润滑剂和助推剂作用，在把方向、控大局、促落实、强管理、强经营等方面起着重要的作用；对员工的素质培养、劳动能力的提升起着助推作用；党政工团在企业内部和项目组织中也起到战斗的堡垒作用。

3.3.6 企业项目经营预测与决策

经营预测与决策是根据项目需要完成的合同内容，企业需要达到的目标与指标，为项目管理活动提供方向与依据，确保工程项目实现企业的战略目标与意图，确保经营成果，确保工程利润。

工程项目的利润是工程建设企业利润的源泉，是企业可持续发展的内生动力，没有利润，发展无从谈起。同时，项目利润也是项目组织考核的一项重要指标，由于工程项目所处的外部环境、区域、国家、时间、市场等因素不同，项目成本与收入存在较大差别。经营方式不同，工程项目获取的手段和方法不同，对工程项目的利润也有着间接影响。

工程项目收入是通过项目竞争获得，而项目支出是由项目管理能力和项目实施的市场决定。一般来说，企业采用以内部定额为基础的工程量计价方法来对项目资源消耗水平进行统一评估，但是市场价格却因上述各种因素不同而各有差异，这些差异一般直接影响到项目经营效果。为了客观地对项目管理成果进行评价，需要针对项目的成本进行评估。实事求是的经济评价对项目管理的可持续经营起着重要的作用。这些经济评价，对项目团队所有成员的项目管理的积极主动性有着深刻影响。

经营承揽过程中的相关经营费用、让利等因素，是影响项目收入来源的一个重要方面，虽然通过竞争获得市场价格，但是在项目净收入方面也需要重点对经营中的各项费用综合考虑，从而精确计算项目的有效收入，为项目的经营决策提供有效支撑。

因此，以项目经营成果预测作为项目的考核基准，对于经营承揽、提升项目管理水平与能力，促进企业项目管理可持续发展有着重要的意义。同时，做好市场调研、经营预测、经营决策，对防控项目风险非常关键。

（1）市场调研

市场调研是针对不同项目外部环境中所有影响因素进行的调查研究，重点是影响项目价格的各项因素，运用一定的技术、方法、手段收集这些影响因素的条件与来源信息，实事求是地掌握项目客观情况，为项目经营预测制订正确的经营方针和经营决策提供依据。工程建设项目的调研一般包括但不限于以下方面：

1）业主方的情况调研。业主方的资信、信誉、管理能力、财务能力与财务状况等。

2）尽职调研。主要是利益相关方（如合作项目股东）、合作伙伴、主要供应商等。

3）市场调研。主要针对工程项目所需资源的市场价格和供应能力。市场调研有助于提高工程项目实施过程中优选资源的优势，在市场中占据主要地位。

4）项目参与方调研。主要是对设计、监理、咨询、行政主管单位和其他对项目有直接利益影响的单位进行调研，了解其有关情况，有助于企业及项目经理部和参与单位之间的协作与配合，为战略经营提供更加有力的依据。

5）竞争对手调研。在项目承揽期间，需要对竞争对手和潜在竞争对手进行调研，包括但不限于其工程质量、安全管理、项目管理能力、履约情况以及企业状况与信誉等，并根据自身的市场地位采取相应的竞争方法，获得竞争优势，从而更好地开展商务经营。

6）项目所处的其他外部环境调研。主要有政策环境、规章制度、法律法规、区域经济、人文生态、科技发展、自然条件、交通环境、配套环境等。这些外部环境对研究企业项目战略目标、制定应对策略有着重要意义。

项目环境的市场调研对项目战略目标和实施方案的制定有着重要意义，并为项目实施各项措施与方案的制定提供了详实基础,为项目市场价格的确定和项目成本的夯实提供了必要支撑。

(2) 经营预测

预测是根据与项目相类似的资料和项目当前条件,对项目将来的经营情况进行预测,以定性或定量的方法进行估计和评价,重点是影响项目价格的各种因素以及形成价格的条件(如集采价格与单采价格相差很大),为指导项目管理下一步的活动提供方向,为项目的经营决策提供依据,为制定各项目管理计划提供数据支撑,为企业处理项目管理活动提供应变能力。

预测需要系统、全面、科学,需要以事实为依据、以企业能力为依据进行,离开企业要求与支持的预测是不科学和不切实际的,要充分利用企业项目管理的规模优势来对预测效果进行分析,这也是企业核心竞争力的重要方面。预测要围绕项目的内外环境进行,并对一些项目的重大资源、大宗物资等进行趋势预测,知过去、看现在、预测未来,并以此类推出项目管理过程中可能影响项目经营价值的因素。

根据项目管理的内容与范围及项目的条件,一般预测内容主要有以下几个方面:

1) 市场预测。在市场调研的基础上,对工程项目所处的市场情况进行预测,对市场影响项目的因素进行预测,对业主方和利益相关方对工程项目的要求情况进行预测,特别是对市场价格及影响价格的因素进行预测。

2) 项目资源预测。对项目所需人力、工具与机械、物资与设备、规费与税费的需求数量与价格、供应来源方、项目配套情况、满足程度和供应条件等进行预测。

3) 生产能力预测。对现有条件下生产能力、组织管理人员、满足项目生产实施的各项约束条件等进行预测,包括措施性项目的资源提供情况、安全场地等设备与设施。

4) 项目的科技发展预测。包括对工程建设项目的科技发展、研发、管理创新、科技创新、技术改造与更新等进行预测,还包括新工艺、新材料、新技术等,企业需要对项目提质提升的发展要素进行预测。

5) 成本与利润的预测。成本与利润的预测是在上述预测基础上加以定量化的价格预测,是项目经营管理活动的成果表现,需要系统全面、科学有效。

(3) 经营决策

项目总体目标分解后形成诸多管理目标,项目经营决策是为实现这些目标,解决影响这些目标实现过程的问题,有意识主观寻求实施方案,按企业管理者及项目组织的知识、经验和素质及企业约定的决策标准,分析、判断,确定理想方案并予以实施和跟踪的系列活动。

项目的经营决策根据决策的重要性、决策的阶段内容以及组织设计权力清单中的要求来决定谁来负责决策、如何决策,这与项目需要决策内容的性质、重要程度和影响目标等诸多因素相关。

工程项目经营决策的主要依据是党政要求、企业决策的有关规定以及项目管理要素影响项目经营成本的重要方面，一般主要有以下内容：

1）"三重一大"的内容。一般是指重大问题决策、重要岗位人员的任免、重大投资决策和大额资金使用。

2）重要经营方式。主要是项目实施方案、组织设计、专项专题、安全专项、招标采购等。

3）资源方面的决策。主要包括人力资源、技术装备、分包分供方选择、物资与设备、工具与机械的确定等。

4）项目的全面预算。项目的成本、各期间管理费的使用等。

5）其他需要决策的内容。民扰与扰民补贴、重要事件的发生处理、疫情及自然灾害的处理等。

3.3.7 企业项目管理职能战略

法人管控项目更多的是以职能管理的方式管理和监控项目，通过职能战略的实施，使项目管理在公司既定的轨道上朝着目标迈进。

（1）职能战略

工程建设企业各个职能部门直接承担相应的企业战略目标任务。工程建设企业的战略目标必须分解至各个职能部门，通过其各项职能活动，保证企业战略得以顺利实施。

对于企业完成各项职能活动所采取的战略行动，称之为企业的职能战略。这种战略比企业总体战略具体，制定和实施战略的期限较短，主要涉及协同作用和资源配置等战略构成要素，如企业的财务战略、技术发展战略、人力资源战略等。

1）财务战略。工程企业的财务战略是在对现有的资金市场充分分析和认识的基础上，根据企业财务状况，选择工程项目投资意向，确定融资渠道和方法，保证企业经营活动的资金需求，利用企业的资金来实现战略。

① 筹资战略

根据项目的需要及企业的实际经营情况，以现有的筹资渠道选择最优的筹资方案。筹资方案以项目的现金流为基础制定资金使用计划，筹资方案中的资金获取时间和数量依据资金使用计划来制定。筹资方案不仅要重点关注还款期限、条件、利息、风险等，还要严格控制项目的筹资成本（筹资成本是参照企业的内部收益率，结合项目的财务成本、资金成本、资金获取通道等综合分析资金的使用成本）。

② 投资战略

投资是将资金转化为资产的一种活动，是为了获取资金增值或避免风险而运用资金的一种活动。对于施工企业来说，投资模式主要有股权投资和项目投资两种形式。股权投资主要是按一定的股权比例参与标的企业，获得有利于企业发展的资源、技术等。项目投资主要是针对标的项目进行出资以获取项目，重点在权益资金的出资、债务资金的融资。投资活动主要包括固定资产投资和维持施工生产所需的流动资产投资。在工程实践中主要体现为股权投资和投资合同或融建合同，一般常见于投资建设运营一体化的项目。

③ 利润分配战略

对于工程项目而言，必须有利润来维持企业发展。如果以投资带动施工项目，需要考虑项目的内部收益率是否满足企业决策需要、股东利润的分配和施工利润的回收等方面的要求。

④ 财务结构战略

财务结构战略主要是在对工程项目财务结构估算的基础上，建立投资模型，确定负债比率、杠杆比例，确定普通合伙人还是有限合伙人，确定投资边界条件，测算资金负债表、损益表、利润分配表等。工程建设企业在当前财务结构有正确估价的基础上，结合企业经营现状，通过调整各种比率、杠杆，确定最有助于企业战略目标实现的财务结构。

2) 技术发展战略。企业的发展依靠技术的发展得以提升，技术融于生产要素之中。各生产要素的技术含量的增加可使生产水平提高，工程项目的技术发展对企业的发展有着重要的支撑作用。工程建设企业技术的发展需要全面、有效、可持续，包括技术改造、技术引进和技术开发战略等。

技术改进是企业发展的内生动力，是增强企业实力，提高竞争力的有效途径。技术改进主要从施工设备改革、装备水平提升、传统工艺改进、产品加快研发、施工管理改进、促进科技管理入手。充分贯彻国家的科技政策，把握技改方向，做好科技决策，安排好科技规划和攻关，并积极、有效地推广普及技术成果，转化为企业的现实生产力和竞争力。

技术引进战略是企业根据发展需要引进外部技术，通过学习、购买或者合作等方式取得新技术，从而使企业的技术发展走上捷径。技术引进包括施工技术、技术装备、施工专利、学术交流和施工技术合作等。

技术开发战略是利用基础研究、应用研究在工程项目创造产品的过程中积累、总结、发明、创造形成拥有自主知识产权的技术成果，对新承揽的工程可以复制运用，提高企业效率和效益的开发路线。通过技术研究与实验，开发新技术、新材料、新设备、新产品等，使其拥有自主知识产权，增强企业市场竞争力。围绕工程项目实施过程中的施工技术、施工机械的运用、混凝土拌合技术、泵送混凝土、高层建筑施工技术、钢结构技术、智能建造技术、绿色生态建筑技术、地下施工、预应力、特种设备与安装、现代管理技术、数字技术、BIM技术等方面展开。这些技术开发极大地提高了工程项目建造水平和能力，为工程建设企业的发展奠定了坚实的基础，有效地促进了市场竞争。

3) 人力资源战略。从企业战略的总体思路出发，研究人力资源开发和管理的系列战略问题，充分调动和发挥企业员工的主观能动性，配合企业总体战略，从计划、聘用、评价、报酬等方面提高和维护员工的权益，实现吸引、留住、激励、管控人才，实现公司的可持续发展。

(2) 职能战略的实施控制

战略的实施控制是将战略执行过程产生的实际效果与预定目标和评价标准进行评定，具体到项目管理，就是管理目标与指标的实现，通过公司职能监管发现偏差、采取措施，实现战略目标。

1）确定目标。工程建设企业管理部门在战略方案执行以前就要明确而具体地指出工程项目管理的战略总目标和阶段目标，并将此目标分解给下属各职能部门、项目经理部，使其既具有一个确定的奋斗方向，又要有每个阶段的分目标。

此外，在企业目标层次结构中，虽然将目标表述得越具体就越易于执行，但是总公司仍然必须向各级管理者和员工宣布管理目标，以便使各级管理人员在执行任务时不忘企业长期经营宗旨或"经营哲学"，从而能使局部战略与全局战略相协调。

2）确定衡量工作成果的标准。标准是衡量或评价工作成果的规范，用来确定企业各级是否达到战略目标和怎样达到战略目标。标准应包括定性的标准和定量的标准。

3）建立报告和通信等控制系统。报告和通信系统是工程建设企业进行控制的中枢神经，是收集信息并发布指令所必需的，对于一个大型总承包企业尤为重要。没有一个报告和通信系统，企业就不可能获得分析和决策所需要的充足而及时的信息。

4）审查结果。工程建设企业要对收集到的信息资料与既定的企业评价标准及企业战略目标进行比较和评价，找出实际活动成效与评价标准之间的差距及其产生的原因。这是发现战略实施过程中是否存在问题和存在什么问题，以及为什么存在这些问题的重要过程。要做好这项工作，需要正确选择控制方法和控制机制，并在适当的时间、地点来进行。

5）采取纠正措施。审查结果如果达不到所期望的水平，企业应采取纠正措施。纠正措施应视问题的性质和产生的原因而定，不一定是责令问题所在部门改变实施活动或行为，也可能是调整评价标准或企业目标以及该部门的分目标。

在企业战略的控制过程中，从着手纠正到完成纠正之间往往存在一个时滞，工程建设企业的经营地域越分散、跨文化经营越多、组织规模越大越复杂，这种时滞就越长。管理数字化的提升将这种时滞缩短，但由于信息收集、录入需要一定时间，仍然不可能真正解决反馈控制时间带来的信息延滞，还必须以不间断的方式来审查结果和采取纠正措施。

3.3.8 现代企业制度为项目管理提出了新的观念

在市场经济条件下，企业管理要运用现代企业制度的新观念、新方法，其基本观念主要为：

（1）战略观念

企业要根据自身特点和内外环境变化，以全局的、发展的观念进行管理，要面向未来、面对形势，随机应变制定、实施经营战略。要明确战略目标、战略方针、战略规划，制定管理策略，确保企业得到长远发展。

（2）市场观念

企业必须根据社会及用户的要求来组织生产经营活动。市场是企业存在的前提。企业要具有市场观念，首先要研究市场，明确社会及用户需求，要以需求为导向研究对策和措施，占领市场，赢得市场。

(3) 竞争观念

在市场经济条件下，企业之间必然存在竞争，在竞争中求得生存和发展。对于建设工程企业来说，质量、安全、工期是企业的生存目标，技术创新与管理创新是企业的发展目标，也是获得市场的根本保障，管理以服务取胜。企业竞争实质是经营管理与技术水平竞争，本质上是人才的竞争。通过竞争促进企业改善经营管理，提高产品和服务质量、降低成本、缩短工期、提高经济效益，以便在竞争中处于有利地位。

(4) 用户观念

用户是市场需求的主体。企业必须以用户需求为导向，以经营生产为出发点，牢固树立一切为用户服务的思想意识，建造用户满意的产品，提供优质的服务，以获得良好信誉，获得市场认可。

(5) 效益观念

效益是企业生存与发展的根本保证，要牢固树立效益观念，必须坚持以经济效益为中心、统筹好社会效益与环境效益的综合效益观念。企业要获得好的经济效益，对外要赢得市场、扩大市场，就必须实现规模化效益，多承揽项目，多完成工程；对内要充分利用一切可利用资源、掌握有价值的供应链体系，降低成本，实现管理效益的最大化。

(6) 时间观念

时间就是金钱。企业赢得了时间，就赢得了效益。首先，企业经营决策要把握时机。即使是正确的决策，如果贻误了时机，也是没有效果的。其次，要努力缩短施工或生产周期，加速资金周转，提高资产周转率，"两金"（应收账款、合同资产与库存）保持低位水平，提高资金利用效果。最后，在企业的一切生产经营活动中要讲求效率，这是企业赢得时间最为重要的途径。

(7) 变革观念

企业作为环境适合型组织，要保持对外部的适应性，有效调整自身战略推力，做到与时俱进。企业的外部环境包括政治、经济、技术、文化等方面因素，由于这些因素随着社会的发展不断改变，企业战略推力即企业管理的方针、策略、组织形式、制度、措施和方法要适时调整和变革，企业的技术、设备、供应链体系要进行相应的改造或更新。事前要有预测，环境变化时要有对策，领导者要树立以环境变化为导向的管理思维。

(8) 创新观念

创新是时代的根本特征，要在经营、管理和技术等领域进行创新。创新是发展的动力，开拓新领域，运用新技术，开创经营管理的新局面。这样才能适应环境变化，在竞争中处于优势地位。为此，在经营上要开拓新客户，寻找新机会；在生产上要采用新技术、新材料和新方法；在管理上要研究新制度。要做到管理创新、技术创新。

3.4 企业的改革与发展促进项目管理的发展

3.4.1 企业为项目管理提供了总体思路与综合配套措施

企业管理为项目管理提供了总体思路、系统化管理基础和系统综合的配套措施,不断促进项目管理发展。项目管理的目标实现在于企业管理体制与内部配套改革的相适应。

随着现代企业制度的应用,工程建设企业已形成一整套适用于项目管理要素的各项管理措施,为工程建设项目的管理提供了系统化的、基本的框架体系,并通过制定相应的管理规章、制度、标准与方法来规范项目管理体系。培养和储备懂法律、会经营、善管理的专业化人才队伍和综合能力强的项目经理人队伍。通过市场化运作,储备一批供应商、供货商、劳务分包队伍,为项目管理的资源准备提供坚实基础等。因此,工程建设企业不仅仅为项目管理提供整体思路,还提供系统的综合配套,为实现企业多元化战略和行业结构的调整、战略推力的改进提供系统的配套与措施。对照项目全生命周期的特点,企业为项目管理提供一整套标准化程序等,并按照相应的程序进行工程核算、考核与绩效分配等。

在项目启动阶段,工程建设企业从获得项目合同后,按照企业项目管理的发展编制确定项目的组织架构,通过项目模式、职能模式、矩阵模式等建立健全项目组织模式,实现企业对项目管理的组织保障。通过项目经理、项目团队人员的安排组建项目经理部,通过签订项目管理目标责任书将企业的项目管理目标与指标进行传递,并配置相应的资源和确定项目计划、工程项目实施方案等,实现企业管理对项目管理的目标与指标进行控制。

在项目实施阶段,通过对项目计划的调控、监督与检查、协调来推进项目管理的顺利进行。通过对质量、成本与进度的控制,加强项目现场、合同与信息管理,组织协调项目的各项内容,完成合同范围内的工作与内容。

在项目竣工结束阶段,做好项目验收、归档和后评价,并对项目团队给予绩效考核,为工程项目善后工作做好安排。

3.4.2 企业通过对项目的管理与控制,促进项目的发展

工程建设企业通过深化改革,建立相应的企业管理体系,从组织机构、职能职责、资源、程序文件、作业指导书、指导性文件、工作手册等方面建立企业的管理体系,来规范项目管理的各项内容,形成一整套适用于企业项目管理的业务系统与方法,为控制项目管理的内容提供系统的解决方案与方法。这些内容与方法主要体现在:组织机构与职责分工为项目管理提供组织保障,人力资源、物资资源、资金财务资源、技术资源、信息资源、企业的基础工作等为项目管理提供资源保障,前期工作、项目管理、质量管理、设计管理、采购管

理、施工管理、竣工、运维服务等程序文件与作业指导书等规范着项目的管理程序，质量管理体系、项目管理体系、环境管理体系、职业健康与安全管理体系、成本造价体系、技术管理体系、科技创新体系、企业信用评级等为项目提供基础管理工作，管理岗位、操作岗位、按岗位规定职责、CI视觉、企业文化、党建工作等工作手册规范员工与劳动力的工作与操作行为，为统一思想、落实行动奠定必要的基础。同时，企业内控体系（基于COSO体系）对项目防控风险起着关键性的作用。

上述基础工作，企业通过部门（相关机构）的职能分工，以项目组织的形式和项目组织部门职能的相互衔接，对项目管理的要素进行约束，起到管理与控制的作用，并提供相应的服务，形成从企业管理到项目管理的一致性，从而为项目的健康发展起到保驾护航的作用。

3.4.3 企业管理促进了项目管理层次管理的发展

根据企业内部各项经济活动的作用不同，可将项目管理划分为不同层次，项目管理的过程又是项目创造产品和管理产品的过程，工程项目的管理必然划分为管理层与作业层。项目的分层管理，使管理层成为智力密集型群体，对促进企业管理的提升与发展，起到核心作用；使作业层成为技术密集型群体，有利于形成以项目为单元的市场资源配置，从而优化企业管理，降低管理成本，获得项目管理所需资源。

随着社会化分工的不断发展与深入，有效地促进了作业层所需资源的发展，专业化的企业在某些领域已形成自身的特色，如设计企业的设计水平与能力、专业化劳务企业的管理、专业分包商的能力等，这些资源可以通过市场化资源配置来获取，极大地提高了项目创造产品的水平与能力。

随着企业改革不断深入，有效地促进了管理层管理水平与能力的提高，工程建设企业在项目管理方面将发挥更大的优势。企业通过制度优化、管理创新、战略更新、培训教育、经验总结等，不断地使管理层的管理水平得到有效的提升，促进企业高质量发展，通过管理层的能力加强，促进了领导力的增强。

当然，工程建设企业可以通过设立专业化公司来为作业层做好服务，如中国建筑集团设立的机电安装公司、电务工程公司等，也可以通过建立合格劳务分包商的形式获取所需作业层的资源。

3.4.4 企业的深化改革引导内部竞争，促进项目管理水平的提高

企业环境分为外部环境和内部环境。无论是内部环境还是外部环境，竞争是促进企业产生活力和动力的源泉。企业内部竞争是以项目管理为突破口，不断深化内部配套机制的改革、转换经营机制的必然手段。企业内部竞争是模拟市场以适应项目管理的要求，以工程项目为核心，通过市场化行为的引入，形成公平竞争、优胜劣汰机制。对企业各项生产要素按价值进行交换，从而激发企业管理内生动力，企业内部定额通常是衡量这一价值的重要标

尺。国务院国有资产监督管理委员会（简称"国资委"）对中央企业采用"一利五率"考核方法对企业负责人进行考核，同样，企业也要对项目管理的管理要素进行考核，落实项目经理（部）责任制，从而形成有效竞争，增强企业的活力。

项目管理人员的选择对一个工程项目的有效实施非常重要，在选择项目管理人员时，要引导内部竞争上岗，确保项目组织更加高效，通过聘任考核、指标兑现、奖惩明晰来激励项目管理人员。

通过资金内部市场的调用来引导项目经理承包责任制的落实，形成以内部银行为载体的内部市场竞争机制，包括资金信贷、结算、调留、收支、结算和利息等。

通过内部资源的使用，从人、材、机等内部市场的竞争来优化内部资源管理也是一个重要的内容。很多企业利用自身资源优势，通过集中采购来优化内部资源，引导项目管理资源竞争。

通过树立标杆、鼓励先进、鞭策落实，来实现内部管理水平和管理能力的提升。

通过内部竞争，引导项目经理（部）充分竞争，获得项目实施的权利，通过标价分离，优选项目管理团队。

3.4.5 项目管理的实践反馈促进企业的改革深化

随着市场的不断发展与变化，工程建设项目的类型、特点、业主方工程项目的管理模式也在不断变化，一成不变的企业管理很难适应市场的发展与需要，工程建设企业需要不断根据项目管理的实践来调整战略推力，不断深化企业改革。

企业的一线管理，对市场化信息更为敏感。项目管理实践中需要及时获取有关市场变化的信息，这些信息对企业改革有着重要意义。施工总承包向工程总承包转变，项目管理模式的转变，都是市场变化带来的结果。业主为了获取更多社会资源、转移自身经营风险，通过项目管理模式的转换来实现自身经济目标和管理目标；工程建设企业为了获取市场份额，需要不断地根据市场调整管理方法，提高企业自身应变能力。

困难与机遇同在，挑战与发展并存，这是市场经济高速发展的必然过程。认清形势，客观分析企业在发展中遇到的问题，通过项目管理反馈捕捉到的市场信息，科学判断、精心研究、把握时机，狠抓企业内部改革，不断深化和转换经营机制，为企业的发展和振兴起到至关重要的作用。

第 4 章　项目管理策划

项目管理策划是企业与项目对项目整体管控的重要环节。它强调了项目管理不是独立于企业的管理，而是企业管理的一部分，是企业管理向现场管理的延伸。通过从企业管理到项目管理的流程描述，将企业的战略意图传导到项目，项目管理策划正是将企业的发展战略传递到项目管理的具体体现，从而确保项目管理在企业指导和监督下独立执行合同。

项目管理策划是确保企业项目战略实现的一项重要手段与方法。在具体操作中，如何做好项目管理策划是一项重要课题。如何将企业战略与项目管理目标结合起来，做好顺承和衔接，下好从企业管理到项目管理的一盘棋，项目管理策划是重要内容。

根据安索夫企业《战略管理》的论述，我们将企业概念引入项目概念，定义项目经理部为企业管理的最小作战单位，项目的组织管理围绕项目经理部的组织与管理展开。项目策划是通过收集项目的环境信息，以项目合同和企业对项目的战略定位，制定项目的章程，分解项目的管理目标与指标，按照项目的建设顺序确定的一整套项目全过程管理的工作程序。根据项目分解的内容，项目所需的资金，项目的特点、难点，项目管理目标，结合企业管理的相关制度与要求，来制定项目计划，一旦项目计划制定完成后，必须以项目计划来指导项目组织的各项管理活动。我们在项目实施伊始，需要对全过程的各项管理活动进行决策，统筹好企业管理目标与项目管理目标，实现企业管理与项目管理的一脉相承。

4.1　项目管理策划的原则

（1）项目管理策划的目的是明确项目管理的方向和目标，制定与企业战略相匹配的愿景和企业的抱负目标。通过策划，企业在投入合适的预算成本条件下，确保项目经理部能够实现对企业的承诺。

（2）项目管理策划规划项目管理架构、技术架构和支撑体系，确保组织符合项目实施的需要。项目管理架构应职责明确、团队结构合理，并在企业认同的文化背景下实现企业的管理目标与指标。项目管理是企业现场管理的核心，项目管理策划的各项内容是作为保障要素来实现企业管理，通过各项管理计划的落实与实施，在实现价值驱动的同时取得阶段性成果。通过监测与测量以及纠偏措施的运用，最终确保项目整体目标的实现。

（3）项目管理策划要确保企业管理与项目管理的一脉相承。项目管理策划要实现项目管理过程的标准化、模块化和一体化，协同化企业生产经营模式转换，提高企业项目管理的效率。通过策划，确保项目管理全过程各项要素分配合理，实现项目各阶段奋斗有目标，企业监管有依据，形成上下统一的项目管理标准，贯通企业全生产要素的协同管理。

（4）将项目管理的产品创造过程与项目管理的管控过程有机衔接起来，有利于项目管理过程各项管理措施的实施，也有利于确保项目产品创造过程的计划、组织、协调和控制。

最终，项目管理策划有利于落实企业的战略目标、企业愿景和发展规划，促进企业管理效率的提升。

4.2 项目管理策划的工作流程

项目管理是企业管理向现场管理的延伸，项目经理部在企业授权下开展项目管理工作。因此，项目管理策划的工作流程分为企业项目管理策划阶段、项目现场管理策划阶段和项目实施策划阶段三个阶段。

4.2.1 企业项目管理策划阶段

项目管理策划是从企业到项目经理部对项目的管理实施计划的安排。一般在项目开工前，项目经理部尚未成立，在实施过程中由拟任用的项目经理组织，与拟任用的项目主要管理人员共同在企业的指导下开展策划工作。主要任务是根据项目的合同文件及往来文件等前期市场经营工作的情况，将企业对项目的战略定位、市场研究以及风险评估等与业主方沟通完善项目前期条件，展开对项目的组成的结构认识分析，并制定项目管理计划（项目管理计划为企业内部计划，涉及商业机密、成本策略、发展策略等，不得向合同及相关方透露）和成立项目组织。同时，企业根据项目的条件设定目标、制定章程、确定项目的管理目标与指标，最终设立项目经理部。这一阶段企业与项目经理及主要项目管理人员共同为工程项目的开工做好准备。

4.2.2 项目现场管理策划阶段

开工后，项目经理部根据企业的目标、指标任务和项目管理计划等，编制项目控制预算（项目成本的分项计划），根据项目的性质（特点、难点及重点）制定专项实施计划，并与业主和相关方沟通，以制定适用于项目合同条件的项目实施计划。该计划包括设计、施工、采购、合同、质量、环保、安全、资金、财务和科技创新等。一般项目实施计划的制定需要获得合同方的同意后方可实施。项目实施计划的目标是要确保项目合同各项内容的实现，不包括商业秘密、成本策略等，仅用于项目的计划、组织、协调与控制，确保项目管理的现场实施。项目实施计划需要经过企业审核后报业主方审批通过。

4.2.3 项目实施策划阶段

项目实施策划过程对于项目组织来说，主要是完成各项管理计划，企业可以根据策划的结果对项目的进展进行监测、纠偏，依据策划结果指导项目组织实施，确保项目的正常运行。

结合企业管理和项目管理的特点，以及项目管理要素与计划的分析，总结如图4.1所示的项目管理策划工作程序。

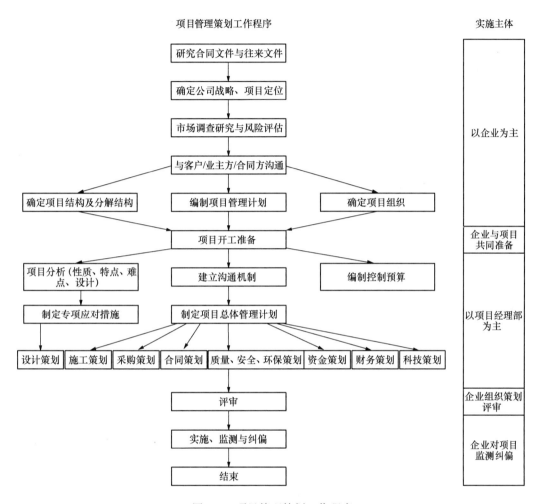

图 4.1 项目管理策划工作程序

4.3 项目管理策划依据

4.3.1 企业项目管理依据

根据企业的战略定位、方针政策、愿景、发展规划以及项目的重要性等为项目制定管理章程，确定项目的战略目标。

依据企业的管理规章、制度、管理文件为项目管理计划的制定提供支持。

通过企业能力、基础管理、人力资源、科学技术积累、内部定额、数据库、平台库与企业知识库的积累为项目的各项策划提供基础，为项目管理策划提供基础依据。

企业的相关专业化公司、供应链及相关配套的企业为项目提供专业化的支持。

4.3.2 项目合同与环境条件

项目的合同条件和招标投标过程的有关文件，是项目管理现场要实现的基本目标。研究分析项目的合同条件，特别是专项合同条款的分析与判断，对项目管理策划至关重要。

项目的环境条件包括但不限于社会、政治、气候、交通、政策和市场等，对这些影响环境条件的调查研究是项目管理策划的又一重要因素。

4.3.3 项目可行性研究报告

参与投资建设项目时，《企业项目投资可行性研究报告》是企业和管理层决策的重要文件，可行性研究报告中的各项基础数据、假设条件、实施方案、交易结构、资金方案、内部收益率和风险防控有着明确的要求。批准的《企业项目投资可行性研究报告》是落实企业董事会重大决策的依据。因此，合同文件及其组成和《企业项目投资可行性研究报告》是投资带动项目管理策划的纲领性文件。投资带动项目建设正是企业发展目标之一。在项目执行之初，必须要明确管理方向、做好谋篇布局，才能做到项目的整体决策部署与企业的战略方向保持一致，也是项目管理策划的最重要依据之一。

这里需要重点了解，作为工程建设企业参与工程建设与投资决策的《项目可行性研究报告》与项目立项批复的《项目可行性研究报告》有着重大区别。项目立项批复的《项目可行性研究报告》主要是项目的投资决策、筹措资金、申请贷款、编制初步设计文件和概算的依据。工程建设企业参与工程建设与投资决策的《项目可行性研究报告》是对承接项目的边界条件与效益进行研究的成果，是化解工程建设企业参与投资的各种风险、确保收益的论证。两种可行性研究的对象与目的是根本不同的，在运用时要加以区分。

批准的工程建设企业《项目可行性研究报告》是项目管理策划的重要依据。可行性研究报告中确定的各项测算数据，是项目管理要确保实现的重要内容。如投资回报率的确定是以可行性研究报告中确定的内部收益率指标来确定和衡量的，工期是以项目的建设期分解确定的。

风险防控是投资类项目的典型特征之一。确保项目可研中假设条件的成立是项目策划识别建设过程中的风险管理的依据，要重点分析，重点应对。在项目策划的同时必须策划应对风险的措施与手段，确保风险得到防控。如对发包单位的经营情况和负债做尽职调查，防止其负债超过红线造成后续资金回收困难和现金流中断；投资建设项目要对边界条件进行敏感性分析，做好风险防范与风险控制。

可行性研究中的项目背景、合法依规性、运作模式、投融资方案、经济效益预测及评价是项目管理策划的重要依据。如可行性研究中明确的建设期和还款期，在项目管理策划时要严格措施保证，一旦建设期延长或者还款期延期兑付，项目管理过程中的有关费用以及与时间延长有关的可变成本急剧增加，将严重影响项目整体收益率，严重时会出现施工利润无法贴补资金占用的利息的情况。

4.4 项目管理策划的内容

项目管理策划的基本过程是从认识项目的本质到分析项目的各要素，通过运用科学组织，形成以企业发展为导向，最终达到企业管理与项目合同预期的过程。项目管理策划也是一个有预见性地识别和管控项目的过程，是对项目管理的认识、运用科学的方法、付诸实践的项目全生命周期研究的过程。通过认识项目管理的本质，科学地组织好完成项目的管理流程方法，达到科学有效的实践效果，实现效益与效率的提升。

根据现代项目管理的定义，项目管理由十大要素组成，即范围、进度、成本、质量、资源、采购、沟通、整合、风险、相关方等。这十大要素是项目策划中明确需要管理的对象。当这些要素的条件成立时，相应的结果可以确定；要素的条件不成立时，管理策划就失去了重要的依据。根据项目管理的方法，结合工程项目类似经验、社会积累及企业项目管理等，项目策划的内容一般包括以下几个方面。

4.4.1 研究合同文件与往来文件

合同文件和往来文件是项目市场经营过程中双方的约定，是合同双方以项目为基础的契约，也是合同双方执行合同过程的依据。合同文件及往来文件明确标的范围与内容、权利与义务、工期、质量标准、计价规则、付款、资金方案等。专用条款中还包括特殊要求、计价规则、技术标准、交付标准、争端解决、甲控、甲定、甲指、质量、工期、造价、罚则、风险、调差、设备与设施和材料的标准等，是项目管理策划的重点分析内容，各项内容也是构成项目管理的对象和管理管控的载体。

合同双方的往来文件及信函，载明了很多合同文件调整和修改的内容，是合同文件的重要补充，因此，要综合分析判断合同文件、往来文件及信函，确保项目管理对象内容的准确性和有效性。特别是合同文本"合同协议书"规定了合同文件组成的解释顺序，使得查看往来文件及信函显得更加重要。部分项目还涉及联合体协议、股东协议、章程和标前协议，在项目管理策划时也要一并考虑。

合同文件的交接和交底应纳入项目管理策划中，交接与交底是项目管理团队统一思想、落实行动的重要步骤。研究合同文件是项目经理接受任命之后的第一项重要工作。项目组全体成员要熟悉合同，包括业主要求和设计规定等。项目管理的过程就是执行合同的过程，而不是出现了纠纷才去找合同。项目经理部应保留一套完整的合同文件。

4.4.2 确定企业项目管理战略的定位

企业战略是企业发展的方向，而工程建设项目的生存目标、社会目标与发展目标则是企业发展战略的基础目标。企业的战略定位和项目建设意义决定了项目的管理目标定位。项目的生存与发展目标是企业生存与发展目标的具体体现，项目建设的意义决定了企业的决策重视程度。其中,市场战略目标需要通过具有特色意义的项目目标来实现。如某市重点工程的建设对企业开拓区域市场和提升企业知名度有着重要的意义。为了实现项目的战略目标,根据战略规划的要求,企业需要对项目的实施制定章程,为项目的建设与发展指明方向。

4.4.3 市场调查研究、现场勘察和风险评估

市场调查研究、现场勘察和风险评估工作在项目实施前必须做好。市场调查是对影响项目的主要构成部分的资源与配置进行研究。现场勘察是对实施过程中需要采取应对措施的条件进行研究。风险评估是对项目实施可能存在的影响因素重点加以考虑。

（1）市场调查研究

市场调查研究分内部市场和外部市场。内部市场一般由与项目相关的企业内部的专业化公司提供服务,旨在提高设备和设施的资产周转率。由于企业属于集团化运作,工厂化集约化程度趋于完善,普遍适用的物资和设备可以在多个不同项目之间周转,既降低了项目的费用,也有利于将项目带来的收益向企业归集。外部市场是在内部市场无法满足需求时,从外部购买物资、设备和服务。调查研究的原则是最大程度缩短供应链,降低流通环节成本。对大宗物资与设备要做到以集团集中采购为主,必要时直接面对供应商或供货商。对于数量少、品种多、不利于集中采购的物资和设备,项目经理部可以直接采购,从而提高规模效益。

市场调查研究还需要对可能或潜在的供应链进行商誉调查,对信用情况及负债情况进行摸底,包括但不限于人、材、机等相关劳动力物资与设备等。

通过市场调查研究,将一些潜在的不合格供应商或者不符合项目建设需要的供应商剔除,从而降低项目实施的风险。

（2）现场勘察

现场勘察是保障项目稳步推进的一项调研工作,主要涉及项目的位置、环境、交通、政策处理以及政治环境等方面。同时,还需要采集电信、道路、排水、给水、供电、消防等入口和出口的走向,对项目所需的主材料的获取、运距等要实地踏勘。涉及资源调配自平衡的项目,需要进行精细统筹,确定施工战略部署,统筹安排好施工程序与顺序,实现资源有序对接。如公路或铁路工程中常常遇到的隧道洞渣与道路填方需要统一调配,这和隧道的开通时间、场内的运输产生联动。对于施工场地不满足项目施工条件时,需要考虑对外租用场地,如道路工程的水泥拌合站所需的加工场地、现场制梁的场地等。在必要的情况下,还需要考虑工人上下班的路程问题,以提高项目管理的效率。

（3）风险评估

针对可能存在的风险,按风险管理的方法进行评估并制定应对措施,在策划布局中应重点加以考虑。

风险评估是从工程项目的总体风险和工程项目专项风险两个方面来进行评定。

工程项目的总体风险主要有：政策、市场、资源、技术、工程施工、融资、组织、环境与社会、信用、政府、交易结构、供应链等方面的风险。

工程项目的专项风险有：项目的性质、特点、难点；项目设计中采用的创新技术；项目管理过程中采用的新技术、新工艺和新特点；采用边设计、边施工、边展开技术攻关的项目（如EPC类项目）；可能产生重要变更的项目；可能涉及敏感问题（环境、搬迁、回迁、破产）的项目；严格要求的（法律、法规、安全、质量）项目；具有重要政治、经济、社会影响且财务影响很大的项目；后期可能变更项目合同等方面风险的项目。

4.4.4 与客户/业主方/合同方沟通

建立与客户/业主方/合同方的沟通非常有必要。在研究合同之后，对条款有关内容存在不同解读和理解时，应加强双方的沟通确保实施过程中不存在歧义，确保有序和有效的协调。通过沟通，双方增进了解，特别是市场经营与项目管理分属不同的部门时，加强沟通了解非常必要，知己知彼，便于寻求支持与谅解，得到充分的合作。

市场招标结束后，项目招标依据的是招标图纸，此时还达不到施工图纸的深度。业主方在前期合同谈判的时候，部分需求一般没有在图纸中明确表达，而利用买方市场的优势地位，将部分内容加入合同谈判的往来文件当中，作为合同文件的组成部分。在项目实施前，项目经理部需要与业主方经过详细的沟通，防止因信息收集的不对称导致履约过程中与甲方或业主方产生不必要的矛盾。

与设计单位沟通时，需要确保图纸完善，确保图纸中的有关设计标准与招标文件相符。利用自身施工的经验和市场调研的成果，将设计中明显不利于工程计价和市场优势不明显的内容争取在获得谅解的情形下进行修改，争取优化设计，化不利因素为优势。

与监理方的沟通，需要仔细研究监理大纲及实施细则，对于实施细则的要求明显高于合同要求的内容，需予以沟通，防止过高的建设标准提高工程造价。

与政府方的沟通，涉及项目所处的地缘环境与政策环境。如投资的政策优惠是否可以落地，税收的减免有无政策，环境保护是否过于严格，周边民扰与扰民现象是否突出，项目政策处理是否会影响工程的进展。针对线路类、交通类项目，穿越的行政区域较多、相对复杂，存在宗派势力和民俗习惯等，需要做好项目实施前的研究与准备。必要时，还需要研究政府人员与政策的变更是否频繁，防止因政策处理不及时导致后续出现政策风险。确认涉及的工程建设用地性质是否已划拨或者购买，是否处于质押状态；开工报告中的各项内容是否齐备合法依规等。

4.4.5 项目范围的分解

项目范围的分解是项目管理对象的基础，所有的项目管理的手段与方法都是通过项目结构分解后制定相应的应对措施与方法。通过范围分解，制定项目范围管理计划，做好相应的组织安排、资源配置，对项目管理要素进行整合，最终实现项目的整体目标。

国际通用的项目范围分解方式是工作结构分解（Work Breakdown Structure，WBS），建立项目记账编码，对所有管理资料进行收集整理，对各种成本核算、计划编制、检查与审计都非常有益。

WBS是对项目的范围和工作自上而下有规则的分解方法。常见的单位工程、分部工程和分项工程，一般最终分解到人、材、机等适合资源为止，作为策划，做到分项工程即可。WBS是项目管理的有效工具，也是项目费用、进度综合控制的基础。

WBS之内的工作和费用属于项目本身，WBS之外的工作和费用一般理解为非实体、期间费用或其他费用等。

记账编码是对各级WBS确定唯一的代码和编码。用于费用和进度计划，实际消耗的记录，实现计算机管理。

项目工作分解必须在项目一开始由项目经理亲自组织，并由项目团队共同参与。WBS是项目范围管理的有效工具，国际上普遍采用。由于项目范围内对工作结构分解（WBS）做得不明确，有时会导致项目管理粗放、混乱甚至出现错误。

4.4.6 编制项目管理计划

项目管理计划（PMP），是指企业为了保证项目管理有效，并实现企业战略与使命而编制的计划。项目管理计划是一系列为了企业战略目标与使命的实现而制定的有效措施，是一系列企业管理指标和目标在具体项目实施时的整体安排。它不仅仅是项目合同执行的具体体现，而且可以保证利益上获得最大化，在企业的可持续性发展上又有所建树（如企业专利技术的使用、设计优化措施、项目实现的利润期望等）。因此，项目管理计划是企业发展措施的延伸，是企业内部文件，不得向业主提供。该计划由项目经理根据企业的规章制度和发展规划等编制，体现项目经理的主张和思路，与企业的要求相符。该计划制定完成后，经企业相关部门及主管领导批准后实施，也是项目团队向企业的承诺。其包括但不限于项目实施计划、利润、预算控制、变更、索赔、科研创新、管理创新、人才培养、市场开拓等。项目实施计划（PEP）是在项目管理计划的基础上，编制的向业主、监理及相关单位提供的审查文件，也是后续工程管理的凭证依据。相当于执行合同的具体实施，因此要做到合法依规、完整、详细、合理、可行。

4.4.7 项目组织

项目组织是企业授权派往实施项目的管理团队。项目组织结构的形式和管理模式由企业的管理行为决定，其管理架构和人员需要根据管理的幅度与范围，并根据合同内容来确定，具体依据项目WBS来确认。即项目的工作结构决定项目组织结构（OBS），基本成员包括项目经理、工程调度、技术、质量、安全、采购、成本、预算、财务、试验、测量、办公室等人员。对于EPC类工程，需要有设计和报建岗位，融建类项目还必须有金融相关专业类人才，一般由企业控制。由于受到专业的限制，根据项目工作结构分解（WBS），机电专业、环境专业等人才不可或缺，如房建和铁路工程中的机电设备安装等专业人才需要匹配，防止出现管理真空。具体的组织结构需要根据项目合同的范围与内容进行设计统筹安排。

按矩阵管理原则，合同的管理幅度与范围，可采用强弱矩阵管理来加强或者虚化项目组织。确保管理期间费用合理有效。一般项目组成员由项目经理提出，经协商，由企业职能部门和人力资源协商派遣；如果发生矛盾，由企业协调解决。

项目组织中的核心团队成员需要进行个人能力评估，包括知识、经验、个人素质和整体能力评价，确保项目成功。

4.4.8 开工前准备

根据前述对项目的各项调查、研究与准备，对外需要与业主/客户方/合同方取得一致意见，对内需要统一项目管理团队的意见，召开两个会议：一是"开球会"，二是项目开工会。

"开球会"，即与合同方召开的开工会，由项目经理组织，重点解决项目调查研究准备中需要合同方确认的内容，对界定不清楚或模糊的地方，要做到事前确认；当有争议时，双方必须做好协商。这些需要确认的内容，包括但不限于设计文件、信息沟通、合同接口、场地条件、变更要求、计价、确权、沟通机制等。对已确认的内容，双方要形成会议纪要，作为合同文件的补充部分。

项目开工会，是属于企业内部的会议，核心团队必须参加，旨在统一思想、落实行动、增进沟通。会议由项目经理主持，宣布项目管理架构、管理组织、重要岗位人员的任命，项目经理公布项目管理计划和项目实施计划。还要宣布项目的管理目标与指标，企业宣布各项管理责任书，必要时需对项目的管理关键点、重点和难点予以说明。

4.4.9 项目的性质、特点和难点

项目的性质、特点和难点决定了项目的管理实施办法。根据行业细分，有公路、铁路、市政、房建、园林、绿化等各种形式。根据资金来源分析，有国拨、自筹、融建。根据政策细分，有税收优惠和政策支持。因此，项目的性质决定了资金、利润和可持续性等。

特点是项目的固有属性，由项目性质和承包模式等方面决定，项目特点决定了项目的施工组织与施工方法。

项目的难点是项目实施过程中的关键控制点和关键方法，需要整合企业及社会资源进行保证，特别是一些超出常规施工工法及标准或者非常规方法得以实现的分部分项工程，需要提前应对。如随着5G技术的发展，其数据中心出现了特殊的要求；地质的可变性决定了基础施工存在的风险；新型环保节能设计导致后期的节能检测难以达标；项目采用EPC+F模式的融资难以获得等，均属于项目的难点。

项目的性质、特点和难点需要提前预判，防止顾此失彼，给项目带来不可控的风险。

对于EPC类项目，项目设计条件和设计数据需经编制确认，防止设计的要求、标准与内容不符导致大量设计修改或者预算超限。对于项目设计数据的变更属重大变更，应按变更

程序办理。对于合同方因市场、客户需求变更或承租售对象改变造成项目设计数据变更,导致进度拖延和费用增加的,承包商有权要求工期和费用的索赔。对于有工艺设计要求的项目,要对确定的对象签署有关协议,明确有关要求,防止设计的不确定性造成前期的时间延误和期间费用增加,带来成本超支的风险。如工厂生产纲领若变化,后续的不确定性会更加明显,造成的损失更是无法控制。

4.4.10 项目管理的专项应对措施

针对项目的性质、特点与难点,结合项目的环境条件,在前期调查与勘察研究的基础上制定应对措施。由于项目组织机构在此期间已经建立,项目经理可以组织项目团队成员进行深入研究,结合实际环境情况,分类别制定措施。必要时,请求企业或外部力量支持。特别是在一个项目中经常由于设计任务书及区域环境的影响,需要制定专项措施,如公路中的转体桥梁、房建中的新基建设计等。

通过制定专项措施,提前把控项目实施的风险。对一些前期准备周期长的专项,要考虑足够的时间安排,如场地内的军用电缆的迁改、与重点铁路交叉的审批等。

专项措施的制定有利于化解管理过程中的预算控制,防止因部分专项措施不得力导致项目成本失控。

4.4.11 建立沟通机制

沟通需要经过策划,确保沟通有效并形成有效文件,确保相关沟通交流的有价值信息不只停留在口头上。特别是项目实施后,合同里面没有约定的或者增加的内容,如果没有书面的有效确认,而且跨周期太长,会导致事后追索无据。在国内,EPC类投资项目跨周期长,双方管理团队人员变动频繁,如果没有保证及时有效沟通,损失将会很严重。因此,在沟通策划时要做到:

一是建立与用户的联络途径。联络途径可以保证双方沟通有效,重点是杜绝承包商与用户/业主的多头联络,保证信息的唯一性、确定性。双方代表应是业主代表和项目经理,确保沟通的有效性;办公地点明确,确保沟通身份与职能联络途径的准确有效,为此要明确联系人姓名和职务、通信地址及邮编、电话、传真、电子信箱、办公地点等。通过上述沟通的策划,有利于后续凭证及相关索赔和反索赔证据的归集。

二是明确协调程序。特别是业主代表和承包商代表、联络渠道、文件交付、文件审核批准、变更程序、报告制度、业主检验、重要会议、现场管理、考核验收等。这些协调程序的建立,有利于项目在管理过程中的各种矛盾和争端的合法解决。

4.4.12 编制控制预算

控制预算是指企业根据市场经营承诺在项目管理过程中需要留足用于企业发展的利润和盈余资本公积之后,用于实现合同的预算成本、利润与盈余资本公积,我们称之为项目管理的计划利润。编制控制预算就是根据企业的内部定额、市场调查、技术方案、设计限额（含设计的 EPC 工程）、供应链和设计优化等制定实施项目的成本，并确保项目能够达到合同效果。按照清单招标的项目，根据清单比较容易实现控制预算，量与价都非常明确。

对于 EPC 项目，由于相当于三边工程，量与价都不确定，因此制定控制预算比较困难。但是在项目管理策划时，量可以根据项目的规模进行估算，制定模拟清单。价的问题，可以根据项目的技术方案、类似工程的经验进行估计。最终要确定项目的计划利润，确定预算控制。

编制初期控制估算，合同签订之后，项目经理部应在报价估算的基础上，编制一份完整的初期控制估算。初期控制估算在设计参数定型阶段（我们常称之为初步设计阶段）和基础工程设计阶段起控制作用。初期控制估算的深度应分解到专业一级，每个专业系统能自成体系。

4.4.13 编制项目总体控制计划

编制项目总体控制计划，应根据合同明确的节点工期的要求，确定项目关键点，对于 EPC 项目，需要按照工程建设基本程序梳理项目的总体进度计划，如立项、可研、方案、初设、施工图设计、项目实施、竣工、缺陷期、交验等各个环节。各子项目在编制其进度计划时，要与项目总进度计划协调。项目的总进度计划还应协调和控制实现项目管理中的其他要素，如招标采购、设计、分包管理、专业单位的协同等。根据项目的总体时间安排，对一些关键性的、关键线路上的工序或分部分项工程，一定要有资源整合的能力保证。总进度计划一般是以时间安排为主，具体到组织项目总进度计划的支撑计划，需要有资源的支撑。

4.4.14 设计计划

设计计划是在总计划的基础上进行的细分，是项目实施计划的深化和补充。设计计划主要包括以下内容：1）设计范围及分工；2）项目设计组织（如设计分包）；3）设计基础数据与设计条件（设计任务书、工程咨询或专题成果，如水文、地震、自然灾害、航空、交通、能评、环评等）及项目设计统一规定；4）项目采用的标准规范；5）设计采用的工艺技术和主要工程技术，配合采购进行的设备或专项的定型；6）设计进度；7）费用控制指标（如限额设计）；8）设计质量要求；9）用户的特殊要求（例如用户提供的设计规定或运维、物业管理或市场客户）；10）设计协调程序；11）配合合法审批程序（配合立项、可研、概算批复、土地获取、规划许可等）。

4.4.15 编制施工计划

项目施工计划是项目总进度计划的深化和补充。施工计划是项目实施的具体计划，因此，各项工程的组织关系和逻辑关系要非常明确，资源的供应要与现场、资金使用的密集程度相匹配,避免资源的使用大起大落。项目施工计划的主要内容应包括：1)施工范围及分工；2)施工分包原则与选取；3)施工分包招标规定；4)施工技术管理,采用的标准、规范、规程、图集、专利,实施的技术方案；5)施工进度管理；6)施工费用控制；7)施工质量管理；8)施工安全管理；9)施工现场管理（CI,文明施工与环保等）；10)施工协调程序等。

4.4.16 编制采购计划

项目采购计划是项目实施计划的深化和补充。采购计划不仅仅限于施工项目的实施阶段,设计阶段的采购也要一并纳入采购计划中,包括施工前的各种咨询服务类、大型设备或专项定型、设计分包的采购等。主要内容应包括：1)采购范围及分工；2)项目采购原则；3)项目采购统一规定；4)项目采用的设备、材料及制造标准规范；5)合格厂商及采买、催交、检验、运输有关规定；6)采购进度；7)控制预算指标；8)业主的特殊要求（例如,业主要求确认供货商和参加检验等）；9)采购协调程序等。

4.4.17 编制合同计划

项目的合同计划是采购计划的延续,是资源获取的法律凭证,合同计划也是项目计划的深化和补充。项目合同文本的形式多种多样,为了便于管理,一般采用简易合同、标准合同及FIDIC合同等三种形式。除项目主合同是项目费用收入的依据外,所有实施合同均是项目费用支出的依据,也是资源获取的凭证,因此,合同计划需要根据总进度计划,结合采购计划制定。

工程项目合同一般包括工程类、服务类、咨询类、材料类、人工劳务、分包、设计等几种类型,这些类型是依据项目范围计划划分,分类管理。

合同管理又包括招标阶段的合同管理（风险评估、招标文件的审核、合同谈判、签订、备案）,履约阶段的合同管理（合同交底、索赔、变更、终止、争端协调）,收尾阶段的合同管理（归档、后评价等）。

因此,合同计划的编制要综合考虑上述几个因素。

4.4.18 项目质量、安全与环保计划

根据企业战略的需要,针对项目具体的情况,制定各项质量、安全和环保的目标与指标。同时依据这些目标以及相关标准规范和企业的管理制度等支撑文件制定实施方案,成立管理组织架构和组成人员,明确分工,制定具体的实施措施,制定专项应急方案,做好测量和监督。

（1）质量体系管理的策划

根据《企业质量管理手册》和《作业指导书》,结合项目的特点和难点,由项目技术负责人制定《质量管理计划》,为了确保质量体系的运行,质量体系管理的策划涵盖：组建项

目经理部、合同及项目策划交底、技术准备、分包商、物资、设备、技术交底、场地布置、特殊过程的确认、施工过程监控、工程质量检验、成品保护、竣工验收、交工、缺陷与保修等过程。

（2）环境管理体系策划

结合项目的特点、区域位置及政府要求，由项目生产经理负责策划《环境管理计划》，主要涵盖下述内容：环境因素识别与重要环境因素的确定，环境目标和指标的确定，组织机构及重要环境管理岗位的设置，重要环境管理岗位职责描述，针对重要环境因素的控制措施，应急准备与响应方案，监视与测量，培训安排。

（3）职业安全健康策划管理

依据《企业质量管理手册》和《作业指导书》，结合项目的特点、区域位置及政府要求，由项目生产经理负责策划《职业安全健康管理计划》，主要涵盖下述内容：

组织危险源辨识、风险评价和风险控制策划，编制项目《重大风险及其控制计划清单》《职业健康管理计划》，负责确定项目的潜在事故或紧急情况，并采取措施进行预防控制；负责项目分包单位的资质和施工人员资质的审核；负责对进入施工现场的人员安全教育；组织编制安全技术（或管理）方案/措施；组织安全防护用品和安全设施的验收；组织施工机械的验收和日常维护保养；负责组织施工过程中的安全技术交底；对项目职业健康安全情况进行监视和测量；负责职业健康安全相关记录的管理；负责项目职业健康安全管理的信息沟通；组织项目安全事故的调查、处理和报告；整改、验证及纠正、预防措施；项目伤亡事故统计报告。

4.4.19 资金计划

资金是保障项目实施的原动力，也是项目实施计划的深化重点。做好资金计划是确保项目顺利进行、合理使用资金的重要保障，资金来源的稳定性是决定项目能否正常实施的必要条件。以预算控制为基础，综合期间管理费，结合财务管理成本，制定项目资金计划。

一般 EPC｜F 或 BOT 类项目，资金筹措方式决定了项目资金来源。为了确保建设期利息的合理性，满足工程进展资金的支持，项目经营现金流对资金的把握起着重要的作用。

根据资金来源，动态把握资金的去向，需要考虑业主方/客户方/合同方是否有稳定的现金流。根据合同的付款条件，付款额度不足以覆盖项目中期成本时，资金来源如何考虑，要做好预案。

资金管理时，对于资金来源的方式需要进行动态管控，避免项目实施陷入被动，如采用专项建设资金或专项债的项目，应考虑是否得到国家的审批，银行贷款或世界银行贷款的专项额度是否满足要求等。

4.4.20 财务计划

财务计划是根据项目的资金情况，以控制预算为基础，制定项目的全面财务预算。

做好项目的现金流计划，确保工程项目的资金得到持续有序的保障。

做好税务策划，特别是对项目采购中的小规模纳税人，对一般纳税人的税费做好统筹安排。现有合同的税率条款是否可以调整，如合同已经签订无法转嫁增值税，供应商在合同签订时以较低税率（如3%或5%）的营业税作为定价标准，则供应商有可能需要自行承担剩余（如11%）的增值税税负。建筑劳务和材料占项目开发总价值越高，影响越大，可抵扣进项税额越高，因为材料的进项税税率为17%，而建筑成本会带来11%的进项税。通过财税政策的研究，多项税收是否可以合并抵扣，以减少项目财务成本的支出。

4.4.21 科技创新计划

科技创新计划，要以项目中需要解决的问题或者推广的内容为基础制定，以保障项目的安全生产，提质增效。如需要解决的项目难点和专项技术，需要推广的内容以住房和城乡建设部推广的新技术为基础制定。科技创新的成果，主要包括工法、论文以及提高项目质量的QC管理活动总结、发明创造、专利等形式。随着科技的不断发展，新技术、新材料、新方法也在不断创新，为了提高工程建设企业的新质生产力，要将先进技术、材料与方法融合到科技创新计划中。

4.4.22 评审

各项管理计划制定后，由企业与项目共同组织评审，对各项计划是否满足项目管理的需要进行评估，并形成评审意见和报告，对评审后的管理计划定案后由项目经理部执行。

4.4.23 实施、监测与纠偏

各项管理计划纳入项目的日常工作，并以季度或确定的时间为前锋线进行对比检查，以查漏补缺，确保项目管理的过程在确定的轨道上运行。对于各项计划执行的进展与计划出现偏差时，由项目经理部及时纠偏，必要的时候整合企业内部力量共同纠偏。同时，将计划执行效果纳入企业范围内的过程考核。确保项目能够按既定的目标进行，实现既定的管理目标与指标。

4.4.24 后评价

后评价是对项目实施过程、实施效果、项目目标实现与可持续性进行的评价。过程评价：项目策划评价、项目实施阶段评价、项目运营阶段评价；项目管理和财务状况：经济效益评价、管理评价、企业影响评价；项目目标实现与可持续性评价：目标实现评价、项目管理目标与指标实现、可持续性评价，主要是指对项目建成后，项目的既定目标是否能够按期实现，并产生较好的效益等方面做出评价。

上述所有测量指标是与策划目标进行对比，形成后评价的主要目的是客观判断项目管理方法是否有效，管理人员的绩效是否兑现。

总之，项目管理策划是项目整体的谋篇布局，统筹项目管理工作的纲领性文件，也是企业指导、控制和监督项目管理的重要抓手。项目管理策划的内容是企业管理向项目管理延伸的具体体现，是企业指导和监督项目的直接依据。通过项目管理策划，使项目管理有目标、责任分配有依据、绩效考核有依据。企业依据项目管理策划的内容来对项目实施监督、指导和纠偏，最终实现合同管理和企业管理目标。

第 5 章 项目管理模式

5.1 项目管理模式概述

项目管理模式决定了业主委托项目管理的组织形式和管理工作的分工,工程建设企业根据组织形式与管理分工确定自身的角色与定位,从而更好地协调多方关系,减少管理冲突,确保项目管理的顺利进行。工程建设企业通过项目的性质、类型和承包模式,明确项目管理在合同方管理体系中的定位,更好地适应业主方的管理,做到组织沟通自然,风险可控,掌控业主方的管理情况,及时调整项目战略并采取相关的措施应对。

随着工程建设项目管理不断发展,工程项目的复杂性、长期性呈多元化趋势,市场在资源配置中起到的作用越来越大。项目管理模式为了适应这些要求,不断革新,不断发展。业主方会根据市场需要及时调整自身项目管理模式,从而使工程建设开发工作更加有效、更加节约。如何选择更加经济、高效的项目管理模式,业主需要根据工程项目特点、自身需求、市场环境等因素来决定。特别是政府工程项目,选择较为合适的项目管理模式,利用现有条件促进地方经济发展,有效降低债务风险,有着更加现实的意义。

项目管理模式对工程建设企业的项目管理有着重要意义。工程建设企业在市场经济中由于竞争需要不断发展,为了适应业主方管理模式的改变,要不断调整自身在市场中的角色地位,以更好地适应市场经济需要。

5.2 项目管理模式

5.2.1 传统的 DBB 模式

DBB 即设计-招标-建造模式(Design-Bid-Build),是指所有项目的设计、施工、采购由业主平行发包。对项目的管理结构而言,DBB 模式强调的是按照项目的顺序方式进行工程项目的实施,只有一个阶段的工作结束后才开始另一个阶段的工作,将项目的全生命周期划分为设计阶段、招标阶段和建造阶段。业主按时间段的不同,分别与设计、咨询、监理、施工承包单位签订合同来完成项目。其管理组织结构如图 5.1 所示。

DBB 模式是国际上比较通用且应用最早的工程项目发包模式之一。施工承包单位在这种模式中的地位是建造(Build)。项目的前期立项、可研、专项研究、方案、设计等工作由业主委托建筑师(设计单位)来完成,通过咨询工程师(设计监理)进行前期的各项工作。

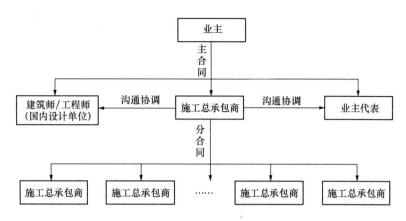

图 5.1　DBB 模式的管理组织结构

在设计阶段编制施工招标文件，随后通过招标选择承包商；有关单项工程的分包和设备、材料的采购一般都由承包商与分包商和供应商单独订立合同，纳入总承包方的项目管理，由总承包方组织实施。一般支付一定的总承包管理费或者分包配合费等，同时将项目实施过程中的主要责任转嫁到施工总承包单位。

工程建设企业进行总承包管理策划时，项目的设计图纸、工程量、项目特征明确，预算清楚，策划过程中的依据也非常充分，项目管理策划相对简单。由于图纸设计工作均由设计单位完成，获取项目增值收益的方式是利用设计可施工性差的特点，进行频繁变更设计取得二次经营成果。通常做法是签订合同后，严格对图纸进行审查，找出图纸中的矛盾或者与现行规范、标准和工法不相符的内容，如淘汰材料、当地环境不允许（环境中的运输条件不具备，当地明令禁止的材料、设备、绿植等），并进行变更索赔。在项目管理组织中要明确二次变更的责任和指标。特别是由于市场、客户的需要造成设计功能的改变，在二次经营中务必抓住机会。

5.2.2　工程总承包模式

工程总承包模式主要有两种，即设计－建设模式（DB）和工程总承包模式（EPC）。这两种模式均由工程建设企业承担设计与施工两个方面的任务。

（1）设计－建造模式（DB）

DB 即设计－建造模式（Design and Build），是现代项目管理的模式之一。DB 模式中，业主在项目初始阶段邀请具有资格的承包商或具备资格的管理咨询企业，提出要求或者设计大纲，由承包商或业主向自己选定的管理咨询公司提出初步设计和设计概算，业主与承包商共同完成项目的规划、设计、预算控制、进度安排工作。业主也可以委托咨询公司准备设计纲要和招标文件，由中标的承包商负责该项目的设计和施工。在国内通常是指方案、初步设计和初步设计概算均由业主方组织完成，承包单位负责施工图设计，同时按照施工总承包的要求完成所有项目的施工内容，并验收达到交付条件。在操作过程中，业主将部分自己掌控的资源依附于总承包单位，以甲指、甲定、甲供的方式选定其中工作内容。按国际惯例不涉及监理，但根据国内相关法律法规的要求，必须要有监理参与其中。DB模式下各方管理关系如图5.2所示。

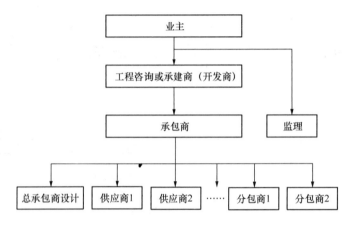

图5.2 DB模式下各方管理关系

这种方式在投标和订立合同时是以总价合同为基础的。国内常规的做法是通过审计来确定最后的工程建设费用，设计一建造总承包商对整个项目的成本负责，对于具有设计能力的集团化企业是一种优势。DB模式采用设计、施工一体化，可显著降低项目的成本并缩短工期。然而，业主关心的重点是工程按合同竣工交付使用，而不在乎承包商如何实施。同时，在选定承包商时，把设计方案的优劣作为主要的评标因素，可保证业主得到高质量的工程项目。但是在设计方案优劣评定时，业主会对主要材料、设备定型的技术标准、使用的物资设备的档次严格把关。对施工单位来说，利润空间会大大压缩，通常采用的方法是在招标过程中选定三个及以上同档次的设备或者材料，由总承包单位自主报价，既保证了业主需要产品的规格与档次，又充分引导了市场竞争。

在项目策划过程中，可以重点关注工期优化、减少期间管理费用成本、降低租赁费用、利用企业的资源优势和技术设计融入设计、获取设计优化的利润。由于项目的实施依赖总承包方，各项责任随之加大，项目的风险大大增加。采用总价合同的项目，合同条款基本是笼统的，由于在初步设计后即介入，合同条款不是很清晰，责任界定比较难，所有的实施风险基本上转移到了承包商身上。因此，策划过程管理的风险尤为必要。采用这种方式，减少了很多必要的环节，容易造成边设计、边报建、边施工等不规范行为，在管理过程中项目组织要具有一定的经验和能力。由于报批报建的合法依规很难完全做到，因此风险较大。在项目实施过程中，要慎重考虑。

（2）工程总承包模式（EPC）

工程总承包模式（Engineering Procurement Construction，EPC），又称设计、采购、施工一体化模式。工程总承包是业主将拟建工程的设计、采购和建造三项工作全部交给一个具有相应资质的建筑企业（或者建筑企业联合体）来承担的一种建造管理模式（即EPC模式，图5.3）。当今国内设计与施工企业大多数是分离状态，即使个别特级企业具有设计资质,但是这些承建企业的设计水平和能力与设计院(所)相比还存在一定的差距。因此,一般情况下,国内由设计企业与承包企业以联合体的形式共同完成 EPC 项目的合同内容。业主把工程的设计、采购、施工和开工服务工作全部托付给工程总承包商负责组织实施,业主只负责整体的、原则的、目标的管理和控制,总承包商更能发挥主观能动性,能运用其先进的管理经验为业主和承包商自身创造更多效益;提高了工作效率,减少了协调工作量,由于设计施工一体,设计变更少,工期缩短,同时由于要协调设计和业主的内容减少,提高了工作效率。工程总承包模式,是按照承包合同规定的总价进行定价,由承建单位负责对工程项目的进度、费用、质量、安全进行管理和控制,并按合同约定完成工程。由于采用的是总价合同,承包商获得业主变更令其追加费用的弹性很小,增加了总承包商的合同风险。同时,由于采用的是总价合同,基本上不用再支付索赔费用及追加项目费用;项目的最终价格和要求的工期具有更大程度的确定性。但是加大了总承包商对整个项目的成本、工期和质量责任,加大了总承包商的风险,总承包商为了降低风险获得更多利润,有可能通过调整设计方案或降低功能需求来降低成本,将影响长远意义上的工程质量。

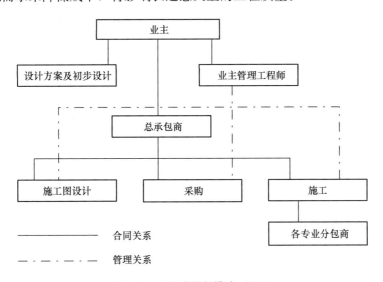

图 5.3　工程总承包模式(EPC)

在这种模式下,项目管理风险大幅度增加,总承包商不仅要承担施工总承包的质量、安全、工期、成本等方面的风险,还要承担除不可抗力风险(政治风险如战争、政变;社会风险如罢工、内乱;法律风险如立法变更)以外的所有业主风险,包括但不限于经济风险(如物价上涨、汇率波动)、外界风险(如环境污染、政策处理)等。

在这种模式下的项目管理策划,承建方对业主的方案和初步设计要通盘考虑,避免因理解上的偏差造成浪费,在设计上必须下足功夫,对业主的要求与意图准确把握,防止图纸差错或者不利于施工造成管理成本增加(具体措施详见设计管理章节内容的要求);严控项目风险,制定应对措施,在合同谈判时要寻求放宽风险的条件,对于采购风险,必要时采用一些金融手段,化解经济风险,如承兑预付保价;对专业设备的提供商要提前做好选择,技术参数尽量满足更多的设备提供商。由于承包商介入时仅有初步设计，各种合同条款较为笼统，业主将所有实施风险转移到承包商身上，因此，控制好成本风险非常关键。

EPC有很多种衍生和组合，例如EP+C、E+P+C、EPCm、EPCs、EPCa等，但核心内容是不变的。

上述工程总承包模式，最大的不同在于采购权在谁的手上。两种工程总承包模式均是设计＋施工总承包的模式，不同点是业主在选用这两种模式的时候是否掌控项目的采购权。一般来说，采用DB模式，业主将采购权掌握在自己手中，只将很少的采购权授予总承包企业。而EPC模式，业主除将小部分关键性采购权控制在自己手上，其余采购权均授予总承包企业。

工程总承包与施工总承包的最大区别在于工程总承包比施工总承包涵盖的范围大，且工程总承包的牵头方有多种形式，如设计牵头、施工牵头等，不同牵头方的管理优势在项目实施中得到体现。一般工程总承包的合同范围以施工为主，包括但不限于工程项目的可行性研究、勘察、设计、采购、施工、试运行等全过程各个环节的全部或部分的承包。施工总承包参与到工程项目中，只是业主实施项目管理的一个具体环节，仅对施工任务的承包负责，其他阶段的任务由业主组织并发包给具有相应资格的单位负责实施。

5.2.3 项目管理承包模式

项目管理承包模式是业主方根据自身管理情况选择的一种管理模式，根据投资人的不同，结合项目性质和背景情况，决定实施项目承包的管理模式。这种模式主要有利于业主方项目实施操作，业主方在项目管理承包模式中居于主动地位，承建方需要对业主方采用的项目管理模式深入了解，才能更好地确定自己在后续工作中的角色定位，更好地组织协调项目。

（1）项目管理承包模式

项目管理承包模式（Project Management Contractor，PMC），指项目管理承包商代表业主对工程项目进行全过程、全方位的项目管理，类似于中国目前流行的代建制项目。包括进行工程的整体规划、项目定义、工程招标、选择EPC承包商，并对设计、采购、施工、试运行进行全面管理，一般不直接参与项目的设计、采购、施工和试运行等阶段的具体工作。业主方仅保留很少的基建力量对一些关键性问题进行决策，而大部分的项目管理由项目管理承包商承担。PMC由一批对项目建设具有丰富经验的专业化人才组成，是业主代表或者业主管理能力的延伸，在项目管理方面发挥着重要的作用。PMC项目管理模式各方关系如图5.4所示。

该模式有利于建设项目节省投资；通过设计的优化，实现项目全生命期内成本最低；通过PMC的管理，对项目进行全面的技术经济分析与比较，确保采用功能完善、技术先进、经济合理、价值体现的原则对设计进行优化。

利用市场优势地位，选用有利于自身的合同方式确定各类分包商、供应商、服务商，确

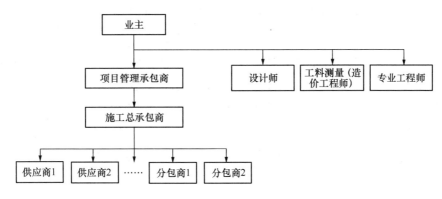

图 5.4　PMC 项目管理模式各方关系

保在设计优化、施工周期、工作量的范围与专业方面做到最优，实现投资节约化。制定采购策略，降低投资，达到业主的投资预期。同时优化资金与现金流的管理。

此类项目的特点是项目投资额大，复杂（如工艺复杂）；业主多为联合体，业主提供的资产担保能力较低。

承接此类项目的承包单位，对业主的举债能力要有充分辨识，业主自身的负债不足以为项目提供融资担保，总承包商要慎重考虑。提前做出预案，合理控制项目节奏，防止陷入债务危机。由于项目管理承包商是经验丰富的团队，二次经营或者索赔的难度较大。

（2）施工管理承包模式

施工管理承包模式（Construction Management，CM）又称"边设计、边施工"模式。CM 模式是由业主委托具有项目管理能力的单位，以一个承包商的身份，采取有条件的"边设计、边施工"，着眼于缩短项目周期，也称快速路径法。施工管理承包单位采用 Fast Track 的生产组织方式进行施工管理，直接指挥施工活动，在一定程度上影响设计活动。由于项目的设计过程是由业主共同连续地进行项目决策并实施，施工管理承包单位常常为工程咨询单位，与业主共同完成全过程项目管理的服务。施工管理承包单位与业主的合同通常采用"成本＋利润"方式。在实际操作中，规模大、复杂、系统结构繁多的项目，业主通常采用此种项目管理模式。对于大型综合项目，由于招商地没有确定，部分功能空间和设备设施无法下达设计任务书，只有招商成功后，才可以按招商客户要求的结构整体进行设计。我们常见的以"暂估价"形式纳入施工总承包合同的专业分包均属于此类情况。由于该部分设计在承包商进场前没有完成，随着工程的进展，招商客户的确定，将该部分设计完成，并招标实施单位，纳入总承包合同管理，业主给总承包支付总承包管理费和管理配合费。通过该种方式的处理，解决了边设计、边招标、边施工的难题。该种模式的管理方为业主、施工管理承包单位、设计单位组成的联合小组，共同负责工程的规划、设计和施工工作。施工管理承包单位以业主名义实施项目管理，相当于履行代建的角色。

北京市 2012 年版预算定额将建设单位另行发包专业工程的服务分为两种形式：总承包商为建设单位提供现场配合、协调及竣工资料汇总等有偿服务（如管理、协调），总承包服务费的取费标准为另行发包专业工程造价（不含设备费）的1.5%～2%；总承包商既为建设单位提供现场配合、协调服务，又为专业工程承包商提供现有施工设施的使用，总承包服务费的取费标准为另行发包专业工程造价（不含设备费）的3%～5%。同时规定，对建设单位自行供应材料（设备）的服务［材料（设备）运至指定地点后的核验、点交、保管、协调等有偿服务内容］，材料（设备）价格按照材料（设备）预算价格计入直接费中。结算时，承包人按照材料（设备）预算价格的99%返还建设单位，不再计取总承包服务费。

CM模式中，我们要重点关注边设计、边施工过程中对分包商的管理，各项设计的接口是协调的关键，防止因项目进展过程中图纸不齐全导致后续相关工作受到影响。

（3）项目建造模式比较

工程总承包与项目管理承包的范围与内容存在区别与联系。主要体现在以下几个方面。

1）范围不同

工程总承包与项目管理承包是包含与被包含的关系，工程总承包是项目管理承包的一部分，只是承包范围不同。项目管理承包的范围包括项目资金管理、勘察、设计、施工（包括各项目、各专业）、施工监理、办理工程竣工验收手续、提交各项工程资料、交钥匙给业主，直接对业主负责，如BT项目。业主可以委托第三方做项目管理承包，也可以自己管理，分项发包。

工程总承包是从业主或项目管理承包处承接项目的全部或部分工程任务，接受业主及业主委托的第三方管理监督（如果只是接受项目施工部分，完成的是施工总承包的内容）。办理工程竣工验收手续，提交各项工程资料。最后交钥匙给业主，直接对业主或业主委托的工程总承包负责。

2）工作关系

在项目管理承包模式下，开展工程总承包与施工总承包的选定，可以先进行项目设计，待施工图设计结束后再进行施工总承包投标，最后进行施工。也可以进行方案和初步设计，完成后即进行工程总承包的招标，确定工程总承包单位。工程总承包管理模式可以在很大程度上缩短建设周期。

3）合同关系

项目管理承包方可以工程总承包模式签订服务合同，也可以签订实施合同（如代建），履行工程总承包职能，并和工程建设企业签订施工总承包合同。不同之处在于项目管理承包方履行工程总承包的所有职能，工程建设企业只能履行施工承包的角色。

5.3 工程建设项目管理模式发展

面对不同业主、不同工程项目，业主在工程建设项目实施过程中的角色和定位不尽相同，工程建设企业需要分析判断项目的管理模式，并决定自身的项目管理模式。随着国家建设的不断深入，工程建设项目发展呈现多元化趋势，项目类型从单体项目向项目群、项目组或复杂项目方向转变，业主方在项目发展过程中的角色和作用不断变化。伴随着社会分工的深化，更加专业化地实施项目管理的趋势不可避免。业主方由原来的大业主向小业主方向发展，更多地将专业的事交给专业的机构或组织来实施，已成为一种趋势。近年来，业主方的变化趋势有如下特征。

5.3.1 大业主时代

大业主时代的项目管理的内容主要由业主来统筹、协调与管理，履行项目管理的全部职责，业主方负责项目的采购和交付并使用。设计、施工等工作由业主发包。工程建设企业承接项目履行施工总承包职责。对项目设计和施工等工作的管理全部由业主方负责，业主方需要招聘相关的项目管理人员、专业技术人员等履行业主职责。由于项目属于一次性活动，而团队从建立、磨合到发挥管理效力需要很长时间，因此，项目管理效率相对低下。当前，一些专业化的地产开发企业，仍沿用大业主管理模式。

5.3.2 中业主时代

中业主时代的项目管理由业主聘请专业机构或代理机构负责管理，业主主要肩负着统筹和协调的责任，业主方负责项目的采购和交付并使用，设计、施工等工作由业主发包。工程建设企业承接项目履行施工总承包职责，项目设计和施工等工作由项目管理机构代行其职，业主方的项目团队主要由专业技术人员和造价控制人员构成，主要负责项目采购和交付。业主的项目管理工作由于项目管理机构的介入，精简了人员机构，提高了项目管理效率。这种模式对那些想快速进入工程建设项目开发领域的企业具有现实意义。

5.3.3 小业主时代

小业主时代是项目管理效率最高的一种形式。通过采购招标的形式，业主方将项目管理与实施的内容，包括但不限于项目的设计、施工、采购、交付等均交由工程总承包负责，并委托项目管理机构对项目实施管理，争议的解决交由第三方（一般为争议解决机构、仲裁或法院等）。业主方机构精简，效率较高，工程总承包商充分发挥自身专业优势和管理优势，更好地为业主做好服务。业主在项目管理过程中，由项目管理机构代行其职，由监理负责对过程的质量、安全及成本情况进行监督与管理，业主承担的风险相对较低。这种项目管理模式对项目类型复杂、需要更多类别专业化管理、承担风险能力相对较低的业主更加有利，如政府主导的民生工程等。

5.3.4 项目管理模式的发展趋势

项目管理模式的发展，是项目管理分工的转移过程，由工程项目的特点、市场资源配置、业主方的管控能力、风险管理等多方面的需要而产生。由于竞争需要，业主方必须改变项目管理模式，促进管理由粗放到集约精细化方向发展，改变自身管理组织，提升市场竞争力。

业主方管理发展过程如图 5.5 所示。

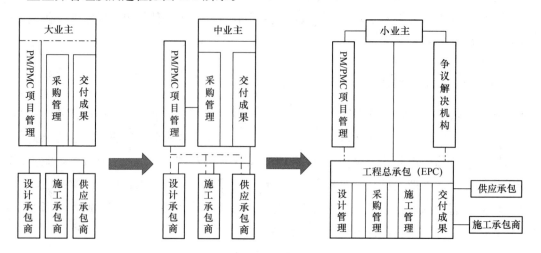

图 5.5 业主方管理发展过程

在项目管理发展的过程中，不同业主管理模式下的优劣势对比分析如表 5.1 所示。

不同业主管理模式下的优劣势对比分析　　　　　　　　表 5.1

项目管理内容	大业主模式	中业主模式	小业主模式
（1）业主管理机构	大	中	小
（2）项目管理单位	无	有	有
（3）设计的主导作用	不能发挥	不能发挥	能充分发挥
（4）项目组织协调	业主协调，难度大	业主协调，难度大	总承包协调，效率较高
（5）项目管理经验	一次性	能积累	专营，经验丰富
（6）项目管理技术	水平低	水平高	水平高
（7）采购管理	控制	控制	主要控制
（8）工程进度	难交叉，容易延期	难交叉，容易延期	能合理深度交叉，容易按期完工
（9）成本管理	难	较难	能主动控制
（10）质量管理	相互独立，可控性差	相互独立，可控性差	可控性好，全面质量管理
（11）投资收益	不可控	可控性差	可控性好
（12）项目风险	业主大，承包商小	业主大，承包商小	业主小，承包商大
（13）业主管理	业主工作量大，效益差	业主工作量一般，效益较差	业主工作量小，效益可控
（14）承包商管理	简单	简单	需要有一定的专业水平

5.4 项目管理模式的确定

在市场竞争条件下，工程项目发展多元化，资金来源多样化，促进了项目管理模式不断更新与发展。业主调整自身的分工，改变自身的组织管理模式，均是适应这些变化而发展。

项目管理模式的选择，应根据实际情况和要求，综合分析项目本身的特殊性及企业自身融资能力、建设组织模式和建筑市场承包商的综合实力等因素决定。因此，工程项目管理模式主要由以下几个方面的因素决定。

5.4.1 工程项目的性质、特点与复杂性

工程项目的特点，主要影响因素是项目范围、工程进度、项目复杂性以及合同的计价方式等。

(1) 项目范围

项目范围包括项目的起始工作、项目范围界定与确认、项目范围计划和变更的控制。确定了项目范围也就定义了项目的工作边界，明确了项目目标和主要交付成果。不同的项目管理模式，对工程建设企业参与的深度与范围有着很大的区别。一般而言，DBB 模式、DB 模式、EPC 模式和 BOT 模式要求的项目范围明确；当工程项目的范围不太清楚，并且范围界定是逐渐明确时，比较适合 CM 模式或者 Partnering 模式。

(2) 工程进度

涉及资金的时间价值、市场因素和工程建设项目的交付要求，时间是大多数工程中的一个重要约束条件，业主必须决定是否需要采用快速路径法以缩短建设工期。比较而言，传统模式的建设工期较长，CM 模式的建设工期最短。如果业主要缩短建设工期，可以选择 DB 模式、CM 模式等。随着工程建设专业化程度的提高，专业的企业做专业的事，EPC 模式受到很多政府项目的业主欢迎。

(3) 项目复杂性

项目复杂性给工程项目管理带来很大难度，越复杂的项目，专业性要求越高，专业能力要求也越强，需要配置的人力资源较多。工程设计是否标准或复杂也是影响建设模式选择的一个因素。DBB 模式适用于标准设计的工程，当项目较复杂时，可以采用 DB 模式、CM 模式、BOT 模式、EPC 模式或者 Partnering 模式。将复杂的管理问题转由专业的工程建设企业来解决。

大型建设项目有多个相互联系又相对独立的子项目，可以选择不同模式的组合，把整个项目划分成若干具有相当规模的分项目平行发包，再进行管理模式的确定。如当前片区开发项目，业主采用多种模式组织，采用 DBB 模式实施公益性项目，采用 EPC 模式实施经营性项目等。

(4) 合同的计价方式

工程建设项目的计价方式有多种，不同的计价方式对工程项目管理模式有着决定性作用。按照承包工程计价方式的不同，承包商与业主的合同可以采用总价合同、单价合同、成本加酬金合同等。其中，DBB 模式、DB 模式和 EPC 模式一般采用总价合同，CM 模式则通常采用成本加酬金合同，BOT 模式和 Partnering 模式通常采用多种计价模式组合来完成项目计价。

5.4.2 业主的需要

(1) 业主的管理需要

在不同的工程承发包模式下,业主与承包商签订的合同各不相同,项目体系各系统的接口也各不相同。在此条件下,业主的管理控制与协调的工作强度与难度有很大区别。采用 DB 模式、EPC 模式、BOT 模式时,业主的管理简单,协调工作量少,一般大型政府项目采用这种模式。采用 DBB 模式时,业主的管理难度大、协调的内容多,一般适合专业化的开发企业的项目管理。在 CM 模式和 Partnering 模式下,业主的管理难度与协调工作的量介于上述两类之间。

(2) 投资造价控制

在 DBB 模式中,设计、施工、项目管理均由业主方来实施,业主在施工招标前,基本完成图纸设计,对工程项目的投资总额较为清楚,因此有利于业主对项目投资进行控制。在 CM 模式中,对项目的整体造价控制有一定的难度。由于施工合同总价要随各分包合同的签订而逐步确定,因而很难在项目之初对项目的整体造价进行控制,因此造价控制有一定的难度。DB 模式和 EPC 模式下,随着合同的签订,大部分造价基本得到控制,设计和变更会对造价产生一定影响,但对项目高效推进非常有利。BOT 模式和 Partnering 模式下,投资造价的控制需要结合项目承发包模式的确定而确定。

5.4.3 业主的管控能力

(1) 业主的管理能力和经验

在 DB 模式或者 EPC 模式下,总承包商承担工程项目的设计、施工、材料和设备承发包等全部工作,工程实施中遇到的各种问题与风险由其自己解决。业主参与项目建设过程较少,有助于减轻其管理压力,采用这两种模式对业主更有利。当选择其他项目管理模式时,业主管理的压力相对较大,因为所有项目管理、设计、采购等工作均由业主方控制,管理幅度与范围较大,对业主的管理能力提出较高要求。但在其他模式下,业主有利于对工程实施中的设计、施工、采购等工作做到监督与平衡。

业主自身管理水平对选择承发包模式至关重要,平行承发包模式合同数目多,要求业主方具有较强的组织协调能力;EPC 模式下虽然合同数量和业主的组织协调工作量少,但因为此时双方对项目实体没有明确的认识,合同条款不够明确,容易造成合同纠纷,合同管理难度大。业主应结合自身的管理能力选择恰当的承包方式。

(2) 业主对设计的控制

不同的项目开发,业主的职能有所不同。专业的开发企业为了形成自身的开发特色,在方案与设计阶段参与程度较深,通过设计和方案来体现开发企业的文化与特色,实现规模化地降低项目成本。对于一些标志性建筑或工程,业主需要将地方文化、地方特色和民风民俗融入设计,其在设计阶段期望参与的程度更深。而对道路、市政、线路等工程,业主对设计除了控制成本外，参与程度相对不深。如果业主希望更富有创造性或独特外观设计，则需要更多地参与设计工作，这样 DBB 模式和 CM 模式就较为合适。但 DBB 模式是国内常用的传统模式，设计与施工分离，在优化设计等工作时有一定难度，同时也拉长了项目的全生命周期。在 DB 模式和 EPC 模式下，由于设计、总承包一体化，总承包企业会因自身利益需要，对设计修改，业主也很难控制。在 BOT 模式和 Partnering 模式下，业主可以部分控制项目设计，具体需要根据设计的控制程度来确定。

（3）业主承担的风险

不同的项目管理模式，业主承担的风险程度有着较大区别，对政府类项目希望转移更多风险，对开发商的项目希望通过控制风险来更多地获益。随着工程项目规模不断扩大，建设周期长，类型复杂多样，项目风险的影响因素也日益复杂多样。业主一般会根据自身的风险承受能力来选择不同的项目管理模式。在 DB 模式和 EPC 模式下，业主承担的风险相对较小，由于风险大部分转移，项目的不确定性高，承包商承担的风险大，不利于目标达成。而在 DBB 模式下，项目管理工作基本由业主方主导，业主和总承包单位都有可能承担较大风险。在 CM 模式下，由于项目施工管理承包商不对进度和成本做出保证，业主要承担较大的风险。

（4）项目融资

大型建设工程，需求资金极大，一般都会面临资金的巨大缺口，业主方一般采用 BOT、BT、PPP 等方式来进行资金筹措。此时，业主将资金来源紧张的项目交给有能力的承包商，工程建设企业为了经营需要，被动投资到项目中，以一定的投建比来参与项目，从而获得企业营业收入和利润。

5.4.4 市场环境

市场环境是项目获取资源的重要支撑，工程项目的管理复杂，所需的资源类型多，各种资源的选择千差万别，选择好的资源对项目管理有重大推进作用。

（1）承包商

受营业范围、企业资质以及工程建设项目的规模、性质与专业性条件的限制，可选择的承包商实力水平对于工程项目承发包模式选择影响也很大。一般大型投资类项目需要通过市场测试来对可选择的承包商进行预估预判，避免条件过高导致可选的承包商少，条件过低又导致恶性竞争。如果承包商实力强，则业主可以较少介入项目，否则业主监督管理任务会比较重。在 DB 模式、EPC 模式和 BOT 模式下，承包商应具有很强的实力；而在 DBB 模式、CM 模式和 Partnering 模式下，对承包商实力要求相对较小。

承包商是工程项目的生产者和组织者，能否成功采用某种组织模式取决于承包商的管理水平和能力，特别是在 EPC 模式、CM 模式、PMC 模式下，如果难以找到具备承接集成化模式所需工作能力的承包商，业主采用这种模式将会冒很大风险。

(2) 设计承包商

设计单位的水平与能力不仅对项目的设计质量起着重要作用，还会对项目的投资控制有着重要影响。一般设计因素对项目造价的影响为10%～30%。为了更好地选择实力较强的设计单位，业主可以选择DBB模式和CM模式；为了规避设计缺陷带来的损失，业主可以选择DB模式、EPC模式等。

(3) 咨询公司

咨询公司的水平对业主的管理具有很大影响。如果咨询公司水平比较高，业主可以邀请咨询公司深度介入项目，这样对于业主成本控制和质量管理都是有利的。业主可以更加自由地控制项目。这样的情形下，业主可以选择DBB模式和CM模式。DB模式和EPC模式不利于业主对于项目成本和质量的控制。

(4) 市场开放程度

如果市场开放，业主可以自由选择项目建设各参与方，在这种情况下，无论施工、设计、咨询等单位，业主均可以在更大范围内选择，更有利于满足业主各个层次、各个方面需求。在这种情况下，如果业主要加强对项目的控制，可以选择DBB模式。否则，DB模式、CM模式、EPC模式也可以选择。

5.5 项目管理模式的运用

充分了解项目管理模式，对工程建设企业参与项目管理和项目实施有着重要的意义，通过签订项目合同，厘清自身项目角色与定位，对于提升工程建设企业的管理效率和管理水平有着重要作用，对高效完成合同内容也具有一定意义。

5.5.1 有助于参与项目投资

项目管理模式一般是从投资人角度来看项目，指投资人采用何种方式确保项目的实施，并将工程实施单位纳入项目管理模式，最终实现投资目标。随着市场不断深化与发展，工程建设企业为了经营发展需要，常常以一定的建设比被动地参与投资项目，工程建设企业参与项目管理模式并成为投资人管理模式的一部分，与其他相关参与单位共同完成项目建设，形成投资产品。

5.5.2 有助于系统的协调与配合

项目管理要素取决于项目管理模式。由于项目管理模式的不同，工程建设企业参与项目的要求不尽相同，项目管理内容和对象也不相同。了解项目性质、类型和项目管理模式，为工程建设企业进行项目管理提供系统化的思路与方法。

当前国内市场上，工程建设企业参与项目的总承包模式主要有工程总承包、施工总承包、项目管理承包等，各种承包模式由于项目性质不同，投资人和参与项目前期的不同阶段，责、权、利分配各不相同，项目合同又决定了承包的范围与内容的不同，通过了解项目管理模式，更好地组织各项资源进行总承包管理。工程建设企业参与专项分包时，对不同模式的了解，也可以更好地做好各项配合工作。

5.5.3 明确角色与定位

项目管理是指一个项目产品创造的全过程控制与管理，由于筹措资金的需要，业主方在项目发起时需要选择一种管理模式来进行全过程的管理。工程建设企业项目管理只是业主选择管理模式中的一个重要环节，施工单位在进行项目管理策划时需要清楚自身在项目实施中的角色与定位，从而确定管理的内容。只有对项目的管理模式有充分认识，才能更好地认识项目、管理项目。

不同的项目管理模式决定了项目管理中参与实施项目的角色和定位不一样，相应的责权也不一样。虽然在总承包合同中有明确的界定与分工，但在实施过程中的管理要素衔接、调度安排及风险防控需要在整个模式中去考虑，从而制定自身的应对措施与方法，更有助于从源头把控项目，从而保障项目能够按合同约定实施，取得经济价值和社会价值。对于项目管理来说，项目管理模式与施工承包模式之间的关系，相当于全局与一域的关系，只有将两者关系处理好了，才能正确地计划、组织、协调与控制，落实合同管理的全部内容。

随着经济的发展，项目发起形式呈现多样化趋势，如政府发起、社会投资人发起、自然人发起、多种机构联合发起等，这就为项目的参与方的选择产生了多种形式。由于工程建设项目具有内容独特、投资数额多、影响时间长、发生频率低、变现能力差和投资风险大等特点，各参与方的责、权、利是如何分配的，各参与方在项目管理中扮演何种角色，在全项目组织管理中如何分配各自的地位与职能，需要设计不同的项目管理模式来体现各自的目标和利益。我们要对项目管理模式进行合理设计，以促成各参与方的利益。

项目被发起的初衷是什么，解决社会存在的哪方面问题，其背景意义是什么，决定了资金如何归集。不同的建设项目，由于背景意义不同、出资人不同，相互之间的合作模式和方式千差万别。工程建设项目投资规模一般较大，资金通过多种渠道筹措，资金方提供的诉求不尽相同，有的以利润为目的，有的以发展为目的，有的以民生为目的，不同投资人的不同目的，其参与项目的角色与定位就会有很大不同。

这些投资建设资金按来源方式分主要有国内资金和国外资金。国内资金又分为政府投资、企业投资（国有企业投资和非国有企业投资）等。除项目发起人自有资金、政府各类财政性资金外（通常用作项目资本金），其债务资金可以利用国内银行信贷资金、国内非银行金融机构的信贷资金、国际金融机构和外国政府提供的信贷资金或指赠款以及通过企业、社会团体（基金公司）等多种渠道融资。这就是项目的投资性质，项目的不同投资性质决定了项目是采用公开招标、邀请招标还是直接发包的模式。

项目的属性及背景意义对项目来说也非常重要，决定了项目是否能获得有关政策的支持。

项目按建设性质分主要有新建项目、扩建项目、改建项目、迁建项目、恢复项目（含修缮项目）等。项目建设性质决定了项目管理创造产品的要素，从而决定了项目管理范围与内容。

5.5.4 防范项目风险

很多项目的成功与失败，往往和项目管理关系不大，但和项目性质、类型、建造模式及资金来源关联度很大。如果在项目实施前期没有对资金来源进行深入研究，将导致后续项目管理工作具有很大风险。由于资金来源的不确定性，后面的项目管理状况再好、水平再高、能力再强，对于项目的推进也无能为力。虽然在合同中明确了付款节点，但往往对付款风险掌控不足，导致合同履约过程中资金链断裂，在现有的国内合同框架下，以资金链断裂而展开的索赔情况很难实现，易导致项目亏损或者失败。如果是与政府合作的项目，很多地方政府负债已远超其警戒线，但受地方经济影响，隐性债务很难在项目开始前被发现，等到项目完成或进展受阻时，前期垫资或已完成工程占用的项目资金已被深度套牢；由于政府的强势地位和影响力，工程建设企业未能将该部分支出列为合同资产或者应收账款，项目资金无法回笼，该部分资金形成负债，从而影响整个企业财务状况。

当前，国内总承包企业的项目管理与企业管理之间存在着顺承关系，但两者存在部分管理脱节现象。这种现象是企业的财务管理强大，资金控制较强，而项目财务管理与资金管理控制较弱，项目管理与企业管理在财务上契合度不高，往往随着项目进展而进行所谓的财务管理，企业财务管理和资金使用对项目的推进起着很大的制约作用。相反，受到项目性质和建造模式影响，项目实施过程过多地强调项目管理创造产品的过程，而企业针对项目财务与资金风险控制力度不如项目管理对产品创造过程的管控，从而引发企业系统性风险，因此，很多企业将"三金"管控作为一项重要会计内容。

在策划过程中，需要从企业层面对资金管理制定措施、确定方案，在策划中明确目标，压实责任。

5.5.5 选择合适的合同模式

项目管理模式有与其相应的合同模式，PMBOK、IPMA体系下的项目管理模式对应的是以FIDIC、NEC、JCT等通用标准模板为基础的合同。在国内当前条件下，是多种合同进行组合，也可能是上述合同模板的"变形"版本，需要甄别使用。在工程实践中，在市场条件下，合同条款的话语权一般掌握在买方市场，如何获得有利地位，化解合同风险，掌握不同模式下的合同模式与项目管理模式有着重要的意义。

通常情况下，不同项目管理模式对应的合同条款，对业主与承包商之间的利弊分析如表5.2所示。

上述分析是在一般情况下进行的，但在实践中，还是以经营承揽过程中的双方约定为准。

不同项目管理模式所适用的合同模式　　　　　　　　　　　　表 5.2

项目管理模式	适用的合同类型	利弊分析
传统模式 （DBB）	FIDIC 合同模式中的《施工合同条件》以及 ICE 合同模式	采用标准合同，有利于合同管理，但项目前期投入高，项目变更时容易引起较多索赔
设计—施工总承包模式（DB）	FIDIC 合同模式中的《设计—建造交钥匙合同条件》，NEC 合同模式中的《工程施工合同条件》或者 JCT 合同模式	业主承担的风险较小，发生索赔的概率小，但因合同转移风险，业主会付出更多的费用
施工管理模式 （CM）	AIA 合同模式	可以获得较高质量的工程交付成果，但业主要对项目成本有较清楚、精确的估算，业主承担较大风险
项目总承包交钥匙模式（EPC）	FIDIC 合同模式中的《EPC 交钥匙合同条件》或者 JCT 合同模式	业主承担的风险极小，索赔不多，承包商需要承担大多数风险，投资效益好
带资承包模式 （BOT）	采用的合同模式同所选用的项目管理模式有关	业主承担的风险小，承包商承担的风险大，建设效率高，索赔与相应的承包模式有关
伙伴模式 （Partnering）	采用合同模式同所选用的项目管理模式有关	风险在各参与方之间得到有效的分配，建设效率高，索赔发生较少，纠纷解决容易

5.5.6 项目管理策划的重要依据

项目管理模式确定后，项目管理要素就能确定。工程建设企业通过项目组织的安排，更加高效顺承业主方的项目管理，形成与业主及各方的管理有机体，对项目管理策划的组织安排有着重要意义。不同的项目管理模式，涉及的管理结构、范围和内容不同，责任与义务轻重、资源整合等各项管理要素都是以项目管理模式和工程管理内容为依据确定的。因此，不同的项目管理模式，在项目管理策划中需要采用不同的组织架构和相应的人员组织来确定策划内容。

从总承包方履约的合同关系来说，要认清合同范围与内容，通过合同模式，更好地理解项目管理模式，从而更好地履约。在不同的项目管理模式下，业主对相应的合同内容所需要履行的管理权利与义务有很大差别，把握不好容易造成矛盾，甚至"吃力不讨好"。

在复杂的项目管理模式下，工程建设企业完成自己的工作是一个很重大的课题。各参建单位之间的调度指挥与协调难度非常大，一旦界面模糊，分工不清，责任不明，容易造成相互扯皮现象，甚至带来不少风险。正确理解项目管理模式，明确项目分工，应对相应界面的变化，控制风险，抵御或转移风险，做到提前应对，避免麻烦与扯皮。

5.6 工程建设企业参与项目投资模式

由于市场竞争激烈，承包企业需要足够的订单来完成全年的目标与指标。在市场中，承包单位被动地接受市场选择,参与投资工程项目。依据是《中华人民共和国招标投标法实施条例》第九条之规定,采购人依法能够自行建设、生产或者提供的情况下,项目可以不进行招标投标。《工程建设项目施工招标投标办法》第十二条规定,采购人依法能够自行建设的,可以不进行施工招标。这为工程建设企业参与项目投资承揽工程项目提供了依据。"两标并一标"(两标是指投资标和施工标)在多种投资模式中得到广泛运用,也为很多政府及国有企业通过这种工程承揽方式获得融资提供了一种途径。国家在一些基础民生、生态项目如EOD项目融资时,以特许经营的方式支持工程建设企业参与项目投资。工程建设企业参与项目投资模式常见的有以下几种。

5.6.1 BOT 模式

BOT 模式即建造一运营一移交(Build-Operate-Transfer)模式。BOT 模式的宗旨是项目所在国的政府或所属机构为项目的建设和经营提供一种特许协议作为项目融资基础,由本国公司或者外国公司为项目投资者或经营者安排融资、承担风险、开发建设项目,并在有限时间内经营项目获得商业利润,最后根据协议将该项目转让给相应的政府机构。由于国家清理政府债务,很多民生项目及基础设施投资需引入社会资本方参与,从而减轻政府投入,而政府一般以少量参股及象征性参股的方式与社会资本方共同进行基础设施投资。财政部和国家发展改革委为现行的投资模式提供了很多指导性文件。现在的 BOT 模式在一段时间内非常流行,主要以发电厂、机场、港口、高速公路、供水、污水处理、轨道交通、生态治理等投资较大、建设周期长的基础设施类项目为多。这类项目最大特点是将政府财政负担和风险通过此类模式以项目为载体转移到投资者身上,能够吸引投资者介入项目投资的首要因素是通过建设获利比较多,利用计价规则不降造价或少降造价获得相对高额的施工利润冲抵资金成本,促使建设期间施工利润覆盖资本金或部分覆盖资本金,避免投资企业现金流因多个项目资本金的投入造成企业现金流断裂。

而作为以投资为导向的工程总承包项目,工程建设企业作为资本方参与股权投资之中,从而通过自身的资质和能力承担相应份额的施工任务。其获取投资收益主要是资本金收益和建设期的施工利润两部分,最终要满足企业内部投资收益率的要求,即

$$FIRR \geqslant [FIRR]$$

式中,$FIRR$ 为项目投资收益率;$[FIRR]$ 为企业内部投资收益率。

$$\sum_{t=1}^{n}(CI-CO)_t(1+FIRR)^{-t}=0$$

式中,CI 为现金流入量;CO 为现金流出量;$(CI-CO)_t$ 为第 t 期的净现金流量;n 为项目计算期。

欠发达地区往往提高债务资金的利息以吸引社会资本方参与项目投资;发达地区往往很少采用 BOT 模式,由于经济活跃,运营利润相对较高,一般采用公招或者提前回购方式结束这种模式。随着经济发展,各种投资模式也在不停地发生变化与转换。如 BT(Build-

Transfer）即建设－移交模式，TOT（Transfer-Operate-Transfer）即转让－经营－转让模式（图 5.6），TBT 模式，DBOT 模式等。

　　工程建设企业参与 BOT 项目的首要条件是以工程项目承揽为主，项目实施的首要条件是确保该获得的施工利润能够如期回到公司，其次是通过股权收益来获得利润。如果项目延期，资金成本不断加大，在现金流量表中，延期支付的利息差越来越大，很容易导致项目清算时预期的内部收益率无法满足企业投资规定的相关要求。

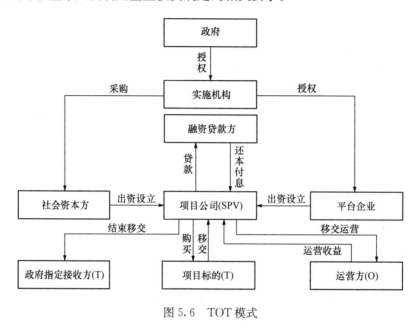

图 5.6　TOT 模式

　　一般大型基础设施内的项目，结算和决算相对复杂、时间较长。在合同中，竣工后立即组织项目验收，不能因工程竣工清算导致投资建设的资金难以回收，造成现金流入滞后，带来预期收益降低。

　　BOT、BT、TOT 模式的最大特点是获得政府许可和支持，可得到优惠政策，拓宽了融资渠道。BOOT、BOO、DBOT、BTO、TOT、BRT、BLT、BT、ROO、MOT、BOOST、BOD、DBOM 和 FBOOT 等均是标准 BOT 模式的不同演变方式。无论上述何种模式，其基本特点是一致的，即项目公司必须得到政府有关部门授予的特许权。该模式主要用于投资较大、建设周期长和可以运营获利的基础设施项目。

　　上述几种投资模式如下：

　　（1）BOT（Bulid-Operate-Transfer）即建造－运营－移交模式，如图 5.7 所示。

　　（2）TOT（Transfer-Operate-Transfer）即转让－经营－转让模式，如图 5.6 所示。

　　（3）TBT 模式，如图 5.8 所示。

　　TBT 模式就是将 TOT 模式与 BOT 模式组合起来，以 BOT 模式为主的一种融资模式。在 TBT 模式中，TOT 的实施是辅助性的，其实质是 BOT、TOT 的实施模式，其过程如下：政府通过招标将已经运营一段时间的项目和未来若干年的经营权无偿转让给投资人；投

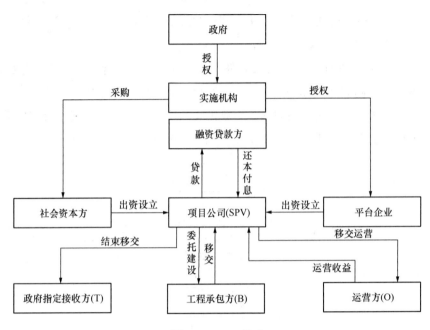

图 5.7 BOT 模式

资人负责组建项目公司去建设和经营待建项目;项目建成开始经营后,政府从 BOT 项目公司获得与项目经营权等值的收益;按照 TOT 模式和 BOT 模式协议,投资人相继将项目经营权归还给政府。实质上,是政府将一个已建项目和一个待建项目打包处理,获得一个逐年增加的协议收入,最终收回待建项目的所有权益。

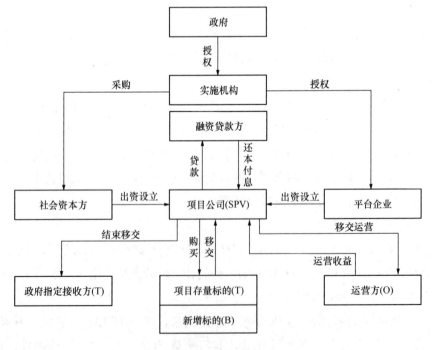

图 5.8 TBT 模式

5.6.2 Partnering 模式

该模式也称之为合伙模式，是在充分考虑建设各方利益基础上，按股权比例来共同建设工程的一种模式。该模式要求业主与参与方在相互信任、资源共享基础上达成一种短期或长期协议，并以此协议成立 SPV（Special Purpose Vehicle）公司作为业主管理主体对项目实施管理，并按照独立法人的公司制进行管理。各参与方签订股东协议或者合作协议，明确公司章程，约定出资额或者比例，设立董事会、监事会、经理层，明确股东的权利与义务、项目经营范围与内容、利润分配、用工制度、争议解决、股东退出、公司解散等相关要求。此类模式是将项目管理的模式转化为公司的管理模式，形成独立法人有限责任公司。

PPP 模式是 Partnering 模式中的一种特殊情况，即政府和社会资本合作，是公共基础设施中的一种项目运作模式。在该模式下，鼓励私营企业、民营资本与政府进行合作，参与公共基础设施的建设。该种模式的特点是让非公共部门所掌握的资源参与提供公共产品和服务，一般以政府为主体，委托平台公司签约，实现合作各方比预期单独行动更为有利的结果。由于 PPP 项目主要是公共基础设施，是政府管理的重要内容，一般在后期运营参与度较高，而企业对项目实施参与度较高，这是 PPP 模式与 Partnering 模式的重要差别。

PPP 模式是社会资本参与基础设施和公用事业项目投资运营的一种制度创新，近年来在国内得到大力推广。从政策导向上大致分为三种方式：政府购买服务（政府付费）、特许经营（使用者付费）和其他模式。其中，政府购买服务项目，本身没有收益或者收益很少，比如市政道路，主要是由政府承担市场风险或收益需求风险，通过政府购买服务来实施；特许经营项目，包括供水、供热、污水处理等，它们主要是由社会资本承担市场风险和收益需求风险，政府通过调整价格、收费标准和特许经营年限来促使项目顺利实施。PPP 模式运营收入主要由使用者付费获得，如城市轨道交通项目，一般情况下使用者付费很难覆盖前期投资，缺口补贴成为运营收入的一项重要来源，无形中增加了政府的负担，增加了政府债务。

5.6.3 ABO 模式

ABO 模式指授权（Authorize）－建设（Build）－运营（Operate），即地方政府通过竞争性程序或直接签署协议授权相关企业作为项目实施主体，并由其通过与社会资本方合作，向政府方提供项目的投融资、建设及运营服务，合作期满负责将项目设施移交给政府方，由政府方按约定给予一定财政资金支持的合作方式。

授权（Authorize）－建设（Build）－运营（Operate）模式管理架构如图 5.9 所示。

政府通过竞争程序签订授权协议，将某项目的业主职责授权于某政府所属的国有企业，并由所属国有企业按照授权范围来负责整合各类市场资源，提供某项目的投资、建设、运营等服务。政府的职责是通过制定一系列要求并按要求进行绩效考核，按考核结果支付某所属

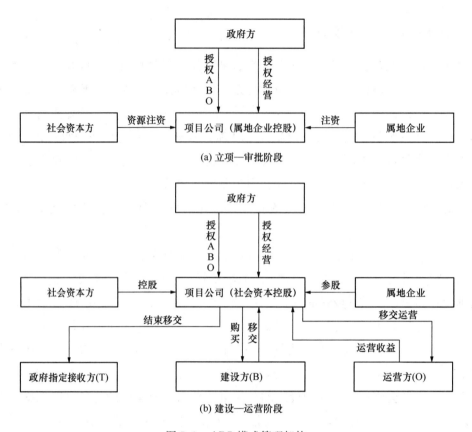

图 5.9　ABO 模式管理架构

公司的授权经营服务费，以确保项目得到有效实施。所属国有企业公司作为该项目的统一业主，负责项目投资、建设与运营，并发挥项目发起人的作用，吸收社会资本方介入，组建项目公司，履行投融资职能，筹集项目所需资金，保障项目顺利进行。此时，政府作为市场主体的地位转化为所属国有企业，为该项目的运行制定规则并监督。所属国有企业履行了政府平台公司的职能，成为独立的市场主体，履行市场的所有行为，并为政府按市场化的规则解决了一系列难题。因此，ABO 模式有以下特点：

（1）授权企业的选择符合政府的需要和相关程序要求

政府在授权所属企业时，需要在政府所属的企业中进行甄别和筛选，确保对项目最适合且有能力解决政府需求的企业得到授权。授权经营主体必须具有一定的专业化服务和整合市场的能力，必须按相关法律法规履行相关程序。

（2）授权企业按业主和受委托方的身份开展经营工作

一旦获得授权，授权企业既要按照政府的要求进行市场化运作并接受政府的有关考核，确保投资、建设和运营的项目符合政府要求，促进地方发展，即受委托代表政府经营者和项目业主的身份来做好相关工作。

（3）授权企业按市场化规则履行其职能

授权经营主体负责制定项目的整体策划包装、投资建设与运行的系列工作目标，报政府并得到许可，做好社会投资人的招标采购和合同谈判，并履行重大原则问题的决策以及项目方案审查、重要设备和材料的审查、合同价款变更、工期变更、方案变更等重大问题的管理和决策职责。作为"受托经营者"，所属国有公司履行经营管理职能，负责项目的各类市场化的经营活动，盘活存量资产，做好增量增加，确保国有资产的保值与增值。

（4）接受政府的考核与监督

作为业主利用市场化竞争方式使得运营利益最大化，作为政府委托者，又要履行有关政府的社会责任，接受政府监督与考核，确保政府目标的实现。

最后，对项目的管理建造模式和项目投资模式的了解，有利于工程建设企业更好地在项目管理中扮演自身的角色与定位，参与项目分工与合作，提高项目管理效率，化解项目管理过程中的相关风险。通过对项目投资模式的了解，工程建设企业在经营承揽中更好地获取市场份额，对提升企业的经营工作有一定的帮助。项目投资模式所需要解决的是项目的"钱从哪里来、钱怎么赚回来"的问题，项目管理模式解决的是项目的"钱要怎么花、钱花到哪里去"的问题。因此，项目管理模式与项目投资模式结合运用，并掌握其内在规律，对于工程建设企业的投资、融资、建设和运营有着重要的意义。

第 6 章 项目特点、难点与重点

工程项目的特点、难点与重点从项目创造的过程和项目管理的过程来进行识别,工程项目的特点、难点与重点就是项目管理的重要目标与方向。

根据项目管理的原则,项目实施是一个完整的过程,由于当前国内的实际情况,项目各阶段的实施主体不同,各主体实施项目管理的阶段又有所不同。相对于工程项目实施来说,工程项目的建设管理环节与业主项目管理具有一定的顺承关系,也是工程项目管理的前置要素。项目性质、项目管理模式决定了工程项目管理的顺承关系特征,所以必须做好以业主为对象的管理特点研究,明确工程项目管理外部环境的顺承关系。工程项目管理,是业主将项目的实施部分以招标采购方式委托给工程建设企业进行的项目管理。为使项目管理更加有效,工程建设企业必须研究业主方项目管理特点,从而更好地为工程建设项目的组织实施提供便利。工程建设项目的管理范围要厘清业主的项目管理与工程建设的项目管理,重点是要界定双方的管理范围、实施条件、交付成果。这些因素,决定了项目管理过程的特点、难点与重点。

工程项目建造过程中的技术路线、产品特点、复杂程度以及实现的工艺水平、资源整合、项目环境等因素决定了项目实现的难度,也构成了工程的特点、难点与重点,需要在项目管理过程中加以重视。

6.1 项目概况

项目概况是对项目管理对象的整体特征进行描述,重点包括对项目管理范围、需要执行的合同条件、交付成果的内容作概况性描述。对项目管理对象的名称、性质、相关方、规模、用途、资金来源、合同额、投资额、项目建设期、质量标准、地理位置、场地条件、建设类型、进展阶段、承包模式及承包合同等方面进行描述,同时对项目的技术特征、要点做简要概括。

根据工程建设的合同条件,组织施工调查,进行原始数据收集,例如地形、地貌、地质等情况及气象、不良地质对施工的影响;地表水、地下水分布情况、施工用水、用电接入难度;施工环境、物资供应、交通运输(车流量和交通设施)、通信条件、修建各项临时工程的条件等。工程建设程序条件,如开工手续未办理先施工、图纸不全就要求开工等。然后结合施工任务对工程施工的重点、难点进行分析,针对工程施工存在的难点制定解决方案和保证措施,并确定相关责任人,落实完成时间和提交成果。

主要包括以下几个方面:

（1）工程建设概况：拟建工程的建设单位、工程名称、性质、用途、作用和建设目的、资金来源及工程投资额，开、竣工日期，设计、施工单位，施工合同，主管部门的有关文件等。

（2）资源使用情况：主要指能源、水、电、气、暖、工程材料等。

（3）环境保护和环境治理情况：主要指污染物排放特点，改善环境的措施与方法，生态影响的性质和程度，如长江保护区的施工等，大气保护的要求，以及其他特殊地区的生态影响，居民区的影响等。

（4）工程建设合同标的范围及时间安排。

（5）工程项目的主要特征说明：如房建工程的建筑面积、平面形状与组合情况，层数、层高等尺寸及室内外装修的情况，及平面图、立体图、剖面简图。结构设计特点主要说明：基础构造特点及埋置深度，桩基础的根数及深度，主体结构的类型，墙、柱、梁、板的材料及尺寸，楼梯构造及形式等，采用装配式结构的装配率，工业建筑的跨度、吊装行车、预制、现浇等。设备安装设计特点主要说明：建筑暖通工程与煤气工程、电气安装工程、通风空调工程、电梯安装、智能建筑及信息化工程的设计要求。

项目管理案例（某有轨电车项目）见表 6.1。

项目管理案例（某有轨电车项目） 表 6.1

	项目名称	×××有轨电车示范线工程		
总体情况	业主名称	×××有轨电车有限责任公司	审计单位	×××
	设计单位	×××设计院集团有限公司	监理单位	×××监理有限公司
	工程类别	□公建 □工业建筑 □住宅 □市政 □公路		
		□其他：		
	工程地点	×××		
	项目规模/结构形式	主要工程数量：		
		市政改造：道路 6.14km		
		综合管廊：3.34km		
		桥梁工程：桥梁 1 座，1016.8 延米。其中承台 33 座/2235m³，墩身 33 座/2173m³，现浇梁 10 联/5645m³		
		主要材料数量：项目总设计钢筋约 14036t，混凝土约 121032m³，钢绞线 282t，钢梁 625t，球磨铸铁管 5529 延米，钢筋混凝土管 12338 延米，钢带聚乙烯螺旋波纹管 3936 延米		
	投资类型	□政府投资 □国企投资 □民营投资 □外商投资		
		□其他：PPP 模式		
承包方式		□总承包		
		□联合承包。合作方是：		
		□品牌经营。合作方是：		
		□分包。总承包单位是：		

续表

合同类型/总价/范围	合同价格类型：□单价合同□总价合同□成本加酬金□其他
	合同总价：暂定为 99330.00 万元
	项目范围/合同工作内容简述：特大桥 1 座、6.14km 道路改造
质量目标	□合同约定验收标准：
	□鲁班奖 □省优质工程 □其他：×××建设工程文明工地
工期目标	合同工期：×××年×月×日至×××年×月×日，共×××天
	计划工期：×××年×月×日至×××年×月×日，共×××天
安全目标	杜绝生产安全一般及以上责任事故，杜绝火灾一般及以上责任事故；杜绝生产安全重伤事件，控制轻伤率在 1.5%以内
	□创×××安全文明工地
CI 目标	□创优 □达标工程 □展示企业形象
环境管理目标	□创文明施工样板工地 □其他：
成本目标	□确保考核上缴比例，如责任成本下浮 20%；□其他
收款目标	每月完成累计收款占应收款×%，竣工后经×××财政部门审核并完成结算审计，累计收款占应收款×%，缺陷责任期满后×月内完成累计收款占应收款的 100%
科技进步目标	□完成技术成果；□创科学技术奖
其他目标	争创先进单位、先进个人；QC 成果×项；施工工法×篇

6.2 工程特点、难点与重点

工程特点、难点与重点是项目管理的重要内容，是管控风险、增加收益的关键，也是提升项目管理水平的关键点。对于项目管理的特点、难点和重点，我们需要对项目进行整体分析、判断、识别，以便做好应对措施。

工程特点、难点与重点决定了项目在工程建设过程中需要引用的各种规范、标准、图集、规程、工法等相关内容，决定了施工组织的程序与顺序，也决定了施工流程。这是项目策划的核心内容，它们决定了项目整体战略顺序，能够提高效率与效益，是统筹优化、科学组织项目的基础。

6.2.1 特点

工程项目的特点由项目属性决定，是其特征的描述，在一般项目中根据其特点制定相应的方案来应对。项目的特点是为创造独特的产品、服务或成果而进行临时性工作，具有一定的独特性，即项目可交付成果是独特的。这种独特性不仅仅表现在可交付成果功能上，还体现在可交付成果的形成过程是独特的，特别的时间、地点、人物，特别的努力得到一个特殊的、独一无二的产物。工程项目的特点体现在以下几个方面：

（1）建设目标的明确性。建设项目以形成固定资产为特定目标。工程建设企业是以合同为依托并执行合同约定目标，兼顾公司的各项目管理目标与指标。

（2）建设项目的整体性。总承包项目全面履行总承包合同的所有内容，建设项目由一个或若干个互相有内在联系的单项工程组成，建设中实行统一核算、统一管理，全面实行总承包管理，无不管之事。业主方指定的第三方均纳入项目总承包的统一调度和指挥。

（3）建设过程的程序性。建设项目需要遵循必要的建设程序和经过特定的建设过程。从项目总体来说，需要经过提出项目建议书、可行性研究、设计、建设准备、建设施工和竣工验收交付使用六个阶段。从合法依规来说，要满足建设工程建设程序。从组织生产来说，满足项目组织和建设逻辑及施工部署。从技术路径来说，需要满足工程建设有关工艺、工法、标准、规范与规程及操作手册等。

（4）工程建设项目的约束性。建设项目的约束条件主要有：一是时间约束，即要有合理的建设工期时间限制，分部分项、单位工程必须满足总体计划的安排；二是资源约束，即有一定的环境约束，定额预算约束，人力、物力（物资与设备）、财力（资金）等条件限制；三是质量约束，构成工程项目的每个分部都有预期的生产能力、产品质量、技术水平或使用效益的目标要求。

（5）工程建设项目的一次性。按照工程建设项目特定任务、固定建设地点以及项目的条件进行单一的设计，并根据实际条件的特点进行一次性组织的生产经营活动，建设项目资金的投入具有不可逆性。

（6）建设项目的风险性。工程建设项目投资额巨大，建设周期长，资金回笼时间长。项目建设期间物价、市场、政策、环境、资金变动等相关因素的不确定性会给建设项目带来较大风险。

综合上述特点存在的必然性，项目策划时需要将这些特点进行系统地识别、整理并制定方案，作为项目管理要素纳入项目管理过程。

6.2.2 难点

工程项目难点体现在项目受到各因素限制，需采取一定的措施才能实现项目内容，一般来说风险等级相对较大，需要制定专项措施或者采取管理创新和科技创新等手段来确保项目内容的实现。

工程建设管理涵盖面非常广，工程本身具有一定的复杂性，在工程施工过程中还存在很多不确定性，要在规定的时间内完成建设内容并达到项目管理的要求，这些不确定性是难以控制的。特别是围绕着工程进度、质量、安全和成本之间达到最优平衡状态需要应对的各种不利因素更是控制的难点。这些影响工程建设的施工条件和施工状况，概括起来就是工程难点。一般来说，工程难点需要制定专项方案研究决策部署，以经济效益为核心展开各项资源整合与统筹安排。

（1）从工程进度角度分析：一般影响工程进度的因素有施工依据、施工条件、场地环境、大气条件、交通运输（如大型预制构件运输等）、资源供给（物资供给、大型设备的运输、项目所在地的资源缺乏）、管理组织、成本投入等，当这些因素经过分析判断，较一般性可达到的条件相比，均可以列入工程难点。如施工场地面积不满足定额条件约定的，需要外租与采取特殊措施处理；当地污染严重，在环保保障方面难度较大，亦可列入工程难点，如大气条件下的季节性施工等。

（2）从质量管理方面分析：首先分析图纸及技术条件，采用新工艺、新材料、新技术的均可列入施工难点，如高强度混凝土使用。从分部分项的系统设计入手分析，如房建工程中的空调、消防、智能楼宇相互交叉等。从质量通病入手分析，如防水处理等。

（3）从安全管理入手分析：影响工程安全的各类风险等级较高的危险源，如超高防护、危险、交叉、临电、消防、场地、材料供应、复杂程度等方面。

（4）从组织管理方面入手分析：类似工程存在的问题、专业人员的特殊要求、"一利五率"（利润总额、资产负债率、净资产收益率、研发经费投入强度、全员劳动生产率、营业现金比率）的约束等。从供应链及相关方的管理入手（如复杂工程中专业化分包的交叉工作）分析难点。从业主方的背景研究分析难点。

（5）从财务管理入手分析：如融资的不确定性、资金流存在的风险。特别是对于融建类项目，政府方的财政能否给予项目支撑，专项债能否预期实现等，这些都是保证项目现金流稳定的重要因素。

（6）从合法依规性方面入手分析：如开工证办理、规划许可证是否齐全，特别是投资类项目，在投资中标后即进入施工阶段，项目的"两评一案"（物有所值评估、财政承受能力评估、项目实施方案）工作还没有完成，图纸审核、概算审批、可研立项、专题报告基本都没有，开工后无法全面展开工作，导致现场管理经费居高不下。项目还没有开工，管理费用开支不菲。甚至由于项目立项存在瑕疵，地方政府专项债也无法批复等，无形中造成工程建设损失。

（7）从设计管理入手分析：从设计做法来识别，如超规范、超标准、超常规的设计，如清水混凝土的设计与运用，在一般结构工程施工中就属于超常规的；从设计标准来识别，如设计标准提高，造价不相匹配。

（8）从造价体系入手分析：从风险分摊入手识别（如市场行情及波动，大宗材料与设备受国际形势及市场热度情况波幅较大，有没有风险分摊机制）；从计价规则入手分析（设计变更的条件或计价规则）。

（9）从企业管理的经验入手分析：从企业的技术能力和管理能力入手分析识别（如专业能力外的技术等）。

6.2.3　重点

重点是指项目管理过程中需要重点关注并采取措施的项目内容，重点内容对项目管理的效果会产生一定的影响，一旦重点内容得不到实施，将会对项目产生严重的不良后果，甚至影响到企业的发展。

项目重点必须在项目管理过程中通过科学管理，提前预控、制定措施、提前应对。项目重点需从防控风险、关键技术、关键节点、关键线路、项目盈亏、社会稳定、合法依规、企业发展战略等方面入手分析。

项目重点也是风险控制的最高级别。项目管理过程中，一旦对项目产生毁灭性打击，对工程进度、质量、安全将产生严重后果，甚至对项目能否存续造成影响。如隧道工程塌方问题、深基坑支护、危石清理、房屋建筑中的危大工程等，均是施工重点。如何分析判断施工重点，按照难点工程的分析判断方法，可以将涉及重大经济损失、可能造成危害的均列为施工重点。

对于工程进展关键线路上的资源供给和整合，一般也要作为重点工程来对待。如稀缺资源（海外采购、大型设备的定制）、生产纲领中的工艺重点等。

政策规定、法律红线明令禁止、影响社会稳定的工作要列入重点工作，如进城务工人员工资支付问题、职业安全健康风险识别的最高级别的风险清单中的内容。在环保愈来愈严的形势下，影响周边居民和城市环境污染的因素要作为工作重点，例如高考期间的噪声问题。

规范规定的强制性条文，在项目管理中有涉及的，一定要列入工作重点，如地基验槽工作等。

项目的盈亏内容，如明显增加项目收益的内容或亏损相对较大且在清单中属于负标的内容，属于减亏对象的内容。

企业战略发展的需要，在技术创新与管理创新中要做好示范，以项目为依托实现战略意图等。

6.3 工程建设项目特点、难点的应对措施

特点、难点和重点识别成果的应对措施是项目管理的重要内容，每项应对措施要自成体系，但又不能独立于项目管理体系之外，所有的工程项目的特点、难点与重点要纳入整体项目管理。

应对措施以解决问题为导向，通过科学地策划、安排、布局，确保在项目实施过程中能够实现。各项措施要确保工程项目的特点、难点及重点的应对工作得到落实，促进项目整体建设的推进。

对工程的特点、难点和重点工作，要采用科学分析判断并制定有效措施予以应对，项目管理团队中要有人负责，集团公司职能部门也有人负责监督落实，两个层面共同发力，共同策划、执行并监督落实。

应对措施如下：

一是对比法解决一般性问题，根据公司已完成的类似工程的经验，对难点综合类似的工程或方法加以应对解决，并压实责任落实项目团队，职能部门监督落实。

二是借用外部因素 EFE 方法分析，制定对策，因为特点和难点、重点是工程中必须全面应对的，应制定应对措施。

三是内部联动应对，通过公司人才库、专家库，与市场商务人员共同参与问题解决方案的制定。

第 7 章 项目范围管理

7.1 项目范围概述

项目范围是确保项目完成全部规定工作,并实现项目管理目标的过程。即在满足项目使用功能的条件下,对具体的工作进行定义和控制,定义的作用是在项目分解后能够明确项目完成的内容、数量、标准以及管理对象。对于全生命周期项目,项目范围包括规划、定义、验收和控制变更等几个过程。对于工程总承包项目,项目管理只是全生命周期项目管理实施过程中的一部分,合同范围与内容、合同约定工期、交付成果与交付标准、质量标准、验工计价可以划定为项目管理的范围。按模块化管理是项目范围管理的核心要义,化繁为简是项目范围管理的核心精髓。

在对项目范围进行管理的基础上,项目管理目标必须得以实现,完成项目管理目标与指标,即实现企业的战略意图和执行合同目标与指标。这些目标与指标必须具体、明确和尽可能量化。通过量化指标控制实施的风险。

如何管理和控制项目范围,需要有步骤有分别地实现,需要制定范围管理计划,最终实现项目范围内的全部工作,并达到预期的各项管理目标与指标。这就需要对实现项目管理计划的每个单元进行范围定义,确定每个单元需要的项目管理方法和管理活动。

项目范围定义就是把项目的主要交付成果划分为较小的、可执行的、更易管理的组成部分,最终定义和界定项目产出物范围的项目管理活动。通过项目范围定义,确定项目产出物、项目可交付成果及各种约束条件。项目范围定义给项目范围界定确定了项目分解依据,从而确定了项目成本、时间和资源控制。因此项目范围定义可以描述为:

一是合理性说明(以施工工艺划分)。

二是交付成果清单(定额用量、细目)。

三是目标的实现程度(分项过程验收)。

四是制约因素(预算成本有限,每一个分项是另一个分项工作的前提)。

五是有计划和持续时间的安排。

六是项目管理计划的基础。

以装修工程项目为例,其范围定义可分为砌筑、抹灰、门窗安装、油漆工程、铺贴等分项工程,每一个分项工程有单独定额的量、价与费率,有单独的施工方法,有单独的工作安排,相互之间边界条件清晰,各分项有单独的验收标准,相互之间的衔接受工序的安排和项目管理组织程序与顺序的影响。各分项在工程量一定的基础上,各项资源工作受定额限制,因此,每个分项工程均是装修工程项目的范围定义。

项目范围定义明确了工程项目交付和完成工程项目所要求的所有工作,并确定了范围管理计划的内容。

7.2 项目范围分解

范围分解是对项目范围定义后给出的进一步细化和分解的项目范围管理工作,通过对项目范围进行全面分解,制定项目工作分解结构和项目工作分解结构清单,使我们清楚地知道整个项目工作的内容及各内容相关联的工作和条件,最终形成项目工作包,便于工作、管理和量化。

范围分解的依据是组织项目资产的过程、项目范围定义的各项目任务、项目管理计划的要求等。

根据现代项目管理原理,项目范围分解主要有结构化分解、过程化分解和模板法分解三种方法。

7.2.1 结构化分解

任何工程项目均由复杂系统构成,需要将其分解成子系统、功能系统和专业化的要素等,以更加有利于组织实施,这就是结构化分解。项目的总目标可以分解成系统目标、子目标和可执行目标,项目的总成本可以按照定额和清单的要求分解成相关成本要素,所有构成项目的要素都可以结构化分解为简单明了可执行的层面。通常结构化分解也是专业化分解的重要内容,在结构化分解后,大部分项目都以专业分解为基础,如房建工程中的建筑工程、电气工程、暖通工程、装修工程等都是以专业划分为基础的结构化分解。

7.2.2 过程化分解

过程化分解按照项目实施过程进行。工程项目实施均由一系列活动组成,每个活动均由若干阶段或子过程构成。工程建设项目管理过程可以按管理实施要素进行分解,即项目创造产品的过程和项目管理实施的过程。

工程建设项目创造产品的过程即项目实施过程,按照项目全生命周期的不同阶段可以分为启动、项目论证、项目计划、实施监控、竣工移交和项目运营等六个方面,每个阶段又可分解成工作管理过程。

工程建设项目管理过程分为项目管理策划、预测、计划、组织、协调、控制、纠偏、反馈等过程。项目管理过程中的活动包括成本、合同、HSE、风险、技术、生产调度等管理职能,每个职能的实施必须由行政工作确保合法依规,如招标采购、申报批复等。每个职能的实施又是专业化工作的成果,包括工作顺序与程序、组织调度与安排等。

7.2.3 模板法分解

不同行业的工程项目，其功能的实现需要符合生产纲领要求，项目的实施必须符合其所属专业技术领域的标准化与通用化要求，这就是模板法分解。项目分解可以根据具体情况和要求进行必要的增加或减少，从而确定工程项目分解方法。同样，不同的工程建设企业在多年经营生产中探索了一系列工程建设管理方法，建立了完善的管理体系，工程项目可以企业自身项目管理模式与方法进行分解，也称之为企业模板法。如很多企业有专业化分子公司，项目管理分解到这些分子公司可以独立核算和管理的界面即可。

上述三种结构分解的方法在工程项目中经常用到，可以独立使用也可以组合使用。最终分解的目标是将工程项目的组成分解到更容易管理的项目单元，通过控制这些单元的成本、进度、质量、安全、环保目标，使它们关系协调一致，从而达到控制和管理整个项目的目的，使复杂问题简单化。

7.3 项目分解的成果

项目分解的成果最终是为了便于项目管理的实施，具体表现在：

（1）项目分解为项目工期计划、成本和费用估计进行资源对象的分配。

（2）用于建立目标管理体系，进行项目任务组织承发包、建立项目组织、落实组织责任。通过项目分解单元，确定项目管理组织各部门及职员职责分配，完成项目组织各职能分配。

（3）将项目管理目标与指标分配到各项目单元，这样可以对项目单元进行详细设计、计划安排、实施方案制定、采购招标、风险分析、管理责任压实、量化监测与考核。

（4）项目分解结构为项目管理计划的制定提供了基础依据，根据管理和实施的组织和逻辑关系确定各组成结构之间的程序、顺序与时间，从而确定整个项目的计划安排。

（5）通过结构分解，确定可测可量可执行的单元，为项目组织各部门、各专业之间的工作与协调提供依据，从而为管理责任界定划分、考核、激励提供可度量手段。通过结构分解，为项目信息沟通、资源使用、成本、质量、变更、会议、采购提供分类、沟通和收集的凭证和台账。按国际项目管理规则，各组成单元均需进行编码，便于为数字化管理和信息平台的使用提供编码依据，简称 WBS 编码，也是工程项目资料收集、分类、分发、信息交流的重要依据。

7.4 工作包

在工程实践中，工作包作为最小单元，为项目管理的操作与实施提供了可能。工作包处于项目结构分解的最底层，是可测量、可界定、可描述的对象。不同的工程项目，处于最底层的工作内容也是丰富多样、各有特征，管理实施的方法与手段也各不相同。因此，工作包的划分可同样具有灵活多样的形式。为了便于管理，依据项目管理模式而确定的工作包，形式多样，包含各种特征，要依据管理的需要来确定。因此，工作包具有一定的复合性。基于上述分析，工作包的特征有以下几点。

7.4.1 单一工作包的特征

单一工作包含有一定的具体活动与内容，如各项工序及其逻辑关系、工作范围、质量标准、费用预算、时间安排、资源配置及责任人等。具体工作包的内容如下：

（1）工作范围。工程建设项目的工作包范围是指工程量，通过图纸、变更或者相关文件可以按定额计算规则计算得出，从合同工程量清单中按照计价规则分解得出。

（2）质量标准。按照承诺的质量目标分解后的实施方案、相关规范和质量验收标准中的规定要求来进行衡量。

（3）费用预算。可按照合同中标清单分解得出，按工程量比例分摊或按定额计算取得，作为项目预算控制的最终单元，由企业内部定额、施工方法和市场调查来决定。

（4）时间安排。根据施工组织部署确定组织关系和逻辑关系，确定工作包工作程序与顺序，从而确定工序划分和工序时长，并以主要工作量所需的定额时间确定完成单位时间的工作量。多数工程项目以定额人工来带动机械材料的活动时间安排，并确定工作包总工日和单位天数所需的人工，配置相应的机械和材料。

（5）资源要求。根据各个工作包的内容进行工料分析，并以定额或者内部定额计算出所需的各种资源用量，按照施工方案或者交底的要求进行配置。

（6）责任分配。根据项目结构分解要求，明确分解分配到相应工作包和确定的负责人，做到负责人岗位压实，责权明确，可测可量，履行绩效监测。

（7）工序安排。为完成工作包的各项内容，需要进行的各道工序应满足工法、制造流程或相关顺序。

隧道钻爆法施工的工作包工序安排：场地平整→隧道临时支护→隧道永久支护→隧道验收→管道安装→管道试压、排水、吹扫→弃渣场修筑→洞口开挖→隧道掘进等。

7.4.2 复合工作包的特征

复合工作包是相对于单一工作包来说的。由于工程建设项目的复杂性，很多工作以分包形式实施，该部分内容对于企业项目组织来说，可以理解为复合工作包。在管理过程中，如果以提取项目管理费模式进行分包，该项工作的复合工作包模式特征更为明显。复合工作包与单一工作包内容一样，包含具体活动与内容，各项工作存在着逻辑关系、工作范围、质量标准、费用预算、时间安排、资源配置及责任人等。复合工作包具有以下特征：

（1）工作包的相对性。工作包作为项目分配的最小单元，是为满足项目管理实际需要而分解的。项目管理模式决定了工作包的相对性，业主项目管理模式下采用发包模式，被发包的内容也界定为工作包。对业主来说,所有发包范围、质量标准、时间控制、费用预算、资源情况、责任分配都很清楚,工作包虽然内容复杂多样但可测可量。同样,对于总承包项目管理来说,无论是专业分包,还是扩大分包范围,同样也具有这样的属性,在工程实践中我们都把它定义为工作包。

(2) 工作包的递延性。项目管理是针对一个项目而言,项目创造的过程涉及多种服务、多种材料、多种资源的整合。无论何种工作包,由于组成工作包的内容均是由社会各种产品综合服务完成的,工作包在社会分工中存在继续分解的可能。因此,工作包存在一定的递延性。

(3) 工作包的多样性。工程项目是一个复杂的项目整合过程,不同工作内容的工作均具有独特性,需满足其属性所具备的行业、标准、法律等要求。如设计包要满足设计规范及设计行业特点,消防分包需要满足国家消防强制要求的特点。

(4) 工作包管理的项目属性。对于总承包项目管理来说,作为专业分包或其他分包模式的工作包在本质上又是一个独立的子项目。因此,这种情况下的工作包具有项目属性,总承包项目管理的各项要素与工作包管理要素呈现某种对应关系。

7.5 项目范围分解程序

7.5.1 工程项目的分解原则

工程项目的管理是项目经理部(事业部或项目公司)代表企业履行管理职能、执行合同的过程。项目结构的分解不仅受合同文件及其往来文件(含招标投标文件、商务洽谈)的管理需要,还受企业各项管理原则、制度、方法与模式约束,主要体现在以下方面:

一是企业的战略、方针、政策、规章制度、基础管理的约束。从企业层面来看,项目结构分解必须体现企业的战略、方针、政策,落实企业的使命与愿景;必须依照企业的管理职能和组织要求,落实企业制定的各种管理文件、程序文件;体现企业的管理规章、制度、基础管理等工作;

二是企业的体系认证在项目管理时得到有效贯彻和执行,特别是质量、安全和职业安全健康体系在项目结构分解中得到有效的落实。

三是企业的资源优势及相关产业链在项目管理时得到充分发挥;依托现代企业管理制度,法人管控项目在项目具体实施时得到落实。

四是从项目自身的分解要求做到,项目管理各要素能够在分解时得到体现,具体策划时要考虑 OBS、CBS、PMM、EBS、IBS、ABS(OBS 组织结构,CBS 成本分解结构,PMM 项目管理结构,EBS 工程分解结构,IBS 投资分解结构,ABS 财目分解结构)等方面联合策划分解,才能有效发挥项目结构作用,并对项目管理起到相应作用,从而使工程项目的交付物、项目的建造过程、项目管理的过程统一。管理的过程和边界清晰,各阶段各层次各层级明确可控，可量化的分解能够压实项目组织责任，使项目整合过程做到有效推进。

四是项目分解的工作包要清晰，做到模块化、结构化和专业化，确保工程项目分解后的工作包非常具体、界定清晰，能够完整无缺地分配给项目有关个人、组织。项目分解成果可以量化，确保任务明确、目标清楚、责任清晰、可测可量，最后能通过绩效监测体系确保项目管理的所有责任与义务得到充分发挥。

综合上述因素，项目结构分解作用图如图 7.1 所示。

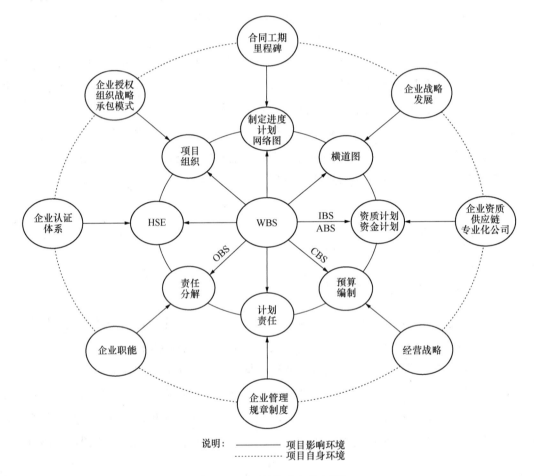

图 7.1 项目结构分解作用图

图中表达的企业管理与范围管理对项目管理的作用：

（1）项目范围的分解与合同工期及以里程碑为基础的项目总计划、网络计划组织的关系：项目经理部通过网络计划的制定对项目合同工期及里程碑进行细分，通过管理完成项目范围内的内容，确保项目合同工期及里程碑计划的实现。

（2）通过项目范围的分解，确定各项工作与责任目标，企业通过项目范围计划，授权建立相应项目组织，通过网络计划调配相应管理人员，实现相应管理内容，确保实现企业管理与合同管理目标。

（3）通过企业管理规章制度、程序文件、认证体系等管理文件，依托项目组织，结合项目范围内的内容，建立项目 HSE 管理计划。

（4）根据项目管理各项管理计划，在企业职能部门指导与安排下，依据范围计划的工作内容，压实项目组织责任分配，形成企业管理与项目管理职能相互融合，确保责任有效落实。

（5）通过项目网络计划、企业战略发展安排制定各项目横道图，根据每个横道图应完成的工作，将企业各项战略目标细分，通过范围内的工作完成不同的工作目标，实现企业的战略规划和落实。

（6）依据项目管理横道图，项目组织结合项目范围工作的内容，制定资源计划和资金计划，企业根据自身的资质、供应链或专业化公司（包括资金中心）等，对项目资源进行调度和配合，并从企业角度给予支持。

（7）结合企业资源计划，在企业经营战略的指导下，结合内部定额和测算，指导项目预算编制，形成项目全面预算管理，确定项目各项管理指标。

（8）当各项指标完全确定后，项目组织以全面预算为指导，根据相应的内容，做好责任分配，形成各层级项目管理计划和实施计划，并压实计划责任，通过企业管理规章和管理制度，对计划责任进行指导、纠偏和激励。

7.5.2 项目范围分解思路

项目范围分解要满足项目计划的制定、工作的分解、专业的匹配、责任的压实、资源的有效分配等原则，范围分解有利于项目管理、项目创造、企业能力体现、资源供给（含分包工程的资源供给）等。

工程建设企业常见的分解类型有：

一是过程分解结构的方法。工程项目是产品创造和项目管理过程的结合，由于工程建设的创造过程是一个复杂有序的过程，包括立项（可研、批准）、设计（文件、图纸）、采购（设备、材料供应）、施工（建筑、安装）、试运行等过程，而项目管理的过程包括启动（招标、委托）、策划（策划、计划）、实施（组织实施、绩效）、收尾（检查、验收）等。因此，项目分解结构可以采用过程的分解方法来进行分解，特别是对于投资带动的项目或者投资建设的项目。

二是组成项目的功能专业划分方法。工程项目的总体构成有设计、建造、采购、经营、市场、服务和运行等不同的阶段，不同阶段有若干不同专业，如房建工程的土建与装饰装修、结构、电气、给水排水、智能化、通风空调、市政、园林、绿化等；公路工程中有土方、地基基础处理、桥梁、隧道、水稳、路面、路灯、交通标识等；市政工程中常见的有桥梁、隧道、给水排水、设备安装、桥梁、园林、市政等。因此，项目分解按功能专业的不同进行。

三是基于提交成果系统的分解结构形式。部分行业的工程在管理过程中分属不同的专业包，最终以提交成果完成项目分解，如铁路工程的标段划分、四电集成及信号、土建工程、站房工程等。因此，基于提交系统与成果的分解方式也较常用。

四是基于管理需要的分解结构形式。这种分解方式较为复杂，在复杂项目的分解过程中经常用到，是基于功能专业、管理过程和成果系统分解的综合运用，一般先采用项目分解结构（Project Breakdown Structure，PBS）的方式对项目管理对象实体分解，再对分解后的实体进行工作结构分解（WBS）的管理模式，如对于大型复杂片区开发或者EOD、TOD项目经常用到。

总之，工程项目的管理分解是基于管理的需要采取灵活多样的项目分解方式，无论采用哪种方式，最后的工作必须可测量、界定清晰、便于管理。

7.5.3 项目范围分解步骤

（1）项目分解的原则

1）主要依据项目合同、往来文件、各种程序文件、企业的管理规章制度及要求、管理目标与指标等。

2）根据WBS通用分解原则，施工专业要分解到工序，设计专业分解到专业类别，各项分解内容要与OBS（组织结构分解）相对应。

3）工程项目的特点、难点与重点以及制定的应对措施，在项目分解时要重点考虑。

4）确保各模块之间无缝衔接，各专业之间的界定要清晰明确。

5）厘清项目的工期、质量与成本之间的制约关系，在三者之间做好平衡。如质量要求高的项目，工期相对较长。难度比较大的项目，风险比较高的，不能太快，要把握好节奏。工期要求紧的，需要加大资源投入。对于重点项目，责任人要求素质过硬、业务精通。面临多线作战时，各分解内容之间也要做好平衡。因此，运用WBS分解项目范围时，要落实人员、资源、质量、工期与成本之间的关系，确保各工序之间无缝衔接。

6）在工作分解过程中，采用可操作、条件充分且必要原则，并以先整体后局部、先系统后分部、便于计算和管理、能达到预期效果为原则，具体步骤如图7.2所示。

（2）项目分解时要注意的内容

1）分析项目结构，根据项目的特点、性质和项目管理模式来分析项目的组成。

2）根据企业管理有关要求对项目进行分析，如在项目发展编制中，一些企业有强制规定，对项目形成指导性意见。

3）企业的资源调度与整合、分子公司之间的协作也是一个重要部分。

4）受资质范围影响，有些需要一定的资质才能完成的工作，如消防工程，需要独立分包。

5）不同企业的项目管理方式不尽相同，各有侧重。DB项目与EPC项目管理模式差别很大，在项目管理模式中要有描述。

6）项目范围分解的方式，具体由项目的管理方法与企业管理的特征决定。

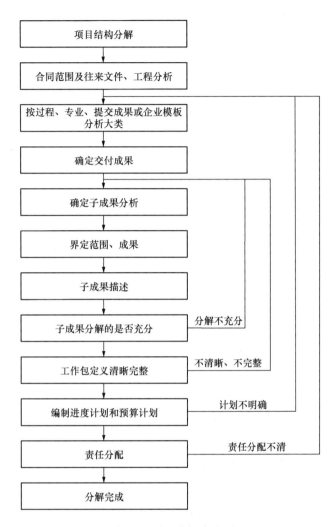

图 7.2 项目分解步骤图

（3）案例分析

如某管理项目属于 EPC 项目，项目经理部确定以交付性成果为主线，确定工作结构分解（WBS）。

第一步，确定项目的分解结构。

将项目按功能性质、建设需要、专业化实施或者其他方式，分解成一个个独立的可操作的单元。对于满足项目整体需要的配套设施和土地，影响项目整体建设的分（子）项目，一般按独立的单元来进行划分。项目结构的分解要有利于征地、报批报建等先期工作的安排，有利于关键节点项目内容的工作安排，有利于某些重点区位的设计、实施，从而最大程度保证项目的整体工期和效益。

根据工程特点，按功能性质、专业化实施等方式进行项目分解，总体是满足工程项目建设的需要，将工程项目分解成一个个独立可操作的单元，主要满足工程实施的需要，有利于分阶段、有步骤地统筹设计、采购和施工，从而高效地完成建设任务。

第二步以可交付性成果为主线，确定 WBS。

WBS 应该以最终可交付成果为主线进行划分和细分，便于计划的跟踪和反映项目的真实进展情况。

以最终可交付成果为主线划分 WBS，那么每一个可交付成果均可以包括设计、采购和施工的工序。设计、采购与施工有机统一，计划结构更加清晰，便于跟踪、控制和测量每一个可交付成果的状态。以最终可交付成果为主线的工作结构分解（WBS）如图 7.3 所示。

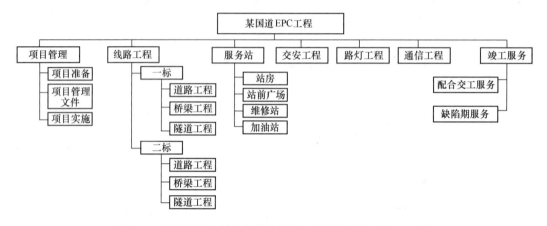

图 7.3　以最终可交付成果为主线的工作结构分解（WBS）图

根据项目分解原则，我们按照结构化、过程化和模板法的分解思路对项目进行分解。在分解时，要以整个项目的组成为研究对象，以项目的整体交付为抓手分析研究。首先以合同约定的范围内容和管理的服务要求进行划分，按项目管理的要求、结合工程项目本身的专业进行组成、分类，然后再按照各部分涵盖工作类型的多少进一步分层，结合业主项目管理特点，进行多层次多级次分层。如上述案例中以道路工程 EPC 为总体，分为项目管理、线路工程、服务站、交安工程、路灯工程、通信工程、竣工服务等几个部分，线路工程有两个标段，每个标段又由道路工程、桥梁工程、隧道工程组成；服务站由站房、站前广场、维修站、加油站等工程组成。该项目就是以交付为目的进行项目结构分解的。

（1）项目范围 WBS 总体结构

我们将一个完整项目作为第 0 层，作为项目各层次各层级项目范围分解的基础。

第 1 层按项目总体中构成项目的分部工程的形式进行分解，将项目按照市场、行业、专业性质和需要的资质等因素进行大归类，便于后续工作能够进行项目实施分配。如某国道 EPC 工程的分解包含项目管理、线路工程、服务站、交安工程、路灯工程、通信工程、竣工服务这几大部分，其中，根据目前业主方采取分标段授标的情况，在线路工程下插入一标、二标，每个标段又包含道路工程、桥梁工程和隧道工程 3 个方面。

第 2 层按照不同的结构专业类型分解，各分支包含的内容将在各自分支中详细描述。如某国道 EPC 工程的第 2 层分解如下：

项目管理分为项目准备、项目管理文件和项目实施 3 个部分。

线路工程中，在插入一标、二标后，又分解为道路工程、隧道工程、桥梁工程等 3 个部分。

服务站工程中，分解为站房、站前广场、维修站和加油站 4 个部分。

竣工服务中，分解为配合交工服务和缺陷期服务。

在这一层主要进行项目总体规划和初步工程量估算，对应于项目总体计划和项目概算计划。

（2）子项目分解描述

经过分解后的子项目比较多，每个子项目管理工作，根据该子项目工作的特点、实施方式再分解，最终形成独立的工作，便于项目量化计算、成本控制和进度管理。下面我们以项目管理和道路工程两个处于不同分解层级的范围分解内容来举例描述。

1）项目管理

在第 2 层项目管理部分，主要分支有以下几个方面：

项目准备：主要是用于描述项目中标后进行项目组织和准备的工作，分别包括项目准备（项目总体方案、人员培训、项目部组建、制度建设、项目预算）、项目动迁和项目报批报建（办理施工许可证）等工作。

项目管理文件：包括项目管理依据、企业文件（企业管理规章、制度、方针、政策、工会、企业定额、党建文件等）、项目应编制的与项目管理相关的文件。按照管理的分工不同，包括项目合同管理文件，质量和 HSE 管理文件，设计、采办和施工管理文件等。

项目实施：主要是描述项目实施过程中要进行的各项管理工作，包含的内容可参考企业有关管理手册与标准。项目管理分解如图 7.4 所示。

2）道路工程（为例）

在第 1 层线路工程由于分标后形成 2 个标段，每个标段均有道路工程、桥梁工程与隧道工程。道路工程在第 3 层，含有与道路相关的设计、采购和施工 3 个阶段工作。

① 图纸设计

描述与道路工程设计相关的工作，各专业按照计算书及说明书、技术规格书和施工图设计等文件进行。

② 材料采购

描述与道路、连接线及辅道工程物资相关的采购工作，各类物资根据设计提供的采购清单进行分类，按照物品类型分类。

③ 道路施工

描述与道路工程相关的施工工作，按照施工阶段分为施工准备和施工工序两部分。

根据上述内容的分析，我们对道路工程进行分解，如图 7.5 所示。

3）工作包

针对图 7.4、图 7.5 的分解，我们对每个工作包所包含的具体活动都有清晰的认识，如各种工序及其逻辑关系、责任人、资源配置、工期等，以及该工作包需要重点关注的内容。工作包要做到可测量、可控制。

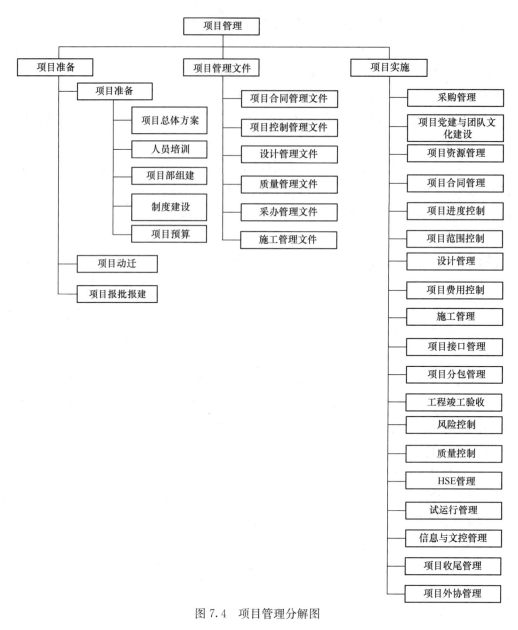

图 7.4　项目管理分解图

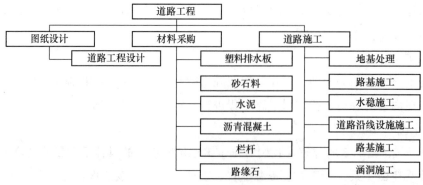

图 7.5　道路工程分解

由于各工程建设单位的工作经验及施工程序各有差别，在此 WBS 模板中不对具体工作包各工作项做统一规定，略作提示说明如下：

① 道路工程专业施工图设计的工作包

道路工程专业施工图设计的工作包内容有：施工图设计技术统一规定、路基设计图、路面设计图、涵洞设计图、交通沿线设施图、筑路材料做法、环境与绿化图。

② 设备（材料）采购的工作包

基于图 7.5 进行分析，材料采购工作主要有：塑料排水板、砂石料、水泥、沥青混凝土、栏杆、路缘石等工作包，每个材料采购的工作包有：询价、发标、评标、签订合同、生产、厂家设备技术资料、设备（材料）运输到货。

③ 道路施工的工作包

施工准备工作包的主要内容有：现场场地建设，办公区、生活区建设，征迁等。

施工作业工作包主要有土方开挖、地基处理、涵洞施工、路基施工、水稳施工、道路沿线设施施工等工作。

地基处理工序：根据设计施工图纸，塑料排水板采用正三角布置→机组组装及定位→安装塑料排水板→沉管插板→提升套管及回带测量→剪断塑料排水板→检查验收。

沥青路面施工工序：施工准备（配合比设计、材料试验、铺筑试验）→试铺→施工放样→沥青混合料拌合→沥青混合料运输→沥青混合料摊铺→碾压→接缝→处理养护。

以上各工作项需要明确各项工作的工期、逻辑关系、资源配置、责任人等相关信息。

7.5.4 项目分解的编码

根据项目分解结构的编码原则，按照项目范围分解计划逐层进行编写，给出每一项工作唯一的识别码，确保项目各项工作的一致性，也为项目管理信息化提供基础。

项目分解的编码可以采用任何一种方法，这和项目管理习惯、企业管理要求有关系，编制要求一目了然，能够根据项目的编码确定各项活动的层次与层级，为项目管理活动的识别与处理提供最直接的判断。部分项目为了便于将项目管理层级与项目活动内容更直接对应，采用项目活动拼音第一个字母作为某一项子项编码首要字母。无论采用何种编码，都要反映项目活动的层次、层级，确保最终的工作包单一。

某国道 EPC 项目分解的四级编码描述如图 7.6 所示。

项目编码：某国道 EPC 项目编码为 GDXM。

一级编码：线路工程编码为 GDXM.02，项目管理为 GDXM.01。

二级编码：一标段编码为 GDXM.02.01，二标段为 GDXM.02.02。

三级编码：道路工程编码为 GDXM.02.01.01，桥梁工程编码为 GDXM.02.01.02，隧道工程编码为 GDXM.02.01.03。同理，二标段的道路工程编码为 GDXM.02.02.01。

四级编码：即道路工程中的设计、采购与施工的编码，如设计编码为 GDXM.02.01.01.01，采购编码为 GDXM.02.01.01.02，施工编码为 GDXM.02.01.01.03。

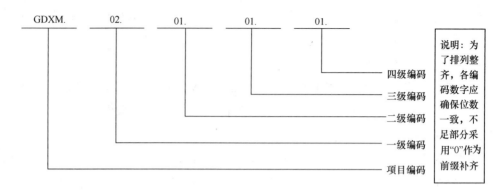

图 7.6　某国道 EPC 项目四级编码（设计编码为例）

如果还需要细分，根据工作内容所在的层级编码，依次类推。

7.6　项目分解的意义

通过项目分解化繁为简，确定项目展开的各项工作，突出项目可交付物，通过层次层级化将项目范围按结构化、过程化和管理要求细分。这些分解具有以下作用和意义：

（1）管控对象与目标明确。对项目管理的核心目标、可交付成果进行状态、阶段成果描述。通过这些分解操作，有利于对进度、成本、质量等目标的管控。

（2）管控内容更具体与详细。通过细分的工作包、编码说明、工作描述，有利于推进标准化在进度、成本控制系统中的应用。按照分解的项目及相应工期要求、资源要求，将各项工作包和分项工程按照组织关系和逻辑关系排列，形成项目的网络计划。通过完成工作量的持续时间，形成网络进度计划，并附加日程管理，可以使得项目经理部在组织人力资源、物资资源、设备招标、工程施工、协调当地关系等方面都有的放矢。

（3）管控过程更加科学。这对确保工程的顺利实施，进行工程的动态控制具有非常重要的现实意义。项目范围的分解分类，对项目活动范围及数量进一步准确描述，从而使项目管理者更方便地对项目进行费用、进度、材料、人员等的估计、预测，结合企业内部定额更有利于项目管理与成本控制。

（4）管控协调更加有力。在项目管理过程中，需要不同专业的人员对项目实施管理，比如技术、物资、设备、财务等人员。在传统的项目管理中，这些专业间沟通少，管理参照基准不同，项目管理水平较低。建立工作分解结构分解表之后，项目管理者跨越专业界限，在同一个基准的基础上对费用、进度、物料消耗等作出统一、恰当的解释、分析和预测，可以消除不同系统之间的差异，提高对项目的有效管理。

由此可见，项目范围的分解在所有项目管理中发挥着基础性作用。

第 8 章　项目总计划管理

8.1　项目总计划

以时间管理为主线的项目总计划是项目管理的灵魂，是项目管理各项活动的指针，是指导项目管理全过程的标尺，是计划、组织、协调、控制与管理的核心内容。以时间管理为基础制定的总计划是项目管理的基准和中心，是工程项目实施全过程的轨道，是指导项目管理全过程的核心文件，也是控制工程进度的重要依据，是资源、技术整合的必要条件。

项目总计划是合同管理的重要目标与指标，是依据项目范围管理各项内容实施的方向标。总计划在项目设计、施工、技术、成果管理中起着核心作用，是计划、组织、协调和控制各参建单位，统一利益相关方及供应链等参建单位的共同目标标尺。总计划不仅为项目的全生命周期各项内容提供时间刻度和标尺，也为项目各项计划的制定提供支撑。以项目总计划为基础编制的施工进度计划涉及施工组织、管理、设计、资源调度、资金分配、HSE 管理、预算控制等。不管哪个环节出了问题，都会影响项目管理进度顺利进行。只有做好每一个环节的计划管理工作，项目进度才能准点到位。

编制总计划是一个科学严谨的过程，各项工作的程序和顺序有着严密的关系。总计划是通过项目的时间管理完成项目总体战略部署，将项目全生命周期采用的施工工艺、方案、措施、质量控制、资源供给、安全文明施工等方面的内容按组织关系和逻辑关系进行排列，有利于对项目进行全面系统的分析和比较，形成科学有效的管理体系。因此，总计划是项目管理技术、工程实施工作的共同结果。

工程建设项目的计划管理以时间控制为主线，以各项组织资源为依托，以项目交付物为成果，以控制成本为目的，最终完成企业各项管理目标与指标，以实现执行合同的各项要求。

8.2　工程建设项目分解内容

总计划的管理依据是确定的合同范围与内容，根据项目范围分解计划，形成有利于成本、进度和项目管理的各分子项等便于管理的内容，这是项目分解的重要组成部分，也是合同履约的重要基础。根据项目合同内容将项目范围分解成相应的工作或子项，有步骤、有控制地完成总体目标。在项目管理中，工作包或子项属于项目管理概念；而在工程实践中，这些工作包主要是单项工程、单位工程、分项工程、分部工程和工序等。不同行业的项目依据国家规范、行业标准，在分解内容上有各自的要求，但本质是将整体项目分解成可操作、管理和执行的工作包或子项。不同工作包或子项的所有管理要素和资源要素都是以有利于管理需要而展开，如资金、设计、报批报建等专项或分包等，通常是以工作包或子项进行划分的。而在工程建设领域的实施过程中，一般理解为单位工程、分部工程、分项工程、工序等工作包或子项。为了更好地描述上述几方面之间的关系，根据现行规范、规程，一般理解如下：

（1）是否具备独立施工条件和能否产生效益条件

分部工程不具备独立施工条件，而且不能独立发挥能力或效益，即产生劳动消耗与资源占用，但具有结算工程价款的条件。单位工程具备独立施工条件，但不能独立发挥能力或效益。分项工程能够单独完成，并且可以独立发挥能力或效益。简单理解就是定额算得出来的为分项工程，算不出来还需要细分的是分部工程或单位工程。

（2）项目管理的范围分解

根据项目范围计划的管理要求，项目的组成条件根据管理需要或交付需要进行划分，范围管理在项目的系统化资源分配与管理方面有着重要意义。不同的行业，工程建设项目的范围分解有其自身规律。因管理与监督等方面的需要，项目管理的范围分解内容也有着很大差异。如根据相关规范，公路项目单位工程包括路基、路面、桥梁、互通立交、隧道、绿化环保、交通安全设施、机电工程、房建工程九大类单位工程；分部工程是以单位工程按结构部位、路段长度及施工特点或施工任务划分的；分项工程是将分部工程按照施工方法、材料、工序及路段长度等划分的。

8.3 各组成项目生产要素之间的关系

8.3.1 各组成项目生产要素的工作关系

项目总计划管理的各项内容体现各分项计划和进度，各分项工作的开始与结束受到相邻分项工作影响。一般情况下，这些工作和活动相互之间存在着单行、并行和搭接的关系，三种关系对项目总计划有着重要影响，工作关系的分类如图 8.1 所示。串行关系管理简单，工期延长；并行关系管理复杂、工期缩短；搭接关系是上述两种关系调节的优化与组合。串行、并行和搭接关系构成了项目总计划的基础。

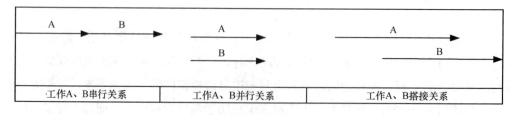

图 8.1 工作关系的分类

8.3.2 梳理工作之间的关系

工程建设项目以经济活动为基础,目标是提高经济效益和完成合同管理目标与指标。为了实现这一目标,各种工作与活动的安排需要选择费用最少的方案,并且致力于缩短工期。在实践中,通过选择能有效节省工期的方案来实现这一目标。在组织安排中,优先安排工程建设项目的重点、难点及应对措施所需的各项工作(持续时间长、技术复杂、难度大、先期完成、企业战略安排的关键工作),然后将资源利用和资源平衡均衡考虑在组织安排中,并结合项目的内外部环境条件如天气、交通、资源供应、法定节假日、限制性时间等来统筹各项活动之间的关系,形成项目总计划的主要内容。

8.3.3 工作之间的活动关系

工程建设项目中的工作活动关系主要有两类,即逻辑关系和组织关系。逻辑关系是项目构成要素活动的必然需要,是固有规律;而组织关系是根据项目管理需要进行的活动安排。

(1) 逻辑关系

一般认为,各生产单元之间存在相互影响和制约的逻辑关系。这种逻辑关系在工程建设过程中主要由专业工艺、技术和空间关系等因素确定。在一些项目中,这种关系体现在系统和流程等方面。

以专业为特征的各项工序逻辑关系是刚性的,上一道工序不完成,下一道工序就没有办法做。如房建墙体混凝土工程的工序为:测量放线→模板施工→混凝土浇筑→装配式建筑中以板叠为例,工序为:竖立支撑→装配板安装→板底模板→钢筋绑扎→混凝土浇筑→预制梁制作完成→N 天养护→架梁→张拉。以不同专业为特征的各项工序关系不以人的意志为转移。

以空间为关系的各种工序影响。房建工程中,地下结构不完成,地上结构就不能施工;桥梁工程施工中,相关工序为:桥墩完成→桥身→帽梁→预制梁安装,与桥架支座一样,线路地基完成后再进行路面施工,这些都是空间因素的影响。

以技术路径为约束的生产活动关系。工程建设项目施工情况复杂,同时受到技术条件约束,设计好的技术路线非常关键。一些分部分项工程在施工过程中虽不受下一道工序影响,但会受到其他工序影响,也无法进行下一道工序的施工,这种情况我们称为技术路径影响。如道路施工过程中的压实稳定期,期间路面工程无法实施,需要堆载压实一段时间后才可以进行路面施工,在组织安排时,需要留置一段时间,才可以进行下一道工序的施工。房建工程中的沉降后浇带,需要在地基沉降均匀稳定后才可进行封闭,道理相同。在某国道 EPC 项目施工过程中,勘察报告中的地质是海相淤泥质土,需要进行软土地基处理,设计采用水泥灌注桩以提高地基承载力,在水泥灌注桩大面积施工后,地基中的土体受灌注桩泊松比应力累积向两端扩展,造成桥墩处的土体向河床位移,如果桩基础施工安排在水泥灌注桩完成之前,桩体偏位就在所难免。桩和地基加固没有必然的逻辑工序关系,但在技术路径上发生了实质性影响，这时需要以技术监测为依据，地基加固完成后，桥桩处地基侧向位移稳定后，再进行桥桩施工。这里的技术影响是指地基加固后形成的地基土体横向位移对桥桩的影响。

(2) 组织关系

组织关系是通过管理者调度来确定的关系。这种组织关系的优劣取决于项目管理水平与能力，更取决于项目团队管理人员的经验和素质。因此，项目计划研究部署水平直接影响进度计划总体水平，还取决于企业项目管理目标和战略目标要求。在具体项目组织安排中，组织关系着重考虑工程项目性质、特点、难点、重点等工作，这些工作在组织安排中作为独立体系存在，对组织关系影响较大。

以分段分区的流水施工或标段施工进行组织。流水施工与标段施工本质上属于组织关系。通过分段、分区、分标段，使每个区段形成独立的施工区域，在统筹资源供给、管理幅度和范围能够覆盖的条件下，使各种管理的效率达到最优。

以分部分项工程为基础，按照组织和逻辑顺序对各单元进行排列，先按逻辑关系排列，再按组织关系组合，基本可以确定工程建设项目的程序与顺序。

以单项工程的交付顺序来组织。在现代工程项目中，成组项目、项目群和复杂项目大量存在，如 EOD、TOD、片区开发项目等，由于地方经济发展规划需要或市场需要，某些项目需要提前安排与交付，才能满足业主方需求。此时，项目的组织关系就以单项工程的优先顺序来决定。

以资源优化为条件的组织关系。市场竞争决定项目成本，工程项目策划时，在保障费用和成本的前提下，使资源发挥重大效用的关键是提高资源使用率、缩短周期、提升资源周转率，这种情况常发生在非实体资源的优化方面。如某项目按预算分配只能建 1000 人宿舍，如果按照总计划的安排，现场各项专业施工人员在高峰期达到 1500 人，此时现场就缺 500 人宿舍，这时需要外租或新建，临时设施费用必然需要加大投入。常用消高峰法来解决这类冲突问题，即调整各专业在施工现场的作业时间，使施工现场保持在 1000 人左右，定额工日延长，宿舍的使用时间也延长，使宿舍发挥更大效用。这就是组织关系优化调整发挥的作用。

以业主为服务对象的组织要求。业主方项目管理对项目组织有着很大的影响，业主方的项目管理模式决定了工程建设项目管理模式，主要体现在业主方项目管理模式中的管理要素对工程建设管理模式有着重要影响。如业主的资金拨付是按合同总价还是以季度为单位按比例支付，或者按里程碑节点支付，由于资金要素对项目驱动来说意义非常重大，项目计划组织只能以业主资金支付为导向来统筹安排相关工作，否则垫付资金过多对工程建设企业的财务管理非常不利。

环境制约因素。环境制约因素是指项目工作因环境因素而受到制约。受环境因素制约，项目生产活动具有不确定性，在某种程度上起着关键性作用，对项目的总计划管理有着重要影响，如社会环境、习俗、民风等。此外，国家法定节假日、区域的自然条件、交通道路、政策安排、周边环境、场外的"七通一平"等也会对项目产生影响。尽管这些工作属于非工程项目本体，但在计划安排时要着重考虑。

实施过程中的限制。实施过程中的限制主要是部分生产要素之间相互纠缠、相互限制，需要统筹优化后才能满足合理的管理要求。这需要结合项目实施场景、管理要素进行深入分析、判断和调整，项目经理（部）要有一定的专业知识、经验和能力才能进行统筹优化。统筹优化的着力点由管理需要来决定。如缩短工期的优化一般通过平行工程建设顺序或交叉工程建设顺序实现，将上述因素通过价值因素导入，并以 FF（结束—结束）、FS（结束—开始）、SF（开始—结束）、SS（开始—开始）等几种关系来进行组合排列，从而获得最优工期。如某道路工程施工，涉及四座双向双通道隧道开挖，正线三处，连接线两处路段经过的沼泽池塘需要填埋。此时，首先需要统筹考虑将隧道开挖出的洞渣用于道路填埋，通过计算填埋的数量、运输距离来平衡洞渣与填料；其次是考虑运距问题，场外运输需要绕过周边村庄，民扰与扰民问题难以协调。为了获得最佳方案，将位于线路中间的两座隧道单幅打开，并通过打开的隧道连接施工便道作为运输道路，不但缩短了运距，还减少了场外运输。这就是通过统筹隧道开挖与路基填埋的技术路径实现优化土方运输造价，取得了良好的经济效益，有力地减少了项目隧道开挖的运输成本和路基填埋时的土方工程成本。

项目管理目标与指标的约束。项目组织部署需要有效地完成工程建设的各项目标与指标，在确定的时间内进行合理的费用控制和成本控制。

工期受合同工期和节点工期约束。这为项目管理的统筹协调带来了较大限制。虽然有些分项工程可以灵活安排以节约资源，但节点工期限制对资源优化造成不利影响。

资源配置有限的约束。在此条件下，适时将不同专业在工程中进行组织调配，既要保证工程有序开展，又要保证资源效用得到发挥，必要情况下还需调整各专业间施工节奏，错峰施工。

合法依规手续的约束。包括试验、验收、报批、报建、调度、指挥以及各种与项目相关的期间管理措施。然而，这些手段受到外在因素的限制。因此，在项目时间安排时需要充分考虑这些约束因素。

8.4 确定工作之间的关系

确定各工作单元生产活动之间的工作关系，需要对项目进行整体预估与预判，根据工程项目的特点、难点和重点初步估计其先后关系和需要重点处理的环节，为确定生产活动之间的关系（关键要素）构建一个大致轮廓，结合各分部分项工程的建造工艺流程或工作顺序进行工作安排。再根据下列原则进行扩充、调整，使各项生产活动关系能够满足各项生产工作的指导要求。

8.4.1 先逻辑后组织关系的安排

根据工程建设项目的原则，确定各生产活动之间的工作关系。对于项目群、复杂项目来说，首先考虑单项工程优先顺序，其自身工作的主要流程（如施工工艺流程等），先按强制原则，后按组织关系顺序进行各工作之间的安排。根据项目结构分解找出各子项目及工作包之间的关系，并确定它们之间的逻辑联系，形成生产活动之间的基本关系。一旦逻辑关系确认完毕，还需合理处理组织关系的交织。在工程项目建设中，逻辑和组织两大重要关系是理顺各要素之间的重要法则，应根据工程进展需要进行各分部分项工程的安排。如房建工程施工中，土方开挖后，进行地基与基础施工，再进行地上部分结构施工，这一顺序无法改变，这就是逻辑关系。而对于地基与基础工程，达到结构验收后任意期间均可进行室内工程施工，这取决于组织调度安排，属于组织关系。

8.4.2 先重大后细节的原则安排

首先，按照先重大后细节的原则安排工作能够确保重要工作得到恰当处理，因为它对结果具有重要的影响。其次，合理安排重大工作的影响范围广泛，也能够对结果产生重要的影响。最后，为了方便进行动态转换，相似的工程应尽量安排在相近的时间段内，但不应该叠加安排，这样可以避免出现局部资源集中度过高的情况。

8.4.3 项目建设的固有程序

在项目总体安排时，应从项目性质所具备的程序来考虑，无论是房建工程、公路工程、桥梁工程还是其他工程，不同性质的工程均有其总体固有的建设程序，并基本获得该行业从业人员一致认可，在确定项目整体工作关系时，一般不改变涉及社会支撑面的问题，如果这个规律被打破，在行业文化、工作的便利性以及资源的整合方面将会带来新的问题，给项目实施带来很大风险。因此，在项目总体安排时，常规做法是借鉴类似工程成功的总体程序与顺序经验进行初排，确保战略部署不会出现较大偏差。

在上述描述基础上，对项目分解结构的子项目和工作包进行排列组合，确定各项工作、子项目、工作包紧前与紧后关系，形成工作关系表，即各种工作关系组合，最终确定整体时间计划关系，从而制定初步计划工作图。

8.4.4 统筹优化各项工作关系

项目初步工作计划制定之后，需要进行各项工作的再优化：从局部到整体，从工作关系到成本，对质量与安全之间的关系进行再优化。通过统筹优化，形成以关键线路为导向的各项资源分配，确保期间费用控制和成本最优化，充分利用总时差和自由时差的调节量以发挥资源的效用，确保项目实施的各项资源可以平滑供给。如项目管理中常用的方法是根据进度计划的总时差与自由时差来消除资源用量高峰（消高峰法）等不利因素。

8.5 工作持续时间的确定

工作持续时间是在工程建设项目所具有的条件下，完成该项工作所用的时间，一般以定额为基础，按估算的工程量来计算工作持续时间。估算有两种原则：在不考虑工作的重要性和限制条件下，要在资源保障、场地条件、技术、采用的工艺、工作效率和劳动定额的情况下进行独立估计。在考虑工作的重要性和限制条件下，要充分考虑成熟技术、先进工艺、可靠的资源保障，特别是关键线路上的时间估计，还需要重点关注。

8.5.1 工作持续时间的估计依据

工作持续时间是指完成工作的时长，由工作量的大小以及资源保障程度决定，并受内外部环境因素制约，一般工作持续时间的估计依据有以下几点：

一是根据项目分解结构进行安排，有子项的按子项安排，有工作包的按工作包安排；

二是项目的制约关系和限制条件，一般以满足限制条件的时长安排；

三是资源的市场供应条件决定该资源的供应时间；

四是类似项目或类似工作的经验。

8.5.2 估计时间的主要方法

一是以定额的量作为估算基础。以工程项目来说，组成项目的每一个子项目及工作包所包含的工作量相对较大，在时间估算过程中，一般均以定额用量为基础，根据估算的工程量进行时间换算。定额用量的计算基础是人、材、机构成，到底是以人工为基础还是以机械为基础来计算持续时间呢？作为一个有经验的承包商，很容易做出判断。根据常规经验来判断所估算的子项目或者工作包中常用的可连续工作是机械还是人工，如果是以机械为主决定项目时长，如工程建设项目中的土石方工程，则采用以下公式计算：

$$工作持续时间 = \frac{工作量}{台班数 \times 台班运量}$$

如果持续工作时间以人工为主，计算工作持续时间采用以下公式：

$$工作持续时间 = \frac{定额总工日}{人数 \times 定额工日}$$

在上述计算中，其他的定额子项目的内容随着主工作进行估算，但对于时间来说，不起决定性的作用。

上述估计都是理想状态，在一个子项目或工作包开始阶段，人、材、机的提供是分批达到峰值，在结束时又是分批撤离现场，在工作时间估计时考虑较少。

二是以经验来判断持续时间。经验法是根据类似工程，或者有经验的工程师或企业专家根据估计工作给出持续时间，其结果基本是可信的。类似工程项目的经验，可以采用类比估计来确定当前项目的工作时间。

三是通过协商洽谈来确定持续时间。对一些工程建设企业不涵盖的工作包，或者自身专业不是很强的工作内容，需要第三方给予支持，需要与潜在单位进行洽谈、沟通来确定工的持续时间。这类工作主要是一些服务类的咨询工作（如可行性研究报告、环境调查等），受技术条件约束的工作需要提前与参与单位协商工作时间。

8.6 日历与日程

日历天是指日历上的日期，我们通常指公历日历，一周为 7 天，一年按 365（366）天计。

日程是指对一天或一周、一个月等某一时间节点或时间段的计划与安排。根据工程项目的环境特点，工程建设项目计划与安排只能在具有工作条件的时间内进行；由于工程建设项目周期时间长，受自然条件、法定节假日、气候条件等因素影响，无法施工的时间需要在时间计划安排时扣除。另外，对于工程建设项目实施期间增加的措施费用不满足经济效益预期时，这些时间也需要扣除，比如在北方地区，冬期施工增加的保温措施费远高于预期成本时，就不再进行施工，这期间的时间需要扣除。这就是项目建设中的日程概念。

日程可以理解为工程建设项目实施的有效时间，这和项目作业条件有很大关系，如设计工作一般不受气候影响，而项目施工受气候影响很大，这就需要灵活区别对待。

项目总计划确定后，需要按日程进行列表，从而确定日历天，并与合同中约定的时间进行对比，与合同工期、起止时间吻合，计划最终完成。

8.7 网络计划图的制作

绘制网络计划图是编制进度计划的重要一步，其能反映出各工作与活动之间的先后关系和时间、资源分配等重要的工作关系。网络计划编制是项目总体战略布局中优化和调整项目计划的重要一环。只有确定总体网络计划图，才能在工程实践中得到有效运用，从而指导各项工作。综合各方面因素，项目管理网络总计划的编制安排如图 8.2 所示。

8.7.1 搜集资料、系统分析、预估项目的建设程序与顺序

（1）搜集资料

搜集资料可以全面准确地掌握项目实施计划的资料，为项目实施计划提供可靠依据。搜集资料的内容主要有：项目实施合同及往来文件，建筑企业管理部门对本项目的战略要求和确定的管理目标；工程实施的施工图纸（EPC 项目是任务书还是方案设计）；合同中约定的计价规则或建设期的要求；引用的定额、规范、标准等有关规定；建筑企业内部的施工工法、工艺标准、可用于本项目的专利；类似工程的经验总结、企业的基础管理资料和企业能力情况；项目环境资料，包括但不限于施工场地、交通、临时设施、供电、给水、气候条件、限制性政策、民俗民风、拆迁等；EPC 类项目的设计能力；大宗材料的供应等。凡是与编制、执行项目管理计划有关的情况及资料都在搜集资料之列。

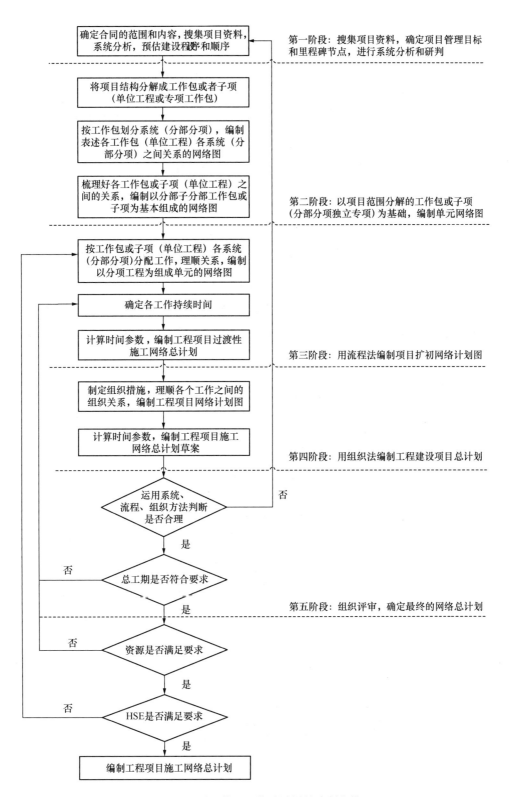

图 8.2 项目管理网络总计划的编制安排

(2) 系统分析

对搜集的资料进行全面系统分析：一是按合同约定的总工期、区段工期或里程碑节点等进行分析。二是对工程项目需要完成工作的内容与性质进行系统分析，并结合项目的特点、难点与重点进行全面综合研究，对于 EPC 项目还需与合作设计单位进行协商。三是对执行项目计划过程中可能发生的问题进行预测，并提出相应对策。四是对影响项目工期的风险因素进行重点评估。五是针对不同类型的工程，对项目建设程序和顺序初步设计，还可以按照已完成类似工程的建设程序与顺序，综合项目自身条件与环境条件判定项目的程序和顺序。同时，根据项目规模和特点判断是分区（房建）还是分段（线路），并大致进行划分，确保项目建设程序和顺序与最终结果更为贴近。

8.7.2 以项目范围分解的工作包或子项为基础，编制单元网络图

根据项目范围分解，以分部子分部工程为基础，编制项目总体网络计划图。为了便于叙述，在工程建设项目中常以分部分项工程替代工作包进行网络关系排列。将分部工程作为项目总体工作内容，理顺相互之间的网络关系。如某项目管理分部子分部关系网络如图 8.3 所示。

图 8.3　某项目管理分部子分部关系网络图

梳理分部子分部自身各分项工作包或子项之间关系：

工程建设项目按工作结构分解（WBS），分解到分部分项工程（个别关键分部分项工程需分解到工序），理顺各分部分项工程、工序之间的关系，编制分部分项工程的工作关系表，以此表为基础理顺各分部分项工程之间的网络关系，并编制以分部子分部工作包或子项为基本组成的网络图。如某项目管理分部子分部流程实施计划网络如图 8.4 所示。

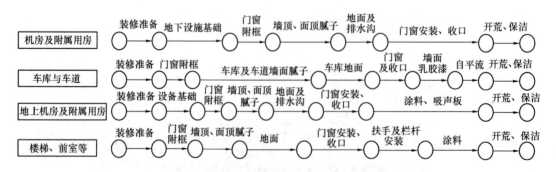

图 8.4　某项目管理分部子分部流程实施计划网络图

8.7.3 用流程法编制项目扩初网络计划

在运用系统方法对工程项目的组成进行分部子分部单元划分之后，编制以分项工程作为组成单元的网络图，并为各分项工程的资源调度、统筹安排、持续时间编制整体时间计划安排，该阶段是流程网络图过渡到实施网络图的关键。

(1) 用流程法梳理各分部子分部之间的网络关系

流程法强调在理顺项目各分部子分部工作基础上，根据各分部子分部自身内部工作需要而进行的工作顺序和程序分解，再理顺各分部子分部之间的关系。此时，各分部子分部的关系转化为各自内部工作，即分项工程之间形成的工作关系（如土建结构完成到±0.000后，机电工程介入，形成的是土建结构分项和机电安装分项之间的工作关系）。流程法编制网络计划实质是各分项工程或子分部各子项工作的关系，以此形成工作上的顺序和程序，并以此为基础编制计划的基本单元。不同的分部子分部等类似的工作包内部流程的划分需要视具体情况而定，组织流程需要根据管理的需要进行工作安排，如设计可以直接委托，也可以招标委托，其流程就有很大差异；逻辑流程需要根据工作包自身实现规律来安排，如施工期间很多分项工程都有其自身固有的施工工艺流程与方法。最终各组成分部子分部等工作包的每一项工作，应视为网络计划的工作单元。

在工程实践中，不同工程建设项目的特点、难点与重点是流程法中的重要组成部分。在编制计划过程中，需要对这部分工作包和子项进一步分解细化，从而突出管理重点。

对于总计划来说，一般工作包应分解到分项工程（视项目管理的需要），而对于执行计划则需要以分解便于指导工作为准，如各部分根据专业需要，以总计划中本专业工作内容安排，再制定更详细的计划，用于指导专业队伍或专业人员的工作。

(2) 编制流程法中各分部子分部工作持续时间

根据项目范围分解，确定项目的分部子分部工程，再将分部子分部工程分解为分项工程或基础工作包，并根据分项工程或基础工作包的工作量或预算，以企业内部定额（没有内部定额的企业，参照政府颁布的现行定额）来确定人、材、机的构成，并以定额为基础（一般是以能够在项目中持续工作的资源为基准，如劳动力工日）计算或估算出该项工作的持续时间，编制流程完成工作的时间安排。在工程项目前期的立项、可研、概算、专项专题、规划、土地、方案、扩初、施工图等环节，需要参照有关行业与政府报批报建的要求梳理流程，再进行估算并安排持续时间。有些工作持续时间的估算需要通过与潜在的合作单位进行沟通，通过市场调研的方式确定。工作持续时间估算完成后，结合项目工作流程为主线的网络图，形成以流程为主的实施计划图。

流程的工作划分根据不同计划的需要，将其各组成部分按有利于计划的编制、有利于满足各工作之间的关系、有利于施工流程的表达来控制施工进度，并按有利于根据现场实际需要进行组织安排来表达。网络计划的粗细程度根据不同层面的需要进行划分，对于企业一级管理，网络计划安排到分部工程即可，它是企业指导施工、监督进度的指南，也是企业管理项目的基本生产纲领；对于项目一级管理，则需要描述出各流程先后施工关系，这便于专业之间协调；对于专业一级管理，要明确到各分项工程，其有利于预算控制和技术专业服务；对于作业层一级管理，其计划要有利于班组的操作。以幕墙工程为例的网络计划基本单元不同粗细程度的划分如图8.5所示。

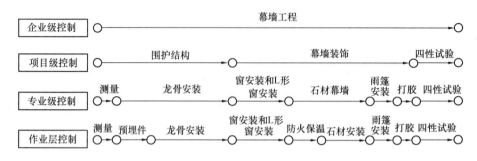

图 8.5 网络计划基本单元不同粗细程度的划分

由于不同的企业管理精细化程度和运用新技术的能力不同，管理计划的粗细应视管理需要而定。一般来说，企业级控制常选用上述两种，项目级控制一般选用中间两种，专业级控制一般选用后面两种，作业层控制可能还需要分得更细，相当于作业指导书或施工交底的深度。

根据分部和子分部的系统关系，以分项工程为基础来构建实施项目的分部子分部的网络计划关系（详见图8.4）。

根据网络计划，明确各分部子分部的工作关系，确定工作持续时间，从而确定项目进度计划网络图（图8.6）。

通过流程法，我们可以得到各分项工程的步骤，每个步骤均有具体内容。根据定额（一般采用企业内部定额或政府相关机构颁布的定额）确定每个分项工程的定额用工量，根据图纸或者投标工程量清单算出项目估算用量，并依据定额估算出工作量，结合工艺标准、管理水平和类似的工程经验估算出工作持续时间，以此作为该分项工程的工作持续时间，依此类推并得出该分部子分部工程的整体工作时间。在此基础上，形成项目进度网络计划图——带有工作持续时间的网络图，称之为网络计划图。

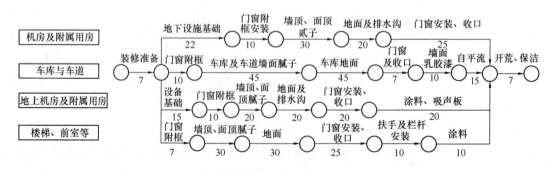

图 8.6 项目进度计划网络图（图中下标数字为持续天数）

综上所述，得出用流程法编制扩展网络计划图的程序与步骤如图 8.7 所示。

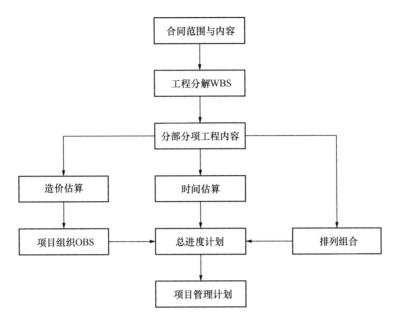

图 8.7　用流程法编制扩展网络计划图的程序与步骤

8.7.4　用组织法编制工程建设项目总计划

用组织法编制工程建设项目总计划，主要是体现项目管理思路和要求，一般在各项工作相互之间关联度不是很密切、根据管理者需要进行工作安排时使用。

（1）理顺各项工作之间的组织关系，编制工程项目网络图

在工程项目以工作为基本单元组成的网络图及过渡性网络总计划的基础上，按照安全、有序、经济、高效的原则制定组织措施，充分利用总时差，编制各相关工作之间的组织关系，编制工程项目网络图。

（2）计算时间参数，编制工程项目总计划

运用组织法编制的工程项目网络图，并未改变流程法所确定的各分部分项工程，各工作之间的关系也未改变各工作持续时间，只需要注明各工作的持续时间，就可以计算时间参数，求出关键线路，形成计划草案。

（3）根据工程建设的施工方法和规模来确定分段与分区

根据项目的环境条件制定施工方法，从而确定项目的工作关系。在房建工程中常以分区为主、跳仓施工，这有利于作业面的展开及加快施工进度；在线路项目中一般进行分段施工，有利于资源的调度与整合。线路工程不仅表现为路面工程，还与桥梁、管涵、隧道等工程联系在一起，在组织安排时既可以按专业划为分部再按段进行施工，也可以根据项目规模和专业工程的大小合并考虑。

（4）特殊技术要求特殊处理的方式

为了满足整体工期需要，在工程建设项目实施过程中，部分专业性强、难度大且技术复杂的分部或者子分部工程耗时长，甚至会对整体工期产生绝对性影响。对于此类分部工程或者子分部工程，需要做出特殊的处理来解决局部与整体的矛盾。

采用特殊技术处理的分部或子分部，需要通过充分研究和论证，利用组织处理手段进行统筹安排。

一些线路工程可能存在某一单项工程施工周期相对总工期更长的情况，需要做出特殊的处理。对投资建设项目来说，总工期相对定额工期短造成某单项工程工期与总工期相差不多甚至更长，需要在前期立项批复后即展开施工，否则，建设期拉长加大投资费用、延长回款期，导致内部收益率达不到预期要求。

（5）案例

某高铁投资建设项目经过论证，建设期为3年。勘察发现，该铁路需要穿过某复杂山体，隧道总长度7.5km。市场标前调研显示，每天能够在隧道中掘进10m的施工企业很少，如果工期安排太紧，仅有几家施工企业满足要求，势必竞争不充分，影响工程建设造价；按正常施工周期进行招标会影响整体建设期。项目指挥部根据总体安排需要采用了特殊技术处理方式，在整体线网规划作出后，将此隧道作为独立标段提前招标，将影响本分部工程的隧道开挖部分提前进入施工阶段，确保了整体线路的贯通。

8.7.5 组织评审，审定工程项目管理网络总计划

项目管理网络总计划的评审分两级，即项目经理部组织相关方进行的评审和企业总部的评审。

项目经理部组织相关方进行的评审，由项目经理部汇总各专业、各职能部门、预中标的相关方共同参加。如果是具有投资性质的项目，还需要投资相关方和设计方共同参与，确保资金和项目发起方满足项目的局部或部分委托第三方时提出的要求。网络计划的评审由项目经理主持、项目技术负责人承办，与工程有关的设计、预算、计划、成本物资、安全生产、质量控制和施工管理、报批报建等职能部门参加，必要时请外部专家共同参与。

企业总部的评审，主要是评审项目计划是否满足企业的战略规划和企业能力是否满足计划要求，企业主管生产的部门及各职能部门参与评审，评审时需要从投资、融资、建设、还款等多方面综合考虑资金的统筹与安排，在建设过程中需要结合企业的能力和供应链及专业公司的支持，确保企业为项目实施保驾护航。作为项目生产纲领性文件，最终的项目实施计划需要通过审批后方可实施。

评审内容主要从以下几个方面考虑：

（1）划分系统、工作之间的关系是否正确

根据企业管理的特点、设计图纸、企业预算定额的核定、企业施工工艺标准以及国家规范、规程和标准等对所划分的系统、工作之间的关系，对施工工艺、施工方案、各系统人材

机的配置进行审查。根据所划分部或子分部，对各分部分项工程的程序与顺序进行审查，客观判定其先后顺序。做到劳动力资源的供给曲线尽量平滑，避免造成人员管理上的困难。

（2）总工期是否符合要求

总工期是一级总计划的重要标志，也是执行合同必须达到的重要指标，部分项目在合同工期中约定了节点工期，在总计划的统一安排过程中尤其需要注意。如果节点工期安排不妥，容易造成节点工期内所包含的工作内容难以完成，造成验工计价滞后，给资金安排带来麻烦。在节点工作审查中，尤其要注意里程碑节点的设置与安排，要审查该区段节点内各项工作的可持续性、时间安排是否合理、计算时间参数是否可行。特别是关键线路上的工作，尽量不要与非关键线路工作在资源配置上产生冲突，避免打乱项目实施节奏。

（3）资源是否满足要求

资源主要是指人力、物资、资金及技术人才的支撑等。

一是管理人才的支撑。项目组织中匹配的人才对该类型项目是否具备一定的知识、经验及管理能力。计划做得再好，如缺乏管理人才，也会影响管理的直接效果。

二是物资与设备。工程项目本体需要的物资与设备，在计划安排的时间内是否能得到市场的供应保证；用于施工的机械物资能否满足工程管理需要。

三是资金的支持。项目一旦启动，资金是驱动项目的第一动力，没有合理的资金支持，项目很快就会停滞。对于投资带来的项目，对资金来源的掌控是关键中的关键。

四是满足 HSE 管理的需要。合法依规进行项目管理是必要条件，需要考虑施工方案、措施是否满足相关规章、制度、规范等国家及行业有关的强制性标准、规范和规程等，是否满足项目所在地的安全文明施工要求，采用的新技术是否能得到有效落实。

五是获得参建单位的支持。特别是 EPC 项目设计，完成的深度标准与设计水平能否确保项目顺利实施。EPC 项目很容易做成"三边工程"，设计审查一般不会很严，设计单位管控力度不到位造成项目实施依据不足，某一个分部分项（体现在分包单位）的工作包未达预期，造成矛盾转换，非关键线路转化为关键线路，势必造成管理失误。

六是审查合同的范围与内容。随着市场变化，合同的范围与内容形式多样，审查时要确保合同内的所有工作在计划中得到体现。

8.8　网络计划编制软件的运用

随着科技发展，数字技术在项目管理中大量运用，网络计划编制的软件也在不断深化，网络图的编制工作效率大大提高。

（1）甘特图在常用的 Project 软件中经常使用。

（2）梦龙软件的使用，其主要特点是时标网络图。

（3）P3/PRO 软件的使用。

8.9 案例分析

8.9.1 第一步：搜集资料，系统分析，初步估计与预测

(1) 工程概况

×××研发中心项目，位于×××市×××区，建筑面积为131110m^2，占地面积为31743m^2，总建筑面积为131000m^2，地下55292m^2，地上76184m^2（主要由设计、实验与研发三个单体组成），地下3层，地上11层，建筑高度为50m，是集办公、科研、实验于一体的大型综合公共建筑，获得2019年鲁班奖，总工期为620日历天。

建筑功能多样，地下二、三层为车库、设备机房等，地下一层为员工餐厅及物业辅助用房。设计楼首层具备大堂、大中型会议、综合接待等功能，二至十一层则具备办公、设计、小型会议等功能。楼层有两个核心筒，设有电梯厅、卫生间、开水间、打印间、楼梯间及前室、设备用房等。6部客梯、2部消防电梯，中庭顶设置有采光天井。实验楼主要以实验室为主，首层为大厅、会议室、综合接待及设备用房，二、三层为产品展示区间，三层以上为专业产品实验室。每层楼均设置有两个核心筒，设电梯厅、卫生间、公共走道、开水间、打印间、楼梯间及前室，实验区与办公区分设（实验区与办公区空调系统为独立系统）；两个强电井、一个弱电井及水暖管井、卫生间、钢瓶间、两部客梯和一部消防梯。研发楼主要以办公功能为主，首层以综合接待为主，兼顾消防中控用房、设备用房及预留业务扩展等功能，二至十一层为办公室及中小型会议室，有1个核心筒，设有电梯厅、卫生间、开水间、打印间、楼梯间及前室、设备用房等。3部客梯、1部消防电梯，中庭顶设置有采光天井。

本工程为混凝土结构，部分采用预应力混凝土结构。结构形式为框架剪力墙，外框内剪，地下为筏板基础。

建筑外立面采用石材幕墙和玻璃幕墙，室外广场采用石材铺装，室外道路为沥青路面，绿化率为25%，采用乔木与灌木混合设计，一般绿化采用草皮覆盖。

建筑物整体导向指示为楼内标识、导向牌，室外采用楼身LOGO和功能分区导向指示。

本项目功能复杂，主要有空调（含精密空调）、消防、给水、排水、中水、雨水、供配电、照明、避雷、楼宇自控（含安防、报警、监控等）、冷热源采用冷水机组+蓄冰技术和燃气供热、光伏发电、电梯（直梯）、泛光照明、智能化、仿真试验平台、数据机房等系统。

项目合同的范围是全部建筑工程，工期为620天，工程款按里程碑节点支付。

(2) 工程特点、难点与重点

结合合同条件、往来文件、工程招标图纸、企业对本项目的重视程度，分析工程特点、难点与重点，主要有以下几个方面：

一是管理目标与指标要求高：争创鲁班奖，工期为620天，节点工期明确，结构出地面时间、封顶时间、外立面亮相时间、精装修完成时间、验收时间有明确的要求（即里程碑节点），安全、环保要求达到市级标准化工地。

二是项目整体性复杂，专业多、功能多、交叉多、系统多。

三是程序多且复杂。除整体建筑结构设计完成外，大部分专业系统还没有完善设计，招标采购复杂、系统调试与过程验收较多，同时需要报批报建的内容多。专业多、技术复杂，新工艺、新材料、新设备、新基建的内容多。

四是约束条件多。整体工期紧，相对于定额工期压缩将近1/3的时间，节点工期固定，难以统筹安排；本项目地处市区，周边环境受到很大约束；四季非常明确，季节施工难度较大；政府限令频繁；涉及资源样多量大，整合难度大。

五是单一性强。本项目是研发设计一体，很多机电设备、工艺条件无参考性和替代性。如数据中心、仿真平台等。

六是环境要求高。环境限制的要求非常高。

七是风险性大。本项目智能化程度高，精装标准高，易燃易爆较难控制，专业交叉、量大面广等。智能化敏感设备多，供配电要求标准比较高。

(3) 对项目总计划的安排做初步估计与预测

根据项目结构分解，基本确定的分部工程主要有：项目管理（含施工准备）、土建工程（支护工程、土方工程、主体工程、屋面工程、砌体工程与抹灰）、普通装修工程、精装修工程、幕墙工程、电气工程、消防工程（含水消防、报警两个子分部）、给水排水工程（给水、排水、中水、雨水、热水）、燃气工程、通风空调、智能建筑、电梯工程、室外工程等。我们将以分部工程的工作内容作为基础对总计划进行安排。

1) 项目的整体程序与顺序

一是先结构工程后装修工程。二是先主体工程后室外工程。三是机电工程围绕土建工程展开各项工作。四是机电安装先管道后设备与末端。五是先安排关键线路工作，后安排非关键线路工作。六是对于分部工程内工作应优先以施工时间长的为重点关键工作安排。七是为了便于施工安排，从竖向将土建工程分为三段安排施工，便于后续工作统筹安排，相应的分部工程按部位形成子分部工程。

2) 土建工程施工顺序

土建工程施工顺序为施工准备→基坑支护→土方工程→地下结构→地上结构→屋面工程→二次结构→粗装修→精装修→室外工程。所有的机电安装工程均配合土建施工程序与顺序按施工流程同步交替展开。

主体结构施工：主楼所在区域的车库施工，沉降后浇带分工，待主楼施工至上一层楼板时再进行下一层车库板、墙施工。依此类推，待主楼地下室结构完成后，车库、人防通道随即施工完成。

二次结构砌筑工程、内装修工程、机电工程在地下结构验收后即进场施工。

园林绿化与室外工程等外装修工程基本结束后进场施工。室内装修分层分段进行。

3）机电专业的施工程序

在土建结构施工期间，主要工作内容是预留预埋；在地下结构验收之后，各专业陆续进场进行主干管线施工；在主干管线施工后期，机房、管井内设备基础施工完成后进行机房、竖井等部位设备及控制柜的安装；电梯工程在室内二次结构、普通装修进行时进场施工；设备安装完毕后进入单机调试、系统衔接及综合调试阶段；最后进入验收阶段。

4）装饰装修与机电安装的协调

机电安装的重点是先管道后机电设备与末端，其工作受土建作业影响较大。

在机电预留预埋工作时，土建作业要预留时间给机电预埋展开作业。

在机电管道线路安装时，土建专业要将管井、横向洞口等与机电安装相关的土建工作作为关键控制点，确保机电专业及早进入相关区域展开工作。

在设备安装时，土建专业要将相关区域的机房施工作为重点，为机电设备安装创造条件。对于精密设备的安装，需要的环境条件较高，如楼层交换机需要土建装饰到位后再行安装，对于复杂设备的安装，如冷水机组、蓄冰池、锅炉房、变配电、弱电机房等施工，要从设备的应用环境出发做好施工安排。

5）精装修阶段的安排

精装修是一个要求精细、系统复杂且施工质量要求较高的工作。为了便于管理、避免协调的矛盾过多，精装修范围内除与土建工程相关的重大干管、线槽、消防装置，以及纳入机电系统的楼层风机盘管、配电箱、阀门等相关内容外，其余均最后（最后一步）纳入精装修范畴。对于机电工程来说，一般以楼层配电箱、柜为界，给水排水系统以进入楼层后引入洁具等倒排第一个阀门以下部分纳入精装修范围内。

二次结构砌筑完成后，相应部分机电安装可全面展开，部分需要大型起重设备吊装的管道在主体结构用的起重设备拆除前必须完成吊装，如冷却水管道、屋顶冷却塔等。

精装修之前做好现场勘察和二次深化设计，做好机电系统安装与精装修之间的位置与空间关系安排，如开关面板的对缝、洁具的对位。在吊顶封板之前，装修专业要与机电专业共同确定吊顶的平面布置，做好机电末端设备安装的到位，确定吊顶平面中灯具、喷头、风口、检修口、扬声器、烟感探头、温感探头等的布置。墙面、地面施工提前确定平面位置，确保顶、立、地对中对齐，达到美观、合理的要求，确定安装时各专业之间的合理工序，保证施工质量。

6）室外工程与建筑本身之间的关系

室外工程于建筑本身外立面整体完成之后再行展开。受工作面、高空作业安全坠落打击和施工现场场地条件的影响，待建筑本身的工作基本完成后，室外工程才能大面积展开，但要在楼内机电系统联调联试之前结束，否则，楼内整体调试工作无法完成。单机调试采用临时电，但联调联试必须用到正式电，通信、给水排水等工作都需要等到室外工作结束后方可进行。

7）消防工程的系统分配

消防工程中的消防电（强电部分）和动力电纳入电气工程，排烟、消防送排风纳入通风空调工程。

8）通风空调系统的安排

空调系统可采用"中央空调＋风机盘管"系统，冷热源采用分供，体系复杂，涉及四个子系统（冷却水循环系统、冷冻水循环系统、机组和风机盘管等）。冷冻水循环系统由冷冻泵、室内风机、新风空调机、膨胀水箱、冷冻水管道、集分水器等组成。冷却水循环系统由冷却泵、冷却水管道、冷却水塔及冷凝器等组成。主机部分由压缩机、蒸发器、冷凝器及冷媒（制冷剂）及蓄冰系统、锅炉系统构成。风机盘管系统和室内的空间装修造型相关，需要单列为子系统，更要与装修工作相匹配。由于空调系统复杂性较为突出，机电安装过程需要以空调系统专业为统领，其他机电专业也要相应做出安排。

9）室外工程的安排

室外工程一般包括给水排水、消防、供电、弱电、燃气等接入网，园林绿化、道路和广场铺贴、围栏、门卫岗亭、旗台、车库出入口顶盖等构筑物，台阶、散水等。因涉及场地物资与设备临时堆放和空间立体交叉管理的需要，室外工程应在外立面及楼内大部分工作完成后再行展开。

10）人防工程

人防工程的临空墙、洗消室等工作均为主体结构的组成部分，人防工程在结构验收时要做好门框及管道的预埋，其他工作在结构验收后再行展开。

8.9.2　第二步：以项目分解的工作包或子项为基础，编制单元网络图

（1）根据项目管理结构分解，划分各分部及子分部的工作

根据项目管理结构分解，结合合同的范围与内容、总承包项目管理的要求、图纸及工程量清单等相关文件，可梳理出的分部工程主要有：项目管理（施工准备）、支护工程、土方工程、主体工程、屋面工程、砌体工程与抹灰、普通装修工程、精装修工程、幕墙工程、电气工程、消防工程（含水消防、报警两个子分部）、给水排水工程（给水、排水、中水、雨水、热水）、燃气工程、通风空调、智能建筑、电梯工程、室外工程等。

由于部分分部工程分别处于不同部位，难以自成流程体系。根据管理需要，如分段分区、施工管理需要，将其按该分部工程的子分部工程进行处理，确保每个分部工程的工作包连续。各分部工程的子分部安排如下：

土方工程：分为两个子分部，分别为土方开挖和土方回填。

地下室防水工程：分为两个子分部，分别为底板防水和地下室外墙防水。

主体结构：分为两个子分部，1~6 层结构和 6 层以上结构。

二次结构：分为三个子分部，分别为地下二次结构、1~6 层二次结构和 6 层以上二次结构。

电气工程：分为两个子分部，分别为动力电气和照明电气。

变配电工程：分为三个子分部，分别为变配电设备安装、变配电线路铺设和供电工程。

消防工程：分为四个子分部，分别为喷淋系统、消火栓系统、报警系统、消防监控系统（消防风系统纳入暖通工程，不再单独细分）。

给水排水工程：分为四个子分部，分别为给水系统、排水系统、雨水系统和中水系统。

燃气系统：分为两个子分部，分别为锅炉房系统、管道系统。

暖通工程：分为五个子分部，分别为冷冻水系统、冷却水系统、冰蓄冷系统、机组系统和风机盘管系统。

智能化系统：分为两个子分部，分别为楼宇安防（BA\FA\SA）系统和办公通信（OA\CA）系统。

电梯工程：分为两个子分部，分别为电气系统和设备安装。

室外工程：分为三个子分部，分别为接入网、道路广场构筑物、园林绿化。

人防工程：分为两个子分部，分别为人防门和人防设备。

项目管理：分为三个子分部，分别为项目准备、项目管理文件和项目管理实施。

根据上述安排，项目结构分解图如图 8.8 所示。

(2) 理顺各分部分项（工作包或子项）之间的关系

工程项目的分部（子分部）工程之间有着必然的逻辑关系，即先后顺序的问题。部分分部工程之间互为条件，才能保障相关分部工程的实施。在房建行业中，土建工程是其他一切分部工程开展的基础，必须先行。建筑电气的通电完成是所有设备运行的必备条件。装修与装饰工程必须在结构完成后再行实施。

涉及建设周期长，为了便于管理，根据实际需要，将分部工程不同阶段、不同位置和不连续的工作内容划为若干子分部，便于在整体安排工作时更加紧凑，从而统筹好资源，提高管理效率与效能。

因此，各分部工程之间的关系可以表述为分部工程之间的关系，也可以表述为分部工程与子分部、分部工程子分部与分部工程子分部之间的关系，如表 8.1 所示。

(3) 根据理顺的分部及子分部工作关系进行排列组合

通过梳理上述各分部及子分部工作相互之间的关系，以预测的施工程序与顺序进行排列，采用工作关系之间的表达进行排列组合，形成项目管理时间计划分部（含子分部）网络关系。

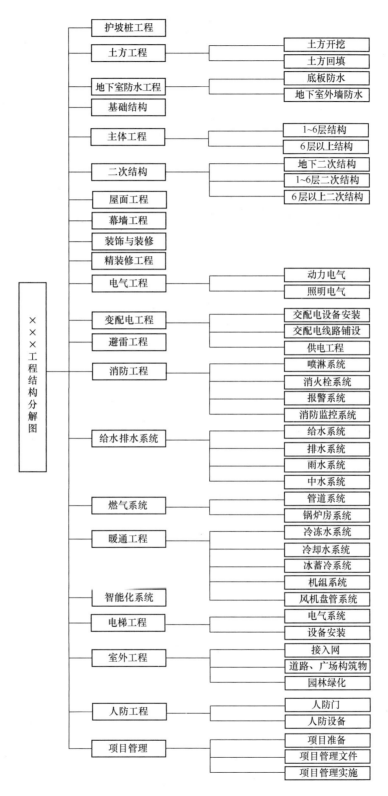

图 8.8 项目结构分解图

各分部工程（子分部工程）相互之间的关联关系 表8.1

序号	分部工程（子分部工程）	紧后工作	关联依据
1	项目管理准备	管理文件	管理准备包括施工准备和项目管理文件、管理依据的准备
		管理实施、控制	项目实施、控制依据项目管理文件
		护坡桩工程	施工场地准备结束时进行护坡桩工程施工
2	护坡桩工程	土方工程（土方开挖）	护坡桩完成，基坑围护完成，进行土方开挖
3	土方开挖（子分部）	地下防水（基础底板防水）	土方开挖后进行验槽、垫层及底板防水施工
4	地下防水（基础底板防水）	基础结构工程	结构施工
		人防工程	门框预留预埋
		电气工程	预留预埋
		避雷系统	避雷与主体钢筋作为避雷网
		消防工程	预留预埋
		给水排水工程	预留预埋
5	基础结构	地下室外墙防水	外墙防水设计附着于外墙
		1~6层结构工程	上下结构、先下后上
		地下二次结构	结构验收后进行二次结构安排
		地下室外墙防水	—
6	地下外墙防水	土方回填	可采用肥槽回填
7	1~6层结构	6层以上结构	上下结构，先下后上
		1~6层二次结构	结构完成后进行二次结构施工
8	地下二次结构	锅炉房管道安装	先土建后设备安装
		锅炉房安装	
		冷冻水安装	
		冷却水安装	
		冰蓄冷系统安装	
		机组安装	
		风机盘管安装	
		人防设备安装	
9	6层以上结构	屋面工程	上下关系
		幕墙工程	外立面完成，结构外幕墙施工
		楼体泛光照明	泛光照明与外墙同步
		6层以上二次结构	结构完成后进行二次结构施工
10	1~6层二次结构	6层以上二次结构	按顺序施工
		装饰与装修	二次结构完成后进行装饰与装修
11	6层以上二次结构	电梯设备安装	电梯导轨可进行施工
12	屋面工程	避雷测试	屋面突出结构与栏杆一体
	避雷系统		与屋顶突出栏杆相连
	幕墙系统		幕墙侧向避雷参与系统调试

续表

序号	分部工程（子分部工程）	紧后工作	关联依据
13	幕墙工程	地泛光照明	立体交叉安全隐患减少，可以大面积展开工作
		市政接入网	
		室外构筑物	
14	室外构筑物	道路、广场、台阶	道路、广场、台阶是室外工作的面层工作
15	市政管网		
16	道路、广场、台阶	园林绿化	园林绿化可以对场地造型，与建筑地面相适应
17	变配电线路	供电测试	系统安装的需要
18	变配电设备安装		
19	供电		
20	供电测试	动力电测试	动力系统自测
21	动力电气		
22	动力电测试	消防系统单调	消防自测
23	消防水系统		
24	消防电系统		
25	动力电测试	给水排水系统单调	压力水自测
26	给水		
27	中水系统		
28	动力电测试	空调系统调试	环境温度感知，系统启动运行
29	冷却水系统		
30	机组系统		
31	冷冻水系统		
32	风机盘管系统		
33	BA\FA\SA		
34	墙泛光调测	泛光系统调试	泛光照明完成与智能灯光控制集中一体
35	地泛光调测		
36	BA\FA\SA		
37	市政管网	水系统调试	给水、排水、水处理、形成闭环系统
38	给水系统		
39	雨水系统		
40	中水系统		
41	排水系统		
42	空调系统调试	消防系统联调	正压送风完成、排风系统完成
43	消防系统单调		调试的基础
44	BA\FA\SA		楼宇控制、与消防联动

续表

序号	分部工程（子分部工程）	紧后工作	关联依据
45	OA \ CA	办公自动化调试	敏感设备对环境的需要，并保证互联互通
46	精装修		
47	市政管网1		
48	市政管网2	园林绿化	园林绿化是面层作业，边界受到管网及道路广场等限制
49	道路广场		
50	所有工作结束	四方验收	

8.9.3 第三步：建立分部子分部工作流程

（1）梳理各分部子分部工程流程

各分部工程的分项流程：根据项目范围的分解，工程项目一般分解为若干个分部工程，每个分部工程再分解成若干个分项工程，每个分项工程又可以分解为若干个工序工作。由于各分部工程实施的时间节点和持续时间不同，各分部工程存在着并行、串行和搭接的工作关系，将这些分部工程按这种关系进行排列组合，形成了分部工程之间的流程关系。不同的分部工程由若干个分项工程构成，各分项工程之间由于实施的时间节点和持续时间的各不相同，也存在着并行、串行和搭接的工作关系，将分项工程按这种关系进行排列，形成分项工程之间的流程关系。在网络计划制定中，将每个分项工程实施的时间节点和持续时间用线段来表达，并与分部工程之间的并行、串行和搭接关系相互组合，这样就形成了整个项目的流程体系。在分项工程工作关系排列时，尽量不要将工序工作与分项工程混淆，除非为了突出关键性的工序，才将该项工序纳入分项工程中排列，否则容易造成项目分解的层次混乱，对指导工程项目的实施非常不利。

网络计划关系确立之后，对项目实施的时间节点和持续时间进行量化，即标明项目实施的开始时间、持续时间和结束时间，形成以时间为刻度的网络计划。在工程实践中，完成每个分项工程都需要一定的费用（或预算），一般在相应的线段上进行标定，这样我们就可以计算出每个时间段工程项目所需要花费的费用。通过时间与费用的量化，确定整个项目实施流程的时间与费用，为项目的资金计划提供最直接的依据。

1）项目准备：主要是施工准备、场地准备、管理策划、管理实施等。施工准备工作主要是场地条件准备、物资准备、必要的施工队伍准备、技术准备、各项目管理策划的准备以及项目启动（也称开球）准备等工作。场地准备主要是场地布置及安排，场地布置根据工程实施内容的不同分为土方开挖阶段、基础与结构阶段、装饰与装修阶段和场地布置拆除阶段。管理策划主要是管理文件、组织，管理实施过程中的监测、纠偏等。管理实施主要是实施过程中的预算控制、审计、总结等。项目准备工作不仅局限于开始，过程准备也非常关键，项目结束的准备是做好收尾与后评价工作等。其表达如图 8.9 所示。

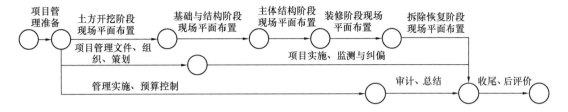

图 8.9　项目准备流程

2）护坡桩工程：定位放线→护坡桩施工→土层锚杆及预应力钢梁施工→帽梁施工、桩间土支护（图 8.10）。

图 8.10　护坡桩工程流程

3）土方工程：分两个子分部，即土方开挖与土方回填。

① 土方开挖流程为：地下障碍物及管线清理→测量、清表→土方开挖→清槽、交验（图 8.11）。

图 8.11　土方开挖流程

② 土方回填流程为：土方回填（图 8.12）。

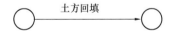

图 8.12　土方回填流程

4）基础防水：基础防水主要有两个子分部，即基础底板防水和基础外墙防水。

① 基础底板防水流程：清槽→垫层与挡墙→基础底板防水→防水保护层（图 8.13）。

图 8.13　基础底板防水流程

② 基础外墙防水流程：外墙清理→外墙防水施工→外墙防水保护层（图 8.14）。

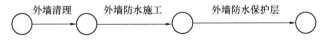

图 8.14　基础外墙防水流程

5）地基与基础：基础底板→基础结构→地下结构验收（图 8.15）。

图 8.15 地基与基础流程

6) 主体结构：主体结构分两个子分部：1~6层主体结构，7层~屋面结构。为了便于描述分部工程之间的关系，该阶段的流程分别以线段来表述，形成子分部的先后顺序流程。

① 1~6层主体结构流程：首层结构→2~6层主体结构（图8.16）。

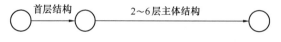

图 8.16　1~6层主体结构流程

② 7层~屋面结构流程：7层结构→屋面结构（图8.17）。

7) 二次结构：分属三子分部工程，即地下二次结构→1~6层二次结构→7层~屋面二次结构。

① 地下二次结构流程：房心回填及地面结构→地下二次结构（图8.18）。

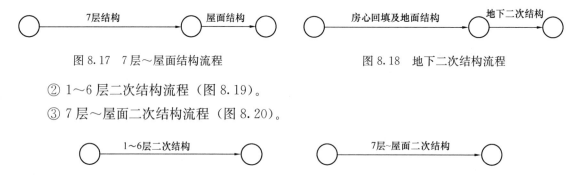

图 8.17　7层~屋面结构流程　　　　图 8.18　地下二次结构流程

② 1~6层二次结构流程（图8.19）。

③ 7层~屋面二次结构流程（图8.20）。

图 8.19　1~6层二次结构流程　　　　图 8.20　7层~层面二次结构流程

8) 屋面工程流程为：清理→挤塑板保温层→蛭石找坡及排气管安装→找平层→防水层→保护层→铺砖及护栏（图8.21）。

图 8.21　屋面工程流程

9) 幕墙工程流程为：测量→预埋件安装→龙骨及避雷泛光线路安装→层间防火与保温→玻璃与L形窗安装→石材安装→雨篷及首层门窗安装→窗扇安装及打胶→泛光灯具安装→四性试验（图8.22）。

10) 装饰装修工程：由四个子分部构成，即地下设备用房装修、地下车库及车道装修、地上设备用房装修、地上普通房间及楼梯间装修。

图 8.22　幕墙工程流程

① 地下设备用房装修流程：装修准备→地下设备基础→门窗附框安装→房间墙顶腻子→地面及排水沟→门窗安装、收口、末端安装→开荒、保洁（图 8.23）。

图 8.23　地下设备用房装修流程

② 地下车库及车道装修流程：装修准备→门窗附框安装→车库及车道墙顶腻子→车库地面→门窗收口、末端安装→墙面乳胶漆→自流平→开荒、保洁（图 8.24）。

图 8.24　地下车库及车道装修流程

③ 地上设备用房装修流程：装修准备→设备基础→门窗附框安装→墙顶腻子→地面及排水沟→门窗安装、收口、末端安装→涂料、吸声板→开荒、保洁（图 8.25）。

图 8.25　地上设备用房装修流程

④ 地上普通房间及楼梯间装修流程：装修准备→门窗附框安装→墙顶面腻子→地面→门窗收口、末端安装→扶手及栏杆安装→涂料→开荒、保洁（图 8.26）。

图 8.26　地上普通房间及楼梯间装修流程

11）精装修工程：共有五个子分部，分别为公共部分精装修、房间精装修、机电工程精装修、卫生间装修、卫生间机电安装。

① 公共部分精装修流程：施工复测与准备→公共走道、大堂龙骨及石材→吊顶→地面→门及门套安装→打磨清理（图 8.27）。

② 房间精装修流程：施工复测与准备→垫层、隔墙地龙→隔墙龙骨安装→吊顶吊架及龙骨→边棚石膏吊顶及底涂→块料地面、地板安装→涂料工程→门窗安装及五金→吊顶矿棉板及末端面板（图 8.28）。

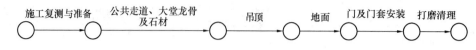

图 8.27 公共部分精装修流程

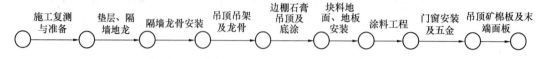

图 8.28 房间精装修流程

③ 机电工程精装修流程：施工复测与准备→机电配管及预埋→机电支管、末端追位、模块设备安装→穿线、敷设线缆→设备调试→灯具、开关等安装→饰品饰件→项目自检→四方验收（图 8.29）。

图 8.29 机电工程精装修流程

④ 卫生间装修流程：施工复测与准备→改管改线、支架安装→防水工程→墙面块料铺贴→隔断板、洁具（图 8.30）。

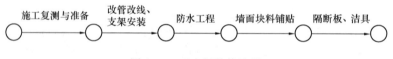

图 8.30 卫生间装修流程

⑤ 卫生间机电安装流程：施工复测与准备→机电配管、设备、穿线→穿线、敷设线缆→面板、末端安装→设备调试（图 8.31）。

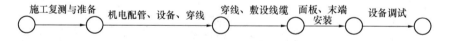

图 8.31 卫生间机电安装流程

12）电气工程：主要有两个子系统，即动力电气工程、照明工程。

① 动力电气工程流程：动力电气预留预埋→桥架线槽安装→线缆敷设与母线安装→配电箱柜安装→接线→线缆试验（图 8.32）。

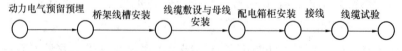

图 8.32 动力电气工程流程

② 照明工程流程如图 8.33 所示。

图 8.33　照明工程流程

13）变配电工程：主要有三个子分部，即设备安装、线路铺设和供电工程。

① 设备安装流程如图 8.34 所示。

图 8.34　设备安装流程

② 线路铺设流程如图 8.35 所示。

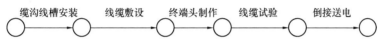

图 8.35　线路铺设流程

③ 供电工程流程如图 8.36 所示。

图 8.36　供电工程流程

14）避雷系统流程如图 8.37 所示。

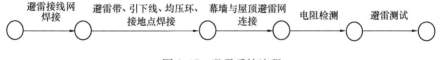

图 8.37　避雷系统流程

15）消防工程：主要有五个子分部，即喷淋系统、消火栓系统、报警系统、消防中控室、消防监控系统。

① 喷淋系统流程如图 8.38 所示。

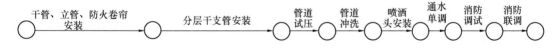

图 8.38　喷淋系统流程

② 消火栓系统安装流程如图 8.39 所示。

③ 报警系统安装流程如图 8.40 所示。

④ 消防中控室安装流程如图 8.41 所示。

⑤ 消防监控系统安装流程如图 8.42 所示。

16）给水排水分部：主要有四个子分部，即给水系统、排水系统、雨水系统、中水系统

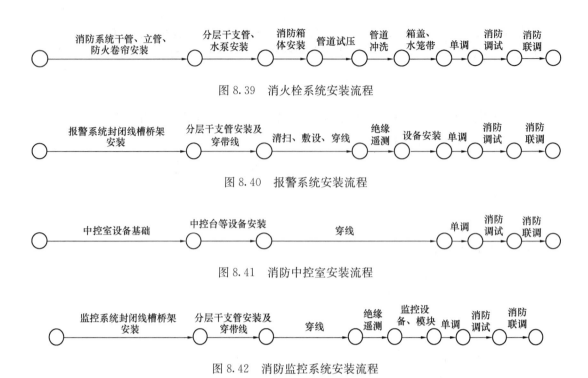

图 8.39 消火栓系统安装流程

图 8.40 报警系统安装流程

图 8.41 消防中控室安装流程

图 8.42 消防监控系统安装流程

（循环水系统）。

① 给水系统安装流程如图 8.43 所示。

图 8.43 给水系统安装流程

② 排水系统安装流程如图 8.44 所示。

图 8.44 排水系统安装流程

③ 雨水系统安装流程如图 8.45 所示。

图 8.45 雨水系统安装流程

④ 中水系统安装流程如图 8.46 所示。

17）燃气系统：主要有两个子分部，即管道系统安装、锅炉房安装。

① 管线系统安装流程如图 8.47 所示。

图 8.46 中水系统安装流程

图 8.47 管线系统安装流程

② 锅炉房安装流程如图 8.48 所示。

图 8.48 锅炉房安装流程

18）通风空调系统：主要有五个子分部，即冷冻水系统、冷却水系统、冷源蓄冰系统、机组、风机盘管系统等。

① 冷冻水系统安装流程如图 8.49 所示。

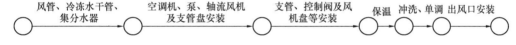

图 8.49 冷冻水系统安装流程

② 冷却水系统安装流程如图 8.50 所示。

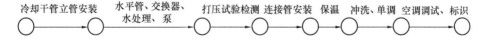

图 8.50 冷却水系统安装流程

③ 冷源蓄冰系统安装流程如图 8.51 所示。

图 8.51 冷源蓄冰系统安装流程

④ 机组安装流程如图 8.52 所示。

图 8.52 机组安装流程

⑤ 机盘管系统安装流程如图 8.53 所示。

19）智能化系统：5A 系统分两个子分部，分别为 BA/FA/SA 系统和 CA/OA 系统。

图 8.53 机盘管系统安装流程

① BA/FA/SA 系统安装流程如图 8.54 所示。

图 8.54 BA/FA/SA 系统安装流程

② CA/OA 系统安装流程如图 8.55 所示。

图 8.55 CA/OA 系统安装流程

20）电梯工程：

电梯工程安装流程如图 8.56 所示。

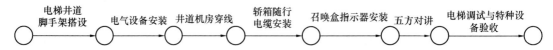

图 8.56 电梯工程安装流程

设备安装流程如图 8.57 所示。

图 8.57 设备安装流程

21）室外工程：主要分为三个子分部，即接入网，道路、广场构筑物，园林绿化等。

① 接入网流程如图 8.58 所示。

图 8.58 接入网流程

② 道路、广场构筑物施工流程如图 8.59 所示。

图 8.59 道路、广场构筑物施工流程

③ 园林绿化施工流程如图 8.60 所示。

图 8.60　园林绿化工程施工流程

22）泛光照明：分为两个子分部，即楼体泛光和地面泛光。
① 楼体泛光施工流程如图 8.61 所示。

图 8.61　楼体泛光施工流程

② 地面泛光施工流程如图 8.62 所示。

23）导航导视施工流程如图 8.63 所示。

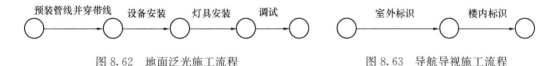

图 8.62　地面泛光施工流程　　　　图 8.63　导航导视施工流程

24）人防工程：分为两个子分部，分别是人防门体系安装和设备安装两个子分部。
① 人防门体系安装流程如图 8.64 所示。
② 设备安装流程如图 8.65 所示。

图 8.64　人防门体系安装流程　　　　图 8.65　设备安装流程

25）项目管理：主要工作有项目准备、管理文件和实施过程三个部分，即项目准备→管理文件→项目实施过程→项目结束。

（2）综合排列以流程划分为基础的分部子分部工作完成的顺序

以分部子分部网络图为基础，将各分部子分部工作分解为分项工程工作包进行流程排列，形成以分项工程为基础的分部子分部项目工作网络图，附加各分项工程的持续时间安排，形成项目管理网络计划图。

各分部子分部工程之间的关系，决定了项目管理的整体时间安排，体现了里程碑节点设置的关键节点工期要求。

根据上述结果，我们得出以分项计划为基础的网络计划图（图 8.66）。

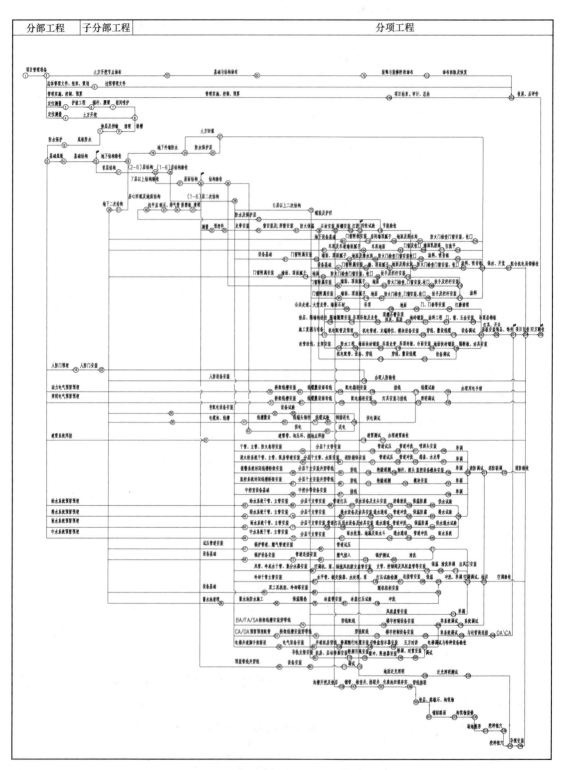

图 8.66 以分项计划为基础的网络计划图

8.9.4 第四步：工作时间的确定

对于施工项目，按图纸初步估算出各分部子分部分项工程的工程量，并按分部子分部进行分类，按分项工程进行计算，以企业内部定额（也可参照市场定额）估算人、材、机的定额用量，并以工作持续的人、材、机中的某一项工作消耗量来主导本分项工程计划的主要生产过程，其他工作作为主要生产过程的支撑，比如土方工程是以机械为主，对于该项目来说，机械台班用量与装载量是土方工程持续时间的关键计算基础。

8.9.5 第五步：用组织法编制项目计划总流程

按照项目的可行性研究报告和合同条件，该类项目固有的建设程序、市场环境、资源环境和资金来源与使用条件有利于施工节奏的控制，对技术实施以及场地的可行性等方面分析如下：

（1）工期的要求。结合合同文件和往来文件有关要求进行结构分析，各分部及子分部组织讨论，项目依据里程碑节点付款，并对节点工期和总工期均有延期处罚。因此，工期整体安排满足里程碑要求。

（2）供电线路的要求。供电是系统运行的基础保障，需要供电公司报批申请，才能确定进楼的供电线路的预留与预埋，与实施过程中的场地布置存在矛盾，需要提前安排出该供电系统进入楼体的市政管道。因此，在排布时，供电线路预埋管要提前做好安排。

（3）内外装修之间的矛盾。本工程采用幕墙围护结构，楼内装修地面需要延续到幕墙内侧。由于幕墙与楼体之间存在空隙，需要进行层间防火封堵。因此，幕墙施工时，需要提前对与楼内装修相连接的外墙做好层间防火处理，使得精装修地面施工不受幕墙施工的影响。对外墙与楼内装修连接处进行处理，外墙石材等安装应保证内装修空间不再交叉，精装修工程可以提前开始。

（4）主体结构施工与施工现场场地大小的矛盾。项目建筑面积 13.1 万 m^2，主体结构的施工在进度计划安排中属于关键线路上的分部工程。由于基础面积较大，施工现场资源的调度不能满足主体结构进度所需要的场地面积。因此，除主楼外的基础结构需要连续施工外，其他基础结构的施工以后浇带为界，实施分区流水施工，以确保主楼施工的正常进行。

（5）室外装修与二次结构的安排。公共部位的车库、车道、消防楼梯及前室、设备用房等区域范围的饰面工程，一般需要进行普通的装饰与装修。除精装修区域外，二次结构完成后即开展普通的装饰与装修。本项目竖向分为三段施工、分段验收，对已完成结构部分的二次结构进行分段验收，验收后的部分即开展普通装修与装饰工作。同时，需要考虑好二次结构与普通装修之间的场地运用，避免资源调度受到约束。

（6）利用总时差的关系提前安排工作。各分部分项工程相互之间存在着关联关系，处于关键线路上的分部分项工程需要重点保证资源与资金的供给，但对于非关键线路上的分部子分部工程，需要尽快、提前做出安排。资金的供给，要结合付款条件和项目资金来源条件确定，如果是 DB 类合同，可以尽量提前；如果是 F+EPC 类合同，则要考虑融资付款节奏，确定分部子分部工程在总时差的调节范围内进行工作安排。

（7）合同工期与定额工期之间的矛盾。本项目定额工期为 720 天，合同工期为 620 天，在分部分项工程正常进度计划的基础上，需要将总工期从 720 天压缩到 620 天，提前了三个多月。通过组织安排和管理的调节，对相关分部工程或复合工作包进行拆分，形成有利于缩短工期的分部分项工程之间的组织关系和逻辑关系，最终形成网络进度总计划。

8.9.6 第六步：评审

该案例经过项目经理部和企业总部二级评审，科学合理有效。

8.9.7 第七步：组织评审，报批项目网络总计划

经过制定的网络总计划，需要经过两级评审，即项目经理部的评审和企业总部的评审。

项目经理部的评审，由项目经理部组织部门根据实际情况，结合专业自审与互审，考虑是否存在交叉不利于组织实施，并由项目经理和技术负责人组织协调修改。必要时邀请预中标的分包单位参与评审，考虑时间计划和相应的资源配置是否满足项目实施的需要。自我评审后，报企业总部相关职能部门进行审核。

（1）项目的时间管理计划满足合同文件及往来文件要求。对照合同中约定的里程碑节点，项目计划中的各节点均满足合同节点要求。

（2）划分的分部子分部及管理工作包之间的关系合理，满足要求。

（3）场地环境基本考虑清楚，满足项目所在地管控措施。

（4）满足企业 HSE 要求。

（5）重点、特点、难点等工作已充分考虑到。

第 9 章　项目组织

项目组织是企业管理延伸到项目管理的重要组织,通过授权管理达到法人管控的目的,工程建设企业的项目组织一般是指企业管理的现场部分。按管理层级系统划分,项目组织是实现项目管理的一级决策制定者和决策执行者,是代表企业执行项目合同并落实企业战略意图的管理团队。项目组织中关键团队成员的决策能力与水平,决定了项目团队的效率,项目经理在组织活动中发挥着重要作用,项目组织整体的效率准则与能力决定了项目的价值获取能力。也就是说,项目组织是代表企业具体落实项目管理实施的抓手,项目组织的管理水平与能力决定了项目能否成功。

9.1　项目组织概述

项目组织是工程建设项目一切活动的基础,充分发挥项目管理职能、提高整体效率是项目组织设立的前提。项目组织代表企业执行项目管理,这就决定了确定项目组织的关键因素有两个方面:一是企业管理组织延伸的需要,二是项目执行合同的需要。这两个因素相互作用,为确定项目组织的内容与形式奠定了基础。

项目组织作为企业管理的一部分,是贯彻执行企业管理战略方针、愿景与使命的重要组织,是企业发展规划、规章、制度和规范文件的执行者,是企业能力的对外体现者,是企业资源充分发挥作用的重要实施者,是企业文化的传播者,更是企业生存与发展的重要支撑。因此,项目组织必然受到企业的管理与监督。

项目组织作为项目合同的执行者,具体履行企业管理在项目执行中的权利与义务,更要为企业的生存与发展做好支撑,压实企业在落实合同管理中的重要责任。因此,项目组织必须在企业管理计划、组织、统筹协调与协同下,以项目合同为基础,全面整合项目管理,落实企业战略规划和指导意见确定的管理目标与指标。

项目组织作为项目管理的执行者,必须适应项目的管理。不同的项目管理模式下,项目组织的角色与定位有很大差别,这决定了项目组织的形式与项目组织在项目管理中参与的内容不尽相同。如联合经营项目,企业作为联合体参与项目建设与投资,受股东协议和项目章程约束,参与项目的组织分工有所不同,履行的权利与义务也各不相同。虽然项目合同明确了管理的内容,但参与项目组织的部分组织管理还必须受到项目整体组织的约束。

项目组织的构成,组织架构与组织模式,项目团队成员的知识、经验与个人素质要以履行合同内容为根本依据,以项目的定位以及企业制定的项目章程为重要依据,最终确定项目组织的构成。以项目范围为依据的组织,重点是确保企业履行项目合同;以企业制定的项目章程为依据的组织，重点则是通过项目组织实现企业的发展。如项目组织需要实施的合同质量标准是"合格"；企业为了市场竞争需要，要求项目的质量目标为"鲁班奖"。这里的"合格"是根本依据，获得"鲁班奖"是重要依据。

项目组织的管理费用是控制项目组织规模的重要因素，项目管理期的管理费用与项目组织的规模、管理结构、人数、效率有很大关系，配置合理有效的项目组织规模是科学策划项目组织的一项重要任务。

项目管理者的领导风格要适应项目管理中领导人的角色与定位，对提高项目组织全生命周期成熟度有着重要的影响力。对于复杂的、成组的项目，项目经理和主要管理人员更需具有"谋经营、抓落实、强管理"的能力与水平，确保项目团队"抓得实、粘得紧、带得齐"。

9.2 项目组织建立原则

项目经理部是企业利润创造中心，是企业发展、项目管理水平和专业优势积累与创新单元。经理部作为项目管理的中枢机构，是根据企业战略发展和履约需要，由企业发展规划部门牵头、各相关职能部门参加，结合项目结构分解来对项目组织结构进行配置。

根据国际项目管理模式，企业总部的经理层和职能部门构成企业的支撑层，向项目管理层提供管理、技术、资源调配及行使指导监督职能。项目经理部属于项目的实施层，项目组织架构的建立与团队成员、资源的配置由企业完成，由法人授权项目经理部按照合同、企业规章制度及企业范围内的资源完成集团企业制定的各项目标与指标。作业层的管理组织，一般由项目组织根据各专业的特点、工作量、项目经理部的各项目标与指标，分别落实到各专业或者劳务组织层面，并在招标投标过程中将项目组织架构与组织成员的要求予以标定，通过采购的形式在市场中选择，依据分包或专业分包、劳务分包等合同明确其任务和工作范围，明确其管理职责和要求。项目管理组织通过作业层组织传递项目管理的各项内容。

综上所述，项目经理部的组织结构是实现项目管理整合的调配中枢，将企业目标与合同目标结合起来，通过各作业层的分工与协作，组织项目生产要素的整合，并以计划、组织、协调和控制的管理方式，最终实现企业制定的各项管理目标与指标。

企业管理项目的组织形式有：矩阵式、项目式和职能式三种。工程建设企业常用的项目组织形式是矩阵式，该种组织形式的管理效率与效能相对较高，有利于企业规模扩大。根据矩阵原理，项目经理部的管理人员均需要接受企业的领导，项目所属人员均需接受企业的职能部门和项目经理的双重领导，法人管理项目最终得以通过项目经理现场管控和职能部门的工作指导监督来实现。通过矩阵式企业管理项目模式，保证了企业管理资源有效供给，又促进了企业管理效能和管理效率的提升。

项目经理部的设立，既要满足项目组织的要求，更要满足企业组织形式的要求。因此，项目经理部的设置应遵循以下要求。

9.2.1 统一目标、整体行动和统筹指挥的原则

项目组织活动是为实现特定的目标而建立，任何一个项目都有其特定的任务和目标。项目的各参与方都有其自身定位，具有不同的利益和目标，但要使一个组织高效运转，各参与方必须有统一的目标。目标确定后，必须以系统论思想来指导。项目作为一个整体，可以细分为子项目，因而项目组织也应是一个由若干子系统组成的总系统，在组织规划时的部门设置、层级关系、管理跨度、授权范围等都应从全局性出发，使项目组织形成一个有机整体。在统一的指挥下，统筹各方资源，项目组织共同行动，形成团队力量，为实现项目的目标做出努力。

9.2.2 合理管理幅度和管理层次原则

项目经理部是项目的指挥机构，是在划分管理层次的基础上建立起来的，而管理层次的划分在组织规模相对稳定的情况下是根据适当的管理幅度来确定的。本着"按项目进行管理（Management By Project）"的主导思想，项目经理部的机构层次与幅度是由项目的规模、复杂程度和管理难度决定的，又和安排到组织岗位的管理人员的知识、经验和个人管理素质密切相关。

所谓项目管理层次，是指将项目内最高领导到基层员工之间划分隶属关系的数量或者是项目从最高管理层到最低管理层划分的等级数量。管理层次应适当，层次多，所需人员配套设施、项目管理期间费用就多。其次，层次多，信息沟通容易走样，协调难度加大。由于项目的规模、企业能力、组建项目团队成员的素质、企业生产技术情况、管理基础的完善和管理人员的素质条件不同，项目经理部机构的层次也就有所不同。根据类似工程的经验，常规的项目经理部采用三级机构模式，即项目经理层、部门层和员工层，既体现扁平化特点，又增加管理效率。

所谓管理幅度是指一个领导者直接有效指挥的下属人数，管理幅度应与项目的规模、性质和执行合同的难度相匹配。从管理结构的形式上来说，如果幅度过大，领导由于时间、精力等原因无法有效管理；如果幅度过小，会造成人才浪费和管理层次增多。从管理者能力上来说，影响有效管理幅度与范围的有领导者的因素，如知识、能力、经验和管理所属团队的能力等；有被领导者方面的因素，如被领导人员的知识、经验、个人素质以及对从事本项业务环境适应的能力等。从管理项目的复杂程度来说，管理者水平、管理者业务能力需要更高，如管理业务的复杂程度和繁重程度，所担负任务的绩效、要求工作环境的约束条件，都要求管理者具有更高的完成项目的专业能力以及信息沟通的手段与技巧等。

从企业建设上来说，管理幅度与企业文化密切相关。文化建设比较好的企业组建的项目团队有着良好的管理基础，管理幅度可适当放宽，这也是优秀的企业往往管理高效、更胜一筹的原因。

管理层次与管理幅度之间具有相互制约的关系，在项目额定总人数不变的情况下，层次与幅度是一对矛盾体。因此，企业在落实项目发展规划时要科学策划、统筹安排。

为了提高管理效率，项目的管理层次与幅度必须从两个方面入手：一是项目的管理结构要科学有效、以人为本，以现有的社会管理平均水平为基础，研究项目组织架构，确定管理层次与管理幅度。二是要配置好具有一定比例的有管理经验、专业化水平与能力的人员。

项目组织人员数量的确定，要和项目管理成本相联系，当项目管理人员的配置数量超过项目管理成本要求时就需要调整。项目管理过程中的专业人员必须满足项目范围实施内容所涉及专业的要求，主要管理人员要具备一定的知识、经验和业务素质，否则，人员岗位能力不足会造成项目执行效果大打折扣。

超大项目需适当增加管理层次，如北京中信大厦项目的实施采用了"双总包"的项目组织模式。两个总包均按各自分工的范围内容，依据各自范围的工作结构分解（WBS）进行配置，"双总包"的项目经理在集团领导下开展工作。部分集团公司在运作项目时，采用项目经理部与专业化公司相结合的项目组织方法，项目经理部总协调，专业化公司替代项目组织中的职能来实现项目的管理目标，从而弱化了管理层次。

多层次的项目组织模式，在具有一定工艺要求的项目中比较常见。如某化工厂项目，设备安装作为项目的一级分包，其中的污水处理又需要一个专业厂家实施，这样就形成了多层次项目管理组织。在项目组织设计中，仅考虑按总承包一级设立项目组织，其他多级按作业层组织来考虑，通过分包合同将有关管理层次的要求传递到作业层，减少项目组织人员。

对于一些体量小、工作内容少、专业化单一的项目，项目组织中应进行机构部门的合并，合并不同职能，形成大部制，从而优化管理人员数量。成组项目可以分设两个及以上的项目经理部，如百万平方米以上建筑规模的住宅小区、铁路的长大干线划成合理的区段，分属不同的项目经理部进行组织。

9.2.3 精干高效原则

精干高效的首要条件是项目管理成本对项目管理费用的覆盖，根据企业内部人力资源管理核定的平均收入，初排项目管理人员数量，确保项目管理期间的管理费用成本低于预测管理成本。为了满足项目范围内工作的要求，相应的专业管理人员不得任意减少。同时，项目管理人员还要满足项目合同约定的项目经理部主要岗位配置。

项目经理部进行机构设置时，不论是部门、层次、岗位，还是上下左右关系的安排，各项责任制及规章制度的建立都必须有明确的项目管理目标，这些目标就是项目矩阵责任分配的工作内容的实现。项目人员的配置数量和质量与项目实现过程和项目管理中相应的内容相匹配，人员精干，管理工作效率才能提高。如弱电工程，在工程建设项目中属于很小的一个管理单元，预测的项目管理成本不足以支撑一位弱电工程师在职期间的管理费用，根据工作分类原则，可以将此专业管理人员合并到相近或关联度比较高的职位上去。这样才能避免因人设事，达到精干的目的。只要能实现项目管理的目标，组织结构与项目结构最匹配、适应的组织就是最好的组织。

9.2.4 责权对等、才职相称的原则

项目管理者的职责是指在其分配的岗位上对要完成的工作任务所负的责任，为了保证任务的完成，必须授予管理者一定的职权。职权是指一定职位上的管理者所拥有的权力，主要是指决策或执行任务时的决定权。职责和职权对等是指根据一定职位上的管理者所承担的责任，授予其保证完成任务的相应权力。职权的范围与大小取决于完成分配任务的内容，职权要确保其涉职责范围内的所有活动，对于工作范围之外的职权，以有利于工作的推进为标准，职权的赋予是为了满足完成工作任务所需而进行的权力分配。因此，权力责任的大小与范围是要确保工作范围内的任务保质保量地完成。

管理者在一定职位上履行职责并完成相应任务，除需要相应职权的保证外，还需要管理者本身的才智、能力和责任心。这就要服从才职相称的原则，如果管理者才大于职，会有屈就之感而产生消极情绪，影响本职工作；如果管理者才小于职，会产生力不从心或无能为力之感，影响任务完成和目标的实现。因此，要做到才能与职位相称，既不能大材小用，也不能小材大用。职责赋予是依据项目责任矩阵分配来确定工作范围的内容。

9.2.5 均衡与稳定原则

均衡原则是指同一级机构、人员在工作职权等方面要大致均衡，不宜偏多或偏少，否则，苦乐不均、忙闲不均等会影响管理人员的积极性和工作效率。均衡与稳定的原则是根据分工和工作范围予以匹配，而不是人为地赋予权力，也不是人为地加大其责任。

稳定原则是指项目管理组织系统一旦确定并统一，便应保持相对稳定性，不能轻易变动。这和因项目的内容和环境发生变化而对组织产生的变动做出相应调整和改革并不矛盾。组织系统没有相对稳定性，容易造成人心浮动，不利于提高工作效率。

9.2.6 有利于信息沟通原则

信息沟通包括信息的交流、传达、下达、反馈、汇集等活动。及时准确沟通信息是使企业各项生产经营管理活动协调一致的基本手段。只有这样，各级各部门主管人员才能依据它作出正确决策和决定，进行有效控制。为此，必须设计有效的信息沟通系统。信息沟通系统包括：沟通方式，如会议制度、文件收发制度、请示报告制度等；传递渠道，如上下垂直地传递、平行交流或者通过 OA 系统进行信息分配；信息的分类，如计划信息、控制信息、业务信息等。

项目组织资源的调配形成了以企业人力资源为中心、各职能部门为专业与业务指导，并按岗位要求对项目组织的资源形成有效的供给。同时，对所有参与人员的企业文化培养、专业素质提升及分类管理做到科学合理，项目组织团队才能有统一的思想文化体系和企业传统而尽快进入各自的角色，从而出色地完成各自范围内的任务。

9.2.7 项目组织的业务协同原则

项目组织在实施项目管理过程中，在项目经理总体协调下，以企业文化为基础，以企业精神为依托，按照统一的管理计划和团队精神展开各自范围内的业务协调，最终形成团队合力。对合同方/客户方以合同条件为协同原则，以合同中约定的条件为指导，在具体工作中围绕合同展开并按照项目要求执行项目管理。研究合同的条件、要点、重点、关键点、专业条款等都是业务协同的对象，只有提前布局与安排（项目管理计划的执行），对内的规章制度才可以做到可测量、可监测。这样，组织业务协同的各方在处理业务过程中的矛盾和冲突会大幅减少。

在业务开展过程中，业主、设计、监理、政府、分包方、供应商等参与项目的相关方各不相同，各专业工程之间业务的有序开展必须形成业务部门主导、项目经理总协调的机制，化解分属不同相关方的矛盾和冲突。

如何实现业务协同，是我们策划管理要提前考虑的。首先是项目组织分工明确，岗位责任清晰，管理边界清楚，对应的项目结构的分解条件明晰。因此，项目组织构成及相关职能需要进行职责的分配，确保分工明确，便于统一指挥与协调。依据项目组织与项目结构的关系，按项目管理计划动态管理，根据组成项目结构的范围与内容，按生产要素进行职能分配，并进行优化组合。

在分工职责中需明确要实现的各项管理目标与指标，明确分工的内容和一般性要求，共同组成各要素部分的岗位职责，即通用岗位职责与专用岗位职责。通用岗位职责一般以项目所有人员共同遵守的规则为基础，而专用岗位职责是为满足各项管理计划有序地组织生产、完成既定的目标与指标而设置。组成项目组织的各业务部门和管理部门需要在项目管理计划的框架范围内统一行动、协调指挥，以符合项目团队建设的要求。

综上所述，项目组织业务协同的要求是根据企业给项目经理部的授权，在项目经理的指挥下，各职能部门协助与监督相结合，完成项目各项管理目标与指标。职能部门的形成以业务协同为重点，落实组织分工，履行职责。

9.3 项目组织的内容

项目组织是实施项目计划的重要组织者，既要以项目合同为基础，又要考虑企业管理对项目管理的作用。通过项目与企业管理的相互作用来压实项目管理内容与责任，体现在项目管理体系的建立受两类过程的约束，即项目创造产品的过程（项目实现的过程）和项目管理控制过程。项目实现的过程因不同的工程项目而各不相同，重点是关注项目的功能、特性、特征和交付成果。因此，项目管理的范围分解时，项目创造产品和项目管理控制两个过程同步体现在项目分解体系中，从而更加有利于项目组织的责任分配。

9.3.1 根据项目实现过程的分解分配的责任

以项目产品为对象,主要是以工程项目的构成、组成、专业等特征进行责任分配。如某项目实现过程的项目范围分解计划如图9.1所示(以某项目工程地基与基础职责分配矩阵为例),其他分部分项依此类推。

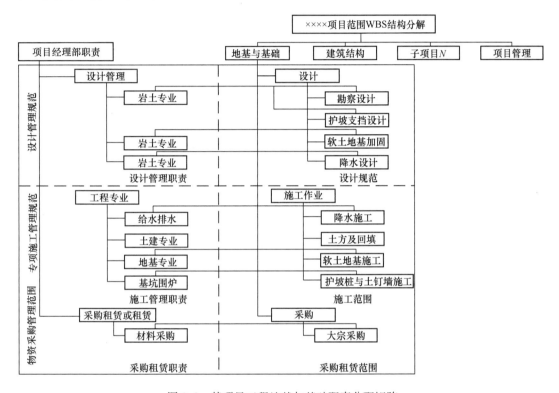

图 9.1 某项目工程地基与基础职责分配矩阵

项目责任分工矩阵的建立,使项目职能管理部门可以根据各工作环节特点实施有针对性的各项措施(包括但不限于设计、采购、施工),并对项目实施全过程进行跟踪、控制和考核。

9.3.2 项目管理控制的责任分配

通过项目范围分解,项目管理形成若干大小活动,每个活动的过程均要受到项目管理的控制。如项目范围分解后的卷材防水工程施工包括:清层清理、底胶涂刷、附加层铺贴、卷材铺贴、蓄水试验和保护层施工等,每个工序或过程均需要明确施工时间、材料品种与用量、施工方法、质量控制、合格的施工人员、防火安全等,这些针对工序与过程的管理就是项目管理控制。为了系统化推进不同项目的管理控制,各工程建设企业需建立一整套用于管理控制的方法。项目管理控制作为工程建设项目实施的控制过程,主要以工程项目为载体,体现企业的管理和控制。根据项目范围的分解,以企业实现项目管理控制要素进行责任分配。如某项目管理控制过程的项目范围分解计划如图9.2所示。

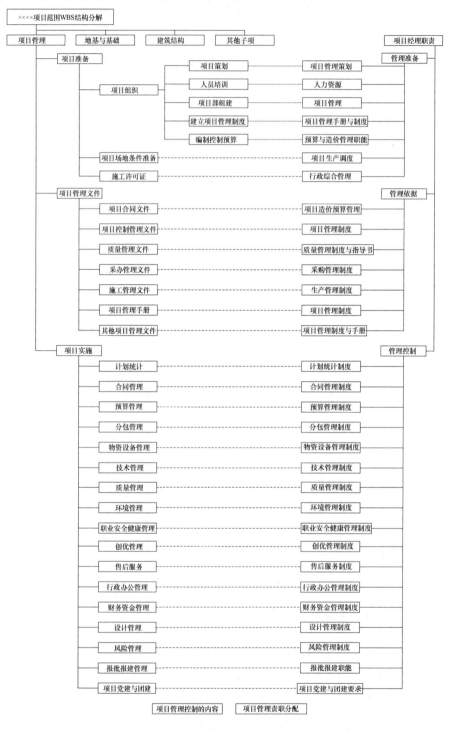

图 9.2 项目管理控制过程的项目范围分解计划

根据项目管理责任分工矩阵的建立，使项目职能管理部门可以根据各管理控制的工作环节的特点实施有针对性的项目管理控制措施（包括但不限于质量、安全、合同、预算等），确保项目实施得到有效保障，并对项目管理控制全过程进行跟踪、控制和考核。

9.3.3 项目管理成本责任分配

项目是企业的利润中心，成本控制是项目的重要指标，也是用于压实项目管理目标的直接指标。同时，项目的管理成本也是影响项目管理的一个重要因素。因此，在项目策划时，需要统一策划项目成本与管理成本，并分配到位。项目部要确定该项目的资源用量，首先根据企业掌握的资源实际情况，再结合项目工期要求，确定项目实施总体部署（在制定项目总计划时基本就确定）。根据项目合同中明确的工程量或估算的工程量，以定额为基础确定各项资源计划。汇总项目资源并根据总计划网络图计算各时段峰值和平均使用强度，经过优化最终得出项目资源需求计划。根据项目资源需求计划，项目部对相关资源分配加权单价，计算出各种资源使用费用，汇总形成项目直接成本估算。根据直接成本估算及企业管理策略计算出相应的间接费等其他费用，最终形成项目全成本估算值。根据项目的成本估算为项目各项活动在各个时间段上分配预算，以及确定项目总预算。根据项目成本要素将成本分摊到各个工作项上，形成项目成本责任矩阵分配图，如图 9.3 所示。

根据各项成本责任矩阵的分配测算出相应的管理费用，并根据总计划的安排确定不同时段项目的管理成本，为后续管理人员变动调整提供成本依据。

根据矩阵的分配、项目管理的策略，将相应成本预算分配到项目职能部门，项目职能部门根据各项成本，结合岗位设置制定各项管理措施，用于控制项目成本。

9.3.4 项目管理模式的需要

项目组织的建立要适应项目管理模式需要。项目管理模式有多种形式，常见的有工程总承包模式、施工总承包模式和专项分包模式等。不同的项目管理模式对项目组织的要求不尽相同。需要依据项目的性质、特点和难点，对项目的总体管理思路进行整体布局安排。无论何种项目管理模式，均需要以完成项目管理的要素为依据，根据参与项目建设的环节来确定项目组织的形式与内容。

任何一个项目都是一个有机整体，项目组织要适应项目模式发展的需要而建立。如施工企业参与项目投资建设，项目管理的内容由施工总承包（如 DB 模式）转向工程总承包（如 EPC 模式），项目管理的行为因为投资属性的增加而发生改变，在融资、设计等项目管理要素上均增加了项目管理的难度与幅度，这对当前国内以设计与施工相分离的施工总承包模式来说是很大的挑战。增强项目组织中的融资与设计职能是项目组织中最大的特点。因此，我们在项目管理实践中，要把项目管理模式作为重要依据来建立项目组织。

9.3.5 企业管理的需要

不同的工程建设企业面对工程建设项目的管理与发展模式差别很大，企业规模效益和企业能力均决定了企业的项目管理模式。

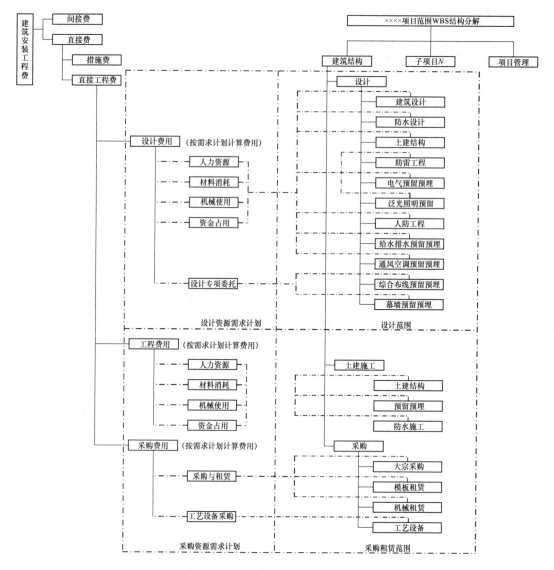

图9.3 项目成本责任矩阵分配图

一是企业职能管理。

常规管理型企业的项目组织形式采用强矩阵模式,企业职能部门与项目各部门做到相互对应,确保企业的管理能够有效落实。因此,项目机构设置严格按照企业的项目发展要求编制执行。

二是企业专业化公司参与。

企业以专业分子公司替代部分项目管理职能,以提高项目管理效率、削减项目组织规模。如某建筑企业所属设备安装公司实力较强,在项目组织设计时,涉及项目设备安装的合同内容,全部由设备安装公司承担并向企业负责,设备安装公司兼职项目组织的一部分,从而达到项目组织规模减小、实力增强的效果。项目组织最大的特点是,专业化公司承担的内容由专业化公司的项目经理直接对企业负责,形成项目组织的部分弱矩阵模式。

9.3.6 工程建设项目管理要素的组成

根据项目责任分配、项目实现过程和项目管理各项要素的组合，综合考虑工程建设项目管理特点以及目前国内项目管理现状，并结合工程项目的一般特征，主要形成以下项目管理要素。

（1）项目总体：项目策划，项目交底与交接，计划与统计，年度、季度、月度经济分析，项目考核，项目管理后评价，项目档案管理。

（2）生产管理：工程调度、分承包商管理、供应商管理、物资与设备使用管理、文明标准化施工管理、临时设施管理。

（3）技术管理：图纸与设计管理、施工组织设计编制与审核管理、施工方案及专项方案编制与审核管理、技术交底、工程技术资料管理、测量管理、试验管理、监视和测量仪器仪表设备管理、技术管理、标准化管理、技术创新及推广应用管理。

（4）质量管理：质量体系的建立与运行、质量计划、质量实施。

（5）环境管理：环境管理措施、环境保护管理、节能减排管理（含节水节电管理）。

（6）职业安全健康管理：职业安全健康管理策划、安全生产岗位责任制落实、安全生产监督管理、应急预案管理（含生产项目重大事故综合）。

（7）招标与采购：项目招标管理、物资与设备采购管理、设备租赁管理、大宗物资与设备集中采购管理。

（8）合同管理：合同的订立、合同的执行管理、合同的评价。

（9）全面预算管理：预算管理、二次经营管理、验工计价管理、结算管理。

（10）人力资源管理：项目管理人员的管理与动态调整。

（11）财务管理：项目现场管理费用管理、财务资金内部控制管理、项目分包商/供应商付款管理、工程保函管理、税务管理、收付款管理等。

（12）办公室：项目会议管理、周边关系协调、固定资产管理、CI企业形象管理、维稳/应急/信访管理、考勤管理。

（13）竣工交付管理。

（14）售后服务管理。

另外，EPC类项目还需增加设计管理和前期报批报建管理，投资类项目还需增加投资管理、融资管理等。

9.4 项目管理组织系统设计

9.4.1 收集和分析有关资料

一是收集企业工程项目的外部环境资料，如国家政治、经济政策、法律对项目发展的影响，项目在市场中的位置，行业技术的发展状况等。涉及投资建设的项目，还需要对融资环境进行分析，确保项目的资金支持。

二是收集同类项目管理组织结构的形式，了解先进的管理思想、人员配置情况的科学合理性等方面的资料，以及当前此类项目科学技术手段运用情况，如 BIM 技术要求等。

三是企业能力、企业内部的状况（如人力、物力、财力资源状况）、组织的形式、运行情况及存在的问题。

四是对企业的基础管理工作要充分了解，以便于项目组织设计时引用的制度规章具有一定的成熟度。充分了解企业人力资源情况，便于精干高效地设计项目管理组织和人员结构的协调配置。工程建设企业分布较广，涉及的专业门类较多，项目组织设计时需要对专业人才库有一定的掌握。

五是对项目的设计文件、市场状态、风险情况进行充分分析，对项目的性质、特点、难点有准确把握，做好充分的组织应对。

六是根据项目范围管理计划的分解对项目组织的责任分配进行研究，再细分到职能部门的工作上，如将环境、职业安全管理分解成环境、职业安全管理体系，风险因素的识别，安全与环保控制和安全管理等诸多环节，并向项目经理部的岗位分配这些环节的各项工作。通常，企业对项目控制管理的岗位分配比较容易，而对于项目实现过程的各项要素的分配相对较难，还需要企业发展部门与项目经理共同研究。如对项目管理结构的要素（图 9.4）进行分解，在组织设计时要充分考虑将各项管理结构中的要素有组织设计地进行分配。

通过上述资料的收集和分析，基本可以确定企业项目组织的组织结构框架，基本可以确定项目组织为完成项目所需要的组织目标与内容。从而对这些目标与内容按组织设计的程序进行分配。

9.4.2 项目组织的设计与选择

项目组织内部管理部门和单位的划分与设置一般有三种形式：职能式、项目式和矩阵式。根据对决定项目管理因素的分析，以及项目的不确定性、所采用的技术要求、复杂程度、工期长短、规模大小、市场重要程度、合同方要求、内外依赖性来决定项目组织形式。

职能式适合规模较小、技术专业性较强的项目，如污水处理设备安装与调试项目。项目式适用于不稳定的项目环境，项目团队整体性和各类人才紧密合作，如某航站楼钢结构工程的安装。矩阵式普遍适用于一般有规模企业的工程项目建设，其在管理项目、组织企业资源方面有着巨大的优势。无论采用何种项目组织模式，其职能安排如下：

（1）管理部门和单位的划分

根据对项目组织设计的程序内容的收集，各项目管理工作以管理部门为基础进行落实。因此，根据项目管理目标要求，将项目的实施按其性质和职能对应的要求划分为若干相对独

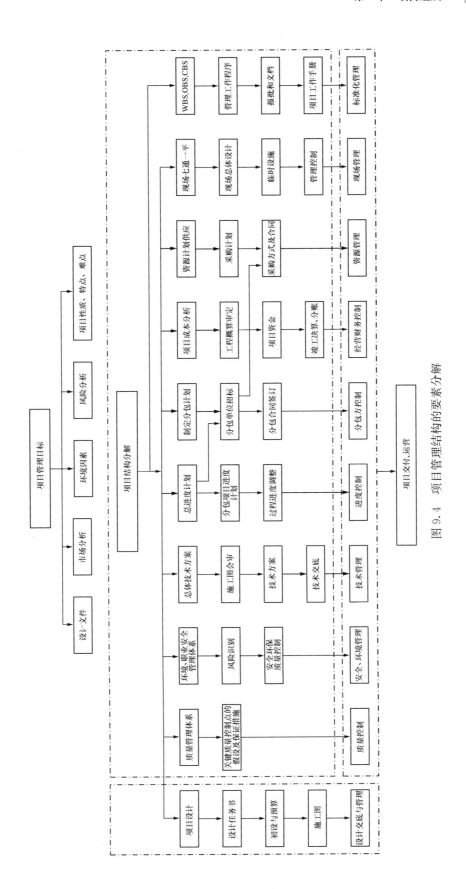

图 9.4 项目管理结构的要素分解

立的单元，并规定业务范围和工作量，这就是管理部门或单位的划分。为了便于管理，通常将一个或若干相近或协调性较为一致的内容划到同一个单元。工程建设项目的管理划分一般按项目管理职能进行。对于复杂或者群组项目，根据需要也可以分组划分，最终目的是确保组织精简、高效完成任务。

（2）职能部门设置应考虑的主要因素

一个企业应当设置什么职能部门以及设置的数目和规模等，都要从适应本企业生产经营的需要出发。其影响因素主要有：

一是满足企业生产规模和生产技术特点。一般来说，大型企业职能部门专业分工可以较细一些，职能部门数目也可以多一些；中小型企业分工相对粗一些，数目也相对少一些。如工程项目人数超过 500 人，必须增设 1 名安全专职人员等。

二是职能专业化和管理综合的要求。在组织结构里，一定的专业管理组成相应的专业职能部门，这种管理职能专业化是社会化大生产的客观要求，有利于职能部门合理分工、提高管理效能。但是从系统论观点出发，在实行管理职能化的同时也要重视职能部门有效综合，把职能管理与专业化管理结合起来。管理综合可以综合全企业所有专业管理，也可以综合有直接联系的若干专业管理，如经营管理、施工生产管理、财务管理、劳动人事管理等。如何综合专业管理，要根据业务实际情况来定。通过项目管理责任的分解，基本可以判断项目范围内容的专业化程度和控制管理的要求。

三是便于职能机构的平行协调和分别侧重。目前，企业职能机构之间的协调，表现在组织结构上有两种形式：一种是采取有形的有职有权的组织机构以加强对项目经理部的管理；另一种是采取以调整领导分工和职能科室隶属系统的形式，不设新机构，出现矛盾时可以通过联合办公的方式予以协调。企业职能机构在考虑平衡协调的同时，对与企业成效关系重大的职能部门还应考虑强化和侧重的措施。在项目管理过程中，各专业都以项目管理目标为导向，纵向推进、横向协调、系统推进。如采购过程，需要技术规格与性能、工程现场条件情况、成本预算提供的计价规则、财务提供的资金安排等。

四是职能机构的经济性原则。在设置职能部门时，必须考虑降低管理费用，做到以最低的人力、物力发挥最大的管理效能。要注意避免机构臃肿、部门林立甚至单纯上下级对口设立职能机构的现象。项目确定后，项目的管理成本就基本确定，过多的机构及人员导致亏损，过少的机构与人员导致管理无法有效覆盖，需要通过成本责任分配来统筹安排。

五是职能机构的动态调整。项目是全生命周期的过程，项目职能机构的设置不是一成不变的。在项目发展过程中，随着项目进度计划的推进和工程项目的范围不断调整，部分职能机构的管理对象缺失或者减少，职能部门新增或者部分职能部门扩充。如 EPC 项目的设计部，在项目前期工作内容很多，人员配置相对较多；但随着项目进入施工期，设计部的工作仅仅是为项目实施服务，之前的部分人员就需要转岗。当项目处于成长发展时期，新的技术成果不断运用、管理人员出现重大变动、社会经济环境发生重大变化时，都必须进行机构调整，始终保持职能机构的适应性。

六是满足法律法规的要求。满足法律法规和项目所在地的规定与要求，是项目管理组织设置的基本要求。如《中华人民共和国国家安全法》的出台对安全生产的管理要求进一步增强，根据中华人民共和国应急管理部的相关政策要求，需要增设安全专职人员或者岗位等。

9.4.3 项目组织结构方案

项目组织是企业管理向现场管理的延伸，其结构需要满足两个方面的要求：一个是企业管理的要求，另一个是实现项目管理的要求。

（1）企业对项目的管理组织选择

根据国际项目管理 PMBOK 体系，项目组织形式有三种，即职能式、项目式和矩阵式，选择何种形式，取决于项目实施与企业业务的关系，取决于企业权力与项目权力的转换，是权变理论在企业管理与项目管理转换的运用。实践中主要体现在企业文化、管理模式与风格、组成项目人员的个人品质、价值观和工作能力之间的关系。不放权的企业，权力向企业靠拢；放权的企业，项目组织的权力向项目靠拢。项目在企业内的战略地位和对企业的影响力也影响项目组织的形式，如国家重点综合项目，很多大型央企、国企采用项目式组织模式，权力向企业集中，项目经理由企业高层担任，便于控制资源、实现项目目标。

根据 PMBOK 体系及工程建设项目的特点，三种组织体系的比较见表 9.1。

项目组织形式的比较 表 9.1

项目组织形式	优点	缺点
职能式	专业性更强	狭隘不全面
	项目管理成本具有优势	专职人员很少，专注性不强，全职人员更少
		项目经理权限不大，投入时间少
项目式	项目经理全职	项目成本高
	能控制资源	行政人员也是全职，机构臃肿
	项目目标更易实现	企业项目间交流意义不大
矩阵式	有效利用资源，专业共享	企业与项目互动频繁，消耗项目精力
	有利于企业管理监督与指导项目	项目经理权力大，需要相对平衡
	沟通与交流充分	
	项目人员与机构动态调整	

三种模式的选择，一般只能在充分考虑各种组织形式的特点、企业特点、项目特点及项目所处环境等因素条件下才能做出适当的选择。因此，需要根据表 9.2 所示的几个因素确定。

根据上述影响因素的分析，职能式组织形式比较适用于规模较小、偏重技术的项目，有利于各职能部门间的紧密合作。

项目的规模比较大、技术复杂时，则应选择项目式组织形式。同职能式组织形式相比，其在对付不稳定的环境时，项目团队的整体性和各类人才的紧密合作更有利于项目成功。

影响项目组织的因素　　　　　　　　　　　　表 9.2

项目组织形式	职能式	矩阵式	项目式
质量、成本、合同等不确定性	低	高	高
新材料、新技术等运用	标准	复杂	新
项目的综合与复杂程度	低	中等	高
工期的长短	短	中等	长
工程规模	小	中等	大
工程的重要性	低	中等	高
客户类型	各种各样	中等	单一
对内部依赖性	弱	中等	强
对外部依赖性	强	中等	弱
严格的工期要求	弱	中等	强

技术复杂、规模巨大的项目管理，在充分利用企业资源、加强企业基础管理、提升企业能力上有着巨大的优势，采用矩阵式组织形式更容易加强项目管理。工程项目特点、难点及重点形成的各项因素，比较适合采用矩阵式组织形式。

当然，有的企业对项目管理的组织形成了定式，受企业文化、管理规章、制度等因素的限制，一般很难修改。此时，可以根据工程项目的实际情况区别对待，如大型央企、国企针对重大铁路项目采用集团指挥部的形式，以项目式组织形式解决组织管理的问题。

(2) 项目组织的设计与选择

项目组织结构图是项目组织全部职能部门和单位组成的框图，它反映了项目组织内部的各项指令安排、信息传递、上下级关系、平级关系，将实现项目管理的各项任务通过各职能部门和单位的责任与权力得到有效实施。

根据项目实现过程和项目管控及项目成本分配的责任进行分类合并，形成职能部门，并按管理组织设计的要求将管理职能部门、单位有序排列起来，形成层级化的组织结构系统。组织结构图的设计是组织系统设计的主要步骤，决定着管理幅度与管理层次的关系、纵向协调和横向协调的关系，还要便于信息上下传递和反馈。

根据上述原则，我们可以设计出常规项目的组织管理架构图，如图 9.5 所示。

通过项目组织管理架构可以看出，在项目经理部，项目经理是项目的直接指挥和管理者，项目技术经理、成本经理、生产经理构成项目的管理层，由项目经理统一协调和指挥，分工协作。项目各部门在副经理的安排下履行项目管理职能，按专业和范围内的工作分工负责，在项目管理层的领导下开展各项工作。各作业层在职能部门的指挥与安排领导下开展项目的具体实施，职能的分工为主相关实施内容，其他相关的职能部门为次相关实施内容，形成主次分明的指挥系统。

9.4.4 明确管理职能部门及岗位职责

(1) 职责的划分

根据项目的组织管理架构图设计的职能要求，需要将项目的管理要素按照总体→职能→

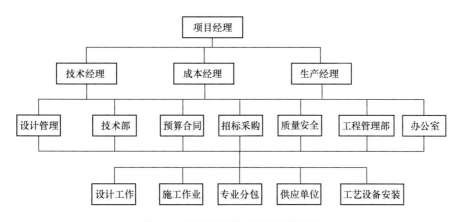

图 9.5　常规项目的组织管理架构图

岗位的顺序逐次安排，逐层压实项目管理的责任。因此，各职能及岗位的职责分配要做到：

1）根据确定的职能岗位的名称与数量，确定岗位的工作职务与范围。
2）根据专业或项目分配的责任确立岗位职务范围。
3）根据管理内容及项目管理要素确定各岗位需要完成的工作成果、质量和效率。
4）明确岗位的内部环境及要求。
5）确定各个岗位之间的相互关系。
6）明确实现岗位目标的责任。

项目经理作为项目经理部的最高指挥，需从全面管理的角度和企业授权的角度进行责任分配，项目其他管理层副职需将项目经理的全面管理职责进行分工，结合项目总体要求，分割项目管理的各项要素，确保体系完整。

各职能部门需要将项目管理的各类要素分配到相关部门，具体到专业安排，根据职务、岗位的需求选择素质、要求与岗位匹配的人员，由企业人力资源管理部门依据企业职能部门的专业化特点选配适合的管理人员入岗。

（2）配套制度

项目组织管理制度是针对组织结构图的管理运行而制定的行为准则，也是绩效监测的重要标准。组织结构图需配置合理的管理制度，才能充分发挥项目组织的作用。管理制度要起到岗位说明、决策程序、协调机制、环境与工作应对、激励约束、行为准则等作用，重要的是将项目管理目标分解到职能岗位上，并明确其工作任务。必要时要将企业文化等相应的工作在管理制度中体现。

职位说明书：工作名称、工作范围、职能、职责职权、在项目组织中和其他职位的关系、在企业管理制度和基础管理工作的条件下完成的工作任务和工作标准。将项目管理各要素在各职位说明书中体现，确保项目管理的各项要素在岗位上得到压实。职位说明书一般体现三个方面：一是企业的员工行为规范、纪律等行为准则，二是岗位的职责和任务分配，三是完成预定的目标与指标等。

决策程序：项目管理过程的决定由每项动态决策决定，在部门职能职责明确的基础上，除完成范围内的工作外，还需要及时决策给出意见，体现责任与担当，提高管理效率，确保分解后的工作成果在决策中得到保障。

协调机制：组织运行过程存在着相互之间的矛盾，各部门要做好相互沟通，解决矛盾。协调机制是分工不分家的具体体现。做好协调机制，需要目标一致，发挥团队精神。项目管理的大部分工作不能通过分工或者人员安排一蹴而就，需要协调机制发挥重要作用。如工程建设分包招标文件的编写，需要技术提供支持，生产提供采购供应时间，预算提供成本控制等，只有多部门发挥好协调作用，招标文件才能做到高质高效。

环境工作应对：本身特点决定了项目处于一个复杂的环境当中，各种环境的变化都会对项目产生不同的风险和问题。当这些风险与问题出现时，根据对风险和问题的分析，由哪些部门牵头处理需要在管理制度中有所明确。

激励约束机制：各职能岗位必须遵守企业行为准则，确保由项目管理目标分解分配的任务完成，同时对工作完成的绩效进行监测激励，调动工作积极性，形成项目整合的组织合力，推动项目的发展。

9.4.5　项目管理人员数量确定和素质要求

（1）管理人员数量的确定

根据上述论述，要素是构成项目组织的基本组成部分，也是项目架构设计的主要依据。在双矩阵架构模式下，项目管理的架构编制依据要素分配职能，职能部门的分工清楚明了。一般原则是先从人数上进行标定，根据工程项目的估算确定期间费用构成，由期间费用估算出管理人员费用，即工资总额，结合企业目前的岗职定薪标准确定人员数量。由于工程建设市场已进入充分竞争阶段，需要结合阶段性管理目标的工作内容，确定项目经理部的组织机构和人员数量，明确相关要素人员的进场和出场时间，充分发挥人力资源作用。从预算和成本控制角度来看，期间费用以项目组织中管理人员为单位调配，在策划管理过程中，配置人员的核心要义是将各要素分配到相关管理人员岗位职责中，使在岗人员发挥最大效用。管理人员数量需要根据期间费用预算成本进行确定，类似于劳动力综合曲线，根据管理计划中对应的内容将管理人员按进度进行调配。

案例：某项目 $10000m^2$，在人员配置时考虑到期间成本问题，拟于项目高峰期配置管理人员 7 人、配套人员若干。项目经理负责总体生产；项目技术负责人负责项目技术与质量；生产副经理负责安全、环保与职业健康；成本副经理负责招标采购、合同、预算管理；办公室履行办公室职责，同时代行人力资源职责（人力资源的管理由集团企业人力资源管理）；财务由会计和出纳组成（根据不相容原理，会计和出纳必须分离）；竣工交付和售后服务由集团企业工程管理部门统一协调。在项目进行的不同阶段，配套人员根据管理计划陆续进场和退场，充分发挥管理人员效用，降低期间管理人员费用。

（2）岗位人员的素质与要求

岗位人员的素质与要求是落实组织目标的重要因素，选择合理岗位的人员有助于提升岗位的工作效率和管理效率，合理层次的人员既有利于完成工作目标，又可以降低项目期间管理成本，做到岗责匹配。

1）个人素质

个人素质是指管理人员的从业经历、知识结构、经验水平以及在相关知识领域里的认知和操作。特别是项目经理，在这方面的要求一定要与岗位匹配，否则就会造成项目的指挥与调度混乱，给项目管理造成损失。工程技术和项目管理复合型的经验与知识结构，是组成项目核心的关键。

2）个人要求

工程项目管理是一个系统而专业的活动，参与建设的工程技术人员要具备一定的专业经验与知识结构，在技术管理和经验方面具备一定的能力，才能有效完成相应工作，主要岗位项目管理人员的经验与知识结构非常重要。

① 协调和组织能力

项目组织是项目管理的核心，协调企业和作业层是项目管理层的重要任务，特别是项目的资源组织和管理经验的递延是项目管理组织的协调力和组织力的关键方面。

② 应变应对能力

受环境影响，项目进展面临多方面变化，市场变动、设计影响、政治与政策环境改变，应变是项目组织的重要抓手。为了应对变化，需要在滚动目标的调整中进行措施或方法的决策，适应新形势下项目进展的需要。否则，资源整合不力可能导致项目管理成本增加或者管理目标与指标难以实现。

9.4.6 评价和确定组织系统设计方案

根据系统设计原则和要求组织有关人员，对组织系统设计方案进行审查、评价、修改，最后经企业最高领导审查批准，确定为正式方案颁布实施。在组织项目实施中，需要按照企业的组织原则对项目管理组织的运行情况总结分析，找出不足，进行效能分析，及时解决组织运行过程中存在的问题。

9.5 企业治理体系与项目经理部的关系

根据前述企业与项目管理关系的论述，我们可以归纳出企业与项目经理部的关系是领导和被领导、管理和被管理、指导与监督的关系，企业管理的各项措施与方法通过项目经理部的方式传递到项目，从而确保企业管理的政策、方针、战略实施得到有效落实。

按合同及企业管理的有关要求，通过企业项目组织的形式，将企业管理延伸到项目管理，企业通过制定项目章程，明确项目战略，制定项目规划，落实企业政策，下达任务与管理目标，在实现合同承诺的条件下确保企业战略目标全面兑现，促进企业发展。

（1）授权关系

企业通过授权管理，实现项目管理的法定延伸，授权管理促使项目在授权范围内实现管理自主，又充分压实项目组织责任，促使项目组织代表企业全面履行合同要求和承诺，对工程中的一切施工活动包括工期、质量、安全、成本、文明施工等全面负责并组织落实。

（2）指导与监督的关系

企业职能指导与监督是指企业的职能部门及相关事业部或子公司对项目进行业务指导、监督，并提供必要的支持，形成对项目实施的管控，确保项目组织在企业既定管理轨道上运行。

（3）承诺与兑现的关系

1）签订目标责任书，确保项目管理目标的实现

在项目管理目标实现过程中，建立相互制约的奖励机制，正确处理质量、成本、安全、文明施工、进度等各项指标之间的辩证关系。企业是利润中心，项目是成本中心。施工企业要想从工程项目建设中获得利润，必须在保证安全、质量和工期的前提下严格实行成本控制，确保管理目标的实现。对项目经理部考核的指标既要尽可能简单化，又要直接与业绩挂钩，不能掺杂业绩以外的其他因素。

2）做好成本预测，兑现成本管控

尽早做出成本核算与分析，实现项目的奖惩兑现。工程竣工结算完毕，应坚持奖优罚劣的原则，根据项目最终的效益情况进行奖惩兑现，对相应的责任部门和人员进行考核。对管理水平高的项目经理部的成本管理经验进行推广，按工程顺序优先聘用有效项目管理人员，以提高成本节约意识。

9.6 对于复杂群组工程项目的组织管理

对于复杂群组工程项目，需要针对项目特征进行项目组织设计。项目群组是指多个独立项目，相同或不同类型的项目，形成的项目组合、项目集或复杂项目。多个项目成组化管理，企业治理结构与项目治理结构的关系如何设置，并与项目内容相匹配，是项目实现目标的组织保证。在工程建设项目组织中，需要将现代项目管理理念、知识、技能、工具与技术，应用于复杂多变的项目管理活动中，以满足项目管理的需要。我们可以通过优化组合排列不同的项目或整合特定项目，来设置项目组织。

9.6.1 项目分解

面对复杂群组项目的组织管理，我们首先要明确项目管理对象是什么，先干什么，后干什么才是最有利的。其次是分析不同项目管理需求，不同的项目对应实施的项目组织也不完

全相同,我们需要统筹优化,确保组织最有效率。

在分析项目时,无法以交付成果来作为项目结构分解内容,而是需要对项目先进行项目结构分解(Project Breakdown Structure,PBS),再按单项工程进行工作任务分解,通过每个单项工程的交付成果来实现项目的整体交付。PBS 与 WBS 的不同之处是分解的底层结构是构成项目实体的项目单元,而不是以可交付成果为目标的工作包。在工程建设项目中,PBS 可以按不同的管理对象、行业、专业和项目区域等不同性质的工作任务进行分类,主要依据项目管理需要来分析。PBS、WBS、OBS 三种体系之间的关系如图 9.6 所示。

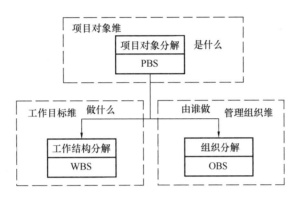

图 9.6 PBS、WBS、OBS 三种体系之间的关系

根据项目结构分解(PBS),整体项目被分解成不同的单项项目,再分别对单项项目进行工作结构分解(WBS)。每个单项项目在不同的阶段,工作结构分解(WBS)也不尽相同:立项阶段,根据不同的投资主体进行分解;设计阶段,根据专业技术特点确定项目分解结构;建设阶段,根据建设内容进行重新梳理;竣工阶段,对固定资产进行梳理,形成固定资产清单。这四个阶段实质上是项目从概念到最终实现的过程,所以项目分解结构也是不断变化并与项目实体达成一致的。这四个阶段的项目分解结构所形成的体系是项目目标分解体系(工作任务分解结构、投资分解结构、质量分解结构)和项目管理组织分解体系(管理组织分解结构、项目合同分解结构、项目信息分解结构)的基础和前提。

复杂项目的结构分解,一般先进行单项工程的分解或标段分解。如 EOD 项目,根据项目结构分解(PBS),可以分为市政工程、房建工程、土地整理一级开发、生态修复等不同的项目。通常,复杂项目、群组项目,按以下步骤进行分解:

通过项目结构分解(PBS),有利于项目组成单元的分类和分步实施。

(1)识别项目需求,项目管理内容的需要。

(2)处理相关方各种需要、关注和期望,当合同关系复杂时,如三方及以上合同,相关方利益需要重点考虑,否则当利益冲突时,各种关系的处理会影响项目的成功与失败。

(3)与相关方建立并维护积极的沟通,满足项目沟通需要,确保各种信息与资源能够及时调度。

(4) 管理资源的计划、调度与控制，满足项目管理过程管控需要。

(5) 平衡项目制约因素（即合同条件），包括但不限于范围、进度、成本、质量、资源、风险等。

9.6.2 项目组织管理要求

项目所处环境将影响项目管理过程的实施方式以及项目制约因素的优先顺序，项目组合管理是指为了实现项目目标而对一个或多个项目组合进行的集中管理，是优化资源、精简组织管理的需要。项目组合管理的重点是确保各项目组合的分目标与项目组织的目标保持一致，并且通过调研、评估和策划项目组合组件来优化资源分配。项目组合之间的依赖关系一般包括以下行为：

(1) 解决影响项目集内各组件的资源制约因素和（或）资源冲突，优化整合资源，使效用达到最大化。

(2) 确保所有的分项目符合项目整体目标，有统一的组织战略，并进行统筹安排。

(3) 在同一个治理结构内处理相关问题和开展变更管理，使管理达到瘦身，更加高效。

(4) 在识别分析项目整体风险的基础上，需要对可能影响一个或多个组件的项目和项目集风险进行考虑。

(5) 通过有效分析、优化排序组合和监督管理控制各组成项目的所有要素之间的依赖关系来实现项目集效益。

9.6.3 设计项目组织

通过对项目、项目组和项目集不同的管理要求分析，一个项目可以采用不同的组织模式进行管理。针对复杂群组项目的组织，工程建设企业一般可以引用矩阵模式进行组织安排，适当增加管理层次，减少单个项目的项目组织。也可以适当增大管理幅度，对相同专业或者内容的工作进行归类合并，由一个职能进行覆盖，超出管理幅度与范围时增加同类管理人员，对需要调整幅度的部门进行分设，如工程一部、工程二部或技术一组、技术二组，起着对重点组织进行加强的作用。该种组织方式在确保整体组织不受影响的情况下，增加管理幅度，最终项目的要素分配内的所有工作在同一个组织体系中完成。

对于复杂项目，根据上述原则，可以采用复合项目组织模式，如"北京中信大厦"项目在管理实施时，采用"双总包"模式，其项目组织模式如图9.7所示。

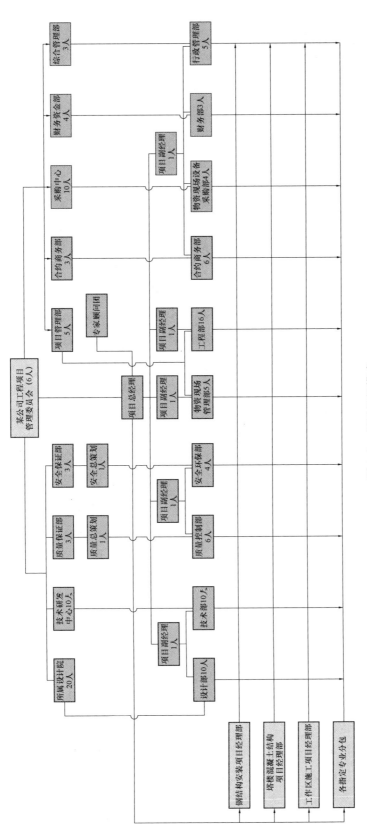

图 9.7 项目组织模式

9.7 工作程序与信息沟通的方式

项目组织的工作程序,按照企业规定的有关规章、制度和运行程序执行项目管理,在项目管理计划批准后执行各项管理工作,在授权范围内自主决定工作程序。但超出企业管理规定的相关内容,需要与企业有关职能部门或管理层共同决策后方可执行,如重大材料的采购、投资类项目的融资等。成熟的企业通过项目信息管理方式规定项目组织的管理工作及企业内部各部门、单位的工作程序,从而构成企业与项目的协作关系和信息沟通方式。其他的沟通方式采用会议、函件、电子邮件等。

9.8 项目绩效管理

9.8.1 绩效管理

项目绩效管理是确保组织运行有效,实现管理各项目标与指标的有效方法。通过测量和绩效监测,发现项目组织管理过程中存在的问题和不足,进行分析与纠偏,制定改进计划,确保项目组织的健康发展。绩效管理可以帮助企业和项目发现和储备人才,为企业可持续发展提供人才支持。通过绩效管理的各项措施,体现公正公平、按贡献取酬的价值观,促使项目员工提高自我认识、自我改进与自我发展。成功的绩效管理为后续项目提供丰富经验,为项目团队建设做出保障。

(1) 绩效监测与考核是确定员工薪酬的依据。根据项目组织的分工、岗位职责、工作说明书,以及薪酬制度要求按岗位贡献衡量薪酬,岗位贡献的大小是通过绩效监测与考核衡量和量化的。通过绩效确定薪酬,薪酬衡量绩效,是促使项目组织有序推进的重要保障。

(2) 绩效考核是激励项目员工的重要手段。通过绩效考核,把员工聘用、职务升降、培训发展、劳动薪酬相结合,使得项目管理的激励机制得到充分运用,有利于项目组织健康发展;通过绩效监测,使项目员工做到自我认识、查摆差距、补足短板,为项目团队建设提供有力保障。

(3) 绩效考核是人力资源管理的依据。项目考核的基本依据是项目岗位工作说明书、项目责任的分配以及工作的绩效是否符合该职务的要求标准,通过绩效监测与考核,对员工的工作、学习、成长、效率、培训、发展等进行全方位的定量和定性评价,并为员工帮扶、升迁、转岗、免职等提供依据。

(4) 绩效考核是人员培养的依据。绩效考核可以帮助员工找出不足,并适时展开培训,使他们更加有效地开展本职工作。掌握员工本人的培训需要,从而制订切实可行和行之有效的培训计划,确保项目组织成员高效完成工作。

(5) 绩效考核为项目组织未来发展提供方向和支持。无论是对项目、企业还是员工个人，绩效考核都可以对现实工作做出适时和全面评价，便于查找工作中的薄弱环节，便于发现与现实要求的差距，便于把握未来发展的方向和趋势，符合时代前进的步伐，与时俱进，保持项目、企业持续发展和个人不断进步。

9.8.2 绩效管理的内容

绩效管理是项目组织管理的一部分。项目组织绩效管理包括三个步骤：一是项目组织领导与成员、成员与成员之间进行沟通，根据项目岗位责任分工明确团队要完成的任务目标；二是企业对项目组织及成员的绩效进行考核和评估；三是加强绩效强化与绩效发展。绩效管理的核心是通过提高项目组织与员工绩效素质，以达到提高团队绩效和企业整体绩效的目的。

业绩考核与素质评估是对项目团队和成员绩效管理的重点。业绩考核不仅指可以用经济指标衡量的业绩结果，还包括工作进展情况或完成业务情况。素质评估是对团队和成员的职业道德、个人品德、理论知识、管理能力和团队协作精神等方面的评价。业绩考核引导团队重实效、重实绩，素质评估则引导员工注重个人的全面发展和团体协作，二者均有其积极意义。但是过分强调任何一方都不利于团队和企业健康发展，应当在业绩和素质之间安排好恰当的比例。为了使考核的价值取向趋于积极，引导员工成为积极有为的开拓者，企业须侧重于业绩考核。通过业绩考核的客观量化，有利于提高考核结果的客观、准确性，更容易找出差距、查摆不足、制定改进措施。素质评估相对主观和模糊。业绩考核与素质评估都是项目监测和考核的内容，两者相辅相成，考核的目的和结果都是提升项目组织管理的效力与效能，有力促进项目组织发展，最终实现各项管理目标与指标。

9.8.3 建立以项目目标为导向的组织激励体系

工程建设项目组织激励体系是在企业战略发展规划、愿景、使命及相关规章制度的基础上建立的，包括但不限于薪酬制度、科学技术奖励制度、项目管理制度、人力资源管理制度、党群工作制度、晋升制度、安全环保职业健康管理体系、质量管理体系、分配制度、人才培养制度、晋升制度等。项目经理部通过对企业各项制度的修订，形成项目管理的各项制度。企业激励制度的多样化、差异化，让不同层面的项目成员找到实现自身价值的政策基础。如在分配制度方面，有的企业在项目管理机制上采用模拟法人、利润包干或提成制等多种方式来实现对项目的管理，这种企业对项目的管理机制给项目团队的所有成员带来希望，同时也带来压力，促使项目团队激发活力与动力。根据马斯洛需求层次理论，由于项目团队成员的需求不同，不同的制度、不同的激励措施促使项目团队不同成员激发活力与动力，这些活力与动力通过项目管理的共同作用，形成项目群体动力。

企业在多方面为项目组织建设提供制度支持，以工程建设项目为载体，形成企业管理与项目管理的互动，为项目团队及成员价值创造营造良好的政策环境。从而实现企业管理因项目管理的提升而得到提升，个人价值因企业提供的平台而得到实现，项目管理目标与指标因团队受到激励作用而得到保障。

在企业的项目管理激励体系下，项目经理部根据项目的条件建立适用于自身的管理激励体系，确保管理目标有人扛、岗位任务有人干、工作效果好。因此，建立项目组织激励体系，系统推进项目激励绩效与评估是非常必要的。项目管理要遵守"3C"原则，即预定的目标"明确"（Clarity），团队成员对完成任务有"承诺"（Commitment），对成员的工作表现给予相应的"奖惩"（Consequence）。通过"3C"原则，促使项目团队成员工作有目标、行动有承诺、效果有激励。

首先是明确的目标。明确的目标需要根据项目管理目标和指标，分配项目团队目标与指标，再细分到团队成员的管理目标与指标，通过目标的层层分解确保人人身上有指标。然而，这些目标与指标具有很强的关联性，项目管理层或企业相关职能部门通过交底、培训等多种方式向项目团队成员明确其关联度的重要性，促使项目团队能凝聚在一起，为实现个体的目标与指标而团结协作、互为支撑，最终实现项目组织团队共同的奋斗目标。明确团队成员目标后，需要激发每位项目成员，使他们有共同的思考、规划蓝图，让团队成员清晰地知道项目管理的方向和细分目标的重要性。

其次是团队成员对完成任务有承诺。团队成员的承诺是根据岗位职责和责任明确的承诺，职责是根据项目实现的过程与项目管理控制各要素分解，压实到职能部门与岗位上的责任。对于组建项目团队的成员来说，明确与压实责任就是对完成任务的承诺。项目组织对企业的承诺一般是通过签订"责任承诺书"来接受企业的授权，履行管理的责任与义务。同样，项目成员对项目的承诺也可以书面承诺或者签订劳动合同来实现。

最后是根据"结果"给予相应的奖惩。这种奖惩是对工作成果的评价，也是对团队成员前期工作的不足给予提醒和促进。奖惩的依据是管理目标与指标的实现程度。很多企业会制定相关措施、标准来实现奖惩。工程建设项目环境具有特殊性，应主张以奖励为主，惩罚为辅，否则容易导致部分团队成员泄气，影响项目整体工作。如某些项目在工资发放设定中设置岗位工资和绩效工资，通过绩效工资的变动激发项目内生动力。以组织目标与成员承诺为标准实现行为效果评估项目团队的动力，项目开始时需要做好"3C"项目管理活动的提前安排，实现事前、事中、事后均可控的目标。

实现项目管理绩效管理的手段与方法有平衡计分卡、目标管理法、关键绩效指标法（KPI）、360°绩效考核等管理办法，无论采用何种方法，一定要做到公正公平，才能促进管理绩效的提升。

9.9 项目团队的建设

一般项目团队建设会经历创建、激荡、规范、执行和解散等五个阶段，每个阶段有着非常明显的特征：在创建阶段，团队成员精力充沛，士气饱满；在激荡阶段，相互之间由不熟悉到熟悉，在对项目的理解和任务分配等各方面产生冲突，相互之间的矛盾开始显现，出现振荡，项目出现各种困难；在项目规范阶段，随着各项管理的深入、制度的形成、规矩的订立，相互妥协、相互磨合，解决冲突，团队建设逐步有序；在执行阶段，团队形成凝聚力与合力，相互成长，共同进步；在解散阶段，项目结束后团队成员获得成长，相互之间形成信任。这是一般项目团队建设的过程，但对于工程建设企业的团队建设，企业项目管理形成的企业文化和基础管理为项目组织的形成在事实上提供了一系列支撑，上述团队建设过程不再是工程建设企业团队建设的重点。在企业框架体系下的项目团队建设，高效率和高质量发展才是重要的内容。

9.9.1 项目管理团队建设的意义

团队建设是互相配合、整体推进、共同成长和实现目标的学习和活动的过程。在这一过程中，为了达到团队建设效果，需要整体提升项目团队能力，锻炼个人成长，增强相互之间的协调与配合，形成运作上的默契，解决项目管理过程中存在的问题，最终形成统一的、有机的、协调运转、高效的项目团队，也使企业在新的项目管理开展时提升整体水平与能力。项目管理团队的建设、提升与改进是增强企业现场管理的有效手段。

随着国家工程建设的发展，环境的复杂多变，竞争充分条件下的项目利润日趋透明。在竞争中求生存，在竞争中求发展是工程建设企业相当长时间的一种状态。项目经理部向内部管理要效益、向先进科学技术要效益，是企业生存与发展的必由之路。那些传统落后的项目组织模式与管理终将在竞争中被淘汰。

工程建设企业是一个项目型企业的架构，项目管理团队竞争力的提升对企业的生存和发展至关重要。为了改进和提升项目管理团队的竞争力，学习创新是实现这一路径的主要形式，也是工程建设企业与项目经理部实现管理提升的重要方法。根据现代项目管理团队建设学习方法的推荐，优胜基准学习法（也称标杆法）是项目管理团队学习的一项重要手段，有助于提升团队的竞争力和保证项目的顺利进行。优胜基准学习法可以让项目团队成员深刻感受到"工作在项目，着眼在未来"。

9.9.2 高效项目团队的特点

项目团队建设的根本目的是发挥项目组织的战斗力和执行力，确保项目组织能够实现各项管理目标与指标，实现企业的战略意图和项目合同内容。项目团队是基于组织建设建立的，通过岗位分工、角色体现，将团队建设成一支能打仗、打胜仗的队伍，确保企业管理和项目合同的实现。因此，高效的团队建设具有以下特征。

（1）明确团队目标是高效团队的第一出发点

团队目标是团队生存发展的基础，项目团队有了明确的目标方向才能为项目管理指明方向，才能指导项目团队的统一行动，增强项目团队的凝聚力，充分调动团队所有人的积极性，发挥他们的专业特长和能力，形成合力，使行动高效。

明确的团队目标能够为团队运行过程中的决策提供参考，及时判断团队在项目实施过程中是否出现偏差，为及时纠偏提供依据。明确的团队目标有助于团队战略和决策的制定，可以判断项目的绩效是否符合团队目标及目标的实现程度。

对项目团队成员来说，有了明确的行动方向，有利于根据团队目标分解制定自己的行动计划，并将自己的行动与目标不断地加以对照，压实岗位责任，清楚知道自己行进的速度与目标之间的差距，从而提升项目团队的行动力，促使他们为达到目标而更加努力。

项目团队有着明确的共同目标，这一目标是共同憧憬在客观环境中的具体化，并随着环境的变化相应调整。每个队员都了解并认同它，确保了共同目标的实现是达到共同憧憬的有效途径。明确的团队目标包括个人憧憬与个人目标，充分体现个人意志与利益，并且具有足够的吸引力，能够激发团队成员的激情。

(2) 合理分工与协作

根据项目范围计划分解确定项目实现过程和项目管控过程，由这两个过程确定企业要求的各项因素所确定的项目组织，要求组成项目组织的每个岗位每位成员都明确自己的角色、权力、任务和职责，形成合理分工。在分工明确后，必须明确各个成员之间的相互关系。这种相互关系是组织条件赋予的。然而，项目岗位分工和角色分工又不尽相同，角色分工是管理艺术的体现，更多的是人与人之间关系的体现。一个岗位上的成员可以扮演很多角色，如岗位分工是专业管理，角色又是团队气氛的调节者，如足球队长等。

这种相互关系的形成有多种因素，如施工工艺流程、项目计划的要求及工作关系的协同等，这就决定了项目团队成员不可能独立完成各自分工范围内的工作，需要以团队成员的角色扮演来连贯工作之间的协作。如果每个人彼此隔绝，大家都埋头做自己的事情，就不会形成一个真正的团队。由于工作的相互关联，每个人的行动都会影响到其他人的工作。因此，团队成员需要了解为实现项目目标而必须做的工作及相互间的关系。项目团队在建立初期，企业相关部门或者项目管理层逐层展开交底、交流或者培训，促使团队成员在互为条件的基础上增加对工作关联度的认识，确保在得到相互参与情况下的互动支持是出于工作需要，而非其他。同时，还需要在寻求对方理解的条件下做好自身的工作。从工作角度出发的协作，很容易得到对方的理解和支持。

(3) 高度的凝聚力

凝聚力是形成项目团队战斗力、实现项目有效管理的精神动力，凝聚力有助于增强项目团队的团结，加强团队的吸引力和向心力，是促使项目高效运转的内生动力。通过凝聚力打造的项目团队，成员更加积极、热情地为项目成功付出必要的时间和努力。提高项目团队凝聚力的因素有多个方面：

项目经理的能力水平与威望是项目形成凝聚力的重要因素。项目经理的素质、水平与能力，在一个项目中，很容易起着标杆作用，通过自身的魅力吸引和团结团队成员向共同的目标奋进。项目经理的自身修养是提升团队凝聚力的重要方面。

通过建立项目管理机制，让团队成员增强成就感、获得感。这种增加团队凝聚力的方法是另一种"3C"管理的体现，即协作、满意和抉择。协作（Collaboration）：当员工受到合作的鼓舞或有机会互相帮助彼此成功时，会受到激励更加努力工作。比如项目管理过程中开展的 QC 协作，共同发明创造。满意（Content）：当意识到他们的工作对组织的重要性时，当理解到他们的工作对组织的贡献时，员工会受到激励。突出员工工作的重要性，可以采用口头表扬、媒体发布的形式。抉择（Choice）：如果员工在自己的工作中被授权进行决策，会受到激励，更加努力地工作，这是在对员工充分信任的基础上建立的。

做好保障工作，解决团队成员的后顾之忧，项目经理需要为最大限度满足个别需要提供保障。通过团队建设相关活动，如拓展活动，也有助于提升项目团队的凝聚力。

（4）团队成员相互信任与约束

工程建设项目的组织建设离不开信任，这种信任是建立在多年的培养和考察基础上。一个团队缺乏信任就是一盘散沙。项目团队信任，在初期阶段很难形成，只有通过几次磨合才可能慢慢建立。如果这个磨合期太长，对项目建设有害，项目战斗力很难达到很高的水准。

建立项目团队的信任时，需要在项目团队组建时就考察其团队成员在其他团队里的表现，如一个经常跳槽的团队成员，基本上信任度是很低的。但项目的性质属于一次性活动，属于企业管理向现场的延伸，而大部分团队成员都属于企业员工，因此，管理经验丰富的企业，一般在人力资源管理的时候，就为团队成员建立信任档案。在组建项目团队时，以这些值得信任的人员作为项目团队组建的基本班底，补充部分其他团队成员，有利于项目团队的快速成长。特别是对一些重点项目、工期紧张的项目，更要促使项目团队尽快成熟，尽早形成团队战斗力。对于其他项目团队的成员，需要将信任与履历作为选择团队成员的一项条件，避免先天不足的信任问题。

增强约束，这是团队信任的补充。没有不受约束的信任，特别是重要岗位的成员，信任一旦崩塌，潜在风险急剧增加。对一些影响成本因素的团队成员，更要加强约束机制。增强约束的另一个方面是需要通过企业典型案例和信任危机的苗头时常敲响警钟。

加强项目团队的信任建设，是项目发展过程中必不可少的。在一个有成效的团队里，成员会相互关心，承认彼此存在的差异，信任其他人所做和所要做的事情。在任何团队工作，都会有不同的意见，要鼓励团队成员将其自由地表达出来，不怕打击报复，大胆提出一些可能产生争议或冲突的问题。项目经理应该认识并努力实现这一点。因此，团队在建立之初就应当树立信任，并通过委任、公开交流、自由交换意见来推进彼此之间的信任。

（5）有效的沟通

高效的项目团队还需具有高效沟通的能力，信任是高效沟通的基础。在建立信任的基础上，项目团队可以通过多种高科技手段与方法加强相互之间的沟通，以满足项目时效性的需要。随着时代的发展，信息技术、通信网络、语音传输、特快专递等物流系统，为项目团队的高效沟通提供了各种技术手段，畅通了多种沟通渠道。项目团队成员的自我约束、职业素养、业务水平、工作作风、责任担当、团结协作等方面是确保高效沟通的重要条件。

增进沟通的情感交流，更是发挥沟通有效的手段。一些特有的文化对项目建设也起到关键的作用。然而，由于每个团队成员的性格特征并不相同，沟通与交流存在一些障碍，项目团队及成员之间，要选择合适的方式来加强沟通，比如爱好、倾听、接纳等不同的形式与方式，最终要解决好沟通的问题，确保沟通有效，促使项目形成凝聚力和发挥战斗力。

9.9.3 项目管理团队建设的方法

高效团队建设的方法是通过学习获得的。通过学习，博采众长、对标先进，才能确保项目团队建设更加有效，更加直接。现代项目管理推荐项目团队建设优胜基准，这是实现项目团队学习建设的最直观、最有效的方法。

优胜基准就是对产生最佳绩效的行业中最优经营管理实践的探索，也就是以行业中领先团队为标准或参照，通过资料收集、分析比较、跟踪学习等一系列的规范化程序，改进绩效，赶上并超过竞争对手，成为市场中的领先者。

(1) 优胜基准的学习对项目团队建设的作用

项目团队采用优胜基准，是为了能够在激烈的市场竞争中，通过对标先进经营管理实践，找差距、补短板，增强竞争力。

1) 优胜基准可以评价项目绩效，只有找到对标对象并通过分析、客观评价，才能使项目团队对自身的管理水平与能力有一个清醒的认识，明确不足，从而提升学习动力。

2) 优胜基准建立了项目团队比学赶超的对象，并以对标管理实践产生的原因分析，优化自身项目经理部的团队管理，形成统一直观的认识，通过自身的学习，增强项目团队实现目标的信心和能力。

3) 优胜基准可以改善项目管理的服务品质，优化项目管理流程，提升管理效率，特别是对管理过程中低效的业务流程有所简化，借鉴先进管理实践与经验，通过引进、消化和创新提炼精髓，优化项目管理各项措施与方法，更有助于巩固项目管理的领先地位。

4) 优胜基准是一种系统学习方法。系统地对项目团队进行学习改造，从而为项目团队提供学习目标、学习方法，并保证学习效果，使项目团队更愿意学、更愿意做。

5) 优胜基准可以开拓项目管理者的眼界，不再固守传统的经验与方法，形成项目经理部对外团队文化，使项目经理部的团队成员成为与时代同步、紧随市场、服务客户、增强企业市场能力、做好市场开拓的排头兵，从而有准备、有预见地朝着更有发展前途的未来迈进。

6) 优胜基准有助于项目团队增强凝聚力，通过对标先进管理实践、增强团队分工与协作，促进项目管理创新发展，促使效率与能力得到提升，项目的绩效也得到有效提升，从而带来企业平台的发展和个人能力的提升，增强团队成员的满足感与成就感。

(2) 常用优胜基准的几种类型

根据优胜基准对象所处的领域可以将其划分为四种类型，即内部优胜基准、竞争优胜基准、行业优胜基准以及最优优胜基准。

1) 内部优胜基准

内部优胜基准以项目团队或企业内部某优秀管理者为对标对象。根据企业管理和项目管理的评比，寻找效果最佳的项目团队的某一特长或管理亮点作为参照，通过对标管理实践优势取长补短，进而改进自身绩效。

2）竞争优胜基准

竞争优胜基准以竞争对手为优胜基准的对标对象。它将自身的业务过程与那些与自己有同样的市场、具有竞争性优势的项目团队相比较，从而学习竞争对手的优点。

3）行业优胜基准

行业优胜基准是以与本项目团队相关的行业中的优势项目团队为对标对象，从而学习他们管理实践的优点，取长补短，提高管理绩效。

4）最优优胜基准

最优优胜基准是将对标单位在业务过程相似且具有优势地位的管理实践作为学习对象。这种对标可以是跨行业、跨专业的，如现在很多行业都在学习的华为的有效管理就是最优优胜基准。

（3）采用优胜基准法的实践路径与步骤

项目组织实施优胜基准的方法与步骤是制定计划、组建优胜基准小组、收集信息、查摆问题与找差距、制定改进计划并落实行动等五个方面。

1）制定计划。管理的创新与发展是企业落实项目管理的一项重要内容，项目管理水平与能力提升有助于带动企业项目管理全面提升。因此，项目团队要达到什么样的管理水平与效果，发展有什么预期，管理创新带来什么样的效果，对企业管理和项目管理均有着举足轻重的意义。制定项目管理创新计划，明确创新管理目标，是优胜基准选择的重要目的。找到合适的对标对象，解决项目团队的现实问题，达到合适的项目管理预期，是优胜基准要重点考虑的因素。

2）组建优胜基准小组。优胜基准小组的建立以项目团队中职能部门人员为主，通过岗位与角色的共同作用来选择成员。根据对标管理实践需要，确定相关职能部门共同参与，确保合作上的成功。优胜基准组织者、参与者、联络者是组建优胜基准小组的必要条件，组织者制定实施方案，参与者分析并扮演角色，联络者负责获取必要信息。

3）收集信息。收集与整理信息，既要对自身项目团队存在的问题和情况进行分析整理，也要收集与开展优胜基准活动有关的其他优势项目团队的信息，结合对标管理实践单位的有效信息，综合分析和判断。

4）查摆问题与找差距。根据项目管理要素，通过对标、对表、对流程、对方法等各种影响项目管理成果的因素找出差距，分析提炼存在差距的原因。

5）制定改进计划并落实行动。通过对标管理实践优秀单位找出差距，分析存在差距的原因，制定适合自身的改进措施并付诸实施，如影响绩效因素的工期、成本与质量等，以及为实现绩效而采取的相应方法与手段等。

（4）分析优胜基准的阻力因素，制定相应措施

通过实施优胜基准的阻力因素分析，找出产生阻力的来源并引导和纠正，有助于优胜基

准的实施。

1) 不承认自己存在不足。认为没有必要，认为学习优胜基准是多余的，对现状非常满足，这主要表现在一些故步自封的团队成员身上，在没有危机感或者没有追求的团队成员身上较为明显。

2) 怕露短揭丑。不承认自己的短板，怕露短揭丑。那些能力不足、靠关系上位的领导或者项目经理，为了掩盖自己的不足而拒绝开展优胜基准活动。一般这类项目开展优胜基准计划的可能性不大。

3) 固有习惯和短视行为。安于现状，不愿意承担风险，得过且过。一些部门或员工难以容忍他们长期形成的固有工作过程或方法的改变，因而对优胜基准表现出不积极或抵触情绪，更不愿意为了将来做好谋划创新。

4) 实施过程中存在困难。优胜基准是一个认真扎实的信息采集、分析及行动的过程，其中会有一定的难度，加大了一定的工作量，特别是在收集竞争对手信息方面难度更大，让参与这项活动的团队成员望而却步。

5) 费用问题。优胜基准活动需要一定的经费，而带来的效益是远期的或者无形的，对于目光短浅的项目经理来说，更是没有必要，花钱吃力不讨好。

6) 其他方面的问题。这类情况一般很难判断，如项目经理期望值低、无开拓精神，项目主要团队成员的市场敏感性不强，项目团队的能力与水平不足等。

(5) 确保优胜基准活动成功的方法

为了克服优胜基准活动中的阻力且保证优胜基准方法成功，根据项目管理经验提出如下建议：

1) 以项目管理目标为导向。将优胜基准作为项目管理目标之一，列入管理创新的标准，纳入项目绩效考核，确保项目经理部能有效实施。从企业层面开展项目优胜基准的激励，确保团队成员参与。

2) 过程导向。通过对标分析，明确项目团队与优势项目团队的分析，量化指标，分析存在差距的原因，如指标设定、操作过程、科技水平的运用、项目模式、激励措施及环境因素等方面有何不同，通过过程的优化达到绩效方面超越对手的目的。

3) 树立项目团队整体利益至上的思想。只要优胜基准方法对项目部整体利益有贡献，项目部所有人员都要服从且积极参与，并纳入项目日常绩效考核。树立团队成员标杆，激励其他成员。

4) 阐明危机意识，树立开放思想。所有的创新来自于危机意识，只有让所有项目经理部成员存在危机感，项目内部才会产生内生动力，同时要以开放思想解决问题，促使项目部每一位成员抛弃唯我独尊的观点，不故步自封；思维要"外向"，积极吸纳外部的先进操作过程与方法。

5) 共享信息。与优胜基准伙伴共享信息，使得参加优胜基准的伙伴项目都能互相受益，这对于项目部及整个行业都是有益的。

6）纳入日常管理，长期进行优胜基准活动。市场不断发展变化，要想在市场中永远处于有利地位就必须使优胜基准活动日常化、规范化，让优胜基准成为项目管理内容的一部分。

7）全员参与。优胜基准活动涉及项目部整个业务流程改进，要使全体队员了解优胜基准概念、程序、重要性，并具体参与优胜基准活动。

第 10 章 项目计划

项目计划是指导工程建设项目管理实施的重要内容，是确保工程建设项目管理目标和各项管理指标实现的具体要求。制定项目计划是企业管控项目和实现企业战略目标与合同的具体要求。

10.1 项目计划概述

项目计划是项目执行管理的重要基础工程，各项组织与资源均围绕着计划展开，项目计划是项目执行成功的先决条件。根据《项目管理知识体系指南》（PMBOK），项目计划分为项目管理计划和项目实施计划，项目管理计划是企业项目管理实施的重要计划，项目实施计划是项目合同管理实施的重要计划。项目管理计划是工程建设企业对项目管理实施的一套企业内部管理的文件，是针对合同范围内全部内容按照企业内部有关规章制度，结合项目合同的具体条件实施的计划、组织、协调、控制、监督、变更管理、绩效监测与考核的指导性文件，按企业项目管理有关要求由项目组织实施管理。企业性质不同，项目管理计划关注重点也不尽相同。工程建设企业一般围绕质量、安全与成本展开一系列项目管理计划，这些计划对项目组织具有一定的约束力，也是项目经理部必须执行的相关文件，属于企业内部或内控文件，具有一定的保密性质。工程建设企业通过项目管理计划的批复实现对分散项目的总体控制，如项目总体管理计划、项目进度计划和项目成本控制计划等。作为纲领性文件，项目管理计划是指导各类项目实施计划的重要依据。相对于项目管理计划，项目实施计划是指完成项目交付物所需的实施与执行计划，是经过合同方、业主方或利益相关方确定和批准，作为履行项目合同的必要支撑文件，具有一定的法律性质，是变更索赔的重要依据。通俗地说，项目管理计划是内部文件，具有一定的密级，项目实施计划是合同相关方共同的执行文件，是公开的。

项目实施计划按照项目管理计划规定的过程和要求进行。工程建设企业的项目实施计划一般为项目进度计划、施工组织设计、专项方案及需要业主方确认通过的有关计划。

无论何种项目计划，都必须具有完整性、系统性、有效性。工程建设项目管理计划需要统筹推进、分层分级执行，确保各项计划能够有效实施，确保各项管理目标与指标能够有效实现。

项目计划是项目管理过程中的基本组成部分，是项目策划的基本内容，是明确各项工作的具体目标。它是根据实际情况，通过科学预测，权衡客观需要，协调组织内各类资源，以保证所有项目有序开展并顺利达到预期目标所制定的。项目计划制定更是项目战略的"沙盘推演"。

10.2 计划的制定依据

根据美国 PMBOK 体系中项目管理计划的制定要求，项目管理计划的制定需要确定项目章程、项目基准、组件计划以及项目事业环境因素和组织过程资产等先决条件。在工程实践中，这些先决条件体现在项目章程中为项目价值、项目标准、企业要求、环境与条件，体现在项目支持文件中为项目合同与项目工作要求，体现在企业项目管理中为项目内外环境分析和企业对项目实施的支持。只有制定项目管理计划，才能组织实施管理计划。工程建设企业在制定项目管理计划时，要明确项目管理章程，确定项目管理的目标与指标，以确保项目管理方向正确，并实现项目的战略要求。以签订的项目合同实施内容来确定管理的对象和内容。分析项目的外部环境和企业自身的能力与环境，制定适合项目管理实施计划的方法和手段，最终通过项目管理实施达到预定的目标与指标。根据上述关系的描述，项目管理计划的制定依据流程如图 10.1 所示。

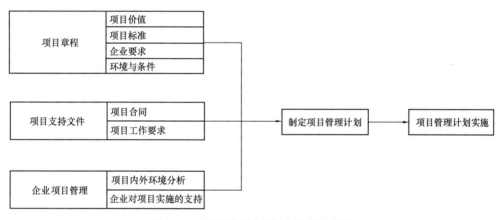

图 10.1 项目管理计划制定依据流程图

10.2.1 项目章程

项目组织是企业授权代表企业履行合同的实施主体，是企业管理向项目管理延伸的重要形式。企业必须对项目组织提出要求，为项目管理提供方向与思路。项目管理的宗旨、方法和手段须得到企业批准，同时企业对项目经理必须提出实现项目的具体要求，从而确保企业的战略、方针、政策和使命在项目管理中得到有效落实。制定项目章程有助于提升企业的生产、经营和管理能力，实现企业目标与价值。

项目章程是批准项目和指导项目工作的重要纲领，是指导项目实施和管理工作的根本大法。项目章程的编制和发布由企业根据项目实施的内容、特点和企业的战略需要进行。项目章程规定了项目经理的权限及其可使用的资源，确定项目的计划和目标。企业管理层根据项目的特点、合同内容、企业管理水平和能力、企业战略要求及方针政策、经营等各种要素，为了达到某种目标，综合平衡来确定项目章程。如为了提升市场竞争力，利润可能少一些，质量要求可以高一些。项目章程只有在项目管理层做出项目实施决策后才能编制和发布，这些决策确定了开展项目的必要性和实施项目达到的主要指标和要求。只有指标与要求确定后才会制定出项目章程，并且通过章程来规定项目满足的商业要求和授权项目经理组织资源执行项目管理的工作。

从某种意义上说，项目章程实际上就是有关项目要求和项目实施者责、权、利的规定。因此，项目章程应包括如下几个方面的基本内容：

（1）项目合同的要求和项目利益相关者的要求与期望。这是确定项目质量、计划与指标的根本依据，是对项目价值的要求和界定。

（2）工程完工后要交付的标准与说明，满足合同约定的工作内容和标准。

（3）企业承揽项目的目的或理由。通过该项目企业要达到哪些目的，创造何种价值，即基于企业角度确定的项目管理目标和管理指标，并及时向项目经理部做出解释与说明。

（4）企业制定项目章程需要明确项目里程碑和进度、大致的项目预算规定、质量标准、安全要求，并兼顾合同方利益要求，向项目经理明确其权限、项目组织实施的要求、项目所处的内外部环境和条件的约束情况，对项目实现的假设条件（一般指项目承揽的条件）、项目的投资分析结果做出说明等。

上述基本内容既可以直接列在项目章程中，也可以通过相关管理文件或项目文件体现。随着项目工作逐步展开，这些内容也会在条件变化时随之更新。

10.2.2 项目支持文件

项目支持文件主要是项目实施的业务依据和工作依据，主要包括项目合同、项目工作说明和工程建设企业有关规章、制度及决策决议。

（1）项目合同

项目合同是项目组织实施管理的业务依据，企业需要对合同的内容向项目经理或项目组织交底。项目合同是实施项目业务的依据，也是制定项目章程的根本依据，项目章程中的规定不能违背项目合同中有关双方责任和义务的约定。

（2）项目工作说明

项目工作说明是对项目实施工作的要求，一般工程建设企业通过各项目管理制度加以明确。项目工作说明主要确定项目要完成的目标与指标。企业项目管理的具体要求与目的包括质量、安全、技术、利润、科技创新、管理创新、文化建设、人才培养等。如差异化战略项目中要实现的某项新技术创新运用，在新兴市场中获得先发优势，确保企业能够在该新兴市场中占有竞争优势等也需要纳入项目工作说明。

不同行业的项目，实施项目管理的过程存在较大差别，在项目分解结构、项目创造产品、项目管理过程中受到法律、法规、行业规则等约束，实施过程中的管理对象和需要解决的问题大不相同。公路、房建、铁路、水利等不同的项目，其实施运行存在自身的规律，项目管控和需要解决的问题存在很大差别，项目管理计划的制定，需针对行业特点对项目管理特征进行识别与运用。

10.2.3 企业项目管理

（1）项目的环境条件

在编制项目章程时，必须考虑项目外部环境和内部环境的要求，即项目环境因素。外部环境主要是项目实施的条件、政策、法律、社会环境、自然环境等。内部环境主要是企业的管理环境条件，如企业项目管理的规章制度、对项目的管理要求、企业能力、企业基础管理等。项目环境因素包括但不限于政府或行业标准与规定、交通环境、场地条件、企业文化、体系要求、人力资源及企业特色的管理方法，以及项目所需基础准备、工作授权、风险控制与管理、企业内部资料库和数据库，以及企业内部定额、造价控制等。

（2）项目管理实施的支持

工程建设企业必须提供项目组织所需的各种信息、知识和经验等，以及为完成项目实施管理过程控制的各项要素，如企业内部定额、科技成果、工法、总结、企业的管理信息系统、管理程序文件、管理手册、企业文化等。项目组织根据企业战略和企业管理要求，提出自己的方针政策、程序、计划和管理宗旨、体制、机制、规章、原则、经验与教训等。项目组织需根据企业管理要求制定适合项目的各项管理要求。一般在项目章程制定时，企业需要与项目经理进行沟通并纳入项目实施过程的管理。项目实施过程主要有：

一是项目实施工作过程与程序方面的要求，主要有各种业务和管理过程、组织各种技术标准以及指南和规范、组织沟通的要求和方法、项目财务控制程序和做法、项目变更控制和风险控制的程序、批准与签发工作授权的程序和组织需遵守的行业标准等。

二是企业为项目提供其拥有的知识库（如工法、专利、专业技术和管理模式等）和数据库（如内部定额、成本控制价等）及总结、经验管理模式（方案模板及QC等）、各种支持，主要有组织的过程数据库、累积的经验教训、历史项目的信息资料、问题与缺陷管理数据库、配置管理知识库、财务数据库等。

上述这些条件不仅是制定项目管理计划所需的依据，也是项目实施计划编制所需的依据。随着对项目、项目环境以及组织过程认识的不断深入，项目所处环境因素和项目组织过程经验积累及资产会不断增加和更新，人们在制定后续项目计划时所依据的项目环境因素和项目实施过程都必须及时更新，只有这样才能使项目的实施和管理逐步明确和优化。

10.2.4 工程项目管理要素

在工程项目实施过程中，项目创造过程和实施过程必须得到项目管理要素的支持。结合现代项目与工程项目的特点，这些管理要素分解如图10.2所示。

根据图10.2的要素分解，项目管理计划是确保上述要素得到有效实施的工作方案，并根据具体工程项目特点进行具体分析而得出的各项目管理要素实施的方案汇总，就是我们通常所说的项目管理计划。

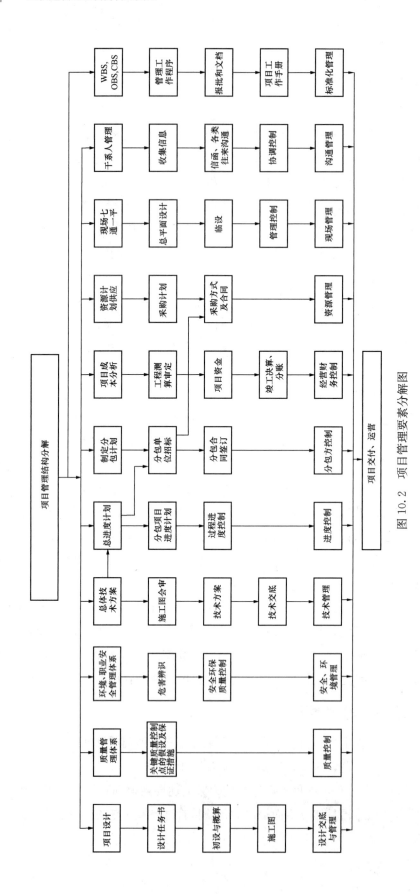

图 10.2 项目管理要素分解图

10.3 项目计划的作用

项目计划是项目管理的重要组成部分,对项目的实施起着纲领性作用,是企业项目管理指导、检查、监督和纠偏项目组织并实施项目的重要依据,也是及时发现、制止项目存在不符合企业利益的行为、化解企业风险的重要依据。通过项目计划的编制,能够有效组织、协调各方资源,合理利用劳动力、工具与机械、物资与设备、授权与费用等各项资源。项目计划的制定有助于增加协调力度,减少交叉干扰,提高工作效率,保证项目取得成功。

10.3.1 明确目标,实现全员参与

项目计划本质是项目管理目标与指标分解后的措施与方法。通过项目计划的制定,明确项目组织和企业项目管理相关职能的工作任务,落实参与项目所有人员的责任以及工作任务。通过项目计划的工作分解,压实项目成员岗位责任,激发工作热情,提高工作效率,对增强绩效监测与考核起着重要的推进作用。项目计划中的组织和逻辑关系为具体执行过程中的工作提供了依据,同时需要相关方或个人的支持。项目计划通过目标的层层分解和责任的层层压实,以及全员参与实现项目管理总体目标。

10.3.2 统筹协调各方资源

项目计划根据项目合同及企业项目管理有关制度制定。要在编制计划时统筹项目各项资源,以为项目所用。要通过时间计划的安排,组织与协调各项目资源的时间节点、数量,并以最小成本实现项目资源最有效配置及平衡。在项目管理实施过程中,要通过给定的项目管理计划解决资源调度中存在的问题,整合最有利的资源,给出最有效的方向,为招标采购、合同签订、物资与设备供货、工具与机械进场、人力资源等做好准备,为进一步加强项目管理提供有力支撑。

10.3.3 协调项目各方目标与利益

工程建设项目是一个复杂的系统,涉及专业多、周期长、体量大,利益相关方相互交织,各种矛盾与诉求充斥其中。要解决这些矛盾并化解风险,就要将项目计划放在重要位置,通过项目计划的制定与规划,兼顾平衡,在组织各项资源时目标明确、资源清晰,实施各项与之配套的计划。通过明确的项目目标、相对完善的实施方案及资源配置,统筹场地条件,更加强化项目计划的职能作用。项目沟通机制的建立,使项目相关方相互沟通,确定利益相关者的信息交流和沟通的要求,保证信息的时效性,提升顾客的满意度,从宏观上协调项目各项工作与项目总体目标的一致性,减少相互之间的干扰。

10.3.4 项目受控

项目计划执行过程中，通过项目的检查、监督有了对标对表的依据，查摆项目管理中存在的问题并及时修正、纠偏，确保项目活动始终处于可控状态。项目计划可以为项目实施的可控性提供基准，为项目活动始终处于有条不紊的状态提供保障，使整个项目在全生命周期中始终处于可控状态，从而减少项目的不确定性，提高项目成功的可能性。同时，明确各成员责任和范围以及各成员工作的实现方法，也使得项目活动处于可控状态。

项目计划是项目策划管理的基础，是"挂图作战"的总方略，从企业项目管理的宏观视角出发为项目管理活动提供基础依据和方向，从全局角度分析和解决项目中可能存在的问题，分析判断项目中的有利因素和不利因素，预测将会出现的情况，制定各种对策与方案，及时检查与纠偏，变被动为主动，化不利为有利，从而实现有效的管理。

项目计划贯穿整个项目活动，是项目目标快速有效实现的保障。制定科学有效的项目计划，对提高项目的经济效益和工作效率，有着非常积极的作用。

10.4 项目管理计划

10.4.1 项目管理计划的编制

根据企业项目管理的基本要求，项目管理计划是企业内部项目管理的文件，可包含企业的内部信息（专利技术、利润测算等），它是管理和指导项目的重要计划。项目管理计划由项目经理组织编制，向企业总部报告执行本项目的主张和建议。经企业主管经理批准后，据此编制项目实施计划。这些主张反映在项目管理上通常为"项目管理策划书"。一般对企业来说，需要按照商业保密原则进行管理。

项目管理计划主要包括范围管理计划、进度管理计划、费用管理计划、质量管理计划、过程改进计划、人员配备管理计划、沟通管理计划、风险管理计划、采购管理计划、合同管理计划、项目验收计划等。

（1）范围管理计划就是确定项目范围并编写项目概况、专业特征、项目分解及实施要点。一般根据项目合同范围与内容，按照企业项目管理的模式、相关制度、资源配置、组织管理、专业特征和实施过程中的管理方法与手段来确定项目的基本框架，从而根据企业项目管理的需要进行管理。这有利于项目经理部系统、清晰地分析项目形成中相关因素及项目实施的关键问题，可以作为项目整个生命周期中考核项目实施情况的基础。

（2）进度管理计划描述项目中各项工作的开展顺序、开始及结束时间。通过关键线路和非关键线路的分析，有效调度项目资源、优化资源组合、控制和管理项目进度。一般通过项目各组成部分的逻辑关系和组织关系、工作持续时间及资源的有效发挥和利用来形成项目总体计划，并按总体计划细分为分项计划、专项计划及各种资源配置计划。同时，根据企业管理需要，还可以分成年度计划和月度计划、周计划等。

（3）费用管理计划由项目成本预算和相关费用等构成。通过费用管理计划确定项目实施的各个阶段的资源用量，从而进行成本测算。同时，根据资源及相关支出费用的整合，确定项目资金计划，以此作为项目资金来源，并度量项目执行的费用基准。

（4）质量管理计划是为了确保项目结果能够按预期实现而制定的。它包括与维护项目质量有关的一切活动，如具体的项目、产品或合同由谁监控，使用哪些程序或者文件进行监控等。

（5）沟通管理计划则通过分析项目实施各方需要哪种信息、何时需要以及信息传达途径，保证信息沟通对项目各方产生有利于项目管理的方式途径，有利于项目调度与指挥，化解项目冲突。

（6）风险管理计划识别、分析、制定风险应对策略和技术手段，从而达到降低项目风险的目的，实现项目风险可控。

（7）采购管理计划为了执行项目合同，通过采购整合相关资源途径，包括但不限于工程、物资与设备、服务等。项目经理部根据合同的范围与内容，通过采购规划实现内部资源和外部资源整合有关工程、物资与设备及服务，以此来满足项目资源需求。采购的效果直接影响到项目的安全、质量及成本。

10.4.2 项目管理计划的制定原则

好的项目管理计划是项目实施的前提，各项计划必须贯穿整个项目活动。制定项目管理计划可以明确项目中的工作内容、相应成本、项目责任、工作持续时间、相关工作关联关系等，从而合理有效地组织和安排资源，保证项目有条不紊地进行。根据管理的基本要求，项目管理计划的制定必须遵循 SMART 原则，以确保切实可行。

（1）具体的（Specific）

项目计划要分阶段、分步骤，准确分析执行过程中的企业项目管理和项目组织管理要求，以及项目所处环境的变化、影响因素等，及时做出对策和行动方案，尽量减少沟通成本，提高管理效率。

（2）可衡量的（Measurable）

项目计划的阶段目标尽量做到量化指标，对标对表要可衡量，让项目的执行者明确工作要求与内容，便于检查、监控、控制和绩效监测。

（3）达成一致的（Attainable）

项目管理计划必须以项目制定的管理目标与指标为基础，以时间控制为主线，以资源整合和项目管理为抓手展开各项工作。在项目执行过程中，以各项工作计划为基础完成相应的工作，最终实现项目总体目标。项目管理计划就是项目组织实施各项工作的纲领和预期。

（4）可实现的（Relevant）

项目管理计划的编制必须基于企业能力和项目组织能力，包括但不限于企业的基础管理要求，各项规章制度和项目组织成员的知识、经验等，必须是可操作、可实现的。

（5）有时间限制的（Time-based）

企业根据自身项目战略发展和项目合同管理要求设定目标，编制项目进度计划，形成关键线路和非关键线路，并对不同的开始时间、结束时间和持续时间做出明确要求。不同时间段的工作均需要按照设定的工作时间完成，各项工作要围绕自身时间节点和持续时间展开，以最终确保项目整体进度计划的实现。

10.4.3 项目管理计划的内容

在项目管理过程中，项目管理计划为项目战略服务，制定项目战略是项目管理计划实施的基础。如果没有项目战略，项目管理计划无法有效制定。项目战略目标由各项目目标与指标构成。项目管理目标受设计、市场因素、环境因素、风险分析、项目性质、特点、难点等条件影响，必须结合企业战略来制定。

项目管理目标自身因素的影响，如图10.3所示。

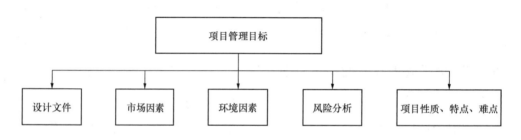

图10.3　项目管理目标自身因素影响

（1）制定项目管理目标与指标

战略是完成一个项目总的方法，或称为总方针。项目战略与项目实施方案和技术策略相辅相成、密不可分，是合理安排项目计划、优化调度资源、科学动态管理的重要内容。项目管理目标是依据企业的战略定位和项目合同等相关要求制定，并根据项目总计划分阶段、有步骤地细化方案来实现。各种细化的管理指标是项目控制、执行的管理依据，也是企业监督考核的重要依据。

项目管理指标依据项目章程、项目合同及企业的规章制度、工程所处的环境特征，以及企业对项目的支持来确定。一般以项目合同的管理目标为基础，附加企业的项目战略目标来制定，包括但不限于成本优先战略、差异化战略和竞争性战略。

按 PCTS 项目管理法则，对提出的项目管理指标进行分析，是否有利于项目管理，是否有利于成本控制，是否有利于时间管理，是否有利于具体的可衡量的实施措施与方法，还需要考虑时间与成本的关系是否最优。在实际操作中，受投资项目资金时间价值的影响，项目工期一般都是被压缩的，以合同工期作为时间控制的约束条件是常用的。

各项管理指标的制定，要按 SWOT 分析其风险能否接受，根据企业风险管理制度及风险案例进行分析，识别风险并提出风险应对的方案，对风险过程分级制定应对措施及工作计划。由于附加了企业的项目战略要求，项目的最终成本能否达到企业预期，需要进行评估。

工程建设企业一般的管理目标与指标主要有以下几个方面：

1) 质量、安全与环保目标

一般来说，质量、安全与环保是企业生存与发展、拓展市场的重要指标。在竞争比较充分的市场环境中，质量是衡量企业能否有效拓展市场的重要指标，这在市场招标文件中体现得非常明显。因此，企业非常重视制定质量目标。根据企业的质量方针，企业制定的质量目标一般都会高于合同的质量目标。为保证质量目标的实现还需要根据该地区创优条件、项目总计划中的分部分项工程的安排来制定细分质量目标计划。

安全与环保目标，是在企业安全与环保方针的指引下，结合企业发展的需要，制定项目安全与环保总体目标，如创安全文明工地、绿化无污染工地等。各项指标的细化，需要根据项目总计划的安排，在不同的时间段内，制定相应的安全环保措施与管理措施。

2) 工期目标

工期目标是项目总体进度计划制定的重要依据，也是利益相关方较为关注的重点。按照合同约定的工期计划，在实施过程中需要根据项目的工作结构分解将总体工期目标统一安排，并以节点工期作为控制工期分目标。每个节点工期目标的实现，是总体工期目标实施的保障，节点工期目标出现偏置时需要制定纠偏和修正措施。

3) 成本目标

成本控制是企业的生命线，只有牢牢把握成本目标，企业才能生存与发展。成本目标一般是以企业内部定额和市场进行核定（精益化企业），也有企业通过总体判断以合同下浮几个百分比作为成本目标（粗放型企业）。这些成本目标需要根据项目各分部分项工程进行分配。一般合同中的价格盈亏是不均衡的，需要根据部分工程进行分配。如土建工程中的人工费创造利润一般很难实现，在成本控制时需要考虑负利润，最终整体核算确保成本控制的目标。核算完成制定成本目标后，相应的分部分项工程需根据分配的目标在总计划安排下完成。

4) 技术目标

技术目标是以技术支持项目发展的目标，主要从技术管理与技术创新两个方面来衡量技术对项目实施所起的保障作用，也是助推企业增强企业能力的重要指标。这些指标主要体现在技术方案，施工组织设计，设计与交底，新技术、新材料、新工艺等技术创新与技术改造方面，一般通过总结、工法、专利、论文、科技创新等技术手段实施相应的项目内容。根据总计划安排相应技术支撑的分部分项工程来实现技术目标。在技术目标实施计划中，需要制定相应的技术专项方案和专项措施来确保计划的实施。如超长结构无缝施工技术专项方案等。

5）投资目标

工程建设企业参与投资的项目,需要根据企业投资控制的相关要求,针对投资回报率等指标做出明确规定。如某企业针对投资类的项目,全投资 IRR（税后计划售价财务指标）$\geqslant$ $[IRR]$（企业财务评价标准）；资本金 IRR（税后计划售价财务指标）$\geqslant$ $[IRR]$（企业资本金评价）；全投资财务净现值（税后计划售价指标）>0 等。

其他管理目标计划,根据项目的特点、难点或重点进行设想、主张、建议等,向企业总部汇报同意后实施。

管理目标的实施计划,需要根据总计划的统筹安排分阶段有步骤实施,最终实现总体目标。管理目标的实施计划需要通过一系列专项实施计划来具体执行完成。

如某企业根据自身管理及合同确定的目标与指标见表10.1。

某企业工程项目管理目标与指标　　　　　　　表 10.1

序号		某企业工程项目管理目标与指标
1	质量目标	□合同约定验收标准,□鲁班奖,□_____杯,□市优,□省/部优,□其他:
2	工期目标	计划开工日期_____,计划竣工日期_____
		其中,总工期_____日历天,节点工期_____
3	安全目标	杜绝死亡、重伤和重大机械事故,一般事故频率不超过_____
4	环保目标	节能降耗,减少污染,排放达标
5	成本目标	合同价下浮____%
6	技术目标	□完成技术成果,□创科学技术奖
7	投资目标	投资内部收益率（IRR）____%
8	其他目标	□创安全文明工地 □创 CI 样板工地

（2）项目计划的制定以签订的合同为基础,附加企业项目战略形成项目的管理目标与指标,以工程项目的实施为载体来实现。根据现代项目管理知识体系,项目计划的制定是以项目分解结构和项目总计划为基础展开的一系列项目管理活动。

制定项目的实施计划就是要制定完成这个项目的全部工作内容,根据不同工程项目的不同专业、企业项目管理模式（如分包模式、业主方指定分包）、企业的管理经验等来进行项目分解,一般先以 PBS 进行项目群组等工作分解,再具体到单个工程项目的 WBS 结构分解（不同层级的项目分解结构遵循的方法并不相同,一般先交付成果分解,每个交付成果确定后再按实施交付成果的管理流程或方法分解,最后一般按工序进行分解,不同的工作以分解到可衡量计算为止,不必每个层级相同）,需要明确以下内容。

1）工作内容,按专业、分包内容（业主指定分包或者自行分包）或者管理模式（如资质要求）确定需要分配的工作内容。

2）根据分解的子项、分部工程或者独立工程，从工程总承包或施工承包的角度对各子分部项目进行实施方的确认，如主体结构工程由工程建设企业自行施工，钢结构工程由专业资质等级的企业负责，业主指定分包内容是由业主直接发包还是共同发包等。

3）根据每项工作的具体内容，确定实施的持续时间。一般根据定额计算、企业经验确定持续时间或者第三方分包确定时间，如设计出图时间需要与设计单位商量确定。

4）确定每项工作需要的资源，主要设备和物资如钢材；主要工具与机械如起重机、盾构机等。

5）各分项工程按专业或分包类别，通过类似工程、内部定额、企业经验估算出大致成本与费用。

（3）制定项目总计划

项目管理计划的主计划称为总计划，它确定了执行、监控和结束项目的方式和方法，包括项目需要执行的过程、项目生命周期、里程碑和阶段划分等全局性内容。总计划是项目管理计划和实施计划制定的依据和基础，它从整体上指导项目工作有序进行，切记不能理想化而期望项目管理计划一步到位。在初次制定项目管理计划时，由于各方面信息还不十分明朗，项目经理只需要从宏观上把握项目的主体管理思想。

项目计划是以时间为主线的管理计划，以时间序列管理活动为基础，按照组织关系、逻辑关系、制约因素等进行排列组合后展开项目范围内各项工作。项目进度计划的编制一般以横道图的形式来表达，依据网络计划图和项目的日程需要以日历天为基础进行编制，反映项目在年度内各分部分项工程的完成进度。项目总计划根据项目结构分解的各项工作内容进行估算而获得，工程项目实际计划与之必然存在一定的偏离。在项目之初，只能以项目的估算和项目管理的方法对项目总计划进行估计，经过评估或评审后作为项目总计划的控制基准（详见项目总计划章节），是项目整体策划的重要内容之一。对于投资项目计划来说，项目管理的总计划还需要考虑投资进度计划的编制。EPC类项目还需要考虑设计进度总计划。

项目总计划为后续活动定义、活动排序、活动资源估算、活动历时估算、进度表制定和进度控制等工作提供指导。在制定项目总计划时，需要根据项目实际情况明确定义好进度偏差的阈值（一般设定为分部分项计划的10%），方便后续进度控制和计划的变更。

项目总计划是工程项目进度计划编制的基础，是各项目计划提供开始时间、结束时间、持续时间的直接依据，项目总计划的各项组织关系、逻辑关系为资源整合调度提供了依据，更为项目管理的计划、组织、协调与控制提供最直接的依据，也是项目监督、检查和纠偏的基准。项目总计划不同于工程项目进度计划，前者是项目管理所有工作的统筹与安排，而后者是工程项目实施时各项工作的安排。项目总计划用于内控，而项目工程进度计划用于工程项目实施的控制文件，两者最大的不同是项目总计划包括了项目管理的内容。

10.4.4 分项制定项目管理计划

(1) 项目范围计划

项目范围计划的目的是将工程建设项目按专业、交付成果、管理需要、资源整合等多种形式分解成便于执行的内容（模块），使得每个分解的内容（模块）具有项目目标、交付内容清楚，以及为这些内容（模块）进行特征描述、计划安排等。工程建设项目通过范围计划，可以明确项目各项工作内容以及所采用的技术、管理，并进行成本费用的分配。通过范围的识别与管理，明确项目各分部分项工程如何实施，从而为相关子计划提供管理依据。

1) 项目范围划分依据和原则

项目范围的划分是以项目合同、合同方往来文件、企业的各项管理程序、规章制度等主要文件为基础，按照WBS结构分解的方法，将项目分解到便于实施和操作的程度为止的项目模块。通俗地说，分解后的工作能找到相应的单位或者人来实施。

① 结合工程的特点、难点与重点，制定相应的应对措施，统筹考虑项目实施的要素作为结构分解时的重要依据。

② 确保各模块之间无缝衔接，各专业之间的界定要清晰明确。如机电专业与装修专业在给水管的分界线是洁具安装水管接入的第一个阀门等。

③ 项目的工期、质量与成本是相互制约的关系，在范围分解时要考虑好三者关系的平衡。对于工程项目中的重点环节、重点内容，要做到稳妥地安排。面对复杂、多点、多面的项目管理，各分解因素之间要做好平衡。

2) 分析项目的条件

① 分析项目的范围结构，依据项目的特点、性质、管理模式等因素来分析项目的组成，为项目的实施确定思路。

② 根据企业管理的有关要求对项目进行分解，如钢结构必须由相关子企业组织实施，在项目分解时不能将钢结构划分到不同的范围，以便于相关子企业管理实施；不在同一部位的钢结构都需要独立划分，最后合并由相关子企业管理实施。

③ 根据企业的能力，来分析项目可实施的内容，如企业资质的要求等。

④ 不同企业的项目管理方式不尽相同、各有侧重，在项目范围分解时，需要根据项目管理方式调节范围内容（或模块）。

3) 确定范围计划的工作方案

根据分析结果，项目组织可以提出以交付成果、工作成果为主线来确定项目分解结构。工程建设项目如为施工类项目，一般采用交付成果来分解项目结构。对于工程总承包项目，一般先以工作成果交付来确定主结构分解，再以主结构分解的子结构为对象，按交付成果继续分解。对于群组项目，一般按项目进行分解（PBS），分解成独立的单项工程，再按单项工程进行项目结构分解。如奥运工程，先按不同的场馆进行分类，再具体到某个场馆，并按项目再进行分解。以工作结构分解主要是为了统筹管理需要和专业工作，以成果交付是为了统筹采办、项目管理、责任分解和资源整合，更好地完成建设任务。以交付成果为主线进行划分，便于计划的跟踪和反映项目的真实进展情况。

4）制定分解管理模型

按项目范围分解的要求、结合项目专业特点和组成进行分类和分层，分解到可实施、可操作的层面为止。

5）项目范围分解模型结构体系

项目范围的分解是一个化繁为简、化系统为单项，最终实现便于管理、便于计划、便于组织、便于实施的过程。一般先按 PBS 分解，再按 WBS 分解。

① 按 PBS 分解

一般分解模型体系是先化系统为单项。如一个项目群组与复杂项目，先按项目进行分解，拆分成若干个单项工程，在项目上进行行业和门类的划分。当前的 TOD、EOD 类项目就是由若干个子项构成，按照 PBS 分解法分解成若干个子项，形成不同子项，这些子项相对来说比项目的整体简单不少。如某 EOD 项目，项目资产组合有山水林田湖草沙的整治，有流域治理，有农田改造，有配套产业设施，如房屋拆迁、修建公路、供水、排水、污水处理、新建光伏等，此时按项目分解（PBS）就有水土保持、土壤修复与整治、安置房工程、公路工程、供排水工程、水处理工程、光伏安装等。某 TOD 项目分解如图 10.4 所示。

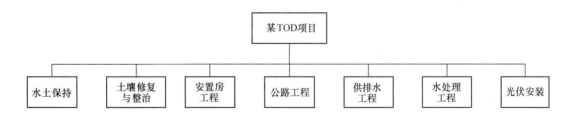

图 10.4　某 TOD 项目分解图

② 按 WBS 分解

对子项工程进行分解，此时作为单个项目来说，采用 WBS 进行分解是根据其组成的专业性、系统性和便于管理的原则再进行分解，从而形成分部分项工程，再按现行工程建设的不同管理要求对其管理，形成较专业、精细的管理，达到高质量项目管理的要求。

工程建设项目按 WBS 分解的程序与步骤如下：

将一个完整项目作为第 0 层。

第 1 层按项目总体中不同的工作形式进行分解，可以以分部工程或者子分部工程进行分解，项目管理按照工作分部统一考虑。如房建工程可以划分为项目管理、地基与基础工程、地下结构、主体结构、装饰与装修、通风系统、电气工程、智能化工程、园林工程、小市政等。对于大型项目,采用分标段授标,在总体结构层下插入标段一层。

第 2 层按照不同的分部工程或者子分部工程分解到分项工程。各个分部工程或子分部工程在各自范围内描述。如:

(a) 项目管理的内容,一般分解成项目准备、项目管理文件和项目实施三个子分部,必要时,可以再细分。

(b) 项目分部工程可以按子分部或者分项工程进行分解,如地基与基础工程可以分为降水工程、基础处理、护坡桩工程、基础垫层、防水工程等。竣工服务分部工程可以分为配合竣工验收和试运行等。

根据项目管理需要,制定自行施工和分包等工作范围。

第 3 层子项的描述:按照第 2 层分解的工作内容,再继续分解到便于独立操作的层面。此后再细分就没有什么实质性意义。

第 2 层的项目管理分部,主要分支有以下几个方面:

项目准备:主要是用于描述项目中标后进行项目组织的建立和相关准备的工作,包括项目组织建设、项目启动及临时设施总体方案、动迁和项目报批报建等管理工作。

项目管理文件:根据企业管理文件(公司管理规章、制度、方针、政策、工会、公司定额、党建文件等),项目应编制与项目管理相关的文件。如项目合同管理文件、质量和 HSE 管理文件、采办管理文件和施工管理文件等。

项目实施:主要是描述项目实施过程中要进行的各项管理工作,包含的内容可参考企业有关管理手册与标准的描述。

第 2 层分部工程的专业工程,主要分支有以下几个方面:

专业内容的描述:各分部工程均有自身的施工工艺流程,结合企业项目管理的工作方式要求再进行细分,一般包括劳动力、物资与设备、工具与机械等三个方面,并按照物资与设备采购、专业施工两个方面需要开展的工作要求进行描述。EPC 项目还需要对设计展开描述。

实施内容与条件的描述:重点描述与专业施工相关的工作,按照施工工艺流程标准进行描述。对于不具备施工条件的情况,需要根据实施条件与情况进行描述,当场地不满足条件时,专业施工包括施工准备和施工工作两个部分。施工准备为施工创造条件,施工工序按照专业施工工法进行,要根据具体项目的要求将施工中采取的工序步骤作为相应的工作包和工作项。

实施内容按项目管理的要求分解为可计算的内容:

(a) 劳动力

不同的工作内容需要不同的工种和专业队伍,因此,需要在劳动力的工作内容中将队伍的专业工种描述清楚,一般需要明确各工种的数量及获得劳动力的方式等。

(b) 物资与设备

描述与专业工程物资采购相关的工作,各类物资根据设计或者技术预算提供的采购清单进行分类，按照物资管理有 A、B、C 等分类法，根据企业关于物资采购的管理办法实施采购的管理分解工作，并履行采购程序。

(c) 工具与机械

工具与机械是项目组织管理需要的物理（物质）要素，描述完成该项工作的施工方法，需要的各类机械的型号、数量及获取方法。

(d) 授权与费用

授权与费用是指不包含任何安装和实际实施工作但却是项目实施必需的一部分成本科目，主要是指项目各种管理费用、税金、企业获得的利润，以及保障项目运行的保险费、许可费、执照费、验收费以及通道费等。需要特别说明的是，利润一般在项目管理策划时给出一定的预留，并作为授权与费用的一个重要组成部分。

(e) 设计

如果是 EPC 项目，还需要对设计工作展开描述。描述与专业工程设计相关的各设计专业的工作，各专业按照计算书及说明书、技术规格书、通用图设计和施工图设计等文件类型分类；具体类别和涉及的专业，依据项目实际情况和设计承包单位的特点进行分解。根据上述类型将需要编制的设计文件归类，再根据项目的具体要求将每个文件作为相应的工作包和工作项。

6) 项目范围计划的运用

在工程建设项目实施时，实施的方法和环境不尽相同。项目合同对项目范围的内容进行了明确描述与分工，也明确了项目范围的工作内容。工程建设企业需要根据自身管理能力，对项目范围内的管理分工与组织实施进行研究，对项目的自行施工和分包施工做好规划。对项目范围内的工程特点、难点与重点等工作，采取措施与方法。依据企业现金流的状况整合项目资源，依据自身技术能力解决复杂问题，专业技术能力不够时要借助外力。在利益相关方作用下，项目范围内的工作属于外协施工的，如主材的甲定、甲供和甲指等；法律法规等规定必须委托第三方的，如受资质及其他方面的要求，形成各种分包，这些分包的范围界定和实施的内容需要在范围计划中得到有效的体现，确保各分包管理与项目的整体管理形成有机的统一。

总之，通过项目范围计划的制定，明确了项目组织实施方法和手段，保障了范围内各项工作在项目管理过程中得到有效实施，同时将项目范围内工作进行了有效分配。

7) 案例

根据上述项目范围计划的分解，某产业园项目范围分解图如图 10.5 所示

由于图例表达范围较为有限，一般采用表格法进行项目范围的分解，见表 10.2。

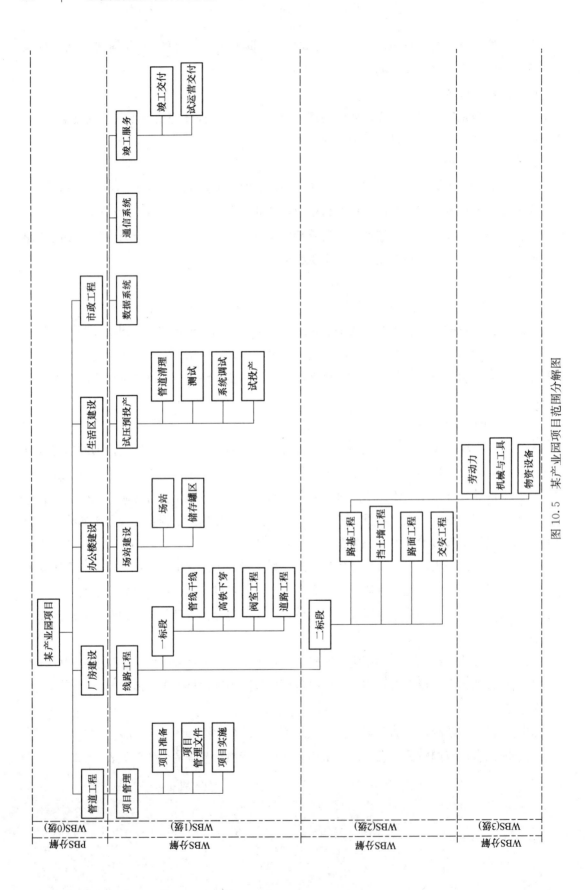

图 10.5 某产业园项目范围分解图

某产业园项目范围分解表　　　　　　表 10.2

序号	PBS 分解	WBS（1级）	WBS（2级）	WBS（3级）	WBS（4级）	WBS（5级）	项目组织
	某产业园项目						
GD		管道工程					
GD01			项目管理				
GD0101				项目准备			项目经理部
GD0102				项目管理文件			企业职能部门
GD0103				项目实施			项目经理部
GD02			燃气管道				
GD0201				一标段			
GD020101					管道干线		特种焊接技术人员
GD020102					高铁下穿		需要涉铁公司参与
GD020103					阀室工程		燃气公司认可的计量设备
GD020104					道路工程		自行组织施工
GD02010401						路基工程	
GD0201040101						劳动力	包清工
GD0201040102						工具与机械	租赁机械
GD0201040103						物资与设备	业主指定
GD02010402						挡土墙工程	自行组织施工
GD02010403						路面工程	专业路面施工公司
GD02010404						交安工程	交通标识公司
					……		
GD0202				二标段			
				……			
GD03			场站建设				
GD0301				场站			
GD0302				存储罐区			燃气施工企业
GD04			试压预投产				
GD0401				管道清理			
GD0402				测试			

续表

序号	PBS项目分解	WBS（1级）	WBS（2级）	WBS（3级）	WBS（4级）	WBS（5级）	项目组织
	某产业园项目						
GD0403				系统调试			
GD0404				试投产			
GD05			数据系统				网络科技公司
GD06			通信系统				通信公司
GD07			竣工服务				
GD0701				竣工交付			
GD0702				试运营交付			
CF		厂房建设					
BGL		办公楼建设					
SH		生活区建设					
SZ		市政工程					
	……						

（2）项目进度计划

根据总计划的安排，结合项目实际程序与顺序制定项目进度计划。项目进度计划是一系列分子计划的集合，根据项目管理需要而制定，确保各项目管理工作通过分子计划实施，最终完成项目的总体目标。项目进度计划的制定是为了便于项目组织的执行和管理。

1）项目进度计划的分级指导计划

项目进度计划的分级管理是以项目总计划为纲，按照项目管理需要由粗到细、由全局到局部的层层递进，最终实现精益化管理的重要手段。

① 一级总体进度计划

一级总体进度计划本质上就是项目总计划，但在制定项目总计划时，项目经理部基本已经进驻，对项目的分析更加深入，各项条件更加完善，可对项目总计划进行修改。在确保总体目标不变的前提下，对一些之前制定的计划进行微调，并报企业管理部门审批。同时，将工程实体项目的部分单列出来，形成工程实施进度计划，一般需要报业主和监理方批准后实施。一级总体进度计划也称为工程总承包进度计划。

一级总体进度计划采用横道图与网络图两种方式进行管理，在实施过程中以一级总体进度计划作为控制基准。项目组织各部门均以此进度计划为主线，编制各部门的实施计划，并在施工过程中进行监控和动态管理。

② 二级进度计划（阶段计划或专业进度计划）

二级进度计划是以一级总体进度计划为基础，项目组织各职能部门根据各部门自身管理需要而制定的计划，该计划以子项和分部分项工程管理实施为目标。通常是以专业划分为基础，分解出每个阶段（标段）具体实施时所需完成的工作内容，并以此形成阶段性或专业工作进度计划。二级进度计划便于各专业进度计划的安排、组织与落实，使他们对自己的工作时间有明确的认识，对指导和监督本部门的工作具有一定的意义。另外，二级进度计划也是制定分包管理计划的基础依据。

工程建设项目的节点工期或者里程碑工期，是以二级进度计划为基础设置的，是利益相关方（业主、投资人、银行贷款方、专项债提供方等）等监督项目实施的观察点或考核点，也是控制里程碑计划执行的基本保障。

③ 三级进度计划

三级进度计划是以时间节点作为阶段划分控制计划，其主要作用是以时间控制为主要标尺，以前锋线为手段检查、监督和纠偏项目控制计划，以确保阶段性计划和总计划的执行。主要包括月度计划和辅助计划。其中，月度计划是企业上报产值、管控项目的重要依据，是项目管理计划检查、监督和纠偏的重要基准；辅助计划中的周计划、专项控制计划和补充计划是相关方管控项目的依据。

三级进度计划以二级进度计划为依据，是各职能部门内控的重要标准，既是指导现场的重要依据，也是协调各方的重要手段，有助于进一步加强控制范围和调度力度。三级进度计划的安排，每个参与工程施工的单位均需要重视，要具体控制到每一个过程上所需时间，充分考虑各专业分包商在具体操作时要控制的时间，这是对各分包单位进行监控和管理的重要依据，是所有部门与专业组、专业分包商必须服从的重点。三级进度计划是项目管理日常动态管理的依据。

2）项目进度计划的控制计划

控制计划是以时间为轴线按照企业和项目管理需要而设置的，其主要意义是确定在某段时间范围内项目各组织需要完成的工作，也是检查、监督和纠偏的重要参考。一般采用前锋线法进行测量。

① 月进度计划

月进度计划是指以二级进度计划按月直接截取，形成工程实体、技术管理、工程管理、物资保障、分包进度、验工计价、工程款拨付等管理工作的具体计划。每个月要对比阶段性计划并修正，对计划中出现的偏差进行纠偏，修改后的计划及时上报相关单位以获得批准。

在每月总结时，向全体人员、劳务分包商、材料分包商和专业分包商通报三级进度完成情况。

② 辅助计划

辅助计划包括周计划、补充计划和专项控制计划等，是三级进度计划和月进度计划具体实施的重要补充，也是项目纠偏的重要依据。

随着市场竞争的加剧和提升项目管理效率、提升管理精度、实现精益化生产的需要，有必要制定辅助计划，对于掌控月度计划和阶段性计划有着直接的意义。

辅助计划的具体运用视项目管理情况确定。按照工程实施情况制定分部工程的专项控制计划，一般在专业交叉、施工进度较紧或工序复杂的情况下采用。如设备安装与精装修交叉施工，这种情况有必要制定专项控制计划。补充计划一般针对项目特点、难点和重点的施工内容，或者经过多次分解后仍有工序没有分解到执行层面而需要制定补充计划来完善该部分施工内容，用以解决一般工艺或施工流程无法解决的问题。周计划是每周各专业队伍及分包完成工作计划的具体实施，由项目组织中的一般成员管控，由各专业现场负责人在工程调度例会下达并落实，并在下次工程调度例会上进行检查、核对。一般情况下，现场监理人员在监理例会中常用周计划作比较，确定项目进度情况。月进度计划与周计划有利于及时调整与纠偏项目进度。

3) 项目进度计划的指导与控制

项目进度计划对项目的实施既起到纲领性指导作用，又起到控制作用。纲领性指导作用主要是为项目发展方向和路径提供依据，一般由项目组织进行管理实施；控制作用是保障项目各目标和方向得到有效实施，主要由项目各作业层主导。纲领性指导作用和控制作用密不可分、相互联系又相互制约。当控制性计划与指导性计划发生偏差时，需要及时分析原因并制定措施进行纠偏，确保项目最终目标的实现。各层级项目计划的指导性作用与控制性作用对应关系如图 10.6 所示。

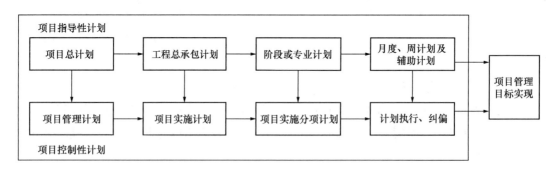

图 10.6　项目计划的指导性作用与控制性作用对应关系图

项目总计划是项目整体管理的总纲领，是工程建设企业通过项目经理落实企业战略发展、执行合同的总体计划。主要由项目经理负责组织实施，企业总部负责监督。

项目管理计划是项目总计划的分解落实，具体落实企业以项目为基础的生存与发展的计划。项目实施计划是落实工程总承包计划的具体要求，通常要制定和规划很多专项方案及资源计划作为支撑，项目实施计划同时受到项目管理计划的约束，部分项目管理计划需要以项目实施计划的落实为依托方可实现。

工程总承包计划是落实工程项目实施的总体计划,是以项目总计划为基础的工程实施总纲领。

阶段或专业计划是落实工程总承包计划的重要组成部分,是工程总承包计划落实项目实施计划的基础,分部工程按照分项工程或工作内容的管理流程来控制工序或工作节点。

项目实施计划各分项计划按照各自流程分解而制定的,在时间控制上要满足阶段性或专业计划的总体安排。项目实施分项计划的详细规划和执行,是落实项目实施计划并确保项目进度计划实现的基础,也是作业层详细执行计划的依据。

月度计划和辅助计划是日常项目管理的重要依据,是将总计划按照时间节点设定的控制点,是企业检查监督项目的重要依据,是实现企业经营、核定营业收入的重要依据,也是业主方日常检查和监督的重要内容,是项目经理领导项目团队执行和控制项目进展的重要标尺,是计划执行和偏差修正的依据。

计划执行和偏差修正是在各分项计划执行过程中,以月度或辅助计划为考察点,确定项目计划执行的效果,如果出现执行偏差,要及时发现并修正,确保分项计划的实施得到有效控制,通过指导性计划和控制性计划的双重管理,最终实现项目整体目标。

4)项目进度计划的应用

项目进度计划完成后,各管理职能部门的有关工作须以总计划为方向,围绕月计划展开各项具体工作,将这些具体工作落实到周计划当中,及时纠偏和修正,最终满足总计划的要求,实现项目进度管理的目标。项目进度计划是项目管理各种要素整合的基础,项目实施计划是围绕工程项目管理各要素展开项目管理活动。

项目管理计划的制定,需要以项目进度计划为依据,并结合项目范围计划确定需要实施的内容以及实施的组织方法,按项目要素的要求制定其他项目管理计划。如钢材采购计划,根据范围计划确定为企业集采,在制定采购计划时,依照范围计划以及项目进度计划的开始时间、持续时间和结束时间来确定项目到场时间与数量,再根据集中采购的程序与流程确定上报采购计划的时间与数量,这样才能确保项目的钢材供应。

根据项目范围计划与项目进度计划,制定项目组织管理计划、项目资源管理计划、项目采购管理计划、项目合同管理计划、项目措施专项计划、项目技术计划、项目质量管理计划、项目环境与职业安全健康管理计划、项目风险管理计划、项目沟通管理计划、项目投资管理计划等。

(3)项目组织管理计划

项目组织管理计划是项目团队组建、管理等工作的方案。工程建设企业在策划项目组织机构与人员时,需要认真分析工程项目的范围、进度、质量、成本、管理目标与指标等基本要求,结合工程项目实际情况进行规划,否则很容易导致计划的人力资源不能满足项目需要或不能充分发挥作用。

工程建设企业的项目组织一般根据企业项目管理的发展编制和项目组织结构分配进行确

定。根据总计划的编制，不同时段的管理人员数量与项目管理内容密切相关，一成不变的项目管理人数会导致项目效率降低或推高项目管理成本。因此，项目管理人员数量需要根据项目管理结构分解的内容及总计划的安排做出适当调整，有利于工程建设企业充分整合项目管理人才资源，也有利于项目在市场充分竞争的条件下提升工程项目管理效率与效益。如EPC类项目，工程项目周期一般都比较长，在设计阶段，主要管理人员负责项目设计管理与协调，工程人员一般仅是少量的配合；但到了施工阶段，主要是施工管理人员负责工程施工组织与协调，除设计变更管理人员外，大部分设计管理人员无事可做，造成项目人员闲置并增加管理费用，此时需要增加或减少相应岗位上的人员数量，一成不变的项目组织管理人员对项目管理非常不利，还容易因工作分配不均产生各种冲突。

1）项目组织机构的设置

项目组织机构在设置时应依据项目工作结构的分解，进行项目管理责任的矩阵分配，确保项目管理要素得到有效实施。如项目土建工程、安装工程需要工程技术人员，涉及土建专业、电气专业和设备专业人员。项目管理需要办公室，需设置行政人员、服务保障人员，资金的安排需要财务和出纳人员等，一般企业需要根据项目规模和项目的实施要素制定适合项目发展的编制。项目根据编制确定组织机构。

某企业项目组织架构如图10.7所示。

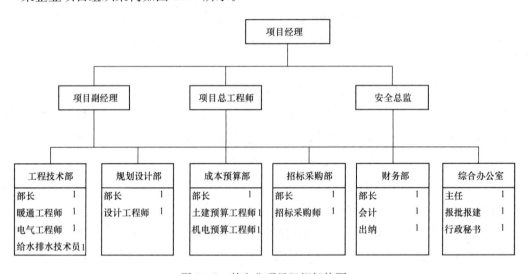

图10.7　某企业项目组织架构图

2）确定岗位人员与数量

按项目范围要求，结合项目规模大小、项目类型及要完成的工作，在组织机构中安排相匹配的对口专业人员和数量。同时，要满足项目合同约定的主要项目管理人员的配置要求，随意变更或替换会导致相应处罚或潜在风险。

如某企业项目发展编制见表10.3。

某企业项目发展编制　　　　　　　　　　　　　　　表 10.3

岗位设置		数量	分工情况
项目经理		1	全面负责工程建设项目管理工作
项目总工程师		1	全面负责项目技术管理工作
项目副经理		1	协助做好工程建设指挥工作
安全总监		1	全面负责安全监督工作
工程技术部	部长	1	工程管理部负责工程技术管理工作以及土建工程工作
工程技术部	电气工程师	1	负责工程建设机电一体化工作
工程技术部	暖通工程师	1	负责通风、给水排水、消防等工作
工程技术部	资料员	1	负责项目资料管理、文件管理工作
规划设计部	部长	1	负责设计管理工作
规划设计部	设计工程师	1	负责设计内业、工程设计管控工作
质量安全部	质量工程师	1	负责项目的质量监督工作
质量安全部	安全工程师	1	负责项目的安全监督工作
合同预算部	部长	1	负责项目的预核算、计价、成本管理和合同管理工作,兼职土建造价管理工作
合同预算部	预算工程师	1	协助预算部长做好项目的预算、结算和成本资料管理,兼职机电造价管理工作
招标采购部	部长	1	负责项目招标采购与管理工作
招标采购部	招标工程师	1	协助招标并做好招标管理及相关内业资料工作
财务部	部长(兼职会计)	1	负责财务工作兼职会计工作
财务部	出纳	1	负责出纳工作
综合部	主任	1	负责行政管理、文书档案管理、后勤保障管理、信息化管理、全面预算管理工作
综合部	报批报建主管	1	负责项目的报批报建工作
综合部	党群主管	1	负责党建及人力管理工作

3) 项目组织的保障

为了确保项目机构及组织有效运行,根据人员安排做好相应保障,主要包括项目管理人员的工资、福利、办公、出行、通信、工作条件以及配套的设备与设施等各项管理工作。

根据项目范围计划的分解,一般将项目管理作为项目结构分解的子项,现场管理费为实现项目管理准备、项目管理文件和管理实施活动的一切费用。工程建设企业现场管理费主要是指施工准备、组织施工生产和管理所需现场经费。项目组织保障主要是指现场管理的费用保证。现场管理费是企业管理费用于项目管理的那部分费用,因此,项目经理部及其所需要的各类消耗都要纳入现场管理费。工程建设项目定额中的企业管理费,既包括用于现场的管理费,也包括用于企业的管理费,其中,现场管理费是指项目组织管理过程中的所有管理费用。

现场管理费和项目组织结构密切相关,也和工程项目实施的内容规模、管理程度和项目进度等有关。另外,企业对项目管理的要求、福利等也会影响现场管理费用的支出,如项目办公条件,有的企业更注重员工保障,经费开销高一些,有的企业更注重效益,经费开销就会少一些,具体情况根据企业的项目管理规定和项目组织实施方案确定。

① 项目组织保障内容

主要包括现场管理人员的基本工资、工资性补贴、职工福利费、劳动保护费等。如某企业项目管理人员的工资方案，依据项目管理组织结构，按岗位配置的人数、企业员工工资标准或市场标准制定，并按照项目管理人员计划和在岗时间综合编制。为了便于过程绩效考核，根据双因素理论亦称"激励—保健理论"，工资的发放需要考虑保健因素和激励因素，体现在项目工资的支付上就需要考虑岗位工资和绩效工资，根据项目的特点和企业管理需要，可设置辅助性工资，如施工津贴等。激励因素有助于项目绩效监测，压实管理责任。

（a）办公费，是指现场管理办公用的文具、纸张、账表、印刷、邮电、书报、会议、水、电、烧水和集体取暖（包括现场临时宿舍取暖）用煤等费用。

（b）差旅交通费，是指职工因公出差期间的差旅费、住勤补助费、市内交通费和误餐补助费，职工探亲路费，劳动力招募费，职工离退休、退职一次性路费，工伤人员就医路费，工地转移费以及现场管理使用的交通工具的油料、燃料、养路费及牌照费。

（c）固定资产使用费，是指现场管理及试验部门使用的属于固定资产的设备、仪器等的折旧、大修理、维修费或租赁费等。

（d）工具用具使用费，是指现场管理使用的不属于固定资产的工具、器具、家具、交通工具和检验、试验、测绘、消防用具等的购置、维修和摊销费。

（e）保险费，是指施工管理用财产、车辆保险，高空、井下、海上作业等特殊工种安全保险等。

（f）工程保修费，是指工程竣工交付使用后，在规定保修期内的修理费用。

（g）工程排污费，是指施工现场按规定交纳的排污费用。

（h）其他费用。

② 项目组织保障方案制定

项目组织保障方案是根据项目管理需要制定，目的是保障项目管理各项工作得到有效实施。

（4）项目技术管理计划

项目技术管理计划主要是指工程项目各类技术方案的研究与编制。工程项目技术方案针对工程项目全生命周期研究解决各类技术问题，有针对性、系统性地提出方法、应对措施及相关对策。技术方案的制定与实施对项目控制工程质量、控制项目实施工期、优化工程造价并控制质量安全有重要作用。技术方案相当于项目范围计划各项工作的作战方案，可以通过论证推演确保项目总体管理目标与分解管理目标实现的具体部署科学有效，是保障技术经济指标合理的重要措施。因此，研究方案、合理布局对于确保项目管理目标的实现具有重要作用。

技术方案的编制需要分析项目组成结构，采用合理、科学有效的技术方案。技术方案要根据相应的工艺流程、施工方法、企业总结、科技创新及专利技术结合项目实施的内容进行编制。编制的技术方案需要以指导项目安全生产、解决项目实施过程中存在的问题、获得技术经济效益为目的。

技术方案的分类主要包括项目总体技术方案（如施工组织设计）、专项技术方案（如分部工程，分项工程，针对特点、难点与重点工程等技术方案）、措施技术方案（如危大工程的安全技术方案）、科技创新技术方案等。技术方案从实施内容看主要包括科研方案、计划方案、规划方案、建设方案、设计方案、施工方案、施工组织设计、投标流程中的技术标文件、大型吊装作业方案、生产方案、管理方案、技术措施、技术路线、技术改革方案、专利（发明、实用新型、外观）等，具体还需要根据项目合同约定的范围确定。一般情况下，PBS分解各组织部分应为单项工程施工组织设计，WBS分部分项一般为专项方案。行业规定或国家强制要求制定的分项工程一般需要制定专项方案，如脚手架、压力容器类的安全专项方案等。项目技术方案的编制与审批主要有以下几个方面：

1) 满足项目总体实施技术支持的需要，全面指导项目安全生产、解决项目中的重难点问题。

2) 根据项目范围计划分解的工作内容的描述，针对不同分部分项工程，需要根据该范围内实施规律找出相应的技术措施与方法，制定技术方案。

3) 技术方案的制定要能够指导项目实施，确保经济效益。措施项目技术方案要确保项目的保障措施得到有效实施，任何技术方案都要在确保安全、环保、经济节约的条件下制定并实施。

4) 针对企业发展需要提出的发明、创造、工法总结、专精特新的实施内容要做好专项技术方案加以保障。

5) 技术方案要对相关项目管理工作起到支撑与保障作用，如项目投标流程中的技术文件等。

6) 制定的技术方案要根据范围计划，针对方案特征描述，依据项目进度计划确定项目编制时间，见表10.4。

项目主要技术方案的编制时间　　　　　　　　　　　表 10.4

序号	方案内容	方案特征描述	编制时间	备注
项目技术方案				
1	施工组织设计	简述		
2	……			
专项技术方案				
1	基坑支护方案	拟采用的降水体系		
		土钉墙支护		
		护坡桩支护		
		……		
2	……			
措施技术方案				

续表

序号	方案内容	方案特征描述	编制时间	备注
1	雨期施工措施	物资名称		
		塑料布		
		潜水泵		
		橡皮排水管		
		雨具		
		……		
2	成品保护措施	物资名称		
		塑料布		
		纤维板		
3	……	……		
4	科技创新技术方案			
5	装配式建筑节能技术方案	技术特点		
		EPS保温板一体化预制		

(5) 沟通管理计划

沟通管理是指在项目管理过程中,使项目管理的各项活动能够实现干系人的需要和期望。各参与的干系人对项目管理活动有着重要影响,项目管理要实现项目的范围、质量、工期、成本等目标,还必须协调整个项目的实现过程和管理过程,通过解决过程中的矛盾冲突和不满,满足项目参与者及其他利益相关者的需要和期望。这种满足以双方约定、协议或者达到的标准要求为限。沟通管理有助于调动项目参与人员的积极性,增加企业项目管理效益。在有限的费用、工期、工具与机械、物资与设备、人力等资源条件下,以最有效的管理和控制方式实现某项既定的管理目标与指标,这就特别需要加强沟通管理。在项目管理过程中,做到对项目的进度、质量、技术、资源分配、成本预算等进行有效管理、支配和控制,满足项目参与人员的需求和期望,就必须通过沟通来解决相互间的冲突和不满,通过沟通寻求平衡。在范围、工期、成本和质量方面做到平衡,让不同需求和期望的项目参与人员达到他们的需求和期望,从而保证项目管理有效进行。

1) 项目沟通的内容

项目沟通内容主要有项目内外部环境和项目建设的范围、内容与干系人及相关方协调。

通过项目环境分析,需要沟通的内容主要分为内部环境和外部环境两方面:一是通过项目的外部环境分析确定需要沟通的内容,如政府、社会关系人、行业管理部门、业主、监理、各种咨询公司、供应商、分包商、媒体与公共关系等,这些外部单位在政策、经济、监督和影响力等方面均与项目存在某种关系。这些关系对项目管理和实施存在一定的影响,如政府的政策影响项目实施,社会关系人对工程项目进展造成影响。此外,行业管理部门的规定与要求,业主对项目进度、质量、工期等方面的满意度,各种咨询机构的服务水平与质量,供应商按时、按质、按量保障供应,分包商的项目实施能力与水平,媒体与公共关系对项目的声誉影响等，都需要通过沟通实现项目健康发展，需要对这些外部环境因素进行沟通管理，需要制定项目管理计划来实现。二是通过项目的内部环境因素分析确定需要沟通的内容，主要有项目组织内部的沟通，这些内部沟通以项目经理为核心，体现在与工程建设企业总部的各种沟通，包括但不限于领导及职能部门。项目组织为了实现项目的管理目标而进行的沟通及项目组织团队成员之间的沟通，项目内部用户之间的沟通，对促进项目推进、形成项目团队凝聚力、充分发挥团队作用有着重要的意义。

项目的建设与范围是沟通内容构成的重要组成部分。通过项目范围的分解，沟通的内容更加具体。不同范围层级的内容，沟通层面与对象有所区别，如项目的总体工程和分部工程一般由项目经理组织，分部分项工程一般由项目职能部门组织，而专精特新的内容由项目管理层分别组织。根据专业的不同特点，项目沟通由专业负责人组织。同时，不同的建设范围需要沟通的主体与客体也不相同，这需要根据干系人的类别来组织，如钢材供应商需要与技术、质量及采购人员就不同冲突进行沟通，质量问题由质量监督员沟通，数量由采购人员沟通，规格型号、技术参数由技术人员沟通。不同的企业、不同的管理模式，沟通对象也有很大的差别。无论何种沟通，都要围绕合同有关内容展开。

根据上述分析，项目沟通需要从内部沟通和外部沟通两个方面制定沟通管理计划。

2）内部沟通计划

项目管理是企业管理向现场的延伸，项目组织需要与企业内部保持正常的沟通与往来，执行好企业的战略、规章、制度及相应的要求，并及时做好信息反馈。因此，工程建设项目的内部沟通主要有项目经理与企业内部组织之间的沟通以及项目组织之间内部之间的沟通。

与企业内部组织之间的沟通主要有以下几个方面：

① 与高层领导的沟通。与高层领导的沟通是确保项目战略与企业战略一致，并考虑执行过程中的纠正措施、项目进展过程中存在的困难需要企业给予支持，及时让高层领导了解项目状态和项目组织的执行情况等，对高层领导关心的目标与指标等问题需要如实反映等。

② 与企业职能部门的沟通。与企业职能部门的沟通需要将项目的相应指标情况予以汇报，汇报项目的分项计划，执行过程中的偏差及纠正措施需要相应部门给予指导，让有关职能部门掌握相应状态。同时，各部门按照项目实施情况予以相应的检查、监督。如安质部门关心的质量和安全情况，项目组织需要将质量计划、安全管理方案等有关内容上报审批，并定期汇报等。

③ 与企业相关项目组织及分子公司的沟通。项目组织相对于企业组织来说，只是其中的一个组成部分，项目间的成功经验与失败教训对项目组织有着重要意义，特别是对于企业内部的"标杆"项目，需要进行对标、借鉴、学习并加以运用。与分子公司的沟通是为了获取更多资源支持。

④ 专项沟通。根据不同国家的有关政策、不同行业或者地方的有关要求，一般需要开展一些安全、质量、环保等方面的专项活动。专项沟通一般由企业相关职能部门统一安排，并形成专项实施方案、专项行动和专项总结等。如"安全质量月活动"等。

⑤ 项目团队内部沟通。项目团队管理与沟通包括项目团队的自我沟通和项目管理沟通。项目团队自我沟通是为了减少项目管理目标实现过程中的矛盾、增加团队凝聚力，项目管理沟通可以提高项目管理计划的落实和减少项目实施过程中的矛盾与冲突。项目团队自我沟通主要是规划项目团建活动，通过团建活动增加相互之间的沟通和了解，增强凝聚力。

项目团队内部沟通主要采用以下几种形式：

（a）会议制度。项目内部启动会非常重要，它明确项目战略目标、项目管理目标与指标分解，实现项目管理责任分配，明确总体计划安排，对项目合同内容进行梳理和安排，对市场经营阶段的有关往来文件和信息进行统一安排，根据项目管理策划修正前期经营与实际工作的偏差并提出解决方法，为有关外部沟通做好准备。一般在项目进场后召开，必要时需要企业经营人员参加。

（b）年度会议。一般在年初或年末，对项目上（本）年度管理情况进行总结，对本（下）年度工作进行安排，化解上（本）年度沟通存在的问题与冲突。

（c）月度会议。月度会议是依据项目管理进度计划展开本月工作的总结和下个月计划的安排，解决本月存在的问题、沟通解决相互之间的冲突，主要包括对项目质量、进度和成本的影响情况及沟通存在的问题，并进行较为系统的总结和冲突矛盾的解决。同时，对影响项目的环境、变更、安全、风险、资金等因素进行交流与沟通，一般安排在月末或者月初。

（d）周例会。周例会一般从质量、进度、工程调度、设计管理、成本控制、项目例会等方面展开。质量、进度例会一般和监理例会统一起来；工程调度例会是对项目进度、安全、环保、物资与设备供应等各方面影响工程进展的调度与安排；设计管理例会解决图纸、变更等方面的变化和不利于项目进展的各项内容；成本控制例会是以成本控制为主，对产生成本变化的因素进行分析、判断与总结；项目例会是本周内最系统的项目管理调度与指挥方式，收集项目冲突并判断是采用内部沟通还是外部沟通的方式解决。周例会一般由相应专业部门组织召开，项目例会由项目经理召开。

（e）专题会议。工程建设项目有其特点、难点和重点，为了解决项目中存在的问题与冲突，需要召开专题会议。专题会议一般根据项目管理进度计划提前召开，如项目中的深基坑支护工程需要召开专题会议，以研究解决复杂问题的方案，必要时聘请外部专家、企业内部专家等各方协同完成。

（f）其他会议。根据项目的进展和安排，当某种冲突发生时，需要临时性召开的会议。

（g）报告制度。根据项目进展，以时间为主线条，按照企业相关管理制度与要求进行报告，使企业对项目的管理形成有机整体。

（h）年度报告。年度报告的内容一般较为全面，是对本年度项目管理工作的总结和对下一年度计划的安排，一般包括工程项目实施情况、质量管理、进度管理、成本控制、财务管理、资金使用与工程款回收、文明施工、技术总结、科技进步、专项课题、项目团队建设等。年度报告一般在年末提交到企业总部，并作为企业统筹项目管理情况的依据。

（i）月度报告。月度报告一般按照项目进度计划对比各项工作的落实情况，包括前期手续、设计管理、质量验收、项目进度、项目建设、资金使用、外部环境、项目变更、采购、成本控制、安全生产等。一般在月末提交到企业总部，作为企业管理检查、监督与指导的依据。

（j）周报告。一般周报告由项目组织中的项目经理、各部门或专业负责人根据自身工作情况，对项目管理情况所做的总结和计划安排。

（k）专题报告。专题报告是针对工程项目实施过程中的重要冲突进行总结和计划安排。特别是工程项目复杂、安全影响因素较大、质量问题突出时，需要做专题报告；对影响工程项目进展的重大因素，需要做专题报告，如业主资金断裂等；工程项目特点与难点、需要重点解决的问题，需要做专题报告，如大型机械的使用等；专项活动的安排需要形成专题报告；突发事件、环保专项整治、群体事件等，需要做专题报告。专题报告随着事件的发生、解决而形成。

（l）工程日志。工程日志是项目沟通计划的重要内容，为后续工程项目管理闭环形成佐证。HSE（健康、安全与环境管理体系）运行完善与否与日志有着重大关系，对工程索赔、变更争议、工程项目发生事件的解决、工程进度款的支付和项目绩效考核等有着重要的意义。不同的工程类别，有其固定格式，需要如实填写，从开始到项目结束必须由专人或指定人员填写。

（m）日记。一般日记根据项目组织分工对完成的工作内容进行记录，特别是一些重大事件、特殊部位、关键环节要记录清楚，这也是分清责任、压实责任、绩效监测与总结的重要依据。

（n）构建项目信息化管理。构建项目信息化管理是现代项目管理和现代企业制度落实的重要手段。已经完成项目信息化管理的企业，要根据信息化要求填写项目最新动态、最新信息和最新内容，及时做到更新。

3）外部沟通计划

根据项目的外部环境分析，项目的外部沟通主要包含以下几个方面：与业主单位的沟通、与分包商的沟通、与供应商的沟通、与外界媒体的沟通以及公共关系等方面的沟通。

与业主单位的沟通。根据合同的范围与内容，满足业主方需要，掌握工程实施内容，及时提供信息，如项目开启时与业主沟通有关合同及往来文件中的歧义及与实际有偏差的内容。建立项目授权与沟通机制，一般项目启动会上需要提出；项目过程中按时提交施工周、月及年进度计划，工程款支付计划等，将工程实际运行状态以书面或者电子邮件形式汇报业主，涉及项目内容变更的要积极与业主联系，协商处理方式；项目结束时及时与业主沟通有关结算、工程交付、维修保修、缺陷整改期、试运营等内容。

与分包商的沟通。要求分包商提交项目实施计划，例行、定期、不定期检查实施情况。签订严格的合同，定期检查合同履行情况。在重要的工程技术环节对分包商进行必要的指导。制定分包商管理制度，对分包商做出评价。在项目实施过程中，树立全面总承包管理意识，杜绝只包不管。特别是对业主指定的分包单位，要从思想上纳入统一管理，不能独立于项目管理体系之外。

与供应商的沟通。与供应商的沟通主要有以下内容：项目订单合同的内容、采购计划中需要业主或设计确定的内容、明确采购设备和物资、项目采购的送达时间、供货商信息、货源准备、合同管理、价格内容、交货方式、质量保证、售后服务、违约责任、合同结算以及争议解决等。

与外界媒体的沟通。与外界媒体的沟通很重要但很难把握，偶发性特征较为明显，需要建立应急机制。与外界媒体的沟通中有一个重要环节，就是对媒体热衷的敏感内容需要在项目总体策划中有重要方案对应，在民风民俗等问题上保持一定的敏感性，保持文化上的沟通与交流。

（6）项目资源管理计划

工程建设项目资源管理主要是指劳动力资源、工具与机械、物资与设备、费用与授权等方面的资源获得。由于工程建设项目的复杂性、多样性，各种项目的资源组成也复杂多样，需要上述四项资源进行不同的组合来实现项目建造。不同阶段，各项资源对项目所产生的作用与效果也在发生改变，这与不同类型项目管理的固有规律有着直接关系，做好项目资源管理非常重要。

不同的工程建设企业对资源的管理与分类、获得方式有着不同的制度与方法，这与企业管理能力和综合实力有着密切的关系。采用提点大包、转包等模式获得资源，与现行法律法规存在原则上的冲突，在合同履约方面也很难保障。

现代项目管理与工程建设项目的要素相结合，工程建设项目资源依据项目创造过程和项目管理过程实际要素进行分解分类而获得。从项目组织实施管理角度来说，主要有分包组织实施和自行组织实施两大部分。

1）项目资源的分类依据

项目资源的分类主要是依据项目的范围计划和项目的进度计划进行。

按项目范围计划分类时，工程建设项目的资源要素是范围计划的组成部分，构成资源要素的基础组成，通常分为劳动力资源、工具与机械、物资与设备、授权与费用四大类（通常也称为人、机、材和管理费及相关税费等）。工程建设企业能力、项目管理经验和企业管理项目模式对资源的整合有着重要的影响，企业的资质、等级、基础管理能力和领导的战略管理决定了项目资源整合，业主项目管理模式也对项目资源分类产生重要的影响（如指定分包）。因此，工程建设项目的资源整合从实施模式上可以分为自行施工模式和分包管理模式。

按项目进度计划分类时，主要受项目资源的使用时间、数量多少等影响，如整体措施项目，在项目开始前必须一次性投入，项目方可运转，而分部分项或子项项目是随着项目的推进逐渐投入，以确保分部分项或子项项目的运转。

无论何种模式整合资源，都需要通过采购交易获得资源（内部划转也是采购的一种）。

依据现代项目管理体系，项目资源分类结构如图10.8所示。

通过上述图例，可以将范围计划内的各项资源，按照项目管理活动进行分类统计，我们可以得出各类资源的运用计划。

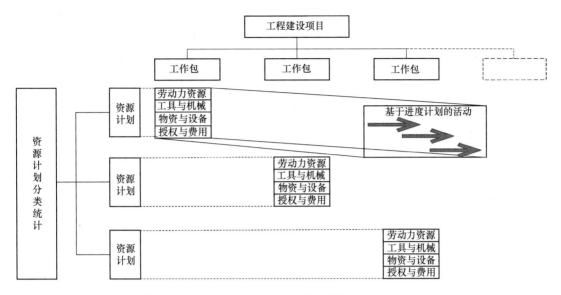

图 10.8 项目资源分类结构图

2）项目资源的实施方案

工程建设项目总承包的资源实施一般分为工程分包和自行组织实施两大部分，通过采购获取相应的资源。根据项目范围计划的分解，以分部分项工程范围与内容，并通过范围内工作内容的描述来确定项目是自行施工还是分包。结合资质、法律法规、企业管理能力、企业的管理要求等，统筹兼顾，综合多方面因素，确定采用自行组织实施还是分包。

① 根据项目范围计划的确定，由项目组织根据本企业项目管理的特点、企业能力和企业对项目的管理模式，以及资质的专项实施要求，对项目范围内的内容进行综合评估和判断，根据项目结构的梳理排列来确定自行组织实施还是分包。

② 根据项目范围计划的描述，确定各项资源的内容和边界，并根据项目进度计划的安排确定各项资源的进场时间。

③ 根据项目合同，确定需要被指定分包的项目，一般合同中暂估价的分包采用甲指、甲定情况比较多，很多情况也会采用甲乙双方联合招标的模式确定分包单位。

④ 根据项目专业实施资质的需要，完成项目范围计划各项内容需要的相应资质。如消防分包一般需要消防资质，且资质等级需要与项目的规模及具体情况保持一致，项目实施后确保验收。

⑤ 根据项目风险，选择合适的资源实施方式。一般采用新技术或涉及专精特新的专业领域时，为了确保项目最后交付的效果，需要进行分包。如 5G 技术的运用，虽然企业有智能化安装资质，但在系统调试方面并不专业，对安装效果无法估计和预判，为了慎重起见，很多企业会采用分包方式选用更专业的公司，从而转移交付风险。

⑥ 工程项目中的分部工程或子项目具有的特殊性。主要体现在行业垄断地位，如消防、电力；特殊专业性，如特种设备、手术室、保密室；专业性较强的项目，如网架、钢结构、

幕墙、降水、护壁、打桩、弱电监控、电梯；地方保护项目，如土方工程、地方需要扶持的部分工程项目等。

⑦ 除分包项目外，原则上其他资源的整合采用自行施工组织模式，相应的资源需要从劳动力、工具与机械、物资与设备、授权与费用等方面进行整合。根据采购的模式和管理习惯，确定是工程类、物资类还是服务类的采购模式。

某产业园项目资源分类与获取方式见表10.5。

某产业园项目资源分类与获取方式 表10.5

序号 WBS编号	PBS项目分解	WBS				资源分类				资源获取方式	内容与界面
		(1级)	(2级)	(3级)	(4级)	劳动力	机具与机械		物资与设备		
							主要	一般	主要	一般		
	某产业园项目										
GD		管道工程									
GD01			项目管理								
GD0102				项目准备							
GD010201					办公区准备						
					板房制作与安装	分包	分包	分包	分包	分包	工程分包	全部工程
					水暖电气安装	分包	分包	分包	自行	分包	劳务分包+自行采购	灯具、电缆、洁具自行采购外，其余分包
					空调采暖设备	分包	分包	分包	自行	分包	劳务分包+自行采购	空调机自行采购外，其余分包
GD010202					生活区准备						
					板房制作与安装	分包	分包	分包	分包	分包	工程分包	全部工程
					水暖电气安装	分包	分包	分包	自行	分包	劳务分包+自行采购	灯具、电缆、洁具自行采购外，其余分包
					空调采暖设备	分包	分包	分包	自行	分包	劳务分包+自行采购	空调机自行采购外，其余分包
GD010203					现场作业区布置						

续表

序号 WBS编号	PBS项目分解	WBS (1级)	WBS (2级)	WBS (3级)	WBS (4级)	劳动力	机具与机械 主要	机具与机械 一般	物资与设备 主要	物资与设备 一般	资源获取方式	内容与界面
GD01020301					钢筋加工区	清包工	自行	自行	自行	自行	清包工+自行采购	除人工外，全部自行采购
GD01020302					模板加工区	清包工	自行	自行	自行	自行	清包工+自行采购	除人工外，全部自行采购
GD01020303					围墙	清包工	自行	自行	自行	自行	清包工+自行采购	除人工外，全部自行采购
GD01020304					五板一图	分包	分包	分包	分包	分包	工程分包	全部工程
GD01020305					道路	清包工	自行	分包	自行	分包	劳务分包+自行采购	除主要挖掘机、铲车、压路机、混凝土外，其余分包
				……								
GD010204				零星工程		分包	分包	分包	分包	分包	工程分包	全部工程
GD0103			项目管理文件			项目组织	自行	自行	自行	自行	自行组织	全部自行组织管理
GD0104			项目实施			项目组织	自行	自行	自行	自行	自行组织	全部自行组织管理
GD02		燃气管道										
GD0201			一标段									
GD020101				管道干线		清包工	自行	分包	自行	分包	劳务分包+自行采购	除主要挖掘机、铲车、打夯机、钢管土外，其余分包
GD020102				高铁下穿		分包	分包	分包	分包	分包	工程分包	全部工程
GD020103				阀室工程		清包工	分包	自行	分包	自行	劳务分包+自行采购	除阀门设备外，其余分包
GD020104				道路工程								
GD02010401					路基工程	清包工	自行	分包	自行	分包	劳务分包+自行采购	除主要挖掘机、铲车、打夯机外，其余分包

续表

序号 WBS编号	PBS项目分解	WBS				资源分类				资源获取方式	内容与界面
		（1级）	（2级）	（3级）	（4级）	劳动力	机具与机械		物资与设备		
							主要	一般	主要	一般		
GD02010402					挡土墙工程	清包工	自行	分包	自行	分包	劳务分包+自行采购	除主要挖掘机、铲车、打夯机外，其余分包
GD02010403					路面工程	清包工	自行	分包	自行	分包	劳务分包+自行采购	除主要挖掘机、铲车、打夯机、填料及路面沥青外，其余分包
GD02010404					交安工程	分包	分包	分包	分包	分包	工程分包	全部工程
				……							
GD0202			二标段								
				……							
GD03		场站建设									
GD0301			场站			分包	自行	分包	自行	分包	劳务分包+自行采购	除塔式起重机、电梯、混凝土和钢筋外，其余分包
GD0302			存储罐区			分包	分包	分包	分包	分包	工程分包	全部工程
GD04		试压预投产									
GD0401			管道清理			清包工	自行	自行	自行	自行	清包工+自行采购	除人工外，全部自行采购
GD0402			测试			清包工	自行	自行	自行	自行	清包工+自行采购	除人工外，全部自行采购
GD0403			系统调试			清包工	自行	自行	自行	自行	清包工+自行采购	除人工外，全部自行采购
GD0404			试投产			清包工	自行	自行	自行	自行	清包工+自行采购	除人工外，全部自行采购
GD05			数据系统			分包	分包	分包	分包	分包	工程分包	全部工程

续表

序号 WBS编号	PBS项目分解	WBS				资源分类				资源获取方式	内容与界面
		(1级)	(2级)	(3级)	(4级)	劳动力	机具与机械		物资与设备		
							主要	一般	主要	一般		
GD06		通信服务				分包	分包	分包	分包	分包	工程分包	全部工程
GD07		竣工服务										
GD0701			竣工交付			清包工	自行	自行	自行	自行	清包工	除人工外，全部自行采购
GD0702			试运营交付			清包工	自行	自行	自行	自行	清包工	除人工外，全部自行采购
CF	厂房建设					分包	分包	分包	分包	分包	工程分包	全部工程，由企业内部专业分公司完成
BGL	办公楼建设					分包	分包	分包	分包	分包	工程分包	全部工程，由企业内部专业分公司完成
SH	生活区建设					分包	分包	分包	分包	分包	工程分包	全部工程，由企业内部专业分公司完成
SZ	市政工程					分包	分包	分包	分包	分包	工程分包	全部工程，由企业内部专业分公司完成
	……											

上述表格中，根据工程建设资源的分类进行统筹考虑，并依据资源的内容与分类确定项目资源的实施方式。

3）项目资源计划的编制

项目资源一般分为工程实体和非实体部分，实体部分主要是用于工程建设项目本身的资源，非实体部分主要是为确保工程建设项目得到有效实施需要消耗的资源。实体部分通过工程建设项目图纸计算可以获得相应的工程量，依据有关规定、结合企业管理的项目管理模式的实施采取保障措施。不同的企业针对项目采取的保障措施有着很大的不同，保障措施也是企业文化（如现场LOGO、六版一图等）、企业形象、企业综合实力的体现。措施项目的工程量依据技术方案或现场条件进行设计，并通过计算获得。措施项目也是工程建设企业竞争的优势所在。

在项目范围计划制定的过程中，一般将项目整体措施作为项目准备的重要内容，专项措施项目划入工具与机械或零星工程考虑。

工程实体部分的资源计划的编制，一般以定额（一般为企业定额，企业定额是体现企业综合能力与管理水平的指标反映）确定的资源量为基础，按照工程实体计算的工程量进行换算，可获得各项资源的用量。

对于非实体部分，需要根据编制的项目技术方案和现场设计进行技术经济分析，参照企业定额获得相应的资源用量，结合市场价格，确定资源的费用。

项目资源计划的编制流程如图10.9所示。

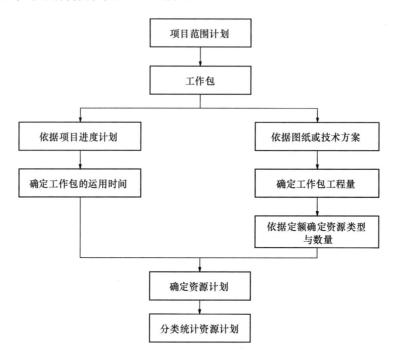

图10.9　项目资源计划的编制流程

4）项目实体资源管理计划

根据项目范围计划安排、项目资源的分类和项目资源数量的确定，结合项目进度计划安排，可以获得各项资源需求计划。

在项目范围分解达到可计算的层级后再进行各项资源的分解，当前一般分解到可用定额或者清单量化为止。根据企业管理的精细化程度的不同及不同阶段，企业内部定额也有相应的说明。根据项目的进度计划，确定该分项工程的持续时间、开始时间和结束时间。根据工程量、采用的定额确定资源数量以及项目计划确定的时间，再进行分类统计和整理，基本可以确定项目的资源计划。

对于没有企业内部定额的，一般参照当地权威机构颁布的有关定额、材料消耗用量定额等针对可用于计算的项目范围计划最底层的内容进行计算。

如某产业园道路工程分解子项道路栏杆时，可按照企业内部定额中有关子项进行分配，梳理出各项资源的类型、名称与类别，结合项目分项进度计划，确定的各项资源用量见表10.6。

某产业园道路工程中的栏杆资源用量表 表10.6

项目名称 分项资源	资源明细	单位	市场单价	企业定额用量	定额合计费用（元）	工程量	各项资源用量	各项资源费用（元）	品牌、规格、型号	说明	持续时间 天
项目特征描述	不锈钢扶手带栏杆（高1100mm）：用于道路栏杆，①1.0mm厚50×50不锈钢管扶手；②φ15mm不锈钢栏杆										
劳动力	综合工日	工日	120	0.6573	78.88	800	525.84	63104	普工		45
	其他人工费	元	200	0.0228	4.56	800	18.24	3648	电焊工		
	劳动力资源小计	元			83.44	800		66752			
物资与设备	不锈钢管栏杆	m	23	7.5702	174.11	800	6056.16	139288	φ20		45
	不锈钢法兰	个	7	9.1575	64.1	800	7326	51280	φ20		
	预埋铁件	kg	2.98	2.178	6.49	800	1742.4	5192			
	环氧树脂	kg	22.3	0.077	1.72	800	61.6	1376			
	其他材料费	元	1	17.343	17.34	800	13874.4	13872			
	不锈钢扶手	m	115	1.21	139.15	800	968	111320	φ50		
	不锈钢弯头	个	14	0.76	10.64	800	608	8512	φ50		
	材料费小计	元			413.55	800		330840			
工具与机械	机具费	元	100	0.17876	17.88	800	143.008	14304	电锯		45
	其他机具费	元	100	0.18	18	800	144	14400	电焊机		
	机械费小计	元			35.88	800		28704			
授权与费用	企业管理费	元	0.03	532.87	15.9861	800		12788.88	以人、材、机为基数	企业管理费由企业自行设定	45
	风险费	元	0.02	532.87	10.6574	800				根据项目风险评估	
	规费	元	0.03	532.87	15.9861	800		12788.88	保险、工程排污、社会保障、工程定额测定费、住房公积金等	指政府和有关权力部门规定必须缴纳的费用	
	现场经费	元	0.03	532.87	15.9861	800		12788.88	现场管理人员工资及配套费用	一般根据企业管理经验和制度确定	
	利润	元	0.03	591.3	17.74	800		14192		利润为资源费和管理费总和的3%	
	税金	元	0.09	609.2	54.83	800		43864		税金＝（资源费＋管理费＋利润）×9%	

说明：根据项目管理的资源可确定从劳动力、物资与设备、工具与机械、授权与费用四个方面来分类，目前国内不同地区有不同的计算方法和相关规定，授权与费用的资源在运用上方式各不相同。当前国内通常做法是分为人、材、机及相关费用四个方面，劳动力对应"人"；物资与设备对应"材"；工具与机械对应"机"；授权与费用对应"取费、利润与税金等"。

通过上表可以得出劳动力需要的总工日、总费用及应用时间；物资与设备中的各项材料类型、用量、费用及应用时间；工具与机械中的机械类型、台班数、费用及应用时间；授权与费用中的企业管理费、风险费、规费、现场经费、利润、税金等各项费用及应用时间。

根据项目资源的获取方式，将工程分包项目中的资源进行合并，形成采购分包项目的资源清单，作为工程分包招标采购的重要依据。对于自行施工和采购的内容进行分类合并，形成采购订单，作为物资、设备、机具与工具采购租赁的清单依据。资源的分类与统计如下：

① 根据项目范围计划进行划分，对每一个分项按照定额标准细分到人、材、机各组成基本要素，依据合同价格清单设计的 BOM 清单、技术方案或者图纸计算出工程量，以及各相关资源的用量。有经验的企业也可以根据企业内部定额和估算的工程量计算出相关资源用量。

② 根据资源的种类与类别分类统计，并依据项目结构分解（WBS）往上层结构进行合并（即项目范围计划的上一层），形成相应的劳动力资源、工具与机械、物资与设备、授权与费用等相关资源。最终形成分项资源计划、分部工程资源计划和项目总资源计划。如某产业园道路工程中的栏杆资源计划制定后，结合挡土墙等其他分项，形成道路工程资源计划；当道路工程资源计划形成后，再形成某产业园资源计划。资源的分类统计是项目范围计划制定的逆向过程。

③ 根据进度计划确定实体性资源进场时间，措施项目资源的进场时间、出场时间、持续时间，并根据采购管理程序制定采购计划。

在工程实践中，劳动力资源按工种分别进行统计，如混凝土工、木工、钢筋工、瓦工等；工具与机械按类型、型号与种类可以分为起重机、吊车、挖掘机、混凝土泵等；物资与设备可分为钢筋、混凝土、砂浆、空调机、冷水机组等类型；授权与费用分为规费、税金、各种报批报建费用等。所有的资源必须分类到不同种型号且不能再细分为止，然后再分类归集统计，形成资源计划。

5）项目资源实施分类

根据项目的管理实施方案，项目资源的获取方式通过项目自行组织实施与分包方式获得。项目自行组织实施是总承包单位组织实施项目施工管理的重要内容。相对于分包工程，项目自行组织获取资源的方式由项目管理部直接组织实施并获取。自行组织实施部分的资源整合是一个非常繁杂的过程，为了简洁高效管理，需根据企业实际情况与项目管理要求，再次对资源获取方案进行分类，从而确保资源管理更加有效，提升项目组织效率。

为了减轻企业负担，减少管理成本，很多企业将量少种类多的资源与劳动力一并打包再次分包，减少采购和管理成本；将量大种类少的资源自行组织采购与管理，从而控制成本与质量。如某企业将 B、C 类部分物资与设备和劳动力资源整合打包，以劳务分包模式进行分包，A 类或 B 类部分物资与设备自行组织采购。

通过分部分项工程的分解，具体划分到可以计算的劳动力资源、工具与机械、物资与设备，授权与费用（一般在分部工程或单项工程中有该项费用，也称之为现场管理费或应缴纳的相关规费等)。此时综合该项工程量,就可以制定相应资源的采购计划,并进行分类综合,形成采购订单,通过采购的方式从市场获取。

某产业园道路工程的资源获取分类见表10.7。

某产业园道路工程的资源获取分类 表10.7

WBS编号	分部工程	分项工程	资源获取分类			
			范围与内容	人力资源	材料	机械设备	承包模式
GD02010401	道路工程	路基工程	K300+150～K300+900范围内的拆除、开挖、清底、回填、无机料垫层、水稳等	专业队伍1或工班1	自购或自采	外租	包工包料
GD02010402		挡土墙	K300+150～K300+900范围内的开挖、清底、垫层、钢筋、模板、混凝土	专业队伍2或工班2	自购或自采	外租	包清工
GD02010403		路面工程	K300+150～K300+900范围内的沥青铺设、管沟箅子安装等	专业队伍3或工班3	自购或自采	外租	包清工

① 劳动力资源管理计划

工程建设项目以劳动力为主要资源对象进行管理,相应的物资设备、工具与设备均是以服务劳动力为基础而提供,加强对劳动力的管理是项目各项目标与指标实现的重要抓手。

根据确定的工程量,结合定额的工日数确定每个工种的定额工日,根据计划安排确定工作持续时间并分类进行统计。如根据上表,我们得出劳动力资源用量,再结合项目进度计划得出某产业园道路工程中栏杆劳动力资源用量的计划,见表10.8。

某产业园道路工程中的栏杆劳动力资源用量计划表 表10.8

项目名称		单位	市场单价	企业定额用量	定额合计费用(元)	工程量	各项资源用量	各项资源费用(元)	品牌规格型号	说明	持续时间
分项资源	资源明细										天
项目特征描述	不锈钢扶手带栏杆(高1100mm):用于道路栏杆,①1.0mm厚50×50不锈钢管扶手;②φ15mm不锈钢栏杆										
劳动力	综合工日	工日	120	0.6573	78.88	800	525.84	63104	普工		45
	其他人工费	元	200	0.0228	4.56	800	18.24	3648	电焊工		
	劳动力资源小计	元			83.44			66752			

根据劳动力资源用量,结合工程项目管理实际工作时间确定用工人数,定额中的人工日计算一般是以8小时为基数,实际工人工作时间(这和当地条件有关)可能是6小时,也可能为10小时,此时的劳动力工作人数需要做出修正,即工人人数=定额工日/(持续时间×效率),劳动力人数的确定见表10.9。

劳动力人数　　　　　　　　　　　　　　　　　　　　　表 10.9

工种	资源用量（工日）	持续时间（天）	劳动力计算（按10小时计）	劳动作业人员	开始时间	结束时间
普工	525.84	40	11.68	14	2019/7/15	2019/8/25
电焊工	18.24	20	0.40	1	2019/8/10	2019/8/30

　　根据该分项工程的内容及实施先后顺序，先进行栏杆安装，再进行焊接。经施工组织安排，安装需要 40 天，焊接需要 20 天，焊接在全部安装完成后 5 天内完成，总周期为 45 天。同理，我们对每个分项、分部逐步累计、分类统计，形成劳动力资源计划表。某混凝土道路工程劳动力资源计划如表 10.10 及图 10.10 所示。

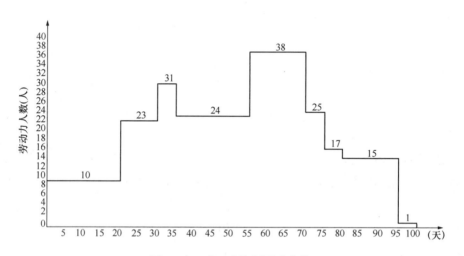

图 10.10　劳动力资源需求曲线

某混凝土道路工程劳动力资源计划表　　　　　　　　　　　表 10.10

分部工程	分项工程	工种	总人工日	持续时间（天）	日平均劳动力人数	开始时间	结束时间	日程（天）
道路工程	路基开挖	普工	350.12	35	10	2019/5/20	2019/6/25	10
	钢筋混凝土路面	钢筋工	639.9	50	13	2019/6/10	2019/7/30	13
		混凝土工	358.38	45	8	2019/6/20	2019/8/5	8
		瓦工	137.01	45	3	2019/6/25	2019/8/10	3
	栏杆安装	普工	525.84	40	14	2019/7/15	2019/8/25	14
		电焊工	18.24	20	1	2019/8/10	2019/8/30	1

我们将各分部分项工程进行整合，合并同类工种，形成项目总体劳动力计划表，各种劳动力资源配置见表10.11。

各种劳动力资源配置柱状图如图10.11所示。

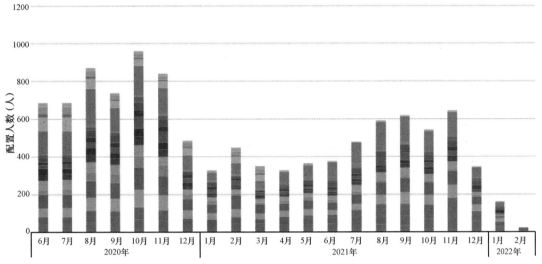

图 10.11　某项目劳动力资源配置柱状图

某项目劳动力资源配置表　　　　　　　　　　　表 10.11

序号	配置资源名称	2020年							2021年											2022年	
		6月	7月	8月	9月	10月	11月	12月	1月	2月	3月	4月	5月	6月	7月	8月	9月	10月	11月	12月	1月	2月
1	杂工	39	42	57	57	69	66	41	33	46	45	42	41	43	53	40	37	68	84	61	31	8
2	钢筋工	43	40	56	54	65	51	32	32	32	24	40	47	47	65	106	114	76	98	48	20	0
3	模板工	46	48	70	68	92	80	42	36	42	28	30	32	26	32	50	60	52	68	36	22	0
4	混凝土工	71	70	89	84	116	101	62	48	74	52	41	49	41	50	69	75	64	75	42	8	4
5	灌浆工	26	30	48	48	62	58	24	20	12	8		16	16	16		4	8	12	8	4	0
6	电焊工	50	48	52	48	58	44	26	16	22	20	20	23	21	34	47	48	37	41	18	7	
7	电工	33	32	39	34	47	38	18	13	13	11	9	12	12	17	22	22	19	18	7	3	1
8	维修工	29	28	35	30	44	35	15	10	8	6	5	7	9	14	16	18	14	14	5	2	1
9	架子工	20	24	32	28	60	60	28	20	24	16		12	8	17	39	38	25	23			
10	木工	14	14	26	26	36	30	14	16	12	8	12	16		4	8	12	24	24	20		
11	养护工	26	26	40	38	42	36	16	16	8	6	18	26	28	30	34	32	34	22	10	4	
12	泥瓦工	10	10	14	14	28	22	6	8	4		8	8	4		4	12	16	16	8	4	
13	钻工	3	4	8	7	4	4	4	6	6	4		12	20	22	14	10	8	24	6	2	
14	司机	128	122	194	127	160	139	82	41	58	39	60	66	82	109	143	137	104	111	51	23	2
15	开挖班	72	72	54	36	36	36	36	2	36	36											

续表

序号	配置资源名称	2020年							2021年												2022年	
		6月	7月	8月	9月	10月	11月	12月	1月	2月	3月	4月	5月	6月	7月	8月	9月	10月	11月	12月	1月	2月
16	出渣班	16	16	12	8	8	8	8	2	8	8											
17	支护班	40	40	30	20	20	20	20	2	20	20											
18	管理人员	20	20	17	14	14	13	13	7	18	17	9	10	6	6	8	5	8	6	1	1	

② 物资与设备管理计划

工程建设物资与设备是构成工程建设项目本体的重要组成部分，一般由各类物资、材料及设备等构成。这些物资、材料与设备千差万别，同种物资、材料与设备有着不同的技术参数、规格与型号，如钢筋有不同等级之分，不同等级的钢筋有不同型号之分；设备有大型、中型、小型之分，有功率大小之分，有技术参数之分等。做好物资与设备的管理是项目管理的重要组成部分。

在工程实践中，物资、材料与设备也是按不同类型、规格、型号等分类统计。

根据确定的工程量，结合定额用量计算资源用量，根据计划安排确定工作持续时间，分类进行统计。上述案例中，物资、材料与设备用量见表10.12。

某产业园道路工程中栏杆物资、材料与设备用量表　　表 10.12

分项资源	项目名称 / 资源明细	单位	市场单价	企业定额用量	定额合计费用（元）	工程量	各项资源用量	各项资源费用（元）	品牌规格型号	说明	持续时间 天
项目特征描述	不锈钢扶手带栏杆（高1100mm）：用于道路栏杆，①1.0mm厚50×50不锈钢管扶手；② φ15 不锈钢栏杆										
物资与设备	不锈钢管栏杆	m	23	7.5702	174.11	800	6056.16	139288	φ20		45
	不锈钢法兰	个	7	9.1575	64.1	800	7326	51280	φ20		
	预埋铁件	kg	2.98	2.178	6.49	800	1742.4	5192			
	环氧树脂	kg	22.3	0.077	1.72	800	61.6	1376			
	其他材料费	元	1	17.343	17.34	800	13874.4	13872			
	不锈钢扶手	m	115	1.21	139.15	800	968	111320	φ50		
	不锈钢弯头	个	14	0.76	10.64	800	608	8512	φ50		
	材料费小计	元			413.55			330840			

根据上表，我们可以得出栏杆工程物资与设备计划，见表10.13。

根据范围管理计划的逆向归类与归集，我们得到上一级范围管理计划的物资与设备计划表，以此类推，最终完成项目物资与设备计划总表。本案例中，根据分项工程材料用量与该分部工程中其他物资与设备计划进行综合统计，合并相关项目，形成分部工程的物资与设备管理计划表，再将分部工程的物资与设备计划和其他分部物资与设备计划表进行综合统计，合并相关项目，我们会得到全项目物资、材料与设备计划表。

某产业园道路工程中的栏杆工程物资与设备计划表　　　　表 10.13

项目名称		单位	各项资源用量	品牌规格型号	说明	持续时间天
分项资源	资源明细					
项目特征描述	不锈钢扶手带栏杆（高 1100mm）：用于道路栏杆，① 1.0mm 厚 50×50 不锈钢管扶手；②φ15mm 不锈钢栏杆					
物资与设备	不锈钢管栏杆	m	6056.16	φ20		45
	不锈钢法兰	个	7326	φ20		
	预埋铁件	kg	1742.4			
	环氧树脂	kg	61.6			
	其他材料费	元	13874.4			
	不锈钢扶手	m	968	φ50		
	不锈钢弯头	个	608	φ50		

为了简化管理，不同的工程企业在项目启动时，仅对一些大宗物资进行管控，形成企业自有的管理特色。如某企业项目管理采购计划见表 10.14。

某企业项目管理采购计划表　　　　表 10.14

序号	材料、物资与设备名称	规格型号类型	估算数量	计量单位	采购单位				采购地点	使用时间
					业主	公司	项目部	分包商		
1	不锈钢管栏杆	φ20	6056.16	m						2019 年 7 月 15 日
2	不锈钢法兰	φ20	7326	个						2019 年 7 月 15 日
3	预埋铁件		1742.4	kg						2019 年 7 月 15 日
4	环氧树脂		61.6	kg						2019 年 7 月 15 日
5	其他材料费		13874.4	元						2019 年 7 月 15 日
6	不锈钢扶手	φ50	968	m						2019 年 7 月 15 日
7	不锈钢弯头	φ50	608	个						2019 年 7 月 15 日
	……									

③ 工具与机械管理计划

工程建设项目采用的各项工具及机械与施工专项技术方案有关，做好工具与机械的管理计划非常重要。它是工程建设企业控制成本的核心内容之一，是体现工程建设企业管理水平的重要标志之一，也是增强企业竞争力的重要内容。

分部分项工程的工具与机械类型及型号的确定较为简单，依据企业内部定额或国家和地区颁布的定额或资源消耗定额确定即可。但对于服务于项目整体的工具与机械，需要做好项目整体实施方案、施工组织设计。在项目范围计划划分时，一般列为项目管理准备，如房建工程中的整体布局、文明施工等。在分类综合统计时，项目管理准备作为一个分部项目纳入整体统计。

工具与机械不构成工程建设项目本体组成部分，但它是工程本体实施采取的必要手段与方法。工具与机械在运用中千差万别，有不同的技术参数、规格与型号，通常情况下尽量做到最优匹配。因此，专项技术方案的制定非常重要，防止在工具与机械使用时"大马拉小车"造成浪费，更要避免"小马拉大车"出现安全事故或质量问题。

根据确定的工程量，结合定额确定机械的定额台班，根据计划安排确定工作持续时间，分类进行统计。上述案例中，工具与机械的资源管理分类见表10.15。

某产业园道路工程中的栏杆工具与机械资源管理分类表　　　　　表 10.15

分项资源	项目名称/资源明细	单位	市场单价	企业定额用量	定额合计费用（元）	工程量	各项资源用量	各项资源费用（元）	品牌规格型号	说明	持续时间 天
项目特征描述	不锈钢扶手带栏杆（高1100mm）：用于道路栏杆，①1.0mm 厚 50×50 不锈钢管扶手；②φ15mm 不锈钢栏杆										
工具与机械	机具费	元	100	0.17876	17.88	800	143.008	14304	电锯		45
	其他机具费	元	100	0.18	18	800	144	14400	电焊机		
	机械费小计	元			35.88			28704			

根据上表，我们可以得出栏杆工程的工具与机械管理计划，见表10.16。

某产业园道路工程中的栏杆工具与机械管理计划表　　　　　表 10.16

分项资源	项目名称/资源明细	品牌规格型号	各项资源用量（mm）	需要工具与机械数量	说明	持续时间（天）
项目特征描述	不锈钢扶手带栏杆（高1100mm）：用于道路栏杆①1.0mm 厚 50×50 不锈钢管扶手；②φ15 厚不锈钢栏杆；③具体做法参见 88I7-1-36/B5 型					
工具与机械	机具费	电锯	143.008	3.19	先采用4台，中途1台提前出厂	45
	其他机具费	电焊机	144	3.2	先采用4台，中途1台提前出厂	
	机械费小计					

根据范围管理计划的逆向归类与归集，我们得到上一级范围管理计划的工具与机械

用量计划表，以此类推，最终完成项目工具与机械计划总表。本案例中，根据分项工程的工具与机械用量以及该分部工程中其他工具与机械用量计划表进行综合统计，合并相关项目，形成分部工程的工具与机械管理计划表，再将分部工程的工具与机械管理计划与其他分部工具与机械管理计划进行综合统计，合并相关项目，我们会得到全项目工具与机械管理计划表。

如某企业项目的施工机械配置计划见表10.17。

某企业项目的施工机械配置计划表　　　　　　　　　　　　　　　　　表10.17

序号	材料、物资与设备名称	规格型号类型	估算数量	计量单位	工具、机械设备来源					开始时间	结束时间
					公司自有	公司租赁	外部租赁	外部采购	分包商提供		
1	电锯		4	台						2019/7/15	2019/8/30
2	电焊机		4	台							
……											

④ 授权与费用管理计划

工程建设项目的授权与费用包括企业管理费、风险费、规费、现场经费、利润、税金等方面，部分分部与分项工程还需上缴报批报建的费用，这些费用资源都是构成项目资源成本的重要组成部分，是保障项目实施的基本条件。企业管理费是项目经理部上缴企业的费用，用于企业发展，是企业保障项目可持续发展的重要资源，是工程项目必须预留的。现场经费主要用于项目组织保障的内容。

根据确定的工程量，以及目前国内工程建设的相关法律法规与政策等要求，企业管理费、规费和现场经费是按人、材、机各项费用的总和为基数计取。企业管理费和现场经费由企业能力和企业管理水平决定；规费按现行法律法规政策等有关规定缴纳；税费按税法缴纳，不同纳税人的缴纳费率各不相同，主要由相关资源是如何获取决定，如提供的某项材料是小规模纳税人，可能他缴纳的税率为3%，工程总承包企业按9%缴纳，中间存在6%的税无法抵扣，该项材料在财务管理中要特别关注。根据计划安排，确定工作持续时间，分类进行统计，上述案例中，授权与费用用量见表10.18。

根据范围管理计划的逆向归类与归集，我们得到上一级范围管理计划的授权与费用计划表，以此类推，最终完成项目授权与费用计划总表。本案例中，根据分项工程的授权与费用，与该分部工程中的其他授权与费用用量计划表进行综合统计，合并相关项目，形成分部工程的授权与费用管理计划表，再将分部工程的授权与费用管理计划与其他分部授权与费用管理计划表进行综合统计，合并相关项目，我们会得到全项目授权与费用管理计划表。

特别说明，项目管理策划时，企业管理费和利润是企业本级对项目管理的预期收入，现场经费是相应范围计划的管理费用，与项目整体管理经费有出入。由于劳动分包后，这部分费用很难体现出来。

6）项目措施资源管理计划

工程建设非实体资源管理主要是指工程建设项目的各种措施管理资源，包括整体措施与专项措施两大类。项目措施资源管理计划主要包括施工现场为实现工程项目管理目标而采取的保障措施，这些措施包括技术措施和组织措施。措施项目需以项目章程和管理目标为依据，从全局视角解决工程整体保障的资源措施，从管理平台的角度来配合调度与指挥项目整体的运转。项目整体措施对节约资源的管理，对系统性降低管理成本、提高项目管理效率、树立企业品牌有着重要意义。项目专项措施是解决工程建设项目的专业化工作内容，确保工程的特点、难点与重点得到有效落实的重要保障。

某产业园道路工程中的栏杆授权与费用用量表　　　　表 10.18

项目名称 分项资源	资源明细	单位	市场单价	企业定额用量	定额合计费用（元）	工程量	各项资源用量	各项资源费用（元）	品牌规格型号	说明	持续时间 天
项目特征描述	不锈钢扶手带栏杆（高 1100mm）；用于道路栏杆，①1.0mm 厚 50×50 不锈钢管扶手；②φ15mm 不锈钢栏杆										
授权与费用	企业管理费	元	3.00%	532.87	15.9861	800		12788.88	以人材机为基数	企业管理费由企业自行设定	45
	风险费	元	2.00%	532.87	10.6574	800		8525.92		根据项目风险评估	
	规费	元	3.00%	532.87	15.9861	800		12788.88	保险、工程排污、社会保障、工程定额测定费、住房公积金等	指政府和有关权力部门规定必须缴纳的费用	
	现场经费	元	2.00%	532.87	15.9861	800		12188.88	现场管理人员工资及配套费用	一般根据企业管理制定经验和制度来定	
	利润	元	3.00%	591.3	17.74	800		14192		利润为资源费和管理费总和的3%	
	税金	元	9.00%	609.2	54.83	800		43864		税金＝（资源费＋管理费＋利润）	

整体措施主要包括项目总体安全施工、文明施工、环境保护和临时设施四个方面。专项措施主要以项目范围计划的各分部分项工程实施的具体措施来安排。项目整体措施在项目所处的不同阶段不断调整，但总体变化不是很大，如加工场地、施工便道、围挡与标识、办公区与生活区、黑站与白站、大型机械等部署安排、维护与保障等。

专项措施资源利用一般随着分部、分项或工序的开始而开始，随着分部、分项或工序的结束而结束。如房建工程的施工总体部分，在地基与基础阶段、主体结构施工阶段、装饰与装修阶段和室外工程阶段，由于项目实施内容的变化，相应的措施项目也不断变化。专项措施方案均是随着项目管理计划的改变而采取相应的保障措施。如房屋建筑工程地基与基础阶段，混凝土灌注桩施工需要使用螺旋钻机进行成孔；基础施工与结构施工阶段需要塔式起重机垂直运输；装修阶段需要采用施工电梯作为垂直运输工具，而在室外工程施工时，主要采用小型挖掘机和打夯机等保障措施。项目措施管理计划需要按如下原则制定：

① 项目的管理目标与指标。项目整体措施需要满足项目整体进度计划的要求，需对安全施工、临时设施（含企业形象）、文明施工和环境保护等方面的内容进行考虑，结合项目进度管理计划进行统筹实施，在不同项目实施的不同阶段做好整体措施方案的调整。为了确保整体措施项目相对精确，需要对项目整体措施方案进行工作内容的策划与安排，以满足不同阶段的项目实施内容，充分发挥项目现场的空间调度和资源优化。如房建工程结构施工阶段向装修阶段转换时，需要及时拆除钢筋加工区域，腾出空间来满足装修材料堆场，从而确保有限空间的高效利用。根据策划与安排进行现场平面设计，有利于精确估算各项措施的工程量，有利于高效组织各类资源，控制措施项目成本，更有利于措施项目的管理控制。

② 工程建设项目的内容。确定工程项目的特点、难点与重点，制定相应的专项工程实施方案。依据项目范围计划的实施内容，结合项目管理进度计划，分阶段有步骤地实施专项措施。如道路工程中的桥梁施工方案等，根据不同施工方案实施过程中所需的各项措施，计算出各项资源用量或工程量。

③ 企业管理类似项目的措施费用的总结或者企业内部定额。依据确定的工程量来确定各项资源费用，为措施项目资源管理提供直接依据。有经验的企业，一般根据企业类似项目的统计数据估算资源用量。特别是在项目启动阶段，各项资源不太明确，需要依据企业内部数据确定资源管理用量。如某企业房建工程公共建筑模板及周转材料控制成本为 $120 元/m^2$，以此进行措施项目的成本控制。项目实施过程中，需要项目经理部限额使用。

④ 项目范围计划中描述的专项工程的实施技术条件。依据项目规范、规程、标准或者特殊专项的要求确定相应的措施资源用量，项目试验需要的土壤试验环刀、混凝土试验模具等，测量工程所采用的仪器与设备等。

⑤ 措施项目资源的获取。根据市场情况、企业自身拥有的资源、项目实施的具体条件确定资源的获取。如大型架桥机、盾构机等是体现企业实力和竞争优势的重要体现，一般通过企业采购、项目经理部使用，一般性的措施项目资源通过购买、租赁或外包形

式来实现。

⑥ 措施项目是工程建设企业科技创新的重点。通过创新提高生产率、延长措施资源寿命、摊薄项目措施成本，有利于提升市场竞争力。在相同的市场，各工程建设企业的实体性资源相对固定，措施资源是企业提升竞争力的重要一环。

⑦ 措施项目资源计划与实体项目资源计划的制定基本一致。不同的是措施项目资源计划需要工程建设企业根据自身管理能力与水平制定措施方案，并根据措施方案进行有关设计并确定相关工程量，从而确定相应的资源数量与类型；实体项目资源通过施工图纸计算出有关工程量，从而确定资源数量。工程建设企业可以采用预算法、类比法、设计法或内部定额法来预估措施管理计划的各项成本。根据具体的工程量确定资源数量，分类统计，形成措施项目资源计划。

7）案例

工程概况：×××研发中心项目，位于×××市×××区，占地面积为 $31743m^2$，总建筑面积为 $131000m^2$，地下面积 $55292m^2$，地上面积 $76184m^2$（主要由设计、实验与研发三个单体组成），地下 3 层，地上 11 层，建筑高度为 50m，是集办公、科研、实验于一体的大型综合公共建筑，获得 2019 年鲁班奖，总工期为 613 日历天。

① 项目总体措施资源管理计划制定

根据项目的红线图及首层平面图进行施工组织策划，并设计绘制了项目地基与基础阶段、主体结构施工阶段、装修与装饰阶段平面图。其中主体结构阶段的平面图如图 10.12 所示。

根据图 10.12 计算各项措施项目资源用量。同理，计算出地基与基础阶段的资源用量。将措施项目资源用量分类统计，明确资源获取方式，按进度计划明确使用时间。项目总体措施管理计划见表 10.19，临时设施资源管理计划见表 10.20，现场临水临电资源管理计划见表 10.21。

② 专项措施管理计划的制定

措施项目资源服务于项目创造，工程建设项目的措施项目主要从两个方面考虑：从创造项目产品过程来看，一般称为技术措施；从项目管理过程来看，一般称为组织措施。这些措施都服务于工程项目实施过程，而专项措施主要服务于工程建设项目某一特定的子项目或分部分项工程。根据项目范围计划的分解，技术专项措施项目仅服务于相应的分部、分项工程，需要通过技术方案进行系统描述，并根据技术方案编制时所采取的措施计算相应费用。如塔式起重机施工方案，不仅包括塔式起重机的定位、选型、安装、验收、进出场等一系列与之有关的费用，还包括塔式起重机运行过程中的维修维护、司机、信号工等各项费用。组织措施项目根据项目特点、难点、重点和项目所处环境条件所制定。各项措施需要制定实施方案、专项方案，以便于计算各项费用。如冬雨期施工方案，不仅包括材料物资内容，还包括为达到组织管理效果而付出的人工、库存、保管等各项费用。

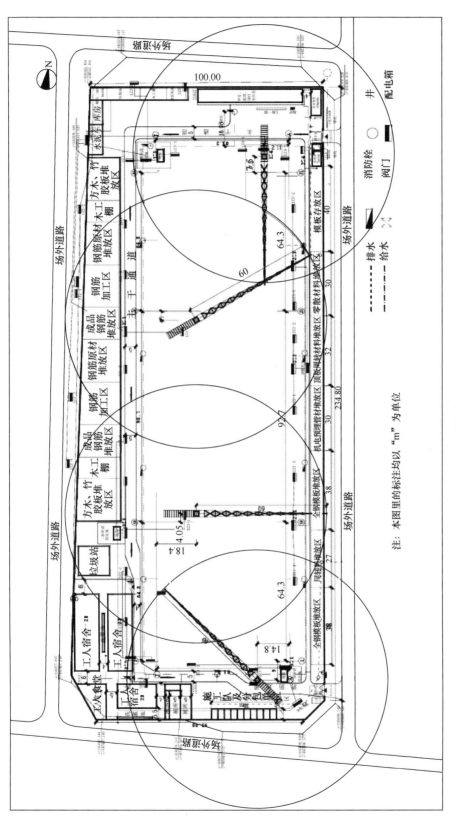

图 10.12 主体结构阶段的平面图

某项目总体措施管理计划 表 10.19

序号	类别	总体措施项目名称	描述	数量	单位	实施方式				使用时间
						公司自有	公司采购	外部租赁	分包提供	
1	环境保护	材料堆放								
2		垃圾清运								
3		环保部门所要求的环境保护内容								
4		……								
5	文明施工	施工现场围挡								
6		五板一图								
7		企业标志								
8		场容场貌								
9		宣传栏等								
10		其他有特殊要求的文明施工做法								
11		……								
12	临时设施	现场办公生活设施								
13		施工现场临时设施用电								
14		施工现场临时设施用水								
15		……								
16	安全施工	卸料平台								
17		上下脚手架人行通道（斜道）								
18		一般防护								
19		通道棚								
20		防护围栏								
21		消防安全防护								
22		临边洞口交叉高处作业防护								
23		安全警示标志牌								
24		危险性较大工程的安全措施								
25		……								

某项目临时设施资源管理计划 表 10.20

序号	临建名称	规格/型号/做法	数量	单位	单价	总费用	开始时间	结束时间	持续时间
1	业主/监理办公用房								
2	总包自用办公用房								
3	分包管理用房								
4	会议室								
5	试验用房								
6	锅炉及备用发电机房								

续表

序号	临建名称	规格/型号/做法	数量	单位	单价	总费用	开始时间	结束时间	持续时间
7	厨房及食堂								
8	卫生间及淋浴								
9	仓库								
10	混凝土搅拌站/机用棚								
11	木工加工车间								
12	钢筋加工棚								
13	工具房								
14	急救室								
15	保安及门卫用房								
16	临时道路								
17	围墙含出口及大门								
18	公司标语/CI标志								
19	临时粪池								
20	工人宿舍								
21	场地租赁								
22	其他								

某项目现场临水临电资源管理计划　　　　表10.21

序号	临建名称	规格/型号	单位	单价	总费用	开始时间	结束时间	持续时间
1	主配电箱							
2	分配电箱							
3	电缆							
4	电线							
5	现场照明用广场灯							
6	电缆电线保护用管							
7	临时消防用水管							
8	室外消火栓							
9	室内消火栓							
10	消防用水箱							
11	施工用水管							
12	生活用水管							
13	排水管							
14	手提式电箱							
15	灭火器							
16	水表							
17	电表							
18	临水临电标识牌							
19	建筑内部临时照明							
20	其他							

无论何种专项措施项目,均以技术或组织方案为前提来计划相应的资源,专项措施的资源管理计划的基本依据是专项方案。

其中专项措施资源管理计划见表10.22。

某项目专项措施资源管理计划表　　　　　　表10.22

序号	类别	专项措施项目名称	描述	数量	单位	实施方式				开始时间	结束时间	持续时间
						公司自有	公司采购	外部租赁	分包提供			
1	建筑工程与装饰装修工程措施项目	脚手架										
2		垂直运输机械										
3		构件吊装										
4		混凝土输送										
5		模板及支架										
6		大型机械										
7		施工降排水										
8	安装工程的措施项目	吊装加固										
9		平台铺设、拆除、顶升、提升装置										
10		胎(模)具制作、安装、拆除										
11		大型设备专用机员										
12		防护棚制作、安装、拆除										
13		工程系统检测、检验										
14		设备管道施工的安全、防冻和焊接保护										
15		隧道内施工的通风、供水、供气、供电、照明及通信设施费										
16		……										
17	季节性措施	冬雨期施工措施费										
18	间歇性施工	法定节假日措施										
19	应急措施	疫情										
20		……										
21	……											

监测与检测设备管理计划在制定时,依据测量方案、项目检测方案、规范、规程及设计方案中的有关要求制定监测设备的类型与数量,分类统计和归集,并根据企业自身现有的设备确定。某企业项目监测设备配置计划见表10.23。

某企业项目监测设备配置计划　　　　　表 10.23

序号	机械设备名称	规格型号	配置数量	计量单位	使用时间	机械设备来源（打√）				备注
						公司自有	公司采购	外部租赁	分包提供	

工程机械配置计划依据专项方案制定，如建筑工程施工方案、设备安装方案、市政工程方案等，为了提升设备使用与成本效率，在专项方案中通过设计计算和组织优化确定工程机械类型与数量，分类统计和归集，根据企业自身现有的设备和采购确定。某企业项目施工机械配置计划见表 10.24。

某企业项目施工机械配置计划表　　　　　表 10.24

序号	机械设备名称	规格型号	配置数量	计量单位	使用时间	机械设备来源（打√）				备注
						公司自有	公司采购	外部租赁	分包提供	

③ 特殊技术措施管理计划

特殊技术措施管理是在分部分项工程推进过程中，为了解决项目专项技术论证、检测及评估等消耗的资源，如钢结构专项技术专家论证使用、检测费用，针对海相淤泥地基处理中的"二搅一喷"技术等需要购买专利等。

④ 专项组织措施管理计划

专项组织措施管理计划是依据项目总体或专项管理需要而采取的组织措施，这些措施包括人员管理、培训、安保、样板、治安联防、二次设计、成品保护等。专项组织措施的根本依据是项目整体管理策划和企业管理制度、现行法律法规。

如某企业的组织专项措施管理计划见表 10.25。

某企业的组织专项措施管理计划表　　　　　　表 10.25

序号	组织专项措施	费用构成计算公式	资源预算成本额	持续时间	开始时间	结束时间
1	保安费					
2	冬雨期施工措施					
3	动力燃料					
4	成品保护					
5	工人注册及证件费用					
6	治安联防					
7	工人劳保					
8	出入证					
9	工人交通					
10	分包管理人员工资					
11	竣工图绘制					
12	样品费用					
13	安全体检专项					
14	二次设计					
15	宿舍管理					
16	其他					
	合计					

组织专项措施反映企业管理水平与能力，也是项目内外部环境正常有序的基本保障，不同的企业有着不同的要求，在标准上也各不相同。工程项目不同，管理要求不同，组织专项措施管理计划需要根据项目管理目标进行分解，并依据有关制度和要求而制定。

8) 项目资源计划的管理

工程建设企业资源管理是一项重要内容，资源管理主要依据企业的内部定额或企业自身管理模板来制定费用管理的标准与方法，其核心指导思想是控制费用支出、确保项目利润、促进企业发展。制定资源规划、结构、估算、预算和控制的标准是项目管理及盈亏控制的关键。资源费用控制包括费用估算、费用工料测量、费用偏差标准和费用报告格式等主要内容。项目管理费用计划为后续费用估算、费用预算和费用控制等工作提供指导，批准的费用管理计划是企业管控项目、防控风险的重要依据。项目的费用管理与范围管理（分部分项工程计划）、进度管理、资源管理、风险管理等息息相关，因此，在制订费用管理计划时要综合考虑范围、进度、项目资源、风险等对费用管理及费用偏差阈值可能造成的影响。

项目资源管理计划一旦制定，它就是企业对项目下达管理指标与目标的根据性依据，需要签订目标责任书，建立相互制约的奖励机制，确保成本控制指标落实。

在项目资源管理过程中,要在全面落实项目管理目标的基础上,严格管理资源计划,在确保工期达到合同要求的前提下尽可能降低资源投入。对项目经理部进行考核的指标中,成本控制必须与工作业绩挂钩。通过签订目标成本责任书,进行相应的奖励和惩罚。在项目初期,必须做好成本测算,做到成本目标管理明确、项目监控依据充分、管理人员责任压实,形成有效管理,并总结经验,带动提升企业整体管理水平。

9)分包管理计划

根据项目资源的实施方案,我们可以安排工程建设项目中需要进行分包的项目与工作内容。分包管理可以理解为以劳动力为基础,一种或多种不同类型资源的集合,并由第三方主导实施的项目管理模式,也称为外包。总承包单位承接工程后,一般采取两种方式来完成合同内容,一种是自行实施,另一种是将工程分包给其他承包单位来做。将工程分包给其他承包单位来做,必须遵守法律约定的范围与内容,如房建工程中的主体结构必须由总承包单位完成。工程分包的本质是简化项目组织管理内容,降低企业管理成本,也是工程建设企业从重资产向轻资产转型的必然方式。

施工总承包将工程项目分包给其他承包单位,一般采用包清工、扩大分包、工程分包三种类型。在这三种分包类型中,包清工单纯提供劳动力;扩大分包除提供劳动力外还提供各种损耗包干、部分或全部工具与机械、物资与设备损耗及非关键性内容等,如房建工程中的材料、混凝土损耗、钢材损耗、模板、周转材料、零星材料、机具设备及临时设施费等包干项目等,扩大分包视工程建设企业自身的管理要求确定;工程分包的内容与形式复杂多样,有专业分包、服务分包等多种类型,一般有包工包料、专业分包及其他分包等多种方式。

工程总承包将工程项目分包给其他承包单位,除施工总承包分包内容外,还包括项目全生命周期各阶段各种服务分包,内容更加复杂。如在项目立项阶段初期的服务分包,包括各种咨询、概念设计、专题、投资可研与工程可研等;项目设计阶段的设计分包,包括专项设计、工程造价咨询等。

工程建设企业为了防控风险,降低整体成本,利用自身优势采用分层分级方式管理不同的分包。同时,兼顾业主自身降低成本的实际情况,在主合同签订时将部分工程纳入指定分包的范围。统筹兼顾业主与企业自身利益,做好工程项目的分包是项目能否成功的重要内容。因此,分包采购计划的制定,需要从以下几个方面综合考虑:

① 项目管理成本控制的要求。采用何种分包方式,需要依据项目合同的范围与内容,依据项目的管理能力和资源掌握情况确定。

② 企业集约化管理的需要。利用企业掌握的资源情况,利用规模优势进行集中采购,将大宗物资与设备单独采购供应,将其余部分进行分包,视情况确定分包形式。

③ 从利益相关方的角度来决定分包内容。一是根据业主方的要求确定分包,如业主指定分包内容或者根据业主意向来确定分包;二是根据项目外部环境中的某些因素确定分包,如当地企业为了争取自身发展需要分包的工程内容;三是特定干系人为了平衡项目利益而分包的内容。对于上述分包,通过收取一定的采保费、总包管理费、施工配合费将指定分包纳

入总承包管理。

依据项目资源分类与获取方式，并按照管理需要，对于不同的劳务分包、工程分包和包清工进行分类合并（同一家被分包的单位可以同时提供一项或多项分包，如某产业园项目的办公区与生活区劳务分包合并为一家劳务分包商，从而减少管理幅度与范围），获得项目的分包管理计划。

（7）过程改进计划

工程建设项目通过范围管理计划分解成一系列分部分项或子项，每个构成的要素均是项目实施活动的重要组成部分。当项目范围确定后，为了确保项目的质量与成本，需要通过项目管理活动将各项资源有效转换成工程项目产品，这种转换过程和能力是过程改进的重要内容。因此，工程建设项目的交付成果、质量和成本是过程改进的决定性因素。

将各种资源转化成工程项目的产品，需要按照项目创造产品的内在逻辑与规律（包括但不限于工序、工法、建设程序与顺序、施工工艺等），有效地组织和实施。为了得到想要的结果，需要对这个转换过程进行有效的过程控制、改进和提升。

过程改进计划需要详细分析过程的具体步骤，包括过程测量标准、过程改进目标等内容。该计划直接为项目过程改进（通过质量、进度与成本保证）提供指导，间接为组织过程改进（通过经验和教训）提供指导。因此，项目管理过程改进计划对保障项目各项管理目标与指标的实现有着重要意义。

过程改进计划需要改进的内容有质量、进度与成本等方面，改进的方法有管理改进和技术改进两大类型。过程改进的主要目的是控制质量、进度与成本的各项目标与指标达到预期的要求。

1）质量改进计划

质量改进主要有开展各种专项技术研究，解决工程实际中的问题。开展 QC 计划，展开技术攻关，改进工程质量是质量改进的重要内容。根据工程项目的特点、难点与重点展开质量改进，按照质量计划全面展开过程质量管理，实现各项管理目标与指标。

① 具体质量改进

根据项目范围计划，将项目管理各项目标与指标层层分解，根据相关的验收标准分解具体目标，如"长城杯"质量验收要求，实现目标的具体性、可操作性，如某房建工程的质量目标分解见表 10.26。

② 建立项目质量组织

建立项目质量组织，在项目组织机构基础上，根据项目质量目标将各项指标按照责任分配矩阵分配到职能部门，从而建立健全质量管理组织体系和质量管理制度，并通过职能描述和绩效监测实现质量管理。项目组织有多层结构，根据各类合同将分解质量目标传递到各分包商、供应商及作业层等各个层面，实现全员参与质量管理。

③ 明确资源管理计划的要求

各类资源是项目质量的基本保证，资源的获取直接影响工程质量的要求。在获取各类资源时，需要明确各类资源满足相应质量分解后的目标要求，对于物资与设备类的各项参数与性能、品牌等要有明确要求，对于工具与机械类的资源需要有实现质量目标的功能，对于劳动力资源需要有成熟的技能与经验，对于授权与费用方面要有相应的保障。

某房建工程的质量目标分解表　　　　　　表 10.26

总体目标	分部工程目标	分部工程名称	质量目标	分项工程目标 合格率	分项工程目标 优良率
确保"长城杯"争创"鲁班奖"	合格率：100% 优良率：90%	地基与基础	确保优良	100%	≥95%
		主体结构	确保优良	100%	≥95%
		建筑装饰装修	确保优良	100%	≥90%
		建筑屋面	确保优良	100%	≥90%
		建筑给水、排水及暖通	确保优良	100%	≥85%
		建筑电气	确保优良	100%	≥85%
		智能建筑	确保优良	100%	≥85%
		通风与空调	确保优良	100%	≥85%
		电梯	确保优良	100%	≥85%

④ 质量控制措施

控制措施是实现质量目标的手段，也是确保各项分解目标得以实现的重要保证，它使得各项工艺、工法等得到有效实施。如常见的钢筋保护层，不同的措施对确保钢筋保护层有着直接影响，钢筋保护层过大则截面有效高度减小，过小则钢筋容易受到腐蚀，耐久性受影响。采用混凝土垫块、大理石、塑料垫块、梯子筋（加顶模棍）等对确保钢筋保护层有着不同的效果，工程项目需要根据成本、质量及操作可行性做好统筹。

⑤ 识别工程项目的关键和特殊过程

关键和特殊过程是工程项目特点、难点与需要实施的重点内容，对工程项目的总体质量目标有着重要影响，做好关键和特殊过程的质量管理是重中之重。如影响工程进度的关键线路上的分项工程，实现特殊需要的结构工程，新工艺、新材料、新技术运用，创新的施工方法以及强规强条要求的内容等。

⑥ 检验、试验计划

根据项目的范围计划，建立检验、复检、认证相关制度，做好各类仪器仪表的检验工作。

检验、试验计划是工程建设项目控制质量与改进计划的重要内容，通过检验、试验确保工程质量处于受控状态。一旦出现不满足设计、规范、规程、合同约定及政策规定等内容，及时予以改进修正，如淘汰产品、TVOC 超标、构件承载力不够等。

⑦ 技术改进计划

针对工程项目有关技术特点、难点及关键过程进行总结，通过 PDCA 持续改进，形成工法、论文、专利及相关总结，为后续工作及其他类似工作提供经验与教训。技术改进也是工程建设企业管理提升的基础，对促进企业竞争力有着重要的意义。

2) 成本与进度改进计划

成本与进度改进计划是工程项目管理的重要内容与指标，也是工程建设企业实现产值与利润的重要来源，做好项目管理的进度与成本控制的改进措施尤为必要。

① 项目监控与控制

根据企业生产调度的安排，企业对项目成本与进度的控制一般是以月度、季度或年度进行监测并考核，监测点设置时间过短则增加企业的管理成本，过长则容易使项目监测出现偏差过大造成纠偏困难。从项目层面来看，检查点设置以月为宜，对企业检查点设置以季度为宜，具体时间的设置要根据企业管理实际情况确定。通过监控和控制项目执行过程，及时对出现的进度变化、成本变化、范围变化和质量问题采取措施。

② 制定项目的预算成本 BCWS

根据项目资源管理计划，结合项目启动时确定的资源成本，计算出持续时间内的平均预算成本，按月（季）累加，确定项目当月的各项费用，形成月度预算成本。

③ 确定项目实际完成的预算成本 BCWP

根据项目实际进度，进行已完成工作量的确认和监测，确定已完成工作量的资源成本，对各项完成的资源成本进行累加，确定该月（季）实际预算成本（类似于验工计价）。

④ 确定项目实际完成的工程成本 ACWP

根据当月（季）已完成工作量，结合获取各项资源的成本（如采购成本），对完成的各项资源成本进行累加，确定该月的实际工程成本。

⑤ 对比各项指标

成本偏差，已完成工作内容的超支或盈余。

$$SV=BCWP-BCWS$$

进度偏差，已完成工作的进度提前或者滞后。

$$CPI=BCWP/ACWP$$

⑥ 制定纠偏措施

成本与进度的过程改进计划是制定纠偏预防措施，依据上述计算结果分析项目出现问题的根本原因，是项目管理预期目标实施的重要保障。工程建设项目已经发展到一定阶段，要对影响项目常见或普遍性的原因做好预防，如资金来源、设计功能的修改、市场波动带来的价格偏离以及项目环境发生变化等方面制定预防措施。

(a) 对施工进度计划进行调整

优化各项工作之间的逻辑与组织关系，在工程进度与计划产生偏差时，对各项排列组合后的工作进行优化，从管理策划的角度对项目的组织关系和逻辑关系进行优化调整。对关键线路进行优化，加强关键线路的组织管理和资源配给，对偏差的工期进行纠偏。对于非关键线路上的工作，调整自由时间差或者总时差，以将各项改进为新的项目进度计划。对项目工作的持续时间，在确保资源供给的条件下进行一定的调整或压缩，以更新进度计划。

(b) 对成本效益进行改进

成本效益是管理改进的重要内容，成本的改进一般直接反映在项目资源优化成本的管理上。在构成资源的劳动力、工具与机械、物资与设备、授权与费用中，对工程进度与成本产生优化效果最明显的是工具与机械；为了缩短工期，需要采用效率更高的施工机械或施工工艺，工具与机械费用往往就要增加；如果不改变效率，就需要投入更多劳动力、物资与设备、授权与费用资源，增加资源使用强度，扩大现场临时设施和供应链企业生产规模，增加一次性费用投入，最终结果是成本增加。

进行项目进度计划调整改进时，必须考虑资源的平衡，不但要求资源的计划用量控制在项目资源计划用量限额之内，还要力求做到资源均衡使用，避免资源使用波动过大，减少一次性资源用量，提升经济效益。

(8) 风险管理计划

风险管理计划需要描述如何规划、安排与实施项目风险管理。该计划为后续风险识别、风险定性分析、风险定量分析、风险应对规划和风险监控等工作提供指导。项目经理在制订风险管理计划时，需要充分考虑项目团队的风险管理水平和能力，可以借鉴但不可盲目套用其他项目的风险管理计划，否则将会导致后续风险管理工作很难开展。工程项目风险是依据项目合同范围内容的各项工作在实现过程因内外部环境及实施条件出现变化而达不到预期甚至出现严重后果的可能。

工程建设项目具有规模大、技术类型多、持续时间长、资金密集、参加单位多、与环境接口复杂等特点，风险管理对项目的管理目标与指标的实现起着至关重要的作用。因此，工程项目风险可以理解为所有影响该项目目标实现的不确定因素的总和。由于项目管理实施基于项目立项、论证分析、研究、设计、计划等因素，在项目启动前，这些因素都是基于对未知因素（包括政治、经济、社会、自然等各方面）预测之上的，基于工程建设企业正常管理和现实条件的技术、管理、组织之上的。项目启动后，随着工程项目的进展，因内外部环境与实施条件等因素与项目策划时相比发生变化，各种风险就会产生，特别是项目资源和资金投入后，这些风险会对其产生直接影响，造成工程项目出现失控现象。

风险管理计划是从工程项目管理、监测、控制风险的一整套政策和程序入手，通过辨别、测量、分析、报告、监控和处理面临的各种风险，实现风险规模与结构的优化，达到风险与回报的平衡。工程项目实践中，我们通过评估各类风险，制订、实施相应对策，使风险被控制在所能接受的范围内。风险管理计划的本质特征是事前风险管理，表现为认真分析识别风险，积极主动、有意识地承担或管理风险，做到化"危"为"机"，获取风险收益。

根据项目范围计划和管理要素分析，工程建设项目的风险管理可从以下几个方面入手：

1) 全面实行风险管理

风险存在于工程实施全过程，也存在于各项目标实现各阶段，全面提高风险意识，利用有效的风险管理手段，是控制工程项目风险的最佳方式，除足够重视重点风险的防范之外，我们将在以下方面加强风险管理工作。

① 建立科学的经营决策机制

根据项目范围管理计划，我们将预先对工程的各项方案进行科学分析和论证，对可预见以及不可预见的风险逐项分析研究。在决策中避免主观臆断，结合工程建设企业的经验和项目管理团队的意见，并结合利益相关方的综合意见和建议，确保决策的科学性、民主性、合理性，最大限度避免项目实施过程中存在的各类风险。

② 明确风险责任主体，加强目标管理

根据项目范围计划中的工程项目实施的风险点，通过责任矩阵分配到项目管理组织，并确立风险责任主体及相关责任、权利和义务。同时，根据项目合同将有关风险向合同相关方转移。通过范围计划与责任矩阵的分配，将明确的责任、权利和义务等落实到每一个责任主体，项目风险管理工作责任、权利与义务也相应做到有效分解，更有利于项目管理过程中的监督与管理。

加强项目管理目标与指标的管理，利用 PDCA 和 5W1H 方法进行风险管理。在制定风险管理计划时，要根据确定的责任、权利和义务做好规范化和系统化的分类，同时与 5W1H 对应起来进行风险管理计划工作，使责任人明确工作的内容、方法、期限、应对措施与策略、检查人和向谁负责等事项。

③ 严格按相应的规范、流程及行业固有规律展开工作

根据项目范围计划的分解，每项工作均有其相应的工作规范、工作流程及固有规律，如防水施工规范、混凝土工程工艺流程等，只有遵照项目实施内容固有规律，各项风险才能得到有效控制。很多风险源演变成风险是由于不按操作流程、事物存在的基本规律行事。按照国家有关规范、标准和工程的设计要求进行项目实施，避免造成质量缺陷、返工返修等经济责任风险，是工程项目控制风险的基本一环。

④ 重视合同管理

在工程建设管理过程中，一切活动必须遵守法律、法规和地方政策与标准，并遵循国际惯例，强调法律至高无上的地位和作用是防范风险的重要手段。做好合同风险控制是防控重大风险的重要手段，充分发挥合同管理和控管职能，对项目实施的各个行为与环节进行全面调控、管理。通过法律的保障和合同管理机制、审批程序的有效运行，确保合同管理的基本作用，确保其主导地位，实现质量、成本与进度各项指标与目标。

⑤ 做好工程项目实施的现场管理

现场管理是防范风险的重要一环。工程现场是质量、成本、进度与安全风险最为直接、最为有效的管理场所。特别是重大安全风险一旦触发，对项目会造成毁灭性打击。大力加强现场管理工作，创造良好工作面，合理做好调度与指挥，是降低项目风险的有效手段。大力加强现场管理工作，配备足够的人员进行管理，在工程实施过程中实行全程监督，对每个环节严格把关，对工程的进度、质量决不含糊，确保工程保质保量按期完成，避免造成停工、窝工、倒运、机械设备调迁、材料和构件积压等损耗，或因工期的延误、质量问题带来风险。

⑥ 注重安全生产

安全生产是项目现场管理的第一要素，在进入现场前对全体人员进行充分的安全教育，做好各类警示标牌，教育施工人员必须严格遵守安全操作规程，严格进行检查考核，建立奖惩制度，杜绝安全事故发生，避免由于生产过程中的安全因素造成责任事故和人身伤亡等重大风险。

⑦ 做好合同相关方的管理

合同相关方是项目资源获取的重要方，项目承包方不仅要做好自身风险防范工作，还要将合同相关方（分包单位、供货单位、咨询与服务等）纳入整体考虑范围，形成风险防范的整体。积极主动协助合同相关方进行风险管理、化解、制定风险防范措施，同时在项目实施过程中加强监督与指导，将风险化解在每一个环节，将损失降至最低。

2）工程建设项目常见风险分析

工程建设项目的特点决定了工程项目的风险是多方面、多样性的，风险的分类主要基于风险防范和风险处理，是定性的、相对的。从工程项目性质分析，存在不可避免的风险，包括地质场地条件、自然环境、劳动力管理、物资与设备供应、工程变更、设计存在的问题以及工程实施造成的风险；从工程项目内外部环境分析，存在的风险主要有政策变化、市场变化、资源方面、技术方面、工程施工、融资方面、组织管理、环境与社会方面、配套条件、信用风险、政府风险、项目交易结构风险、供应链风险及其他等方面。综上分析，这些风险因素均围绕项目组成要素而产生。因此，常见风险分析要做到以下几个方面：

① 做好业主方的风险应对

业主方的风险主要来自业主方的资信、实力及开发的信誉等，必要时做好尽职调查工作。在房地产企业爆雷后，工程建设企业受到的冲击是巨大的。

② 做好分包商信用风险控制

分包商信用风险又称交易对手风险，是指分包商不履行或不完全履行义务的可能性，包括施工质量、工期和不遵守现场安全、环保等规定时所带来损失的风险。

③ 做好采购风险控制

采购风险是项目资源获取的重要方面，市场材料的价格、质量波动会使承包商不能获得预期产品或增加投资风险，质量、成本与进度达不到预期。

④ 做好管理运行风险控制

管理运行风险是指总承包管理体系不完善或在执行过程中没有有效解决发生的矛盾而使个别目标在落实中产生困难甚至出现损失的风险。它可能表现为信息不畅、审核不力、工作流程出现错误或控制失效等。

⑤ 做好设计变更风险控制

设计变更风险是指由于设计图纸不完善、深度不够及各专业综合不足，甚至存在设计失误等，造成返工、增加造价、影响工期，甚至影响使用功能等后果。

⑥ 做好现金流控制风险

现金流是项目经营的血液，现金流出现问题会对项目产生致命影响，应做好项目资金来源风险控制、工程款支付、项目融资等。项目收入与支出要做到平衡。

3) 风险管理计划的分类与统计

根据上述描述可能存在的风险，以及项目范围计划的逐项分析（范围计划的层级不同，识别的风险计划有所差异，但上级子计划一般包含下一级子计划），按影响项目管理要素的起因、影响结果和应对措施进行分类统计，形成工程建设项目风险管理计划。如某工程建设企业风险管理计划见表10.27。

某工程建设企业风险管理计划表 表10.27

序号	工程项目的活动内容	风险源	可能导致的结果	风险级别	计划控制措施	备注

（9）资金流量计划

资金的现金流是反映企业项目管理的一项重要指标，一旦现金流出现问题或者得不到有效解决，意味着工程项目将停工或者中止。因此，项目的资金流量在项目启动后必须做好策划与安排，为资金来源和保障提供依据。资金流量是项目收入与支出相互作用的结果，要确保资金流量处于正值，项目才可以得到有效推进。一旦现金流量出现重大变化，就要警示风险，因此，现金流量表中的变化程度也是及时发现风险的重要依据。一旦现金流出现负值或者较大波动，表明项目的风险需要关注并采取相关措施。

1) 工程项目现金流入

工程项目的现金流入有多种方式，其中工程项目收入是现金流入的主要方式，项目融资是投资类项目现金流入的重要组成部分，其他项目现金流入有垫资、基金等多种形式。

① 工程项目收入

工程建设项目的服务是向业主提供某一时段内履约义务，工程项目才有收入。所以履约是关键，只有在履约保证的前提下，工程项目收入才能保证。从工程实际情况来看，工程服务是按时期提供履约义务，但工程项目收入却是分段提供的，这是合同收入风险的一个重要方面。工程项目的收入,从税务部门来说最好每月一次,这样保证月月有税收;从业主方来讲,最好是工程做完了再支付,可以减少资金压力;对于工程建设企业来讲,最好是收到进度款,这样有现金流、不垫资,最起码不先自己垫钱缴税。所以,利益相关方各有所需、各有不同。但合理的工程项目收入是经过合同双方博弈,将确认收入的条件以合同条款形式固定下来,作为工程建设企业收入依据。工程项目收入是现金流入的重要形式。

确定收入的方式有多种,具体要依据合同条款约定的条件确定,确保收入估算的准确性。常见的合同收入方式有:

固定合同按照百分比法确定合同收入。一般在确定收入的同时,需要达到合同约定的限制条件,只有达到限制条件的要求,工程款收入才可以确定。如工程形象进度达到50%后,支付合同30%的工程款。

按验工计价,以月为进度确定收入。在实际操作中,除首末两笔款的付款条件较特殊外,中期收入一般都是按验工计价价额的百分比来确定。如很多合同约定按验工计价的70%支付工程款,形成工程建设企业的收入。

工程建设项目的履约不一定每月都能有确切计量,有些隐蔽工程不会到月底才估算完工进度;有些需要静置沉降的工程,往往就要数月,中间也无法判断完工进度。工程建设项目的履约最好在合同中明确约定,从工程类型和特点出发,按照工程节点确认履约进度,而不是简单地从时间上进行划分。对于复杂程度较高的桥梁、隧洞、公路、房屋等,适宜以合同约定工程节点的方式来确定工程项目收入。当然,由于市场环境不断变化,工程款收入也随着市场变化存在很多不确定性,如业主违约等。但是,通过现金流的流入比例设定阈值来判断项目的可行性,延缓工程进度或者中止项目实施,确保不将项目风险转移到企业。

② 项目融资

随着市场不断变化,项目的被动投资也是工程建设企业获取市场份额的一种重要方式,典型的EPC+O、EPC+F类项目,需要通过融资来解决资金来源问题,通过注入资本金,以项目为载体(特许经营权)进行融资获得资金(在项目融资章节进行详细描述),项目的现金流入通过债务资金获得,对项目的推进有着重要意义。

③ 其他现金流入

其他现金流入方式多样,如企业垫资施工、借款等,它们也是现金流入的重要组成部分。

2)工程项目现金流出的确定

工程项目的实施过程主要有项目创造产品的过程和项目管理的过程两个部分,项目创造产品的过程,现金流出主要是各类资源消耗费用支出;项目管理过程的现金流出主要是各类费用支出。

① 各项资源费用的支出

根据项目资源的各项费用汇总,结合项目的时间,我们可以计算出各项资源费用的使用时间，作为现金流量的基数，见表 10.28。

根据范围管理计划的逆向归类与归集，我们得到上一级范围管理计划的各项资源费用的消耗表，以此类推，根据财务统计口径的不同，按照人工费、物资与设备费、工具与机械费、授权与费用（按现行会计准则）进行分类，我们可以确定在不同阶段的各项资金消耗用量见表 10.29。

某产业园道路工程中的栏杆现金费用表　　　　　表 10.28

项目名称		单位	市场单价	企业定额用量	定额合计费用（元）	工程量	各项资源用量	各项资源费用（元）	品牌规格型号	说明	持续时间 天
分项资源	资源明细										
项目特征描述	不锈钢扶手带栏杆（高1100mm）；用于道路栏杆，① 1.0mm厚50×50不锈钢管扶手；②φ15mm厚不锈钢栏杆										
劳动力	劳动力小计	元	4		83.44	800		66752			45
物资与设备	材料费小计	元			413.55	800		330840			45
工具与机械	机械费小计	元			35.88	800		28704			45
授权与费用	企业管理费	元	3.00%		15.9861	800		12788.88	以人、材、机为基数	企业管理费由企业自行设定	45
	风险费	元	2.00%		10.6574	800		8525.92		根据项目风险评估	
	规费	元	3.00%		15.9861	800		12788.88	保险、工程排污、社会保障、工程定额测定费、住房公积金等	指政府和有关权力部门规定必须缴纳的费用	
	现场经费	元	3.00%		15.9861	800		12788.88	现场管理人员工资及配套费用	一般根据企业管理经验和制度确定	
	利润	元	3.00%		17.74	800		14192		利润为资源费和管理费总和的3%	
	税金	元	9.00%		54.83	800		43864		税金=(资源费+管理费+利润)×9%	

在工程实际中，工程、材料与服务费用按节点与比例支付，甚至有预付款或者保修款等各项费用，在项目现金流出时综合进行考虑。根据现行关于进城务工人员工资支付有关规定，人工费支付基本是据实结算、据实支付；其他费用根据市场情况调节，如项目栏杆材料采购合同中明确无预付款，中期付款70%，工程完工后支付90%，保修款一年后付清，此时，项目现金流的支出需要根据付款条件修正。

某产业园道路工程中的栏杆现金流用量表　　　　　表10.29

项目名称		工程量	各项资源费用（元）	持续时间 天	开始时间 年、月、日	结束时间 年、月、日	平均每日费用（元）	2019年		
分项资源	资源明细							…	7月	8月	…
项目特征描述	不锈钢扶手带栏杆（高1100）：用于道路栏杆，①1.0mm厚50×50不锈钢管扶手；②φ15mm厚不锈钢栏杆										
劳动力	劳动力小计	800	66752				1483.20		22248.00	44496.00	
物资与设备	材料费小计	800	330840				7352.00		110280.00	220560.00	
工具与机械	机械费小计	800	28704				637.86		9567.90	19135.80	
授权与费用	企业管理费	800	12788.88	45	2019/7/15	2019/8/30	284.20		4262.96	8525.92	
	风险费	800	8525.92				189.46		2841.97	5683.95	
	规费	800	12788.88				284.20		4262.96	8525.92	
	现场经费	800	12788.28				284.18		4262.76	8525.52	
	利润	800	14192				315.46		4731.89	9463.77	
	税金	800	43864				974.77		14621.53	29243.05	
合计		800	497145.1				11047.67		165715.03	331430.07	

采购费用支出，依据采购合同的支付条件制定，其他物资、材料与设备根据供应合同条件支付（一般工程建设企业针对费用支付有相关的管理制度和标准，在项目启动策划时，可参照执行）。

② 风险管理费：主要是针对风险评估后的有关风险的预防措施费用，一般要根据企业风险管理办法预留一部分费用，用于化解风险，特别是对于重大风险的预防措施要预留风险管理费。有些风险费用是通过购买保险的方式支出，如工程一切险、人身伤害意外险等。

③ 分包工程费：根据项目分包范围进行资源评估，并计算所需要的费用，一般在分包合同支付条款中体现。

④ 过程改进费：根据项目的特点、难点、重点和企业发展需要，预留的科技创新和管理创新费用，以及技术检验、试验等，包括外聘专家、购买仪器、组织管理的费用，如专利

研究、QC 研究等费用。

⑤ 措施费：包括整体措施费、专项措施费、特殊技术措施费及组织措施费等。

⑥ 技术管理费：主要是指用于工程项目技术管理的费用，有技术交流，工程资料，购买规范、标准、图集，试验，测量，专项验收等。

⑦ 组织管理保障费：用于支付项目管理人员的工资、福利、办公、生活、出行等费用。

⑧ 财务费用：用于支付购买税票，办理财务往来手续费等。

⑨ 其他费用：项目可能发生的费用。

3）现金流管理计划

工程建设项目的所有支出费用不限于上述内容，在项目现金流管理计划中，要尽量考虑全面，一旦批复，要限额使用，从而确保工程项目处于正常运行状态。现金流是项目的血液，做好现金流管理对项目管理起着重要作用。如某项目制定的现金流管理计划（以月为单位）见表 10.30。

某项目制定的现金流管理计划表　　　　　表 10.30

序号	项目	项目周期（月）							
		1	2	3	4	5	6	7	8
1	现金流入								
1.1	工程款收入								
1.2	融资收入								
1.3	其他资金流入								
2	现金流出								
2.1	资源费								
2.1.1	劳动力成本								
2.1.2	物资与设备费用								
2.1.3	工具与机械费用								
2.1.4	授权与费用								
2.1.4.1	企业管理费								
2.1.4.2	规费								
2.1.4.3	利润								
2.1.4.4	税金								
2.1.4.5	风险费								
2.1.5	分包工程费								
2.2	过程改进费								
2.2.1	技术改进								
2.2.2	管理改进								
2.3	措施费								
2.3.1	整体措施费								
2.3.2	专项措施费								
2.3.3	特殊专项措施费								

续表

序号	项目	项目周期（月）							
		1	2	3	4	5	6	7	8
2.3.4	组织专项措施费								
2.4	技术管理费								
2.5	组织管理保障费								
2.5.1	管理人员工资								
2.5.2	管理保障费								
2.6	财务费								
2.7	其他费用								
3	净现金流								

说明：现代项目管理的运用场景是基于西方税法体系，在现有税法体系下，税金的缴纳还需要根据项目所在地/国的税法体系重新构建。不同地区对现场经费有着不同的定义，在现金流量中，从管理的角度，现场经费特指作业管理层的组织管理费，可能与实践中的项目管理费有冲突，需要根据实际情况进行认定。

10.5 项目实施计划

项目管理计划是项目内控文件，而项目实施计划是合同相关方共同执行的文件。项目实施计划是对完成项目交付物所要完成工作的实施与执行计划，是经过合同方、业主方或利益相关方确定和批准，属于项目合同的必要支撑文件，具有一定的法律性质，是变更索赔的重要依据。

项目实施计划一般由项目经理组织项目经理部在工程项目启动前编制完成，主要依据项目合同、项目目标责任书、项目场地条件，并参照项目管理计划的主要内容。

10.5.1 项目实施计划的内容

（1）工程概况，包括项目合同相关方信息，工程特点、难点与重点，建设地点及环境特征，施工条件、项目管理的特点及总体要求。对于 EPC 类项目，还需要对设计条件进行说明。

（2）施工部署，包括工程建设项目的质量、进度、成本及安全等目标与指标，拟投入的项目组织架构、人员编制与分工，拟投入劳动力最高人数和平均人数，场地条件布置，分包计划、劳动力计划、物资与设备材料供应计划、工具与机械供应计划，项目实施的程序与顺序，主要分部分项的实施方法，项目总进度计划，技术方案计划，质量、安全环保组织与管理措施，总承包管理，管理创新与科技创新等。

（3）项目实施方案及技术方案，实施方案包括施工程序与顺序、施工分段或分区、施工准备、施工方法、施工机具与机械、施工安全、质量保障、环境保护、文明施工、检验与检测、验收要求、成品保护、技术计算、成本节约等内容。

(4)施工进度计划,包括施工总进度计划、单位工程施工进度计划和专业或专项施工进度计划。

(5)资源需求计划,包括劳动力需求计划,主要物资与设备材料计划,非实体及周转料计划,工具与机械设备计划等。

(6)施工准备工作计划,包括施工准备工作组织及时间安排,项目管理准备与管理人员的安排,技术准备及编制质量计划、职业安全与环保计划,施工现场准备,分包管理计划,劳务队伍,物资与设备准备,工具与机械准备,资金准备。

(7)施工平面图,包括场地条件平面图,不同阶段施工平面图及说明,施工平面图,施工平面图管理计划。

(8)施工技术组织措施,包括保证进度目标的措施,保证质量目标的措施,保证安全目标的措施,保证成本目标的措施,保证季节施工的措施,保护环境的措施,文明施工的措施等。各项措施应包括技术措施、组织措施、经济措施及合同措施。

(9)施工项目风险管理计划,施工项目风险主要是安全环保风险,包括风险因素识别、风险等级评估、风险应对措施、风险责任等。

(10)施工项目信息管理计划,施工项目信息主要是各类信息系统,包括往来信函、报告、会议、备忘、交底、报建、审批及各类档案。

(11)技术经济计划,包括工程项目产值指标,验工计价及确权,单价批复,变更经济核算等。对照目标指标进行分析与评价。

10.5.2 项目实施计划的管理

工程建设企业项目实施计划要严格遵守相关法律法规及规程进行编制,如各地区颁布的《建设工程资料规程》。各项审核与审批按照相应规定执行,重大专项实施计划需要组织必要的专家会审后再履行相关审批手续。项目实施计划管理的内容主要有以下几个方面:

(1)项目实施计划应审核与审批,并报企业主管领导审批。项目实施计划须经监理及业主代表确认后方可实施。

(2)当监理机构(或业主代表)对项目实施计划产生异议时,需要经过双方协商修改调整再履行审批手续。

(3)项目实施计划应进行交底,落实并执行相关责任。

(4)执行项目实施计划过程中应进行监测、检查和纠偏调整,并及时进行更新。

(5)项目结束后,必须对施工项目实施计划的编制、执行经验进行总结分析,并归档保存。

第 11 章 安全、环保管理

安全生产是指在生产经营活动中，为了避免造成人员伤害和财产损失事故而采取的相应预防和控制措施，使生产过程在规定的条件下进行，以保证从业人员人身安全与健康，设备和设施免受损坏，环境免遭破坏，保证生产经营活动得以顺利进行。环保管理是保护和改善项目的现场环境。

11.1 工程建设项目安全现状与分析

工程建设项目是一个复杂的、系统的、多样性的组织系统，受环境、社会、地区、技术、市场、气候、组织等多方面的影响较大。随着各种因素的变化，工程项目的安全存在很大的不确定性，主要体现在管理难度大，采用的工艺多，管理的方法也随着系统的变化而不断变化。工程建设项目的多样性决定了不同的工程建设项目在组织管理上不是单一性的，不同的组织管理对安全管理的方案和措施不尽相同；项目的规模和内容决定了生产周期比较长，项目管理人员也会不断变化，导致管理衔接交叉、点多面广，给项目安全带来很多不确定性；工程项目一般是露天作业，受自然环境、地质环境的影响较大，不确定性因素较多；工程项目施工生产工厂化率还不是很高，很难实现均衡生产，工业化水平亟待提高，现代化工程建设项目功能先进，在技术上越来越复杂，给项目的生产组织带来更多不确定性，如智慧网络的实施等；工程建设项目一般需要设计师、咨询工程师、承包商、供应商、服务商及相关方等参与，他们在组织上是割裂的，社会协作关系复杂。所有的这些因素，都会不同程度影响安全生产。工程建设项目的安全主要有以下特点：

（1）施工企业安全管理体系不健全且责任落实不到位

工程建设企业的生产过程以项目为载体，多数施工现场与企业总部有一定的地理距离，工程建设项目安全的主体管理责任主要由项目部承担。由于项目部人员组建具有临时性，其创建、激荡、规范、执行、解散过程中的磨合、冲突、达成共识需要一定的时间。在此期间，企业安全管理措施的执行力存在或多或少的差异。

在以效益为主导的企业，过于侧重经济效益的管理，忽视了安全管理工作的重要性，导致有关法律法规、规章制度和规程、规范、方案的要求不能有效落实，使得安全管理工作流于形式，无法将安全责任层层落实下去。

（2）多层次组织结构，复杂的专业及分包造成协调难度大

从项目组织机构到作业层机构再到操作层结构，从总分到分包、分包到班组、班组到操作人员，安全信息传递的有效性随着层次增加而大打折扣，多层次组织结构造成协调难度

大。建筑施工项目存在分包和专业承包的机制，复杂的工程项目可能存在大量专业和劳务分包。总承包单位与各分包或者专业承包单位之间的任务和责任划分是否合理，技术措施的衔接、管理协调是否顺畅，对项目安全管理水平构成直接影响。同时，由于市场管理机制尚不健全，建筑市场存在一定数量的违法转包行为，拉长了安全监管链条，弱化了施工企业对工程的安全监管力度，无法真正落实安全管理责任。

（3）施工工艺流程及工序的复杂多样

工程建设项目的施工工艺由多个不同专业、不同工法、不同工序、不同作业组合体，按照图纸、施工方案、项目计划，以人、材、机为基础进行组合，同时需要各工种作业人员与工种之间相匹配的资源有机地结合在一起，使机械与人力最大程度、最高效率地发挥功能。在工期、质量、成本共同作用下，实行串行、并行、交叉等作业，相互交叉必然造成很多不易识别的风险，对安全管理提出了更高的要求。

（4）工程建设项目环境具有多样性

工程建设项目都是露天作业，受场地条件和气象条件的影响很大，尤其是夏季、冬季或大风、大雨等恶劣天气时，作业人员很容易受到环境的影响，而造成各种事故的发生。随着工程的推进，不同的专业施工作业方法各不相同，作业人员需要经常更换工作环境，相应的安全条件需要重新识别和评估，在工程实际中容易造成安全防护设施落后于施工工序的现象。

（5）交叉作业过多造成的安全隐患

工程建设竖向交叉、高空作业场地较多，物体打击或坠落等造成的伤亡时有发生。竖向交叉和高空作业位置经常变化，造成防护难度非常大。同时，由于立体交叉作业的施工机械性能与工况、防护设备老旧等原因也容易造成安全事故的发生。

（6）管理与作业人员整体素质偏低且缺乏有效的培训

我国目前施工作业人员以进城务工人员为主，除特殊工种由国家强制要求取证外，普遍没有接受过专业化训练，素质不高且缺乏应有的技能培训。

一是专职安全管理人员偏少，老龄化现象严重。院校毕业生大多不愿从事安全管理，造成管理人员整体素质偏低。随着建筑市场规模不断增大，建筑企业承建的项目越来越多，用工量急剧增加，企业自有职工无法满足施工需要。劳务企业招募大量未经正规培训、缺少安全生产技能和安全意识的进城务工人员，这些工人大多受教育程度不高，其安全防护意识和操作技能差，习惯性的违章作业造成事故隐患；年龄结构偏大，动作迟缓，准确性差，不适宜从事繁重的体力劳动。

二是对事故高发人群缺少针对性的教育。工程建设企业普遍建立了企业、项目、班组"三级"安全教育制度，逐级组织安全教育培训，施工过程中能够按规定开展定期安全培训、班前教育和安全交底，但培训效果并不显著，现场违章指挥、违章作业等行为经常出现，特别是对于文化程度较低和入场时间较短这两类人群的教育没有引起足够重视。即使经过培训，也起不到应有效果——由于固有的生活习惯，他们对安全培训的内容缺乏理解和自我规范能力,往往在施工过程中只依靠固有习惯办事,导致安全隐患出现。对于新入场人员,可能从未从事过施工生产活动或对作业区域不熟悉,不了解可能存在的安全风险,施工过程中容易对自己和他人造成危害。

(7) 从业人员流动性大

随着社会的发展,工程建设项目从业人员具有流动性大的显著特点。工程建设项目分部分项工程随着进度计划的安排不断变化,工程项目的特性决定了从业人员具有高流动性的特点。施工过程中经常需要更换一部分施工人员,造成安全教育效果大打折扣。同时,不同的人对同样岗位的安全风险防范意识不同,在岗位交替过程中,也容易产生风险。

(8) 市场竞争中的不规范行为导致项目成本过低,安全投入不足

虽然国家在工程造价体系计价规则中明确将安全措施费列入不可竞争费用,但经过市场化激烈竞争后,有些施工单位利用恶性竞争低价中标,盲目追求经济效益,为降低工程成本减少安全成本投入。一些建设单位为减小资金压力,出现故意拖欠工程款或要求施工企业垫资施工等情况,或没有根据合约及相关规定要求足额支付作业现场文明、安全施工所需要费用。施工企业为了生存,出于控制经济成本的考虑,往往压缩建筑施工安全管理方面的费用,变相恶化了施工项目的安全资金投入,使得安全事故发生的概率增加。

(9) 施工工期不合理或无序的施工计划

合理的工期是保证项目安全措施落实的基本条件,随意更改和压缩工期导致项目计划各项工作混乱,交叉作业明显增多,使安全管理的幅度和范围增加,管理力度严重削弱。工程建设企业在市场中一般处于被动地位,受建设单位的约束较多,建设单位出于投资角度、加速资金回笼、提高投资项目内部收益率的考虑,通常会强制性要求施工企业压缩合同工期。

无序的项目进度计划、实际工期不合理将会导致安全管理的难度增加。工程建设企业被迫组织抢工,加大资源组织力度,导致物资与设备的检测与检验不到位,新加入的劳动力资源培训缺失,项目管理人员与作业班组身心俱疲赶工期。在这种情况下,忽略了安全管理要求,缺少必要的安全防护设施,加之施工人员超负荷工作,极易引发生产安全事故。2016年"11·24江西丰城电厂事故"主要就是因为建设方盲目要求缩短工期,施工现场未按规定工序拆除模板,施工平台整体垮塌,导致 73 人死亡的重大生产安全事故。

(10) 施工安全技术保障存在不足

缺乏先进设备设施技术是很多施工企业普遍存在的问题。相比发达国家,国内不论是安全生产技术还是机械设备性能都存在较大差距。标准化、定型化和工具化的安全产品使用率较低,很多施工单位凭着施工经验搭设,安全防护设施标准不统一。一些施工新工艺、新设备、新产品进入施工企业管理现场,但采用的技术设备还停留在几十年前的水平。"高精尖难"项目的推出,不仅加大了施工难度,还增加了作业过程中的危险因素,如大跨度异形复杂结构等,如果没有先进技术和设备作支撑,无形中加大了安全生产管理难度。

安全技术及方案的管理存在薄弱环节。很多施工单位在实际管理中虽然制定了施工方案,但并未按规定组织相关专家进行论证,导致方案存在错误,不能指导现场施工;或者方

案与实际情况根本不符,对现场安全施工没有指导作用。技术方案未做到质量、安全、工期的最优匹配,未做到资源匹配,现场无法整合资源付诸实施。工人为施工方便随意更改、删减方案内容,或者交底不到位,操作工人不了解方案内容,冒险盲目作业等现象得不到有效制止,这些因素均容易触发安全事故。

11.2 安全事故的致因因素

不论是导致人员伤亡还是未导致人员伤亡的事故都属于建筑施工过程中发生的生产安全事故范畴。正是因为有事故因素的存在并不断扩大,才会最终导致施工安全事故的发生。因此,深入分析导致施工安全事故发生的因素是我们有效控制与减少安全事故发生概率的一项重要工作。工程建设项目的施工作业主要涉及作业人员、机械设备、管理和环境这四大要素,这是一个非常庞大且十分复杂的人、机系统。这四大要素之间互相联系、互相制约,人、物(机械设备)与环境共同决定了施工项目安全生产状况,而管理情况又将直接影响到人、物与环境的具体安全状况。

(1) 人的因素

在工程建设项目实施的安全管理中,致使事故发生的来自于人的不安全行为就是这里所指的人的因素,或者说是人为操作的失误——导致系统出现故障或出现对系统正常工作有不利影响的人的行为。生理方面的原因主要指的是生理缺陷方面,包括身体不适、迟钝或是疾病等。教育方面的原因,如知识文化水平有限、缺乏安全意识、业务不熟练、经验不足等。心理方面的原因,包括性格比较暴躁、草率行动、懒惰、抵触情绪比较强等。环境方面的原因,包括环境的不利条件、无牢靠设备设施等,在这种环境下,人通常会以较为消极的心态对待工作。人的错误行为,主要是指因操作不当、理解不透、认知不足等导致的错误行为。

(2) 物的因素

在生产活动中,导致安全事故发生的一个主要原因是物的因素,具体来说就是物所处的状态不够安全,比如机械设备、钢筋混凝土等。这些物体本身具有一定的影响力与破坏性,如管理或操作不当则可能引发安全事故。当物具备触发条件、产生安全事故可能性的时候,我们便认为其正处于物的不安全状态,这是相对于人的不安全行为而言的。物的不安全状态,伴随着生产过程中的物质条件的存在所产生,其最初可能只是很小的不安全状态,最后却变成了足以致命的不安全状态;也可能是在一种物质上的不安全状态传递到了另外一个物质上。总的来说,物的不安全程度越高,事故发生的概率就越大。

(3) 环境因素

广义的环境因素包括社会环境和项目环境因素,社会环境主要是各种社会因素,对项目产生的是系统的管理行为造成事故的因素;项目环境因素是指工程建设项目所处的环境条件。狭义的环境因素主要指项目安全环境状态或者是环境质量不佳产生安全事故的因素。

在生产活动过程中，现场环境会同时影响到人与物，人与物的状态都会受到不良状态下环境的影响，进而影响到人的行为及物的状态。工程建设项目的生产活动多是在露天环境下进行的，因此，全体作业人员都应考虑到作业环境所带来的影响，包括气温高低、雨雪天气、山体滑坡等，这些都会对工程施工安全带来影响。许多施工企业为避免环境因素而引发安全事故的发生，通常会在天气恶劣时选择间歇性开工或者停工。通常情况下，人与物的因素在施工安全事故中往往有着间接或者直接的影响，客观存在的环境决定了施工事故发生的触发条件，进而导致人与物的因素对事故发生有着交叉性影响，这为安全事故的发生埋下了安全隐患。在施工安全事故中，环境因素的影响主要是借助人与物的因素来完成的。

（4）管理因素

人和物的因素实际上都是属于表面因素，从深层次分析，管理不完善才是导致安全事故发生的根本原因，如缺乏完善的规章制度、没有进行规范化的管理、监督不力、缺乏对员工的训练等。缺乏有效管理、管理混乱是导致大多数事故发生的主要原因。管理方面的问题主要表现在施工单位没有建立健全安全环保管理体系及相关的规章制度、作业人员未严格根据规章流程操作、管理层不注重管理水平的提高等。管理的缺失会引发人的不安全行为，进而导致物的不安全状态的出现，最终形成安全事故。

（5）安全事故综合论

事故的致因理论有多种，有多米诺骨牌论、能量意外释放论、轨迹交叉论、安全事故综合论等。由于工程建设项目是一个系统的、复杂的实施过程，涉及的工程建设环境也是复杂多样的，事故发生有其深刻而广泛的原因。针对安全管理体系事故致因理论，一般以安全事故综合论为主，其他致因理论为辅的模式来展开研究。鉴于工程建设的安全特点，我们以安全事故综合论为基础，系统地将人的因素、物的因素、环境因素和管理因素结合起来，放在工程建设项目的具体环境中加以研究。将安全事故发生原因的各种观点综合起来考虑，生产过程存在的危险因素在一些行为事件的偶然诱发下导致了安全事故，事故的直接原因包括人的不安全行为、物的不安全状态（包括管理责任缺陷导致的不安全状态和环境条件导致的不安全状态），事故的间接原因是指管理缺陷、管理责任等因素。造成间接原因的因素称为基础原因，包括政治、经济、文化、教育、法律等。根据综合论事故模型，事故的发生过程可以表述为由基础原因的"社会因素"产生"管理因素"，进一步产生"生产中的危害因素"，通过人与物的偶然因素触发。

根据安全事故综合论模型，我们清楚地知道安全事故形成的内在逻辑和关系。我们通过综合因素的分析，判断和制定措施，减少安全事故的发生。安全生产事故发生模式如图11.1所示。

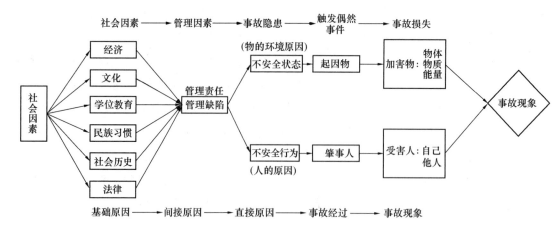

图 11.1 安全生产事故发生模式

11.3 安全管理的内容

11.3.1 项目安全目标管理

项目安全管理的目标是实现项目合同安全生产指标，在企业安全方针与企业管理目标基础上形成的。它是确保项目安全生产的指针，为实现项目安全生产而制定的总目标。项目组织及部门根据项目安全管理总目标制定各自分目标，确定行动方针，安排工作进度，采取有效措施来组织实现，对成果严格考核。

实行安全目标管理，充分启发、激励、调动企业全体职工在安全生产中的责任感和创造力，有效提高企业现代安全管理水平，具体体现在以下四个方面。

(1) 目标明确

实行目标管理，在项目实施过程中将项目安全生产和各项任务转化为参与项目建设人员的统一思想、统一行动、统一目标，并形成导向清晰的表述。从而形成"安全生产，人人有责，人人尽责"局面，使安全管理向全员发展，便于各级之间的检查、监督测量、纠偏改正等，同时分清责任以减少项目管理内部冲突。通过目标管理，明确责任和任务，并对这些责任、任务的完成作出时间、指标、管理与措施实施等方面的具体要求，充分发挥各参与人员主观性和能动性。

(2) 压实责任

在项目准备期，将安全生产总目标按照项目管理结构进行分解，落实参与项目管理的所有层次单位与个人的"一岗双责"，实现各级分权管理，逐级压实责任，分清责任和协调任务，确保总目标的实现。

每位职工为了实现通过目标分解下达给自己的安全目标，就必须在日常生产工作等过程中认真分析、仔细研究，提高安全生产职业素养。

(3) 协同管理

安全管理最终的目标是实现全员参与、系统化推进组织活动，通过项目管理结构的分解、安全责任的压实，使各级均有义务做好措施与方法，上一级组织有义务做好辖区内的安全协调，将安全生产压实到项目管理的每一个工作环境中。依据项目管理总计划，按阶段分目标完成各自范围内的工作，充分发挥项目管理人员主人翁的责任感。这有利于各相关工作协同管理、共同推进，充分发挥主观能动性，实现项目安全管理目标。

(4) 促进项目管理安全科学标准化

工程建设企业推行鲁布革项目法以来，项目管理模式的标准化也日趋成熟。现代项目管理推行的目标管理能形成标准化的措施与方法，在目标管理过程中，采用科学的预测方法来识别、分析和判断生产过程中的危险源和风险点，具有非常重要的意义。

11.3.2 项目安全生产目标制定的依据

(1) 安全生产应解决的问题

安全目标是项目安全生产实施的纲领，最终的目的是解决安全生产中存在的所有问题。项目安全分析得透彻，问题解决得到位，预期结果才能满意。项目安全是项目管理的重要指标，其目标的制定受项目所处环境因素制约。一是项目合同的约定。合同方为了实现项目的建设意义，通常在合同中约定项目安全生产目标要达到相应的标准，如要达到"市安全文明工地"的要求。二是企业的战略目标和安全生产状况。企业要解决安全与生产、安全与效益、安全与发展的问题。为了生存与发展，企业需要通过项目管理实现突破，增强市场占有率，提升管理水平，提升品牌和影响力，在战略上应做出安全目标的调整，如通过争创省部级安全文明工地获取相应的资质提升或者增加相应地区的信用等。为了提高效益，企业在安全生产方面的投入可能在重点方面加强，在其他非重点方面相应做出调整。三是地方政府的要求或倡议，需要增强地区的影响力。四是行业安全生产的一些重点整治或需要解决的问题，如消防安全、环境保护等。

(2) 项目自身安全生产方面的要求

综合考虑项目管理规模与工期要求，结合项目的特点、难点与重点，分析影响安全生产整体方面和专项方面的因素，如场内防火、高空作业、用电、起吊设备、加工机械、工作环境、有限空间、粉尘、放射性、有毒有害、外墙保温板易燃、幕墙吊篮、装修材料着火、机电专业设备吊装等，综合考虑满足安全生产的要求。

安全生产存在自身的发展规律，违背安全生产规律得不偿失，在制定安全生产方面的管理目标时要尊重实际情况。

(3) 企业安全环保管理目标及生产能力

企业安全环保管理目标体系是指导企业内部所有项目安全环保管理的体系保障。通过制定企业安全管理措施确保企业安全目标的实现，各层级企业通过自身的特点、生产能力和内部管理的决定，制定相应的安全环保措施，确保自身目标的实现。各层级目标的实现确保企业本级安全管理目标实现。如某企业安全管理目标分解如图11.2所示。

图11.2 某企业安全管理目标分解图

根据分解原因和保证总目标实现的概率等因素，下一级目标的设定要高于上一级目标，最终才能确保企业总目标的实现。

对于项目来说，更高的安全生产管理目标，需要更高的安全生产管理人才，需要更加有力的企业支持。当这些支持不足以确保目标实现时，如垫资项目需要的资金支持、专项方案的技术支持、系统推进HSE体系支持等，项目管理就无法得到系统化推进，容易造成项目安全管理顾此失彼。

(4) 项目环境的因素

项目的生产建设不是独立封闭的，需要在一定的环境条件下才可以进行，这些环境包括政治、政策、法律、市场、社会、自然等诸多因素，如项目所在国的政治环境的安定与适应性，社会环境的治安状况、社会保障体系，自然环境的生态破坏、水患等因素。项目安全生产的目标受环境因素影响较大，定得过高或过低对企业来说都有很大的不利。

11.3.3 安全生产管理目标的制定

（1）调查研究、收集资料

调查研究、收集项目的合同及往来文件、公司的战略和企业内部情况、项目的环境资料、工程项目概况和项目管理的工作内容，进行系统全面的分析。

（2）制定项目管理目标

根据调查研究收集资料的分析评估，结合公司的安全管理目标，制定项目的安全管理目标。

（3）确立管理目标

根据项目实际情况，组织论证，确定管理目标的可行性。

（4）评审批复

报上层管理单位审核、批复，确定管理目标。

（5）安全生产的责任分配

根据安全事故综合论分析，项目安全生产最根本因素是压实责任。因此，将项目范围计划的安全责任通过产生安全隐患的致因因素分配到项目组织，确保项目各项管理因素得到有效发挥，压实项目安全管理责任。通过对项目组织的安全生产岗位责任制和监督责任制进行量化考核和测量，确保安全生产各项责任的落实。

根据项目安全的层次管理，将影响项目安全生产的四大因素根据组织职能对应分配。一般分项工程的安全责任分配到岗位，分部工程的责任分配到部门，项目总体责任分配到项目经理部及项目经理，通过分配实现全员参与以及"人人身上有指标，人人身上有责任"。

根据项目范围计划的分解，各项目范围内的实施执行主体为项目范围计划实施的责任单位。协调与监督由项目组织完成或由专职安全监督岗位人员组织完成，如图11.3所示。

【案例】某企业工程项目的安全生产管理目标制定如下：

1）全目标

一是杜绝重伤亡事故（隐患或违章控制在300起以下）。二是因工事故轻伤率控制在0.5‰以下（根据项目的规模及管理能力与措施的评估）。三是杜绝物体打击、触电、高处坠落、火灾、中毒等伤亡事故。

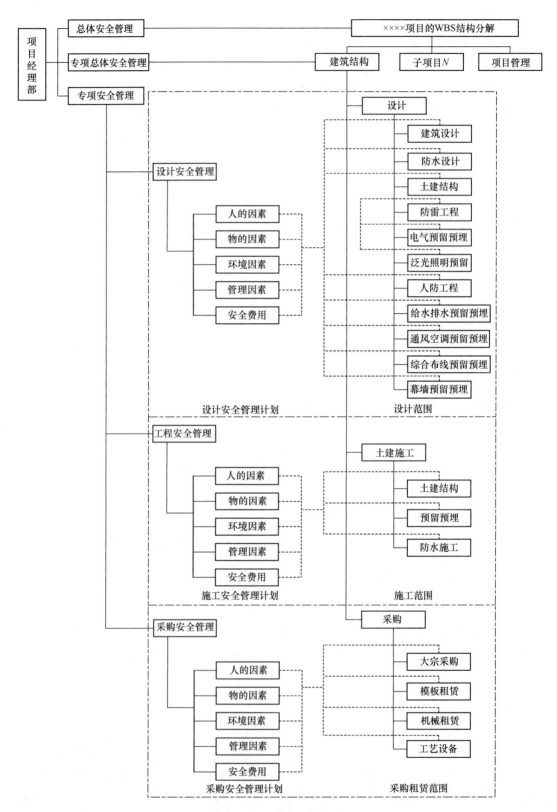

图 11.3 某项目安全管理责任分配图

2) 环保目标

① 杜绝职业病和职业中毒事件。

② 杜绝有毒有害气体引发的疾病，作业场所有毒有害气体、粉尘、噪声的检测合格率100%。

③ 创造良好的生活环境和条件，定期对特殊传染病进行体检，加强职业保护。

④ 建立健全职业病防治责任制，提升职业病防治水平。

3) 创优目标

① 创"市级安全文明工地"。

② 争创"绿色无污染工地"。

③ 安全生产的责任分配。

11.3.4 工程建设项目安全管理的规划

工程建设项目实施安全管理任务的规划，是从项目组织管理的措施随着项目进展向工程实际的运用转移，根据工程建设安全管理实施的特点，主要满足现场实施与应急管理两个方面。项目组织管理是做好项目安全管理的基础工作，因此，项目安全管理的规划是从项目组织到项目实施过程的管理分配，规划工作需要从基础管理、现场管理和应急管理三个方面将需要实施安全管理的内容与组织形成对应。安全管理的内容一般分为：项目的组织机构、安全生产岗位聘任制、安全生产监督责任制、安全文明施工的费用管理、资源要素的条件管理、危险源识别与分类、风险等级管理、安全实施方案、安全教育培训、安全环保文化宣传及应急管理的预案编制与论证等。现场管理就是组织管理内容在项目实施过程中的具体落实；应急管理是针对现场管理过程中可能出现的问题采用应急与补救方法，以减少安全损失或确保安全事故不会发生。因此，项目规划需要系统地制定出适合项目的规划体系，用于确保项目组织、现场管理和应急管理工作得到有效实施。基础管理、现场管理和应急管理三方面相辅相成、互相支撑、目标一致。

工程建设项目安全管理规划见表11.1。

工程建设项目安全管理规划　　　　　　　　表11.1

序号	基础管理	现场管理	应急管理
1	安全环保管理组织机构	安全交底	专项应急方案编制与论证
2	安全环保生产岗位责任配置	安全文明施工的调度与安排	应急演练
3	安全生产与环保监督人责任配置	安全文明监督检查	演练总结与评估
4	安全环保文明施工费用管理	项目总体的安全管控（生产区、生活区、办公区及相关）	整体应急措施启动
		专项措施，专项工程的安全管理	专项应急启动

续表

序号	基础管理	现场管理	应急管理
5	资源要素的条件	隐患排查治理	现场应急处理
6	危险源识别与分类	状态与行为的分析与评估	专项应急措施
7	风险等级管理		
8	安全环保施工方案	施工作业与交叉施工作业	
9	安全环保教育培训	班前、岗前、专项教育	应急教育
10	安全环保文化宣传与体验	专项主题安排	
11	综合应急预案的编制与论证	预案措施保证	预案交底，启动预案

11.4 安全环保管理实施

安全环保管理的根本目的是预测和预控安全生产将来的可能性行为，并从管理、场地布置措施与技术支持等方面采用有效方法提前应对，将安全风险管理控制在可接受的程度与范围内。项目安全环保管理策划，以构成项目管理总目标的各分项目标为基础，进行各项管理活动安排，是安全生产动态管理、监测和纠偏、检查和督导、考核激励的依据。作为项目管理的一项重要组成部分，安全环保管理实施的内容应与项目管理协调一致。策划与实施的内容要确保安全生产解决问题的需要，满足企业安全环保方面的方针、制度、规章以及现行的安全环保政策与法律要求。安全环保管理策划有利于安全生产的全面布局，满足项目管理生产的客观规律，创造有利于实施项目管理的环境条件。安全环保管理最终要符合企业发展根本利益，通过策划，可以科学有效地进行经济效益对比与成本控制。

11.4.1 安全环保策划的依据

制定安全环保管理要求必须贯彻执行企业安全生产方针、规章制度，落实国家安全环保政策，贯彻安全生产理念的重要举措和落实企业项目管理战略的需要。

以项目管理为基础，确保安全生产，实现全生命周期的安全环保管控，履行项目合同应尽义务，确保工期按既定目标实现。

解决项目管理结构分解的关键问题，确保工程项目建设过程中的特点、难点和重点得到有效实施。以项目总计划为基础，循序渐进推进各项工作，保障各项工作安全有效落实。

满足项目环境管理需要，工程项目建设在一定的社会、政治、法律、交通、自然、市场等环境中进行，环境条件的状况在某种程度上对安全实施产生重大影响。

项目管理组织是确保项目安全有效实施的重要条件，也是重要执行者。项目管理团队成员的知识、经验和个人能力是决定安全生产能否有效实施的内生动力与条件。

安全生产需要项目资金的支持。没有资金驱动，安全策划再好也无法满足项目安全生产需要，项目管理必须准备安全生产费，用于项目的安全生产。

11.4.2 管理策划

(1) 建立健全安全生产管理机构，配备安全管理人员

现行国家安全生产工作实行理念是：管行业必须管安全，管业务必须管安全，管生产必须管安全，实现安全生产作业是全员的责任，项目管理策划要体现安全生产管理的要求。根据《中华人民共和国安全生产法》及企业管理目标与项目管理目标的分解要求，通过分层分级的管理组织安排，在作业层有效体现企业安全生产管理的方针、理念、管理制度、规章、实施方案、风险清单等要素。

建立健全项目管理安全生产管理组织机构，压实全员责任。项目组织机构必须与项目管理组织机构相一致，需要增强安全管理人员配置，建立相应的安全管理制度，将安全生产责任与要求贯彻到项目全面管理之中。配置相应的安全管理人员是安全环保实施的组织基础，是企业安全生产管理在项目管理得到有效实施的基础。

安全生产管理人员的配置，要落实《中华人民共和国安全生产法》及行业管理标准要求。各项目安全生产单位应设立安全总监、安全专职人员，超过一定规模的项目需要设立一名专职安全副经理（例：5万 m^2 以上房建工程施工需要配置专职安全员不少于3人，含安全总监、专职安全副经理）。以工程建设规模及不同行业的安全要求来设立项目组织。所有安全人员须持证上岗，具有安全生产岗位资格。

某企业的安全生产组织管理架构如图11.4所示。

项目组织管理架构人员的分工。项目组织管理架构确立后，所有人员除履行项目管理岗位责任分工外，还需履行本职岗位上的安全工作，即全员实行"一岗双责"。充实到安全岗位的专职安全人员，要落实好安全监督责任。

(2) 安全生产责任制及管理制度的制定

项目生产经营单位必须遵守《中华人民共和国安全生产法》和其他有关安全生产的法律法规，加强安全生产管理，建立健全安全生产责任制和安全生产的规章制度，制定实施方案，加强对安全生产的资金、物资、技术、人员的投入，改善安全生产条件，构建安全风险分级管控和隐患排查治理双重预防机制，健全风险防范化解机制，确保安全生产。

制度的建立需要依据公司 HSE 体系、职业健康安全手册、程序文件/管理规定等；有关法律法规和其他要求；员工及其他相关方合理建议和要求；工程项目具体情况（如工程结构、施工方案等）；项目重大风险因素等。

安全生产岗位责任制与监督责任制是安全管理的两大责任，需要从岗位分工落实责任，从制度的角度对在岗人员进行约束，管好安全。

安全管理制度是项目全生命周期各阶段涉及的有关安全规定，它形成企业强制性要求，以制度的形式规范约束安全生产行为。它的制定是为了控制风险，将危害降到可接受的范围，包括但不限于规避各种因人员、机（物）、环境和管理等因素或物质本身的危险（如有毒、有害气体）产生触发风险条件而采取的措施。

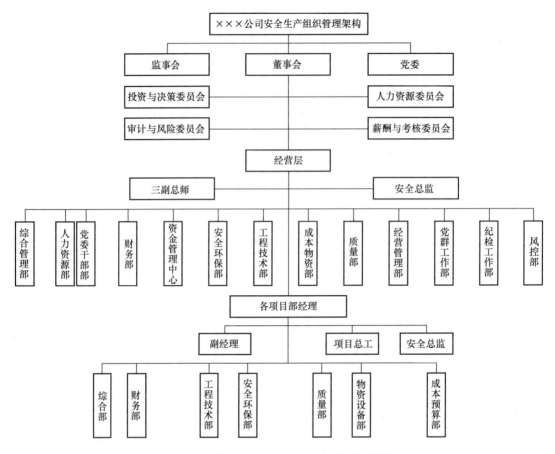

图 11.4 某企业的安全生产组织管理架构图

安全管理制度从其效果看有管理类、操作类和保护类三类制度。管理类制度是从项目管理体系角度制定的相关制度，如生产岗位责任制、安全管理、专职人员管理、分包管理、供应链管理、安全会议、安全检查、考核、宣传、培训、信息、总结、奖惩、风险识别、风险控制、环境保护、文明施工等；操作类制度主要是根据使用规定制定的相关制度，如大型机械使用、用电安全、消火栓使用等；防护类制度包括安全带使用、妇女劳动保护制度等。

安全环保管理主要分为管理类、消防保护、环境、办公、生活、临电、设备物资、环保卫生等。

不同地区、不同行业和不同企业有不同的制度分类标准，但各项制度的建立与执行最终都是要保障安全生产。

（3）合法依规办理有关批准手续

项目实施时，必须获得地方政府或项目所在区域行政管辖机构的认可。合法依规获得有关批准备案手续，在政府监督下进行安全管理，包括但不限于施工安全监督备案、现场临时施工规划审批、属地管理相关手续、噪声测量等环保许可证、食品经营许可证、大型设备使用登记、排水许可，以及垃圾清运有关要求、渣水消纳证明等。

(4) 安全生产的专项活动

安全生产的专项活动是国家、行业、地区和企业为了加强安全生产管理而阶段性采取的一系列活动，主要目的是强化安全意识、加强安全生产管理、规范安全行为，常见的有全国"安全生产月"活动、"消防宣传月"、专项整治三年行动等。也有针对某一特定时期触发安全事故的普遍因素而开展的活动，如防汛、疫情、冬雨季等。

11.4.3 施工现场安全环保管理策划

施工现场布置是对工程建设过程中用于服务生产与安全管理的总体布局，它随着工程总体进度逐步变化，直至项目交付前完全清除。

施工现场布置是平面与空间的结合体。施工平面布置给出了场地各项措施与安全要素的相对关系，对统筹安排场地、减少场内二次搬运、提高周转效率、有效组合措施资源与服务工程起着关键性作用。施工现场平面全面反映工程建设项目实施期间的外部环境位置关系，也为有效组织外部资源进入提供最优方案，为项目管理内外部资源供给做好有效对接。施工平面布置可以确保场内用于安全生产的水电气暖优化安排，减少不必要的资源浪费。平面分区布置将各项工作交叉危险性降到最低，合理的措施资源安排可以发挥最大效用。施工地面布置的策划安排，有利于保持环境卫生，从而为安全生产的整体保障发挥重要作用。

采用现代 BIM 技术模拟现场，更加有利于优化场地布置，减少安全隐患，最大限度发挥场地布置的经济效益，提升工程建设项目的管理效率。

(1) 施工场地策划内容的依据

1) 项目管理结构分解的内容

根据项目的公司战略，各项管理目标与指标需要对措施性项目的整体结构进行分解，确定需要策划的内容，并在不同施工阶段动态调整。如某项目的安全环保措施项目分解（WBS）结构如图 11.5 所示。

根据工程实施内容，分解制定各措施项目，形成施工现场平面策划的内容，即施工现场的前置条件设计，相当于设计任务书。

2) 项目总计划的安排

施工现场是为实施项目本体服务的，不同阶段用于项目的资源不尽相同。在施工现场安排时，充分考虑不同阶段，项目用于安全生产的施工现场资源也在不停转换，需要从时间与空间两个角度统一安排。某项目管理中场地布置计划图 11.6 所示。

(2) 施工现场平面图布置准备工作

1) 详细勘察施工现场，熟悉施工现场周边环境，包括但不限于交通、地理位置、自然环境、社会环境（重点是民扰与扰民、民俗、村民与社区等）以及其他可能对项目影响的环境。

2) 重点熟悉施工图纸，掌握工程每个环节的具体施工内容。

3) 认真研究施工组织设计及施工专项方案，了解机械配置、可利用资源、各阶段材料使用及用电用水排污等情况。

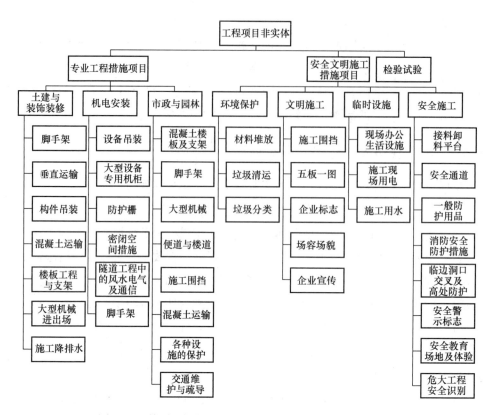

图 11.5 某项目的安全环保措施项目分解（WBS）结构图

图 11.6 某项目管理中场地布置计划图

（3）施工现场平面图布置原则

1）平面布置要根据拟建建筑物的具体情况合理布置，且尽量减少二次搬运。

2）施工场地要紧凑，尽量少占耕地面积。

3）对于周边已有建筑物或临时设施，尽量充分利用，避免浪费。

4）现场临时设施布置要方便生产、生活需求，且做到办公区、生产区、生活区三区分离，避免相互干扰。

5）施工场地要设置消防循环通道，现场布置符合节能、环保、安全、消防等相关要求。

6）施工现场平面布置要遵守当地政府部门和建设主管单位关于安全文明施工的相关规定。

7）要依据施工图纸及施工组织设计合理计算工程用电用水量，树立节约意识等。

（4）施工现场平面布置图的设计内容

1）施工现场已建建筑物、构筑物以及拟建建筑物、构筑物的位置、结构类型、层高，周边的民扰与扰民情况。对于山区要考虑山洪等自然灾害的情况。

2) 施工现场周围地上、地下管网布置情况，高压线、国防设施、环保等情况。

3) 施工现场拟建建筑物、构筑物、交通线路的测量控制点的具体情况。

4) 采用的水平运输、垂直运输机械的位置。

5) 需用的材料堆放位置及库房，对于爆破炸药等特殊库房需要认真选择。

6) 工人生活区、项目办公区的位置及布置情况。

7) 现场临时供水、供电线路走向示意图。

8) 现场临时道路布置情况及消防通道布置情况等。

9) 其他要求。

（5）施工现场总平面图设计要点

1) 现场主要施工道路设置及大门定位

现场主要施工道路设置必须结合周边地理环境，尽量选择与现场外市政管网主要施工道路接近的位置。大门位置要考虑场外路网情况，包括市政主要道路转弯半径、坡度走向及车流量大小等。现场主要施工道路两侧要根据公司及当地政府要求悬挂"五牌二图"，设置冲洗平台等。大门设置要满足施工需求，并在大门口设置门禁系统，设置门卫用房。

2) 项目办公区设置

① 项目办公区的面积要按项目组织结构中核定的人员及配套确定，尽量减少办公面积，合理布置生活、办公设施。

② 尽量利用已有建筑，减少施工投入成本。

③ 做到办公区、生活区、生产区分离，减少相互干扰。

④ 做到场外道路通畅，便于接待外来人员。

3) 工人生活区设置要求

① 生活区需要根据划分的工段分区布置，人数以管理计划人员动态图中最多人员数量为限，按照标准化进行配置（人员动态表），尽量利用已有建筑，降低施工成本。

② 尽量靠近施工现场，方便工人上下班。

③ 生活区设置专用食堂，搞好生活福利设施等。

4) 木工加工区设置要求

① 木工加工区要远离火源，严禁将木工加工区设置在钢筋加工区附近，且木工加工区周围必须加强消防设施。木工加工区、模板堆放区两侧必须设置循环通道，且端头处应有回车通道，回车通道能满足车辆正常回车。

② 制梁场地考虑吊装行车的问题。

③ 拌合站要考虑混凝土车的运行行车路线的安排。

5) 布置场内临时道路原则

① 临时道路必须硬化处理，且主要施工道路两侧应设置排水措施。

② 临时道路要在施工现场相互贯穿，做到材料场地、仓库位置、加工区域道路畅通。

③ 为满足消防要求，施工现场临时道路主干道尽量设置双行道，宽度不小于 6m。如条

件不允许,可采用环形道路,但宽度不小于 4m。消防车道转弯半径不小于 4m,水泥罐车、大型设备运输车辆等载重车辆转弯半径不宜小于 15m。

6) 临时水电管网布置原则

① 水电管网尽量地下设置,便于施工管理。

② 水电管网尽量沿路设置,并做好指示标志,方便维修。

③ 供电线路与供水线路必须分开布置。

7) 施工现场平面布置图绘制注意事项

① 按照图纸比例详细绘制,绘制内容必须齐全、准确。

② 各种符号必须写出图例说明,做到他人看时一目了然。

③ 必须标明指北针、图纸比例及必要的文字说明。

施工现场平面布置图是施工有序进行的前提条件,任何个人不经项目部同意不得随意更改,其目的是保障工程顺利进行,确保施工现场美观、整洁,材料堆放有序,做到文明施工。但平面布置图不是一成不变的,在施工过程中,随着工程顺利推进,一些不必要的场地、设施也在发生变化,这就需要项目管理部门及时调整施工平面布置图,做到尽量满足施工需要,科学合理布置。

8) 施工现场的平面布置时间,需要满足总进度计划要求。

(6) 施工现场平面组织评审

项目经理要组织项目全体人员对项目整体安排情况进行评审,必要时报企业安全与生产部门协助评审,重点要评审以下几个方面:

1) 确定现场施工道路规划

施工道路规划要结合施工现场周边环境,尽量利用现有施工道路,避免施工现场出现盲区。施工道路的规划必须满足以下条件:

① 施工道路宽度和转弯半径必须满足施工需求,保障施工道路畅通、保证消防需要。

② 施工道路要区分主要施工道路和次要施工道路,主要施工道路应环形设置。

③ 施工道路设置要结合设计图纸总平面布置图,避免其他工程开工影响道路使用。

2) 确定塔式起重机、施工电梯等垂直运输设施的具体位置

① 塔式起重机布置

塔式起重机是主体施工阶段最主要的垂直运输设施。布置塔式起重机时,要结合拟建建筑物具体尺寸合理选择型号,考虑其覆盖范围及周边建筑、高压电线等其他设施的影响程度。同时还应考虑塔式起重机附墙件的安装位置是否合理,是否便于拆除,材料运输是否满足施工需求等。

② 施工电梯布置

施工电梯是二次结构及装修工程最主要的垂直运输设施。施工电梯的位置选择不仅要便于材料运输,还要便于施工电梯拆除和施工洞口封堵。因此,施工电梯尽量布置在客厅、房间窗洞口位置,不宜布置在卫生间、厨房、阳台及悬挑结构部位。

3）确定材料、半成品、钢筋加工场地的具体位置

① 材料场地布置

砂石料场尽量布置在搅拌站、搅拌机附近位置，各种砌体工程材料要靠近塔式起重机、施工电梯等垂直运输设施，且尽量布置在施工道路附近，以便于运输。现场水泥尽量采用罐装水泥，其具体位置既要考虑搅拌站使用方便，还要考虑材料供应方便。

② 钢筋加工场地布置

钢筋加工场地主要用于主体施工阶段，该区域布置必须考虑到钢筋运输方便，现场加工方便，半成品起吊方便。因此，钢筋加工场地应布置在施工道路附近，与钢筋原材堆放区域相连，加工好的钢筋必须分类堆放，且放置位置必须满足塔式起重机运输方便的要求。

4）确定水电线路走向以及用电用水设备等具体情况

① 建立临时供水系统，布置现场给水管网

建筑工地临时供水包括施工现场生产用水，生活区、办公区生活用水，消防用水等。在建立临时供水系统时，首先要计算工程用水量，然后选择水源位置，最后根据工程用水量设计给水管网。因此，在布置给水管网时，要做到尽量地下操作，线路走向沿路埋设且尽量直线布置，消防用水、生产用水合理搭配以节约管网成本。

② 建立临时供电系统，布置现场电路走向

工程临时供电系统包括生产用电、生活照明用电、临时设备用电等。在设置临时供电系统时，首先要计算工地施工总用电量，然后根据用电需求配置变压设备，最后根据建设单位给定的用电入口配置现场用电线路走向。对于塔式起重机、施工电梯等大型设备用电，必须设置专用线路。

5）确定搅拌机、搅拌站的具体数量、位置等

施工现场的搅拌站主要是砂浆搅拌站、混凝土搅拌站，搅拌机的型号、规格和数量要根据工程量及工期确定，其位置选择需遵循以下原则：

① 尽可能布置在塔式起重机、施工电梯附近位置，以减少施工运距。

② 尽可能保障道路畅通、运输方便，即前台浆料的运输道路要畅通，后台原材料的使用要接近料场，且后台砂石料场的堆放区域要满足施工需求。

③ 搅拌站四周要设置排污管网，便于清洁。

④ 搅拌站的配置要满足工程需求等。

11.4.4 施工现场安全环保资源的策划

施工现场平面经过设计完成后，相当于工程建设项目有了图纸，下一步就是如何进行预算成本控制的问题。采用什么样的资源供给方式非常关键。资源价格、资源使用时间与持续时间、资源周转效率等均是项目措施费用得到控制的重要因素。资源（一般称之为措施）有效利用也是确保施工现场平面布置的各项功能得到有效发挥的重要因素。

(1) 施工现场资源配置的目标与指标的确定

工程总体措施项目在项目进场时实施，在项目结束后拆除或完全退出。这些项目有些部分采用新建，有些部分采用租赁，还有些部分由上一个项目转移过来。无论采用何种建设方式，均需限额使用。

如何保证措施项目的功能使用，满足项目管理各项目标与指标要求，又要限额使用，限额的标准又怎么确定？这是要回答的问题。经过总结可以从以下几个方面考虑。

1）预算法

预算法是根据确定图纸、方案或标准来制定，按照预算法确定的措施费用，应直接分摊到各对应的措施项目上。这种方法的优点是简单、总体受控，但做法粗糙，对创造利润不是最有利的。对于有确定清单和报价的项目，这种方式较为直接；对于EPC类项目，由于其一开始没有确定的预算，这种方法对控制措施费用存在一定的难度。

2）类比法

该种方法根据工程性质和公司已完成类似工程的经验，采用类似工程已经结算定案的相关措施项目费用的数据，按建筑面积或工程造价比例分配。其做法是根据已完成项目确定的措施项目费用对应相关内容，进行措施项目费用的预算安排。

如果只有一个类似工程可以借鉴，则可按下式计算：

$$A_1/A_2 = K_1/K_2$$

式中，A_1为本项目的措施项目费用；K_1为类似工程总工程造价；K_2为本工程预算总造价；A_2为类似工程措施项目费用。

如果有两个类似工程，则按内差法或外差法来进行计算，其精准度相对于一个类似工程项目稍高一点。

$$A_0 = A_1 + \frac{(A_2 - A_1)}{(K_2 - K_1)} \times (K_0 - K_1)$$

式中，A_0为本项目措施项目费；A_1、A_2为类似项目措施项目费；K_1、K_2为类似项目工程总造价；K_0为本项目工程总造价。

采用类比法很容易得出项目的措施项目费用。不过，工程项目虽然类似，但功能差别还是比较大的，设计图纸差别也很大，准确性并不是很高。

3）内部定额法

内部定额法非常有利于集团化公司对各个项目的管控，容易将市场经营利润与项目管理利润分开，但非常考验项目实施管理者的业务水平和能力。很多公司管理实力比较强，有专业的房建、公路、市政公司，其内部定额编制相对容易。对于专业工程比较多的集团化公司，在职能分配时，一般按照事业部方式设置，各事业部根据自身主责主业也很容易编制其内部定额。如房建公司按工程建设规模制定企业内部定额，关于现场的做法按照工程分类进行平方米面积包干，即每平方米的内部非实体进行最高限价，按工程量进行分摊，形成内部控制价。内部定额法仅限于公司内部使用，对外单位一般不具备参考价值，因为这是由不同公司的管理方式、管理水平和专业化程度决定的。附表 11.2 案例。

某公司非实体性费用限额指标　　　　　　　　表 11.2

序号	房屋性质	建筑面积范围	临时设施费（元/m²）	水电费（元/m²）	垂直运输费（元/m²）	周转材料费（元/m²）	非实体性费用合计（元/m²）
1	住宅	5 万 m² 以内（含）	40	14	29	77	160
2		10 万 m² 以内（含）	36	14	27	72	149
3		15 万 m² 以内（含）	32	14	25	67	138
4		20 万 m² 以内（含）	29	13	23	63	128
5		30 万 m² 以内（含）	27	13	21	56	117
6		30 万 m² 以上	26	13	20	52	111
7	公建	1 万 m² 以内（含）	46	19	40	100	205
8		5 万 m² 以内（含）	40	18	33	95	186
9		10 万 m² 以内（含）	35	17	30	90	172
10		15 万 m² 以内（含）	33	16	27	85	161
11		20 万 m² 以内（含）	30	15	25	80	150
12		30 万 m² 以内（含）	28	14	24	75	141

4）设计法

设计法根据项目的特点、难点和重点以及平面布置的内容，结合项目管理依据，单独进行施工现场统筹安排，绘制施工现场平面动态图，再编制措施项目清单，综合项目管理计划安排，与预算对比，最后形成预算总价，使该费用控制在合理的计划利润后，满足施工要求。在项目管理策划阶段，这种方法的优点是预算相对准确，但很难做到，需要在初期投入较多的时间和精力。在确定项目管理指标时，该项工作可能还难以结束，给目标设定带来困难。但在工程项目实施时，基本还是采用设计法进行非实体项目布置与安排，一般需要编制临时施工方案。对于专项工程，因涉及安全环保，还需要编制专项实施方案。

(2) 施工现场管理资源的实施原则

1）成本控制原则

非实体资源配置的首要原则是为工程本体服务，以完成工程本体相关资源为限，总体控制以确定的措施项目费用总额为限。各项资源的获得需要在保证功能的前提下，坚持成本优先原则。对于小型的或者种类繁多的，或造价偏低的资源，需要采用合并打包采购与租赁模式，确保总体可控。对于低值易耗材料或设备，需要采用经营手段控制总价。

2）功能统筹推进原则

满足施工现场总体计划、组织、协调和控制指挥管理是施工现场配置的基本原则。各项资源的利益要尽量重复使用，减少二次进出场地，减少不必要的其他费用。

3）项目管理计划安排原则

项目管理计划根据施工战略部署统筹，动态调整节奏要符合项目管理计划安排。各项资源的利用要能确保在有效时间内完成有效的工作，采用租赁或者购买时需要进行价值判断。必要时需要制定措施项目推进的专项计划。

4）以限额控制造价为原则

限额控制资源的整体造价以措施项目费用为基础，计算出措施项目清单，以施工现场为依据，对环境保护、政策要求的线路或场地做好勘察，对政治、交通及类似工程的条件做好安排。

（3）项目安全管理资源策划的内容

根据上述原则，需要结合项目前期编制依据（政策处理）中确定的各项工作，结合成本预算和WBS非实体项目的内容，分项进行初步安排（相当于设计阶段的方案准备）。对项目所有的因素考虑清楚，进行各项内容的安排，形成与施工现场相符的功能布局，并估算其费用（相当于设计的初步设计阶段），当各项功能和成本均在控制范围内时，即可进行施工现场场地布置定型（相当于临设方案定型报批）。

安全生产措施项目，根据其功能性质和服务范围，可以大致分为工程总体措施项目和专业工程措施项目两大类。

1）工程总体措施项目

工程总体措施项目是指为完成工程项目全生命周期而实施的措施项目，其特点保障项目整体运行的资源整合，对项目的安全生产、环境保护、管理措施的落实以及文明施工等起着重要的作用，一般贯穿于项目实施全过程，是各专业措施项目实施的基础性工作。其整体策划效果决定整个公司管理目标与指标的实现，也是公司项目管理展示形象、体现水平与能力的重要窗口，对实施项目的施工现场的整体管理起着决定性作用，对完成项目管理计划的各项目起着关键性作用。

根据工程总体措施项目的安排，总体措施的具体内容见表11.3、表11.4、表11.5。

2）专业工程措施项目

专业工程措施项目是相对某个专业独立的措施项目。该措施项目一般仅限于完成某个专业而制定，一旦这个专业的某项工作完成即结束。专业工程措施项目的实施与专业工程实施相匹配，不同的专业工程的措施保障繁杂多样，各不相同，这是我们精益化管理需要考虑的问题。专业工程措施项目按专业一般分为：

① 建筑工程与装饰装修工程措施项目

脚手架、垂直运输机械、构件吊装、混凝土输送、模板及支架、大型机械、施工降排水等。

② 安装工程措施项目

吊装加固、平台铺设、拆除、顶升、提升装置、大型设备专用机具、焊接工艺评定、防护棚制作、安装、拆除、工程系统检测、检验、隧道内施工的通风、供水、供气、供电、照明及通信设施费、设备、管道施工的安全、防冻和焊接保护、金属抱杆安装、拆除、移位、焦炉烘炉、热态工程、特殊地区施工增加、胎（模）具制作、安装、拆除、安装与生产同时进行施工增加、在有害身体健康环境中施工增加、管道安拆后的充气保护、脚手架搭拆等。

环境保护类的措施项目 表 11.3

类别	项目名称	具体要求
环境保护	材料堆放	(1) 材料、构件、料具等堆放时,悬挂有名称、品种、规格等标牌; (2) 水泥和其他易飞扬细颗粒建筑材料应密闭存放或采取覆盖等措施; (3) 易燃、易爆和有毒有害物品分类存放
	垃圾清运	施工现场应设置密闭式垃圾站,施工垃圾、生活垃圾应分类存放。施工垃圾必须采用相应容器或管道运输
		环保部门要求的其他保护费用
文明施工	施工现场围挡	(1) 现场采用封闭围挡,高度≥1.8m; (2) 围挡材料可采用彩色定型钢板,以及砖、混凝土砌块等墙体
	五板一图	在进门处悬挂工程概况、管理人员名单及监督电话、安全生产、文明施工、消防保卫五板;施工现场总平面图
	企业标志	现场出入的大门应设有企业标识
	场容场貌	(1) 道路畅通; (2) 排水沟、排水设施通畅; (3) 工地地面硬化处理; (4) 绿化
	宣传栏等	—
		其他有特殊要求的文明施工做法

临时设施类的措施项目 表 11.4

类别	项目名称		具体要求
临时设施	现场办公生活设施		(1) 临时宿舍、文化福利及公用事业房屋与构筑物、仓库、办公室、加工厂以及规定范围内道路等临时设施
			(2) 施工现场办公、生活区与作业区分开设置,保持安全距离
			(3) 工地办公室、现场宿舍、食堂、厕所、饮水、休息所符合卫生和安全要求
	施工现场临时用电	配电线路	(1) 按照TN-S系统要求配备五芯电缆、四芯电缆和三芯电缆 (2) 按要求架设临时用电线路的电杆、横担、瓷夹、瓷瓶等,或电缆埋地的地沟 (3) 对靠近施工现场的外电线路,设置木质、塑料等绝缘体的防护设施
		配电箱开关箱	(1) 按三级配电要求,配备总配电箱、分配电箱、开关箱三类标准电箱。开关箱应符合一机、一箱、一闸、一漏。三类电箱中的各类电器应是合格品
			(2) 按两级保护的要求,选取符合容量要求和质量合格的总配电箱和开关箱中的漏电保护器
		接地装置保护	施工现场保护零线的重复接地应不少于三处
	施工现场临时设施用水		生活用水
			施工用水

安全施工类措施项目　　　　　　　　　　　　　　　表 11.5

类别	项目名称	具体要求
安全施工	接料平台	(1) 在脚手架横向外侧 1～2 处的部位,从底部随脚手架同步搭设。包括架杆、扣件、脚手板、拉结短管、基础垫板和钢底座
		(2) 在脚手架横向 1～2 处的部位,在建筑物层间地板处用两根型钢外挑,形成外挑平台。包括两根型钢、预埋件、斜拉钢丝绳、平台底座垫板、平台进(出)料口门以及周边两道水平栏杆
	上下脚手架人行通道(斜道)	多层建筑施工随脚手架搭设的上下斜道,一般呈"之"字形
	一般防护	安全网(水平网、密目式安全立网)、安全帽、安全带
	通道棚	包括杆架、扣件、脚手板
	防护围栏	建筑物作业周边防护栏杆,施工电梯和物料提升机吊篮升降处防护栏杆,配电箱和固位使用的施工机械周边围栏、防护棚,基坑周边防护栏杆以及上下人斜道防护栏杆
	消防安全防护	灭火器、砂箱、消防水桶、消防铁锹(钩)、高层建筑物安装消防水管(钢管、软管)、加压泵等
	临边洞口交叉高处作业防护	楼板、屋面、阳台等临边防护：用密目式安全立网全封闭,作业层另加两边防护栏杆和 18cm 高的踢脚板
		通道口防护：设防护棚,防护棚应为厚≥5cm 的木板或两道相距 50cm 的竹笆。两侧应沿栏杆架用密目式安全立网封闭
		预留洞口防护：用木板全封闭；短边超过 1.5m 长洞口,除封闭外四周还应设有防护栏杆
		电梯井口防护：设置定型化、工具化、标准化的防护门；在电梯井内每隔两层(<10m)设置一道安全平网
		楼梯边防护：设 1.2m 高的定型化、工具化、标准化的防护栏杆,18cm 高的踢脚板
		垂直方向交叉作业防护：设置防护隔离棚或其他设施
		高空作业防护：有悬挂安全带的悬索或其他设施；有操作平台；有上下的梯子或其他形式的通道
	安全警示标志牌	危险部位悬挂安全警示牌、各类建筑材料及废弃物堆放标志牌
	其他	各种应急救援预案的编制、培训和有关器材的配置及检修等费用
	其他必要的安全措施	
	危险性较大工程的安全措施费,根据实际情况确定	

③ 市政工程或公路工程措施项目

混凝土模板及支架,脚手架,大型机械进出场及安拆,筑岛、围堰、便道、便桥,混凝土泵送,施工围挡,施工排水、降水,地上、地下设施与建筑物临时保护设施(包括对已建成地上、地下设施和建筑物进行遮盖、封闭、隔离等必要保护措施),洞内临时设施(包括通风、供水、供气、供电、照明、通信及洞内外轨道铺设),交通维护及疏导(包括周边道路的交通诱导标志、临时红绿灯、交通协勤人员、现场路面隔离设施)等。

④ 园林绿化工程

混凝土模板及支架，脚手架，苗木保护措施，围堰，施工排水降水等。

11.4.5 管理文件与技术

(1) 管理文件与技术方案的内容

依据《公司管理手册》《作业指导书》，结合工程项目的特点、难点、重点，区域位置环境及政府要求，制定相关技术文件与专项方案。包括但不限于：

1) 管理类技术方案

《环境因素识别与重要环境因素清单》《针对重要环境因素的控制措施方案》《应急准备与响应方案》《组织危险源辨识、风险评价和风险控制方案》《重大风险及其控制计划清单》《职业健康管理计划》等。

2) 专项类方案

《危大工程专项方案》防水工程，消防管理方案、临水方案、临电方案、季节性施工方案，临建或临设方案等。

3) 与工程质量安全相关的专项方案，如新技术使用时有安全风险。

4) 大中型设备选型与安装施工方案，如起重机、电梯等。

(2) 方案的编制与制定

1) 工程概况与项目概况：项目性质、特点、难点和重点、施工要求和技术要求。

2) 编制依据：法律、法规、规范、规程、标准、规范性文件、图纸、施工组织设计、项目总计划。

3) 计划安排：实施计划、资源计划。

4) 技术要求与标准、工艺标准、操作说明等。

5) 安全保障措施：组织保障、技术措施、监测监控。

6) 施工人员的配置与分工、专职安全人员、特种作业人员、配合人员、指挥调度人员。

7) 验收要求：验收标准、验收程序、验收内容、验收人员、获取许可证。

8) 应急处理措施。

9) 附件：计算书及相关图纸，重大危大专项专家评审意见书。

(3) 评审与审批

按照安全管理有关审批流程批复。

11.5 风险分级管理

安全生产是我国的一项重要政策，也是项目管理的重要内容之一。做好安全生产工作，对于保障员工在生产过程中的安全与健康、搞好生产经营、促进企业发展具有非常重要的意义。随着《中华人民共和国安全生产法》的实施，安全生产对企业的经济、政治、社会影响力产生了深远影响，也决定了项目生存的基本条件。做好安全生产项目管理风险策划，对保障项目的安全生产起着重要的作用。

11.5.1 安全生产法的现实意义

2021年9月正式实施的《中华人民共和国安全生产法》的现实背景是传统风险尚未解除，新的风险又不断涌现，我国安全生产工作进入一个新的平台期，加强新的立法势在必行。该法明确要求，安全生产单位必须健全安全生产责任体系，强化新问题新风险防范应对。在具体安全生产实施中，必须建立安全生产责任体制和双重预防机制。

（1）建立健全安全生产责任体系

安全生产责任体系中明确了强化党委和政府的领导责任，明确了各有关部门的监督责任，压实了生产经营单位主体责任，针对新问题、新风险也做出了相关规定。安全生产工作应当把人民生命安全摆在首位，树牢安全发展理念，坚持"安全第一，预防为主，综合治理"的方针，强调了从源头防范化解重大安全风险。将安全工作与管理业务和生产经营结合起来，落实全员安全生产责任和安全生产规章制度，加大对安全生产资金、物资、技术、人员的投入保障力度，加强安全生产标准化、信息化建设，构建安全风险分级管控和隐患巡查治理双重预防机制，健全风险防范化解机制，提高安全生产水平，确保安全生产。明确了主要负责人是安全生产第一责任人，对本单位的安全生产工作全面负责，其他责任人对职责范围内的安全生产工作负责。

（2）创建双重预防机制

现行的双重预防机制是指风险分级管控和隐患排查治理的双重预防制，依据《中华人民共和国安全生产法》规定，建立并落实安全风险分级管控和隐患排查治理双重预防工作机制防范化解风险。

双重预防机制创建的重要意义在于采用"防"与"堵"相结合的方法进行安全管理。坚持风险预控，前移安全关口，通过全面推行安全风险分级管控，把风险控制在隐患之前，这是"防"的重要性。强化并推行隐患排查治理，把隐患消灭在事故出现之前，这是"堵"的重要性。通过"防"与"堵"，将各项措施与方法落实到安全生产责任体系之中，形成安全风险分级管控和隐患排查治理的双重预防工作体系。通过体系管理、构造，逐步化解安全风险因素，实现安全生产的最终目标。

根据安全管理的原理，其终极目的是控制危险源，有效控制其风险属性的一面。风险控制程度决定了隐患是否可控，隐患失控会造成事故。

11.5.2 安全生产管理风险实施的内容

（1）危险源的触发原因、触发条件

1）触发条件

危险源是产生各种风险隐患事故的根源，危险源产生危险的主要条件是：

① 根源，危险源所处的物理、化学状态和约束条件状态，如起重设备、电气设备、压力容器、汽油等。

② 状态，物的状态和作业环境的状态两个方面，也是危险源触发形成事故的条件。

③ 行为，决策人员、管理人员以及从业人员的决策行为、管理行为以及作业行为导致其状态改变是触发状态改变的诱因。

2）触发原因

从触发原因来分析，危险源触发存在内因和外因，主要分为第一类危险源和第二类危险源。

第一类危险源，即本身就是风险的状态，在生产现场包括产生能量的能量源或拥有能量的能量载体，以及载（具）有有害物质的载体。在工程实践中，常有以下几个方面：

① 产生、供给能量的装置、设备，如变电所、锅炉、电炉、转炉等。

② 使人体或物体具有较高势能的装置、设备或场所，如起重提升机械、登高作业等。

③ 有害物质和能量载体，如运动中的车辆、机械的运动部件、吊起的重物、带电的导体等。

④ 一旦失控可能产生巨大能量的装置、设备、场所，如液氧储罐、LNG储罐等。

⑤ 一旦失控可能发生巨大能量蓄积或突然释放的装置、设备或场所，如压力容器设备、易产生静电积聚的场所等。

⑥ 危险物质，如可燃气体、液体、忌水性物质（高温物料）、混合性危险物质。

⑦ 生产、加工、储存危险物质的装置、设备或场所，如燃料罐区、制氧车间等。

⑧ 人体一旦与之接触，将导致能量向人体意外释放的物体，如锐利的毛刺、棱角等。

第二类危险源，即通过人导致约束、限制能量的措施失控、失效或破坏的各种不安全因素可能触发安全事故。工程实践中，主要表现为：

① 人的不安全行为，人失误也可能造成物的故障，进而导致事故发生。

② 物的不安全状态，即某种故障状态。物的故障可使约束、限制有害物质或能量的措施失效而发生事故。

③ 环境因素导致，主要指系统运行或所处的环境条件不能满足，如温（湿）度、照明、粉尘、通风、噪声和振动等物理环境，企业和设备等软环境等。

④ 管理缺陷或者失误，在人—机（物）—环境的安排上出现失误。在硬件上不能使机和环境保障人的安全，在软件上没有制定人—机（物）交互规则或制定的规则不能实施，不能消除机对人的伤害。

（2）危险源辨识方法

国内外已经开发出的危险源辨识方法有几十种之多，如安全检查表、预危险性分析、危险和操作性研究、故障类型和影响性分析、事件树分析、故障树分析、LEC法、储存量比对法等。在策划安全管理时，一般采用预危险分析法，主要通过项目性质与特点，根据类似工程或项目对危险源进行策划预控。对危险源的识别，我们要搞清楚危险源与隐患、风险的关系。

1）危险源与隐患的关系

根据风险管理原理，对危险源进行辨识与评估，实现对危险源的控制，并最终达到事故防控目的。隐患就是危险源的一种形式。

表现为防止能量或有害物质失控的屏障上的缺陷或漏洞，它是诱发能量或有害物质失控的外部因素。即隐患是第二类危险源。

在项目开始时进行安全检查或隐患排查，发现存在的危险源没有得到有效控制，客观上是物的不安全状态、人的不安全行为、管理上存在的缺陷。为了便于直观理解，在实际操作中，我们将隐患理解为"违反安全生产法律法规、规章、标准、规程和安全生产管理制度规定的内容"。一旦出现违反上述规定的内容，就需要进行管控，即隐患治理。

2）危险源（隐患）与风险的关系

风险与危险源最大的区别在于，危险源不以人的意志转移而客观存在，风险则是人们对危险源导致事故发生的可能性及其后果严重程度的主观评价。对于危险源而言，关键在于能否发现它，只有发现它才能有的放矢地对其进行防控，所以要发动全员参与危险源的辨识；对于风险而言，需要尽可能客观、公正地评价其危险程度，以便决定是否防控及如何防控，因此，对于风险的评价并不需要全员参与，只要求有一定经验、训练有素的专业人士参与即可。危险源是客观存在，风险是主观判断，这是两者的区别。

3）风险管理与隐患治理之间的关系

风险管理与隐患治理均是安全生产管理中的矛盾问题，其中，隐患治理可以理解为安全生产管理中的主要矛盾。风险涵盖了主要矛盾与次要矛盾，风险管理包括隐患排查与治理，这是因为，危险源包括隐患，而风险管理就是对危险源的管理。因此，风险管理自然也就包括对隐患的排查与治理。

在安全生产实践中，隐患属于第二类危险源，隐患的排查与治理就是对防控屏障上漏洞的辨识与弥补。由于有关安全检查控制的法律法规不能完全覆盖第一类危险源，从而造成第一类危险源得不到辨识，导致防控存在缺失。需扩大危险源辨识和防控范围，即采用风险管理涵盖隐患的排查与治理，即风险管理。

风险管理既包括对第一类危险源（如能量或有害物质）的辨识与控制，也包括对第二类危险源（隐患）的辨识与控制。风险管理能够实现对风险的全面防控，从而有效解决因辨识范围所限而造成的遗漏问题。

引入隐患识别与治理的目的是解决"管不住"的问题，这是隐患排查治理的主攻对象，也是基于目前国内安全生产管理现实情况而采取的措施。在所有风险管理的矛盾中，隐患是导致事故发生的主要矛盾，隐患排查治理是安全生产管理事故预防中的主要工作。

风险管理和隐患排查与治理的关系如图11.7所示。

根据对危险源的识别，在对隐患和风险管理进行策划时，应做到对危险源的判

图 11.7 风险管理与隐患排查和治理关系

定,我们以项目管理的知识结构来分析。我们基于一个基础——危险源产生的根源在于项目实施过程中的人、环、物、管等方面,人、环、物、管的实施是围绕工程项目各分子项目和分部分项工程展开的,而实施各个项目的组织结构时产生了各种矛盾,这些矛盾的出现与实施的方案均有关系。依据危险源辨识方法论,通常按照以下几个步骤进行。

确定风险分析的生产场所和区域。在项目实施现场体现为总体措施项目和专项措施项目的实施,在预算中体现为非实体项目在安全生产过程中的风险分析,一般根据实施方案与组织管理来体现。

对每个工序进行工作内容分析。在施工现场体现为实体部分的人、材、机等因素,按照施工步骤进行分析,相当于技术交底中要考量安全生产因素,如使用的材料是否具有危险源的特征,或者实施方法是否存在隐患的因素识别,或者使用的方法是否有安全隐患。

根据项目结构的分解,在生产过程中,结合实施方法或者方案,从人、物、环、管方面分析可能导致危害发生的途径,实现项目管理全过程中所有风险及隐患问题的梳理。

(3) 双重预防策划的管理

双重预防是指对风险的管控和对隐患的治理。项目策划前期,具体需要从双重预防和风险管控危险点的识别、触发条件,结合项目的结构分解、实施方案和组织方法,项目的人、材、机等构成要素分析,确定危险源并按照风险管控和隐患治理的方法进行识别、分级、管控。双重预防管理控制随着项目的进展而进行,因此,它也是项目管理的重要内容之一。依据项目管理架构建立的双重预防管理控制,基于项目管理的安全分级预防体系如图 11.8 所示。

1) 风险管控

风险管控是风险评价、风险管理过程和风险控制的总称。

风险评价是对风险进行评价,对危险源导致的风险进行评估,对现有控制措施的充分性加以考虑以及对风险是否可接受予以确定的过程。对不可接受的风险,我们将进行管理控制。对于不同的风险,按照 LECD 法进行评定分级,并按照风险等级进行分类,分成 A 级/1 级/红色/极其危险,B 级/2 级/橙色/高度危险,C 级/3 级/黄色/显著危险,D 级/4 级/蓝色/轻度危险,E 级/5 级/蓝色/可接受危险。

风险管理的工作是指开展危险源辨识、风险评价以及采取风险控制措施策划与实施的全

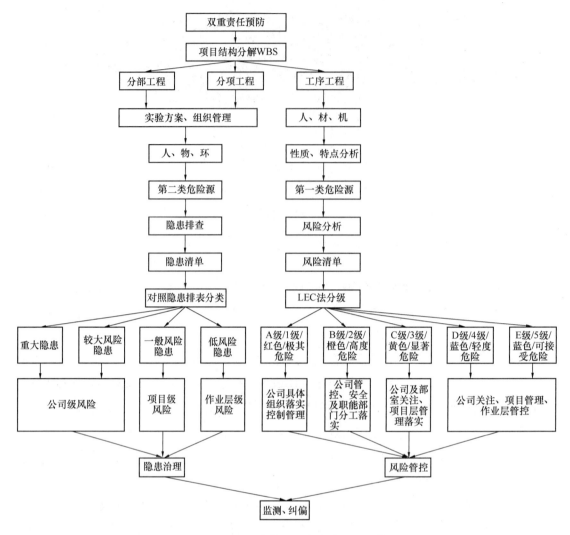

图 11.8 基于项目管理的安全分级预防体系

过程，最终目的是控制风险。风险管理过程是对管理政策、程序和操作方法加以系统应用，明确风险环境以及识别、分析、评价、应对风险，监督和评审风险的过程。

风险控制是指处理风险的措施，包括处理风险的任何流程、策略、设施、操作或其他行动。控制风险首要任务是控制和减少事故发生的可能性，其次是减弱事故后果。控制风险一般要在策划之前根据管理状态对产生的事故后果进行客观推定，按照五类风险制定不同的管控措施，并按项目进度落实。

2）隐患识别和治理

一般采用安全"头脑风暴法"（简称 BS 法，Brain-storming），由企业负责人、安全管理人员、相关技术职能部门人员、一线相关人员组成（必要时邀请外部专家参与），在安全管理部门人员主持下，分析安全管理及安全技术方面存在的问题、原因以及解决方法等，并达成共识。

在企业确定为风险管控重点的部位、设施、场所、区域等的物理实体、作业环境或空间中，从人、物、环、管等方面识别出来的危险源确定为风险点。

排查风险点是风险管控的基础。对风险点内不同危险源（与风险点相关联的人、物、环境及管理等因素）进行识别和风险评价，根据评价结果采取不同控制措施是风险分级管控的核心。

3）隐患排查

隐患排查要对产生风险的原因进行分析。失控的危险源产生现实风险，发生事故概率较大。隐患排查一般从人的因素（即人的不安全行为）、物的因素（即物的不安全状态）、环境的因素（即作业环境的不安全因素）、安全管理缺陷等四方面入手。一般企业根据多年经验形成隐患排查标准。

4）隐患排查治理

按照事故隐患分类规定、确定事故隐患排查方法和事故隐患风险评价标准，按照风险等级划分的原则对不同风险等级的事故隐患采取不同的治理措施。隐患排查治理的方法主要有法治措施、管理措施、技术措施、应急措施等。

基于项目分解结构进行风险分级及隐患排查。项目的风险与隐患伴随项目管理进展而产生，随着项目各部分项工程和工序的推进而产生，各种风险都是组成项目单元的实体和非实体，在实施过程中导致，是隐患的诱因。依据隐患排查标准和风险分级方法，基于项目管理分解基础上的风险分级及隐患排查见表11.6。

5）成立双重预防机制机构

以项目经理部组织架构为基础，确定双重预防机制的管理机构。项目经理作为主要负责人，其他人员作为分管领域或管辖领域的负责人，履行好"业务与安全"一岗双职的作用，切实履行好双重预防机制的工作。双重预防机制机构如图11.9所示。

基于项目管理分解基础上的风险分级及隐患排查　　　　　表11.6

结构编号	管理要素	特征说明、实施方案与组织	隐患排查分析				排查依据标准（主要管控措施、法律法规标准）	人员暴露环境的频率	事故后果的严重性	事故危害的可能结果	控制措施
			人	物	环	管					
1	建筑工程										
1.1	结构工程										
1.1.1	钢筋工程										
1.1.1.1	钢筋加工										
1.1.1.2	钢筋绑扎										
1.1.1.3	钢筋连接										
1.1.1.4	钢筋运输										
1.1.2	模板工程										
1.1.3	混凝土										
1.2	桩基工程										
1.3	土方工程										

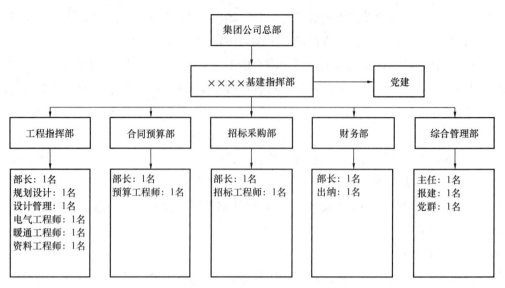

图 11.9 双重预防机制机构

第 12 章 项目合同管理

12.1 工程建设项目合同概述

工程建设项目合同是项目实施管理的核心。工程项目的实施是通过签订一系列与项目有关的合同来实现的。通过签订合同规范合同方的管理行为，加强各自项目管理范围内的工作，是实现工程项目总承包功能的重要手段。合同是合同方履行义务、享有权利的法律基础，是合理分摊责任风险、共同完成合同约定的各项工作内容的依据。由于工程建设项目具有周期长、合同金额大、参建单位多、各项目合同内容之间的交叉和接口复杂等特点，不可避免地会在履约过程中产生争执和纠纷。合同是处理建设项目实施过程中各种争执和纠纷的法律依据。因此，工程建设项目合同有以下特点。

12.1.1 合同管理是工程项目管理的核心

工程建设项目管理是执行项目合同的过程，工程项目的实施通过签订一系列合同来实现。工程项目管理的目标通常是通过合同来确定的，包括项目的工期、质量、成本、安全、环保等。项目管理参与各方的权利、义务关系也由合同确定。作为协调项目参与各方行动的依据，合同对于各参与方来说是项目实施的基础。因此，合同管理是工程项目管理的核心。

12.1.2 合同管理是实现项目目标的重要手段

项目管理的各项活动目标通过合同来实现，其中应包含项目管理的各项目标与指标。项目管理通过在相应的合同中明确分解各项目标与指标，并通过对其管理与控制实现整个项目目标与指标的管理与控制。在项目合同实施过程中，当目标与指标出现偏差时，通常应在合同中约定处理这种偏差的有关要求与措施。在执行合同过程中，当检查、监测合同方的实际情况与合同约定的相关目标和指标不符时，项目管理人员依据合同有关约定采取有效措施进行纠偏，以确保项目合同的履行并实现对项目目标和指标的控制。

12.1.3 合同是协调各方利益关系的依据

合同是经济活动的载体，也是项目管理实施的依据，在协调项目各方利益关系方面起着关键作用。业主、建设单位、投资人根据自身利益的需要，通过合同将工程项目委托给相应的承包商和供应商。因此，合同成为连接各承包商、供应商与发包商之间的纽带。业主和承包商之间的经济活动、责权利的关系主要通过合同约定执行。如果出现偏差，可以根据合同约定进行调整和修正。各承包商根据自身管理需要，通过合同委托给相关承包商或供应商，并依照合同中约定的责权利关系调整各自的项目管理活动。如果出现偏差，可以通过签订的合同来协调承包商之间的关系。因此，合同成为连接业主和承包商、承包商与承包商之间的纽带，通过签订合同来调整各方利益关系中的责权利。可以说，签订合同是协调各方利益关系的前提，也是解决各方争议的依据。

12.1.4 合同是双方当事人的最高行为准则

合同是平等主体之间达成的协议，用于设立、变更、终止民事主体之间的法律关系。一方违反承诺时，法律规定给予另一方补救措施。在项目实施过程中，由于项目的各项工作相互影响且互为条件，一旦合同一方违约，无法履行合同的责任与义务，必然会引发工作中断或无法持续的情况。这会给承包商带来损失，并对项目的整体计划造成影响。因此，合同应被视为最高行为准则，工程项目的所有参与者都应按照合同约定在工程实施的各个环节上按质、按时、按量完成自己的任务，从而实现整个项目的总目标。

12.1.5 合同是各方权益的重要保障

从事项目管理的本质是经济活动，参与项目的各方权益应通过合同得到体现。当参与方权益受到损害或损失时，参与项目的积极性和主动性就会降低或者消失，从而影响到项目管理的各项活动。通过合同约定，各方权益得到保护，并在法律支持下确保项目管理的积极性和主动性。无论是否存在互信，只要签订的合同在，双方都不能给对方造成损失或影响。

12.2 工程建设项目的主要合同关系

工程建设项目是一个建设周期长、投入资金大、涉及专业多、参建单位多的系统工程。由于一项工程所涉及的合同种类和数量通常较多，合同的复杂性取决于项目的复杂性，合同关系的复杂性取决于项目各组成之间的复杂关系。为了科学有效进行合同管理，一个项目应根据项目管理需要建立规范、合理的合同体系。建立合同体系可以帮助明确项目管理活动和管理关系，明确各方责任，实现项目管理的各项目标与指标。

12.2.1 项目合同的层次与分类

项目管理的层级划分依次是业主方→总承包方→承包方或供货方，相应的合同层次为业主方与总承包方的合同，对工程建设企业而言，这是主合同；而总承包方与承包方或供货方之间的合同为分项合同。主合同是项目实施管理的基础性文件，而分项合同则是支撑性文件。从层次来看，项目合同可以分为主合同和分项合同两大类型。对于投资建设类的项目合同来说，项目主合同由投资合同和项目总承包合同构成。

在项目管理过程中，主合同是项目管理的依据，也是项目执行合同的核心内容，分项合同则是实施项目执行合同的重要组成部分。通过一系列分项合同的执行，来实施主合同各项内容。

分项合同一般分为三种类型，即工程类、物资设备类和服务类。工程类合同主要涉及承包商、分包商、专业分包商、劳务分包等；物资设备类合同主要涉及材料物资和设备采购；服务类合同主要涉及设计、咨询、监理、技术服务、物业管理、检测检验、物流、保险等。

项目合同的管理策划以分项合同的策划为主，以项目范围计划为依据，制定项目的实施内容，签订相关合同。项目合同的数量、范围、内容以及采用何种分包方式，都应根据工程项目结构分解的 WBS 结构来确定。

12.2.2　与业主方的合同关系

与业主方的合同关系有多种形式。在项目全生命周期中，业主方通过项目分解结构（Project Breakdown Structure，PBS）的方式将各项工作委托出去，并形成相关的项目合同。根据项目不同阶段的特点，与业主方签订的合同也有多种形式（如投资合同、设计合同、咨询合同、土地合同、承包合同、运营合同等）。对于复杂、规模较大且成群成组的项目，先按区域、行业或组织划分，采用 PBS 的方法将项目分解成单项工程。按单项工程进行发包，形成合同，也可以将单项工程采用 WBS 分解，形成分部、分项工程的合同。

对于工程建设项目合同来说，业主方通过工程项目的工作结构分解（WBS），将任务委托给工程建设企业，并与其签订主合同。

根据业主方确定的项目管理模式来确定合同的数量和类型，不同的项目管理模式会导致业主订立合同的内容与数量存在较大差异。例如，在设计—招标—建造模式下，业主通常会签订工程咨询合同、勘察合同、设计合同、供货合同、施工合同、专业承包合同等。在设计—采购—施工模式下，业主需要签订工程咨询合同、方案设计合同、总承包合同、甲供合同等。

随着现代项目的发展，投资建设项目也在不断增长。对于工程建设企业而言，如果参与项目的投资，可以根据项目的不同阶段和内容，参与业主的合同规划、起草和制定过程。通过签订投资合同或协议确保自身投资收益，通过签订施工合同确保投资带动的工程份额。

12.2.3　承包商的主要合同关系

由于业主方项目管理模式的不同，承包商签订合同的范围和内容存在很大差异。但是一旦合同签字，承包商的工作任务就是按照合同约定进行工程范围的全部施工活动，有时还包括设计、采购、设备安装等工作，以及按照业主方指定供应的产品或服务与分包商签订合同等。具体情况需要依据主合同的内容、先期谈判时的文件或承诺决定。

承包商根据企业项目管理模式和管理需求，在现行法律规定框架体系下结合实际情况，将一些工作和专业工程进行分包。

根据项目管理模式的不同，承包商的合同关系也有较大差别。例如，在 DB/EPC 模式下，承包商通常会签订施工总承包或工程总承包合同。承包商的主要合同类型包括设计分包、施工分包、供货、劳务、租赁等。此外，他们可能还要履行甲指、甲定、甲供的分包合同和物资设备的总承包管理与配合的合同。

12.2.4 其他合同关系

其他合同关系主要依据项目主合同的要求来确定，其范围和内容在不同的阶段、不同的服务时间下也各不相同。

由投资驱动的项目可能还存在项目投资合同、股东协议、联合体协议等。在必要时，项目公司还需要承继前期相关合同条款。对于 F＋EPC 或者 EPC 类合同，承包商往往带资承包，需签订贷款合同、保理合同或者相应的融资合同等。为确保工程项目实施的质量与安全，可能还需要签订检验、检测和意外保险合同。为完成专精特新项目，可能还需要签订技术服务合同。为防止和减少工程项目灾害风险，可能需要签订工程一切险合同。为保证项目管理的正常运行，可能需要签订房屋租赁、场地占用、服务合同等。

12.3 项目合同策划

项目合同策划是项目管理的重要组成部分，是以项目管理为依托，服务于项目执行全过程的纲领性文件，体现了业主方和承包方在遵守国家法律框架体系下的行为约束。为了提高项目管理效率，减少矛盾与纠纷，做好项目合同策划是项目管理体系中的关键工作。在企业项目管理实施中，内部管理依据制度和规章，而外部管理主要依赖合同规定。因此，在项目管理策划过程中，必须全面实施合同管理。合同管理必须与项目管理相融合，为实现工程项目的目标，必须对项目的所有内容、实施过程以及各个环节和活动实践进行有效管理策划，做到"凡事预则立"。

12.3.1 合同策划需要立足点

合同是项目资源整合的纽带，也是项目管理的核心。合同策划需要满足工程建设项目的需求，并同时满足项目管理与企业管理的要求。合同策划是项目资源整合、计划、组织、协调与控制的综合体。因此，合同策划应基于以下几个方面展开：

(1) 合同管理是项目管理的起点。在项目策划过程中，需要认真分析合同文件和条件，明确合同规定的责任和义务，制定工程项目进度、质量与费用的控制点，以实现合同目标。合同管理对项目整个生命周期的各项管理工作起着关键作用，并与公司战略目标共同构成项目的管理目标。

(2) 合同管理利益相关方融合的过程，包括合同策划、合同分析、合同解释、风险控制以及索赔和争议解决等方面。合同文件的组成部分、往来信函和补充协议都是双方共同约定的内容。依据合同条款分析，所有的合同条件都对项目管理实施过程中涉及的因素进行了约定和限制，也是对项目实施过程各方责任的划分。在策划过程中需要对上述因素进行分析，找出合同管控要点，形成对策，监督执行，避免损失。

（3）合同管理与项目职能之间存在紧密关系，既涉及公司层面的控制和监督，也涉及项目组织层面的计划管理、预算管理、组织和信息管理等。这是一种相辅相成的信息流通和工作处理关系。

（4）合同管理需要与项目管理的组织形式相融合，与项目管理的结构分解相一致。各项工作属于关联关系，每份合同的组织管理幅度与范围要与分解后的 WBS 结构相吻合，确保管理边界和管理条件能够全覆盖。

12.3.2 合同整体策划依据

合同整体策划的依据是项目主合同中约定的内容，依据项目范围计划而制定。在工程整体策划过程中，应对项目相关的各种因素予以考虑，主要有项目性质、特点与难点，总承包商（发包人）的信息，需要引入分包商的条件与信息描述，工程项目所处的环境等。具体包括：

（1）项目的性质、特点与难点，包括工程的类型、规模特点、技术复杂度、工程设计技术准确程度、工程质量要求和工程范围的确定等因素。

（2）发包人信息，包括发包人的资信、资金供应能力、管理水平和管理力量，发包人的目标以及目标的确定性期望等。

（3）承包商信息，包括承包商的能力、资信、企业规模、管理风格和水平，目前经营状况，过去同类工程经验等。

（4）项目所处的法律环境、建筑市场激烈程度、物价水平及稳定性、地质气候、现场条件的确定性、资源供应的保证程度。

12.3.3 合同整体策划的原则

根据项目合同的立足点和依据，项目合同整体策划需要重点考虑以下几个原则：

（1）保证管理目标、管理指标的实现。工程整体策划的目的是通过合同来保证项目目标与指标的实现。

（2）合法依规。项目合同整体策划应符合国家法律法规、规范规程和标准等要求，符合企业管理规章制度及行业规范等。

（3）系统性和协调性。项目合同整体策划应有系统性和协调性，通过合同整体策划确保项目管理框架下所有要素按计划、要求和标准有序推进，确保整个项目计划和各项目工作的全面落实。

（4）积极性。能够发挥参与项目各方的积极性和主观能动性，保证各方任务高效完成。

（5）顺承主导。发包人是承包市场的主导。在合同整体策划中，发包人在合同中签订的有关主要条款通过分包合同将风险及部分责任进行转移，减少总承包方的压力。特别是主要合同条款，要与主合同有顺接与承继关系。项目管理整体布局及安排要与主合同主要条款相适应。

(6) 理性思维。发包人或总承包商应具备理性思维。作为理性的发包人，应认识到合同整体策划的目的是项目总体目标的实施，而不是为个人利益。

12.3.4 合同策划内容

合同策划应以项目管理目标与指标为导向，以完成项目内容为基础，以相应的技术支持和管理支持为约束条件，以组织实施的方案为框架。

(1) 依据项目管理策划的各项目标和指标，对各项合同进行分配，确定合同的指导性原则。合同必须体现并服从企业和项目战略的各项目标和指标。

(2) 合同策划要覆盖项目的所有内容。按照工程工作结构分解（WBS），确定项目的范围计划，确保合同的内容覆盖所有项目，以确保项目的整体实施。

(3) 项目的合同策划要符合项目管理要求。不同项目的发包模式和采购模式决定了合同类型和内容，项目合同体系的建立由项目整体结构和各种分包、采购和服务模式决定。项目经理部应在项目初期对项目进行结构分解，制定相应的范围管理计划，并根据不同范围管理计划的内容实施所需的各项活动，以及为这些活动内容提供必要的计划、组织、协调、控制和管理。这些内容为项目合同策划的科学性和完备性提供保证。

项目管理模式的选择。根据项目的建造模式，发包人按照其公司发展需要、企业的产业链以及自身投入的管理力量来决定项目的管理模式。根据项目的结构分解，可以确定是自行组织某一分部分项工程，还是全部或部分委托给第三方。涉及专业化和社会管理细分需求时，如工程咨询、造价预算、设计专项、监理或专业资质等，会选择委外分包。由于项目的管理模式与工程发包模式存在顺承关系，对项目的组织形式、风险分配、合同类型和合同的内容有较大影响，在项目管理模式选择时，要做好谋划。

项目发包内容与范围。根据工程项目分解结构图，制定各种工程项目管理活动的具体内容，并明确活动范围。根据不同类型的合同，通过不同的采购方式将活动委托出去，从而形成项目的合同模式。发包人需要决定如何将项目分解后的各项活动进行管理分类或打包，以便简化合同数量，利于管理。根据发包人不同的项目实施策略，工程项目管理活动可以采取不同的发包模式。发包人可以将整个工程项目分阶段、分专业或以其他组合的方式委托工作内容。唯一的前提是，在市场调研中能够找到合适的三个或更多符合招标条件的承接单位，以避免无承接单位或没有可选性。在这种模式中，物资设备可以单独委托，或纳入工程项目管理活动的相应内容，也可以采用扩大建造模式将某一分项纳入同类型建造模式进行委托。例如，某EPC道路工程可以将桥梁工程按照EPC模式委托给专业单位进行实施。一个项目承包方式是多样的，将上述活动进行不同组合，就可以得到不同的承发包模式，形成不同的合同模块。

项目管理过程控制的需要。根据工作结构分解，结合管理目标与指标要求，实施计划及节点、项目组织的设置，管理作业层的协调对应责、权、利、范围内容做好统筹安排，专项措施项目划分要与之相适应，争议争端解决，奖励与罚则明晰，合同的解释顺序优先劣后明确。

（4）相应阶段项目技术设计及方案的完成和总体实施计划的制定（EPC 工程总承包项目更是如此，边设计、边招标、边施工即常说的"三边工程"），在设计完成任务之后确定工程技术方案，再进行合同策划与招标。各分项合同，必须做好技术设计和实施计划安排。

（5）确定项目的实施方案。项目合同内容中的实施方案，是采用自行组织施工还是对外分包的模式，决定了物资、设备、分包商等资源的获取方式，决定了发包人的承包商数量和合同体系的构成，决定了工程风险再分配转移的情况。不同的工程建设企业根据自身发展制定了相关管理制度要求，一般在合同中事先予以明确。为了确保自身利益，工程建设企业对自有产业链的融入、集中采购的物资与设备以自行采购或指定采购的方式在分包招标合同中明确。比如某房建企业，某瓷砖供货单位为其自身产业链上的企业，在某项目精装修分包招标中，通过指定该品牌瓷砖为其实施的项目专用产品，无论哪家企业中标，都需要采购其产业链上的该品牌瓷砖。

（6）合同风险策划。合同风险管理分为招标投标阶段、履约阶段和收尾阶段。在招标投标阶段，主要涉及合同风险和公司内部可研的评估（EPC 类项目可研纳入公司重点监管范围）、招标文件审核、合同谈判和签订。履约阶段主要是合同交底、合同管理制度的制定，以及应对合同风险的策略和管控能力。收尾阶段的风险管理需要考虑合同文件的归档、项目的后评价、保修与缺陷期维护、项目的交付以及可能的审计风险等。合同管理要认识合同的风险性、长期性和复杂性。在项目管理过程中，合同的实施需要全员参与、多方协调，并确保职能全覆盖。然而，在很多工程项目建设过程中，施工单位认识不足，缺乏全员参与、多方协调和职能全覆盖，导致后期结算过程中证据不充分，合理利益得不到保障。在项目管理过程中，工程管理人员负责收集现场凭证、技术人员负责办理技术支持与变更事项、商务人员负责签证办理、财务人员负责资金管理与支付，而项目经理负责多方沟通与协调统筹。只有在项目管理职能全覆盖的情况下，合同管理才能有效进行。验工计价、变更批复、资金拨付、市场波动、工程延期、技术资料等管理不完善的情况都可能导致合同管理失败。因此，在合同策划中，合同的风险策划与应对至关重要。如某工程在实施过程中，由于分包单位与业主之间关系密切，从业主方获得了绿化苗木的批价，业主按此价格批复给总承包单位，分包商并以此报价获得批价。然而，由于总承包单位没有核实其相应的数量与批价，仅凭情面就认可分包单位的申报价格，而未形成书面价格确认与认定文件，最后导致了项目业主批复价格与分包商获批价格有很大差异。其主要原因是随着时间推移，业主方人员变更，结算时业主方无法认可这些批价。分析原因可以发现，在工程实施中，由于项目经理部没有合理分配职能、明确压实责任，分包单位钻了管理漏洞，给项目经理部造成重大损失。

(7) 合同文本的选择及合同条款。项目合同文本对项目合同的整体框架起着至关重要的作用，而合同条款则是项目管理各要素在合同中的重要保障。项目合同条款是合同签订和实施时的重要决策，是工程项目合同的内容、组织、技术、措施、往来文件与补充文件等方面的集合。它与工程项目范围计划、进度计划、工程承发包策划、招标方式的选择、合同条件的确定、合同风险因素的约定和合同体系的建立与协调相适应。具体合同条款的策划包括合同范围、内容、风险分配、投资转移、专业划分和付款条件等内容。在策划项目合同条款时，需要确保不同项目合同之间的特征明显、具体内容清晰、活动相互协调，避免工作内容重复，以减少管理协调的难度。

12.4 合同模式

12.4.1 项目全生命周期合同模式

项目全生命周期合同模式主要是指业主方采用的项目管理模式。只有了解业主方的项目管理模式，工程建设企业参与项目管理时才能更好地理解和履行项目合同，进而增强合同履约能力和项目管理水平。

（1）工程项目合同与项目管理模式的关系

项目合同策划是项目管理组织的重要组成部分，其目的在于确保项目管理目标与指标的实现。通过合同的规划与管理，能够有效推进项目实施，并提供有效的项目管理控制手段。项目合同体系的策划非常关键。

合同在项目中扮演着连接所有参与方的纽带的角色，合同的签订和管理是否有效直接影响参与方提供的服务与质量。项目管理过程中的所有因素与合同有关，通过合同组织各项资源实现项目管理目标，这些资源的提供需要在时间、质量、成本、安全等方面得到有效保障。合同的约束条件是这些保障的重要依据和手段。因此，项目合同体系策划的目的是通过系统的合同管理来实现项目总体目标。

项目中的各项合同可以视为向所有参与方的项目管理进行延伸，其提供了针对所有参与方的项目管理边界、范围、成本、质量、安全等管理内容再分配的依据，通过契约与法律的保障实现项目的全面管理。

项目合同本质是项目管理的一部分。因此，项目的管理模式和方法决定了合同的方向。只有根据项目管理模式正确选择合适的合同模式，才能使合同目标与项目管理目标保持一致。

项目合同模式确定之后，项目的管理目标和内容也随之确定，需要建立适应项目的项目组织来实现合同内容。对于工程建设企业来说，这意味着建立相应的项目管理体系。通过分配项目组织的管理职能，将合同约定的相关内容通过分解合同任务分配给项目组织中的职能部门，从而建立工作目标与工作任务的对应关系。通过管理体系的运行，实现对合同的有效管理，并最终完成相应的合同任务。

工程项目管理模式、合同管理模式、项目管理体系三者之间的顺承关系如图 12.1 所示。

工程建设项目管理模式有多种形式，不同的模式适用于不同的管理范围，其选择取决于项目管理模式的特点、性质和适用性。这涉及业主方的管理能力、项目管理的具体情况、工程特点、业主需求、业主偏好和市场环境等因素。常见的工程项目发包模式有设计—招标—建造模式（DBB）、设计—建造模式（DB）、设计—采购—施工/交钥匙模式（EPC/Turnkey）等，不同模式下的项目合同签订类型、范围和内容均不同。

（2）工程项目的发包合同模式

工程项目的发包模式，决定了合同模式的内容与合同的要求，不同发包模式形成不同的合同模式。国际项目管理的模式，主要有以下几种类型：

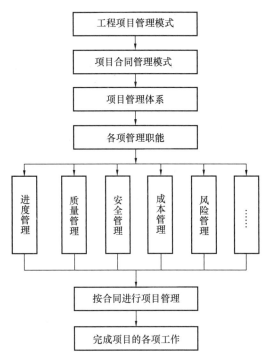

图 12.1　工程项目管理模式、合同管理模式、项目管理体系顺承关系

1）DBB 模式。DBB 模式是一种传统的项目管理模式，也是平行发包模式。在该模式下，业主将设计、施工分别委托给不同的单位，工程项目实施按照设计（D）—招标（B）—建造（B）的顺序，设计完成后才开始招标，招标完成后进行施工。DBB 模式由业主和设计单位签订专业设计合同，由业主或业主聘请的咨询顾问负责项目前期工作，包括前期策划和可行性研究。项目立项后，设计方进行设计，并进行施工招标准备。DBB 模式下，业主直接签订施工总承包合同，再由施工总承包商分别与设备供应商、材料供应商、工程分包商签订相应的分包合同。工程建设各参与方对这种传统模式的相关程序都很了解，因此合同管理相对比较简单，合同关系标准化。

2）DB 模式。在 DB 模式下，业主选定一家设计施工总承包单位对项目的设计和施工进行总承包，该单位全面负责项目的设计和施工全过程的工作。总承包商既可通过招标选择设计或施工分包商，也可以用自己的力量进行设计和施工。总承包商对工程项目的成本、工期、质量、安全全面负责。

3）EPC 模式。在 EPC 模式下，承包商向业主提供包括设计、施工、设备采购、安装等全套服务，有时还提供融资方案的建议。EPC 模式最大的特点就是将设计、采购与施工一体化，合同结构简单，业主的协调任务小。

(3) 工程项目的组织管理关系

业主履行项目管理模式的管理责任，根据其管理能力和实际情况可以采用直接管理、找项目管理公司代管等形式。在采用 DB/EPC 模式的发包合同中，设计、施工、采购等工作全部由承包商完成，业主的管理责任较少。

在采用 DBB 模式发包工程项目时，涉及的合同单位较多，业主的管理能力受到限制。业主通常会聘请"管家"来统一管理签订合同的承包商。其中一种是只负责具体事务的项目管理（Project Management，PM）模式，另一种是负责具体事务和财务的项目管理承包（Project Management Contracting，PMC）模式。

1) PM 模式。按照 PM 合同约定，业主委托工程项目管理企业（PM 公司）代表业主管理工程项目的若干阶段或全过程。PM 公司依照 PM 合同约定展开工作，业主可以根据自身情况随时调整委托范围。通常，PM 公司的服务范围包括但不限于项目前期策划、可行性研究、设计管理、招标采购管理、施工管理及验收和试运行。

2) PMC 模式。业主通过招标选择一家有实力的项目管理承包商或几家公司组成的联合体（简称 PMC 公司），聘请 PMC 公司对项目的全过程进行管理。PMC 公司先与业主签订 PMC 合同，再与各分包商签订分包合同。在这种模式下，由 PMC 公司对项目进行全过程计划、组织、管理、协调、控制，而工程项目的具体实施则交由各分包商完成。业主只需保留很小部分的管理权力，管理工作简单，同时保留对一些关键问题的决策权，PMC 公司负责绝大部分项目管理工作。

(4) 全生命周期项目合同体系

项目的合同体系与该项目采用的管理模式有关。各参与方的合同管理责任由合同模式确定。确定项目管理模式之后，根据项目实现过程进行项目结构分解（PBS），并依据工程建设项目的总体管理流程，将实现过程划分为立项阶段、设计过程、采购过程、施工过程和试运营等。不同阶段的合同集成根据该阶段工作结构分解成具有不同特性的单元，并构成相应阶段的项目合同体系。举例来说，立项阶段根据工作结构分解，需要完成建议书、立项、征地、可研等工作。其中，立项和可研工作需要通过工程咨询合同，征地的土地规划和获取土地工作需要规划咨询和土地评估咨询合同，可行性研究的概念方案设计和可行性研究评估需要通过方案设计合同和咨询评估合同来实现。

合同体系的特性可通过合同单元进行分类，如咨询合同单元、设计合同单元、施工总承包单元、专业工程承包合同单元等。

为了控制项目造价，减少成本支出，业主通常会通过合同体系指定分包方式，对发包合同的一部分内容进行发包，并委托承包单位组织管理。这种情况在我国香港等地区的合同体系中常用。

根据工程项目的发包合同模式、工程项目的组织管理关系及项目实现过程的分解，确定某工程项目不同类型的合同与管理模式如图 12.2～图 12.4 所示。

第 12 章 项目合同管理 | 285

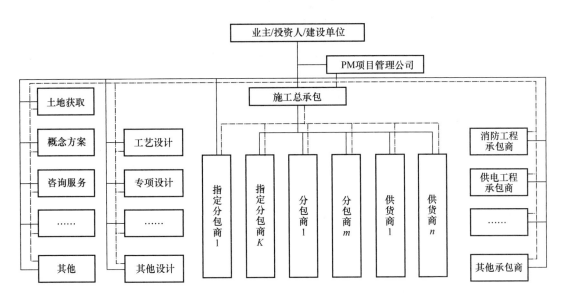

说明：图中实线表示合同关系，点划线表示管理关系。

图 12.2　PM+DBB 合同与管理模式

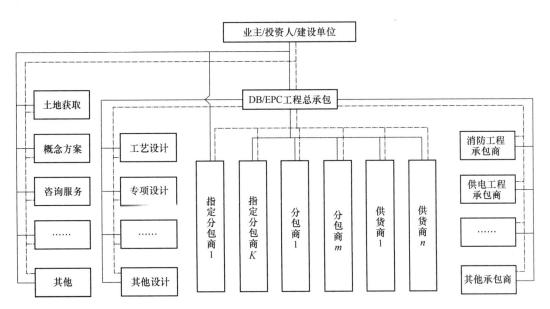

说明：图中实线表示合同关系，点划线表示管理关系。

图 12.3　DB/EPC 合同与管理模式

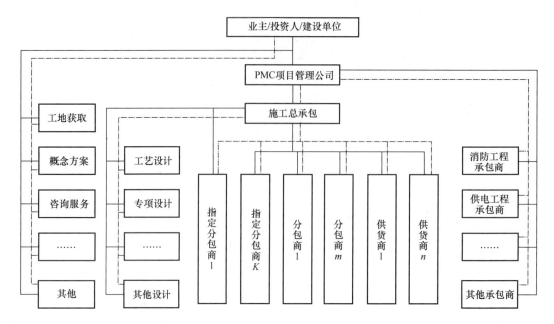

说明：图中实线表示合同关系，点划线表示管理关系。

图 12.4　PMC＋DBB 合同与管理模式

12.4.2　工程建设项目合同模式

（1）工程建设项目的合同体系

工程建设企业获取项目后采用的合同模式，一般由发包人根据其项目管理要求决定。通常情况下，工程建设企业的参与类型主要包括专业承包、施工总承包和工程总承包等。投资建设项目的合同可以参照工程项目合同管理体系进行统一策划，具体取决于工程建设企业参与项目管理的范围与深度。

在业主的项目管理模式下，工程建设企业的合同体系根据自身能力决定采用分包方式还是自行施工方式。

主合同是业主与总承包企业之间的合同，而分包合同是总承包企业与相关承包商之间的合同。

为了降低项目成本或出于其他意图，业主通过指定分包的方式参与部分承包企业的分包价格控制，具体表现为指定分包或指定材料与设备等。监理单位与业主签订合同，负责对项目总承包单位进行监理工作。图 12.5 是某企业签订的 DB/EPC 项目管理合同和项目管理组织关系示意图。

（2）工程建设项目的合同结构类型

根据总承包合同的范围与内容，可以将项目成本范围内和项目周期内的全部合同进行分解，根据项目管理的需要划分不同的合同承包范围，这一步骤对以后的项目管理（质量、工期、成本和安全管理）非常重要。根据工程项目的合同模式、项目管理模式、承包商的角色

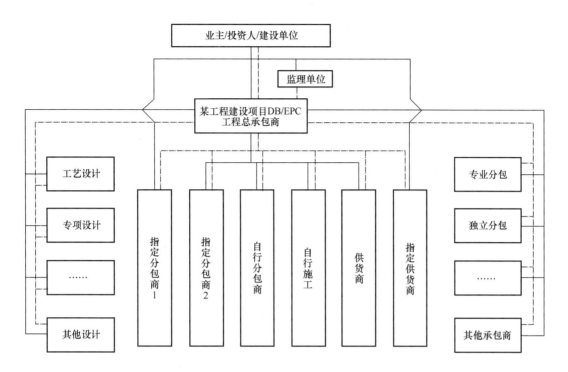

说明：图中实线表示合同关系，点划线表示管理关系。

图 12.5　DB/EPC 项目管理合同和项目管理组织关系示意图

和地位以及承包企业自身的能力，按分项合同的签订关系分为以下三类：

第一类：由业主直接签订的合同，包括业主指定的分包合同和供货合同（含材料与设备），一般按相关规定允许拆分的工程项目内容来划分。

第二类：由业主通过采购或询价确定承包商，但由总承包公司签订的专业工程施工合同或材料设备买卖合同。包括业主指定的分包和供货合同（含材料与设备），一般是按相关规定不允许拆分的工程项目内容来划分。

第三类：在总承包范围内，由总承包商直接签订合同。

在第三类中，总承包直接签订的分项合同主要是总承包范围内的分包合同和自行施工时需要签订的各种合同。分包合同和自行施工合同的签订取决于总承包方自身的管理需求。自行施工一般主要有主体工程、重要或关键部位的内容，总承包商通过采购主要材料、扩大劳务分包的方式自行组织实施。

根据相关规定，工程建设分包不允许超过一定限值，这是合同策划时需要重点考虑的，避免不合法性的风险。

12.5　合同规划

项目合同规划在项目实施前依据项目合同总体要求，在确定的项目管理模式下，通过合同的形式将项目所有内容进行资源整合。合同规划对整个项目的计划、组织和控制有决定性影响。在项目开始实施前，需要确定项目合同的总体构想和基本框架。合同管理是项目管理的重要组成部分，是以法律和契约为基础的项目管理的延伸。

合约规划分为合约体系规划和具体合同策划。合约体系规划是在项目管理模式基础上，对项目进行工作结构分解（WBS），逐层分析并判断是否需要规划合同。工程项目的合同非常复杂，合同标的大小不一，需要将项目分解成不同的层级，并根据管理模式判断是否设置合同。

项目的主合同和分项合同的规划可以根据项目的管理模式和承包商自行管理模式进行区分。在项目管理模式下，主要是规划设计分包、承包商分包和大宗物资等，并需要明确甲指、甲定、甲供合同模式与管理模式。在承包商自行施工组织模式下，主要根据承包商的项目管理模式或管理习惯来确定合同。不同的承包商对自行施工范围内的合同规划差别很大。

无论在哪种模式下，具体合同的规划要满足合同管理需要，要依据项目分解的可操作性进行。具体规划内容包括合同的模式、每个合同的工程内容和范围，各个合同之间在内容上、时间上、组织上和技术上的协调，以及业主的项目管理模式、招标文件、合同文本的起草或合同中一些重要条款的确定等。

项目合约规划按照项目进度计划进行，根据工程内容和范围确定单个合同形式，最终形成整体项目的合同架构。

12.5.1 项目管理模式下的合约规划

项目管理模式下的合约规划，是将项目分解的内容与项目管理模式做好一一对应，形成建筑设计、专项设计、指定分包商1（业主签订合同）、指定分包商2（总承包商签订合同）、自行分包商、自行施工、指定供货商1（业主签订合同）、指定供货商2（总承包商签订合同）、专业分包商、独立分包商等发包模式下的合同规划。

项目管理模式下的合约规划如图12.6所示。

12.5.2 总承包自行组织施工管理模式

不同的工程建设企业在总承包商自行组织项目管理模式方面存在差异，但其基本职能是与其他分包具有相同的角色与定位，同时也具备管理作业层的特征。一般来说，自行施工的内容越多，分解的工作越细，项目经理部的人员配置就越多，从而造成项目管理成本增加。因此，对自行组织施工的分类实施是非常关键的。

总承包商自行组织施工管理模式相当于项目管理层次中的执行作业层职能，主要涉及人、材、机的资源整合。在自行组织施工管理模式中，对人、材、机的相应规划各有不同。

（1）劳务模式的选择

劳动力资源根据项目结构和分解需要，按工种或专业从市场上获取。目前在总承包自行施工管理模式中，有两种获取方式，一是采用劳务合同，项目经理部承担相应的管理责任；

第 12 章 项目合同管理 289

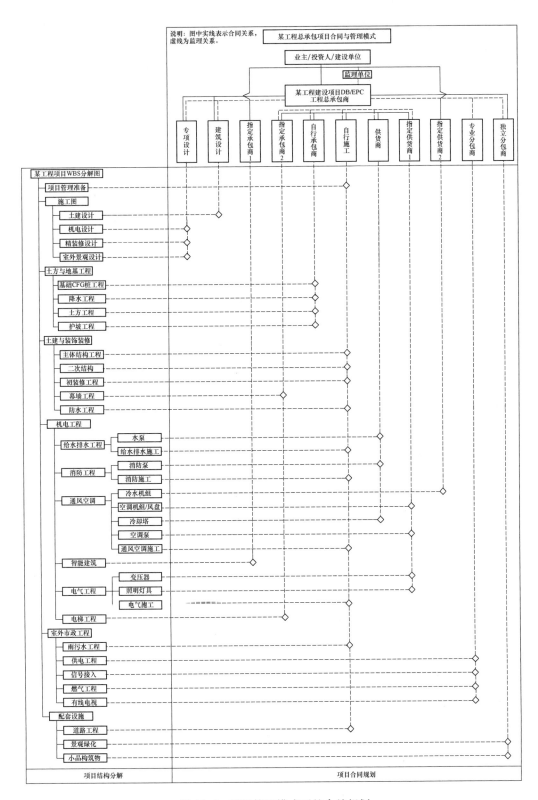

图 12.6 项目管理模式下的合约规划

二是采用劳务分包合同,将一部分管理责任转移到劳务分包企业,使其对分包的工程和质量缺陷承担连带责任。这两种方式在工程建设企业中经常被采用。简单来说,包工不包料是劳务合同,包工包料是分包合同,劳务合同的质量由项目经理部负责,劳务分包合同的质量由提供劳务的企业承担连带责任。

(2) 物资设备管理模式的选择

在工程建设项目中,材料品种规划多、用量大,不同部位和专业之间对同一种材料的使用差别非常明显,这导致工程项目的材料管理变得十分复杂。在同一个分项工程或工序中,材料分为主材和辅材,不同专业之间的材料存在差异,材料入场时间也有不同。如果所有的材料均由项目经理部采购,必然造成管理成本加大。因此,优化物资设备管理模式的选择对自行施工至关重要,工程建设企业根据自身资源的掌握情况进行统筹考虑。

1) 物资设备 ABC 分类法

一个施工企业想要在施工建设过程中效益最大化,就需要对施工过程造成影响的所有因素进行罗列,并且清晰分辨出各类因素可能会对施工结果造成影响的程度。最后,通过科学合理地对这些因素进行排序和管理,提升整个施工过程的效益。实现这一管理过程常用的方法是 ABC 分类法,又被称为重点管理法,运用数理统计方法对事物构成因素进行分类排列,以抓住事物的主要矛盾,是一种定量的科学分类管理技术。

ABC 分类法在材料管理中的应用是将材料按数量、成本比重等划分为 A、B、C 三类,根据不同类型材料的特点,采取不同程度的管理方法。这样既可以保证重点,又能够照顾一般,以利于经济有效地使用材料。

ABC 分类法的分类标准是(通常情况下):

A 类,数量很少,仅占总数的 5%~10%,但其价值或资金却占总价值的 70%~80%。

B 类,数量较多,占总数的 10%~20%,但其价值或资金占总价值的 20% 左右。

C 类,数量很多,约占总数的 70%,但其价值只占总价值的 5% 左右。

总承包自行施工的材料需要根据品种、规格及各种材料的重要程度、耗用量、价值大小和资金占用等因素进行分类。只有实行分类管理和控制,才能取得较好的效果。ABC 分类法可以减少物资设备的采购合同数量,还能提高项目管理质量。

2) 价值工程法

物资设备的获取方式有直接采购和租赁两种。用于工程本体的物资设备属于工程项目的组成部分,只能通过购买方式获得。对于措施类的物资与设备,除了直接采购外还可以通过租赁方式获得。采用租赁还是采购获得物资设备,需要通过价值工程法进行判断。

价值工程又称价值分析,是挖掘降低成本潜力,对成本进行事前控制,促使产品或项目成本降低的一种技术方法。它通过技术性、经济性和组织性的综合分析活动,以最低的费用可靠地实现产品或项目的必要功能。价值工程用于材料管理,其主要目的是寻求降低材料成本、提高功能,是提高材料价值的主要途径。

工程建设企业一般通过制定施工方法、总结企业科技成果等方式对非实体物资设备进行价值判断,以寻求效益与利益最大化。例如,在建筑工程中,主体结构模板有木胶板散拼、组合钢模板和定型铝模板等多种选择,在满足周转次数、残值回收、功能和质量的前提下,通过价值工程判断进行技术经济对比,首选价格最低的方案。因此,物资与设备采购模式需要科学制定。

通过价值工程法,可以确定部分合同的采购内容和采购方式。

3) 存储理论法

在确定物资设备采购计划时,需要制定项目材料的供应计划,同时确定所需材料是分批采购还是一次采购。若选择分批采购,需要确定分批的数量和采购量。这些问题都必须加以考虑,因为不同的方案可能导致不同的经济效果,从而存在一个优化问题。运用存储理论,可以综合考量企业的资金成本与实力,并为企业集中采购提供可能性。通过确定材料的经济存储量、经济采购批量、安全存储量和订购点等参数决定企业项目物资设备管理的形式与内容。这样做可以优化物资设备采购计划,提高效率和经济效益。

4) 核对表法

在物资设备管理方面,不同的企业经过多年的经验积累和总结,形成各项目相对较为统一的管理办法。项目供应权一般集中在企业法人层次上,通过核对表法可以增强企业对项目的管控。不同的企业会制定不同的制度,采取不同的管理方式来管理物资设备。

根据上述方法,某总承包项目自行施工部分内容按人、材、机统筹考虑,并依据ABC分类法对材料分类分析,由项目经理部负责采购或租赁那些主要材料或可能影响项目安全和质量的材料。按价值工程法,项目经理部负责采购或租赁那些对项目进度、安全和质量有影响的机械或设备。而对确保项目运转的工作,以服务和咨询的方式,同样由项目经理部负责管理。经分析和研究制定项目总承包自行施工内容与管理模式方案,见表12.1。

依据项目总承包自行施工模式及对应的自行施工内容进行合同规划,见图12.7。

项目总承包自行施工内容与管理模式方案   表12.1

项目总承包自行施工内容				项目总承包管理模式方案
项目管理准备	环境保护	材料堆放	槽钢	钢筋、钢管及部分建筑材料上架,采用槽钢焊接,分类堆放。场地等按临建工程施工,包工包料,据实结算
			焊接安装	
		垃圾清运		现场的垃圾分类管理,环保桶自行采购,建筑垃圾安排固定工人专人清理,分类管理,钢筋废料池采用砖砌,在临建工程中统一安排
	文明施工	施工现场围挡		围挡采用定制围挡,上门安装,施工现场围挡基础按临建工程施工,包工包料
		五板一图		按照材料采购并上门安装
		企业标志		按照材料采购并上门安装
		宣传专栏		按照材料采购并上门安装

续表

项目总承包自行施工内容			项目总承包管理模式方案
项目管理准备	临时设施	现场办公生活设施	办公室及工人宿舍采用保温板房，租赁使用，场地、基础、排水、给水、临时用电及其他设施按临建工程施工
		施工现场临时用电 — 电线、电缆	现场电线、电缆厂家采购
		施工现场临时用电 — 配电箱	施工用配电箱专业厂家采购
		施工现场临时用电 — 临电施工	由专业电气施工队伍负责电气安装，包括除电线、电缆配电箱外的所有材料
		施工现场临时用电 — 用电合同	供电局签订用电合同
		施工现场临时设施用水 — 水泵	水泵专业厂家采购
		施工现场临时设施用水 — 消火栓箱	消火栓专业厂家采购
		施工现场临时设施用水 — 焊接钢管	现场给水管、消防管采用焊接钢管，项目采购
		施工现场临时设施用水 — 临水施工	由专业临水施工队伍负责临水安装，包括除水泵、消火栓、焊接钢管外的所有材料
		施工现场临时设施用水 — 用水合同	和水务局签订给水和排水合同
	安全防护	卸料平台	采用定制卸料平台
		消防安全防护 — 消防器材、灭火器、消火栓	采购认证的消防产品
		消防安全防护 — 消防施工	由临水队负责临时消防施工，包括除消防器、灭火器、消火栓、钢管外的所有材料
		临边洞口高处作业防护 — 焊接钢管	采购国际焊接钢管
		安全警示标志牌	定制安全警示标志牌
	临建工程		临建施工，除上述工作之外的所有工作，包工包料
主体结构工程		钢筋	按企业内部合格供应商采购
		混凝土	项目采购
		模板	采用定制铝模
		脚手架	租赁
		塔式起重机	租赁，含塔式起重机司机
		混凝土泵	租赁，含塔式起重机司机
		主体施工队	全部主体结构施工，包括除钢筋、混凝土、模板、脚手架、塔式起重机、混凝土泵外的所有材料、机械等工具
二次结构		砌体	项目采购
		混凝土	项目采购
		预拌砂浆	项目采购
		砌筑施工	全部二次结构施工，包括除砌体、混凝土、预拌砂浆之外的所有材料、机械等工具

续表

项目总承包自行施工内容		项目总承包管理模式方案
初装修工程	装修施工	全部初装修施工,包括除预拌砂浆、门窗、涂料、瓷砖、腻子之外的所有材料、机械等工具
	预拌砂浆	项目采购
	普通门窗	项目采购
	涂料	项目采购
	瓷砖	项目采购
	抹灰、墙面腻子	项目采购
	施工电梯	项目租赁
给水排水施工	管材、PPR	项目采购
	阀门	项目采购
	洁具、龙头	项目采购
	水箱	项目采购
	水暖施工	全部给水排水安装工程,包括除管材、阀门、洁具、龙头、水箱、水泵之外的所有材料、机械等工具
电气工程	电线电缆母线	项目采购
	桥架	项目采购
	配电箱柜	项目采购
	开关、照明、灯具	项目采购
	电气施工	全部电气安装工程,包括除电线电缆母线、桥架、配电箱柜、开关、照明、灯具外的所有材料、机械等工具
道路工程	级配石	项目采购
	混凝土	项目采购
	沥青混凝土	项目采购
	路缘石	项目采购
	道路施工	全部道路工程施工,包括除级配石、混凝土、沥青混凝土、路缘石之外的所有材料、机械等工具
保洁		向专业保洁公司外包

12.5.3 项目合同规划的优化

根据项目管理模式下的合同规划和总承包自行施工管理模式下的各项内容的合同规划,项目经理部会根据管理需要对相同的子目在不同的分项和分部工程中进行合并,对类似的合同规划内容进行合并,从而减少合同数量,减轻项目经理部的管理协调量,更加有利于合同管理。

根据合同规划的统计结果,分类进行优化比较,形成相应的订单。优化合同需要通过吸纳项目经理部各职能部门的意见和建议,经过综合评审来确定合同规划的最终成果。项目合

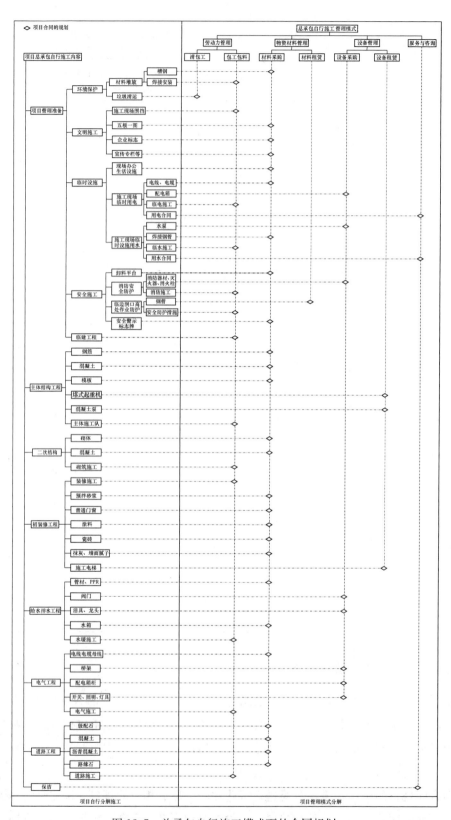

图 12.7 总承包自行施工模式下的合同规划

同规划的优化需依据项目管理计划和项目进度计划，综合考虑资金情况和项目管理需要。不同的项目由于结算条件不同、资金付款方式不同，优化结果差别很大。举例来说，在混凝土工程中，主体结构混凝土供应完成后，道路工程的混凝土供应间隔差别很大，甚至相差一年以上。在这种情况下，混凝土供应单位为了资金的回笼，可能愿意统一供应，以防止因结算不具备条件无法回笼资金的情况发生。对于二次结构的队伍和初装修队伍，一般可由多家劳务公司提供，且施工时间有很大交叉。为了便于现场管理，通常可以优化成多家劳务公司完成。至于给水排水工程和电气工程，在目前建筑市场上，许多劳务公司具有安装资质。因此，当项目规模不大的时候，可以考虑将给水排水工程和电气工程进行合并，交由一家综合劳务公司，这样更加有利于管理。

12.6 合同内容的确定

根据项目范围计划的分解，结合项目管理模式和施工总承包自行项目管理模式的分配，规划合同的基本框架体系，确保合同体系完整涵盖项目管理和项目实施的所有内容。合同的管理对象各有不同，因此，不同合同之间边界是否清晰需要考虑。此外，还需要确保各专业之间的接口和边界条件被明确定义。合同的计价规则和合同价格是否符合合同造价控制要求，以及合同的执行进度是否满足项目管理进度需求，这些内容都需要在合同中明确约定。

12.6.1 保证工作内容的完整性

基于 WBS 的合同体系能确定工程的全部范围，涵盖项目的所有工作。只当所有的合同完成时，整个项目才算完成。在确定合同关系时，也会相应确定项目管理的责任与义务。如果涉及分包合同，总承包商要负责分包合同对应的总承包商责任，确保工作内容上没有缺陷和遗漏，否则会导致双方争执。

（1）法律法规及规范合同文本

合同确定的依据是现行适用的法律法规和相关的规范性文件。合同作为合同当事人之间的约定规则，是概念范围确定的另一个主要和直接依据。项目实施的过程管理、验收及相关过程均受到现行法律法规约束。由于现行合同文本多样，选择合适的项目合同文本非常关键。随着 FIDIC 合同条款的引入，很多企业在合同策划时进行各种变形，导致权利与义务在买方或卖方市场地位的支配下严重失衡，对项目管理造成很大的不利影响。因此，选择适用于项目管理实现的合同文本有利于推进项目管理。工程建设企业在分包、采购或租赁方面往往具有很大的优势地位，可以利用合同的优势地位将项目管理和企业管理要求及部分风险进行适当转移，以达到对全项目风险分解的目的。

（2）工程计价清单（工程量的界定）

工作范围指的是工程量清单上每一项工作对应的职责范围，这在合同内容确定过程中占绝对的核心地位。在项目管理实践中，由于工作范围界定不清引发的最直接问题就是纠纷和利益受损，这导致合同相关方没有收到应收的工程款，或者支出了本不应支出的成本。最终，这些问题还是将风险倒灌到项目经理部。选用合适的计价清单并编制有效的合同清单非常关键。

(3) 设计文件

依据设计文件确定项目合同的工作范围，必须以计价规则为基础。

(4) 合同工作范围与其他范围的关系

合同工作范围的确定在项目范围管理工作中占有十分重要的地位。除了一般的设计文件范围，其他与项目管理有关的基准日期、变更、风险、安全生产、规费、税金、政策、法规等内容也属于合同工作范围的范畴。同时，还需要明确业主需求、明确工作目标、明确合同相关方工作界面，这需要从确定合同概念范围入手，以确定合同工作范围为核心，并借助其他合同范围确定的辅助作用，利用法律法规、规范性文件、合同管理等工具，从而确保施工总承包项目的顺利实施。

12.6.2 价格上的协调

WBS建立的合同体系将项目的全部工作内容分解到各个合同之中。从业主方面来讲，价格上的协调主要是指控制投资、防止超过概预算，并将投资分解到各个合同中。由于总承包商的利润更多的是通过分项合同价差来实现，因此，在总承包主合同签订之后，各项分包、供货、租赁、服务及其他合同将总承包的各项成本分解到各个分项合同当中。在项目管理中，工程建设企业需要控制项目的利润，依据项目管理计划，针对分项合同内容做好成本控制造价，确保合同价格的合理性。

为了满足市场竞争需求，项目主合同在项目获取阶段经常采用不平衡报价策略，用于投标或洽谈，获取市场份额。在分项合同制定时，如果简单地一一对应控制合同价格进行分解，势必造成分项目合同价格失衡，在项目管理过程中会出现很大的风险甚至无法进行项目管理。举例来说，根据主合同，人工成本远低于市场价格，按此控制价作为劳务合同的控制价基本是不现实的。只有按照项目管理计划，合理分配分项合同价格，才能确保项目有序进行。价格上的协调需要通过合同价格协议来确保合同价格得到有效实施。

合同价格协议主要是对项目实施过程中存在的情况进行估计，特别是针对项目条件或外部环境发生重大变化的情况而设计的。这些协议预估的主要目的在于确保项目能够顺利实施，并达到预期的项目目标。通常合同价格协议的类型主要有：

(1) 总价合同

总价合同一般适用于项目图纸较为明确、工程量清单完整、工程项目周期不是很长，且不会出现重大范围变更的情况。此类合同为既定工程项目、服务或成果的采购设定一个总价。目前国内常采用"固定总价＋变更增减"的方式来做最后的清算，这类合同是业主转移合同风险较好的一种形式。

固定总价（FFP）。FFP是最常用的合同类型。大多数业主都喜欢这种合同，因为工程建设项目的价格在一开始就已确定，并且不允许改变（除非工作范围发生变更）。也常用于总承包单位再分包工程或项目。

总价加激励费用（FPIF）。这种总价合同为买方和卖方提供了一定的灵活性，允许一定的绩效偏离，并对实现既定目标给予相关的财务奖励（通常取决于卖方的成本、进度或技术绩效）。FPIF 合同会设置价格上限，高于此价格上限的全部成本将由乙方承担（主合同由总承包商承担，分包合同由分包商承担）。

总价加经济价格调整（FPEPA）。这类合同在国际工程中常用于工期较长或将以不同货币支付价款的项目。此类合同中包含了一些针对项目实际情况的合同条款，用于应对项目合同条件发生变化的情况，有利于应对合同管理。这些变化的合同条款，对于保障项目顺利进行有着重要意义。此类条款的变化，如通货膨胀、某些项目的主要材料的成本增加（或降低），以事先确定的方式对合同价格进行最终调整。此类合同为分包商或者供货方支付为完成工作而发生的全部合法实际成本（可报销成本），外加一笔费用作为分承包商/供货商的利润，也是我们通常认为的成本＋酬金的合同模式。该模式工作范围预计会在合同执行期间发生重大变更。

（2）成本补偿合同

成本加固定费用（CPFF）为卖方报销履行合同工作所发生的一切可列支成本，并向卖方支付一笔固定费用。该费用以项目初始估算成本的某一百分比计列。除非项目范围发生变更，否则费用金额维持不变。

成本加激励费用（CPIF）为卖方报销履行合同工作所发生的一切可列支成本，并在卖方达到合同规定的绩效目标时，向卖方支付预先确定的激励费用。在 CPIF 合同中，如果最终成本低于或高于原始估算成本，则买方和卖方需要根据事先商定的成本分摊比例来分享节约部分或分担超支部分。例如，基于卖方的实际成本，按照 80/20 的比例分担（分享）超过（低于）目标成本的部分。

成本加奖励费用（CPAF）为卖方报销一切合法成本，但只有在卖方满足合同规定的、某些笼统主观的绩效标准的情况下，才向卖方支付大部分费用。奖励费用完全由买方根据自己对卖方绩效的主观判断来决定，并且通常不允许申诉。

（3）工料合同（T&M）

工料合同（又称时间和手段合同）是兼具成本补偿合同和总价合同特点的混合型合同。这种合同往往在无法快速编制出准确工程量清单和确定的工作范围与内容时采用。

工料合同一般采用综合单价合同模式，工程量通常采用模拟清单量估算。在实际结算过程中，以实际工程量替代模拟清单量，主要是针对三边工程或者工程设计不完善或者功能有所变化的情况。特别是边招商边提供需求的项目运用较多。

12.6.3 专业上的协调

工程项目专业、工种众多，存在着复杂的相互交叉的专业协调问题。这些相互关联的系统之间就存在接口，而接口的存在直接影响工程造价、投资、工期、质量、运营等目标的实现。

在项目建设程序的各个阶段，规划、设计、施工阶段等有各自严密的标准、规范，但各阶段之间需要衔接，必然存在技术上的相互影响和联系，即技术信息交流。例如，设计工作与施工任务由不同的单位承担，由于设计和施工的分离，设计人员无法积累施工经验，施工人员远离设计活动，技术信息不对等的情况就会发生，往往会出现误工、返工等问题，影响工期。

工程施工、安装质量要求高，每个专业都有自己的特定位置和技术要求，但同时又必须满足其他专业施工的时间顺序和空间位置要求。在技术上考虑不周，尤其是交叉部位，就容易产生问题，如设备安装与精装修工程之间的交叉，是交替进行、互为条件、相互创造工作面。

12.6.4 时间上的协调

工程建设项目是复杂的系统工程，专业众多，合同数量大，责、权、利的划分异常复杂，在合同文本及条款制定过程中容易出现错误与矛盾。合同之间的联系、相互影响对项目管理影响很大，如何保证合同顺利实施，加强合同在内容、签订、实施时间和空间上的衔接及协调便显得极为重要。

项目总计划决定每个合同的实施时间，各个合同的实施时间必须有相应的项目进度计划，这样才能形成一个有序、有计划的实施过程。工程项目专业众多、工序复杂，形成了较复杂的工作界面，在进行合同体系策划时必须考虑相互之间的关系，如图纸供应与施工、设备采购、材料供应与运输、施工安装、工程交付与运行等之间的搭接与协调。这些搭接与协调需要预留分项合同执行准备的时间，为合同实施做好相对充分的准备。

在时间协调方面，各项合同按照确定的范围、进度计划确定时间。如 EPC 模式下，设计单位应制定设计进度计划表，并严格控制分包单位的设计进度计划，总包单位根据设计进度计划表确定关键点，关键工作能够按进度完成，使得整个设计工作处于受控状态。

在工程施工合同方面，承包商根据合同约定的工作范围和工期，合理安排施工周期，并将各自的施工进度考虑到施工总进度计划中。在各自的进度计划安排完成后，承包商之间还要加强信息沟通来落实各自的工作和进度计划，以确保工程能在规定的时间竣工，重点做好下面两方面的协调：

（1）与设计单位在时间上的协调

施工图纸与设计变更，在项目实施时对项目进度有着十分重要的作用。与设计单位做好时间上的协调，确保设计图纸满足工程施工，做到有效衔接。否则，设计图纸与变更满足不了施工进度，将会造成建设周期延长，增加现场管理成本。在签订合同时需要在合同中明确相互之间的进度，做好时间上的协调。

（2）与施工分包商、材料设备供应商在时间上的协调

施工分包商过早进场，对项目的场地占用、配套设施等资源造成浪费；过晚进场，保证不了工程项目的进度。材料设备的提供不应过早或过晚，否则也会影响到工程进度，太早进

场不能立即投入使用,就会占用大量资金,占用场地,增加保管费;太晚进场来不及安排使用,会影响到工期。

因此,在合同签订时,要做好时间上的协调,依据项目总计划确定,制定好专项计划,明确合同范围的计划时间,是确保项目有序实施的关键。

12.6.5 合同内容的确定

在项目合同规划基础上确定项目合同内容,体现了项目工作的完整性,从专业、价格、进度实施时间、项目控制方面均能够做出有利于项目进展的合同计划。

(1)项目管理模式下的合同管理计划,见表12.2。

项目管理模式下的合同管理计划　　　　表 12.2

序号	项目合同规划名称		合同管理性质	协议模式	合同买方	范围与内容规划	合同执行时间	造价控制
1	项目主合同		总承包合同	单价合同	业主方	建筑工程;普通内装修;动力照明;给水;排水;采暖消防(消火栓系统);通风空调;机电预留预埋(埋管、箱、盒、管内穿线及横竖向金属线槽)工程	合同工期	企业核定成本指标
2	项目管理准备		自行施工	单价合同	总承包方	项目总体措施,环保、安全、文明施工、临时设施等	按项目进度计划	安全措施生产费标准
3	施工图设计	土建设计	建筑设计	平方米包干	总承包方	所有专业的设计及施工配合、设计概算等全部费用;包括但不限于方案深化设计、各专业初设和施工图设计、竣工图纸、施工配合、各专业设计总体协调、概算等内容	按项目进度计划	本地区设计收费标准下浮
4		机电设计	专项设计	平方米包干	总承包方	暖通、消防、给水、排水、动力照明、弱电预留以及与本专业相关的设计、竣工图纸、施工配合费用	按项目进度计划	本地区设计收费标准下浮
5		精装修设计	专项设计	造价比例	总承包方	土建装饰与装修、机电安装与调试等相关的所有设计内容	按项目进度计划	本地区设计收费标准下浮
6		室外景观设计	专项设计	造价比例	总承包方	室外燃气、雨污水、给水排水、景观灯光等设计或相关设计、竣工图纸、施工配合等	按项目进度计划	本地区设计收费标准下浮

续表

序号	项目合同规划名称		合同管理性质	协议模式	合同买方	范围与内容规划	合同执行时间	造价控制
7	土方与地基工程	基础CFG桩工程	自行分包商	总价合同	总承包方	CFG桩的施工，混凝土供应，试桩试验，桩头清理	按项目进度计划	按项目管理成本计划
8		降水工程	自行分包商	总价合同	总承包方	方案设计；自身作业面的场地平整、废物清理；降水井的施工；井点、管线的布设以及降水设备的提供；降水管网与市政管网的接入；降水管网的保护、维护；基坑支护工程的施工；泥浆及渣土的清运；沉降及位移的检测、监测	按项目进度计划	按项目管理成本计划
9		土方工程	自行分包商	总价合同	总承包方	场地平整、清除废弃物与杂物；土方开挖至设计标高；地下障碍物的清除；创造降水及护坡的工作面和运输通道；土石方渣土外运及消纳；车辆的协调管理及指挥；施工作业的环保措施；回填所需的素土运至现场	按项目进度计划	按项目管理成本计划
10		护坡工程	自行分包商	总价合同	总承包方	方案设计与计算；护坡桩及锚杆工程的施工；泥浆及渣土的清运；沉降及位移的检测、监测	按项目进度计划	按项目管理成本计划
11	土建与装饰装修	主体结构工程	自行施工	单价合同	总承包方	全部混凝土结构工程	按项目进度计划	按项目管理成本计划
12		二次结构	自行施工	单价合同	总承包方	全部的砌体结构、外围护结构等	按项目进度计划	按项目管理成本计划
13		装修工程	自行施工	单价合同	总承包方	大堂、办公区域、公共区域、公寓的精装设计、供应及安装工程；户门、面板、洁具和瓷砖/地毯业主供应，装修分包商进行安装。全部建筑工程车库、物业、设备、管理用房，普通户内基层刮白	按项目进度计划	按项目管理成本计划
14		幕墙工程	指定分包2	单价合同	业主方	外立面玻璃幕墙、铝板饰面及其支撑系统的设计、供应及安装	按项目进度计划	根据业主批复
15		防水工程	自行分包商	单价合同	总承包方	地下室基础卷材防水、卫生间防水、屋面防水等	按项目进度计划	按项目管理成本计划

续表

序号	项目合同规划名称		合同管理性质	协议模式	合同买方	范围与内容规划	合同执行时间	造价控制
16	给水排水工程	水泵	总承包供货商	单价合同	总承包方	由给水排水施工安装	按项目进度计划	按项目管理成本计划
17		给水排水施工	总承包自行施工	单价合同	总承包方	给水、排水、中水、水源泵房、水泵接合器等	按项目进度计划	按项目管理成本计划
18	消防工程	消防泵	总承包供货商	单价合同	总承包方	所有有关设备供应、货物装卸和运输、保险、后期使用培训、保修期内的保修等事宜，概由供应商负责。设备使用由消防分包施工负责	按项目进度计划	按项目管理成本计划
19		消防施工	自行分包商	单价合同	总承包方	火灾自动报警系统；自动喷淋及喷水灭火系统；消防水泵房；防火卷帘门系统；除总承包提供设备外的所有采购工作	按项目进度计划	按项目管理成本计划
20	机电工程	冷水机组	指定供货商2	单价合同	业主方	所有有关设备供应、货物装卸和运输、保险、后期使用培训、保修期内的保修等事宜，概由供应商负责。设备使用由空调通风工程的专业承包商进行安装，厂家负责调试	按项目进度计划	根据业主批复
21		空调机组\风机盘管	指定供货商1	单价合同	总承包方	所有有关设备供应、货物装卸和运输、保险、后期使用培训、保修期内的保修等事宜，概由供应商负责。设备使用由空调通风工程的专业承包商进行安装，厂家负责调试	按项目进度计划	按项目管理成本计划
22		冷却塔	总承包供货商	单价合同	总承包方	由冷却塔厂家组装，空调通风工程的专业承包商进行联装	按项目进度计划	按项目管理成本计划
23		空调泵	指定供货商1	单价合同	总承包方	所有有关设备供应、货物装卸和运输、保险、后期使用培训、保修期内的保修等事宜，概由供应商负责。设备使用由空调通风工程的专业承包商进行安装，厂家负责调试	按项目进度计划	按业主批复
24		通风空调施工	自行分包商	单价合同	总承包方	中央空调系统及其配套设施的供应及安装；精密空调系统的安装工程；采暖、通风系统及其配套设施的供应及安装。包括除甲供或总承包提供设备外的所有采购工作	按项目进度计划	按项目管理成本计划

续表

序号	项目合同规划名称		合同管理性质	协议模式	合同买方	范围与内容规划	合同执行时间	造价控制
25	机电工程	智能建筑	指定分包2	业主确定	业主方	数据、语音系统综合布线；可视对讲系统；楼宇自控、安全防护系统、闭路电视监控系统；卫星接收有线电视；停车场管理系统的调试安装	按项目进度计划	按业主批复
26		电气工程 变压器	指定供货商1	业主确定	总承包方	所有有关设备供应、货物装卸和运输、保险、后期使用培训、保修期内的保修等事宜，概由供应商负责。设备使用由电气施工分包商进行安装，厂家负责调试	按项目进度计划	按业主批复
27		电气工程 照明灯具	指定供货商1	业主确定	总承包方	所有有关设备供应、货物装卸和运输、保险、后期使用培训、保修期内的保修等事宜，概由供应商负责。设备使用由电气施工分包商进行安装，厂家负责调试	按项目进度计划	按业主批复
28		电气施工	总承包自行施工	单价合同	总承包方	所有动力、照明、应急、电气设备设施的安装，包括除业主或总承包商提供设备外的所有采购工作	按项目进度计划	按项目管理成本计划
29		电梯工程	指定分包商1	业主确定	总承包方	电气驱动及操作系统；井道提升系统；机房控制系统；轿箱、门板及控制面板等；井道内的辅助设施，如隔离网、脚手架等	按项目进度计划	按业主批复
30	室外市政工程	雨污水工程	专业分包商	单价合同	总承包方	管道的设计、供应及敷设、接驳；检修井及井口、井盖的施工；土方开挖及回填	按项目进度计划	按项目管理成本计划
31		供电工程	专业分包商	固定总价	总承包方	管线的设计、供应及敷设、接驳；配电设备施工；土方开挖及回填；供电手续等	按项目进度计划	按项目管理成本计划
32		信号接入	专业分包商	固定总价	总承包方	管线的设计、供应及敷设、接驳；土方开挖及回填；开通手续	按项目进度计划	按项目管理成本计划

续表

序号	项目合同规划名称		合同管理性质	协议模式	合同买方	范围与内容规划	合同执行时间	造价控制
33	室外市政工程	燃气工程	专业分包商	固定总价	总承包方	将天然气管线由室外引入户的设计、供应及安装工程；煤气调压站的设计及施工	按项目进度计划	按项目管理成本计划
34		有线电视	专业分包商	固定总价	总承包方	管线的设计、供应、敷设及接驳；土方开挖及回填	按项目进度计划	按项目管理成本计划
35	配套设施	道路工程	总承包自行施工	单价合同	总承包方	道牙施工；道路基层、垫层及面层的施工；停车坪的施工；通向楼座的道路施工	按项目进度计划	按项目管理成本计划
36		景观绿化	独立分包商	业主确定	业主方	行步道的铺设；水景及花池的施工；绿篱笆设施的施工；种植土的施工；所有苗木的种植及一年养护	按项目进度计划	按业主批复
37		小品构筑物	独立分包商	业主确定	业主方	小品和艺术墙、大门LOGO的设计、制作及固定安装	按项目进度计划	按业主批复

(2) 总承包自行施工管理模式下的合同计划，见表 12.3。

总承包自行施工管理模式下的合同计划　　　　　　　　　　表 12.3

项目合同规划名称		合同管理性质		协议模式	合同买方	范围与内容规划
项目管理准备	环境保护	材料堆放	槽钢	材料采购	总承包方	按安全环保管理规划设计内容
			焊接安装	包工包料	总承包方	按安全环保管理规划设计内容
		垃圾清运		清包工	总承包方	按安全环保管理规划设计内容
	文明施工	施工现场围挡		材料采购	总承包方	按安全环保管理规划设计内容
		五板一图		材料采购	总承包方	按安全环保管理规划设计内容
		企业标志		材料采购	总承包方	按安全环保管理规划设计内容
		宣传专栏		材料采购	总承包方	按安全环保管理规划设计内容
	临时设施	现场办公生活设施		租赁合同	总承包方	按安全环保管理规划设计内容
		施工现场临时用电	电线、电缆	材料采购	总承包方	按安全环保管理规划设计内容
			配电箱	材料采购	总承包方	按安全环保管理规划设计内容
			临电施工	包工包料	总承包方	按安全环保管理规划设计内容
			用电合同	材料采购	总承包方	按安全环保管理规划设计内容

续表

项目合同规划名称	合同管理性质			协议模式	合同买方	范围与内容规划
项目管理准备	临时设施	施工现场临时设施用水	水泵	材料采购	总承包方	按安全环保管理规划设计内容
			消火栓箱	材料采购	总承包方	按安全环保管理规划设计内容
			焊接钢管	材料采购	总承包方	按安全环保管理规划设计内容
			临水施工	包工包料	总承包方	按安全环保管理规划设计内容
			用水合同	服务合同	总承包方	按安全环保管理规划设计内容
	安全防护	卸料平台		材料采购	总承包方	按安全环保管理规划设计内容
		消防安全防护	消防器材、灭火器、消火栓	材料采购	总承包方	按安全环保管理规划设计内容
			消防施工	材料采购	总承包方	按安全环保管理规划设计内容
		临边洞口高处作业防护	焊接钢管	材料采购	总承包方	按安全环保管理规划设计内容
		安全警示标志牌		材料采购	总承包方	按安全环保管理规划设计内容
	临建工程			包工包料	总承包方	按安全环保管理规划设计内容
主体结构工程	钢筋			材料采购	总承包方	全部结构工程钢筋
	混凝土			材料采购	总承包方	全部结构工程钢筋
	模板			租赁合同	总承包方	按结构工程模板设计方案
	脚手架			租赁合同	总承包方	按脚手架工程实施方案
	塔式起重机			租赁合同	总承包方	按塔式起重机工程实施方案
	混凝土泵			租赁合同	总承包方	按混凝土工程实施方案
	主体施工队			劳务分包	总承包方	全部结构工程施工
二次结构	砌体			材料采购	总承包方	按图纸设计内容
	混凝土			材料采购	总承包方	按图纸设计内容
	预拌砂浆			材料采购	总承包方	按图纸设计内容
	砌筑施工			劳务分包	总承包方	全部砌筑工程,包括除总承包提供的材料外的所有采购工作
初装修工程	装修施工			劳务分包	总承包方	全部装修工程,包括除总承包提供的材料外的所有采购工作
	预拌砂浆			材料采购	总承包方	全部装修范围内的砂浆
	普通门窗			材料采购	总承包方	全部户门、分户门、防火门等
	涂料			材料采购	总承包方	装修工程全部涂料
	瓷砖			材料采购	总承包方	全部装修工程
	抹灰、墙面腻子			材料采购	总承包方	全部装修工程
	施工电梯			劳务分包	总承包方	装修与二次结构期间的材料运输,含电梯司机
给水排水施工	管材、PPR			材料采购	总承包方	所有有关材料供应、货物装卸和运输、保险、后期使用培训、保期内的保修等事宜,概由供应商负责,材料的使用由水暖分包施工负责

续表

项目合同规划名称	合同管理性质	协议模式	合同买方	范围与内容规划
给水排水施工	阀门	材料采购	总承包方	所有有关材料供应、货物装卸和运输、保险、后期使用培训、保修期内的保修等事宜，概由供应商负责，材料的使用由水暖分包施工负责
	洁具、龙头	材料采购	总承包方	所有有关材料供应、货物装卸和运输、保险、后期使用培训、保修期内的保修等事宜，概由供应商负责，材料的使用由水暖分包施工负责
	水箱	材料采购	总承包方	所有有关材料供应、货物装卸和运输、保险、后期使用培训、保修期内的保修等事宜，概由供应商负责，材料的使用由电气分包施工负责
	水暖施工	劳务分包	总承包方	全部给水排水工程的安装，包括给水、排水、中水以及其他设施供水、排水等加工及安装工作，以及上述系统中除业主提供的设备及总承包采购以外的所有设备和附件的采购，同时包括系统的调试、验收等
电气工程	电线电缆母线	材料采购	总承包方	所有有关电线电缆材料供应、货物装卸和运输、保险、现场技术指导、保修期内的保修等事宜，概由供应商负责，材料的安装由工程总承包或电气分包人负责
	桥架	材料采购	总承包方	所有有关设备供应、货物装卸和运输、保险、设备基础组装、设备单台调试和为空调系统整体试运行服务、后期使用培训、保修期内的保修等事宜，概由供应商负责，设备的安装由电气分包人负责
	配电箱柜	材料采购	总承包方	所有有关设备供应、货物装卸和运输、保险、设备基础组装、设备单台调试和为空调系统整体试运行服务、后期使用培训、保修期内的保修等事宜，概由供应商负责，设备的安装由电气分包人负责

续表

项目合同规划名称	合同管理性质	协议模式	合同买方	范围与内容规划
电气工程	开关、照明、灯具	材料采购	总承包方	所有有关开关、照明、灯具供应、货物装卸和运输、保险、现场技术指导、保修期内的保修等事宜,概由供应商负责,材料的安装由工程总承包或电气分包人负责
电气工程	电气施工	材料采购	总承包方	全部电气工程的安装、动力照明、应急系统的全部加工及安装工作,以及上述系统中除业主提供的设备及总承包采购以外的所有设备和附件的采购,同时包括系统的调试、验收。负责合同范围内的所有电气工程安装
道路工程	级配石	材料采购	总承包方	全部道路设计内容
道路工程	混凝土	材料采购	总承包方	全部道路设计内容
道路工程	沥青混凝土	材料采购	总承包方	全部道路设计内容
道路工程	路缘石	材料采购	总承包方	全部道路设计内容
道路工程	道路施工	劳务分包	总承包方	道路工程的全部内容,包括除总承包提供的材料外的雨污水的配合,室外工程的相关配合
	保安	服务合同	总承包方	负责现场的保安工作,门卫、登记、信访接待等
	保洁	服务合同	总承包方	项目各房间、走廊的墙、顶、地清理,各种管道、支架、设备、门窗、箱柜、卫生洁具等清洗保洁,基本达到入住条件

(3) 根据项目管理需要,进行合同计划的优化组合

根据项目管理需要,进行合同计划的优化,减少合同的管理数量,通常需要将若干个合同进行合并,由一家具有更高资质和能力的分包商或者供应商来完成分包任务或者供货。这要视总承包管理的能力及掌握资源的情况来统筹考虑。例如,二次结构和装修工程合成一个合同,电气工程与给水排水工程合为一个合同。随着建筑业的发展,具有综合承包能力的分包单位在市场中大量存在,由总承包企业根据自身的需要进行最终的选择和优化。

随着投资建设一体化运行模式的兴起,为了缩短项目建设周期,在总体设计完成后,项目即进入建设阶段。比如EPC类项目,在项目概念设计或初步设计完成后即开始招标工程总承包企业,专项设计和一些特殊功能需要的专项设计没有完成,合同内容就存在着很大的不确定性,单独将该部分内容进行采购并形成合同,存在肢解工程的嫌疑。在工程实际中,

通常采用以下两种方式进行处理，以保证项目合同的完整性。

1) 采用模拟清单的模式来对缺失合同的内容进行补充

在将工程专项设计的内容纳入相关合同时，根据总体设计相关参数要求和类似工程经验，制定模拟清单，将没有完全确定的工程内容放入合同，进行招标采购处理。在合同实施过程中，随着设计的完善，利用确定预算的工程量置换出模拟清单的工程量，以此来实现合同内容完整性的管理控制。

2) 采用暂估价的形式来对缺失合同的内容进行补充

当设计深度不足时，部分专业工程可能因功能标准不明确需要专业设计人员进行二次设计，才能确定其设计图样和价格。如果强行将此类工程设计完整后再进行招标，会影响整个工程进度，产生不经济的状况，故将此类工程设置为暂估价以保证合同完整性。当工期要求紧张、工程需要立刻上马时，某专业工程不在关键路径上且不影响其他工程施工的情况下，可将此专业工程设置为暂估价以有效提高投标人投标报价效率，缩短招标投标周期，保证招标投标顺利进行，完成合同内容。部分承包商资质不全特别是 EPC 总承包工程中承包商可能资质不全，在这种情况下，将此专业工程设置为暂估价是最有效的解决方法。专业化程度较高的分项工程，如运用了新工艺、新材料、新技术、新专利等，相关计价条款不足，短时间内无法确定价格或设备类型，为了保证工程招标投标顺利进行，必须将此类专业工程设置为暂估价。这样可以最大限度降低投标难度，保证工程顺利实施。业主方为了控制工程造价，对工程项目内容的部分需要自行指定或供应，一般也会按暂估价进行处理。当然，对暂估价的合同价格，需专业人员进行精准判断，防止暂估价不合理对项目整体合同造成影响。一般应当以 10% 作为参考依据，避免出现暂估价设置比例过高导致工程严重超支的现象。

12.7 工程建设项目合同管理

合同管理是工程建设企业以项目为管理单位，将合同管理工作与项目的各项控制目标以及管理职能充分结合，以合同管理促进项目目标和企业利益实现的一系列具体管理行为的总称，也是企业对自身的合同行为进行内部管理活动。通过策划、审查、监督、控制等手段，实现对合同的订立、履行、变更、索赔、解除、转让、终止等内容的管理。

项目的合同管理要充分发挥项目管理与经济效益管理相结合的作用，从全局出发，落实每个分项合同管理的要素。依据企业管理要求，通过系统化规划、流程化管理、标准化运作、动态纠偏，进行合同管理的运作，来达到合同管理的根本目的。

从企业层面来看，要规范项目管理的各项要求，建立健全合同管理的相关制度，制定合同操作的标准化和规范化的流程，明确服务于项目建设的检查和监督的手段；从项目层面来看，要做好项目合同的整体规划与策划，按照全面项目管理的理念，结合项目实施特点、难点与重点，明确各项管理要求和责任主体，确保合同服务于项目管理，为项目管理各项目标与指标的实现做好保驾护航。

12.7.1 项目合同管理的基本要求

从全面项目管理的角度，合同管理的基本要求是制定合同规划（建立合同体系），分配各项目标与指标，压实合同责任，落实合同主体内容，履行对合同的纠偏与监督，确保合同有效实施。

(1) 制定项目合同规划

项目合同规划依据项目管理计划制定，是合同有序推进的重要指南。项目合同规划是基于工程建设项目目标任务分解、项目管理要求及相关配套流程等的系统性安排，分为市场验证（市场预估和考察）、订单安排（包件划分与安排）、采购遴选、预算控制、资金安排、合同申报及签订等工作。在项目合同总体规划下，依照项目管理计划对合同进行动态管理、监测与纠偏，分阶段对合同规划进行评价，以促进合同管理提升。

(2) 全员参与

合同管理是项目全员共同承担任务，并由合同管理执行者负责执行。根据项目管理的要素分配，全员参与项目合同管理是落实合同各项管理指标的要求，也是全员参与项目管理的岗位工作目标和指针。不同岗位和职能的人员根据项目管理组织的分配承担相应的管理内容，落实岗位分配的合同责任与合同义务，并对照项目管理计划及时发现和纠偏项目合同管理中存在的不足与问题。根据项目管理的要求，全员参与项目合同管理以确保合同管理指标有效实施。这也是全员参与项目管理的目标和指引之一。根据项目管理组织分工，不同岗位和职能的人员负责相应的合同管理内容。他们承担着合同责任和义务，并根据项目管理计划及时发现和解决项目合同管理中的问题和不足之处。

(3) 压实合同管理责任

压实合同管理责任是确保项目有效推进的动力。项目执行单位必须履行项目合同责任，负责对项目合同做出总体安排，并依照订立、履行、变更、索赔、解除、转让、终止等管理流程推动各项合同的办理。同时，要突出企业相关职能部门监督和审查责任，形成责任内控牵扯制度，通过策划、审查、监督、控制等手段确保合同管理正常履行。压实项目执行单位的主体责任和监督单位的监督责任，有利于真实反映合同管理履行情况，确保合同管理基础质量和履行效果。

(4) 强化项目合同内容的质量

为了提升项目合同的质量，必须强化对合同质量的管理与控制。强化对项目合同订立和遴选合同对象的管控，厘清合同管理的内容，明晰项目合同管理的边界，突出项目管理的内容，以合同管理为着力点向前延伸至项目范围计划的分解，向后延伸到项目合同的评价。通过强化基础工作质量，来确保合同管理工作质量。强化合同质量还要对项目合同的可行性、经济性、必要性进行审查，避免无效或不经济的预算、资金和管理费用的支出；要严格落实好遴选合同对象的各项管理要求，做好选择合同对象前的认证和比选；要加强对图纸、现场、选用的技术条件和管理条件的审查，做好实地调研和踏勘工作；要对项目的内部环境和外部环境进行系统分析、判断和评估，要在以事实为依据的客观基础上订立，项目合同的内容才能得到切实保障。只有这样，项目合同的内容才能得到切实保障。

（5）做好合同审查

依据企业内控制度和管理流程，基于责权利对等和管理幅度相适应的原则，合同审查要严肃到位，切实履责尽职审查好合同。

（6）做好合同监管

合同监管是针对合同订立、履行、变更、索赔、解除、转让、终止、风险等各项内容实施的监管。加强项目合同监管是项目合同管理的重要环节。在合同订立时，要对合同对象进行评估，尽量选用企业库中的合同对象，对于新加入的合同对象要严格评估，确保其能力与信誉达到项目管理要求。对于合同履行及变更管理的监管，需要考虑工程签证程序是否科学合理，合同变更管理制度、流程是否恰当。坚持以原合同已经确定的合同权利与义务为监管和认定基础；监管项目合同的体系是否有效，利用主合同与分包合同既相互独立又相互影响的关联性，做好风险转移和分散。在项目管理过程中，需要监督各项管理职能的有效性，这些职能包括对工期、成本、质量和安全等目标和指标的影响进行管理。因此，合同监管必须以项目管理为条件开展，才能做好合同管理与项目管理协同发展。

12.7.2 项目合同的专项管理

不同类型的合同管理，由于合同主体地位不同，其管理内容也不尽相同。其中，主合同管理是工程建设企业与业主之间的合同关系；其他合同为分项合同，是工程建设企业与各分包商、供应商之间的合同关系。从整体上来说，各分包商、供应商的合同都是工程建设企业用来组织资源、执行项目管理、完成项目主合同的有力支撑。

（1）项目主合同的管理

主合同也称为对业主方合同。承建单位需要对主合同进行分析，分析合同的性质、对象和内容。必要时对合同做详细分析、特殊问题的合同扩展分析。合同的总体分析是对构成合同文件的各项内容进行分析，包括在合同签订前的往来洽谈文件、补充及其他相关事宜。通过合同总体分析将合同条件和合同规定落实到一些带全局性的具体问题上。

面对竞争的市场环境，需要处理好索赔与反索赔的相关事宜。索赔与反索赔都是为了减少损失、增加收益。索赔是当一方遭受损失时，向对方当事人要求损害赔偿的行为。这是一种保护合法权益的措施。反索赔就是指一方提出索赔时，反驳、反击或者防止对方提出的索赔，不让对方索赔成功或者全部成功，确保利益不受损失或少受损失。因此，我们必须对合同总体进行分析，合同总体分析的内容有以下几个方面：

1）合同的总体分析

① 法律背景分析。了解适用法律的基本情况，包括合同对方的授信、信誉、负债，必要时做尽职调查。分析合同中显失公平的条款与超出法律规定的范围和内容（对方利用买卖市场优势地位、垄断、信息不对称等）。如某项目在付款条件中规定，须待预售达到 50% 时

支付第一笔工程款，这明显有失公平。

② 合同类型分析。包括工程承包合同、联营合同、劳务合同等。

③ 合同语言分析。对合同文件的总体分析主要是对合同范围和优先次序的分析。一般情况下，引用的法律条款和合同文本或者"变形"的 FIDIC 条款，有利于业主方的会被留下，不利的则被删除。

④ 承包商的主要任务分析，包括分析承包商的责任和权利。发包人的责任分析，主要包括发包人的合作责任、双方的合作条件。

⑤ 合同价格分析。合同所采取的计价方法及合同价格所包含的范围、内容等。

⑥ 施工工期分析。重点分析工程开竣工日期、区段工期和节点工期、主要工程活动工期的影响因素、获得工期补偿的条件等。还包括工期损失的责任分析，甚至处罚条件。

⑦ 违约责任分析，如果合同一方未遵守合同规定造成对方损失，应受到何种惩罚。验收、移交和保修分析，纠纷和索赔处理条款分析，程序仲裁条款包括合同重点工期、主要活动的工期、工期的影响、获得工期补偿的条件。如果一方未遵守合同规定造成对方损失，应受到相应惩罚。

⑧ 验收移交和维修分析，包括验收移交的交付物要求、设备清单、联调联试的成果、维修条件是否合理，易损件的赔付、备品备件。

⑨ 纠纷和索赔处理条款分析，如纠纷的处理方式、程序仲裁，包括仲裁法律条款、仲裁地点和程序仲裁结果的约束、索赔程序。特别是仲裁与法院的区别、地点的安排。

2）合同详细分析

为了使工程实施计划达到相关的合同要求，需要将合同目标、要求和合同双方的责、权、利的关系分解到具体的项目实施过程中，增强履约能力和水平，规避后期风险，实现对合同双方的承诺。合同详细分析的对象是合同协议书、合同条件、规范、图纸、工作量表、工程计价规则、清单规则、措施项目说明等。依据工程项目各项计划表，例如合同中重要的事件表，运用网络图、横道图等方法来定义各项合同事件，形成项目管理执行计划。

所有合同中有关事件需要在项目管理计划中或者工程项目重点与难点中提出，并制定应对措施，业主指定分包或采购也要在整体项目计划中有明确的说明。在执行总承包合同时，还需要做好业主独立分包与自身合同之间的协调，保持这些合同与自身合同之间的工作安排与总体计划一致。所有合同中的重要内容的履行责任要分配到项目管理的各个职能之中，确保项目管理有人落实与监督，确保履约能力和履约水平。

3）特殊问题的合同法律扩展分析

在工程承包合同的签订、实施和纠纷处理、索赔与反索赔中，有时会遇到重大法律问题，需要对合同的法律问题进行扩展分析。一是有些问题超出合同范围和合同条款。如工期严重超期、拖延工期，在执行过程中提高质量标准，增加了超出合同范围与标准的事件，部分合同条款超出法律规定或者构成民事侵权行为，合同中有调价限制条款而在执行过程中过度分解导致限制的数量增加，而数量级不够的事件（某工程合同中有条款约定，二类变更限价 300 万元，在清算时不作调整，业主方在操作时，恶意将本属于一个二类变更的内容拆分成两个二类变更，导致项目结算受损）。二是合同条款超出法律限制的范围，显失公平或者部分合同内容无效。相关问题必须按照合同所适用的法律加以解决。例如：在 EPC 项目建设过程中，由于资金不能全面覆盖，平台公司授信又达不到 AA+，或者平台公司融资额度已超出所实施项目的贷款额度而无法续贷，经常遇到业主方需要由乙方提供担保进行融资建设。如果解决不好，会导致合同违约，业主将按合同条款对总承包单位进行处罚。这种情况超出法律限制的范围。

（2）工程分包合同管理

1）合同版本分析

施工总承包、市政等工程合同基本采用国家示范文本签订，并根据合同内容进行管理，内容相差较多时，要分析其变化的原因。

小型工程可签订简化版施工合同，应包括定义和解释、承包范围、合同组成文件、工期、工程监理、合同价款及支付、业主责任、承包商责任、施工方案、材料设备供应、质量要求、隐蔽工程验收、工程竣工验收、工程竣工资料、工程保修、违约责任、争议的解决等主要条款，并按以上合同内容进行合同管理。

2）合同内容管理

针对国家示范文本条款，在专用条款中加入如下内容，并重点加以管理：

① 增加社会监理的内容及监理权限。增加施工单位项目组织机构主要人员管理内容。

② 根据 FIDIC 相关条款，增加承包商责任，特别是：承包商应对所有工地作业和施工方法的适当性、可靠性及安全性负全责；承包商必须建立健全全面质量管理体系、施工质量检验制度和综合施工质量水平评定考核制度；对于承包商或其分包商所雇用的工人或任何其他人员的损害或赔偿，承包商应保证业主不负连带责任；监理工程师的授权超出正常范围；承包商应向服务于业主、服务于本工程的其他单位及相关人员提供工作便利。

③ 投标文件中的施工组织设计和工程进度计划的修改完善。

④ 监理工程师的任何监督、检查和批准不免除承包商对材料设备供应、施工、工地安全应承担的任何责任。

⑤ 根据招标文件、投标文件，对合同价款计价方法和调整作明确规定，对合同价款支付作明确规定。若有甲供料，对承包商对甲供料的管理责任做明确规定。对工程变更预算提交程序做明确规定，特别是变更研究程序应引入合同。明确变更价款计价方法，特别是工程量清单报价表中没有适用或类似于变更工程的价格时的计价方法。明确竣工验收程序。明确竣工资料要求。明确结算方法。

⑥ 根据项目特点、承包商特点、业主操作特点，明确违约责任处罚方法，使其具有可操作性。具体可增加履约保函（或保证金）的操作性条款。

⑦ 对于同意分包的工程，可按规定使用《建设工程施工专业分包合同（示范文本）》签订分包合同等。

(3) 物资与设备采购合同的管理

采购合同标的品种繁多，供货条件差异较大，标的数额大，合同涉及的条款繁简程度差异也比较大。重点要关注买方和卖方责任、交货程序、交货条件、合同价款及支付等方面的问题。在大型设备采购合同中，除了涉及交货阶段的工作外，设计与设备生产阶段、设备安装调试阶段、设备试运行阶段、违约责任、争议解决以及技术条件附件等，也要重点关注。

物资与设备重点管理内容如下：

1) 质量责任。无论采用何种交货方式，均应在合同中规定由供货商对质量负责的条件和期限，对交付货物进行验收和检验。某些必须安装运转后才能发现内在质量缺陷的设备，应在合同内规定缺陷责任期或保修期。在此期限内，凡检测不合格的材料或设备，均由供货商负责。

2) 质量要求和技术标准。产品质量应满足规定用途的特性指标，合同内必须约定产品应达到的质量标准。

3) 验收方法。合同内应具体写明检验的内容和手段，以及检验应达到的质量标准。对于抽样检查的产品，还应约定抽检的比例和取样方法，以及双方共同认可的检测单位。质量验收可以采用以下方法：①经验鉴别法。通过目测、手触或以常用的检测工具量测，判定质量是否符合要求。②物理试验。进行拉伸试验、压缩试验、冲击试验、金相试验及硬度试验等。③化学试验法。抽出部分样品进行定性分析或定量分析，以确定其内在质量。对于大型设备，还应具有调试验收阶段。

4) 支付货款。必须在按合同要求严格验收货物后才能签发支付单。对于大型设备，安装调试完成后支付最后一笔货款时，应扣除保修金。

(4) 工程服务合同管理

工程服务合同主要有两大类，即委托合同类和技术合同类。委托合同主要有委托监理合同、招标代理合同等。技术合同主要有勘察设计合同、检测合同、观测合同、其他单项的技术服务合同。根据工程服务合同管理的特点，其管理重点有：

1) 对项目服务的结果负责。服务合同的执行单位根据服务合同为工程建设项目提供系统或专项咨询服务，为工程建设企业提供解决方案。不仅要承担阶段性、局部性或全局性服务工作，还要对服务结果负责，并承担项目总体责任的一部分。例如，技术支持必须对提供的技术参数与数据负责。

2) 服务内容的要求。是否深入了解工程建设项目的需求与深度融合，提供的服务模式、质量、效率或系统性是否满足项目需求。

3) 服务的有效性。是否通过合同管理实现服务内容的全覆盖，在合同中利用权责条款协调、约束各方，明确服务的协调程序、质量管理制度、成果要求、服务方式和时间等。

4) 黏合效应。服务合同的各环节要与工程服务要求高效融合，如设计、监理、招标代理、造价咨询等服务合同要有深度关联，形成黏合效应。

5) 服务各方的法律地位。服务合同的费用要根据国家现行法律、法规和指导文件进行明确，服务商的法律地位与责任也要在服务合同中得到明确。处于中间的服务合同要形成合同双方与服务商之间的有效合作模式，各主体方的责任、义务、质量标准也要确定。

12.8 合同的风险管理

工程建设项目合同风险管理伴随项目管理实施每个环节产生。项目合同的订立、履行、变更、索赔、解除、转让、终止等各个环节中，风险都会存在。不同的风险内容与风险等级对项目管理造成的影响各有不同，等级越高的风险越可能对项目的经济活动造成颠覆性影响。合同的风险管理是项目合同管理的一项重要内容。工程建设项目合同风险基于项目特点和合同特殊地位而产生。

12.8.1 工程建设项目风险产生的原因

（1）合同法律主体关系的多样性

在工程建设项目中，合同签订和实施过程会涉及诸多法律主体关系。主合同主要是业主与工程建设企业之间的关系；监理由业主委托，又要和施工单位发生关系；各分项合同涉及不同的工程分包商、供应商；在报批报建方面还涉及保险公司等诸多单位；在财务方面涉及不同的银行等。这些工程项目在实施和管理过程中产生的各种关系，都是需要通过合同来连接，并以合同关系体现。因此，难免会产生管控风险。

（2）制约因素复杂

工程建设项目具有范围广、规模大、投资多等特点，每个工程项目都受到多种因素和各方的影响和制约，因此其特殊性相对复杂。内部因素表现为项目管理与合同实施过程不相适配的情况，从而导致管理风险产生。比如，项目组织内部协调性不够造成计划受阻，执行偏离正常要求时，工程质量、工期、安全、成本就会发生偏离，从而产生合同管理风险。外部因素会在项目的场地条件、政策、自然条件和社会环境等发生变化时对项目产生影响。这些变化会导致合同执行条件的变化，从而带来合同管理方面的风险。例如，工程项目的规划、设计、采用的技术规范和施工质量均与社会公众利益以及邻近利益息息相关。其中，工程项目选址和适用的环保指标对环境的影响就是一个突出的例子。

（3）合同条款的复杂性和多变性

工程建设项目合同组成复杂多样，除一般性合同条款外，买方市场利用其市场地位在合同中增设很多专项条款或特殊条款，这些条款一般可以理解为买方市场将风险转嫁到卖方市场的手段。这些硬性条款的要求通常在项目谈判过程中利用买方市场地位形成，而在项目实施合同管理阶段却非常具有挑战性，因此可能会增加风险。合同条款还会涉及验工计价、工程款支付、隐性垫资、保险、税收、专利等，这些因素都容易增加项目风险。合同具有多变性，项目在实施过程中经常出现设计变更或合同条款修改，所以，项目管理人员必须加强对合同变更的管理，做好记录，作为索赔、变更或终止合同的依据。因此，无论是合同签订、交底还是项目管理的实施,必须全面理解合同条款,制定应对措施,避免合同管理过程中产生不良后果。

(4) 合同管理的连续性和长周期

工程建设项目周期长,各项工作互为条件,这是由工程建设项目的特殊性决定的。在合同执行过程中,必须循序渐进,履约方式也表现出连续性和渐进性。这就要求项目管理人员随时依据合同和实际情况进行有效检查、纠偏,以确保合同顺利实施。

(5) 工程建设项目内容的多样性

从内容来看,工程建设项目具有多样性,不同行业的工程项目,其实施内容与专业多种多样。不仅包括土建工程,还包括不同形式的安装工程,可能还包括设备、配件等货物供应性的内容,甚至还可以包括设备安装人员培训等劳务性内容。在实施过程中,不同的内容有不同的标准、方法与流程,从而导致风险的多样性。

(6) 交付过程的多样性

交付是合同验收的标准,交付的成果与合同的执行成果息息相关,交付的内容和方式是合同风险管理的重要内容。一是工程实施过程的交付验收。工程建设项目交付验收具有检验环节多、验收社会化和交付可采用方式多等特点。检验环节涵盖了自开工至竣工验收的全过程,包括对材料、设备、隐蔽工程、分部、分项工程等各个环节的检查和验收,没有通过前道工序的验收不能进入下一阶段的施工,上述所有分步验收都不能摆脱总承包商关于项目建设竣工验收及竣工后验收的责任。二是社会监督验收。工程质量很可能对资源利用、环境保护等社会和公众利益产生影响。因此,针对涉及上述利益的工程项目,国家应当建立完善的审查和验收程序。这些程序包括对施工质量的检验。工程项目的交付不仅仅是业主和承包商之间的行为,更代表了国家对社会和公众利益的法定参与行政行为。这些行为可能超出合同约定要求,从而带来风险。三是交付方式。工程项目可以是单体工程、专项工程,也可以是群体工程,需要约定工程项目验收方法,既可分项交付也可整体交付,以实现投资者预期经济效益或减少承包商所造成的损失。一旦交付方式出现问题可能造成移交困难,进而造成增加管理成本的风险。因此,分析工程建设项目内容,有利于增强合同的可操作性,提高执行成功率和效率,降低项目管理风险。

12.8.2　工程建设项目合同风险的分析

(1) 合同价款的风险

合同价款风险指在验工计价、工程款结算支付时,受合同的有效性、计价规则、支付方式、工程变更及市场发生变化等因素的影响,合同相关方对合同价款结算、支付产生争议,进而引发诉讼。影响工程建设企业合同价款及支付的因素主要有以下几个方面:

1) 抽屉合同的风险

抽屉合同也称阴阳合同、黑白合同,有些标前协议是阴阳合同的一种。抽屉合同是工程建设企业在前期经营承揽工作中难以避免的合同。随着竞争的加剧,阴阳合同在连接市场与工程建设企业之间发挥了重要作用。从合法性角度来看，工程建设企业面临着一些潜在较大的风险。主要表现在合同双方对工程价款的结算依据容易产生分歧，并且审计审查过程容易揭示问题。例如，一些项目被强制要求进行招标，但在招标之前就已经签订合同，或者在招标后又另外签订合同，还有按照标前协议履行合同的情况。这些情况下，两份合同存在较大差异，在工程建设项目出现亏损时，往往容易暴露出合同双方的矛盾。

2）合同无效的风险

合同无效分合同全部无效或者部分无效，产生无效合同的原因可能来自于合同双方。业主方造成合同失效的主要原因有：恶意或过错导致合同无效（如签订合同时变相降低工程价款），比如必须进行招标而未招标，业主方资信不够，非法获取土地或者土地已质押，利用工程建设企业垫资施工，项目适用的政策与法律环境根本不支持工程项目建设（如某项目所用土地属于国家林业用地，政府要求进行环境提升，在调规还没有达到要求时就展开施工，导致督查发现林业用地被占用而被国家强制要求恢复，由于工程建设前期手续没有办理，工程建设许可证无法开具，因此，工程建设企业损失巨大）。承包人造成合同失效的主要原因有：超越资质、租借资质、违法分包、非法转包、对招标文件理解错误、项目遗漏、承诺固定单价、任意压缩合理工期、低于成本价中标、必须招标而未招标、未达到合同约定标准的工程质量要求等。工程建设项目本身无法满足基本的安全、环保、文明施工要求，以及招标人与业主方不一致，容易造成履约保证金受骗或者难以收回，以及签订阴阳合同等。由于合同无效导致工程无法结算或者结算不顺利，将造成经济损失。

3）工程造价中单价的调整

在合同实际履行中，工程建设项目所需资源随着市场波动发生较大的变化。尤其在工程建设期间，诸如钢材、水泥、混凝土等工程材料的单价上涨，有时还伴随着人工费用增加，导致合同价款发生变动，增加了合同价格风险，这对固定总价和固定单价合同来说风险更大。构成市场买卖双方的强势地位决定了谁将更大程度承担风险。对业主方来说一般是限高不限低，而对于施工企业来说则是限低不限高。一般情况下，双方在合同中约定部分主要材料的价格涨跌范围，并约定价格调整范围和计算方法。然后，其他风险则由工程建设企业承担。如果材料价格超出约定范围或市场变化异常，工程建设企业需要根据自身利益进行协商，及时进行价格确认，并采取相应手段和方法，确保价格风险可控。

4）合同范围内的工程量发生改变

合同范围内工程量发生变化，主要是由于合同范围、工程变更、工程进度影响或现场发生变化。若因业主方原因导致变更致使承包方增加工程量或丧失原有项目利润的，承包方有权要求增加工程价款或得到合理的利润补偿。此时，业主方在合同中经常利用变更限额来免责，将风险转移到工程建设企业，如某合同中约定"单项变更额度低于5000元的变更，只做技术变更，不作为经济变更"，这会给工程建设企业带来很大伤害。如果遇到业主恶意肢解部分变更，工程建设企业只能被动接受。因此，工程建设企业需要根据自身管理经验，积极采取应对措施，加强项目合同管理。

5）合同索赔与反索赔风险

索赔，是工程实施过程中要求业主方赔偿损失的行为。相反，业主方也会针对索赔进行反索赔。索赔与反索赔以签订的合同和现行法律法规等为依据。否则，索赔与反索赔均不成立。

索赔产生的原因在于实际的项目条件与约定的合同条件相比发生变化，这种变化一般不利于工程建设企业，导致其需要投入更多成本来实现合同内容。索赔的目的是将过多的投入成本通过索赔得到弥补。工程实际中出现索赔的原因有：工程实际条件与合同约定条件不一致（如勘察现场时的道路与实际可用的道路不一致）；业主方未能按合同约定时间与要求提供施工图纸、施工所需材料设备、施工场地及水电路等，导致工期延误和费用增加；因业主方原因造成的工程返工、停工；工程的数量有所变更，前后不一致的；业主方提高工程建设标准（如设计、施工以及材料的相关质量标准，提高装修档次标准）；增加额外的工程；业主要求工程加速推进；因不可抗力原因导致的；未及时收到相应工程款；合同存在缺陷；市场变化，导致人、材、机等费用上涨；国家政策、法律法规修改等。索赔的理由，需要根据当事双方沟通情况、证据收集是否充分、引用的索赔依据等确定。索赔程序是否满足相关要求，与采用合同的版本及合同专项条件有着重大关系。

同样，根据索赔的原理，业主方也可能利用这些条件反向对工程建设企业进行索赔，这就是反索赔。如果工程建设企业对合同的使用不到位或者不当，反索赔在某种情况下可能存在。

6）合同解除风险

合同解除主要包括业主方解除、承包方解除合同，在不可抗力等因素触发合同解除的条件下双方均有权解除合同。业主方法定解除：承包方未履行合同约定的基本义务，并以行为等明确方式表达不履行合同，如业主方认为承包方故意拖期或停工；承包商未在合同约定期限内完成合同约定的内容；已完成工程项目的质量达不到合同约定的标准，经修复、整改仍达不到要求；存在违法分包或者非法转包行为；承包方故意隐瞒债务或挪用工程款。承包方法定解除：业主方不按照合同条款约定按时履行支付义务，经承包方督促后仍不支付，导致工程无法正常施行；业主方不履行相关义务导致工程实施无法继续的。特殊情形下合同解除：因不可抗力因素或有突发事件发生，导致合同目标不能实现的，合同双方均有权提出解约。根据合同双方约定解除合同的，经过仲裁或人民法院判决依法解除合同。合同解除的风险对已完成工程项目的合同价款影响巨大，合同清算也相当麻烦。因此，在项目履约前要充分预判合同履行的各项条件，对履约过程中的凭证和证据要做好充分准备，对隐蔽工程要做好记录，阶段性验收要及时进行，防止因证据不充分而导致损失。

7）工程验工计价，结算程序性风险

工程验工计价和结算程序性风险一般是由合同签订时的各项不公平约定引起的。现行法律法规对工程项目合同有明确要求，但是受地方财政或业主方的强势地位影响，工程验工计价、结算程序有着重大的不同。有的项目在施工过程中没有进行工程计量、签证，而是在工程竣工后一次性验收结算。这种做法对工程建设企业来说，由于无法确权工程实物而无法维护自身权益。这种未进行工程计量的做法实际上形成一种合同资产，对企业产生无法及时回收资金的风险。有的项目强调工程验工计价、分阶段结算，但是受业主指使或者业主委托及造价咨询机构不当利益驱使，对工程验工计价和结算进行少计或不计，造成工程款的实际支付额远远达不到工程建设要求。

以审计结论为结算依据的工程，审计介入的时间与结算结果有着重大关系。通常有过程审计和最终审计两种方式，特别是对投资建设类项目，两类审计的结果对其存在很大影响。过程审计将工程价款风险消化在项目管理过程中；而对最终审计来说，项目是一个长周期过程，原始的单据、凭证、当事人很容易出现变化，给最终的审计认定带来很大不确定性。合同中事先明确以审计或者财务审计结论为依据的，要在过程审计和最终审计的选择上慎重考虑。

业主方与承包方达成的结算协议应当属于正当解决纠纷的相关约定，应作为确定项目解决的事实依据。一旦业主方不履行协议有关要求，要及时做好应对。

对于验工计价和结算程序风险，应该采取实质性措施进行有效应对。工程回款对企业现金流有着重大影响，特别是对于投资建设类的项目，更是增加财务成本、降低收益率、影响投资带动项目的内部收益率，从而损害企业利益。

8）优先受偿权风险

工程建设项目工程价款优先受偿权是业主方无力支付工程价款时，通过对承包方所施工的工程进行折价或拍卖，以折价拍卖所得款项优先偿付承包方的工程价款。这可以有效保护承包方合法权益。优先受偿权的行使需要采取适当对策，来应对行使期限和行使主张方式，同时要提前区分享有权和非享有权，以避免陷入重大风险。

（2）工期风险

工期是合同的主要管理指标之一，影响到多项与时间有关的成本、资金使用与投资成本控制等方面的内容。特别是与时间有关的管理成本、租赁成本、资金财务成本、投资成本等，都与工期有关，如资金的利息支出、租赁费用增加等。工程项目延期交付，带来时间价值的损失非常重大。因此，加强工期管理非常重要。

对于工程建设企业来说，工期延长一般由业主方原因和自身管理原因造成。业主方原因的延期势必对窝工、生产资料的降效产生严重影响，因此，承包方有权要求业主方进行补偿。而由于自身原因导致的工期延长，将直接导致工程投入使用的延迟并造成损失，同时也会降低市场信誉，丧失市场机会，并可能需要承担工期违约金。

1）开工日期的确定

业主方同意开始施工的，以实际进场时间作为相应的开工日期；开工日期为合同开工通知中指定的日期；开工通知下达后因不满足开工条件的，开工日期以具备开工条件的时间为准，承包方因故未按时开工的，开工日期以开工通知中的日期为准；没有发出开工通知的，且没有证据能够证明开工日期的，应根据开工报告、开工合同以及施工许可证等综合考虑开工的时间，结合实际条件，确认开工日期。

2）竣工日期的确定

依据最高人民法院规定，以双方共同确认的日期为竣工日期。如果任意一方对竣工日期有异议，原则上采用工程验收达标的日期为竣工日期；如果工程未经验收，业主方擅自投入使用的，以业主方投入使用之日作为竣工日期，如承包方已向业主方提交竣工验收报告，因业主方原因延迟验收的，可以承包商提交验收报告的日期作为对应工程的竣工日期。

3）可以申请工期顺延

以下情况可申请工期顺延：开发商不能及时按合同约定要求支付工程进度款；业主方不履行对承包商的相关协助支持义务导致无法施工；工程设计变更；不可抗力等。

4）工期延误违约金或赔偿金

工期延误违约金或赔偿金一般在合同中事先约定，在合同管理过程中要引起重视。项目在过程结算时应当依照合同约定就对方当事人履行合同是否符合合同约定进行审核及考虑，因业主方造成的工期延误要提出相应索赔条件，因自身造成的工期延误则要尽量寻求对方的理解。在工程实践中，工程项目设置了里程碑节点等工期。特别是针对群组项目或复杂项目，业主方为了达到其商业目的如献礼等，会对这类工期有明确要求，工程实施时尽量提前了解，避免工期延误后，业主方对寻求的理解不予以理睬而造成实际违约。因此，除结算时因存有争议而声明保留的项目外，经各方审核确认的竣工结算单一般可理解为是对工程价款包括违约索赔事项的最终结算。

（3）工程质量风险

按施工合同约定进行施工、交付合格工程是承包方的主要义务，完成该义务方能获得或主张相应的工程价款。

1）承包方工程质量责任

施工过程中，承包方未能依照业主方提供的施工图纸和施工技术标准、国家强制性标准或规范进行施工；使用了不合格的材料、劣质构配件、设备；施工中偷工减料；擅自修改施工设计图等等。承包方对该部分原因引起的工程质量问题承担责任，并对工程质量问题负有返工维修责任，返工维修应在竣工和验收前完成；承包方拒绝履行该项目返修义务的，业主方可以暂停支付对应工程价款金额；承包方因己方失误导致工程质量问题，承担返修责任的同时，承担因此产生的返修费用以及工期延误等产生的违约责任。

2）业主方工程质量责任

提供的设计方案有漏洞；提供或指定购买的材料、构配件、设备不符合施工合同约定及国家规定的强制性标准；直接指定分包人，导致分包工程出现缺陷；擅自使用未经竣工验收合格的项目等等。

3）保修责任承担规则

以下情况应承担保修责任：因工程勘察和工程设计缘由造成的质量缺陷；因非承包方

负责采购的材料设备问题导致的缺陷；因业主方提出违反国家标准等指令，承包方给出意见，但业主方依旧要求执行所造成的缺陷；因建设工程所有权人或使用人使用不当造成的缺陷。

4）保修责任承担形式

承包方负责保修的，主要负责对存在质量问题的工程修复至合格；如承包方怠于维修，则需赔偿业主方发生的委托第三方维修产生的相关费用。业主方要求承包方纠正质量问题，承包方拒绝修补缺陷，或者业主方有充分且合理的理由拒绝承包方修补的，承包方应当在业主方委托第三方对缺陷进行修补后，支付第三方合理的维修费用；业主方未通知承包方修理或者无正当理由拒绝承包方修理，业主方委托第三方进行修理，承包方支付的修理费用应当限于自行修复所需的合理费用。合同终止或者无效，不得免除承包方承担的工程保修责任。合同终止且工程验收合格的，保修期限自合同终止之日起计算，合同终止后如果存在工程质量问题，则以承包方修复完成质量问题之日起计算。

（4）工程转包、分包的风险

根据工程建设相关法律规定，不得违法分包或者肢解分包。但在工程实践中，仍然存在非法转包和分包。这些违法行为产生了诸多法律风险，主要如下：

1）管理费用风险

承包方非法转包、违法分包是《建筑法》所禁止的，也是无效的，人民法院可以没收其因此产生的非法收入；由非法转包、违法分包获得的收益，法律不予保护。

2）对工程款承担连带责任

由于存在非法转包和违法分包的情况，针对实际的工程施工方，通常要求转包和分包人对工程中的欠款承担连带责任。法律明令禁止层层转包，此类情况一旦查明将受到严重处罚，工程建设企业可能因此被停标甚至吊销资质。

（5）合同文本与签订的风险

合同文本通常采用标准示范文本，但在实际操作中，业主方倾向于保留对自身有利的条款，删除对自身不利的条款，这导致权利和义务严重失衡。招标后签订的合同可能发生篡改，导致核心条款缺失，并在合同语言理解上存在偏差。合同的范围、内容、边界条件、质量标准、工期、安全、价款和变更调整、争议解决约定等可能存在模糊不清的情况。常见的合同文本和签订方式中，业主方常常利用其市场强势地位，在对承包方的处罚和责任方面进行量化约定，而对自身的处罚和责任则模糊约定，这导致实际工作中的操作和举证变得困难。

（6）合同管理操作的风险

合同管理操作的风险主要是对项目管理要素操作不当引发的合同风险。在工程建设过程中，合同管理事无巨细，在专项操作时的风险一般涉及项目管理要素的资源及资源合法性组织方面。项目验收未能按时进行或未进行验收，造成验收资料不完备或收集资料不及时，分包管理失控或缺乏监管，对未通过验收的问题未能及时进行整改，业主方故意拖延结算，未组织竣工验收审价，验收后未及时移交，按照合同规定的结算方式未能进行结算而使用抽屉合同进行结算，所使用的机械和材料未能达到标准要求，重要的会议、凭证、签证和认价记录未能及时、完整地记录保存或存在缺失情况。项目管理的操作不严谨或不当，导致合同中的权利无法得到有效落实，从而造成合同管理不当甚至损失。

12.8.3 建立项目合同风险评价指标体系

工程建设企业根据其对风险的管理能力及对风险的容忍度来确定防控风险的目标与指标。对工程建设项目合同风险产生的原因进行分析，建立项目的合同风险评价指标体系，将项目的风险控制在可控范围之内。具体见表12.4。

某工程建设企业合同风险评价指标体系　　　　　　　　　　表 12.4

目标层	一级指标	二级指标	项目合同的具体描述	企业的风险控制要求
工程建设企业项目合同风险的目标与指标	合同价款	黑白合同或多份合同		
		合同无效		
		工程造价中单价的调整		
		工程结算时工程量的变动		
		合同索赔与反索赔		
		合同解除		
		验工计价、工程结算程序		
		优先受偿权		
	工程工期	开工日期的确定		
		竣工日期的确定		
		可以申请工期顺延		
		工期延误的违约金或赔偿金		
	工程质量	承包方工程质量责任		
		业主方工程质量责任		
		保修责任承担规则		
	工程转包、工程分包	管理费用承担		
		对工程款承担连带责任		
	合同签订	合同文本		
		合同签订		
	合同管理操作	项目管理要素的操作		
	其他			

12.8.4 合同风险识别与防范

（1）合同风险产生的原因分析

风险识别是风险防范的前提，只有发现合同中存在的风险，才能将其控制在可控范围内。根据工程建设项目合同的外部环境和内部环境分析，合同风险的产生既有主观原因也有客观原因。

主观方面主要有：一是缺乏严谨的科学态度；二是对约束合同的法律、法规、政策不甚了解或无视；三是受非法或不当利益驱动（包括经济利益或政治利益）；四是缺乏诚信理念；五是管理混乱或管理不当；六是画大饼、盲目上项目。

客观方面主要有：一是合同瑕疵多、漏洞大、有失公平，没有按照标准示范文本签订；二是合同履行得不好，守约吃亏，违约占便宜；三是违约成本低；四是法律威慑力不够；五是商业环境和文化培育缺失；六是企业考核经营业绩的需要（如每年年底前因全年经营承揽业绩不够理想，急需签订合同，以提高当年业绩）。

1）基于主观原因的分析

一是分析项目是否真实存在。项目的真实存在是项目防控风险的第一要务。很多项目没有立项、没有审批、没有工程可行性论证批复，土地获取、规划批复尚不存在，即将F＋EPC或者EPC＋F模式引入总包单位，并要求履约保证金为现金，这是典型的通过项目套取资金，需要特别警惕。

二是分析项目的边界条件。项目的边界条件是项目能够推进的重要条件，如实施机构、资金来源、交易结构、土地条件、规划许可、主要经济参数、合法性等。这不仅有利于推进项目，还是防控投资建设风险的重要依据。

三是分析实施机构。工程建设项目的实施机构是代表投资人进行项目实施的单位，其机构的健全、人员的履历、管理组织水平也直接给项目带来风险。分析实施机构的资信等级及授信；如果项目与政府有关，宽口径负债率多少也是决定项目风险的一项重要因素。

四是分析投资项目的企业性质与属性。这是项目防控风险的又一重要因素。当市场处于风口期，企业性质与属性造成的风险一般不太明显；当行业处于下风口时，工程建设企业尤其要把该风险作为防控重点，坚决不能做火中取栗之事。

工程建设企业防控风险，需要对业主方进行深入分析，从多角度研究业主资信、信誉、债务及资金情况。同时，分析研判业主开发项目的目的和意义，以此来确定本项目对业主的重要性。在调研项目的同时，应对业主方主要领导人的工作思路、人格品行及行事风格进行估计，判断项目可能存在的领导和组织风险。对于利用市场强势地位签订的合同，要充分评估不平等合同可能带来的伤害，充分估计霸王条款带来的风险升级。

2）鉴于客观原因的分析

工程建设企业防控风险，要明晰企业战略发展，清晰经营思路，强化战略推力及各项职能，树立法律意识与风险意识，加强组织保障。从自身管理水平和企业能力入手，提升企业管理能力，加强基础管理和数据库管理，利用信息化手段简化繁琐的动态决策流程，形成完善的企业内控体系，通过制度与流程化解项目经营决策风险。在应对合同风险具体操作上，要做好合同的策划与规划，梳理合同各项文件与组织，理清合同各项条款，做到清晰明了。职能部门做好合同评审和合同审查，全面加强合同管理规范性和有效性，确保合同内容全面、严谨，保证工程结算顺利推进。

工程建设企业面临的风险主要与企业内部管理水平、管理程序、合同履行控制等有关。要树立风险与法律意识，在合同签订前能预判，在项目管理过程中做到事前能识别、事中有控制、事后可补救，项目合同的可预防、可控制性较大，降低和控制风险等级。只有从经营承揽、合同签订、项目管理、工程分包、实施过程、交验、结算、保修和争议、纠纷处理等阶段精准识别，才能做到可控、可防。

（2）合同风险的防范与应对

加强合同风险管理，要做到谨慎、行稳致远，在操作上要胆大心细、灵活机动。过于强调风险会丧失很多市场机会，不强调风险就会给企业带来危险。因此，加强合同风险管理与防范，做好应对，才可以在市场中做到"危"与"机"的相互转换，为企业带来生机与活力。在项目合同管理工作中，应当做好合同风险的应对与防范，切实提高合同管理人员的风险意识，提升合同风险识别与防控能力，避免由于合同不合理而引发不必要的风险，给合同双方带来巨额经济损失。要合理防控风险，实现互利共赢，风险管理过程中寻找机会，创造更多市场机会。

1）合同签订前的防范与应对

在合同管理中，必须要突出合同签订前准备工作的关键价值。这是确保工程项目竣工结算顺利进行、降低合同风险的重要一环。

工程项目合同签订前的招标投标环节，实际上是施工方与业主方相互选择的过程。工程建设企业需要综合考量业主方提供的招标书的内容，判断是否"有利可图"，并对投标书内容进行适当调整，确保在盈利基础上，针对项目合同中一些重点内容、易出现纠纷内容、存在歧义内容等进行详细说明并以文字或影像方式呈现；为了获取项目，在风险可控情况下，要满足业主方的招标条件。同时，工程建设企业需要根据业主方提出的相关要求，制定相应的工程项目施工成本计划书，在投标书内详细体现工程项目总体造价、子项目造价等关键信息，充分评估自身企业的施工成本、施工业务能力，最终确定承揽项目并签署项目合同。

工程项目的施工过程具有一定的不确定性。例如，由于不可抗力出现工程停工情况，由于施工方安全管理不到位引起安全生产责任事故而导致工程项目施工暂停等情况。为了避免对工程结算以及工程造价带来影响，需要在项目合同中明确指出具体责任划分以及赔偿方法、赔偿期限等内容，否则极易在工程项目停工后引起不必要的纠纷。如果在项目合同签订之前未能做好合同内容细节的处理，项目合同中存在较多有争议的内容，随着工程项目施工活动的持续推进，极易引发施工方与业主方的纠纷。

当然，对于招标内容和市场行为显失公平的项目，建议放弃，不能为了拿到项目而过度压低条件、片面迎合，最后导致两败俱伤，丢了市场、坏了信誉。

2）合同履行风险应对

由于施工工期比较长，即便制定再详细的施工计划，也有可能在施工过程中遇到比较多的突发事件，导致施工进度受到影响，并进一步对工程结算以及工程造价产生不利影响。因此，必须在工程项目施工过程中对项目合同全面管理，确保工程项目严格按照合同内容实施。

在工程项目施工过程中，必须突出合同管理的重要意义，尽可能将工程项目整体造价控制在合理范围内，避免出现其他不合理费用项目，导致工程项目总造价过高。合同管理人员应当对施工过程中有可能对合同管理造成不利影响的项目进行监管，例如工程项目的施工质量、施工进度、材料消耗量、内容变更等。

合同履行期间，尽量避免"口头约定"，尽量以会议纪要、备忘录等书面形式化解管理过程中的有关行为，避免事后无据可依、无法可依。

3) 合同管理中工程质量的风险及应对

如果工程项目施工质量与合同要求存在差异，业主方有权认定工程质量存在问题，可以通过自检或邀请三方检测的方式进行确认。施工方和业主方可以根据合同约定内容，确定施工质量出现问题的主要责任方以及责任划分比例，并且要在项目合同内明确出现施工质量问题后的应对措施以及修整费用的方式。如果未能在合同管理中做好对施工质量不合格的责任划分认定，很容易在工程出现施工质量问题后，双方产生纠纷，甚至导致工程停工，进而影响最终的工程费用结算时间以及金额，也有可能造成工程施工成本大幅度增长。

4) 合同管理中工期风险的应对

工期风险主要是停工、拖期等。合同中应明确出现停工情况的具体责任认定方式以及停工费用分担等相关内容。如果施工方和业主方未能在项目合同中体现完整的施工进度管理内容，一旦工程项目由于不可抗力因素出现停工，引发的人员开支成本、设备租赁成本以及一系列违约成本，就有可能落到工程建设企业身上，进而导致施工方经济效益受到严重影响。但如果能够在合同中明确指出不可抗力因素、人为因素等引起的工程停工责任划分方法、赔偿方法等内容，就可以有效避免工程建设企业不利情况或者业主方"要赖"情形，从而避免对工程结算以及工程造价造成影响，有效控制工程成本，确保工程建设企业顺利获得施工费用。

5) 合同管理中变更风险的应对

工程项目在施工过程中难免出现施工内容变更情况，例如施工技术、施工工艺、施工材料的变更等，这些都是客观存在的问题，无法彻底消除。从施工方角度来讲，工程项目施工技术、施工工艺以及施工材料的变更很容易导致工程项目总造价大幅度升高。为了避免施工方和业主方因工程项目内容发生变更引起不必要的纠纷，应随时调整和补充项目合同内容，确保项目合同内容的准确性与完整性。应对项目合同变更的内容重新处理，直至工程项目质量完全符合竣工交付标准。

6) 合同管理中的索赔是应对风险的重要手段

在项目合同履行阶段，发现施工方或者业主方存在违约行为，另一方有权并及时提出索赔主张。要及时整理相关材料，确保该环节的合同管理内容完整、真实、全面、清晰，形成项目合同管理档案。在索赔过程中，可以先采取协商调解的处理方式，如果施工方和业主方对协商调解结果不认可，就可以采取法律诉讼方式。一旦进入司法程序，可能会经过比较漫长的时间才能获得判决结果，这不仅需要耗费较多人力、物力和精力，还有可能对企业的社会声誉以及企业品牌形象造成较大不利影响。因此，无论是施工方还是业主方，都应当在工程项目施工全过程中严格按照合同内容履行好各自的义务。

（3）做好项目合同审查与监管

在项目合同内容补充完毕后，施工方与业主方应当加强对项目合同内容的审查，尤其要找出项目合同中不合理的地方，并尽快对其进行修订处理，避免在合同履行期间出现不必要的纠纷。除了要对项目合同内容进行审查，还要对项目合同执行全过程效果进行监管，监管范围要涉及工程项目施工全过程，并且包含施工方以及业主方两个层面。

项目合同管理部门，有权对施工企业合同履行情况进行审查。比如，对施工中重点项目投入成本进行审查，避免工程项目出现超预算情况；对隐蔽工程以及容易出现施工质量问题的子项目进行质量检查，如果发现存在施工质量问题，可以根据合约内容及时处理。这不仅是对施工企业负责，也是对业主方负责的重要体现。

在项目合同审查过程中，无论施工方还是业主方，都应当秉承积极对待、主动配合的态度。同时，施工方和业主方，都有权审查对方的项目合同履行能力、偿债能力等。例如，业主方对施工方的施工资质、施工技术水平、行业品牌形象等进行审查。

合同履行监管不到位、不及时会产生风险。施工方与业主方一旦围绕某个工程项目签订项目合同，就需要认真、负责履行。从当前项目合同管理实际情况来看，很多企业在工程项目施工过程中，存在对项目合同履行忽视监管的情况，这会损害施工方和业主方合法权益，甚至引发工程施工质量问题。如果项目合同履行监管出现"空白点"，工程项目竣工结算会受到较大影响。比如，由于缺少对施工材料质量的监督管理，工程项目出现质量问题，就会致使工程结算进展缓慢，从而给施工方带来较大经济损失。另外，如果在工程项目施工过程中，未能严格按照合同内容把控施工材料质量和控制施工材料出库量，出现严重的施工材料质量不过关、施工材料浪费等违约行为，便有可能导致工程项目造价升高。

第 13 章 项目采购管理

13.1 采购管理概述

在工程建设项目中,采购是实现企业管理创造利润的重要环节,采购管理发生在项目管理过程资源获取的各个环节。采购管理形式与内容复杂多样,采购的要求条件也纷繁复杂,采购过程中存在风险和不确定性。因此,工程建设项目管理中的采购需要在源头进行充分策划,实施过程需要精准控制,对采购结果要有明确导向,确保项目管理的实施工作有序推进、成本费用有效控制,工程项目的质量、工期与成本如期实现。

一般来说,工程建设项目的采购管理主要包括施工与安装作业采购、设计咨询服务采购、物资与设备采购等三个方面。在工程实施过程中,各项采购工作内容与工程管理实施之间存在着较强逻辑关系与组织关系。项目采购是项目实现的重要环节,在项目管理过程中,诸多因素如采购内容、设计参数、采购时间、采购环境与控制等均对采购产生影响。在这诸多影响中,工程项目的实施是最重要的影响因素。在工程项目实施中,采购和建造是发生成本的主要环节,也是控制预算的最关键环节。工程项目管理总承包所有合同标的内容都是通过各种采购形式组织实施的。从另一个角度来说,采购是工程实现项目利润和组织资源的重要环节,采购管理质量的好坏,直接影响项目质量、安全与环保以及产品性能达标等关键性指标,最终取决于价值工程指标的完成情况。

因此,采购管理是工程建设为了实现项目创造过程和项目管理过程的系列项目管理活动,包括购买、物流管理、物料管理、供应链管理、供应商管理、分包商管理、信息管理、资源整合、效果监测等一系列与采购活动相关的管理要素的综合。

13.2 项目采购的分类

工程建设项目采购类型比较复杂,不同的工程建设项目,根据主合同的范围与内容,其采购的内容也不尽相同。工程项目虽然复杂,从工程项目的采购类型来看,主要有工程类、货物类和服务类三大类。

13.2.1 工程类采购

工程类采购泛指各类分包工程项目和劳务分包商采购等。其核心采购内容是根据工程项目范围分解,按照资质等方面的要求,将工程的一部分分包给三方施工,以执行完成建设项目所需的特定任务。

通过采购分包商的形式，按照专业领域需要，选择适当的合作伙伴分担风险，使企业变得更具有灵活性，以适应一定的外部环境。

工程类采购可以有效整合外部资源，采购在技术或业务上并不具备优势或者资质的项目分包，充分利用分包方的专业能力与资源共同完成项目。

此外，工程类采购还能控制成本，节约项目资金。通过节省人员配置，降低项目管理成本，采购分包可以通过财务预算进行控制。同时，通过分包管理流程、制度以及分包合同，有效促进成本控制。

因此，工程类采购的主要目标是满足分包工程项目管理与实施的各项需要。主要分包形式有包清工、大分包、劳务扩大分包等。如房建工程中的主体结构劳务采购等，大分包有土方工程、护坡桩、幕墙工程、消防工程等，劳务扩大分包有装修劳务（除主要材料、大型设备机械由项目经理部负责提供外，其他材料、中小型机械等均由装修劳务提供）。

13.2.2 货物类采购

工程建设项目的货物主要是指与工程建设有关的货物，即构成工程不可分割的组成部分，并且实现工程基本功能所必需的设备、材料等。货物类采购在工程实践应用中主要涉及实体性设备、材料和非实体性的设备、材料。实体性设备与材料主要是指满足工程设计的各项参数和指标，并且符合项目主合同对设备与材料的标准要求。如房建工程中的电梯采购，需要满足工程设计的电梯运载能力、安全等各项指标要求，还需要满足项目主合同中约定的同档次品牌的要求（国产迅达电梯与进口迅达电梯，标准存在较大差异）；材料类采购标准与要求在装修工程中体现得更加明显，如木门有普通木门、高级木门，两种材料在装修标准上差异很大，价格相差很大。非实体性设备与材料主要是指项目施工过程中应用的工具与机械，属于措施项目，可以采用购买与租赁等多种形式获得；对于工程工期短的项目，通常采用租赁，而工期长的项目则可以直接购买，如脚手架、塔式起重机等。

13.2.3 服务类采购

服务类采购主要采购与工程建设有关的服务，是指除工程和货物以外的其他采购活动；包括建设工程的勘察、设计、监理招标投标，工程咨询、评估、财务、法律等中介服务招标投标，项目法人、代建人、特许经营者招标投标，科技项目、科研课题、国有资产产权转让、物业管理、金融保险服务等的招标投标。如工程建设项目常用的工程意外险等。与货物、工程采购相比，服务采购的标的是服务或相关服务，具有无形性、无法存储性、易变性、不可分割性、不能再销售、服务采购复杂等属性。在服务类采购中，评审侧重质量而不是价格，因此，服务采购呈现出不同的特点。

13.3 项目采购管理目标

项目采购管理的目标是确保项目采购满足全面项目管理的需要,有效组织各项资源为项目管理做好支撑与保障。工程建设项目的采购目标主要有:

13.3.1 质量控制

质量控制主要是确保采购在物资设备、工程管理和服务方面满足工程项目的质量、安全、进度、性能等方面的要求。质量控制应该始于招标采购阶段,要对供应商进行全面评估,并聘请第三方检验机构控制物资采购进程,尽可能保证工程采购质量,避免出现任何问题。

13.3.2 成本控制

严格按照成本预算进行采购招标。采购预算如果超标,必须上报公司总经理办公会批准,然后才可以进行专项采购。

13.3.3 进度控制

采购工作必须严格按照项目总体计划展开,并对产品的交货时间进行严格控制。

13.3.4 风险控制

制定专门的表格对采购风险进行识别和控制,并制订应对风险的预案。严格管理供货合同,尽量规避可能出现的风险,并将风险尽可能转嫁给供应商。

13.4 项目采购特点

工程建设项目采购特点:内容复杂、种类多样,并具有很多的独特性。内容复杂由工程建设项目的复杂性决定,种类多样由功能设计及工艺设计等决定,采购的独特性由项目属性与工程专业特征决定。不同的专业有不同的专业属性,不同的项目属性决定项目资源的利用,因此,工程建设项目采购是一项重要的管理内容。

在工程项目中,采购金额通常较大。单项采购金额比较大,采购数量也很多,且采购过程具有一定的复杂性和系统性,与普通贸易型和生产型采购具有明显区别。

13.4.1 项目采购的业务活动面广量大

项目采购的业务范围包括项目开发、招标投标、工程建设等,需要涉及项目计划、国际贸易、财务分析、适用法律等相关专业知识。采购的实施绩效与项目环境密切相关,包括项目的外部环境和内部环境。外部环境是指影响和改变工程建设采购模式的因素,包括国家宏观经济政策的变化、国家财政金融政策的调整、市场利率及汇率的波动和走势等各种因素。一个好的项目采购模式能够充分利用外部环境为项目整体带来利益。项目采购的内部环境主要是不同的企业采购模式的差异。实力强的企业,利用其掌握的资源优势,通过规模化或者信誉、资金支持等方面来实现采购,或者通过与供应商建立长期合作伙伴关系来形成稳定的供应关系。

13.4.2 项目采购的相关利益方较多

工程建设项目从立项开始,包含投资方、资金方、股东方及个人等众多参与方,相互之间的利益因项目而结合在一起。由于对项目建设的目的和关注点不同,其利益侧重点也各不相同,在采购过程中对采购标准的要求也存在差异。

为了充分利用外部市场环境,项目采购的相关利益方需要组织和设置相对应的内部环境,以引导竞争。一般采购管理中采用相应的组织政策、方式和程序等来规范引导采购,即制定采购管理相应的规章或制度。在一个工程建设项目的采购合同中,处于买方地位的一般有最终用户、投资方、合同执行方。此外,在采购环节中还涉及相关运输方、法定检验方、独立监检方(第三方检验)。各方在采购中的职责各不相同,为完成一个订单,需要协调合作,目的就是在利用各方专业特点的基础上,实现最佳采购性价比。工程建设项目中常见的项目采购包括运输外包、机械租赁等。

13.4.3 采购的种类繁多

工程建设项目的采购种类繁多是其另一大特点。采购涵盖了服务、工程管理以及物资与设备采购等;采购的种类包括永久性和临时性采购;采购的交易结构有直接购买和租赁等形式。

组成工程项目的人、材、机,因设计内容、分部分项工程、组织项目资源的不同,相应的采购内容也就不同。

劳动力因工作安排的不同而存在很大差别。工程建设项目劳动力采购有人员聘用、劳务派遣、劳务分包、签订劳动合同等多种形式。劳动力采购因专业、工种不同其要求有所不同。根据项目设计内容,以及完成的相应工作内容,劳动力也差别很大。

材料与物资设备的采购。构成分部分项工程所需的基本物资与设备差别更大,如安装工程项目所需的机器、设备、电气、仪控、钢结构支架、管道和阀门等门类众多。而且,这些设备材料的使用工况十分特殊,它们的采购依据都是经过流程计算和单元设计后所形成的技术文件,因此,主要设备材料都是定制的。即便是一些相对通用的仪控和电气,其自身的技术标准也非常严格,经过采购咨询后的合格的设备材料供应商在市场上寥寥无几。

材料与物资设备的品牌和档次也是影响采购的重要因素。在满足功能需要的基础上,同型号同种类的物资与设备的品牌和档次有很大差距。如设备选型后，不同品牌的设备其采购价格因产地、社会认可度、可靠性、耐久性和安全性等方面的差异而大不相同。在客运电梯采购中，一些大型公共建筑通常采用国际知名品牌以满足采购要求。

工程使用的各种机械设备的采购方式受使用方式和时间影响而存在明显差异。不同的工作内容，采用的机械设备也存在很大差异，如土方工程需要挖土机、土方运输车、铲车等，而灌注桩需要旋挖钻机、吊车等。企业管理中的战略资产管理需求决定了机械设备购买形式。重资产管理型企业注重购买，轻资产管理型企业倾向于租赁。受细分市场影响，更多企业选择租赁设备。

13.4.4 采购与管理分离的情况存在

采购与管理分离造成项目在采购的内容、质量、进度、安全和技术特征上很难做到统一监控。主要原因是采购与管理内容传递到实施管理过程中容易出现偏差。更主要的原因是采购的内容涉及采购计划、图纸及采购标准、资金预算控制等方面，针对项目管理的项目经理部职能专业齐全，相对于采购实施方的专业职能匹配与采购内容涉及的专业职能有出入。采购与管理分离的情况对采购效果的影响较为明显。特别是业主签订合同采购的部分，在工程实际管理中，由于涉及复杂的商业关系，导致工程承包商在采购管理操作中难以把握。

常见的采购与管理分离的情况出现在企业采购、业主指定采购和使用者采购等购买方。企业集中采购、分散供应是常用的采购与管理分离方式，这是工程建设企业管控项目成本最直接和最有效的方式。业主采购是业主方通过控制大宗设备和物资降低投资成本的有效方式，由总承包商和分包商进行采购管理，主要体现在甲指、甲定、甲供等方面的采购。使用者或第三方采购是市场购买方为了满足生产和经营需要而进行的特定采购，采用自行采购或委托采购的方式，也可以通过业主方或项目经理部签订采购合同或进行采购管理。特别是针对一些有特殊工艺实施需要的设备，以及需要工程建设项目统一协调和安装的部件，个性化装修工程等，如产业园中的特制行车等。

13.5 工程建设项目采购存在的问题

工程建设项目采购是项目利润的核心，不当的采购可能造成项目管理的利润流失严重，并使项目采购质量和数量满足不了工程建设项目要求。项目采购的好坏对项目实施的质量、安全和进度造成重大影响。工程建设项目采购存在的问题通常表现在：

13.5.1 采购计划缺乏完整性、系统性

缺乏系统科学的规划，导致采购工作随着工程进度而被迫展开。很多施工企业将采购工作简单地视为一次性商业交易，没有充分考虑采购的系统性和完整性，导致项目采购与工程

管理脱节,从而在采购的质量、时间、成本、安全、检验与检测等方面出现问题。最终导致项目采购成本和实施成本居高不下,给项目管理带来巨大的成本风险。具体问题表现在,工程进度推着采购工作向前,没有对工程采购的物资设备及材料等进行充分的市场调研或采购认证,采购工作缺乏有效控制,导致项目采购成本直线上升。随着工程项目竞争的加剧,工程利润越来越薄,因采购工作导致项目亏损的情况经常发生。缺乏系统性的采购规划和有效的成本控制是导致项目采购问题突出的重要原因。项目采购唯上唯权、工作被动,采购管理严重影响着工程项目进展。

13.5.2 采购途径简单,缺乏科学有效的管理措施与方法

采购的途径仅限于历史项目的积累,没有充分调研和进行市场变化分析,缺乏科学有效的采购管理工作,导致采购的价值得不到充分挖掘,从而出现采购质量不高的情况。出现物资设备供应顾此失彼,采购过程中的质量、成本及性能的控制更是无所适从的问题。采购成本存在数据堆砌的问题,并且采购来源局限于老客户、老供应链等有限资源的供应,采购管理工作仅停留在采购部门,并未形成与质量、技术等项目管理协同的工作模式。当项目计划不当时,采购人员可能仅仅通过电话沟通、笔记、订单内容及模糊记忆来进行采购。当采购数量增加、采购周期拉长时更容易出现遗漏和凌乱,成本控制更是无从谈起。

13.5.3 缺乏对采购内容的分类研究

工程建设项目的采购内容需要进行分类研究。物资设备与材料所涉及的产品种类繁多且具有较强的专业性,不同项目工作内容的采购程序与采购流程有着很大的区别,特别是对于需要公开招标投标要求且采购与管理相分离的情况。缺乏科学有效的项目采购计划,会对工程建设项目的实施带来严重的后果,导致采购控制不到位或工程现场停工待料。缺乏对关键物料的分类研究,无法按时间有计划地进行采购或存在不当的采购计划,还可能产生审计风险。

项目采购需要编制科学的采购计划,实现有序、规范、有控制性的采购管理。工程实际经营中出现采购计划不当或者管理不当,且很多工作集中在一起或工程建设很急迫时,容易导致采购人员工作量非常大,工作效率低下,极易产生疏漏。针对采购计划的分类研究和组织是必要的。

13.5.4 采购计划不满足项目管理的需要

项目采购计划是项目管理的重要组成部分,必须满足项目管理的需要。当前存在部分采购人员对设备现场的使用操作及设备性能了解不够,对技术性能有特别要求的物资设备理解也不深入,对工程项目的理解更是不充分。同时,工程技术人员过多地参与现场施工管理,对物资设备与材料的采购计划较少参与,导致对采购的整体消耗无法准确进行前瞻性和规律性分析判断,进而出现采购的材料消耗过高,最终导致采购计划与项目管理脱节或出现较大偏差,影响成本控制和工程项目实施。

13.6 项目采购内容

项目采购是项目管理的重要组成部分，也是实现项目资源整合的重要途径。在实际工程中，项目采购必然受到项目管理计划、项目资金、项目实施现场环境和设计图纸的影响。从采购管理的角度来看，项目采购要满足工程设计和施工现场管理的需求，并在资金支持的条件下，按照项目管理计划实施系列活动。

13.6.1 项目采购计划

依据项目管理计划，对项目结构进行分解，形成项目采购结构图，并根据项目管理要素的分配，规划项目采购管理，在满足采购流程持续时间安排的基础上，依据项目进度计划，制定采购计划。通过项目采购计划的安排和采购流程时间的控制，确定项目采购的时间计划。为项目采购的实施提供时间节点的安排。

13.6.2 设计标准与管理要求

项目采购管理的目的是，通过满足工程设计标准与现场管理要求，按照项目管理的实现过程和创造过程共同完成项目资源整合。工程设计标准是项目创造产品过程中的要求，而管理要求是项目管理实现过程中的要求。通过采购控制达到设计标准与管理要求，为全面项目管理的实施创造重要条件与保障。

应根据设计标准确定的技术定型，以及项目管理的要素需求，制定项目采购的范围内容，包括技术条件、服务条件、质量标准、环保、消防、安全措施等。这些内容应在采购的"技术条件说明"和"措施说明"中清楚表述，并组成项目采购合同内容条款的重要部分。在采购实施过程中，工程现场根据采购成果及相应的要求，进行检验、检测、纠偏和评价。及时反馈采购是否达到物资设备的性能条件和管理服务的需求，确保每一项采购活动有效进行，避免因采购不当对项目管理交付成果造成实质性影响，如影响项目的产出和运行效能，进而影响项目的整体效益。

13.6.3 采购预算与资金管理

采购预算与资金管理是采购控制的核心要素。项目采购通过计价规则、付款条件和控制预算三个方面来实现预算资金的管理。其根本作用是根据项目的成本预算控制和资金现金流的流入状态，充分发挥资金的作用，制定采购计划与采购方案。当资金流入不足时，受项目进度计划的影响，需适当调整预算成本，以吸引参与者竞争，提高采购质量。如果资金流入非常充足，利用资金优势引导竞争更加充分，并适当控制成本支出，增加项目采购的利润。然而，采购总体上要依据预算进行限额控制，一般在项目计划中就有明确的限额，以确保采购项目不发生亏损。在采购过程的不同阶段，需要将采购成本与预算控制进行对比，进行项目全生命周期的过程分析纠正。

13.6.4 项目实施管理

项目实施管理是项目采购成果在项目现场管理中得到实现的重要内容，通过项目实施，采购的成果付诸现场得到体现。同时，项目实施的各项资源也通过采购来实现，因此，项目实施管理的各项因素必然是项目采购的条件。项目实施管理和项目采购管理的实施是相辅相成的，项目实施依据采购的合同内容来对采购的成果进行检测、监督与检验，并及时反馈采购质量。同时，项目实施的质量、工期、安全、环保和场地等为采购实施提供了条件。最终形成采购与项目实施的互动，共同完成项目采购的内容。

根据项目管理影响要素分析，影响采购管理的要素关系如图 13.1 所示。

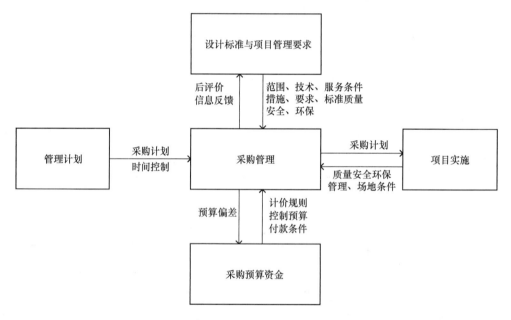

图 13.1 影响采购管理的要素关系图

13.7 影响项目采购实施的因素

在项目采购过程中，我们要提前考虑采购质量风险、采购进度的影响、采购成本的影响等三个重要因素。

13.7.1 采购质量风险

采购的设备物资或者服务是否达到项目管理和工程设计要求，是采购工作面临的重要风险。由于采购的物资设备和服务对工程项目的系统性要求很强，同时受项目环境和采购环境的影响，采购质量受到的影响也非常大，特别是采购的供应商或者服务单位的良莠不齐、隐性债务和信誉问题、投标报价时的高估值，以及采购后更换主要部件或者服务内容的影响较大，都会给采购工作带来不可估量的损失。例如：某项目招标工程造价咨询的全过程服务管理，在投标、评标过程中，主造价师由公司某副职领导挂帅。在实际操作过程中，该主造价师由于忙于公司其他业务，无心顾及合同约定的内容，遂更换其他造价师替代，但两者的业务能力和业务水平相差甚远，导致造价咨询过程中出现部分控制价失真，项目管理造价出现失控、损失的情况。

13.7.2 采购进度的影响

采购进度与项目管理计划的协调推进是项目管理的重要内容。采购涉及诸多因素如采购时间、设计定型、成本控制、预算等。采购进度是否满足项目管理计划的需要，提前或者滞后均会造成成本费用的增加。由于工程项目是一项系统联动性极强的组织活动，并受场地或其他资源配置的限制，因此，采购的动态性要求也非常高，超前或滞后均导致配套资源无法协调，也将导致采购的有形成本和无形成本增加。

13.7.3 采购成本的影响

采购成本控制是降低项目总成本的重要一环，也是项目利润的重要控制指标，与项目管理效益与效率密不可分。采购成本控制以项目预算分解控制为基础，是采购对象、采购程序和采购物流等多项内容的成本集合。采购成本在控制时，均给出了采购控制价，而该控制价是为满足项目的各项管理目标和管理指标而制定的。因此，采购成本需要覆盖项目的质量、服务、技术指标及各项活动的全部费用。任何采购过程中的疏忽，造成预算成本不能覆盖，或者被采购单位钻空造成不平衡报价、品牌性能或技术指标达不到要求时，都会导致控制价失控。因此，需要避免因采购失误或者缺陷导致管理成本、综合费用增加的情况。

13.8 采购管理策略

采购管理策略在工程建设企业整体发展情况下，通过系统化采购管理的方法，实现企业整体利益和收益的最大化。通过采购管理策略，提升企业项目管理的能力与水平，充分发挥项目化管理的集中优势。

我们以卡拉杰克模型解析项目采购策略维度和策略类型，根据工程建设企业不同类型的项目来研究采购的不同内容，解决如何优化成本、提升服务增值、确保供应等方面的问题。

13.8.1 影响项目采购的策略维度

对工程建设企业项目采购来说，策略维度的内容主要是收益影响和供应危机两个方面。

(1) 收益影响（Profit Impact）

收益影响是指采购项目在产品增值、原材料总成本及产品收益等方面的战略影响。项目采购收益影响的内容广泛，如智能渣土车的运用，减少了施工生产过程中的装卸环保防护，控制了行车路径，优化了土方运用的统筹与调度；用于工程实体材料的采购价格低于预算控制价；采购的复合铝模板，增加了周转次数，保证了工程质量，残值回收率高等。项目采购的收益不仅限于价格指标等因素，还包括带动项目整体收益的所有影响因素。

(2) 供应危机（Supply Risk）

供应危机对工程项目来说，需要更多的可选择性和替代性。供应危机的应对是力求供应不能过于单一。供应市场的复杂性，科学技术不断创新，新材料、新技术不断进步，原材料更替的加快，市场准入的门槛放宽，物流成本及销售环节的复杂性，垄断或短缺等市场条件，均易使项目采购产生供应危机。

13.8.2 不同类型项目的采购管理策略

项目采购要实现收益、确保供应，不同的项目类型采取的采购管理策略不尽相同，主要有以下几种类型：

(1) 杠杆型项目的采购管理策略

杠杆型项目一般是指满足供应条件的供应商较多，采购有较多的选择余地，在工程建设企业采购管理中相当普遍。由于工程建设企业的项目分布在不同的区域，项目的多样性决定了材料采购需要因地取材，以减少其他额外成本，因此杠杆型项目采购管理策略就成为一种常用的方式。杠杆型项目采购成本的波动性大，但对于成熟成规模的工程建设企业来说，通常会通过片区经营的方式来减少杠杆采购，且一般也仅限于大宗物资设备的采购。

价格和质量的波动都会对成本造成很大的影响。由于采购双方缺乏相互依赖，在制定采购管理策略时可以考虑签订意向协议或框架协议，通过协商确定价格，以维持良好的供应关系。工程建设企业应对杠杆采购的常用方法有：

1) 在招标后以洽谈的方式筛选供应商。通过组织供应商进行招标的方式，可以确保将市场价格控制在合理的区间内。随后再通过洽谈、考察或调研的方式与供应商进一步沟通，对价格再次达成协议。考察和调研的前提是综合考虑后期供货的持续性和供应品质的保障，通过招标与洽谈的方式，进行有效沟通，双方建立信任，从而保证价格与品质。对于超过成本控制价的采购内容，需要进行二次议价。

2) 集中采购。工程建设企业属于项目型公司，在杠杆型项目采购时，许多企业以集团的信誉作为保障，通过"集中招标、分散采购"或"集中采购、分散供应"的方式进行集中采购。通过这种方式可以满足下属各企业或者项目经理部的采购需求。工程建设企业通过规模优势，以较低的价格获得产品，减少了重复招标产生的各项费用。目前，国内成规模的工程建设企业利用信息化平台进行集中招标和分散采购，有助于规模化降低采购成本。

3) 开发新的合格供应商。随着市场的变化，原有的供应商在长期的合作过程中，对企业的采购情况较为熟悉时，会在操作上采用一些策略，如通过降低品质或服务来提高收益。企业为了维护自身的利益，可以引入新的供应商，产生"鲶鱼效应"。促使现有的供应商体系优化升级，从而降低采购成本。

4）建立供应商评价体系。通过建立完善的供应商绩效系统，可以培养和促使供应商在质量、交货、服务及技术等诸多方面不断改进，从而提升企业的绩效，实现双方共赢。

（2）战略项目的采购管理策略

战略项目采购，通常选择较小的供应商，并且需要与供应商建立长期稳定的合作关系。战略项目采购主要涉及材料、大型机械和特定的劳务等方面，在物资设备和劳动力供应中，物资设备的占比相对较大。通过长期的合作，双方之间依存度较高，合作也容易达成默契。在对外的事务上，双方战略目标一致，协同性强。特别是央企管理项目时，各类战略供应商的价值得到更好的体现。对于战略项目的采购，一般可以采用以下策略：

1）建立健全供应商和分包商的合作体系。通过信誉评价、合作过程中双方的互信、相互支持的方式形成以企业项目为战略平台，多方资源融合后为实现共同的价值目标、共担风险和共同创造效益的长期合作关系。双方在工程项目的承揽、共同建设和共同服务方面同进同退，攻守同盟，形成供货商与企业牢固的供应链关系，以实现整个供应链的价值。这种供应链可以节约成本，降低存货量和采购成本，缩短循环周期，增加收入和利润，提高物流速度，从而系统地提升成本优势。

2）与供应商和分包商的管理协同。在项目初期，整合与项目相关的供应商和分包商共同参与，充分发挥他们的优势价值，对于项目战略的实施非常有益，这是借助供应商和分包商的合作降低企业成本的重要手段。如在 EPC 项目设计采购时，充分发挥设计分包商的人才优势，通过提前介入、优化方案及增加技术支援，协同相应的供应商，进行有效的设计优化，最终合理地降低成本。

3）利用战略协议的优势在采购过程中降低采购成本和保障供应。在企业预测大宗产品的趋势后，通常采用战略协议的期货合约来规避采购成本的大幅波动，以此降低采购成本。

（3）一般性项目的采购管理策略

一般性项目的采购管理主要针对常用的，重要性不是很强，对工程造价影响不大的项目采购，通常是以辅助性的或常规性的采购为主，如绑扎钢筋用的扎丝、日常劳动保护用品等，材料来源较广，对财务不会产生较大的影响。从采购方面来说，严格按照采购流程、采购规章制度和市场供应等方面进行采购流程化的管理即可。很多企业采用标准化程序对产品进行采购，对采购流程进行监督即可，可以节省更多的时间和经费。

一般性项目的采购还可以通过直接外包的方式进行，或者借鉴近期类似项目的采购，或者通过公司集中采购分散使用，或者通过内外部的资源整合实现资源共享等方式来实现，帮助企业提高供应链管理效率，打造企业核心竞争力。

（4）瓶颈采购策略

在工程建设项目中，瓶颈采购面临巨大的风险，如价格高、供应选择少、市场资源缺乏或者人为的原因导致较高的成本,很多项目由于采购结果不及预期或失败,致使项目生产难以持续。工程建设项目的瓶颈采购一般容易出现在为了满足项目功能需要而设计的新技术、新材料、新装备和新业态方面,工程建设的场地条件发生巨大变化时需要采用非常规手段完成工作,复杂性项目可能还面临国外技术的封锁或市场的垄断等。在这些情况下,采购难度大或者成本居高是常见的瓶颈。

随着科技的发展和高质量发展的要求,新技术、新材料、新工艺在节能、环保和智慧建造方面起着不可替代的作用。在瓶颈采购策划时需要提前布局,避免造成"坐地起价"的问题。在设计过程中,由于建设功能的需要,需对一些材料做法、技术定型进行特定的设计,技术指标的限制也坐实了只有一家或者稀缺供应商满足要求。工程建设企业在项目采购时,需要认真分析其创新的本质和技术特征,尽量找到同类型的技术特征进行比对,或者采用技术组合的方式满足其设计要求。

在工程实践中,瓶颈项目的采购通常采用单一来源的方式。在进行单一来源采购时,需要认清其本质,并在出现重大亏损或者成本覆盖不了的情况下,联合主合同方、设计、专家合作研究其必要性,提出修改设计或者替代方案。

瓶颈采购一般是采购中最薄弱的环节,价格高、供应渠道受限等。该项供应商一般在采购中居于优势地位,且采购双方相互依赖性一般。对于瓶颈项目,在项目采购策划时,需要提前进行技术预判,制定对策,降低成本,控制预算。在项目初期做好策划,提前布局,将问题解决在采购管理的过程之中。我们可以采用以下策略:

1)修改设计内容,开发新技术、新工艺或新材料。对于工程中出现的单一来源采购,且采购预算无法覆盖采购成本甚至出现大幅度的成本溢价、坐地起价的现象,为了达到预期采购目标,可以通过与业主方或者相关方修改设计来增加采购可选的范围。如某国道项目的海相淤泥的地基处理,采用的是两搅一喷水泥搅拌桩地基加固技术,受该项技术专利费居高不下的影响,经与业主方协商,将两搅一喷改为四搅两喷水泥搅拌桩技术,增加了市场机械设备的可选性,最终将成本降下来。对于供应稀缺的采购物料,我们在设计阶段应尽量想办法替代,以避免后续开发成本过高。

2)系统化地分析,与业主方协商,通过使用价值工程或价值分析手段来选择同类产品,或者功能替代及服务等方面展开,通过科学有效的方式将成本降下来。

3)采购窗口期。根据实际情况,利用采购窗口期进行即期购买、超前购买、波动购买或期货保值,对于此类物料可以在价格较低的时候,提前购买并做好库存管理,从而有效降低采购成本。

4)有实力的企业可以通过委托研发的方式进行协同开发。特别是面对"卡脖子"项目的采购,由于专利技术的限制,需要通过自身整合资源进行研发,从而突破瓶颈的限制。

13.8.3 采购策略决策

(1)影响项目采购的要素

工程建设项目的特点决定了项目采购影响要素是多方面的，从项目管理的角度来对项目采购因素进行分析，主要有以下几个方面。

1）项目本身因素

项目具有一定的特性，不同项目的特性、构成、质量、工期、成本和资金等因素约束了项目的采购模式和策略的安排。根据项目合同策划分析，工程建设项目的合同类型与内容的不同会影响项目采购，如工程项目的采购主要有工程类、物资设备类和服务类等，不同类型项目影响采购的因素各不相同。一般项目的采购因素主要有以下几个方面：

① 项目资金因素

项目采购的对象不仅限于工程、物资设备和服务本身，还包括与之相关的资金服务的采购，不同的项目由于业主方采用不同的项目管理模式，驱动项目的资金存在差异。作为工程建设企业，单个项目的资金受到额度限制，因此在对外采购的过程中，需要将驱动项目实施的资金全部或部分转移给分包商或者供应商。目前市场上，主合同工程款的支付相对于工程进度来说是延后的，工程建设企业需要根据项目进展按照主合同要求支付资金，并结合用于本项目的自有资金或银行抵押贷款来对采购予以支持。当采用融资方式获得资金时，不同的融资渠道需要采用不同的采购模式和策略。从工程实践角度来看，项目资金因素对项目的采购模式和采购策略有着重大的影响。同时也决定了采购遴选的方式是采用公开还是协议等。

② 项目建设周期要求

项目建设周期的不同，采用的项目管理模式也不尽相同。业主会根据自身的实际情况来决定相应的项目管理模式。作为总承包商或者分包商方面的工程建设企业，对分包或货物服务类的采购也会制定相应的采购模式和策略。

③ 项目采购质量的要求

对于需要高质量采购内容的项目，采购模式和策略的选择也会受到影响。如采用差异化战略或集中化战略，为了实现战略意图，采购的质量与一般性的采购质量相比有着较大的区别。因此，采购内容质量也是影响采购模式和策略的重要方面。

④ 项目的特性因素

项目技术和工艺复杂程度也会影响采购策略的选择。针对建设项目涉及复杂工艺或技术的情形，业主最好选用较为复杂的项目管理模式，选择更有实力、经验和规模效应的分包商或者供货商作为项目采购内容的组成部分。如采用 EPC 模式、交钥匙工程管理模式作为采购内容的组成部分。

⑤ 项目的组成

投资规模和范围对项目的采购因素有影响。由于组成的不同，当工程建设企业没有相应的应对措施时，需要通过采购的方式来进行资源的整合。如采用项目管理（PM）采购管理资源，通过增加管理成本的方式来获取项目管理服务。

⑥ 项目的投资性质

项目建设用途要求，若项目属于公益性质，属于政府投资，选择的投融资模式为现在较为流行的 BOT 模式。而对于一般性项目的采购，可以按照常规的承发包模式如施工总承包等模式解决，不同融资模式会导致采购内容的差异性。同时，项目的投资性质也决定了货物的采购方式，如设备类的常采用融资租赁的方式解决大额设备款支付的问题，从而使项目资金或融资压力得到有效缓解。

⑦ 项目的市场价格

市场价格因素直接影响到项目的采购成本，对部分采购材料，特别是大宗材料，需要仔细分析项目采购的窗口期，并在必要时通过期货锁定的方式来降低项目的采购价格。

工程建设企业需要分析项目的特点、难点和重点。力求全面分析所有要素，以形成适合自身和合作各方的最优的采购模式。

2）外部环境的影响

外部环境的影响主要指除项目管理和工程项目本身之外的所有因素，包括但不限于社会、法律、项目所处环境、政府、市场环境等。这些因素会对项目的采购产生一定的影响，对项目采购模式产生影响的外部环境主要有以下几个方面：

① 相关的法律法规、政策及业主方的因素

依法采购是市场经济运行的前提，采购模式的选择也必须在国家现行法律、法规、规范、规程及相关标准的框架下执行。

工程项目的采购活动作为商品交易，既要满足商品交易的有关法律法规，又要受到工程建设的法律法规等因素的约束，如《建筑法》《合同法》《招标投标法》《建设工程质量管理条例》等相关法律法规以及住房和城乡建设部及项目所属行业所出台的各种部门强制力的规定、办法和文件等。工程建设项目采购模式的选用，法规、政策环境具有巨大的约束或激励作用。

除了国家层面出台的相关法律法规之外，受主合同的约束，业主方的特定权力与地位影响到项目采购，如业主方的管理规章、制度、文化及主要业主方管理者的偏好，甚至个别地区受到信仰的约束。特别是成熟的业主方还制定了符合自身特色的采购管理条例及相关办法，甚至在主合同中给予明确。

② 项目所在地政府及相关部门的因素

随着工程建设项目对地方经济的带动作用，地方政府和相关部门根据本地区发展的需要，采用信誉信用评价制度或审批等准入制度，这些行为直接影响到了采购模式的选择。如工程建设项目的检测机构可能会指定具体的检测单位，地方企业可能会生产与项目相关的产品等。

③ 项目采购对象的选择与管理

工程建设项目采购对象包括分包商、供应商和服务商等。选择合适的采购对象对项目实施起着积极的作用。工程建设企业对采购对象的评价、选择和管理，决定着项目管理能否有效实施。采购对象的选择与管理，是采购模式决策要素中的重要一环。

工程建设项目的采购对象的选择，对采购起着重要影响的方面有：

采购对象的企业因素，即企业资质、信誉，企业规模和注册资本金的大小，企业的形式，企业信誉评价，企业的体系认证、生产能力、技术和管理水平、财务情况以及业绩评价等。

采购对象的内容因素，即工程类采购的分包能力与水平、类似工程的业绩和主要管理人员的业绩与经验水平以及货物类的包括商品规格的符合性、商品价格、质量、标准等，市场成熟度和应用程度，同类产品性价比和类似项目产品的应用情况等。

拟采购对象的售后服务态度、能力与顾客满意度等因素。

针对工程设计中存在的专精特新的内容，对采购对象的能力把握和考察非常重要。

为了增强对采购对象的选择与管理，一般企业会根据自身的行业、项目特点和企业管理的要求建立合格供应商和分包商数据库。每年对其信誉、能力和水平进行评价，淘汰不合格的企业，同时开发新的采购对象补充和完善数据库。对提高决策水平和效率有非常直接的作用。

④ 自然环境和社会环境的影响因素

工程建设项目所在地的自然环境、人文环境、交通环境等社会环境对项目的采购模式有着直接的影响，如铁路建设中的路况问题、城市中心区域建设的民扰与扰民问题等因素，对项目的采购模式也有直接影响关系。

⑤ 项目关键技术的复杂程度与技术要求因素

当项目建设所需要的技术要求相对复杂或涉及相关专利时，可能会增加管理的难度。管理要求较高时，采购模式也应随之变化。如采购过程中涉及相关专利技术时，传统的采购很难满足采购要求。

⑥ 合作伙伴因素

若市场发展相对充分而且规范，并形成充分的市场竞争格局，那么相对比较容易寻找符合要求的合作伙伴，这会直接影响采购模式的选择。

3）企业采购内部环境的因素

企业采购的内部环境主要是企业管理能力和相关企业职能协同推进的综合体现，主要是指采购的规章制度、人员管理、采购的流程与程序、资金与财务管理等方面的因素。这些因素在某种程度上会影响项目采购模式与策略，主要包括：

① 现行采购制度与程序因素

采购制度和程序的复杂程度、采购权限等因素因不同的工程建设企业有着不同的规定和约束。一般企业均通过授权清单或采购标的额度来明确各自的采购权限和决策审批权限。由于采购活动在工程建设企业项目管理的各项活动中属于较为敏感的内容之一，这些权限在某种程度上在内部体系中存在着博弈。当权力与规章产生冲突时，这种博弈更加明显，特别是当制度的建立不科学、价值导向不明确时，人为因素会使这种冲突加剧。因此，公司采购决策系统及制度执行力大小都成为影响项目采购模式和策略的重要因素。

从企业的发展战略高度来制定和实施项目的采购活动，项目采购管理的系统化推进，科学、规范的流程和制度以及合理分配的采购权限，是企业良性发展的一项重要职能。主要体现在各层次各层级采购权限的分配，调动所有参与采购管理人员的工作积极性，减少职能工作的顾此失彼。如某企业对工程的材料采购的分类管理，以企业采购数据库为依托，分层分级设立权限，并明确规定了不同额度的采购流程。A类物资由企业采购部门统一采购，B类物资由企业区域机构或项目经理部联合采购，C类物资由项目经理部采购。同时规定了控制价在10万元以下的采购采用询价的方式，10万～50万元的采购采用有限招标方式，超过50万元的采购必须按公开招标投标的方式。通过分层分级的采购管理，不仅提高了采购效率，还调动了各级采购人员的积极性。

完善企业项目管理制度，优化管理流程，建立和完善必要的采购专业人员培训制度、采购绩效考核制度、项目审查制度、供应商认证与管理制度等，通过细化制度和流程，采用评定分离、采购岗位责任制和监督责任制，从科学管理上激发各个环节采购的优化运行。

② 采购机构与采购执行的人员因素

建立健全项目采购机构与组织，明确采购分工和相应采购人员的专业化水平，对采购模式与策略也具有重要影响。应根据自身情况、项目规模大小、采购频率、项目采购方案来决定是否建立适度规模的采购组织，并对采购人员进行专业化培训。若项目采购本身不具备相应的组织和专业人员，只能委托专业采购机构来执行或委托企业内部相应职能机构来执行采购等。因此，项目规模的大小、项目采购机构的健全以及采购人员的专业化水平等也是影响采购模式和策略的重要因素。

③ 采购平台的因素影响

采购平台的影响取决于平台的信息收集和社会认可度。不同企业的采购平台对采购的价格和采购对象的信息收集有着很大的影响。当平台能够广泛收集信息时，会增加分包商、供应商和服务商的数量，使采购对象获得更多的选择和机会，更加有利于引导竞争。

随着信息化的发展，网络化采购模式作为一种新型采购方式，具备多种应用价值，如降低采购成本、提高采购效率、规范采购渠道、增加供应商数量、提高采购质量、加快采购决策、优化供应链、加强采购监管、提高灵活度等。挂网招标采购，网上竞价，供应商海选、筛选、认证等工作，可以大大增加采购模式的灵活性、有效性。当前很多工程建设企业通过公众网络交易平台进行采购，有效地提升了企业采购管理能力，预防了腐败，提升了采购效率与效益，减少了采购成本，使采购工作透明化和公开化。

采用不同的交易平台对项目采购的模式和策略有着重要的影响。选择或建立有效的交易采购平台对项目的采购工作有着重要的影响。

④ 企业自身的能力和执行力因素

工程建设项目的采购，受到设计、现场管理、资金、项目管理等各种因素的影响，正确评估企业自身的管理能力和执行能力是项目采购的关键环节。如某一项安全指标不达标，可能造成现场安全事故；如环保检测指标不达标，会影响项目的验收等。企业自身的管理能力和执行力也是影响项目采购的重要因素。当企业存在能力不足时，一般会对采购结果产生一定的影响，严重时会对项目管理的实施带来严重后果。因此，企业自身的管理能力和执行运行的能力也是项目采购能否成功的一项重要因素，也影响着项目采购的模式和策略。

⑤ 资金与财务因素

项目的资金与财务是项目采购的重要因素，所有采购活动的最终目的都是围绕着资金展开的。项目资金的充足与否与财务手段密切相关，当资金充沛时，采购方占据很大的主动权，可选的采购方式和手段也更加多。因此，资金的充分与否和财务控制的能力在项目采购中占有举足轻重的地位。被采购方会根据资金的使用价值来确定采购的报价。同样，若项目采购本身不具备完成项目所需要的全部资金，需要进行借款、延期支付或者保理时，资金的贴现成本会附加到采购成本当中。因此，资金和财务因素也影响项目采购模式和策略的选择与制定。

⑥ 利益相关者因素

利益相关者是指与项目有关的利益各方，包括合作伙伴、借款人或者股东方等，由于不同的利益诉求，在采购中的合作态度和建议也各不相同。特别是对于由政府参与的 PPP 项目，政府更注重采购要满足公共服务方面的质量和满意度，而工程建设企业更多地考虑项目的利润等。在诸多项目实施过程中，合作伙伴的态度和对项目的期望也会成为影响项目成败的重要因素之一。利益相关者因素对项目采购的模式和策略产生重要的影响。

4）项目风险管理要素

工程建设项目周期长，涉及专业多，参与的单位与企业也较多，项目风险存在于项目管理的各个环节，项目风险发生概率较大。同样，采购管理的风险在采购与管理过程中时有发生。采购的价格风险、供货风险、项目管理过程中组织风险等均与采购管理有着重要的关系。不同的采购模式与策略对于控制或化解风险的程度与能力不尽相同。过于保守的采购会导致采购成本加大，过于激进的风险管理则会导致采购管理的成本加大。选择合适的采购模式、策略都是在克服或屏蔽这些风险，主要风险存在于：

① 工程建设企业项目采购管理风险

项目采购管理风险主要指项目的采购模式、策略与自身的项目管理水平与企业的管理不相适应，导致各项管理程序、规章、制度、人员、决策与采购管理出现脱节或漏洞。采购内容与采购的实施不相匹配，采购内容不全或缺乏，从而导致采购管理执行与弥补采购内容而增加费用。特别是针对工程类采购，不仅包含了物资、设备还包括服务管理等各项内容。当内容缺失时，造成现场的管理分配与衔接不当或缺失，导致管理与项目建设过程不相适应，管理实践中也经常存在照搬合同模板进行采购的情况。采购模式与策略的选择要与企业项目管理水平与能力相适应。

② 资金风险

资金的供给是否适当是个关键的问题，当资金过多会增加财务成本，资金过少则不足以支付采购的费用。现在投资建设类的项目很多,管理过程中的资金需求可根据不同时期的要求通过融资解决。项目周期长,在运行过程中,由于资金链也是伴随着项目的进展不断调整。一旦融资出现干扰,导致资金链断裂,最终导致采购管理失败。如钢材采购,当资金不到位时,供货方由于无力承担大额资金而造成断供,从而导致现场管理陷入停顿,工期风险和交付风险应运而生。因此,根据项目重要程度,客户必须选择合适的建设模式和融资方式,确保建设资金足额到位。

③ 项目采购的定位风险

项目采购的内容要与工程实际相符,为了优化工程技术方案,需要合理制定采购标准。对于工程类的采购项目,要注重工程技术和管理方案的制定,科学安排资金计划,切忌为了完成采购而进行采购。因此,做好采购内容的定位,明确采购标准和内容,是非常关键的。

④ 合作伙伴风险

项目采购要对采购对象进行验证考察,对于大宗类的采购和工程类的采购,影响到项目实施关键线路上的采购内容,要进行事前考察和验证评估,避免采购履行过程中出现不必要的问题。由于供应方(施工方)的所有资源并非在一个项目中,同时开工多个项目,因人力、物力、管理水平、市场等多种原因,有可能会产生毁约、破产或解体等问题。因此,在选择采购模式和策略时必须考虑这一风险要素。

⑤ 供应链风险

供应链风险主要是由市场短缺形成。而短缺的根本原因是供应链上的企业为了降低成本,过分降低库存,导致供应链上的某个环节出现问题而发生的连锁反应。同时供应链计划执行不到位,也会影响到下一个环节的供应。特别是设备类的供应,在生产过程中依赖更多的配合厂家,当某一环节零部件供应出现问题时,导致设备无法正常供货,现场安装环节也会出现连锁反应。供应链的问题不仅影响到某一个环节,甚至对工程整体的联机调试都会造成意想不到的后果。因此,在供应链管理环境下,要做好管理计划,给出足够的生产时间,加强过程中的监造。对一般性物资与设备,要加强库存管理。对于供应链的风险管理,制定采购策略时应根据价格、质量、交货期等关键要素对企业采购对象进行分类,并依据重要性程度和市场供应能力进行评估,从而制定不同的采购模式和策略。

⑥ 其他风险

除上述风险外,项目建设规模大、周期过长、工艺和技术越复杂,项目所涉及的各类风险也就越大。工程建设企业项目管理在选择采购模式和策略时需要充分识别和应对各种风险,以避免项目的失败。

(2) 采购策略的制定

工程建设项目的采购主要是服务于项目管理实施,是质量、工期、成本、安全、资金、管理服务等诸多目标的综合考量,因此,项目的采购目标就是以合适的采购模式和策略达到采购资源的目的。然而在采购实际中,要想达到每一个采购目标,一般是不可能的,优化决策目标,策划目标权重,不断地优化该决策过程,比较选用的采购模式与策略,在各项影响要素的基础上，提出一种框架性模型，来实现上述所有要素之间的科学合理组合，为工程建设企业项目采购提供一种优化的动态决策模型。同时，工程建设项目内部采购管理的系统协调也是项目采购策略制定的一个重要因素。

1）项目自身的决策流程

在工程实践中，常用的是基于层次分析法（AHP）构建决策支持模型。层次分析法（AHP）是将复杂的、随意性较大的问题分解成各个组成因素，再将这些因素按支配关系或主次关系分组为递阶层次结构，然后对这些影响要素进行相互比较，或根据项目管理当前所处的状态及重要性来相对地确定采购基准的重要性，对实际可操作的几个方案进行排序，并以此为决策的依据，得出排名靠前的方案作为最终实施方案，并兼顾其他因素。常用的决策采购模式与策略的层次分析法如下：

① 建立递阶层次结构

建立递阶层次的目标是实现采购目标，其过程是通过项目管理模式，以企业采购制度确定的方式制定采购方案，通过确定的采购方案实现采购的目标。因此，递阶层次可以划分为目标层、准则层和方案层。

目标层：这是采购要达到的目标或结果，是采购的根本目的，其目标与结果取决于该项采购在项目管理中的地位与作用。根据制定的采购计划，如果没有足够的采购时间，或者采购实施相对容易的情况下，一般采用低成本、高质量策略。如果在采购计划中没有足够的时间，则采购成果必须满足工程进度计划的需要。因此，目标或结果取决于本次采购在项目管理中的时间性与紧迫性，但最终要满足项目管理目标与指标的要求。

准则层：实现目标所涉及的中间环节需要考虑的准则。这些准则是项目采购所要考虑的诸多影响因素，是判断采购目标能否实现的依据，一般在项目采购文件中以文字说明或者操作控制来实现。

方案层：实现目标可供选择的各种措施和决策方案等。这是在准则的基础上，根据项目管理模式、方法和资金融资要求、采购形式等方面确定采购条件，并为项目管理目标的实现提出措施方案，达到采购的目的和意义。

项目采购方案决策，如图13.2所示。

② 确定项目自身的采购策略

根据建立的递阶层次图，以及项目管理的不同阶段，针对某项采购工作以项目管理的意义和重要性来制定采购目标。如钢材等大宗物资的采购，判断其对项目的重要性在于资金和供货时间；幕墙工程的采购，采购目标则要考虑幕墙的质量、工期、成本、企业资质、安装工艺与水平等因素。

采购准则，在确定采购任务时，要对采购内容初步判断，如何实现采购目标，影响因素有哪些，要根据项目的自身情况、外部环境、内部环境和风险等方面的因素进行综合判断。如钢材采购，自身因素是资金和建设期，外部环境因素主要是市场，内部环境因素是资金与财务，而风险因素主要是资金风险等。针对这些方面制定采购条件，实现采购的目标。

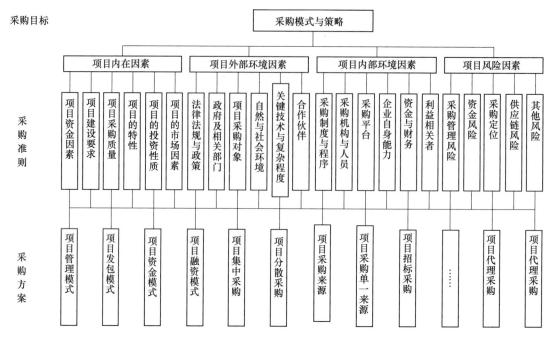

图 13.2 项目采购方案决策图

采购方案和措施是针对准则的判断，确定采取的方案和应对措施。如钢材采购，由于项目的资金和工期影响，市场变动大，当企业内部的资金和财务有影响时，资金不能足额到位。在这种条件下，项目经理部很难掌控，从企业的层面选择集中采购，分散供应，减少了项目的资金压力，保障了供应，同时消除了市场变动大的不利因素。企业内部的资金和财务统一调配，有力地发挥了企业集团化的作用，减轻了项目经理部的压力，通过企业调配资金，使项目资金得到缓解。

基于上述条件，项目采购方案与策略根据项目管理本身的因素进行确定。

2）项目采购的实施策略

工程项目采购管理的实施，是指经过项目采购计划制定、认证管理，确定采购准则与方案，按照企业采购的相关流程和制度，完成采购，并由项目组织实施采购管理的各项内容，最终实现项目管理的总体目标。

① 采购计划的制定

工程建设项目的采购有工程类、货物类和服务类三种类型。不同类型的采购内容和采购方式相差很大，但本质来说，是项目资源整合的优化过程。对于项目实施来说，工程类采购主要是以分包采购为主，货物类采购主要是以材料、设备采购为主，服务类采购主要是以工程项目的设计、咨询、物业管理、试验检测、人力资源等与工程服务相关的内容为主。因此工程项目的采购计划的制定和依据并不相同，但最终还是以项目管理计划为依托，制定相应的项目采购计划。

任何工程项目的采购均是在项目实施之前，也是项目实施准备的必要过程。项目采购计划制定的科学合理，对项目管理十分有利，既减少了现场的库存，减少了管理压力，又少占用了资金，确保了采购成本的优化。

项目采购计划，依据项目范围分解计划和项目进度计划制定。在工程建设项目初期，需要依据项目范围计划进行规划，做好采购分类。通过采购分类，对后续采购工作做好有序安排，确保采购工作满足工程建设项目管理实施的需要，避免采购工作与实际项目实施顾此失彼，最终，通过合同或契约的形式固化下来，实现采购的目的。

依据工程项目的 WBS 分解原理，通过实现项目资源整合的途径与方式，按照项目范围管理计划的原则，结合项目管理的类型，进行各专业各模块管理内容的细分，其顺序为：总包→分包→人、材、机资源，达到可计算成本的预算界面。一般工程类的分包计划以分包管理为基础，货物类的采购计划以人、材、机等资源为基础，服务类的采购计划以实现管理为基础。当前，项目实施的组织方式有业主方的项目管理模式和施工承包方的自行施工模式。

② 基于项目管理模式的采购计划

基于项目管理模式的采购计划，是以全项目生命周期为特征的项目采购模式，采购计划的制定是依据项目管理模式对工程项目结构进行分解，以项目进度计划为时间安排，按照项目管理模式中确定的资源整合方式来分类，最终确定采购计划，其采购分类如图 13.3 所示。

根据项目范围计划，按照项目管理模式的要求，做好统筹分类，结合项目总进度计划，形成采购计划。

③ 基于施工总承包模式的采购计划

基于施工总承包模式的采购计划，是以项目施工总承包为基础，进行项目结构分解，并按照施工总承包项目实施的要求进行分类。基于施工总承包管理模式的采购分类如图 13.4 所示。

采购计划的形成是以项目范围计划为基础，依据项目进度计划，按照不同采购形式下的采购流程时间，确定采购计划。

④ 采购计划的优化

为了简化采购和减少采购的数量，需要对项目结构分解的部分内容进行同类型、同质化的采购合并，以减少采购的频次和数量。一般是通过项目管理优化后再进行项目采购的优化。如钢材，在主体结构施工中采用，在装修工程中也需要采用，在项目管理过程中，装修工程通过分包实现，而主体结构工程属于自行施工，两者一般不会合并采购。反之，主体结构工程和装修工程均通过自行施工来实现，用于两个分部工程中的钢材可以合并为一次性采购。因此，项目采购内容的优化与分类需要依托于项目管理的优化。

(3) 采购认证计划

项目采购认证，是建立和维护企业采购环境的必要手段。工程建设项目采购的多样性和复杂性决定了采购认证的必要性。对采购环境的认证是采购成功的重要条件。缺乏必要的采购环境，采购工作将会非常被动，甚至在采购资金承受能力和采购标的物有所值方面产生不良的后果。工程建设项目本身复杂多样性的特点，决定了工程项目采购的内容丰富且多样，

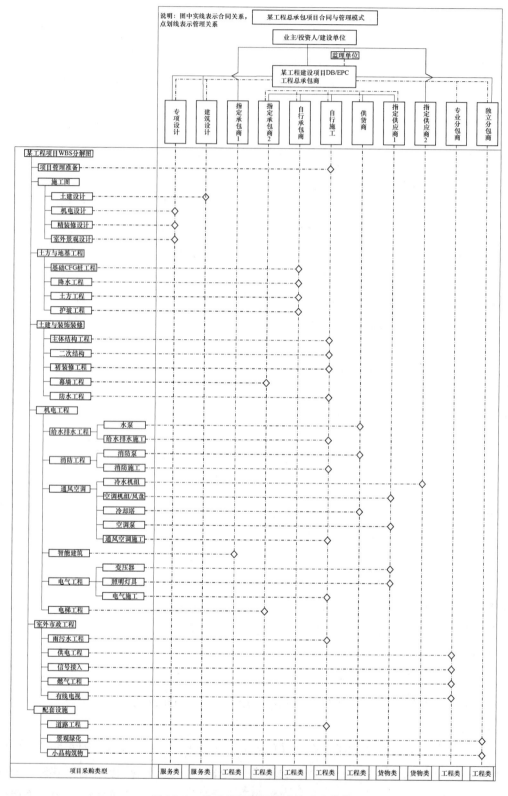

图 13.3 基于项目管理模式的采购分类

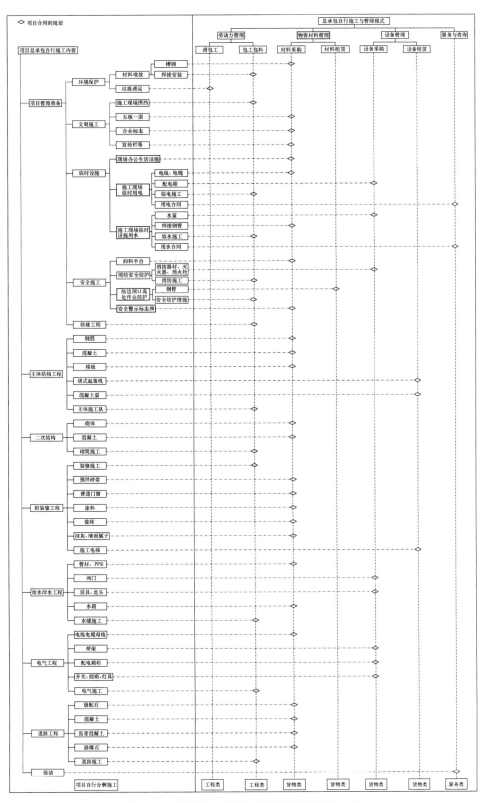

图 13.4 基于施工总承包管理模式的采购分类

市场的差异性和多样性为工程项目的采购提供了多种可能。不同工程项目的采购内容在满足项目采购的同时，也存在着多种差别，如质量标准、供货周期、产品的档次、品牌、产品的性能、安全、适用、耐久性、服务的质量、信誉、合同的履约能力等。这些因素都对采购的质量和成功起着重要的作用。

项目工程类采购涉及项目采购的规模、数量和采购要求，需要对其相应的资质、营业范围、信誉、债务等方面做好调查，确保采购对象的企业能力或资格满足工程采购的要求。因此，做好采购前的考察，对其工程业绩、企业负债、类似工程的经验、社会满意度，以及项目主要管理人员的履历等，都进行认证调查。

货物类采购涉及不同的规格、型号、技术参数等，生产厂家或供货企业对采购内容的生产与服务需要达到工程设计的标准与项目管理的采购标准，需要进行采购前的调查，确保货物类的预选单位满足要求，防止采购响应的偏离度过大。如房屋建筑工程的木门采购，市场供应的木门形式多样、种类繁多、材质差异大、品质参差不齐，如何从技术经济节约的角度采购适合本项目的木门，需要对适用本项目木门生产厂家进行一定范围的考察、比对、预选。无论是邀请招标采购还是公开招标采购，需提前对采购单位进行筛选，确保在价格合理的范围内，选择到适合本项目的采购内容。

服务类采购的内容差别较大，不同阶段的项目管理，咨询的内容和服务的范围均有所不同。如工程咨询、设计咨询和造价咨询等均受服务范围与内容的影响而有所不同，其对项目的服务深度也会因采购方的需要而确定，有的服务是走过场，是为了满足工程报批报建的需要；有的服务需要客观实际，用于决策，在采购这类服务时，要甄别清楚，此时，服务企业的能力、类似经验与业绩、参与服务人员的知识、经验和个人素质等方面有着较高的要求。针对不同项目服务内容和阶段，服务企业的资格、能力与水平能否达到项目实施的要求，需通过对其服务范围、能力和市场评价进行分析认证，从而确保其能够满足采购的需要。

随着市场的变化，采购内容的复杂性和多样性决定了采购过程中需要对所采购的内容市场状态、竞争情况、优势还是劣势等进行分析，需要对采购的环境条件进行求证，通对市场的采购环境的认证，我们可以更好地保证采购的质量和采购标的物有所值。

采购认证的分析方法如下：

1）供应市场分析的方法

供应市场分析是为了满足企业目前及未来发展的需要，针对所采购的商品，系统地进行供应商、供应价格、供应量、供应风险等基础数据的搜集、整理和分析，为企业的采购决策提供依据。工程建设属于较为传统的行业，在市场中一般处于买方地位，但对于新型建设项目，如新基建项目、新型生态环保项目以及具有一定技术含量的项目等。

工程建设企业为了适应市场的变化，也要采用灵活多样的方法来应对采购供应的不断变化，从而减少采购工作产生的影响，因此要重点分析好供应市场的不断变化、技术的不断创新、项目所在社会环境的变化、汇率的变动、产品的生命周期及其转移等情况。

工程建设企业与项目做好自身的采购管理分析与定位，明确自身在供应市场中的竞争地位，对被采购方的成本构成及成本模型有一定的了解，对部分难点或重点项目的采购努力寻求资源的替代，提前规划好采购风险，做好不同采购的方法改进和流程改进，对采购的内容设定成本控制目标，减少被采购方额外的价值要求。

做好供应市场分析，做好采购规划，做好成本预算控制计划和成本效益分析，对采购成功的可行性进行分析与评估，对一些评估有难度或者难以达到采购效果与预期的采购项目制定研究方案和实施方案。

做好供应市场信息来源的收集。工程建设企业需要建立资源库并根据资源库为项目获得采购信息，通过项目周边的供应市场获得供货来源，通过企业合格供应商平台、类似工程项目行业内的介绍、互联网或在线数据库、展销会等获取供应市场信息，也可以通过平台发布的模拟招标等获取供应商的信息等。

建立项目的采购层次并做好分工。从工程建设企业的采购战略规划的角度，对本行业的生命周期、产业政策及发展方向、工资水平、增长环境、税收政策、税率、关税及进出口限制和政治环境等做好分析；从资源战略供应决策方面分析供求关系、行业增长状态、行业生产与库存量、供应市场结构、供应商数量与分布等情况来引导竞争；从项目经理部的角度通过供应商选择的采购流程经验，来了解供应商的财务状态、组织架构、质量体系、生产能力、设计能力、交付周期、履约能力、准时率、服务质量、成本结构和价格水平等。

2）供应市场的结构分析

工程建设行业的市场结构主要是指工程类、货物类或服务类供应市场与工程建设企业采购之间的市场结构，该结构反映了工程建设企业采购工作的难易及成熟度，主要根据工程建设项目的需要对采购内容在市场中的竞争状态和竞争程度进行分析。重点分析采购需要的数量及其规模分布、产品差别的程度和新企业进入被采购选择范围的各种状态等，包括市场集中度、产品差别化、价格需求弹性、采购壁垒等。

当被采购方为唯一供应商时，工程建设企业则需要经过采购谈判或者相关的法律支持来解决采购问题，如有专利技术要求的设备或者当地企业垄断的电力、燃气和政策指定的供应商等，作为单一来源采购，工程建设企业需要制定相关的措施与政策应对，包括但不限于修改设计功能、变更技术方案等方式解决采购难题，如果这些措施无法解决问题，只能与供应商形成合作关系；当被采购方为有限的几家单位，如当地的水泥、砂石供应等，当地一般会通过产业联盟或协会进行垄断。在项目采购时，分析好项目的采购成本，利用企业的优势来整合资源并协助解决采购，或者与供应商形成伙伴关系，实现互惠互利；当有很多个供应商时，企业需要提前以考察、预审的方式来划定一定范围的供应商进行采购，从而有效地控制采购成本，提高采购质量。在工程建设中大部分采购均属于这类情况，通过公开招标可以完成。

3）采购对象的分析

采购对象的分析，主要是根据采购计划和采购需求，将采购内容进行分类、合并，制定相应的采购认证方法。为了减少项目采购的数量与频次，可以进行内容合并，从而减少采购的工作量。对于大宗类或者重要的项目采购，应对其进行重点管理，普通的采购视情况可以作为重点管理也可以作为一般管理。对一些非重点或对工程影响较小的采购，可作为一般性管理，如货物类采购通常按 ABC 分类法，A 类重点管理，B 类视情况作为重点管理，也可以作为一般性管理，C 类作为一般性管理。

4）认证计划的实施

根据确定的采购计划，制定认证计划。根据项目结构分解的内部组织，通过项目组织管理的模式，确定认证的方式、形式和包件，通过对项目预算的分析，结合项目生产需要及项目管理进度等多项因素，在综合平衡之后制定基本的采购计划，该计划包括采购的内容、范围、大致数量、技术特征和参数等，实施认证计划。

初选供应商，对市场采购对象进行初步摸排，确定供应商的质量、数量及可选范围。工程建设项目的采购非常复杂，市场上常常出现"假冒伪劣""贴牌产品"等情况，给工程质量带来较大的风险，不能满足工程质量控制的需要，研究供应商提供的资料并向相关供应群体发出邀请，实地考察后通过锁定样本来控制采购质量。

试制封样认证：通过提供试制封样样本、向初选供应商提供项目试制封样资料、供应商准备样件、过程协调监控、调整技术方案、供应商提供样件、样件评估等方式对单件与批量样件进行验证评估。如在木门采购时门角的样本是非常重要的，木门的制作、材料、填充料、木板内框材料强度等都影响到木门的质量与品质，通过门角样品采购封样，较好地保证了采购产品的质量。

认证供应评估：制定供应评估计划，对被采购供应商的商业信誉、生产能力、质量保证、工程项目供货业绩进行考察与评估，并从多个维度对被采购供应商的综合情况进行评估，特别是属于 A 类或部分 B 类材料与设备的供应等。

（4）订单采购计划

采购计划是采购工作的总体战略部署，订单采购计划用于确定采购的执行和确定购买的合同或凭证。订单采购计划是在通过采购认证之后，根据采购环境和项目实施过程管理的需要，制定的付诸采购的实施合同或凭证。

订单采购计划的制定为项目采购计划的实施提供了保障，同时为项目采购提供了多种灵活的选择方式。通过一个订单实现一个重要采购计划，也可以通过若干个订单实现某一项采购计划。铁路工程中的标段划分，就是一个采购计划通过几个订单来实施采购，分别签订合同，达到采购的目的。项目管理中的几项采购计划也可以通过一个订单实现，常见的打包采购就是几个不同的项目采购计划通过一个订单或合同来实现，如包工包料的采购方式。

采购标的金额对订单采购计划有着不同的要求。不同项目采购订单对采购的内容与采购方式有着不同的要求，超过一定金额的采购必须签订采购合同；低于规定金额时，订单可以通过零售采购的方式来实现。

订单采购计划是采购实施的具体计划，是采购双方落实采购计划的重要依据，因此，订单采购计划要综合实现项目与市场之间的平衡，认证和订单制定科学合理是确保采购实施的重要保障。

1）对比需求与容量。对比需求是要综合考虑项目管理的需要，采购的进程和采购的数量要根据项目的进展来推动，同时根据项目场地与仓储情况决定订单采购的供应。

2）综合平衡。项目生产的采购消耗要综合考虑供应商或供货商、生产时间和加工周期，要满足供货节点、工程进度、工程场地的需要，要确保供应企业的能力满足项目管理的需要。在采购时通常有业绩要求，参与投标的企业有类似工程或项目的经验或销售业绩，以确保采购与项目实施之间的平衡。

3）确定认证计划。确定认证计划是指市场与项目采购的关系，根据自身采购的需求量，来确保市场有相应合理的价格和供应。当市场价格上涨时，要提前考虑采购；当市场价格下行时，要减少采购。一定要根据采购认证中的市场与自身需求做出分析与判断，确保物料及时供应且价格合理。

4）制定科学合理的订单采购计划。根据采购需求和项目管理的各项条件，对能够提供产品与服务的企业进行有效的评估来制定订单采购计划，按照采购管理的相关制度进行审批与审查后付诸实施。

因此，订单采购计划的主要作用是对项目采购计划的内容进行采购任务分配，并将这些任务按采购相关规定与要求，分配到相应的采购工作之中，充分发挥采购工作中各方的专业化水平与能力，有序地引导竞争，从而实现项目收益。不同的订单采购，在采购程序与采购时间上各不相同，不同企业的采购流程与时间也有着不同的规定要求，工程建设企业采购中的 C 类物资采购相对简单，但对于 A 类物资的采购，无论在时间还是组织安排方面都存在着很大的区别。具体花在材料采购项目中的确切时间要根据不同类型采购流程规定的时间和采购判断时间来确定，如询价采购、公开招标和邀请招标，采购任务分配资源，通过订单计划来进行平衡。如采购 500 万元某分包项目，一次招标需要公开招标，流程多且时间长，项目无法控制工程进度，项目经理部可以通过按部位分别制定订单，分地下和地上两个部分采购，降低招标限额的要求，通过询价解决了采购问题，同时还确保了工程进度。通过订单计划对采购活动的调整，对资源计划进行平衡，既满足了项目进度的要求，又平衡了项目管理成员的工作量，还解决了资源的供需。项目订单采购计划的制定，需要根据相关的管理规定，对订单采购计划的四大要素进行综合平衡并贯穿项目的始终。

（5）项目采购实施

1）采购流程

工程建设项目的采购实施重点工作是采购流程。项目采购实施的流程是依据项目范围计划，制定项目采购计划，落实采购认证管理，确定采购订单，分析采购需求与环境，实施采购申请，落实采购执行的系列过程管控及相关规定，执行审批和落实，最终实施采购，具体流程及相关要求如图 13.5 所示。

2）采购协同

当工程建设企业面向企业集团的采购是基于供应链环境下的采购，要强调协同采购的理

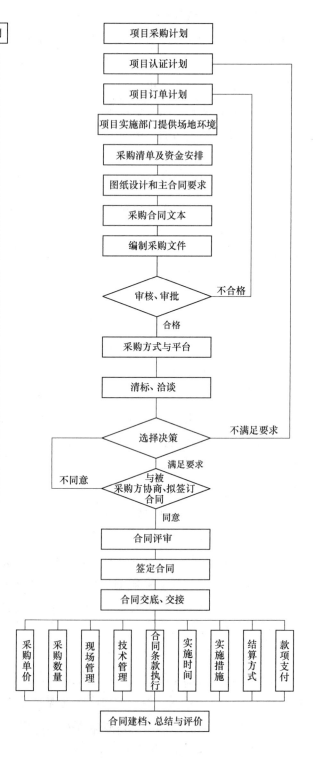

图 13.5 采购流程图

念,只有通过企业内部以及与外部的采购协同作业,供应方才能及时响应企业的需求,同时降低库存。因此,工程建设企业的采购协同包括但不限于企业内部协同和企业外部协同;采购业务协同包括但不限于采购计划协同、采购订单的执行协同及督办协同。

① 内部协同

企业进行高效的采购行为,需要公司内部各部门的协同合作。采购的内容包括:正确的配套设备、正确的数量、正确的交付(交付时间和交付地点)、合适的货源和合适的价格。这些信息需要技术部、采购部、财务部、项目管理部等的及时维护与共享。

② 外部协同

外部协同是指工程建设企业与供应方在共享库存、需求等基础上,根据供应链的供应情况实时在线地调整自己的计划和执行交付的过程。同时,供应商根据企业实时的库存、计划等信息及时调整自己的计划,在满足工程进度和管理需要的基础上降低库存,减少资金积压。

③ 采购计划协同

采购计划的协同,一般工程项目经理部将自己近期的采购计划定期下达给供应链企业或者分包商,通过采购计划的安排,使各相关供应方知道下一步的工作安排,供应方根据采购计划进行自身的生产或准备安排,做到与项目管理的协同,提高双方的效率。

④ 采购订单的执行协同

采购订单的执行协同是指合同双方保持密切沟通,这对于 EPC 类分包项目的订单非常重要,企业通过互联网或其他快捷通信方式将采购订单传给供应商,供应商将采购订单的执行情况及时转达,使工程建设企业项目管理人员对采购订单的执行情况有明确的了解,可以及时做出调整。

⑤ 督办协同

督办协同一般是通过采购监工的形式来落实督办工作。采购监工一般是指采购方在执行采购合同时,派往被采购方驻场的人员,方便及时了解供应方的生产、加工和供应情况,主要在订单采购量巨大、工程项目极其重要的情况下出现。通常该项订单实施的内容处于工程项目进度计划关键线路上的工作或者其需要的情况下,必须保质保量保时间地供应才能满足工程建设的要求。

13.9 采购方式的选择

工程建设企业项目采购的方法和形式,主要包括以下三种:

13.9.1 询价采购

项目采购部门根据采购计划、采购内容、采购的标准与实施要求,制定询价文件或者询价单,并将其发给三家及以上采购供应商或者分包商(事先经过评估可满足采购要求),各供应商/分包商按照询件文件/询价单进行报价，项目采购部门收到回复后，比较各供应商/分包商的报价，选择价格最低的一家，作为被采购对象。询价的主要特征是在供应商/分包商提供的服务、质量、安全等一致的基础上进行。该方法能够有效降低采购成本，快速完成采购工作，操作简单，也容易造成腐败。

13.9.2 邀请招标采购

邀请招标是招标方式中的一种，必须建立在对被采购企业的经营业绩、资质、信誉和实力有充分了解的基础上。因此，邀请招标采购前，企业采购部门要组织对被采购预选企业进行尽职调查（三家及以上），以充分了解其企业业绩、资信和市场信誉等信息。然后再根据分包商/供应商的实力和意愿，邀请其参加投标，并向其发出投标邀请采购文件。按照采购流程完成采购工作。

13.9.3 公开招标采购

公开招标是当前最常用的招标方式。公开招标是采购人自己或者委托招标人，按照公开招标的相关规定，在公共媒介，如电子网络、报刊等平台上发布招标公告，邀请社会公众及符合条件的组织参加投标，最后企业在投标主体中按照规定程序选择采购分包商或供应商。

13.10 采购成本控制

工程建设项目采购成本的控制是一种系统性成本控制方法，是采购的成本、质量、工期、安全等方面管理与控制集成。在采购管理过程中，需要严格遵循采购管理流程，依据相关的采购策略和采购方式加强对成本的控制，确保采购管理的所有环节科学规范、操作得当。在具体的实施过程中，应注意避免相关问题的产生给项目的进度和实施带来不可估量的损失。

（1）统筹科学采购分类，有针对性地采用不同的采购策略与方法。实施统筹科学采购分类，针对不同的采购类型，采用不同的采购方式，运用不同的采购程序和流程，实现项目管理采购优化。根据不同项目和不同承包商的特点，采用合理的项目采购管理模式，从而实现成本控制。在项目采购过程中，根据不同施工项目的承包范围和复杂程度，综合考虑采用有效合理的合同方式，从而实现成本的降低。工程建设项目的承包模式主要有 EPC 总承包模式、E+PC 模式和 EP+C 模式、DBB 模式和传统的施工总承包模式等。不同的项目管理模式都存在着优势和不足，因此在具体选取过程中，要进行综合考虑，选择合适的项目管理模式或者不同模式的组合来实现成本的最优化控制。

（2）选择并制定相应的采购合同模式，有利于成本控制。在项目实施之初要对项目合同进行系统的规划，并以此制定采购计划，实施订单采购。合同制定过程中，要注意产品的质量、提交时间以及物流等因素。合同是进行交易和项目合作的重要保障文件。通过系统全面的合同规划，完善的合同体系与规范的合同文本，将有效的项目管理与合同条款进行融合，并执行严格的合同管理制度与采购制度，从而大大降低采购管理中的各项成本。

（3）制定项目采购成本控制预算，约束资金使用。对项目制定合理的控制预算和使用制度，保障实施过程中资金的规范使用和使用效率，降低采购成本，实现优化控制。制定控制预算是对采购项目成本的估计和科学预测，也是对项目进行整体统筹和控制的合理规划。科学合理的预算不仅能保障项目正常运转，也能有效提高资金的利用效率和控制项目进度，有效规避质量与安全风险，是降低采购成本的重要管理方式。成本预测是在对市场和生产设备、物资等采购环节详细了解的基础上，经过分析和考察得到的有根据的资金控制和统筹的依据，也是对资金监管的重要手段，可以及时控制资金的流向，避免资金的流失和浪费。

（4）通过认证优化采购范围的供应商，优选合适的供应商，完善供应体系与供应链。通过认证优化可以在一定的范围内选择与本项目符合性更强的供应商，有助于按质、按量、按计划地进行供应和确保采购供应，避免因采购的外界因素导致项目延期与返工，有助于项目管理向供应链延伸，提高项目效率，降低采购成本，对项目的管理起着重要的保障作用。而选择不适合的供应商则有可能造成项目延期，甚至出现项目质量、安全不过关的情况而导致项目管理失衡或失控，造成经济损失。

（5）针对具体环境采用合理的采购方式。工程建设项目受到地域和市场经济环境的影响较大，在制定采购计划时，可以通过对市场经济环境和国家各种政策等进行分析从而得到合适的采购时间和方式。通过对具体影响因素进行分析，调整相应的采购计划，能较好地达到控制成本的目的。

13.11 企业项目管理采购的实施

企业项目管理采购的实施，主要由采购业务、职能管理、业务协同和企业供应链等一系列过程管理组成。采购业务是采购的具体操作，职能管理是对采购体系的完善管理，业务协同是采购体系中各项管理为了采购目标的达成而进行的计划、沟通协调的过程，企业供应链是实现企业采购与外部采购对象之间高效协同的重要保障。

13.11.1 采购业务

采购业务是具体业务的采购操作过程，从需求出发，按照所需采购的内容、时间、数量和服务内容等因素综合选择采购供应商，并进行谈判协商，达成协议。依据采购计划，对采购内容进行管理，对采购绩效进行反馈，对采购合同与内容进行检查、监督。工程建设企业根据自身管理模式、管理能力和企业文化等，可以采用采购一体化模式和采与购相分离模式。采购一体化模式效率高，干扰少。采与购相分离模式强调专业分工合作，相互制衡，避免采购腐败。不同的企业一般根据其自身的需要选择不同的采购实施方式或根据采购分类两者并用。如某企业对C类材料采用采购一体化模式实施，对A类材料采用采与购相分离模式采购,以减少项目的采购风险。

13.11.2 职能管理

采购工作是一项系统业务,需要强化职能之间的管理。采购管理涉及采购活动的计划、管控和改善等一系列过程。企业需要依据项目经理部提供的采购计划,制定企业采购需求计划,明确各职能部门采购目标。结合企业发展战略,构建企业采购相关的内控制度和业务流程,并按照具体流程搭建组织架构。加强采购团队的业务能力和协作能力提升,借助企业采购系统规范采购流程和操作,在采购实施时得到有效的执行和规范,以满足采购的各个环节要求,并在实践中得以加强完善。这也是采购规范化、标准化和流程化的必要措施。

13.11.3 跨部门协同

采购工作是计划、组织、技术、质量、安全、预算控制、财务与资金等各项工作的集合体,做好企业内不同部门之间的合作和交流非常重要。通过系统协调使不同部门之间达成统一目标并共同努力,企业才可以避免部门之间的内耗,消除因跨部门协作不畅造成过多的采购种类与频次、过高的采购标准、不产生价值的个性化定制、不必要的流程等,从系统化的角度降低采购的总成本。如采购战略与目标、采购管理实施的方式、项目采购要素及项目采购的执行等对采购工作都会产生不同的影响,这就需要不同采购部门之间的协同,相互间需要达成共识与配合,项目的采购工作才能有效、快捷。因此,各部门协同并进,协调一致,企业的采购工作才可以顺利进行。如某铁路项目整体采购,根据项目的内容提出需求采购计划,采购计划完成后,需要相关部门对指定的采购计划进行审批,对不合理的地方进行调整,确定最终的采购计划指标,包括但不限于采购物资的名称、标准,以及采购的方式、采购金额的控制和时间节点等。具体来说,需要多个部门进行分工合作、协调统一才能完成采购工作。需要采购部、工程部、成本部、决策层都参与到采购工作中,进行跨部门的协同,各部门主要负责事项如表13.1所示。

某铁路项目采购协作表　　　　　　　　　　　　　　　表13.1

参与采购的部门	主要负责事项
采购部	负责采购文件的制定,合同文本的选定,采购程序和采购流程的执行等
工程部	根据某铁路项目的具体情况,提出该项目所需要的数量、清单以及时间等等;当铁路项目实际开发情况有所变化导致采购需求发生变化的时候,需要向采购管理部提出整改建议
设计部	根据采购需求清单,对需采购的内容明确技术参数与标准
成本部	根据某铁路项目目标成本,提供成本目标和单价控制指标,对采购计划的采购方式进行审核
决策层	根据其他部门的工作汇总形成某铁路项目采购计划,决策层进行添加、删减,并确定采购

13.11.4 跨企业供应链协作

离开了供应商的高效协同,企业的采购战略无法落地,质量、成本、工期无法得到保障。推行企业与供应商的合作，要强化以客户为中心，对供应链伙伴的质量、成本、工期进行联合改善，实现信息共享、管理实践共享、互相支持、互相帮助，大幅度提升供应链团队的向心力和合作能力，使其成为利益共同体，确保整个供应链的长期稳定发展。

要根据供应链管理的有关要求，面对不同的供应链上下游企业，根据企业的特点及管理的相关要求，在创造价值的基础上，推动供应链的可持续协同发展。根据不同采购内容与不同的采购环境，有针对性地制定跨企业供应链之间的协作措施，做好项目采购的认证。不同的理念、不同的发展阶段、不同的地区等在协同关注点上各不相同，做好市场调研和采购认证，沟通协商非常重要。从系统的角度，从信息、物流入手，解决工程建设中的主要采购问题。

通过供应链管理，加强企业之间的合作，保证供需的确定性。工程建设项目中的建筑材料、机械设备等相关物资的价值很高，通常占据合同的 60% 以上，材料设备的质量直接关系到整个项目的质量，同时成本支出也决定着整个项目的成本。在信息不对称的情况下，向供应商进行项目采购是一次性交易而不是合作，往往会造成巨大的竞争，还可能出现增加供需运作的不确定性。

通过供应链管理，减少项目库存，减少资金周转困难。工程项目的库存成本及复杂程度通常也给施工过程带来了很多不确定因素，例如更改设计、天气气候、原材料短缺、供货不及时等，通常为了避免材料短缺导致工程进度跟不上，会保证一定的物资储备。但是这些储备物资将会给管理带来挑战和造成安全隐患。另外，大量的物资储备必定会占据大量的资金，给项目资金周转带来困难。

通过供应链管理，加强信息沟通有助于确保项目的进度和成本。工程项目的参与方较多时，信息流通量也相对较大，如与业主间关于项目需求和工程变更的交流、与供应商就材料采购进行交流、与分包商进行项目交接交流等。

加强供应链的信息管理建设，提高企业项目管理效率。工程项目供应链管理的主要目的就是缩短材料供应与现场施工之间的时间差，尽量减少现场的物资储备量，合理安排物资供应，将供应链成本降到最低。通过加强供应链管理信息交流，提升管理效率，有助于上述目标的实现。

因此，通过跨企业供应链的协作，从采购的诸多环节减少项目的采购成本，提升效率，有助于实现多方共赢，在市场中处于有利位置。

第 14 章　项目成本

利润是企业管理的核心，成本控制与管理是工程建设企业从事项目管理的第一要义，是企业创造效益的第一动力，是企业经营性现金流造血的永动机，对企业的可持续发展起着至关重要的作用。项目成本管理的科学有效、精细化程度是影响项目盈亏的直接因素。高度重视项目的成本管理，提升项目管理的科学与决策水平，贯彻项目的有效执行，是企业高质量发展的必要条件。科学有效的项目管理、系统化的成本管控体系，是项目成本控制的必由之路。

14.1　项目成本控制的必要性

建筑市场已进入红海时代，市场竞争规则也越来越明晰，伴随着竞争的加剧，企业的市场利润空间被无限压缩，项目成本管控也越来越成为企业生产经营的重要组成部分，企业经营管理优劣，关乎企业生存与发展。项目管理体系不健全、成本管理粗放、资源配置不合理、安全事故频发、质量不达标、拖期延期、现金流断裂等因素导致企业利润大幅缩减或亏损，很多工程建设企业由于利润的流失或现金流断裂等最终破产。

在 UVCA 多变的形势下，如何根据企业自身实际做好项目成本管理，对企业具有一定的现实意义。

从企业层面来看，项目利润是推动企业可持续发展的动力，项目成本管理是提供这一动力的发动机。工程建设项目的特点是条件相对恶劣，长周期、专业复杂、资金量大，对于项目的成本控制涉及诸多环节，任何一个环节的跑冒滴漏，都会造成利润的流失、成本的增加。如果不加强引导、堵塞漏洞，造成企业失血，企业的生存就会受到威胁。成本过高失血过多甚至会动摇企业的战略推力，削弱企业科技创新、管理创造的能力，使企业在竞争中失去优势地位，造成恶性循环。因此，加强项目管控，控制项目成本，提高项目盈利能力，助力企业可持续经营，实现高质量发展，对企业尤为重要。

从项目成本管理层面来看，成本是利润形成的关键。工程建设项目在合同签订之后，除合同有关条款约定的可调部分之外，项目的总收益相对固定，"成本＋利润"是构成项目合同总额的重要组成部分，成本与利润是反向关系，成本的增加意味着利润的减少，利润的增加意味着成本的减少。项目成本控制的目标就是在执行项目合同内容和实现企业战略目标的基础上，在质量、进度、安全满足要求的前提下，科学组织、精心建造、优化资源，提升成本管理与控制水平，减少成本，增加效益，但绝不能通过简单的偷工减料、降低标准来实现项目的效益。

成本管理与控制对促进企业的发展有着重要的意义。一是有助于提升工程项目建设的质量。通过对各建设环节成本的严格管控，明确成本控制相应的工作内容，确保工程设计、材料与设备采购、工程施工等各项工作的提前筹划和布局，促使参与项目的企业各部门、项目管理人员能够严格按照项目管理策划的建设方案实施，对影响成本的各个环节做到心中有数，手中有度，从而确保工程项目建设的质量。二是有助于提升工程项目的经济效益。通过科学策划与谋划，精细化的成本管控，在不影响工程项目建设质量的情况下，促使生产成本、质量成本、工期成本更加合理，对影响成本的因素进行系统全面的分析与预测，制定防范措施，减少增加成本的额外因素，达到提升工程项目经济效益的目的。三是有利于提升企业的市场竞争力。科学谋划、系统策划的成本管控方法，有助于在保证工程项目建设的前提下有效提升项目的利润，增加企业效益，增强企业的先进管理理念和高效管理水平，有助于企业市场竞争力的提升。四是有利于促进企业间的协同发展，通过科学有效的成本管控措施，清晰的工作边界，统筹协调的项目管理，有助于保障各参建单位的合法权益。通过科学策划、系统谋划成本管控，做到统一调度与指挥，合理组织资源分配，协同分工与实施，确保项目管理的公平与合理，提升共同抗风险的能力，确保工程项目能够顺利、高效地实施，促进各单位的协同发展。

14.2 项目成本管理现状分析

（1）缺乏市场预判，盲目承揽项目

市场发展日趋完善，但市场环境发展不均衡、不充分的情况还是存在的，地区差异也较为明显，因此对承揽项目的市场预判非常重要。政府的公信力，业主方的资信与信誉，政策与市场环境的变化等都对项目有着决定性的影响。特别是在工程款支付方面，除国家资金外，很多项目是在能够"去化"的条件下支付，业主方利用市场强势地位将其风险转移到工程建设企业，这类项目风险极大，当"去化"的时间拉长或者无法"去化"时，给工程建设企业带来的成本增加，甚至成本增加是无限的。一旦企业因"去化"不及时，造成现金流断裂，就不仅仅是成本增加的问题，而是企业生存与发展的问题。缺乏严谨的科学态度，对约束合同的法律、法规、政策不甚了解或无视，受非法或不当利益驱动（包括经济利益或政治利益），缺乏诚信理念，管理混乱或管理不当，画大饼、盲目上项目，都会给成本控制造成极大的困难。因此，做好市场预判，分析项目的风险因素，杜绝盲目承揽，是控制成本最为关键的因素。

（2）合同管理与合同执行的力度不足

项目合同是成本控制的第一准则，合同管理和合同执行的力度是成本控制的关键因素。合同管理方面，合同签订的瑕疵多、漏洞大、缺失公平、没有按照标准示范文本签订，造成成本控制基础缺失；合同履行得不好，守约吃亏，违约占便宜，造成成本管理缺失标准；违约成本低，成本控制增加人为因素，过度的成本控制，造成质量、安全和合同执行标准缺失；法律威慑力不够，合同条款约定的标准、企业规章、制度等虚设，造成成本无法对标；商业环境和文化培育缺失，影响合同的执行效果，造成成本控制不系统、不全面，成本控制的环节与漏洞明显增多。合同执行的力度方面，当主合同执行不到位，容易造成入不敷出；当分包合同、供货合同或服务合同执行不到位，成本控制的"跑冒滴漏"就层出不穷。因此，合同管理和合同执行力度是成本控制的重要条件。

(3) 投标决策不当、报价过低，项目成本控制先天不足

随着市场的过度竞争，很多企业注重中标而忽视标前测算，导致标前成本已经低于实际成本。还有部分企业以低于成本价参与竞争市场，靠索赔来弥补成本亏损，这种现象也屡见不鲜。原因有以下几点，一是项目投标决策存在主观意识，没有认真研究项目招标条件，项目现场勘探与市场调查走过场。项目的投标决策以占领市场为目的，以成本价或低于成本价投标获取市场份额，已造成事实上的亏损。二是对项目的外部环境缺乏评估，没有对影响项目的资源成本进行科学分析，投标的各项数据与实际情况相差较大，甚至与市场相背离，如建材的价格、劳动力成本、项目的管理费用等，缺乏项目外部环境的评估造成决策的不当在实际中也是经常出现。三是揽干分离，成本责任划分不清，业绩导向存在误区。承揽是以获取市场份额为目的，为了提高经营承揽，提高中标率，必然通过降低项目的报价来获取市场份额。经营承揽与项目实施相分离，没有以企业内部定额或相关标准来衡量承揽的质量，导致业绩考核以中标率或者承揽额度来衡量，项目实施的成本控制则很难达到要求。四是投标过程与实施过程脱节，工程实体费用根据预算定额及相关标准结合图纸容易计算，但是非实体措施项目，投标的技术方案与组织设计和实施时的技术方案与组织设计大相径庭，措施项目的报价与成本自然也是相差很大，另外，工程项目的实施风险在投标报价中考虑不足，导致项目的各项成本在实施过程中不断增加，缺少抵扣成本的收入，造成亏损。五是成本测算不准，企业缺乏内部定额和数据库，根据其他企业的类似经验来核定成本，项目成本核定和取费不符合企业项目管理的能力支撑所需的费用，导致投标报价过低，造成项目亏损。项目投标决策不当，投标报价低于企业能力支撑的基本要求，从而造成项目成本控制的先天不足。

(4) 项目没有策划或策划不到位，没有做到技术先行，不能因地制宜

一是项目没有策划或策划不到位，项目的统筹安排没有合理性，管理过程中顾此失彼。项目开始没有做好成本策划，对成本控制没有做到重点突出。项目成本一般分为实体成本和措施项目成本，构成工程实体成本如钢筋、砂、石等材料投入的数量不可变，做好项目采购则其成本基本可以固定，而措施项目的成本与技术方案和组织设计有很大的关系，如果没有做到技术先行、方案优化与技术经济比对，就会导致项目的成本增加。二是项目实施过程中，因场地条件的变化，没有对原有的技术方案与组织设计进行调整，动态纠偏，资源配置与现场不符，导致质量出现缺陷，进度滞后，工期延误，安全隐患增加，增加了项目额外实施成本。

(5) 项目管理存在缺失，导致执行风险

一是项目实施成本控制目标不明晰或者没有制定成本控制目标，导致项目管理人员的成

本责任压实不到位，成本控制、成本分析缺乏基准，过程动态偏差无法及时调整，也无法及时采取有效的成本控制纠偏措施。二是没有做好合同成本规划，工程分包、自行施工、物资与设备采购管理混乱或把控不严，造成管理过程中的失误、窝工、质量缺陷，安全措施增加，重复投入加大。三是签证、变更与索赔工作推进不力，不能熟悉掌握合同条款及有效地展开二次经营工作，造成项目收益损失，增加了投入成本。四是没有做好限额采购，导致采购成本过高。五是没有科学合理地做好项目计划管理，关键线路上的工作和非关键线路上的工作分工不清，导致项目管理资源无法发挥最大效用，造成窝工、停工与返工；质量控制措施、安全管理费用投入过多。

(6) 缺乏审计与监督

项目成本在操作过程中必然存在各种偏差，需要通过审计与监督来强化纠偏。其中包括项目管理全周期、业务流程、程序是否合理，成本是否受控，工程分包、材料采购、日常业务等事项的全部流程是否具有合理性、合法性以及是否符合执行管理规定等，负责人应做到及时发现问题，动态纠偏。

14.3 项目全生命周期成本因素

14.3.1 影响项目成本的环境因素

从项目建设的全生命周期来看，成本的增加与减少发生在管理过程的每一个环节之中，每一个管理环节处理不当，或者管理手段与管理方法不得当，均会造成项目成本的失控。一般建设项目周期跨度都比较长，从项目发起之初，到项目结束，经历的环节与流程也是非常多，相应影响成本的因素也是非常多。

从工程建设企业管理的角度来看，影响项目成本的主要因素是企业项目管理水平与能力。从资金的支持来看，资金充沛的项目，成本控制目标更容易实现，成本控制的过程不必因资金的短缺而增加额外的市场与资金成本。

(1) 项目的性质决定了项目成本控制的能力与水平

从工程建设投资的角度来看，影响成本的因素主要有项目的投资性质。不同的投资性质，对工程项目的管理与约束程度存在很大的差别。投资性质决定了项目投资人对项目成本的管控要求，例如政府性项目，对投资的项目管理要求规范、合法，所以成本控制一般是满足相关的政策、法律、法规等相关要求即可，对工程建设企业来说，成本压力相对较小；而商业投资项目，投资人是以获取利润为目的，对投资的项目一般要求成本越低越好，对工程建设企业来说，其成本压力相对较大。工程建设投资的性质决定了项目管理模式，不同类型的项目管理模式也是影响项目成本的重要因素（如 EPC 项目主要由设计内容和施工内容两个部分组成，每个阶段的成本控制也不相同，对成本控制的环节要求较多；从 DBB 项目来看，业主对合同内容进行平行发包，对工程建设企业来说，只是作为业主平行发包的一方，对成本的影响主要是项目实施阶段的影响；而对于分包工程，工程建设企业处于被总承包管理的地位，主要成本控制受专业施工和总承包项目管理等因素影响）；对于工程建设企业参与投资，或者以投资为导向的项目，由于投入资金的驱动作用，企业在项目实施中容易获得主动权。工程建设企业参与投资的项目，一般是以资金换项目，即以确定的投建比参与到项目之中，形成小股权或者部分股权，按照同股同权的权利，获得相应的工程施工份额，从而规避了市场过度竞争而导致的成本压力，给工程建设企业的成本控制带来明显的优势。

当前工程项目的利润主要由两个部分构成，即财务利润和施工利润，部分项目可能存在补贴或者政策优惠，可以冲减项目成本，形成部分利润。财务利润的形成主要来源于资本金的杠杆效应，债务资金的获得方式决定了资本金放大的投资收益率。工程投资性质的不同决定了债务资金的获得方式不同，不同贷款利率差异都会增加或减少项目的资金成本。例如某饮水工程，根据乡村振兴战略，涉及民生扶贫，可以面向政策性银行如国家开发银行贷款，贷款利率远低于一般性的商业银行，资本金的杠杆效应相对发挥更大，获取的利润相对更多。一般性的基础设施项目，只能面向商业银行获取贷款，一般还需要按基准利率上浮，资本金的杠杆效应不是很明显，甚至还可能出现负值，如果合作的平台公司评价为2A以下，不具备向银行贷款的能力，此时，要获得贷款，需要从商业银团或基金获得，其利率相对更高，财务利润将出现很大的风险。从这个意义上讲，工程建设项目的性质决定了项目的利润和成本。

（2）现金流在成本控制中起着重要的作用

资金是驱动项目的重要动力，是项目能否正常运行的重要保障，也是减少项目延期或停滞造成损失的重要因素。充足的资金对项目的实施起着重要的保障作用。如果资金供应紧张或材料、设备供应发生问题，就会影响工程进度，延长工期，造成建设成本增加。同时，项目的资金具有一定的时间价值，在工程建设中，自有资金占用时间过长，会导致项目的资金成本增加，减少了企业的现金流，给企业的发展带来不利。

当项目的应收账款以及存货是增加状态，项目现金流处于低位，或者处于负值状态，为了保障项目的推进，工程建设企业只能垫资或者借款施工，资金使用成本增加，企业的压力也相应增加。投入项目的资金形成应收账款，项目实施的压力增大，这时企业需要对应付、应收、存货部分的资金进行合理分配，以此避免坏账或者过度积压造成现金流出现问题，通过各项措施对流动资金进行管控，以此保证项目的正常运营。对于投资建设项目，应加快融资，积极筹措资金解决现金流的问题；如果是总承包项目，催促按合同付款。

（3）税、费的策划的合理程度影响项目的成本

工程建设项目，根据项目的性质及工程建设企业参与到项目中的角色与定位，对税收和规费有着不同的要求，一般来说，对于投资建设的项目，在工程实践中，享有的税收优惠政策比一般施工类项目要多，投资建设项目更有招商引资的意义，项目所在地区的优惠政策和优惠力度也各不相同，在工程项目成本计算过程中，要做好策划。

在项目实施过程中，税、费的策划也非常关键。我国增值税采用税款抵扣的方法，销项

税额减去进项税额为应纳税额,进项税额多少直接影响应纳税额。由于工程建设项目规模大,涉及税种也多,参与项目的企业形式多样,不同的企业性质、规模,在应税政策方面也不尽相同,做好税款抵扣,进、销项税差额的"度"不好把握,存在对比难度,容易造成应税多缴的问题,给项目额外增加了成本,同时,若该缴未缴,则容易造成偷税漏税的嫌疑。

税费是以工程项目相应的内容按比例计取,因此,税费的增加与减少对项目的成本造成很大的影响。

(4) 工程项目的综合管理水平与能力决定实施利润

工程建设企业的管理能力与水平决定工程项目的实施成本。企业通过整合内部资源,加强施工管理,加大技术管理与创新,夯实企业的管理成本,降低投入成本,增加企业的利润。

实体性的生产成本投入,也可以理解为固定成本,一般由市场决定,市场的波动决定了采购成本的增加与减少。按现行合同,合同条款中都有相对价格的调整,市场价格幅度的增加与减少受幅度的限制,一般需要在风险范围内进行考虑化解。

非实体性的生产成本投入,也可以理解为变动成本,由于管理措施的不同,相对来说,其投入的成本需要综合项目全生命周期内的各项措施进行考虑与评价,这与项目管理过程中的方案、组织设计等诸多因素有关。

采购成本与采购策略息息相关,不同物资的采购采用不同的采购策略,对采购成本的影响也很大。采购成本还与企业集团的供应链息息相关,很多企业与供应链企业协同采购,既有效地降低了流通环节的采购成本,还提升了市场竞争力。减少流通环节的成本,是增加项目利润的另一个重要方面。例如某集团公司,利用规模优势,根据承建项目的分布,与不同的水泥生产单位采用集中采购、分散供应的方式,分别供应到相关项目所在区域的商品混凝土搅拌站,并由这些搅拌站给所在区域的项目供应商品混凝土,这项整采零供的方式,给项目经理部和公司带来了相当可观的利润。

影响工程建设项目利润的主要因素如上所述,但还有其他因素,这里不再说明。从影响项目总体的因素分析,根据相关因素影响施工利润的程度与幅度对比,综合因素分析可得,各项因素影响工程建设项目利润的范围与大小如图14.1所示。

图 14.1　各项因素影响工程建设项目利润的范围与大小

14.3.2　设计阶段对项目成本的影响

设计是项目实施的基础,是构成项目总体造价的重要部分,设计的合理性、先进性及设计的水平对优化利润具有重要的影响。设计的深度和完整度决定了设计成本夯实情况，如果深度不达标或者完整性不够，对工程造价整体影响面是非常大的，有时候还会造成控制预算的失灵，给成本控制带来很大的不确定性，最终也就无法控制项目的投资利润，对开发成本造成极大的影响。

(1) 全生命周期设计对成本的影响

根据有关资料统计结果分析，设计与施工对工程建设项目利润的影响如图14.2所示。

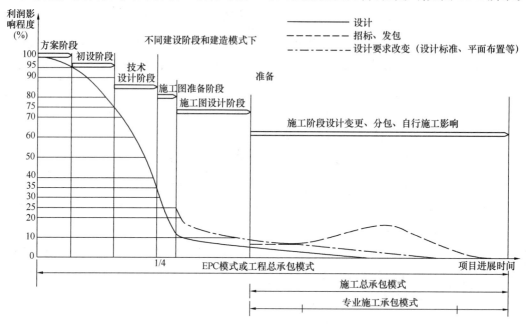

图14.2 设计与施工对工程建设项目利润的影响

(2) 设计的不同阶段对项目成本的影响

设计的不同阶段对项目成本也构成不同的影响。每个阶段影响项目成本的幅度不尽相同，总体来说，设计由概念到初设，初设到扩初，扩初到施工图，施工图到变更是一个越来越精细的过程，也是成本越来越稳定的过程。

影响设计利润的阶段主要包括方案阶段、初步设计、技术设计、施工图设计、功能与设计变更、竣工结算、决算等，各相关阶段对造价的影响控制如图14.3所示。

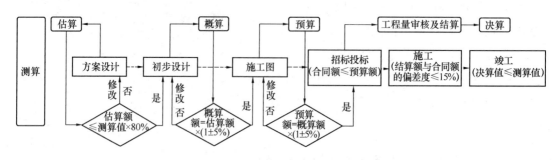

图14.3 各相关阶段对造价的影响控制

项目总成本包括工程建设费用和工程建设其他费用，工程设计主要决定工程建设部分的成本。关于设计阶段的工程成本应控制在测算造价的10%之内，避免后续变更超过10%之后，导致立项批复失效以及投资失败。因此，我们根据不同阶段的造价控制图，分阶段对工程成本进行控制，最终将工程成本控制在预算范围之内。

在方案设计阶段，要确定各项功能与业态、设计任务书及业主方的要求。方案设计完成后，对方案进行估算，估算费用应控制在70%左右（常规），最高不超过80%。一旦超过80%，就重新修改方案。一般需要通过方案竞赛招标来确定。

在初步设计阶段，应对确定的方案进行技术定型，大宗设备、材料、系统专业基本匹配完成，该阶段是控制成本的重要阶段。由于各项重大的技术参数定型完成后，意味着概算趋于稳定，后期只能在材料设备的档次和品牌上考虑概算额度，造价相对于设计阶段中敏感性最强的阶段已经完成。概算的额度控制在确定估算额度的90%左右。在概算制定过程中，增加工程建设其他费用及铺底流动资金后，基本与要批复的概算吻合。

在施工图设计阶段，所有的设计参数与指标基本固化，根据计价规则和要求，编制预算，现行的编制以清单为主或者依据定额，结合市场价进行组价编制，该阶段的预算费用应控制在设计概算范围的95%左右。

在项目实施阶段，主要设计变更对工程成本有着重要的影响，项目施工合同总额应控制在预算范围之内，预留3%～5%的费用用于调节施工过程中的各项变更，最后力争将结算控制在合同额的95%以内，决算后基本与控制预算相吻合，最终确保计划利润的实现，通常70%以上的建造投资由设计决定。

（3）不同承包模式下设计对成本影响的范围

在国际工程总承包中，由于承包商承担的设计工作一般要根据合同方提供的方案进行初步设计，并以此方案为依据进行竞标且提供实施方案，同时在此基础上提出报价，项目中标后，再进行后续的工程施工图设计等，报价中的技术定型和材料设备档次的选择对报价影响非常大。承接工程后再进行优化设计与实施，因此，不同的承包模式决定了设计的范围、内容与深度，承包模式与设计范围的关系如图14.4所示。

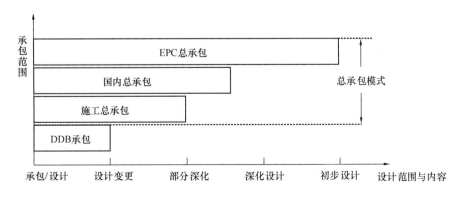

图14.4 工程承包模式与设计范围的关系

14.3.3 项目实施阶段对成本的控制

项目成本是工程建设项目全生命周期费用的总和，涵盖了生产成本、质量成本、工期成本等各个方面。根据现代项目管理各要素分析，项目成本主要包括以下方面内容。

(1) 生产成本管理

工程建设项目的生产成本是企业为了项目实施而产生的各项生产费用，包括各项直接和间接费用及相关费用。生产成本是承包人为使合同工程达到质量标准，必须消耗或使用的人工、材料、工程设备、施工机械台班及其管理等方面发生的费用和按规定缴纳的规费与税金。生产成本管理是工程建设项目成本管理最核心的内容，其管理质量将会对工程项目的总建设成本及经济效益产生重要影响。

(2) 质量成本管理

工程建设项目质量已经成为建筑企业生存和发展的"命脉"，对企业的经济与社会效益、市场竞争力及行业影响力具有决定性影响，在工程建设项目竞标中体现得更加明显。因此，工程建设企业要深刻意识到质量与成本之间的紧密关系，强化质量成本的管控力度。质量成本是指企业为了保证和实现产品质量而发生的一切费用以及由于产品质量未达到既定质量标准或等级而支出的一切费用的总和，即外部损失成本、内部损失成本、预防成本和鉴定成本四个方面。

(3) 工期成本管理

工期成本管理主要是与时间有关的成本管理，工程建设项目受多种不确定因素的影响，其实际进度与计划进度不符的情况经常发生。当实际进度与计划进度出现偏差时，与时间有关的人、材、机、管理成本、资金费用均随着时间的延长而增加，项目的时间价值通过成本增加而体现出来。为了确保合同约定的工期，需要通过增加施工队伍、延长施工工作时间、增加机械设备数量、加大资金的投入等措施来调整实际施工进度，以此确保能够在合同约定的期限内顺利交付。因实际进度与计划时间出现偏差而产生的各项费用、违约赔偿费用称为工期成本。因此，工期成本管理也是成本管控的重要内容。

(4) 采购成本管理

工程建设项目是一个复杂的系统工程，对于工程建设企业来说，自行组织实施的工作只占其中一部分，更多的工作内容需要通过委托管理或分包来实现，所有的资源需要通过市场来获取，因此，必须通过采购来实现委托管理、分包等方面资源的整合。

(5) 其他成本管理

其他成本主要是指为保证工程项目实施而必须发生的费用，有些是可以预见的成本，还有些是不可预见的成本。可预见的成本有项目渣土消纳费用、临时占道费等，不可预见的费用有政府职能部门行政罚款、施工人员伤亡赔偿费、资源占用费、扰民与民扰等不可预见的费用。

14.4 成本管理的目标

工程建设项目的成本目标是项目组织通过执行项目管理，以合同范围与内容为基础，通过验收交付，质量、工期等满足合同约定的有关要求，同时实现企业的经营、竞争、管理创新和科技创新等各项战略目标与指标而期望的成本预算。项目计划中的各项预测是成本预算控制的基础，是项目进场后根据实际情况与市场确定实际成本预算的基准。

成本管理的目标，我们称之为目标成本。目标成本是指企业在一定时期内为保证目标利润实现而设定的成本，它是成本预测与企业管理能力相结合的产物，以项目计划中确定的成本预算为基础，项目经理部根据市场情况和实际条件，进一步夯实项目成本，这是项目层面的成本预算。一旦目标成本设定，就成为从企业到项目各层级人员及参与项目的所有成员都要贯彻落实的管理目标与指标。制定目标成本时，既要考虑本企业的能力、基础管理、科技与创新管理水平、企业拥有的资源整合能力（如设备设施条件、供应链及原材料的供应）、企业人员的素质等多种因素，又要综合考虑企业的外部条件，如市场价格水平、企业在市场中的竞争优势等。

目标成本管理是企业目标管理的重要组成部分，推行目标成本管理可以促使企业加强成本核算，促进企业各级人员之间的协调一致、相互配合，围绕一个共同的目标而努力，做到全员参与，压实成本责任，做好激励，激发员工努力做好工作的积极性，对促进成本进一步下降有重要意义。为了协调项目成本与企业战略之间的关系，组成项目的各部分（如分部工程、分项工程）必须设定一个成本子目标，作为控制项目成本的基础。

目标成本作为成本管理的工作目标，需要进行细化分解，形成量化指标，并将这些指标分配到相关的管理岗位，从而更有利于总体成本目标的实现。工程建设项目成本目标分解后的主要形式有计划成本、标准成本或定额成本等。不同的企业根据自身管理的需要，确定不同的成本指标模式，最终的目的是使实际成本与目标成本可以对标对表，在执行过程中，及时发现和分析影响成本的各项因素，制定措施，及时纠偏，确保成本管理的目标实现。

工程建设项目的成本一般是以会计成本作为项目成本控制的主要手段与方法，也是衡量项目成本盈余的主要方法，会计成本是记录在项目会计报表上的客观的和有形的支出，包括生产、销售过程中发生的人、材、机、管理费用以及原材料、动力、工资、租金、广告、利息等支出。根据我国财务制度，总成本费用由生产成本、管理费用、财务费用和销售费用组成。对于投资建设类的项目，还需要考虑项目的总成本、现金流量需求、内部收益率、投资回收期、成本收益率、财务净现值等成本指标。

14.5 项目成本管理的流程与方法

工程建设项目成本管理包括为使项目在批准的预算内完成而对成本进行规划、估算、预算、融资、筹资、管理和控制的各个过程,从而确保项目在批准的预算内完工并有所盈余。控制预算一般是指预算成本。项目成本管理过程如下。

14.5.1 成本规划管理

成本规划管理是根据企业的竞争战略以及项目所处的经济环境而制定的,也称成本管理计划,为具体成本管理提供思路和总体要求。成本规划管理,是依据项目章程、项目管理计划、企业管理与项目管理的有关要求进行,并以此制定成本管理计划。即确定如何估算、预算、管理、监督和控制项目成本的过程,并实现既定的目标。

(1) 项目章程

项目章程是批准项目和指导项目工作的重要纲领,是根据项目环境的实际情况,根据企业的竞争战略需要而制定,是指导项目实施和管理工作的根本大法。主要对项目的计划与指标、完成的工作内容与标准、项目管理目标、项目的进度、质量、安全与标准、项目实现的各种假设条件及项目的投资情况进行说明,为项目成本的规划提供指导方向。

(2) 项目管理计划

项目管理计划对项目成本的时间和风险方面有一定影响,并决定了项目的过程及控制方法,包括进度管理计划与风险管理计划。进度管理计划确定了编制、监督和控制项目进度的准则和活动,同时也提供了影响成本估算和管理的过程及控制方法。风险管理计划提供了识别、分析和监督风险的方法,同时也提供了影响成本估算和管理的过程及控制方法。

(3) 企业管理与项目管理的有关要求

企业管理的各项能力与方法以及项目管理自身的需要,对项目的成本规划起着重要的作用。

1) 项目环境因素

项目环境因素中能够影响成本规划管理的因素包括但不限于,组织文化和组织结构,能够影响企业成本管理;市场条件,决定着项目资源获取的各项因素、服务及效果;政策因素,影响项目成本的政策变化,如奖励政策、扶持政策及其他相关的优惠政策等;官方发布的影响项目工程造价的有关信息,如定额修订、计价规则修订、信息价的发布、其他商业垄断的影响、资源成本费率及相关信息、劳动力市场的变化、国家人力资源成本、社保等影响成本的各项数据;供方市场及市场行情的变化;工程项目实施的不同方案对项目成本的影响;为项目提供资源的不同地区的差异等,以及其他可能会对成本造成影响的因素。

企业管理及项目管理的发展要求,是一个企业从战略出发,制定的有关项目管理实施的规章、制度和要求,也是为企业提供管理支持的重要部分。因此,从企业管理的角度对项目实施进行系统规划,包括但不限于,资源的调度与整合,管理方法与技术创新的运用,资金的调配与支持,项目管理人员知识、经验、管理能力与水平等,对成本规划有着重要决定意义。

2) 项目管理的需要

项目管理过程和项目实现过程,是构成项目自身成本的两个重要方面,是将项目的管理目标与指标通过项目管理进行落实,最终通过各组成要素来实现。

项目管理过程中的各要素都与成本息息相关。项目成本管理，需要根据上述因素进行分类，依据项目范围计划，按照项目实施的各项活动的内容或者工作包进行分类规划，依据分解结构对构成项目成本的最终单元进行分析，并对项目的成本进行规划与分类统计。在项目成本管理过程中，需要综合企业基础数据库、专业人才及相关职能部门的参与共同分析，重要的是项目市场承揽经营人员与拟组建项目的主要管理人员共同研究项目成本的管理。如企业为了提升市场竞争力，承诺某工程的质量能够获得某省（部）质量奖，项目管理人员在成本规划研究时，需要根据获得"质量奖"的达标要求而投入相应的成本；又如为了达到混凝土光洁度的要求，采用定制铝模板，就要比一般模板投入的成本更大，这就是成本规划中需要统一考虑的成本。或者为了获得"文明工地"称号，增强地区的影响力，在围护投入的形象方面，需要采购一些高质量广告板作为外围护饰面板，增加项目的城市影响力，这种为了提升企业竞争力的措施成本，也需要纳入成本规划中一并考虑。

3）项目实现的过程，是为实现项目特定目标而组织资源的过程。项目的特点、难点与重点是影响项目成本增加与减少的重要因素。不同的项目，在采购定额、清单或者相应的计价标准上，各有不同，但都对成本有着直接的影响；项目难点，一般在建造过程中，由于工艺的复杂性、完成结果的不确定性，需要采取特殊的措施与方法，其成本较一般常规的建造成本有着很大的差异，在工程造价中一般按调整系数进行处理；工程重点，指企业重视或其政治意义与影响力有特殊意义的项目，无论是项目管理、方法与措施，在可靠性程度方面都需要加大投入，确保最终效果的实现。因此，工程项目实现过程的特点、难点与重点，也是项目管理组织资产过程中成本变动较大的重要方面，在成本规划时，需要特别考虑。

4）项目合同范围内的工作结构分解

成本规划管理，根据不同的项目，制定不同的成本规划方案，并作为项目管理计划的重要组成部分。在现代项目管理中，通常采用 WBS（工作分解结构）为所有项目的成本规划提供框架体系。按项目管理执行条件，需要相应的组织分解结构（OBS）、资源分解结构（RBS）和工作分解结构（WBS）共同完成项目成本的规划。

① 项目组织分解结构（OBS），即项目组织模式，由项目管理模式决定。根据项目的合同范围与内容，项目的组织模式主要有项目总承包管理模式、项目施工总承包模式和分包模式等，项目的成本最终根据各组织模式中的各项要素进行分配，如主体结构队伍、装修队、钢结构专业队伍等。

② 项目资源分解结构（RBS），即项目的资源构成。为实现合同范围与所有工作活动而调度的要素资源，通过 RBS 可有效地进行分类，必要时还需要进行分级。资源的分解基准通常为人（劳动力）、工具、机械、原材料和设备安装、费用、授权等。人的资源一般是指相应劳动力的资源，包括技术种类、职业及工作职责，如电工、钢筋工、木工、混凝土工、水工、信号工等；工具和机械是项目组织为了完成任务而需要的物理要素，如塔式起重机、架桥机、汽车泵等，一般是在项目结束时，随着人员离开现场。采用扩大分包或者人随机走的工具时，资源分配是将人的成本计入租赁费用，将操作工人作为设备租赁的一部分；原料

及设备安装是指用于工程项目本身的物资与费用，最终用于验收交付工程中；费用与授权是指不包含在项目安装与实施工作中却要在项目实施过程中必须付出的一些成本，如土地征用费、保险单、许可证、执照等规费、税金等。

③ 工作结构分解（WBS）是将项目分解成可用于计算成本、易于管理、统一、连续和合乎逻辑的单元，一般可以理解为范围计划的分解。工程建设项目通常分解到分部分项工程，特殊工程根据工艺、管理需要或满足特定意义的需要可以再次分解。如复杂工序根据流水节拍再次分解，直接预算费用便于计算和安排。项目结构分解的单元工作最终目的是使工作内容清楚、成本计算明确、资源分配合理、成本支出清晰、进度和工期易于估算、绩效评价定性可测量。

④ OBS、RBS与WBS三者之间的关系。经过项目范围的分解，将项目按类别或分部分项工程形成工作包，即能够选用施工方法且能通过较为简单的施工过程就可以生产出来并可用适当计量单位进行计算的分项工程或安装工程。对每个分部分项工程的各项资源要素分解，并按照所用的企业战略、现有的内部定额、市场价格、企业管理能力、环境因素、类似工程等因素来估算人工、工具、机械、材料、设备等不同要素资源，并与项目工作分解结构对应的分部分项工程进行映射，即可获得相应分部分项工程的估算成本。同时，这些资源经过采购程序映射到各个组织体系中，形成工程的实际成本。通常情况下，项目分解结构需按照不同项目的行业规范、标准、市场认可工作包进行分解，以确保资源的落实与组织行为能够相互映射。项目结构分解WBS、RBS、OBS三者关系如图14.5所示。

图14.5 项目结构分解 WBS、RBS、OBS 之间的关系

⑤ 根据工作结构分解（WBS），从管理结构的底层分项汇总所有的人（劳动力）、工具与机械、材料与设备、费用与授权，通过计算获得该层级的资源成本，并将该资源成本汇总后上移一层进行汇总，分析汇总后的有关资源信息，以此类推，不断重复这个过程，直到 WBS 的每一个要素都得到了所需的全部资源，并按资源的类别进行分类，一旦各项资源汇总到了顶层，项目的总成本也就确定了，WBS 的中间要素也就确定了。在每个资源要素中，要描述特征和活动的内容，确保资源配置的确定性，避免计算参数选取得不合理。在工程实践中，项目的 WBS 结构与 RBS 结构中的要素资源经常发生变化或计算错误，在修正或改进的过程中，需要改进 WBS 结构或相应的 RBS 结构。当各项中间要素确定后，为项目的决策和制定成本控制底线奠定了有效的基础，也为相应的组织管理 OBS 中相应内容的修正或改进提供依据。如变更处理，既要考虑资源的变化，又要考虑资源提供方的内容变化。

14.5.2 估算成本

(1) 估算成本的依据

项目估算成本，是指对需要完成交付所需货币资源进行近似估算的过程，估算成本是以项目的成本管理计划、质量管理计划、合同约定的范围与内容为基准进行，即对项目的成本进行测算。

估算成本是对组成项目的人（劳动力）、材料、设备、工具与机械、费用与授权等各项费用，以及计划完成该项工作内容所需的成本进行估算，是对完成项目实施所需资源可能的成本量化评估，一般是按照项目进度计划，分阶段、分类别对项目的成本进行预测，经评审汇总后即是项目的预算成本。

为确保估算成本尽可能与项目实施内容相符，一般需要重点考虑以下几个方面：

1) 项目合同的成本范围与内容。根据项目合同的成本范围与内容，还可以确定项目的边界条件。成本范围与内容是成本的基础，也是工程建设企业完成业主交付内容的成本所需，项目的边界条件是项目管理的边界，特别是在不同的项目管理模式下，项目管理边界是模糊的，一旦实施，就需要花费一定的成本，如业主指定分包的内容。

2) 工程建设项目的性质、特点、难点与重点。新建、改建和扩建项目，在场地条件、界面处理方面的费用一般很难界定，需要实地勘察或通过谈判来决定。项目的特点、难点与重点，与一般项目在施工方法、技术方案、专家论证等方面有着很大的区别，这些均影响项目成本。

3) 项目合同的计价规则。计价规则是量化成本指标的重要依据，对于主合同来说，其一般是确定收入的规则，但对于分项合同来说，又是确定成本的重要规则，确定采用的计价规则，是确定成本量化指标的重要条件。很多企业以内部定额为标准来制定分项合同成本。

4) 项目的技术条件。在估算成本时，应根据完成项目的实施方案、施工组织设计、施工现场布置、专项施工方案、分包方案等来识别和分析完成项目所需的成本方案。如房建工程中采购钢模和木胶板时，综合考虑单价成本和周转成本。

5）类似工程或数据库。项目估算成本可以类似工程、类似项目或者已完工程的人（劳动）、工具与机械、物资与设备、管理费用等进行。有经验的项目估算成本可以依据有关内部定额及相关经验来进行。很多企业建立了内控数据库，并以此为依据进行项目的成本估算。

6）费用与授权。在计算各项成本时，不仅要考虑工程实施常见的规费、保险、委托、代理等相关费用，对需要融资建设的项目，还需要考虑通货膨胀补贴、融资成本或其他财务成本等。

7）项目的环境因素。环境因素对成本有着较大的影响。不同的项目环境，需要采取特殊的成本措施来确保项目运行。收集建设项目的制约因素，如合同中约定的限制性条件、场地环境因素（场地区位、交通、环境因素、场地条件等影响成本参考对照）、工程项目及其所在地周边项目的成本条件等。

8）项目采购或供应链成本。项目资源的整合主要依靠采购和供应链两种模式。采购有直接采购和租赁、自行施工和分包等不同的形式，依据采购决策的程序来选择自行组织生产与分包工程、自行购买与租赁等不同的组织资源方案，以优化项目成本。供应链模式是与企业形成合作关系，提供的成本价格一般较为稳定。

9）需要增加成本措施的内容。企业战略安排的相关成本，一般是企业从长期发展的角度出发，通过项目增加业绩、提升市场竞争力来实现企业战略而需要投入的成本，如质量奖、文明工地创建、扶贫工作等。

10）当期市场因素及企业采用的成本计算模型、假设条件及计算方法等。当期市场因素主要是市场价格及供应情况，市场价格是随着市场的波动而变动，供应情况主要是垄断、稀缺等方面的因素。成本计算模型、假设条件与计算方法都是基于当期的市场条件进行计算。在成本控制过程中，是以当期计算的条件为基础，进行变更成本。

11）项目风险。通过对项目实施过程的风险进行识别，按风险识别类型估计应对风险可能发生的成本。

12）其他影响成本的因素。

以上述影响成本的各项因素分析为依据，对项目的成本进行估算。

（2）项目成本估算的内容

工程建设项目成本估算需要根据项目的合同内容与范围，确定项目估算的完整性。不同的合同范围，成本的估算内容不同。随着工程建设项目总承包合同多样化的趋势（如DBB合同、EPC合同等），合同内容涵盖项目的不同阶段，估算成本时内容差别较大，因此，梳理项目合同的内容与范围非常重要。

1）立项可研阶段

立项可研是项目投资决策的基础，也是项目的生命起源，该阶段的成本费用主要是围绕项目可行性研究及项目前期调研形成的各项成本，包括方案设计以及确定其使用条件和功能，系统地进行技术经济分析、环境分析、相关专项的条件分析以及各项调查研究、技术经济分析、预测和论证等方面的成本。该成本的发生依据不同的专项，根据相关收费标准或项目类比等进行估算。对于投资类的项目，还需要考虑投资可行性研究的成本费用。

2) 项目开发阶段

开发成本是指构成项目运行条件的全部投入及分摊的配套设施费、环境绿化费和外部管网等全部费用。项目开发阶段的成本包括但不限于土地使用费，土地征用及拆迁补偿费，前期工程费用（项目的规划、设计、可行性研究所需费用），七通一平费，公共配套设施费，以及相关税费、不可预见费等，不包括建安费、基础设施费和配套设施费。一般在该阶段，项目处于初步设计阶段或施工图设计阶段。

在该阶段，设计对工程项目的成本影响非常明显。该阶段界定项目的范围，明确项目的方案，进行项目规划，设计的水平与能力决定了项目成本。项目开发阶段是决定项目整体成本的关键环节，因为在这一阶段，项目的成本目标将通过对项目的策划、研究、构思、设计和描绘而得以具体体现。这一阶段，是成本管理的重要阶段，设计水平的高低将影响到工程成本的 70%，比如结构设计，异形混凝土结构设计多了，工程成本自然就高。比如公共建筑的楼层面积一般不超过 $2000m^2$，超过之后，消防设备与设施增加一倍，成本自然也增加一倍。

3) 项目实施阶段

项目实施是按照项目开发阶段所提出的要求、规划，将项目意图付诸实现，最终形成项目成果的活动。只有通过实施，项目才能变为现实。所以，项目实施决定了项目意图能否体现，它直接关系到项目成本管理的最终成果，在一定程度上，项目实施是形成项目成本的决定性环节。根据业主投资项目管理的需要，该阶段采用的项目管理模式决定了工程建设企业的合同模式，一般为工程总承包（如 EPC 模式）、施工总承包（DBB 或 DB 模式）或专业分包等模式。不同项目管理模式下的合同范围与内容，其成本构成相差也非常明显。该阶段对一般施工企业来说，是成本管理的重点对象。

4) 项目收尾阶段

项目收尾阶段需要对项目进行保修、运营和维护，不同行业性质的项目，收尾阶段的成本包括缺陷维修、保修和质量验收等各方面的成本，该阶段的成本估算，需要根据前期工程验收情况和交付条件进行确认。

(3) 项目成本的估算原理

根据构成项目成本的要素分析，工程建设项目成本主要由人（劳动力）、工具与机械、原材料与设备、费用与授权四个方面组成，项目成本估算也是以此为依据展开，最终需要满足项目成本、进度和范围三个方面的要求。

一般来说，根据工程建设项目的大小、功能、成本或技术领域对材料与设备、工具进行分类；根据项目的类型或成本确定项目的费用与授权；工具与机械、设备与材料的费用都有明显的独立性，不同的工作包中的资源配置不尽相同，以满足工程项目交付的工作包内容进行确定。

在项目管理中各项资源是随着人（劳动力）的进展情况而进行配置，如房建工程中的工作包，一般是以分部分项工程为基础，根据每个分项工程中以人（劳动力）为基础确定的持续时间和开始结束时间来进行资源配置。人（劳动力）是组成项目最为重要的资源，项目管理各项计划、组织的建立与形成，都是以人（劳动力）为基础带动资源的各项活动。因此，项目进度计划一般均是以人（劳动力）的活动持续时间来配置项目的持续时间和开始结束时间，再来配置其他资源的相关计划。

对于工程项目不同阶段的成本，受企业的战略目标、项目的不同特征以及其他因素的影响，需要通过外包来实现项目的整体要求，如受营业范围、资质、企业能力和技术能力缺失等因素影响，项目可行性研究报告的编制，只能委托外部单位来为项目选择适当的资源等。工程建设项目分包与外包情况较为普遍，但要满足相关法律法规的要求，不得随意外包。

如某 EPC 项目通过项目结构分解确定的工程项目 WBS 造价体系结构如图 14.6 所示。

（4）项目成本估算的方法

项目成本估算是根据项目的工作分解结构（WBS）由下而上进行，并根据 RBS 中资源的各项特征描述的要求进行精确计算。项目成本估算需要对项目进行全面的分析、判断，以项目的成本数据库、项目组织的设计方案、专项方案、技术措施等为基础进行成本估算，常用的方法有参数估算法、类比估算法和范围估算法。

1）参数估算法

参数估算的模型通常是以交付实物的项目为研究对象，利用历史数据和模型的性质来设计预测成本、工期及必要的资源数量。参数模型的前置条件是基于各种性能指标，如资源的类型、规格型号、同等资源或项目环境的复杂性，对于工程建设企业来说，会将历史数据进行提炼与调整，形成企业内部定额或者成本指导手册，并分类进行统计和管理，然后结合市场的价格来进行测算。

随着工程建设的发展，工程建设企业对成本管理和估算的参数模型都做过很好的提炼和调整。不同的企业，还根据其自身的发展需要，制定了战略目标，结合自身的组织设计以及职能安排等战略推力的管理需要组织编写适合自身的成本管理模型，如企业内部定额、成本作业指导书等，为自身企业管理成本制定了政策与方针。并根据发展的程度、市场的变化，经过定期或不定期的评估、验证、校准，以适应发展形势的需要。

如果参数估算过程是为同一个潜在项目的替代方案编制几种估算，那么参数模型的效用将是巨大的。然而，要利用参数模型的结果来制定最后的预算，也可能是极危险的，除非当估算在项目全生命周期中得以完善时，组织能够积极主动地进行主要预算的修正。

2）类比估算法

类比估算是指在项目成本估算过程中，根据企业和项目经理的观点，对拟建项目与历史资料数据库中某些项目之间存在很明显的相似性时所采用的一种简便的成本估算方法。类比估算模型一般只用于项目的早期估算，也是对项目的初步判断，特别是对投资建设类的项目在介入阶段运用类比估计，简单易行，容易把握住市场机会。此时的项目信息并不全面，只

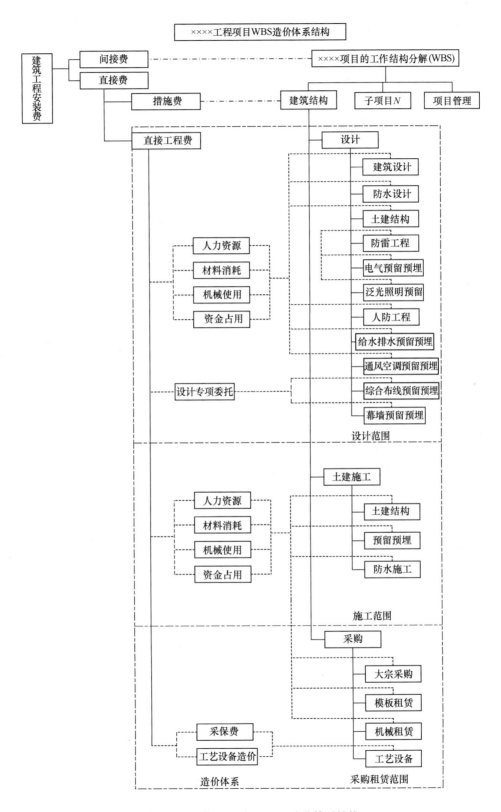

图 14.6 某工程项目 WBS 造价体系结构

是在少量信息基础上做出的判断。

类比估算是通过比较拟建项目和其他相类似的项目，利用类似项目的历史信息来估算项目的成本。在进行类比估算时，要尽可能地对项目交付或运营状态进行判断，如项目类型、功能、需求、设计特征、规模、环境条件、区位条件、成本约束、工期、质量的期望等。

由于类比估算技术以历史的实际经验为基础，在估算过程中，需要有过类似项目经验的人员共同参与判断，更加有利于保证类比判断的准确性，为投资建设类的项目更容易介入提供有利的条件。特别是在充分竞争的环境下，获得市场机会本身就不容易，如果因成本管理因素而失去市场机会，对企业来说，也是一种损失。由于市场竞争的激烈程度在加大，很多项目在概念还没有完成时，竞争对手从业主、相关行业的领导者那里获取了项目的信息，以利于从源头竞争。由于项目还处于构思阶段，只有少量的有关项目细节的信息可以用来判断项目的成本情况，成本也是非常不准确，但是从经营方向上能确保不会走偏，对于判断项目的可行性及其产品的获利能力还是很有必要的。

3）范围估算法

范围估算（Range Estimating）是提高项目前期或早期估算可靠性的方法。范围估算是基于 WBS 分解要素进行，除了对构成成本的要素进行估算，还要对项目成本构成及项目特定要素进行估算，包括企业战略、环境等要素。在这种情况下，根据项目的资源需要投入量，结合市场的价格，估算项目的持续时间，对关键的时序进行组织关系和逻辑关系排列，我们还可以得出项目的粗略计划工期，明确关键线路上的资源配置，有利于项目重要成本的控制。

范围估算使用了与组成项目要素成本较为接近的估算方法，工程实践中常常遇到的是项目处于前期阶段，施工图纸还没有完成，项目方案基本完成，在概算编制相对较为完整的情况下，运用范围估算相对来说优势较为明显。此时，还需要对影响主要成本的几个重要因素进行敏感性分析，从而更有利于成本的控制。在工程实际中，常见的乐观估算、悲观估算都是基于重要性的资源相对明确的条件下进行。如果需要量化，可以采用敏感性分析的方法估算项目的大致成本范围。对于一般投资建设类项目，工程建设企业采用此方法来判断项目成本。

14.5.3 项目资源计划

项目的工作结构分解（WBS），需根据项目范围计划管理的要求，对项目的工作结构进行分解，分解到可以完全计算确认的程度，一般是以分解到人、机具与机械、材料与设备、费用与授权都能得到有效的确认为终点，并确定分解后的工作能够满足项目管理的需要。然而在工程实践中，项目的收入是以工程造价的相关计价规则为依据来进行编制，工程招标项目一般是以清单作为报价依据，投标企业根据图纸、现场勘察及其他有效的项目信息进行投标报价，投资类招标项目一般是以概算或者估算为基础，常见的是通过降低工程建安费比例来确定收入。由于投标报价作为项目的收入，与项目成本的构成内容不一定完全一致，不能简单地认为项目成本与项目收入的各项内容可以做到一一对应。因此,项目各项成本需要通过编制资源计划来最终确定,资源计划的编制是成本控制的依据,也是确保企业利润的重要保证。

(1) 项目合同的范围与内容

工程建设项目的组成结构是项目范围分解的重要条件,不同行业、不同性质的项目,其项目结构也各不相同,一般根据不同行业的验收标准,基本可以判断项目的构成,如公路项目一般先按施工段划分,再按构成内容划分,再按分部分项工程进行划分;如果是大型复杂项目或者综合性项目,先按PBS分解成若干个单项工程,再按单项工程的构成内容进行划分,对于单项房建工程,划分为分部工程、分项工程等,具体的划分见本书有关项目范围计划的内容,无论何种划分,都需要以交付物为最终目的。

(2) 项目结构

工程建设项目工作结构分解(WBS)首先要确定项目合同的范围与内容,再进行编制,其次每项分解的内容都需满足项目管理活动的需要,最后要有利于制定分解结构的清单表,有利于分类统计和对标对表。项目结构编制最终要涵盖项目合同的范围与内容,在项目管理过程中有利于项目管理与项目组织的安排,项目分解要充分且必要,符合企业组织生产的有关要求。特别是针对分包类的项目,如果分解得太细,难以计算其成本,一般企业通过降低造价百分比进行控制,如果按自行施工的方式编制,有可能达不到预期的要求(不仅是资质限制,可能还受企业能力的限制等)。

(3) 制定项目资源清单

1) 计算项目收入

工程建设项目通过清单或者概算获得项目的收入,而项目成本控制是为了控制项目的支出,因此,项目资源消耗是制定资源清单的主要依据。

某项目地下钢结构概预算和项目总收入见表14.1、表14.2。

工程概算表 表14.1

序号	定额编号	子目名称	工程量 单位	工程量 数量	价值(元) 单价	价值(元) 合价
		整个项目				16291211.17
1	6-13	空腹钢柱钢结构箱形	t	1056.70	8452.25	8931492.58
2	6-15	实腹钢柱型钢混凝土结构	t	704.47	8843.34	6229867.73
3	090617	高强度螺栓	个	3229.00	4.52	14595.08
4	6-94	金属面防火涂料 厚型防火涂料 3.0h	m²	4130.73	121.06	500066.17
5	6-48 + 6-49	金属面油漆无机富锌底漆一遍 实际遍数(遍):2	m²	4130.73	45.22	186791.61
6	6-59 + 6-60	金属面油漆厚浆型云铁、玻璃鳞片类中涂漆一遍 实际遍数(遍):2	m²	4130.73	31.69	130902.83
7	6-67 + 6-68	金属面油漆聚氨酯面漆二遍 实际遍数(遍):3	m²	4130.73	72.02	297495.17

项目总收入   表14.2

序号	费用名称	费率	费用金额（元）	备注
1	直接费		16291211.17	人工费＋材料费＋施工机具使用费
2	企业管理费	3.81%	620695.15	企业管理费＝直接费×费率
3	利润	7%	1183833.44	利润＝（直接费＋企业管理费）×费率
4	规费	2%	42420.75	规费＝人工费×费率
5	税金	9%	1819509.95	税金＝（直接费＋企业管理费＋规费＋利润）×费率
6	工程造价		19957670.46	

说明：人工费按表14.7可得，人工费为2121037.49元。

2）工作分解结构

根据项目范围计划的工作分解结构见表14.3。

工作分解结构表   表14.3

工作包编码1	工作包名称1	工作包编码2	工作包名称2	工作包编码3	工作包名称3
C03	地下钢结构工程	C0301	钢结构工程	C030101	施工方案审定
				C030102	来料加工、构件到场
				C030103	机械吊装、安装就位
				C030104	安装验收
		C0302	防火涂料工程	C030201	钢构件防火涂料施工
				C030202	现场安装后，节点补涂
				C030203	防火涂料验收
		C0303	金属面油漆工程	C030301	钢构件面漆施工
				C030302	现场安装后，节点补涂
				C030303	面漆验收

3）活动分解结构

针对工作包内容的活动分解结构见表14.4。

活动分解结构   表14.4

工作包编码	工作包名称	活动编码	活动名称	工作内容
C030101	施工方案审定	C03010101	施工方案审定	编制施工方案，技术负责人审核，监理审批

续表

工作包编码	工作包名称	活动编码	活动名称	工作内容
C030102	来料加工、构件到场	C03010201	采购钢材	材料采购
		C03010202	工厂内加工	按图下料、加工组装
		C03010203	工厂内质检	构件质检
		C03010204	运至施工现场	出厂运输
C030103	机械吊装、安装就位	C03010301	测量放线	测量放线，定位
		C03010302	机械吊装	机械就位，吊装
		C03010303	安装就位	安装就位，支架
		C03010304	螺栓、焊接	螺栓、焊接、安装固定
C030104	安装验收	C03010401	安装验收	安装验收
C030201	钢构件防火涂料施工	C03020101	钢构件防火涂料施工	钢构件防火涂料施工
C030202	现场安装后，节点补涂	C03020201	现场安装后，节点补涂	现场安装后，节点补涂
C030203	防火涂料验收	C03020301	防火涂料验收	防火涂料验收
C030301	钢构件面漆施工	C03030101	富锌底漆	2遍
		C03030102	中涂漆	2遍
		C03030103	面漆	3遍
C030302	现场安装后，节点补涂	C03030201	节点清理	打磨、清理
		C03030202	富锌底漆	2遍
		C03030203	中涂漆	2遍
		C03030204	面漆	3遍
C030303	面漆验收	C03030301	面漆验收	面漆验收

表14.2中所包含的活动分为不消耗资源和消耗资源两个部分，这些活动通过项目管理和项目实现来完成各项生产活动，从而完成最终交付的所有内容。

4）工程建设企业生产活动的模板表

工程建设企业生产活动的模板表，一般常用的是企业内部定额及相关的规章制度，是对类似项目分析总结并结合企业的管理水平与能力组织编写的，广泛用于企业的成本测算。

根据项目所用的资源，结合生产活动的模板表，统计出项目单位资源的消耗用量，见表14.5。

5）资源用量的计算

根据项目资源的计划用量，一般计算项目的工程量（依据图纸，或者相应的内容估算出工程量），结合项目单位资源的消耗用量，可以计算出项目的资源用量。各项活动的资源用量见表14.6。

某企业根据内部定额、规章制度等确定资源消耗用量，制定单位资源消耗用量表

表 14.5 某工程建设项目单位资源消耗用量

	资源名称	企业单位用量	单位名称	C03 地下钢结构工程									
				C0301 钢结构工程				C0302 防火涂料工程			C0303 金属面油漆工程			C0304 钢结构创优	
				C030101 施工方案审定	C030102 来料加工、构件到场	C030103 机械吊装、安装就位	C030104 安装验收	C030201 钢构件防火涂料施工	C030202 现场安装后，节点、补涂	C030203 防火涂料验收	C030301 钢构件面漆施工	C030302 现场安装后，节点、补涂	C030303 面漆验收	C030401 申报费用	C030402 验收评审费用
人工	综合工日	8.92	工日	0.32	2.55	2.55	0.32	0.99	0.19	0.06	1.05	0.20	0.07	0.32	0.32
材料与设备	垫铁	2.01	kg		2.01										
	栓钉 ϕ19×200	48.48	套		33.94	14.54									
	木方	0.01	m³			0.01									
	高强度螺栓	2.00	个			2.00									
	柴油	1.72	kg		0.86	0.86									
	钢结构厚型防火涂料	38.38	kg					38.38							
	无机富锌底漆	1.15	kg								1.15				
	聚氨酯面漆	1.39	kg								1.39				
	无机富锌底漆稀释剂	0.92	kg								0.92				
	聚氨酯面漆稀释剂	0.33	kg								0.33				
	厚浆型云铁、玻璃鳞片类中涂漆	1.19	kg								1.19				
	用电量	6.39	kWh		3.84	2.55									
	喷枪嘴	0.08	个					0.08							

续表

某企业根据内部定额、规章制度等确定资源用量，制定单位资源消耗用量表

				C03 地下钢结构工程										
				C0301 钢结构工程				C0302 防火涂料工程			C0303 金属面油漆工程			C0304 钢结构创优
资源名称	单位名称	企业单位用量		C030101 施工方案审定	C030102 来料加工、构件到场	C030103 机械吊装、安装就位	C030104 安装验收	C030201 钢构件防火涂料施工	C030202 现场安装后，节点补涂	C030203 防火涂料验收	C030301 钢构件面漆施工	C030302 现场安装后，节点补漆	C030303 面漆验收	C030401 申报费用	C030402 验收评审费用
材料与设备	空腹钢柱箱形 Q355	t	0.60		0.60										
	实腹型钢混凝土钢柱	t	0.40		0.40										
	衬板垫板	t	0.02			0.02									
	钢柱预埋件	t	0.01			0.01									
	其他材料费	元	144.36			70.03	70.03	1.39	0.17	0.17	2.05	0.26	0.26		
工具与机械	空压机 6m³/min	台班	0.14			0.14									
	交流电焊机 32kVA	台班	0.48			0.48									
	汽车起重机 16t	台班	0.05			0.05									
	超声波探伤机 CTS-26	台班	0.10				0.10								
	栓钉机	台班	0.05			0.05									
	其他机具费	元	34.47			24.49		2.43	2.43		2.56	2.56			
授权与费用	企业管理费	元	3.5%												
	规费	元	2%												
	税金	元	9%												

表 14.6

某工程建设企业项目资源用量清单

说明：根据所计算项目的工程量乘以企业单位用量，得出本项目的各项资源用量

				资源名称	单位名称	企业单位用量	C03 地下钢结构工程											
							C0301 钢结构工程				C0302 防火涂料工程			C0303 金属面油漆工程			C0304 钢结构创优	
							C030101 施工方案审定	C030102 来料加工、构件到场	C030103 机械吊装、安装就位	C030104 安装验收	C030201 钢构件防火涂料施工	C030202 现场安装后、节点补涂	C030203 防火涂料验收	C030301 钢构件面漆施工	C030302 现场安装后、节点补涂	C030303 面漆验收	C030401 申报费用	C030402 验收评审费用
人工				综合工日	工日	15711.39	561.48	4491.82	4491.82	561.48	1744.82	327.15	109.05	1840.65	345.12	115.04	561.48	561.48
材料与设备				垫铁	kg	3543.47		3543.47										
				栓钉 φ19×200	套	85381.33		59766.93	25614.40									
				木方	m³	19.20			19.20									
				高强度螺栓	个	3522.33			3522.33									
				柴油	kg	3030.62		1515.31	1515.31									
				钢结构厚型防火涂料	kg	67593.90					67593.90							
				无机富锌底漆	kg	2017.59								2017.59				
				聚氨酯面漆	kg	2441.86								2441.86				
				无机富锌底漆稀释剂	kg	1614.11								1614.11				
				聚氨酯面漆稀释剂	kg	586.12								586.12				
				厚浆型云铁、玻璃鳞片类中涂漆	kg	2098.25								2098.25				
				用电量	kWh	11246.81		6748.08	4498.73									
				喷枪嘴	个	132.44					132.44							

续表

说明：根据所计算项目的工程量乘以企业单位用量，得出本项目的各项资源用量

					C03 地下钢结构工程										
				C0301 钢结构工程				C0302 防火涂料工程			C0303 金属面油漆工程			C0304 钢结构创优	
	资源名称	单位名称	企业单位用量	C030101 施工方案审定	C030102 来料加工、构件到场	C030103 机械吊装、安装就位	C030104 安装验收	C030201 钢构件防火涂料施工	C030202 现场安装后,节点补涂	C030203 防火涂料验收	C030301 钢构件面漆施工	C030302 现场安装后,节点补涂	C030303 面漆验收	C030401 申报费用	C030402 验收评审费用
材料与设备	空腹钢柱箱形 Q355	t	1056.70		1056.70										
	实腹型钢混凝土钢柱	t	704.47		704.47										
	衬板垫板	t	35.22			35.22									
	钢柱预埋件	t	17.61			17.61									
	其他材料费	元	254246.33		123336.22	123336.22		2450.13		306.27	3608.98		451.12		
工具与机械	空压机 6m³/min	台班	244.80			244.80									
	交流电焊机 32kVA	台班	850.82			850.82									
	汽车起重机 16t	台班	84.54			84.54									
	超声波探伤机 CTS-26	台班	168.54			168.54									
	栓钉机	台班	84.54			84.54									
	其他机具费	元	60713.56			43123.90		4283.60			4511.23				
授权与费用	企业管理费	元	3.5%												
	规费	元	2%												
	税金	元	9%												

6) 资源成本的计算

资源成本是利用企业的项目资源用量结合调研价格来进行成本估算的，最终形成项目的资源成本计划，见表 14.7。其中，调研价格包括市场价格以及企业通过自身渠道可以获得的资源价格。

某企业资源成本计划　　　　　　　　　　　　表 14.7

	资源名称	项目资源用量	单位名称	调研价格（元）	价格汇总（元）
人工	综合工日	15711.39	工日	135	2121037.65
材料与设备	垫铁	3543.47	kg	4.62	16370.8314
	检灯 φ19×100	85381.33	套	3.95	337256.2535
	木方	19.2	m³	1767.25	33931.2
	高强螺栓	3522.33	个	11.89	41880.5037
	柴油	3030.62	kg	6.97	21123.4214
	钢结构厚型防火涂料	67593.9	kg	2.16	146002.824
	无机富锌底漆	2017.59	kg	21.36	43095.7224
	聚氨酯面漆	2441.86	kg	66.35	162017.411
	无机富锌底漆稀释剂	1614.11	kg	15.65	25260.8215
	聚氨酯面漆稀释剂	586.12	kg	13.27	7777.8124
	厚浆型云铁、玻璃鳞片类中涂漆	2098.25	kg	20.44	42888.23
	用电量	11246.81	kWh	0.87	9784.7247
	喷枪嘴	132.44	个	8.16	1080.7104
	空腹钢柱箱形 Q355	1056.7	t	6874.34	7264115.078
	实腹型钢混凝土钢柱	704.47	t	8178.27	5761345.867
	衬板垫板	35.22	t	4283.19	150853.9518
	钢柱预埋件	17.61	t	4215.41	74233.3701
	其他材料费	254246.33	元	1	254246.33
工具与机械	空压机 6m³/min	244.8	台班	153.67	37618.416
	交流电焊机 32kVA	850.82	台班	164.83	140240.6606
	汽车起重机 16t	84.54	台班	1032.77	87310.3758
	超声波探伤机 CTS-26	168.54	台班	107.69	18150.0726
	栓钉机	84.54	台班	69.36	5863.6944
	其他机具费	60713.56	元	1	60713.56
	直接费				16864199.49
授权与费用	企业管理费	3.50%	元		590246.98
	规费	2%	元		42420.75
	税金	9%	元		1574718.05
工程控制总成本（即，企业内控成本）					19071585.27

该项成本的制定一般用于企业对项目的成本控制，项目团队需要根据此成本作为控制价来对项目造价控制，并作为对项目团队的考核依据。

7) 项目资源需求及供给

根据表 14.6，制定项目资源消耗数量表（表 14.8）。在工程实践中，项目的资源消耗与技术方案、工法、措施等相关，制定项目资源消耗数量表主要用于控制项目的资源数量，确保限额用料。

某项目资源消耗数量表 表 14.8

工程名称：地下结构工程

序号	名称及规格	单位	数量
一、	人工类别		
1	综合工日	工日	15711.39
二、	材料类别（材料与设备）		
1	垫铁	kg	3543.47
2	栓钉 $\phi 19 \times 100$	套	85381.33
3	木方	m³	19.20
4	高强螺栓	个	3522.33
5	柴油	kg	3030.62
6	钢结构厚型防火涂料	kg	67593.90
7	无机富锌底漆	kg	2017.59
8	聚氨酯面漆	kg	2441.86
9	无机富锌底漆稀释剂	kg	1614.11
10	聚氨酯面漆稀释剂	kg	586.12
11	厚浆型云铁、玻璃鳞片类中涂漆	kg	2098.25
12	用电量	kWh	11246.81
13	喷枪嘴	个	132.44
14	空腹钢柱箱形 Q355	t	1056.70
15	实腹型钢混凝土钢柱	t	704.47
16	衬板垫板	t	35.22
17	钢柱预埋件	t	17.61
18	其他材料费	元	254246.33
三、	机械类别（工具与机械）		
1	空压机 6m³/min	台班	244.80
2	交流电焊机 32kVA	台班	850.82
3	汽车起重机 16t	台班	84.54
4	超声波探伤机 CTS-26	台班	168.54
5	栓钉机	台班	84.54
6	其他机具费	元	60713.56

(4) 项目实施成本

根据资源计划的编制，以及项目价格的调研，我们基本可以确定项目的估算成本，当成本估算相对固定后，根据企业有关的规章制度，由项目经理部对估算成本进行确定，并以此来作为项目的实施成本。此时，项目资源的价格是项目经理部根据市场的实际情况和自身的管理水平和能力，来对资源成本的进一步控制，从而实现企业对成本项目的控制要求。

1) 人工成本（表 14.9）

人工成本   表 14.9

序号	名称及规格	单位	数量	市场价（元）	合计（元）
一、	人工类别				
1	综合工日	工日	15711.39	131.00	2058192.09

2) 材料成本（表 14.10）

材料成本   表 14.10

序号	名称及规格	单位	数量	市场价（元）	合计（元）
二	材料类别				
1	垫铁	kg	3543.47	3.91	13854.97
2	栓钉 $\phi19\times100$	套	85381.28	3.65	311641.67
3	木方	m³	19.20	1767.25	33931.20
4	高强螺栓	个	3522.33	4.52	15920.93
5	柴油	kg	3030.62	5.72	17335.15
6	钢结构厚型防火涂料	kg	67593.90	2.99	202105.76
7	无机富锌底漆	kg	2017.59	21.36	43095.72
8	聚氨酯面漆	kg	2441.86	65.35	159575.55
9	无机富锌底漆稀释剂	kg	1614.11	15.64	25244.68
10	聚氨酯面漆稀释剂	kg	586.12	13.23	7754.37
11	厚浆型云铁、玻璃鳞片类中涂漆	kg	2098.25	25.37	53232.60
12	用电量	kWh	11246.81	0.87	9784.72
13	喷枪嘴	个	132.44	8.16	1080.71
14	空腹钢柱箱形 Q355	t	1056.70	6834.81	7222343.73
15	实腹型钢混凝土钢柱	t	704.47	7112.39	5010465.38
16	衬板垫板	t	35.22	4158.41	146459.20
17	钢柱预埋件	t	17.61	3569.91	62866.12
18	其他材料费	元	254246.33	1.00	254246.30
	合计				13590938.76

3) 机械成本（表 14.11）

机械成本   表 14.11

序号	名称及规格	单位	数量	市场价（元）	合计（元）
三	机械类别				
1	空压机 6m³/min	台班	244.80	31.10	7613.28
3	交流电焊机 32kVA	台班	850.82	14.15	12039.10
4	汽车起重机 16t	台班	84.54	783.39	66227.79
5	超声波探伤机 CTS-26	台班	168.54	92.80	15640.51
7	栓钉机	台班	84.54	69.36	5863.69
8	其他机具费	元	60713.56	1.00	60713.56
					168097.93

4) 管理成本（授权与费用）

管理成本主要包括企业管理费、规费和税金等授权费用，其计算如表 14.12 所示。

管理成本（授权与费用）　　　　　　　　　表 14.12

费用名称	成本费用	数量	单位	合计（元）	说明
直接费	人工费成本	2058192.09	元	15817228.78	直接费＝人工费＋材料费＋机械费
	材料成本	13590938.76	元		
	机械成本	168097.93	元		
授权与费用	企业管理费	553603.01	元	2071846.46	企业管理费＝直接费×3.5%
	规费	41163.84	元		规费＝人工费×2%
	税金	1477079.61	元		税金＝（直接费＋企业管理费＋规费）×9%
工程总成本			元	17889075.24	

5）项目管理总成本汇总如下

通过以上数据分析，各项成本如下：

人工成本＝2058192.09 元；

材料成本＝13590938.76 元；

机械成本＝168097.93 元；

管理成本＝2071846.46 元；

工程项目总成本＝17889075.24 元。

6）项目利润率的确定

项目成本估算确定之后，与项目的收入进行对比，基本可以确定项目的利润。本项目工程总收入为 19957670.46 元，企业内控成本为 19071585.27 元，工程总成本为 17889075.24 元，从上述三个数值我们可以看出，企业的经营利润可以看作为工程总收入减去企业内控成本，形成利润为 886085.19 万元，项目管理利润为企业内控成本减去工程总成本，形成利润为 1182510.03 万元。在不同的阶段，上述利润还需要考虑所得税的缴纳情况。

（5）制定预算控制

汇总所有单个活动或工作包的估算成本，建立一个项目批准的成本基准。

设计阶段主要是自行设计和委托设计，这需要结合公司的资源来确定，如果没有设计力量，需要全面委托设计，除按照设计深度标准，按设计任务书的要求完成设计外，成本的控制也是一个关键的方面。一般来说，就是按照相关勘察设计收费标准的要求折算外包费用。

施工阶段，计价规则主要有工程清单和工程定额两种计费方式，根据收入情况，再将控制费用分配给各个作业，并根据网络图计算出峰值和平均使用强度，经过优化最终得出资源的需求计划。根据资源需求计划，计算出各种资源的使用费用，汇总形成项目直接控制成本预算。以直接预算计算公司管理策略下的间接费用等其他费用，最终形成项目的全部成本预算控制值，计算出计划利润率，作为控制指标。

（6）控制成本

以成本为标准，项目管理实施过程中监督项目的成本状态，以及项目发生变更时的各项目成本。

根据成本矩阵，将项目的各项成本分摊到各个工作环节，形成各工作包或子项目的成本指标，并将这些指标按照项目分解结构分子项和工作包进行细化，再以责任分工的形成下达到各责任部门，形成各责任部门或者岗位的成本指标，最终形成成本考核指标并压实责任矩阵，如图14.7所示。

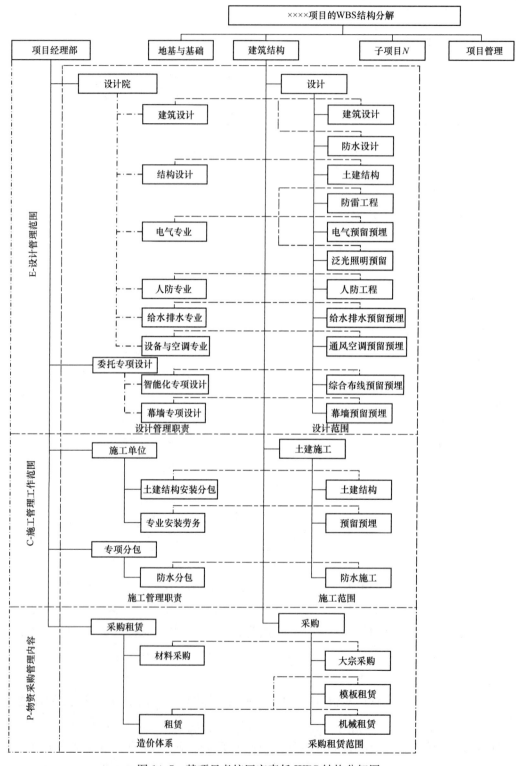

图 14.7 某项目考核压实责任 WBS 结构分解图

通过项目成本矩阵和责任分工的对应建立,使项目经理部根据各自的工作特点实施有针对性的成本控制,并对项目实施的全过程进行测量、控制、纠偏和考核。

对于变更内容,采用固定+变动的模式,原则上,已形成成本对应的成本控制不再变化,对变动的部分单独测算,形成有效成本的控制。

14.6 成本控制原理

14.6.1 项目成本控制的基本原则

(1) 项目责任成本划分清晰,成本管理全员参与的原则

成本管理最重要的基础工作是需要落实责任管理成本体系,项目经理不仅是项目最高责任人,还是成本管理与控制、质量管理与控制、项目进度管理与控制、风险管理与控制的第一责任人。企业各部门人员需要在项目责任人的带领下,构建成本管理和控制体系,形成成本控制总目标,并依据各项分目标,形成成本量化的指标。然后按指标划分到各个工作岗位上,落实岗位成本责任,从管理体系上完成成本控制的实施体系,确保全员参与项目成本管理,将管理成本的责任压实到成本管理的各个环节。同时还要建立约束管理体系机制,实现指标人人扛,责任分得清,最终保证项目成本管理达到预定的目标。

某企业依据项目结构分解 WBS 将责任分配到项目经理部相应的岗位与人员,如图 14.8 所示。

(2) 客观、及时反馈原则

工程建设项目的成本管理需要对项目成本进行兼具准确性和及时性的反馈,在项目成本管理的过程中,要以事实发生成本为基础,其中包括工程的量、价变化,构成成本的人、材料与设备、工具与机械、费用与授权等成本信息以及影响这些成本的因素,这些信息要做到及时准确,确保管理层在进行决策时的准确性与及时性,及时做到纠偏。一旦出现不准确或者不确定的成本信息,就可能导致成本管理不能反映项目的真实情况,从而导致决策失误或错误;在保证准确性和及时性的基础上,成本管理才能做到准确决策,成本控制才能有效;信息延迟会导致项目决策延迟,从而造成纠偏不及时,这也会对成本管理造成重大影响,此时的延迟牛鞭效应也非常明显,成本控制也会失效。

(3) 过程管理、体系控制的原则

项目的成本主要由人(劳动力)、工具与机械、材料与设备、费用与授权等方面构成,这种成本分散在项目分解结构中的各个方面,在项目实施过程中,这些成本发生在项目管理和项目实施的每个过程之中,每个过程中都存在资源的消耗,加强对管理过程中的每个环节的成本分析,确定成本发生的原因,才能使成本管理处于受控状态。各项资源的组合过程中,相互存在着密切的联系,一项成本发生变化,相邻的成本一般也会发生变化,甚至牵扯到其他工作单元,因此,必须立足项目整体利益对成本进行管理,才能确保最终项目成本管

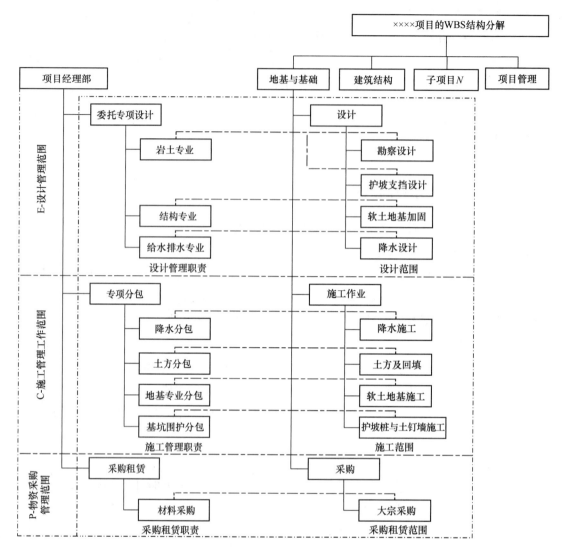

图 14.8 某项目成本责任分配 WBS 结构分解图

理目标的实现。

（4）以结果导向、全程管控的原则

工程建设项目成本管理最基本的工作内容是成本目标的确定和成本管理计划的实施，根据项目管理结构划分的工作包要科学、合理、有利于项目管理的实施，项目资源要素才能得到有效的发挥，才能更好地对各项资源进行管理和控制，确保项目全程受控，按计划执行，及时有效地修正与纠偏，确保项目整体目标的实现。

14.6.2 项目监测与监控

项目监测与监控是确保项目成本在项目交付时达到目标成本的重要方式。在项目管理实施的过程中，对影响项目成本的因素进行管理与控制，是处理项目变动所带来的问题和事件的关键所在，通过对变动进行监测，做到控制有依据。项目成本的监测主要分为成本会计监测和资源耗费监测，成本会计是反映项目资金变动的重要因素，资源耗费的变动对项目成本的影响更直接。

在项目管理实施过程中，需要针对项目的支出成本情况进行监测，依据项目的工作分解结构（WBS）和项目的资源分解结构（RBS），以项目进度计划为时间轴，将发生的成本与预测的成本进行对比，及时发现偏离并纠正。主要是检查资源供给端（如采购合同是否满足成本控制价的要求，生产管理的消耗是否控制在预期范围之内，项目的进度是超前还是滞后），找出偏离的原因，并及时制定应对措施，在保证项目进度的前提下，确保成本控制偏离达到阈值的要求。在必要的情况下，还需检查项目管理活动是否符合项目实施方案的预期，不同的实施方案，对项目管理活动的影响很大，如果项目管理活动没有达到预期的设计，必然在资源消耗、时间拉长方面产生相应的影响，最终还会影响到项目的成本支出。

项目成本制定后，形成的资源计划和项目管理活动，是项目团队的工作目标和责任。在项目管理过程中，根据项目的资源计划，按照项目成本控制的内容，将资源计划及项目管理活动，分配到相应的岗位职能中予以体现，并作为项目绩效监测及考核的依据，形成岗位考核指标与目标。让项目组织及团队成员明确项目目标的进展情况，使他们能够在企业规章、制度及管理手段下，完成他们各自范围内的工作，从而实现项目的整体目标。项目组织要依据项目 WBS 和 RBS，再根据项目组织分解结构（OBS），形成不同层级与层次的责任与任务范围，并要求参与项目的所有人员根据分配的任务制定责任与范围内的管理计划，并按照此执行。最终形成项目成本目标、项目战略、项目分层指标与目标计划、项目详细的执行计划，并按照项目管理绩效监测的有关要求和企业管理的相关规定进行考核，如月度考核或季度考核等。对于诸多利益相关方，一般要根据项目的里程碑节点进行考核，以确保利益相关方了解项目的成本情况。

项目监测与监控点主要有项目的目标与范围，项目实施计划，确定的工作分解结构（WBS）、项目资源分解结构（WBS）、项目的组织分解结构（OBS）三者之间的关系，项目制定的成本计划，项目的质量、安全标准，监测的有关要求及偏离阈值的要求，以及意外事件的处理等。

项目监测的基本条件是要求项目成本得到审批，项目的范围与内容、影响项目成本的各项要求明确，项目的进度得到审批，项目的变更符合有关要求等。

项目监测的要素是企业制定一套完整规范的信息收集程序，如项目进度管理程序、项目成本管理程序、项目采购管理程序等，通过这些规范化的程序对项目的进度进行测量，同时对构成成本的各项资源及项目管理活动进行测量，最终体现在：项目的开始时间、持续时间、项目的结束时间、项目的成本费用；当前监测点时间完成的工作量；项目开始时间，项目已持续时间，在已持续时间内完成的工作量及相应的成本；项目的成本控制价与采购成本之间的差异等。国内常见的验工计价一般只核定收入的来源，很少作为成本控制的手段与方法。

14.6.3 以挣值法为基础的过程控制

挣值法又称为赢得值法或偏差分析法,在工程项目实施中使用较多,是对项目进度和费用进行综合控制的一种有效方法。在固定价格合同之中,常用于计算业主方向承包商支付资金的数量,对于成本控制来说,是以成本计划为主线,判断工程成本的超支和节约,并以货币方式来测量工程进度的提前与滞后。

在项目成本估算阶段,将工程项目分解成独立的工作包,对每一个工作包分配成本,按制定的项目进度计划进行排列,并确定在项目进度计划持续时间内的成本支出,如拟计划完成工作的内容及相应的项目成本($BCWS$);在项目实施阶段,根据制定的进度计划持续的时间,实际完成的工作内容及相应工作内容分配的预算成本($BCWP$);在项目实施阶段,按照进度计划持续的时间,实际完成的工作内容及实际发生的项目成本($ACWP$)。

根据国际项目管理协会(PMI)的计算符号:

BCWS,项目拟完成工作的预算成本,计划完成的工作;

ACWP,项目已完成工作的实际成本,消耗的资源用量;

BCWP,项目已完成工作的计划成本,完成工作的量。

完工预算(BAC),整个项目的预算成本总额。

按比率法来估算项目当前的情况并预计项目未来的趋势,用于判断项目的实际成本的偏差以及对后期未完工作成本的预期:

$$CV = BCWP - ACWP$$

成本偏差,已完成工作内容的超支或盈余。

$$SV = BCWP - BCWS$$

进度偏差,已完成工作的进度提前或者滞后。

$$CPI = BCWP/ACWP$$

成本绩效指数,成本超支或盈余。

$$SPI = BCWP/BCWS$$

进度绩效指数,进度提前或滞后。

$$EAC = BAC/CPI$$

根据前期的成本情况预估预判项目的总体成本。

$$VAC = BAC - EAC$$

完工交付预算成本的超支或盈余。

$$ETC = (BAC - BCWP)/CPI$$

剩余工程成本的估算。

在工程实际中,我们还可以采用 ACWP 与 BCWS 比较的方法来判断项目的投入情况,当 ACWP>BCWS 时,我们可以认为投入超前;反之,当 ACWP<BCWS 时,表明当前的投入是滞后的。

根据上述论述，挣得值分析的基本要素是 BCWS、BCWP、ACWP 三个要素，对成本的预测和纠偏起着重要的影响作用，因此，如何采集这三个要素，是我们在成本控制中的重要工作。

（1）BCWS 要素的确定

BCWS 表示按照预算成本计算的某项作业计划完成的成本。

其计算公式：BCWS＝预算成本×计划完成的工作量

该公式主要反映进度计划应当完成的工作量。

项目的预算成本通过项目估算最终确定，一般在项目之初确定，所以各项值都由企业的历史数值、企业经验、类似项目以及当期市场的调研价格决定，BCWS 的重要作用是根据项目的进度计划将各项预算成本按照各项工作包的持续时间进行分配。为了便于计算，我们将持续时间内的工作进行等分（实际每项工作在项目期初和期末资源配置相对较低，过程之中资源配置相对较高），获得每个工作日的资源分配数量，一般以月作为检查点来获取相应的数据进行比较（根据项目经理的判断和企业检查的报表制度有关来设置）。

（2）BCWP 要素的确定

BCWP 表示按照预算成本所计算的某项作业实际已完成的成本。

其计算公式：BCWP＝预算成本×实际完成工作量

BCWP 是一个与工作结果有关的值，通常做法是根据现场的结果，以合同双方确认的量为基础，以预算成本作为单价计算，反映的是在检查时间点完成的工作量预算成本的支出。挣得值的概念是从合同方得到工程量的确认，类似于国内的验工计价，是承包商向业主、分包商向总承包商收入确权。与项目的成本控制挣得值不同的是，项目成本控制用的价格是预算成本的单价（一般称之为对上计价按签订的合同价，对下计价按预算的成本价）。也有承包商或分包商根据自身工作情况，对合同方不予确认的工程量自行计量（应计未计的工程量），我们常常称之为合同资产，合同资产在法律确权方面一般对自身不利，一旦合同双方产生纠纷，该部分预算收入一般得不到法律的支持，存在一定的风险。为了保障项目管理活动的需要，现场按实际完成进行计算来确认 BCWP，确保成本支出与预算成本相互对应。

为了准确测定项目的 BCWP，工程实践中，制定每项工作任务的"工作任务单"，根据工作任务情况确定每项工作任务所包含的工序，并根据经验和工作量情况，确定工作任务每个工序里程碑的实物进度工作量。以工作任务单为依据，对照已完成的工作量，按检查周期（一般按月）记录各项工作任务或工作包已达到的里程碑，即可得到任一检测日期的 BCWP。

（3）ACWP 要素的确定

ACWP 表示项目已完成作业的实际成本，即项目在实施过程中实际发生的成本，是集采购、管理等相关因素的综合成果。

其计算公式：ACWP＝实际价格×实际完成工作量＝总计划成本×实际完工百分比

公式反映的是：项目执行的实际消耗指标，也就是以实际价格完成的工作量。

ACWP 的确定是通过工程实际发生的成本消耗与费用来计算，对项目的盈亏起着直接的作用。以实际发生的成本作为单价计算，反映的是在检查时间点完成的工作量实际发生成本的支出。实际发生的价格一般通过采购合同、现场支出凭证等发生的实际成本来确认。实际价格的发生与采购管理、市场因素和企业项目管理（如质量、安全、现场管理）有着直接的关系，计算相对复杂。首先是项目采购获得资源的提供，价格是否受控在项目成本价范围之内，一旦高于预算成本价，表明该项目已经亏损；其次是企业项目管理活动，过程中是否改变施工方案，生产人员的熟练程度，生产工艺操作是否得当造成的消耗增加；再次是质量管理方面的付出成本，无谓地提高质量，或者质量缺陷修复增加费用；最后是安全与现场管理方面的投入超过标准或者因安全投入不足造成安全事故后的赔偿与处罚等产生的费用支出。实际发生的工程量一般是通过实际确认获得。

实际确认，一般是通过对工程实施时的统计与核验，并结合确定的资源单价，进行计算完成工作量的实际费用，并进行累加，即可得到 ACWP 值。

（4）挣值法的成本控制运用

1）检查、监测与纠偏

挣值法对成本控制的运用，对项目的成本盈亏、进度超前与滞后、投入的提前与延后有着重要的判断作用，对项目管理过程中的检查、监测与纠偏起着重要的作用，挣值法对项目成本、进度与投入的综合分析与应对见表 14.13。

挣值法对项目成本、进度与投入的综合分析与应对　　　　表 14.13

序号	参数关系	分析	措施
1	$ACWP>BCWS>BCWP$ $SV<0\quad CV<0$ $ACWP-BCWS>0$	项目亏损 进度滞后 投入超前	用工作效率高的人员更换一些效率低的人员，重新评估项目团队和项目经理
2	$BCWP>BCWS>ACWP$ $SV>0\quad CV>0$ $ACWP-BCWS<0$	项目盈利 进度超前 投入延后	项目处于较好的管理状态
3	$BCWP>ACWP>BCWS$ $SV>0\quad CV>0$ $ACWP-BCWS>0$	项目盈利 进度超前 投入超前	减少投入，适当放慢进度，降低资金使用成本
4	$ACWP>BCWP>BCWP$ $SV>0\quad CV<0$ $ACWP-BCWS>0$	项目亏损 进度超前 投入超前	优化项目团队，增加核心骨干人员
5	$BCWS>ACWP>BCWP$ $SV<0\quad CV<0$ $ACWP-BCWS<0$	项目亏损 进度滞后 投入延后	优化项目团队，评估项目经理，增加核心骨干人员
6	$BCWS>BCWP>ACWP$ $SV<0\quad CV>0$ $ACWP-BCWS<0$	项目盈利 进度滞后 投入延后	及时增加管理人员，加大投入

2）对项目完成成本估计

通过挣值法的几个参数，可以对未完工程进行成本估计，以便采取相应的措施，确保项目整体成本受控。项目完成费用估计（EAC：Estimate At Completion）是指在检查时刻项目估算范围规定的工作全部完成时的总费用，即 EAC 计算法。其方法如下：

$$EAC=实际费用+（总预算费用-BCWP）\times（ACWP/BCWP）$$

或 $EAC=实际费用+（总预算费用-BCWP）/CPI$

或 $EAC=总预算费用\times（ACWP/BCWP）$

或 $EAC=总预算费用/CPI$

当项目管理不当，造成成本实际偏离太大，原来的项目管理基本无法满足项目要求的时候，需要重新改变成本管理办法，如更换项目经理，则只能面对客观实际，重新评估，即用于当过去的执行情况显示原有的估计假设条件基本失效的情况下或者由于条件的改变导致原有的假设不再适用，则 EAC 的计算如下：

$$EAC=实际支持+对未来所有剩余工作的重新估计$$

当项目管理存在问题，是由于某阶段特殊原因造成项目进度、成本和投入出现问题，表明项目管理本身不存在多少问题，而是由于特殊事件的干扰造成的（如偶发性的天气、自然灾害等），则 EAC 的计算如下：

$$EAC=实际支持+剩余的预算$$

14.7 成本控制内容

成本管理（Cost Management）是一个过程，是在确保项目质量、安全与工期的前提下，完成合同约定的范围与内容，实现企业的战略目标，使项目成本最小化的过程。因此，影响项目成本控制的各项要素有：合同与企业的目标与指标、质量要求、资源条件、资金供给、过程验收与交付验收、合同节点与工期等。成本管理与企业的项目管理制度、程序及相关政策必须做到有效结合，此时，项目成本控制的效果最好。通过成本控制的流程与程序，保证项目中的全部参与人员都能做到有规可循、有据可依。规范化、标准化的项目成本管理模式，有利于企业管理层及利益相关者参与或了解项目的成本绩效水平，对促进项目管理活动有着重要的意义。

14.7.1 项目成本计划的管理

项目成本计划与工程项目的多种条件有着密切的关系，随着项目结构中的要素确定而确定。根据挣得值原理，成本管理过程的目标就是以时间进度为主线，将工程实际完成的产值与计划产值进行比较，分析两者之间的差量来判断成本的盈亏影响。并根据这些差量对成本管理进行评价与纠偏，制定项目的措施与手段，确保最终目标实现。从检查监测的时间点，获取已完成工程的进度及项目管理活动的各项内容，分析判断下一步项目进度的走向。必要时，对项目成本计划进行更新，特别是在项目管理过程中遇到不可避免的变更时（如业主资金断裂与破产、自然灾害等）。对此类问题，必须根据项目的范围、成本、进度和资源需要进行评估。同时，项目成本管理的执行情况，还会对项目组织及团队人员的管理效率与效力进行评估，项目产值与计划产值是全面覆盖项目结构各个方面的重要要素。因此，项目产生的任何变更都会对项目结果产生影响。

项目成本计划的变化也是存在的，如果是以施工图作为项目施工依据，项目成本计划的编制有较为详实的基础且变化一般较小。如果项目以概算中标，或者以估算中标，由于项目前期存在着很多不确定性，编制项目成本计划的精确度与可靠度一般不高，主要是构成成本的各项目要素也是在项目推进过程中逐步清晰，如在施工图设计中，项目的几何尺寸、设备型号与功率、材料类别及参数更加明晰，在制定成本管理计划时，更加精准。这样，项目的实际成本和整个项目真实成本也是最接近的，项目成本计划的制定才更加有针对性。项目成本计划也随着项目的进展不断更新与改进，对项目的实施与成本控制也更加有利。

项目管理是一个动态的过程，项目成本计划在不同的阶段也会有所变化，变更也就不可避免地发生，但是将变更的程度与影响降低是可以实现的。如果成本计划制定得周密，在项目采购合同中的要求更加有效，以减少项目成本计划之外的因素，进而降低实施过程中发生意外的成本。然而，影响成本的因素涵盖了项目管理的方方面面，由于业主方的需求变化、设计思路的改变、项目环境因素的改变，实施成本仍然与成本计划有不相符的地方。因此，在成本管理中，变更管理与索赔、反索赔是伴随相生的。在项目管理过程中，不能仅以成本指标来对变更进行处理，必须要做到变更的范围与质量、时间和资源三重约束方面的考虑。在项目成本管理过程中，要制定变更管理的流程和决策程序，避免变更不合理或者产生无谓的变更，对项目的管理造成成本影响。如果必须进行变更，有必要制定变更申请表，对变更的内容进行特征描述，计算工程量，做好当期市场的调查，对项目实施时的条件等因素进行较为系统的整合，通过项目经理部成本管理委员会批准并发布实施，坚决防止"先斩后奏"，防止成本管理失控。对于分包项目，项目经理部需要成立由项目经理、专业工程技术人员、成本管理人员等构成的变更管理委员会，处理项目变更过程中的成本问题。

成本管理活动包括现行的和更新的 WBS、现金流、项目现行估算和预测成本等详细信息。为了确保成本管理活动能够及时准确，一般工程建设企业根据自身的管理条件开发相应的成本预算软件，并设置不同的权限，使企业各职能部门与项目经理部形成监督与监测，实现企业管理与项目管理成本之间的结合。

随着工程项目的功能与设计的完善，工程项目的内容也更加明确，此时，需要对项目成本计划中较为模糊的内容及时估算成本（如模拟清单），并进行更新，形成修订后的预测成本，从而确保项目成本计划的管理精度要求。同时做好估算及成本预测，对预测成本进行修正。

当现行真实成本与预测成本之间的差值超出成本控制的阈值时，需要对真实成本进行复核，以确定是管理不当带来的成本损失，还是由于项目本身增加或减少了内容带来的差异，然后要求对预算进行调整，以与现行的估算值相吻合。

项目成本计划一定要考虑三重约束之间的平衡，即项目的进度、质量与成本之间的平衡关系，不能以牺牲质量来减少成本支出，或者牺牲进度来减少成本支出，项目成本计划的制定必须要在项目的三重约束之间进行权衡。然而，项目成本的三重约束与企业针对该项目制定的战略有关，如成本战略，有可能对质量的要求不高，安全投入能满足各种验收要求即可，而如果成本管理采用差异化战略，可能要做出相应的成本付出，成本增加也就是必然。

14.7.2 项目成本变更

项目成本变更与变化在工程实践中在所难免，由于变更的产生，相应的成本计划也会受到影响。由于成本的三重约束性，无论哪种约束发生变化，都会对成本造成相应的影响。对于不可避免的变更，在成本管理中，只能使变更对项目的成本、进度和范围三重约束的综合影响降到最低。常见的造成成本变更的因素主要有以下几个方面：

（1）业主方产生的变更。在项目的初始阶段，由于市场或环境的变化，业主方能否正确或准确地确定项目目标，对后期产生的变更影响很大。业主方为了自身的利益需要，可能在项目实施过程中改变或修正项目目标，这些变更只要计价规则没有变化，对成本的影响一般不会很大，但对资源的整合与评估需要重新认定。

（2）意外情况导致成本变更。意外情况如偶发性的事件，或场地条件、自然环境、政治事件、社会状况等造成项目实施条件的改变，特别是市场的变化，对项目资源的采购成本造成的影响最为关键，这类意外事件不可能完全被阻止，其影响也不可能完全消除。因此，做好项目的风险管理计划，做好应对措施，将意外事件的影响尽量降到最小。

（3）主体设计思想发生改变导致成本变化。在很多工程项目实施过程中，设计师/工程师在设计过程中，为了满足项目发展需要更加先进的设计或改变功能效果以使项目更加经济节约等。由于设计师的思路变化，使局部资源的整合对项目造成一定的难度，或者小批量的采购也容易推高项目成本，同时，对进度也会产生负面的影响。通常，处理这些变更事件的补救措施的成本由业主方承担，需要重新预测成本，对于下游的管理会增加一定的难度，也可能因特例没有规模化的采购与组织，造成成本增加。

同时，设计的失误或者错误也是导致成本变化的一个重要方面，当这些错误通过设计变更来进行补救时，所采取的补救措施和变更实施可能会影响到项目的成本和进度。在成本管理时，对这些事件的恢复成本，如果是 EPC 类项目，工程建设企业需要对设计负责，由项目经理部支付；如果是纯施工类项目或业主委托设计，则由业主方负责。

（4）项目管理活动中出现的问题。在项目实施过程中，由于采购的技术条件出现错误，或方案的不合理，导致出现的修补或者返工，采购的材料与设备不满足项目要求。如果是属于业主指定的内容，则由业主承担这种类型项目的成本增加；如果业主方参与了设计项目的实施活动，那么恢复成本必须要在业主方和承包商之间进行分摊。最终要根据项目合同的范围与内容，界定出现问题的责任，找出相应成本增加的责任者。

14.7.3 使用前馈技术控制成本

工程项目管理的前馈技术是指企业项目经理部对安全生产、成本管理的运筹与调度指挥的效果以及项目科学组织管理之间的呼应关系。项目管理所有的活动发出指令使各项成本管理工作按照既定的计划进行组织、协调与控制，而这些项目管理成本控制的成果通过报告或信息等形式及时反馈给项目经理部，项目经理部根据现场情况、报告等方面获取有效的信息，对管理的效果与预期进行研判，并改进项目管理的效率和力度，使成本控制效果与管理组织的管理效果双向呼应。企业对项目管理的数据监测，可以使企业及时了解项目管理的下一步成本控制情况，做到及时纠偏和止损。

前馈技术通过收集已完成项目成本数据，预测项目成本的发展趋势、基线和基准，有助于项目管理的下一步决策，避免成本偏离加大。工程建设企业通过规范化管理，可以发现项目管理流程是否得当并进行改进，因为不同企业的管理流程是由其企业能力和管理效率决定的，当大量的项目成本控制的结果趋近一致时，说明企业的管理程序落实没有问题，如果大部分项目的效果不良，说明管理环节存在一定的问题，需要从企业层面加以修正。当个别工程项目管理存在重大成本偏差时，需要对该项目进行重点监管，必要时调整项目组织的有关人员。在一些大型项目中，项目前期的信息还有助于项目后期的管理。根据已完工程的真实成本、进度等信息，估计并预测未来成本，并对估算做出调整，但这种预测无法考虑后期重大事件的发生。利用前馈技术，不同的企业可以采用不同的趋势预测，由于项目的管理方式、管理模型基本一致，项目的结果基本不会发生重大改变，除非项目组织得到有效调整，项目的流程进行了再造，或者发生重大事件，否则已完工程的成本盈亏比例与未完工程的盈亏比例不会有很大的差异，因此，可以根据一个项目的前半部分的执行情况来调整同一项目的后半部分的估算改进比率。按照这种趋势，项目成本的管理效果与结果基本可以提前预知，如果工程建设企业没有采用前馈技术对项目结果进行预测，当项目完成之后，项目成本已不可挽回，企业受损就在所难免了。如某分项工程在检测点，已完工程使用了预测资源的70%，消耗的时间已经超过了90%，则剩下的时间必须要采取相应的措施，利用剩余10%的时间，完成剩余30%的工作。或者不采取措施，完成100%的工作，需要延长到129%的时间。反过来，为了在剩余时间内完成剩余的工作，可能需要加大资源的投入，造成事实上的成本增加，结合项目三重约束综合考虑相应的成本，基本可以判断项目已经亏损。

14.7.4 项目进度对成本控制的影响

在工程建设项目中，最优的成本有着最优的工期，在最优的工期范围内完成项目的实施，是最为经济和节约的。如同汽车行驶油耗是一个原理，过快的速度或过慢的速度对油耗都不是最经济的，在相同的路面条件下，油耗最低的行驶速度是最佳经济速度，反之，最经济的速度有着最经济的行驶成本，也就是油耗最低。

根据项目的时间管理原理，通过编制项目总计划并不断优化，可以得到最优施工工期，这在计划管理章节中有详细的描述。当项目在制定测算成本时，以最佳工期作为项目工期进行测算，以合同范围内的内容在实施后达到可以交付的条件下获得结果。这里的条件，一般情况下，即满足合同和图纸设计中的各项功能与设计的要求。

一旦项目工期和项目范围发生变更，都会对成本造成直接的影响。项目进度的提前与滞后都会引起项目资源的支出变化进而引起项目成本发生变化。如果合同范围再发生变化，两项指标对成本的影响容易形成叠加效应，对项目的成本影响将是巨大且显而易见的。

工期延长后，一般成本增加是由于与时间有关的价值成本增加。我们知道，工具和机械类的资源一般通过租赁获得较为普遍，管理人员的工资是按月发放，资金的使用费是按时间计息等，当工期延长时，这些与时间价值相关的费用均会增加成本。工程实践中，当工期延长时，经常发生的有闲置的大型机械租赁费用、现场人员的工资支出、银行的利息支出等，而这些实际发生的费用都将计入项目的实际成本之中。

工期的缩短，对项目成本增加也是很关键的。如果项目工期压缩到原来进度的一半时，项目的资源总量不会减少，在项目管理期内的总工作量将增加一倍，此时的项目实施中场地条件与作业面无法承受更多的资源消耗，需要对场地条件与设施改善投入更多；现有的管理组织的幅度与范围也很难达到相应的管理效果，必要时会增加管理人员，同时还会由于时间的不充分而导致项目生产粗放，场地条件受到限制，增加了沟通与管理的难度与幅度，降低了项目管理活动的效率，从而导致质量、安全等投入增加；工程中有多次工具与设备进出场，由于台班的相对固定，缩短工期意味着台班进出场的数量增加，造成进出场费占台班费总数的比重大幅升高，推高项目成本。其他诸如进场成本等由固定成本加可变成本组成的项目，均会因固定成本的相对增加，而导致项目成本上升较多。项目最初的成本基准来自最初要素基准，各项成本也是在最优的人员规模与管理规模条件下制定的，缩短工期后，要为管理缺失或者不到位造成的损失而付出代价。因此，压缩工期要承担项目成本的增加，只有根据项目的最佳工期计算制定的项目成本，才能达到相对最低的水平。

14.7.5　全生命周期成本管理

全生命周期的成本主要是指项目全部交付完成并达到约定的功能和交付要求所需要的成本，即项目的全部成本。这种成本涵盖项目管理的方方面面，是执行合同与企业管理所需付出的所有成本。这种成本，对于投资建设项目的成本控制至关重要，由于项目全生命周期成本不仅包括项目本身的交付，还包括资金使用的相关成本。资金使用成本的影响因素主要是时间价值、获得资金时的利息及手续费用等，这些成本都将构成全生命周期成本的重要组成部分；采用何种项目管理模式建造，采用何种技术方案进行建设，项目的最终缺陷期整改、维修保养和临时构筑物的拆除等，对于项目的最终成本有着重要的意义。

全生命周期成本管理的核心要义是对项目全生命周期内构成成本的管理与控制，包括但不限于全生命周期内项目成本的统筹、优化等方面的内容。因此，全生命周期成本管理是系统工程和价值工程统一的管理模式。如采用何种技术方案进行建设，房建工程中经常用到混凝土成型的模板工程，采用钢模板、铝模板还是采用普通木胶板作为墙体模板，这需要从价值工程的角度进行方案比选，一般情况下，楼层数量少、异形结构较多的项目，采用普通木胶板作为墙体模板多一些，这是由木模板采购成本和使用周转次数决定的；对于楼层数量多、标准层较多的项目，采用钢模板或铝模板较多，虽然采购成本相对较高，但随着周转次数的增加，周转成本相对于木胶板成本又较低，采用钢模板或铝模板更经济。同样，对于钢模板与铝模板的选择，又需要从技术抗压变形的角度来考虑，如果墙体混凝土侧压力过大，铝模板承受的侧压力需要与钢模板对比，如此过程，是方案优化的具体体现。对于桥梁中的盖梁，虽然是单层，但由于桥墩的施工顺序和线路的流水安装，再考虑施工工期的需要，一组钢模板需要在多少个盖梁上进行周转，通过时间与浇筑周期的关系来确定钢模板组数。因此，在工程实践中可以运用价值工程从时间、空间和技术条件等方面进行系统比较得出项目成本。我们将组成项目工作分解结构的所有要素进行系统叠加，得出项目的实施成本，做好实施成本与全生命周期成本的平衡，是全生命周期成本管理的关键。

项目的提前或滞后交付，还需要考虑项目成本、质量和范围上的影响，这需要通过财务管理的手段对整体影响及相关影响做出一个平衡。典型情况是管理费用的成本，提前交付需要增加管理人员，管理成本自然也就增加，做好平衡的关键是提前交付的时间相应的减少的管理成本可以抵消管理人员增加的成本，同理，滞后交付，管理人员要适量减少，避免现有人员一直持续到交付，管理成本相应增加。提前交付和滞后交付同样是付出质量成本，要做好外部损失成本、内部损失成本、预防成本和鉴定成本四个方面的平衡，避免重复的成本付出。

从全生命周期成本管理来看，在项目成本估算时，要将价值分析与全生命周期成本融合在一起进行估算，这就需要在制定成本估算和测算时，对项目的总体策划、统筹进行综合分析，从系统工程和价值工程两个维度对项目成本进行估算，这也是一个企业项目管理水平的重要体现。

从全生命周期成本更新的角度来看，只有项目的范围、质量与成本发生重大变化，如合同范围的变更、质量等级的改变、初期预算成本的重大变化等，才需要对项目的预算成本进行更新，以确保后续工作基准的延续。

14.7.6 项目风险对成本的影响

在项目实施过程中，风险一直随着项目的进展而存在，这些风险事件的发生，对项目的范围、质量、进度均存在一定的影响。为了防止该类事件造成的影响，项目经理部在制定成本计划时，需要做好风险预案，进行风险评估，确定风险事件对项目造成的影响。根据风险评估的结果以及风险评级情况，项目经理部需要对这些风险采取相应的管理措施，可以选择接受这类风险，或者采取适当的预防措施减少该类事件的发生，或者通过相关措施（如合同转移风险）将该类影响降低到可接受的程度。因此，项目经理部需要预测风险，并进行风险评估，根据评估结果制定风险管理计划以减少这些事件造成的影响，对项目管理来说，有着重要的意义。

由于风险事件的预防或者产生，均会对项目成本的超支、进度滞后、资源损耗增加、质量与安全事故的发生等方面造成影响，项目经理部在制定风险管理计划时，需要分类管理，利用企业风险库及风险应对措施，将成本超支的情况控制到最低。一般企业在进行风险管理时会总结出一套适合于本企业项目管理风险的手段与方法，当企业的风险管理与项目的风险管理一致时，风险管理成本相对来说是最低的，因为无论是资源的供给还是管理成熟度方面，都具有一定的成本管理优势，这对风险的成本管理来说也是最优的。但针对项目的特点、难点和重点制定的风险管理计划，需要通过项目经理部共同研究与聘请专家协同解决。

在对项目进行成本估算时，一般按项目风险发生的概率统计进行成本的量化计算，即通过识别后的风险产生的概率评估，如某单项工程项目风险的概率为5%，则风险成本一般是以该项成本乘以5%来获得该单项工程的风险成本，当若干个单项工程的风险成本进行叠加时，我们得出项目的风险总成本。针对这类风险成本，如果在竞争的市场环境中不允许其存在，一旦存在该类成本，则严重影响了工程建设企业的竞争力。因此，设立风险基金或者购买保险也是防控此类事件发生造成影响的一项有效措施。

14.7.7 分包管理对成本的要求

分包成本的管理是很多项目成本管理不可或缺的部分，因此，工程的多样性超出了工程建设企业资质范围的时候，为了项目整体的实施，通过分包获取项目资源是一种有效的管理手段。分包的选择是考虑项目组织的战略目标和企业本身的能力及市场因素等确定。项目战略目标是在企业拓展业务范围时，通过分包来协助完成其本身资质满足不了项目的需要。企业缺乏相应的管理人才时，需要通过分包来实现项目的交付成本或者为了更快地获得相关的专业知识、资源等，以尽快实现企业管理目标。市场因素有：业主方项目管理模式决定的分包的管理，分包、分供等，这是由业主根据自身管理的需要对工程建设企业发包时做出的决定；化解竞争压力，与竞争对手分享经营成果而采取分包项目或通过分包来消化市场商务关系等。分包项目降低成本或降低收益主要取决于项目组织的意图与管理能力。当然，分包项目成本情况的具体分析取决于工程建设企业所处项目管理的重要性或地位。一般对分包成本控制主要有以下几个方面。

(1) 项目规程

分包项目规程即对分包制定的管理目标和对合同范围内的各项内容进行明确的描述与规范，主要包括项目的管理目标与指标，项目范围交付的成果的详细描述（如项目的技术参数、设备与材料的档次与标准、功能要求、措施项目等），项目的质量要求与安全措施，项目计划，项目的边界条件与关联条件（如联调、试运转）及各项参数，对项目管理活动的各项要求等，这些要求通过合同内容及条款的形式向分包进行各种信息的传递，从而实现项目总体的管理要求以及总体管理目标。通常来说，项目规程也可以描述为采购分包的招标条件。

项目管理目标，是根据工程建设项目管理目标分解后的分包需要达到的目标与指标，如某项目需要创鲁班奖，分包实施的内容指标需要根据项目创鲁班奖分解后的目标与指标来实施，相应的成本费用需要综合考虑。

项目的范围与内容是项目需要交付的成果，这些成果的成本是构成分包成本的一部分。这里的交付成本是根据项目交付的有关技术参数，设备与材料的性能、品牌、档次、标准、功能符合项目的交付要求所产生的成本，这些参数的变化直接影响项目的交付成本。

项目的质量要求与安全措施。这是实现项目整体质量与安全的重要组成部分，各专项的质量要求与安全措施是影响成本的重要方面。

项目计划是根据总体计划分解而得，需要分包按时间节点介入项目之中，此时的成本是符合项目整体利益的，过早或过迟都会影响项目的实际成本。

项目的边界条件，对分包是非常重要的，在 FIDIC 条件中，总承包与分包之间的界定有着明确的项目特征描述。如大型公共建筑的智能化分包工程，其供电电箱是由总承包方采购安装，还是由分包商采购安装，一般需要进行明确界定，这里不仅仅是工作界面的界定，还有安装接线、调试的界定，因此，项目的边界条件需要详细描述，防止成本界定不清。

项目管理活动的有关要求，是指分包需要在总承包商的统一调度与指挥下，做到计划、组织、协调与控制的统一。如场地的提供，有关进场后工作作业面的安排，后勤、临水、供电、卫生、安全、消防等统一协调与安排，做到全面项目管理活动满足项目整体实施的要求。

项目的绩效监测与评价考核，是对分供方的项目管理活动进行的符合性评价，并与管理目标与指标进行对比，形成项目后评价结果。

项目规程涉及项目的方方面面，根据项目管理实施的需要制定，这些内容都是构成分包项目成本的重要部分，加强分包项目规程的编制，对成本有着重要的影响。

（2）分包合同

分包合同是保证项目经理部从外部获得资源与服务的法律工具。通过分包合同，明确了双方的范围与内容、质量、工期、安全等要素，以及双方的责任与权利，出现争议时的解决办法，这些内容是通过法律强制的手段，在双方或者相关方之间签署并明确，通过经济的手段，明确双方为完成合同需要交付成果的价格，并以价格作为分包成本管理的重要对象和内容。

（3）分包合同成本控制的内容

分包合同成本管理一般通过固定总价、固定单价或者成本补偿等形式进行约定，通过采购的途径形成合同。最终是通过合同来实现和完成项目的管理目标及分包管理的各项活动与服务。

当前招标采购一般采用工程量清单模式进行招标，在图纸确定的条件下，编制工程量清单,再进行招标采购,对于施工类项目相对较为适用,但对于投资建设类项目,这种情况相对较为复杂,主要是因为工程建设企业获得项目的阶段不同,其对外分包合同的确定时间也相对不同,分包合同的具体内容和具体工程量也无法最终确定,各项资源的单价也就无法确定,为分包成本控制带来了一定的难度。如 EPC 类项目的设计工作没有最终完成,无法准确地计算出其应有的工作量,从而导致清单不准确或者成本控制的标准偏差较大,成本控制价的制定意义也就不是很明显。因此,在工程实践中,可以采用以下方法解决:

1)降造率法

一般在工程量尚未明确,又要控制项目成本的情况下,可以通过降造率法来选择分包。当工程实际图纸完成后,按双方约定的降低工程造价的比例来进行结算,从而达到分包成本控制的目的。

2)模拟清单法

模拟清单法一般是在工程总体设计基本完成后,在部分分包工程中确定的一种控制成本的方法,以专家经验或类似工程为基础,编制工程量清单。此时,工程量清单中的工程量一般是以估计、类比或其他方法进行确定,待工程图纸完成后,用按图算量的实际工作量替换原有模拟清单的量,基本要素是确保合同清单单价保持不变。通过模拟清单预先选定分包,对加快工程建设有一定的益处。

3)"设计+施工"分包法

对于一些专业性比较强的分包,为了体现专业设计施工一体化能力,采用"设计+施工"的方法进行采购分包,总承包商只需提供方案与场地条件,由分包根据方案提供的依据自主报价。在满足方案条件及相关法律法规、规范规程及标准的条件下,承包商以总价来确定对分包的成本控制。为了防止变更索赔,需要在确定分包之前进行单价的清标工作,防止不平衡报价导致的索赔风险。

(4)分包合同成本控制的方法

1)明确合同条款中的规程要求

分包合同成本控制从形成合同之前的各项规程都要明确开始,包括但不限于合同条款、合同范围与内容以及合同双方的权利与义务,还需要明确项目执行的成本保障,如项目资质、项目组织、项目的履约能力和类似项目的业绩与后评价;需要明确成本超支后的约定处理,如市场价格波动带来的成本超支后风险分担或独立承担;需要明确项目工期提前或延误后的奖励与处罚等。

2)强化合同执行规程的响应

为了确保合同在既定的成本条件下完成相应的内容,合同中还需要明确项目规程的描述,如单价说明、措施说明、技术说明等,这些规程是成本控制的基础,任何一个项目变更都会影响到项目最终成本的控制,因为合同双方约定的合同价款都是以规程设定条件来制定的。如质量的高低、品牌的价值、实施的措施与方法、技术规格参数等都会对预期合同价款造成很大的偏离,从而使实际成本与预期成本产生很大的偏差。因此,在项目合同执行过程中，分包商对合同的响应程度也是成本控制的关键。

　　项目成本控制是项目管理的核心，也是工程建设企业从事经济活动、提升企业发展能力的重要原动力。本节从项目管理实践的角度阐述了成本控制的要素、原理与方法，按项目法进行项目管理，具有一定的实用价值，但也有很多用项目法无法控制的成本，如授权费用、环境条件费用等，这需要进一步研究。

第15章　信息管理

工程建设项目信息是项目管理各项要素的集成，是指项目管理过程中形成的各种报告、数据、计划、安排、技术文件、工程技术档案资料、往来函件、会议记录、企业管理档案资料、备忘记录等各种与项目有关联的信息。项目信息管理通常称为档案和资料的管理。

项目信息在整个项目实施的过程中起着非常重要的作用，项目信息的收集、整理、分发、存档是联系各方管理的纽带。项目信息的客观性、真实性取决于项目利益各方，项目信息管理贯穿于项目全生命周期的各个环节，部分重要的信息对工程项目的成败起着重要的作用，特别是工程造价项目信息对工程项目的盈亏起着关键性的作用。

工程建设项目的特点是周期长，投资额大，过程变更复杂，动态决策环节多，利益相关方参与项目的利益关注点不同造成过程管理的行为复杂多样，通过信息化的共享，有助于增强项目管理。通过信息管理，促使"管理留痕"，及时厘清项目的责、权、利，为企业对项目管理过程中有关事项的监管和监督提供现场依据。项目信息收集、整理、存档、留痕，对项目后期的结算和决算工作起着重要的支撑作用，工程项目结算复杂、业主方的审计严格，结算和决算又是在工程交验或部分交验后进行，工程建设企业在项目实施过程中不注重信息的管理，将会因留存的信息不全，时效性不够，导致在结算审计过程中处于非常不利的地位，甚至会因为信息管理不善带来重大损失。如工程变更现场的拆改记录、隐蔽工程记录等，在办理相关信息登记时，利益相关方担心利益受到损失而故意回避拖延，导致这些信息记录不全或者不及时，工程建设企业在结算或清算中难以取得凭证，导致这部分经济出现额外损失。以投资带动的工程项目，信息管理的缺失，可能还会带来巨大的风险。

工程项目信息的记录、会签、批准、存档必须具有时效性和真实性，对一些影响项目成本、质量与安全的信息，需要及时处理和传递，减少不利因素，降低项目风险，为有效地计划、组织、协调与控制项目建设提供保障。

15.1　工程建设项目信息的特点

工程项目管理是企业管理向现场管理的延伸，项目信息既有企业的管理行为，也有工程项目自身特点。从项目管理要素的收集与整理来看，工程项目信息是项目创造产品的过程与项目管理过程的集合。从信息大类来看，项目信息一般分为组织类信息、管理类信息、经济类信息和技术信息等四大类。从工程项目自身来看，以项目管理要素组成为特点，项目信息又分为项目范围信息、质量、成本、工期、采购、合同、资源、沟通等方面，具体信息体现在：项目组织信息、合同管理信息、风险管理信息、HSE管理信息、投资控制信息、工程技术资料、会计档案信息等。工程建设企业一般按照行政、党建、财务资金、人力资源、计划统计、合同、预算、分包、物资、技术、质量、环境、职业健康安全、创优创新、竣工、售后等工作内容来进行划分。工程建设项目信息管理是反映项目管理过程中的组织管理活动在空间和时间上的变化程度，并对组织的管理决策和管理目标的实现提供资料，因此，项目信息资料具有以下特点：

1）项目信息的客观性

工程项目的信息是项目全生命周期各种客观活动的记录，必须真实反映项目的客观情况，不建立项目信息管理体系，会给项目带来巨大的、潜在的各种风险，包括垫资、变更索赔缺乏依据，市场变化带来的成本超支等。

2）项目信息的存储性

工程项目信息必须留存或留档，信息的存储性对于工程建设企业来说非常重要，既反映工程建设项目的管理情况，更是项目管理检查、检验、监测、纠偏的依据，也是工程建设企业保护自身合法利益的最直接的依据。

3）项目信息的可传递性

工程建设企业项目管理涉及面广、点多、分散、周期长，通过信息的传递可以更好地整合项目管理的基础工作，更好地防控项目过程决策的风险。特别是信息技术的使用，更是将工程信息的传递变成日常管理的一部分。然而，由于项目信息需要经过提取、收集、传播、留档保存等一系列过程，因为人的因素（如个人经验、理解能力、知识的限制、立场的态度、利益的考量等）和传递范围与途径因素（如渠道、专业、地区的间隔、传递目的地分散、传递方式等），造成信息传递还存在一定的障碍。建立规范化、系统化的有效传输很有必要。

4）项目信息的共享性

工程建设项目涉及干系人多，利益相关方多，参与实施的单位多，通过信息的共享，增进沟通，加强交流，提高管理效率与效力。

5）项目信息的可追溯性

项目信息通过记录、管理、留存，使项目的管理过程具有一定的追溯性。项目信息的可追溯性还可以增强项目管理，防控各类变化与变更造成的风险。通过信息追溯，合理规范的项目信息对工程建设企业还起着重要的利益保护作用。

6）项目信息提取的多样性与复杂性

工程建设项目信息量多面广、管理要素多，专业分工多，每个要素涉及环节、程序不尽相同，项目信息的提取具有很大的多样性与复杂性。

15.2 项目管理信息的作用

项目管理信息有助于有效地控制项目实施，为管理者提供决策依据，也是管理过程、分清责任、压实项目管理工作的依据。因此,管理项目信息要做到准确、及时、可靠、适用和客观。工程项目信息是企业管理项目的重要依据,是利益相关方监督、检查项目的依据,是重大事件发生后保护自身利益的直接证据,项目信息更是统一思想、落实行动的重要媒介。

项目管理信息的准确性,项目信息通过真实、客观地反映工程项目的实施情况,为项目管理决策和制定有效的管控措施提供依据,不得出现虚假信息,防止给组织决策和管理带来伤害。虚假的信息表现为项目信息的不准确,打乱项目的管理计划,增加组织管理的难度,协调上很难达成一致意见,从而失去对项目的有效控制。

项目管理信息的及时性,信息是项目管理活动的反映,及时有效的信息有助于提升项目管理活动的决策,统一思想,落实行动,通过及时有效的信息传递,促进项目管理的统一协调、调度与指挥。及时有效的项目信息,可以对工程项目的成本、质量、安全做到实时监控,确保各项管理目标与指标的实现,出现偏差时,为及时纠偏提供了依据。

项目管理信息的可靠性,项目管理是一项有组织有计划的系统性工作,项目信息必须全面反映项目进展过程中的每个方面,可靠的项目信息收集和整理为相关主要管理人员提供判断决策和指挥的依据。

项目管理信息的适用性,不同的管理职能,不同的利益相关方,不同的业务性质与范围,对信息的要求和处理不尽相同,因此,信息的收集和整理要有一定的目的性和针对性。

项目管理信息的责任性,项目管理信息必须与项目管理的活动保持同步,有利于压实相关方的责任,便于衡量绩效,增强管理效果。工程实践中,由于参与项目的实施单位和个体较多,管理实施者不担当、不作为的情况时有发生,"议而不决"的情况也非常普遍,给项目的进展造成很大的困难。各方在涉及具体问题或冲突矛盾时,会刻意回避或干扰一些不利于自身的信息,通过信息管理的方式有效分清相互间的责任,减少过程中的扯皮、推诿等行为,有效地压实管理责任。

15.3 项目信息的内容

(1) 工程项目实现过程的项目信息内容

工程实现的过程也是产品创造的过程,包括工程项目的设计、采购和施工的全部工作,还包括项目交付验收、质保和维修、后评价等方面的工作。项目信息是记录项目全生命周期各项活动实现的内容,在工程实践中,主要是以工程技术资料的形式记录信息,并留存、传递、分发等。如各地颁发的《工程技术资料规程》等。主要内容见表15.1。

项目实现过程的信息内容　　　　　表 15.1

项目立项	项目设计	采购	施工管理	变更管理	竣工验收	质保与维修	后评价
可行性研究报告	项目方案	材料、物资、设备	施工准备	设计变更	专项验收	维修	项目绩效评价

续表

项目立项	项目设计	采购	施工管理	变更管理	竣工验收	质保与维修	后评价
批准报告	扩初初步设计	供应商、分包商	施工现场管理	现场签证	竣工验收	缺陷整改	
	施工图设计	服务采购	施工技术管理	洽商变更			
	设计服务		施工资源管理	项目变更			
			过程管理报告				

(2) 工程项目管理过程的项目信息内容

项目管理过程即项目管理实施的过程，包括项目启动、项目策划、范围管理、进度管理、质量管理、预算控制、安全与环保管理、财务管理、资源管理、沟通管理、风险管理和收尾管理等方面的内容。主要内容见表15.2。

项目管理过程的信息内容 表 15.2

项目启动	项目策划	范围管理	进度管理	预算控制	质量管理	安全与环保管理	财务管理	资源管理	沟通管理	风险管理	收尾管理
管理目标责任书	项目总体策划		计划编制	预算控制目标	质量计划	安全与环保策划	项目核算	资源计划	沟通管理	风险辨识	检查
项目经理部组建	项目计划	合同范围与内容	进度监测	分阶段预算控制	质量保证	安全分级管控	资金管理	资源分析		风险评估	接收
招标			进度纠偏与变更	纠偏与控制目标调整	质量措施	HSE现场管理	竣工决算	资源整合调度		风险管控与应对措施	
委托											

(3) 工程项目支持过程的项目信息内容

项目支持过程是支持项目组织实现其功能的过程。虽然不直接为项目创造价值，但为价值创造过程的实施起到保证、支持作用。一般包括企业对项目的支持，项目组织内部对项目实施的支持，业主、监理及投资人等相关方对项目的支持等。

根据上述内容，项目支持过程的信息内容见表15.3。

项目支持过程的信息内容 表 15.3

检查与监督	项目综合	行政	党的建设	人力资源管理	基础管理	体系运行	发展规划
项目检查	信息与文档	行政管理	党的建设	发展编制	知识库	质量体系	政策指导
项目监督	报批报建	管理制度		人力资源	管理手册	职业健康	
	综合服务			培训		安全环保	
						COSO体系	

15.4 项目信息的收集与提取

工程建设项目信息的收集与提取复杂多样，不同的信息分属于不同的管理活动之中，根据项目信息的主要管理内容，有项目实现的过程、项目管理的过程和支持过程等方面，各项管理活动围绕上述活动依次展开，因此，根据经验法和项目管理的需要，工程项目信息的收集方式主要如下：

按项目的进度分类收集，项目的进度确定了项目的程序与顺序，各项信息的收集围绕着项目进度展开，按时间排列进行收集。确保各种信息的收集和提取能够同步进行，实现闭环交圈管理。

按照管理内容的构成收集，每项管理内容均有其自身的活动顺序，根据不同的阶段、不同的内容细节形成的不同结果来进行管理。一般按照项目管理的程序文件和管理手册中要求的资料信息、施工工艺流程和顺序节点来收集。

按照企业的规章制度、管理流程和有关文件规定的内容来收集，确保收集的内容满足相关需要，如创优工程，资料的收集要满足创优规划实施方案的需要，最终实现创优的全过程文件的支持。

按照《工程技术资料规程》和《档案的管理规定》中的相关要求收集项目的资料。每个地区均颁布了相关的资料规程，详细地对工程建设项目的有关资料的收集整理和存档要求进行了规定。

按重大事件和里程碑节点等关键性活动收集项目管理信息。项目信息主要是通过记录、观察、试验、调查、文件报告、邮件、询问、交谈等方式进行收集整理，并将信息的收集工作按项目管理岗位进行分工，收集各自范围内的有关信息资料，统一汇总。

项目信息必须严格按照相关要求进行编写，如办公信息按照企业规定的格式编写和收集，工程技术资料信息在《工程技术资料规程》中有明确的要求，管理信息在程序文件或手册中均有严格的要求等。企业制度类的信息，要做到"废、改、立"（由于企业战略改革的需要，使各项制度更具针对性、可操作性和科学性，用制度管人、管事、管权。针对现行各种制度、规章采取废止、修改、新立的措施）。信息的收集和提取必须保证主旨清楚、内容详实、来龙去脉清晰、格式满足要求。

15.5 项目信息的传递

项目信息的有效传递，需要建立一套合理的信息传递制度，信息的传递需要按照工作的权限与要求进行。如果有保密要求，需要在一定的范围内传递。涉及机密或者商业秘密的信息，需要执行相关规定。

（1）信息传递的依据和必要性

信息传递是要把他所需要的信息及时传递给项目的利益相关者、内部管理者，其中不但包括实施沟通管理计划的内容，还包括对事先未打招呼而临时索取请求的回复。

项目计划的工作结果。项目计划的工作结果是信息传递的重要方面，及时向各相关方报告项目的进展情况、存在问题及需要解决的问题。

沟通管理计划。根据项目早期阶段所制定的沟通管理计划实施，并在实际操作中不断修改和完善，以适应项目的发展过程。在项目中，为了保证工程项目的进展和经营的需要，一般采用设计例会、监理例会、预算成本控制例会、工程调度例会、项目例会、招采例会、业主协调会、重大事项决策等多种沟通形式。在企业管理中，一般采用质量月、安全月、生产例会、质量例会、科技例会等多种沟通形式。

项目计划。项目计划是在项目投标过程中，经过详细分析、论证，并经过批准的正式文件。包括合同文件及其组成文件、往来文件，项目班子应分阶段、及时地把计划信息传递出去。项目管理计划需要与企业及时沟通，项目实施计划需要与业主、监理和相关方及时沟通。

重大事件发生、变更或对项目经营产生重大影响的变化。项目实施过程中，重大事件的发生、变更也不可避免。因重大变更，采购入不敷出，相关方的主要人员变化，资金断裂等，均需要及时进行信息沟通与交流传递。

（2）项目信息的传递路径

1）由上而下的信息

从项目组织内部自上而下的信息传递。根据项目的分工要求，考虑到全员参与的原则，为了很好地完成所分担的工作任务，做好本职工作，项目经理部各级人员必须了解的信息包括：项目目标及约束条件，项目组织架构中与该下级有关的工作部门和单位，项目内部各工作部门的任务和职责，项目开展的程序、顺序、进度、结束时间，项目有关的工作要求、标准、规定等。项目目标及约束条件的变化情况，与该下级有关的工作中可能出现的问题和困难等，项目实施过程中出现的特殊情况、项目动态、工作安排及其原因以及决策后需要执行的任务信息等，必须自上而下做好传递。

从企业内部自上而下的信息传递。企业的发展，离不开项目的发展，企业的战略、改革和日常管理工作需及时向项目进行反馈，企业管理层将项目关于企业发展改革、"三重一大"等重要事项信息向项目经理层传递。企业职能部门需要将业务动态、行业动态、企业发展的具体措施向项目职能部门传递，实现企业发展与改革等工作在项目中的具体落实。这些项目信息必须从企业内部自总部到项目经理部实现自上而下地传递。

2）由下而上的信息

项目经理层的决策需要依赖大量的信息，该信息的获得需要下级及以下基层的岗位人员提供，其中以来自下层的项目执行信息、进展情况、关键岗位的执行力等信息最为关键。这些信息包括：项目目标及约束条件的实现情况（任务量、进度、成本、质量、安全、环境变化情况）；资源计划执行的不利情况及变化情况；下级较大的错误决策；参加项目或涉及的有关单位和部门造成哪些困难，以及项目内部成员的工作情况。

3）横向信息

横向信息是指同一层的两个及以上不同工作部门之间、干系人、利益相关方、资源单位的信息传递关系。横向信息的传递是工作边界问题信息的传递和交流，是对项目管理和实施过程中的矛盾、交叉、协同等方面的沟通，确保项目实现过程中的各类管理闭环。按程序和流程管理时，项目横向之间的沟通尤为必要，工程建设项目的每个环节均有较为复杂的流程与工序，各环节之间的信息传递是提高工作效率、加快项目进程的重要推手。当出现较大的问题时，需要上级或更上一级予以协调，工程施工交叉时经常出现此类情况。

4）项目管理机构与环境之间的项目信息

以项目管理机构为核心的横向信息传递较为复杂，项目的干系人、利益相关方、资源相关方的信息传递类型复杂，方法与手段各异。与内部环境的沟通，如项目团队之间的信息传递一般采用口头或者按流程传递；与外部的沟通，如与业主、分包商、用户、媒体、公共关系、产品市场、文化、政府机构、行业主管部门、金融机构等的传递采用电子邮件、微信、电话、往来函件等方式进行横向传递。如果是投资建设类项目，还需要与项目公司或者股东进行信息交流。

5）与信息员的关系

信息员需要配合专业或者决策，为项目经理决策做准备工作。工程项目的信息员包括工程师、技术员以及处于各相关岗位上的业务人员等，他们既无决策权，也无指挥权。信息员的主要职能是汇总信息、分析信息和分发信息。信息汇总一般有专门的岗位人员，不同的企业，设置不尽相同，有的称为信息主任，有的称为资料员、档案员、秘书等。

（3）项目信息传递的形式

信息传递在工程项目实践中主要有：谈话、书面材料、集体传递和采用相关技术手段。谈话有集体谈话和个别谈话，经常采用的谈话方式有监察、审计、组织人事变更、重大商业信息、个别提醒等，主要目的是分析任务、检验工作、个人或组织提醒等。书面材料常用的有信件、复印件、记录、工作条例、报告文件，书面材料信息传递一般比较正式，重点是要将信息传达清楚，避免歧义。集体传递，主要有会议、听报告、培训班、党课等形式。技术传递形式，比如邮件、微信、电话等。随着数字信息技术的发展，以企业管理信息系统传递信息是一种趋势，大大提高了信息传输的效率，信息系统的传递是通过通信专网进行，极大地保护了项目的秘密。

15.6　项目信息的归档与保存

工程建设项目周期长，管理复杂，人员变动频繁，过程变更与变化情况非常多，做好项目信息的归档与保存是项目化解风险的重要手段，更是合法依规交付的凭证，也是企业发展得到借鉴与参考的基础。因此，项目信息一定要归档并保存。

对于收集到的资料数据，首先要经过鉴别、分析、汇总、归类，除了满足各地竣工资料管理信息外，工程建设项目根据不同的企业管理的要求和程序文件的要求进行分类管理，必要时通过会计核算、成本测算和其他经济活动分析等，对有价值的原始资料数据及时加工整理，分类管理与存储，以备查阅。

建立项目信息记录，在项目进行期间交流的信息应当尽可能地以各种方式收集起来，并要保管得井井有条，为以后的索赔、仲裁等提供有力的证据。特别是对来往单据的管理更应重视，应避免丢失、短缺以及不能按时清理、提货和发运等现象的发生。如河北省某机场项目，在实施过程中，钢材市场价格波动非常大，当时达到了6100元/t，考虑到项目处于施工用钢材高峰期，采购数量接近项目钢筋总用量的一半以上，随后市场变化，钢筋价格回落到3950元/t左右，由于相关业主方及监理方不担当，造成缺乏签证记录。一年后，项目竣工审计结算，由于审计单位的审计费用是以工程项目核减比例提成作为报酬，业主方联合审计单位，以没有签证记录为由（项目结束后业主方和监理方人员均已离职），按结算审计时期的钢材价格（3950元/t）予以结算，结算金额与报审金额相差近200万元。项目经理部根据当期市场收集的信息资料，包括市场行情、招标采购入库单、与业主及监理方的函件、检查记录、过程验工单、现场照片（带日期）、监理会议记录等提请仲裁，最后索赔成功。从这个案例可以看出保存完整信息记录的重要性。

15.7　项目信息数字化管理

（1）项目信息数字化的意义

要适应市场的发展、提高企业竞争力，必须突破传统的粗放管理模式，向管理精细化、数字化、信息化转型，从传统的管理模式向以"物联网＋5G＋大数据＋AI"数字化技术为手段的精细化、一体化、协同化经营管理模式转型，从传统的施工总承包向多种项目管理模式和投资模式的新型企业化管理转型势在必行，数字技术的发展是必由之路。

数字技术为信息管理系统提供了诸多可能，5G技术的高速度、低延迟和可扩展性为工程项目提供了互联性，从而大幅提高可见性、效率和项目智能水平；物联网、IoT可以帮助工程项目实现"预警""远程监测"和"持续数据采集"等功能，联网设备可监控物资及设备的信息并可溯源；通过无人机与机器人携带的摄像头、传感器和其他数据采集技术进行现场信息捕捉，实现施工现场可视化，实现全面的场景再现；混合现实，能够实现工程项目的沉浸式管理体验；人工智能（AI）与机器学习，可以确保流程的正确，同时，还可以进行仿真；BIM与数字孪生能以多个视角更为清晰地展现项目情况。通过建立恰当的模型，在施工前完整模拟现实情况，有助于降低风险、减少差错、提高质量、提升生产力和管理预算或解决成本问题；云计算，基于云计算的中立平台，可连接项目所有参建方，提供诸如在线文档管理或数据收集。以数字科技驱动精益建造和智能建造。让不可见变得可见，让项目变得更透明，各项信息收集、传递和存储更加准确，更加快捷。

数字化技术与全面项目管理体系和企业管理系统融合，形成多模块系统，实现数字技术与生产经营融合，促使企业高质量发展成为现实。例如中国建筑集团的安全信息化建设，不仅在防灾减灾方面做出预警，还在救灾资源调配方面提供信息传递，有效地将损失降到最低限度，其中数字化技术发挥了重要的作用。数字化信息管理系统是企业搭建平台，职能部门和相关分子公司作为支持，项目经理部作主要支撑的数字化系统。

为了实现对项目信息管理的目的，需要在把握信息管理的各个环节，包括信息的收集、加工整理、存储、传递和应用等的基础上，建立项目信息管理系统。数字化信息管理系统的运用主要是帮助相应层级的管理人员完成相应的工作目标，从而为项目管理实际中有效地优化利用资源做出决策。在项目信息管理系统的设计中，关键是信息系统和控制系统。信息系统是提供数字化系统的基础管理工作，控制系统是在基础管理工作基础上形成决策依据，并进行优化资源、解决问题和处理命令。这是两个既有区别又相互关联的要素，系统的信息要素本身主要涉及与项目费用、进度及实施方向有关的、准确的、结构性的信息的产生和数据加工工作，而系统的控制要素主要涉及利用所提供的信息形成决策和给出与资源的利用或问题的解决有关的指令。控制要素和信息要素必须设计为彼此兼容和相互依存，否则它们将无法起到综合系统的作用。通俗地理解，信息系统是企业管理方法论的数字化，控制系统是项目管理决策的数字化。信息系统的核心算法是基于企业管理和项目管理。

(2) 项目信息数字化管理的内容

根据对当前市场已经开通运营的几家数字化信息化管理系统的调查研究，其基本思路是借助数据流快速传递信息的特性，以项目管理要素的实现为基础，融合企业管理体系，综合企业职能部门和企业基础管理数据库为依托而建立的信息化系统。以项目为主线，以计划为龙头运筹协同，以合同为中心全面记录，以成本管理为核心深度控制，采用现代项目管理方法体系，综合企业的管理模式，构建项目型企业，构建跨区域、分布式的多项目管理平台，以及跨越企业业务操作层、管理层、决策层三个不同层次的实际需求，满足单项目管理、多项目管理、项目组合管理及企业集约化经营的要求。一般项目信息管理系统包括以下内容：

1) 以项目为主线。数字化信息技术使得以项目为管理对象的工程建设企业的集团总部、分公司、子公司、项目经理部等职能部门能够在一个平台上协同工作，完成从市场开拓、经营管理、投标报价、设计、采购、施工、质保期和缺陷期维护、竣工移交的项目全过程标准化、规范化管理。

2) 以项目进度计划作为项目管理控制的主线，相关管理要素的同步统筹协同推进，形成项目管理系统化运作的体系。通过主进度计划、分部分项、专业等各种辅助计划，并以这些计划来指导和安排具体的业务管理过程，最终实现各项业务工作都符合总体进度的要求，各项目业务以计划为统筹协调，共同推进，实现项目管理的目标。

3) 以合同约定的范围和内容，作为项目管理需要实现的内容。以这些内容进行项目的工作结构分解，形成以工作包（分部分项工程）为基础的相关资源（人、材、机）及相关费用（管理费、规费、税金等），以定额计算为基础的工程量清单，形成各项基本组成的成本费用，并以此为基础形成成本控制价，将其作为项目管理的支出项，形成费用、质量、安全、环境、健康、综合管理的项目集成。

4）以挣值法作为项目管理的控制杠杆原理，评估现状和预测将来的收益情况，指导形成成本控制价。

5）以控制价作为采购的基础，形成以控制价为核心的深度控制。实现对成本管理的事先计划、事中控制和事后分析。分析招标的成果，分析项目管理过程中的成本绩效，并对部分造成与控制价偏离的分项或子项进行事后分析，总结并提高，纳入考核对象。

6）以项目协调企业人材机、资质证书等诸多资源，进行动态调拨与使用，提高资源使用效率。

7）将流程管理和企业管理程序文件数字化，并置于信息系统的内部，作为系统内置的工作流引擎，支持日常办公事务及所有与项目管理相关业务的审批流转，实现办公自动化，规范管理，提高协作效率。

8）以企业经验和能力管理为支持。通过日常应用总结符合企业自身特色的项目管理模式与做法，改进企业管理的基础工作，做到知识、技能和方法的总结提升，为后续的项目和工作提供更好的帮助与支持。

9）根据企业项目的多样性，区域性地进行系统布置。项目管理软件的运用要形成多种版本，比如网络版、局域版或者单机版等。

10）以信息管理系统为平台，集成相关的 ERP 系统，通过数据的导入和导出，减少大量的计算过程，如集成广联达软件，项目管理中预算就很轻松。很多企业集成了其他软件或 IT 系统，如财务系统、HR 系统、档案系统、设计系统、采购系统、BIM 系统、OA 系统和概预算软件等。通过一次数据的录入，形成多方成果的输出，极大地提高了项目管理的效率。

11）通过用户界面权限设置，实现信息的分级分层管理。通过企业数据库的运用，实现信息资源的共享，有效实现项目管理的远程控制。

第 16 章 项目沟通管理

项目沟通管理（Project Communication Management），是指在项目管理过程中的各项信息交流，包括组织之间的信息传递。项目沟通是项目信息产生、收集、传播、保存和最终配置所必需的过程。项目沟通管理是把参与项目的所有人、组织的想法通过信息沟通的方式进行联系。对项目来说，各项管理要素的调度、指挥、协调和控制都必须进行项目的信息沟通才能得以实现，良好的信息沟通对项目的发展有着促进作用。

沟通的目的是达成共识，统一意见，协同推进工作。通过识别项目管理中潜在的问题，做到人与人之间传递沟通，征求项目管理的建议改进项目的绩效，并反馈项目的信息，最终满足客户需求，避免项目管理发生意外情况，建立良好的工作关系，建立共同的愿望，对增强项目团队的凝聚力和战斗力有很大的帮助。

工程建设项目周期长，工作复杂，涉及点多面广，每个阶段、每个工作相对来说都是非常重要的条件。为了做好每个阶段的工作，达到预期标准和效果，项目组织成员要取得共识，形成工作合力。在项目经理部部门内、部门与部门之间，以及项目与外界之间建立渠道，快速、准确地传递和沟通信息，是非常必要的。通过沟通，有利于项目组织内各部门协调一致，项目成员更加明确各自的工作职责与范围，使他们知道他们的工作对实现整个组织目标有着重要的意义。同时，通过大量的信息沟通，找出项目管理中存在的问题，并制定相应的应对措施与政策，确保项目能够取得良好的结果。一旦缺乏良好的沟通，就不可能做好项目管理工作，更不可能较好地实现项目管理的任务。

在项目管理中，沟通管理是连接项目各项管理要素的纽带，是在人、思想和信息之间建立桥梁，项目沟通是项目取得成功必不可少的条件，而且是非常重要的条件。沟通的方式有很多种，有正式的和非正式的沟通、有领导者与被领导者之间的沟通、有自上而下也有自下而上的沟通，有组织与组织之间的沟通、组织与相关方的沟通等。

与相关方的沟通，根据利益相关者对信息与沟通的需要，识别利益相关者的信息需求，并确保满足他们的需求而采取合适的手段，也是确保项目成功的一个重要方面。

16.1 项目沟通管理依据

项目沟通管理所涉及的知识领域是保证项目信息及时、正确地提取、收集、传播、存储以及最终处置所必需的。所有项目组织中每一个人的沟通均对项目的整体利益有一定的影响。如何实现沟通的效果，需要参与沟通的人具备一定的沟通能力、水平。这些能力与水平体现在能够通过与利益相关者的信息交流和沟通，实现项目组织的目标。因此，项目组织中的任何一位沟通者，需要做好切实的沟通准备，把握好沟通的依据，一定要具备以下几个方面的理解准备。

（1）项目沟通的环境因素

沟通的环境因素包括组织或公司的文化与组成结构、政府或行业标准、基础设施、现有的人力资源、人事管理、公司工作核准制度、市场情况、利益相关者的风险承受力、商业数据库和项目管理信息系统等。也就是在沟通前要知道自己所处的环境，扮演什么样的角色，这是沟通的基础。

（2）组织过程经验

沟通需要有一定的经历，这些经历可以是自己经历的，也可以是别人经历的，或者组织经历的经验教训和历史信息，这些经历为沟通提供较为有力的参考。曾经有个项目的谈判沟通，该项目是以投资带动项目施工的项目，即F+EPC。在沟通谈判时，建设单位提出了先支付一部分资金用于土地摘牌，然后再进行施工。但这个项目的投入资金超过工程施工合同内容，同时，对方提出很多不利的条件。谈判陷入僵局，同意，明显就是个坑，不同意，项目的承揽基本无望，工程施工企业通过以前其他单位的类似项目的总结描述，对对方提出的不利条件予以否定。经过很长时间的谈判，双方共同寻求其他的交易机构再次洽谈该项目，最后双方各自妥协，以双方都可接受的交易模式达成合作意向。这个例子就是组织过程经验的运用。通过经验的积累来谈判，对方很容易接受，也不至于因为否定对方导致关系紧张。

（3）合同的范围与内容

合同的范围与内容包括各项条件的约定，这是沟通的基础。沟通的目的就是以合同的范围与内容作为项目决策的依据，对构成决策依据的形成条件与利益相关者之间进行沟通，通过沟通形成共识，最终推动项目的发展。不同的合同的范围与内容所确立的沟通条件各不相同，总承包合同与分包合同、供货合同和服务合同也不尽相同，沟通时，要以相应的合同范围与内容作为沟通的基本条件，每份合同的范围与内容、权利与义务、相互之间的约束条件，均是沟通谈判的基础依据，离开合同，所有的沟通基本是无效的。

（4）项目管理计划

项目管理计划是在工程建设企业管理章程、管理目标假设的条件基础上制定的，随着项目的推进，实施的条件与假设条件有差异也是必然，这些和假设存在的差异就是计划执行的制约因素。沟通管理时需要解决假设条件转化为真实条件的可能性。因此，这些假设条件转化为真实条件的制约因素是通过管理团队权衡选择的沟通内容。

（5）重大事件和偶发性因素

重大事件和偶发性因素是沟通管理的重要依据，常规的重大事件是可以预测的，但很多重大事件不可预测，存在着偶发性，此时，重大事件和偶发性因素基本很难预料，一般沟通都是在事件发生后进行，在沟通时，这些偶发性因素要收集好相关信息，为寻求好的结果，需要找出沟通的目的和期望，以搜集相关的证据和解决问题的途径作为沟通依据。

16.2 项目沟通的对象

(1) 当事人的沟通

项目管理的主体是项目管理者，项目管理的对象是工程项目。项目沟通的对象是项目管理者，他们是项目的当事人或项目组织。围绕着工程项目的管理者是多方面的，从当事人来看，主要有业主、监理、设计、咨询单位、承包商、供应商、分包商、项目干系人（如利益相关方、贷款银行和政府部门等）。不同项目管理模式下的当事人也各不相同，如金融机构、保险机构在某种情况下，也会成为当事人。

(2) 组织的沟通

1) 组织系统

组织系统是指比项目本身更为庞大的公司、政府机构、卫生医疗机构、跨国集团、专业团体及其他。以工程项目为基础提供服务的组织，包括但不限于设计单位、咨询单位、配套设施实施单位以及其他组织，这些组织是通过为项目服务而获得报酬，严格来说，也属于服务分包商一类。

对工程项目实施管理的组织，通过这些组织，可以使项目管理的能力与水平得到加强，效率得到提高，这些组织更多的是提供现代化的信息管理系统，用于提升项目管理的效率。如安全管理系统、财务报账系统等。

以项目为对象，但不是以项目为基础提供服务的组织，如保险机构、金融机构，只是项目需要的时候，才提供服务的机构，保险机构只有在购买一切险和意外险后发生状况时，才提供理赔服务。

工程建设企业本级管理组织，也称企业总部，项目组织是企业总部派出的机构，但项目组织需要与企业总部保持着良好的沟通，通过良好的沟通，更好地将企业资源整合到项目管理之中，有利于提高项目的组织管理能力和管理水平。

2) 项目组织

项目组织也称为项目团队，项目团队是为了实现项目合同及企业下达管理目标与指标而组建的一个群体，团队成员在项目经理的领导下，全员参与，分工协作，为了项目的管理目标与指标而共同努力。团队成员之间相互影响、相互依存，形成合力，发扬团队精神，获得集体成功。同时，团队成员的个人成长与事业的发展与项目团队有着密切的关系。

16.3 项目沟通计划

每个项目都应该有一个沟通计划来说明这些沟通问题，才能确保项目沟通有效，然而，项目的信息准确，沟通方法恰当，沟通人员的知识、经验和个人素质，这一系列的信息流决定了项目沟通的成败。项目沟通管理主要包括如下四个方面的内容。

(1) 沟通规划

沟通规划就是确定项目干系人信息交流和沟通的要求。即干系人需要什么信息、何时需要及应如何把信息提交给他们。

项目的不同干系人，由于对项目关注的内容与立场各不相同，信息的需求也各不相同，为了做好项目的沟通，针对不同的干系人，要通过调查识别他们的信息需求。如政府关心的是具有合法依据的建设手续，供应商关心的是供货和回款，设计单位关心的是设计条件和功能定位等等。如果只向干系人提供他们需要的信息，不向干系人做好有利于项目成功的信息沟通，或者缺乏项目信息的沟通，也容易导致项目沟通的失败。因此，沟通对于确保信息的有效是非常重要的，要做好沟通工作，需要考虑以下因素，才能确保沟通顺利。

1) 项目组织和干系人责任关系，如合同中明确的权利与义务。
2) 涉及项目的纪律、行政部门和项目特点（专业），确保项目信息符合有关要求。
3) 项目所需人员的推算和应分配信息的位置。
4) 外部信息的需求（需要信息的外部机构，如媒体等）。

(2) 信息发布

信息发布是指将需要的信息及时传送给项目干系人，信息发布要依据沟通管理计划、项目的工作成果及项目计划，以及对突发的信息请求作出反应。信息需求者能及时获得有效的需求信息，发送者要确保信息是清晰的、明确的、完整的；接收者要确保所收到的信息是完整的并被正确理解的。提供的信息包括项目记录、项目报告和项目展示。

项目记录：包括备忘录、进度表和状态报告、采购申请、信函形式描述说明项目的各种文件、计划修订等。

项目报告：是正式的文件，详细地记录需要关注或处理的项目状态或事件。

项目展示：向项目干系人做项目成果展示，使其了解项目的进展情况，可视化的展示效果更好。

(3) 绩效报告

绩效报告包括文档和项目绩效信息，显示某一时间点的项目状态，主要用来衡量进度和成本。绩效报告是一项长期工作，一直持续到项目的结尾，主要包含以下几个部分。

1) 状态报告：在某一时间点，项目处于什么状态，推进到什么阶段。
2) 进度报告：从上次完成的状态到本次报告完成的工作内容有哪些，完成了什么。
3) 预测报告：在下一阶段想要完成什么，工作计划与内容有哪些。
4) 变更请求：对项目完成情况的分析，常常产生对项目的某些方面作出修改的要求（例如，范围变更处理、进度控制等）。

我们常见的工程月报，就是以月度为单位的绩效报告。

编制绩效报告时，要包括以下几个方面：

1）绩效评估：绩效评估是为评估项目状况和进展而举行的会议，项目当前的状态介绍、内容的深度取决于会议的听众。

2）偏差分析：偏差分析是指把项目的实际结果与计划或预期结果作比较。最常使用的是成本和进度偏差，必要时包括范围、质量和风险与计划之间的偏差，项目改进过程中评估改进情况。

3）趋势分析：随时进行绩效跟踪，以便了解项目情况是在改进还是恶化，分析可能存在的问题，如材料的供应或质量问题。

按现代项目管理的方法，上述分析一般采用"挣值法"进行，它把范围、成本和进度等度量标准结合在一起以帮助项目管理小组评估项目执行。

（4）管理收尾

工程项目实施完毕达到项目管理目标或因某种原因导致项目终止后，需要对项目工作进行的一个总结。管理收尾包括对项目结果的鉴定和记录，以便由发起人、委托人或顾客正式接收项目的产品。管理收尾包括项目记录的收集、确保项目记录反映最终的设计书、项目成功和效益的分析以及对此类信息的归档以备将来之用。管理收尾在项目进行中不应被拖延，目的是每一阶段应以适当的方式结束，以确保重要和有用的信息不会丢失。这时整理工作成果要确保项目工作符合所有要求和规范的过程。在管理收尾阶段要考虑的事项包括以下几方面：

1）收集并存档所有项目文件，包括最终的成本和进度信息。
2）更新反映项目实际情况的记录和规范。
3）更新员工数据库，使其反映员工目前的技能以及将来预期要接受的培训。
4）改进评估，项目如何进行并对其评估。
5）项目成果的最终报告。
6）经验教训评估，包括所有干系人和团队成员。

16.4　沟通分析与沟通策略

为了保证沟通是成功的，需要对沟通进行分析，制定沟通策略，将有关资源综合运用到项目沟通的需求上来，通过沟通需求分析可得出项目各利益相关者信息需求的总和。信息需求的界定是通过所需信息的类型和格式，以及该信息价值的分析这两者结合来完成的。项目资源应该只用于沟通有利于成功的信息，或者缺乏沟通可能造成的失败的信息。这并不是说不用发布坏消息，而是说沟通需求分析的宗旨在于防止项目利益相关者因过多的细节而找不到重点，导致沟通的效率降低或达不到沟通的目的。

做好沟通的心理底线，毕竟项目的沟通很大程度上是一个让步、妥协的过程，最终实现双方的利益平衡。没有底线的沟通，最终都不会有好的结果。这个底线的设定，需要在沟通前自我评价，以保证好利益的底线，做好沟通方式和沟通内容的安排。沟通时，需要做好充分的准备。

(1) 熟悉项目的情况

熟悉项目的情况，了解项目的管理模式、方式及组织行为等。熟悉项目的进度、质量、环境条件等，如进度到了什么程度，组织结构图中的组织关系，企业文化的关注点，项目的环境情况等。

(2) 掌握合同中的关键信息

根据谈判的需要，应掌握合同中与谈判相关的信息，如合同计价规则的组成，合同中约定的权利与义务的关系，标的的构成、相关技术支持和组织支持情况，项目组织和利益相关者职责关系。

(3) 交叉学科的运用

谈判的内容非常广泛，涉及的学科与专业非常多，应学习了解项目管理中涉及的学科和专业。特别是运筹学与经济学及相关专业的学科，也包括人文类的学科。

(4) 了解项目组织情况

了解项目组织架构、项目管理情况、资源情况、人员情况及项目的履行情况。

(5) 预测沟通期望

沟通的底线思维，也是沟通期望达到的最低要求。为实现项目条件，应预设内部信息需求及期望。

(6) 了解项目利益相关者

项目利益相关者就是积极参与该项目或其利益受到该项目影响的个人和组织。项目管理班子必须弄清楚项目利益相关者，确定他们的需求和期望是什么，预期底线是什么，做到知己知彼。然后对这些期望进行管理和施加影响，以确保项目获得成功。

16.5　项目沟通的方式

工程建设项目实施沟通的方式有多种，如电话、微信、QQ、视频、面对面、座谈、私下沟通、会议、培训等。其中谈判、会议等是常用的形式。

(1) 谈判

谈判准备的全部过程需要做到"知己知彼""结果预测""通过预审"这十二个字。谈判要事先做好充分的准备，不打无准备之仗，不打无把握之仗，以达到目的为第一要务。知己知彼，应了解自己也要了解谈判对象，了解谈判内容的来龙去脉以及事后背景、潜在的问题，事先做好评估；做好结果预测，做好谈判方案，依据谈判方案进行讨价还价，或采用让步与妥协等方式取得谈判结果。

如果谈判也解决不了根本性的问题，可以采用仲裁或者法院裁判解决。

(2) 会议

会议是解决工程建设实施中的问题，做好决策，促进团队建设和强化团队成员的期望、重要性以及对项目目标达成具有促进作用的重要工具。在会前、会中和会后，召集或主持会议的人应采取多种措施以确保会议的效率。项目会议类型通常有三种：情况评审会议、解决问题会议和技术设计评审会议。做好会议筹备，做好会议组织，明确与会角色，确定会议主题，做好会议记录或备忘等成果性文件，会议包括商务会议、技术会议、专项会议、组织会议等等。

（3）例会制度

例会，指依据约定的惯例每隔一定期限举行一次的会议，在项目管理制度中予以规范，形成例会制度。根据工程项目的管理要素，一般例会有生产例会（汇报和讨论进度、产值、形象进度、资源调度等）、设计例会（对设计内容进行讨论和变更处理等）、质量例会（质量报告）、监理例会（根据监理实施细则规定的内容，通报质量、安全、进度等情况）、安全例会、成本预算例会、月度会议、半年会、全年会、专题会议等，不同的企业根据自身的管理制度对例会进行规划安排。如某企业例会安排如下：

每周四下午14：30召开监理例会，不定期与业主、监理、设计进行沟通，实时掌握业主的思路，了解设计意图，顺利完成合同约定任务。

每个月最后一个星期的星期三上午10：00邀请参建单位对现场的施工安全、质量进行全面检查，然后召开专题会对当月的施工安全、质量进行评比奖罚，并对下月的安全质量作出要求。

根据现场情况不定期地组织小型专题会议，主要解决现场存在的一些问题。

（4）工程报表

项目相关部门实时编制工程日报、周报、月报，将工程进度、质量、安全、分包单位评价、工程款支付情况、存在的问题及办理举措等进行全面整理，上报给企业主管部门并报送业主及监理单位。

（5）工作计划

项目部要求每位管理人员每周五上报个人工作计划，包括上周工作计划的完成情况及下周的工作安排，对未完成的工作进行解析并拟订举措，该制度作为绩效核查的重点依据。

16.6 工程建设企业项目沟通中的几个问题

工程建设企业项目管理是项目实施者，在项目管理过程中发现问题解决问题，有助于项目管理的顺利进行。然而，问题的解决一般会推高项目成本，如项目沟通环境、会场安排、邀请参会人员的报酬、路费等等都会增加项目成本，以下几个方面不仅增加沟通成本，还会使沟通处于被动局面。

（1）议而不决

这个问题在工程建设项目管理中普遍存在，由于涉及立场问题、谈判人员的身份地位问题、角色问题，更重要的是参会者的不担当，议而不决的事情常常发生。一般发生在建设单位的外聘主要管理人员、政府或国有企业的职员当中，主要原因是不敢担责。利益相关者为规避利益损失等议而不决，使出缓兵之计，利用市场优势逼迫工程建设企业项目管理人员做出让步。

（2）更改会议纪要

一般会议纪要是在会后进行整理，由于在谈判或会议中，参会人员没有很好地领会上级意图或者规避谈判责任，对谈判中涉及的问题的严重性事前没有认真评估而反悔，上级领导对谈判的结果不满意等情况，导致会议纪要无法按照会议上形成的结论进行会签。

（3）事后否决沟通结果

利益相关者出于应付的目的和面子问题，有着看情况再说的动机，一旦超出其自身期望，就会否决沟通结果。

（4）被诱骗

被诱骗一般发生在工程建设投资项目较多，业主方无论何种沟通，其主要目的是诱骗工程建设企业投资，通过编造虚假信息或者数据诱骗工程建设企业不断地增加投入。特别是所谓的EPC+F项目，工程建设企业的沟通必须在进行调查论证的基础上，做好充分的准备再进行。在沟通的大条件下不成立时，很多沟通是对工程建设企业不利的。如地方财政入不敷出，主要政府官员为了体现政绩，通过沟通的方式，持续引导工程建设企业增加投入，工程一结束，主要官员华丽转身，工程建设企业深陷其中，投资也打了水漂。防止被诱骗是投资阶段工程建设企业在沟通中需要做出重点预防的方面。

其次被诱骗是垫资施工，当业主方的资金供应出现问题时，诱骗工程建设企业继续施工，最后工程款无法得到支付，给施工企业造成了极大的损失，如近期房地产企业爆雷，很多施工企业被迫破产。

第 17 章　项目冲突管理

冲突是双方感知到矛盾与对立，是一方感觉到另一方对自己关心的事情产生或将要产生消极影响，因而与另一方产生互动的过程。项目冲突是组织冲突的一种特定表现形态，是项目内部或外部某些关系难以协调而导致的矛盾激化和行为对抗。由于冲突的本质是矛盾与对立，有积极的，有消极的，只要对项目的进展有利，就是积极的，损害项目进展的，就是消极的。积极的冲突有利于项目管理的创新，创造效益，消极的冲突不利于项目管理的正常进行。在项目管理过程中，和谐是一种愿望，冲突是一种常态，正确认识和解决冲突，是项目管理过程中的一项重要内容。

17.1　项目管理中的冲突

工程项目管理是创造产品的过程和项目管理的过程，每个过程都是由利益相关方、干系人和项目组织团队成员共同实施并完成。由于参与项目的各方及个体所处的立场、诉求、观点不同，对项目的认识与实践必然存在着差异，这种差异在管理过程中表现出来的就是矛盾与对立。这种矛盾与对立有其有利的一面，也有不利的一面，项目管理者要接受这些矛盾与对立，正确对待和解决这些矛盾与对立，这就是项目冲突管理的内容。

项目冲突具有两面性，这是矛盾的本质，工程项目管理中的冲突同样也具有这样的特征，既有有利的一面，也有不利的一面，需要分析、判断才能得出结论。有利的冲突，如项目管理创新和科技创新，就突破了原有的管理法则，制造冲突者是为了提高效率、创造效益，而被冲突者在这个问题上就需要分析、判断这种冲突的必要性，是迎合还是对抗，项目管理者需要从有利于项目的角度进行分析与判断，并解决冲突。不利的冲突，如安全生产的浪费行为，制造冲突者是由于不愿花费更多的精力去研究安全生产方案，导致安全生产成本加大，被冲突者从效益角度出发，要求其改进安全生产方案，双方发生的冲突，项目经理及管理者需要从更有利于项目发展的角度去评判解决项目的冲突。

通过分析这种矛盾与对立，对项目发展有利的，项目管理者需要支持，对项目发展不利的，项目管理者需要加以引导，研究可行的解决方案，使冲突朝着有利于项目管理的方向发展。作为团队建设工作的一部分，项目经理和项目团队要完全知道在项目实施过程中，必然会产生冲突，并对冲突的应对方法、策略形成一致意见。由于工程项目的冲突有可预见的，也有不可预见的，可预见的冲突需要提前制定预案，对不可预见的冲突，在发生后要积极解决，否则，冲突发生后容易导致产生不满情绪而影响项目的正常管理。

(1) 项目冲突的起因及过程

项目冲突的起因是由于在管理过程中，产生了矛盾与对立，只有了解冲突产生的根源，才能找到解决冲突的办法，根据现代项目管理分析，产生冲突的原因主要有以下几个方面：

1) 沟通与知觉差异

沟通不畅容易造成双方的误解，引发冲突，这是因为沟通的双方在对项目的认知上存在差异，既有主观因素，也有客观因素，主观上是由知识、经验和个人素质决定的，客观上是在沟通的方法上存在问题。另外，人们看待事物存在"知觉差异"，即根据主观的心智体验来解释事物，而不是根据客观存在的事实来看待它而造成的冲突。

2) 角色混淆

项目中的每一位成员都被赋予特定的角色，并给予一定的期望。但项目中常存在"在其位不谋其政，不在其位却越俎代庖"等角色混淆、定位错误的情况。

3) 项目中资源分配及利益格局的变化

一些活动会引起项目或企业中原有利益格局的变化，导致既得利益者与潜在利益者的矛盾，项目中某些成员由于掌控了各种资源、优势、好处而想维持现状，另一些人则希望通过变革在未来获取这些资源、优势和好处，并由此产生对抗和冲突。

4) 目标差异

不同价值理念及成长经历的项目成员有着各自不同的奋斗目标，不同利益方、相关方参与项目的目标与动机，往往与项目目标不一致。同时，由于所处部门、立场及管理层面的局限，成员在看待问题及实现项目目标方法上，也有很大差异，存在"屁股决定脑袋""为了利益不择手段"等现象，并由此产生冲突。

(2) 项目冲突对项目的影响

根据冲突对项目的影响，项目冲突有建设性冲突和破坏性冲突两种。工程建设项目的复杂性，决定了在项目环境中，冲突是不可避免的。由于项目组织的建立具有临时性，项目组织中团队成员来自不同的项目或者公司，都有其在原有项目形成的一套管理办法或经验，也是项目管理过程产生冲突的另一个重要因素。项目实施过程中存在矛盾，而这种矛盾是影响项目计划有效实施的重要因素，如何认识冲突的起因和来源有助于更好地解决项目冲突，从而有利于项目的进展。一般来说，工程建设项目的冲突是组织团队或成员为了限制或阻止另一部分组织团队或成员达到其预期目的而采取的行动和措施。冲突可能会阻碍某个组织或个人目标的实现，也可能给决策带来新信息、产生新方法，这样的冲突就会促进项目工作的开展。建设性项目冲突一般有利于项目管理者提高效率、增加效益、增强市场竞争力，破坏性冲突对项目管理会造成一定的损害，对项目的发展是十分不利的，一定要加以引导并纠正。

同样在项目管理过程中，项目经理应该适当地利用建设性冲突，避免破坏性冲突，但这两种冲突是共生的，通常只是一线之差，项目经理能否应用得好也是管理艺术的体现。

(3) 项目管理常见的冲突

项目冲突产生的原因在于项目要素的不容性，具体体现在项目成员、项目目标、工程技术、项目计划的制定与实施、项目成本控制、资源分配、组织结构的合理性、优先权问题和管理程序等方面。

1) 项目成员

项目成员一般为了自身角色定位的需要，通常都不满意分配的资源、地位及诸多条件。项目成员的组成具有临时性，项目成员来自企业的不同项目或分公司，积累的项目管理文化不尽相同，在工作协同中容易产生矛盾。同时，由于项目成员的知识、经验和个人素质等方面原因，对自身的角度和定位不清，看问题的方式及方法论等也有所不同。因此，项目成员的冲突是不可避免的。如对计划的认识，如果不是权威人士主导的计划，大部分人都会对计划有意见，总能提出几条不合适的理由。项目成员个性冲突，这种冲突经常集中于个人的价值观、判断事物的标准等方面。

涉及项目成员的冲突主要表现为以下几个方面：

（a）项目成员的知识、经验和个人素质的冲突。项目成员有时无法从自身的角度认识到项目的期望，在项目进程中，当遇到某些挫折时，会感到不满甚至，产生抵触情绪。如某公司从事市政的人员负责一个房建工程，会认为混凝土模板的安装精度过度严苛，原因在于市政工程与房建工程在控制精度方面差别非常大，这就是经验与实际冲突的表现。

（b）成员之间的冲突。项目成员来自不同的项目与公司，其所拥有学习的项目管理手段与方法也不同，这些均容易产生冲突。例如，两位项目成员无法和谐共处，在于成员之间的经历不同，对项目管理的认识及使用的方法不同。性格的差异也是相互之间不能相处的另一原因。

（c）团队之间的冲突。在企业内部，不同人员组成的团队、不同项目团队的成员之间也会发生冲突。当他们为同一个项目工作时，成员之间可能会产生竞争或角逐、猜疑和怨恨。

（d）团队内部的冲突。当项目团队的内部凝聚力不高或团队建设出现问题时，团队内部会发生内讧，出现非正式组织与正式组织之间的矛盾，经常表现为帮派、小集体斗争、外来歧视等。

（e）项目经理及主要管理人员的个人私心引发团队内部出现冲突。一个项目成立时，项目经理有时会找来一批亲近人员充实到项目组织中，名义上是项目的基本班底，但有时也会为项目经理的私利而损害项目的利益，会与项目组织的正常运营产生冲突。

当多名队员一起工作的时候，冲突就不可避免。在团队组织中，那些教育背景较好、技能较高、作用较大的队员难免会轻视其他队员。有时，由于价值观、工作预期或其他心理上的原因，不同的队员对项目的工作及其评判标准也有所不同，这都会产生冲突。冲突既有积极影响也有消极作用。新工艺、新方法、新技术的运用，管理创新与技术创新等培育新想法、激起更高的工作热情是冲突对项目的促进作用；与项目目标冲突，非正式组织对正式组织的干扰，会降低团队士气和工作效率，甚至会导致项目的终止，引发负面影响。

2) 项目目标

由于项目目标设置的不均衡性，项目团队对项目目标的理解很难趋于一致。由于在项目组织中所处的位置不同，项目经理和团队成员对项目目标的理解也会产生分歧。如企业或项目经理可能希望项目获得质量奖项，从而提升自身的价值，这样会有一种成就感，获得更高的社会知名度和提升自身在企业中的地位。而团队成员的考虑则更为现实一些，希望项目能顺利完成，从而拿到既定的报酬。

3）工程技术

当采用新技术或需要技术创新时，冲突便与技术的不确定性相伴而来。采用哪种技术，如何创新才是最好的，如何操作才能使项目完成得更好、更快，新技术或创新最终能够给项目带来什么，它又会给项目带来怎样的效果，对于这些问题，团队成员会有不同的解决方案，而决策层也会有不同的考虑。

在工程实际中，如采用组合木模板作为混凝土结构模板是常规的做法，但是在技术方案中采用铝模板就是一种创新方法，在技术实施时，由于担心安装铝模板不利于工程进度，成本太高，因而有人会产生抵制情绪。一旦该技术使用成功，反对的成员自然会接受该技术方案，一旦失败或对项目造成影响，倡导使用铝模板的成员可能就会受到歧视。

4）项目计划的制定与实施

项目计划是执行项目管理的总纲领，由合同约定的工期决定，项目计划的安排在某种程度上存在很大的制约性，在项目实施时，项目计划几乎是产生冲突的最主要因素。项目计划在项目经理部成立之初就会制定，项目组织成员也是逐步完善补充，项目团队总是认为他们没有足够的时间来规划出一份完善的项目计划，时间仓促导致粗略的可行性分析，也不可避免地会产生决策时的争议和冲突。由于对项目的认识和理解时间紧迫，在制定项目计划时，项目经理不可能仔细地论证每项工作活动所需要的时间和成本。团队成员根据经验预计完成该项任务至少需要一段时间，而项目计划给定的时间太短，这样矛盾与冲突就会出现。

5）项目成本控制

项目的成本与工期、质量互为制约因素，在项目的进程中，经常会由于某项工作需要多少成本而产生冲突。这种冲突多发生在主管生产团队成员与技术管理成员之间。项目管理是一项经济活动，在业主和项目团队之间、管理决策层和执行成员之间，围绕着成本的冲突一直存在。由于市场的变动，项目功能、装修档次、赶工等诸多因素，均会围绕成本发生冲突。

在工程实际中，人工费在定额取费时一般都低于市场人工费用价格。为了确保人工费用亏损在合理区间，项目团队成员为了自身的工作需要而提高人工费，有利于增加工作动力，但是，提高人工费又增加了项目的成本，冲突就会发生在成本管理人员与生产管理人员之间。

6）资源分配

在资源分配中，依据定额定义，在时间一定的情况下，单位时间内的资源配置数量是一定的，在数量一定的条件下，如何进行资源分配是关键，这往往会引起很大的冲突。如果把既定的资源分给几个项目团队便会发生冲突，一个团队的得到必然以另一个团队的失去为代价。同时，一个团队获得的资源过多，导致资源调度与指挥超出其管理的幅度与范围，也同样使资源分配产生了冲突。

7）组织结构的合理性

工程建设企业的项目组织架构一般按照管理制度框架下的发展编制规定，项目规模影响着组织成员的工作负荷，常常会因组织成员对工作任务的不满产生冲突。在项目组织结构中，冲突还取决于组织的系统结构和各组成部分之间的关系，这种冲突有时有利于暴露和发现问题，从而促进项目工作的管理。

如 EPC 类项目中设计部的工作在项目设计阶段处于负荷状态，一旦进入施工期，设计部的工作就大大减少。而项目的组织结构一般来说是一成不变的，这时间工作减少会引起其他部门的不满。

8）优先权问题

优先权问题带来的冲突主要表现在两个方面：其一是工作活动的优先顺序，其二是资源分配的先后顺序。优先顺序的确定意味着重要的程度和项目组织对其关注的程度，这常常会引起冲突。当优先权出现问题时，被迫让步的一方对工作就会产生不满，或者通过懈怠工作来应对冲突。优先权冲突不仅发生在项目班子与其他合作队伍之间，在项目班子内部也会经常发生。

工程建设项目优先权的冲突主要表现在以下几个方面：

（a）项目成员的职责越不明确，冲突越容易发生。

（b）项目团队成员的专业水平和专业能力差异越大，发生冲突的可能性越大。

（c）项目决策人员对项目目标（如项目成本、进度计划、技术性能）的理解越不一致，冲突越容易发生。

（d）项目经理的管理权力越小、威信越低，项目越容易发生冲突。

（e）项目经理班子对上级目标越趋于一致，项目中有害冲突的可能性越小。

（f）在项目组织中，管理层次越高，由于某些积怨而产生冲突的可能性越大。

（g）当成本出现大的偏差时，相关方的冲突也会更加明显。

9）管理程序

在项目管理中，程序文件是指导项目管理的重要依据，然而，在项目进程中，出现程序复杂导致执行程序的成员不愿意按部就班地执行项目活动，这样项目管理的步调很难一致，对阶段性目标的实现产生冲突。实现程序管理，就是要统一思想，落实行动，项目经理及主要管理人员落实关系、责任、权利与义务，落实合同的范围与内容，落实工作岗位职责、运行要求、实施计划、与其他组织协商的工作协议，以及管理支持程序等。

上述的各项冲突，是项目管理知识体系的总结，每个冲突都有其触发的环境与条件，这与项目管理的进程与内容有关。在项目环境中，只要不是同一个体，不同的个体，不同的组织，不同的利益相关方，项目组织与企业管理组织等都会因某种原因产生冲突，引起冲突的原因也多种多样，而且在某一时期，冲突也呈现多样性，这需要在实践中甄别与判断。冲突并非只产生矛盾,也会通过冲突管理发现问题、解决问题,能促进项目管理创新和技术创新;但是处理不好,会导致项目发生变化、项目变更甚至导致项目终止。认识冲突的性质,寻求解决的途径,就是项目经理及项目团队的主要职责。

17.2　项目冲突的解决

项目冲突是一个必然的过程,项目组织管理的五个阶段为创建、激荡、规范、执行、结束等。在创建阶段,以任务为焦点,项目组织成员士气高昂、精力充沛;在激荡阶段,出现困难、开始争执;在规范阶段,互相磨合、解决矛盾;在执行阶段,配合默契、共同进步;在结束阶段,获得成长、感情加深。因此,项目组织成员很长一段时期处于一个冲突的环境中,冲突是项目的存在方式。在经历了许多困难和挫折之后,便逐渐变得成熟、坚毅。如果冲突处理得当,它就能极大地促进项目的工作。而且冲突能将问题及早地暴露出来并引起团队成员的注意;冲突迫使项目团队相互妥协、寻求新的解决方法,培养成员的积极性和创造性,从而实现项目创新;在解决冲突的过程中,形成项目组织内部的权力平衡,引发成员的讨论,形成一种民主氛围,从而促进项目团队的建设。正是在这样一个冲突的环境中,项目才得以不断地发展和创新,项目组织成员才能共同进步,获得成长。

同样的冲突过程在利益相关方之间也存在,在项目初期,各相关方都接受了参与项目的任务,项目组织之间也是充满信心。随着项目的推进,双方因立场、角色与追求的目标不同,相互之间出现很多矛盾和冲突,双方为自身的立场而展开斗争。随着项目问题的解决,需要相关方与项目组织相互妥协,寻求新的解决办法,当双方在解决问题的方法与条件下达成默契后,形成统一共识,并探讨出解决问题的出路,相互之间又为了共同的利益而成长。

引发冲突的因素各式各样,而且不同的冲突源于项目的整个生命周期中呈现出不同的特点。面对这众多的冲突,提出了五种基本的解决模式。

(1) 回避或撤退

回避或撤退的方法就是让卷入冲突的项目成员从这一状态中撤离出来,从而避免发生实质的或潜在的争端,给项目的发展带来不利,但回避或撤退意味着放弃主张和权利,会在利益上受到损失或削弱项目实施的成果。如当你为了更好地提高效率,针对某项设计做法需要办理设计变更时,遭到对方坚决反对,设计变更无法办成,导致自身的实施效率无法提高,只能选择回避或撤退,避免影响效率与收益等。

(2) 竞争或逼迫

竞争或逼迫的目的是使对方服从,但容易造成"非赢即输"的局面。这种方式一般跨越了人际关系的界限,经常听到有的人在处理事情时,说对事不对人,实际上就是一种逼迫的态度解决冲突问题。在事实充分、论据充足、论证恰当的情况下,可以据理力争,这是积极地解决冲突的办法。另外一种是动用被赋予的权力,强制处理某些冲突,容易造成新的潜在的冲突。在材料采购或者分包采购时,经过多家比较,基本可以确定采购对象的品质,然而在实际操作时，项目经理不顾原材料的质量和价格，强行命令购买品质较差、采购成本较高的材料时，就会导致成员的怨恨，恶化工作氛围。

（3）缓和或调停

缓和或调停的做法是求同存异。其通常做法是忽视差异，在冲突中找出一致的方面。这种方法需要评估，即所需解决的问题与团队成员之间的关系，哪方会对项目产生更大的潜在作用力。如通过寻求不同的意见来解决问题会伤害成员之间的感情，并可能降低团队的凝聚力。尽管这一方式能缓和冲突，避免某些矛盾，但它并不利于问题的彻底解决。一般事后要做好事件的评估。很多项目管理过程中不愿得罪人的现象普遍存在，最后糟糕的是项目结果，项目效果也好不到哪里去。

（4）妥协

妥协的方法是折中，各自退让一步，前提是不影响整体的项目管理目标的实现。如果影响到项目整体大局，决不能做无原则的妥协。妥协是协商并寻求争论双方在一定程度上都满意的方法，妥协是让步，寻求一个调和的折中方案。有时，当两个方案势均力敌、难分优劣时，妥协也许是较为恰当的解决方式。讨价还价就是双方妥协的一种形式，工程实际中经常在项目结算时出现这种情况，结算核定双方都有底价，这两个价格不可能一样。在类似冲突发生时，一般都需要双方拿出充分的依据，相互妥协折中，确定最终结算价。

（5）正视

正视就是直接面对冲突，是克服分歧、解决冲突的有效途径。通过这种方法，团队成员直接正视问题、正视冲突，要求做到黑白分辨、结果明确。正视的条件是所有人员都直面现实，每位成员都必须以积极的态度对待冲突，并愿意就面临的问题、冲突广泛地交换意见。要求所有成员对项目的理解、判断要科学公正，方法得当，论证充分，针对暴露冲突和分歧，寻求最好的、最全面的解决方案。当正视问题时，辩论是不可缺失的环节，经过明辨事理，每位成员都愿修订或放弃自己的观点和主张，以便形成一个最佳的方案。正视解决冲突需要有一个积极向上、作风优良的项目环境。在这种方式下，团队成员之间的关系是开放的、真诚的、友善的、积极向上的。

以诚待人，形成民主的讨论氛围是这种方式的关键。分歧和冲突能激发团队成员的讨论，在解决冲突时，不能夹杂个人的感情色彩，更多的是换位思考，充分理解和把握其他成员的观点和方案，客观公正是为了提高项目管理的效率而思考，不是压制自己的情绪和想法。

17.3 冲突管理的策略

当冲突产生并有可能造成项目组织混乱、无序或分裂时，管理者需要采取措施削弱和解决冲突，一般可考虑以下策略：

(1) 回避和冷处理

管理者对所有的冲突不应一视同仁。当冲突微不足道、不值得花费大量时间和精力去解决时，回避是一种巧妙而有效的策略。通过回避琐碎的冲突，管理者可以提高整体的管理效率。尤其当冲突各方情绪过于激动，需要时间使他们恢复平静时，或者立即采取行动所带来的负面效果可能超过解决冲突所获得的利益时，采取冷处理是一种明智的策略。总之，管理者应该审慎地选择所要解决的冲突，不能天真地认为优秀的管理者就必须介入每一个冲突中。

(2) 强调共同的战略目标

共同的战略目标使冲突各方产生使命感和向心力，意识到任何一方单凭自己的资源和力量无法实现目标，只有在全体成员通力协作下才能取得成功。如企业中投资部门、经营管理部门、质量安全部门、销售部门等都只认为自己部门更重要，需要使其意识到要从企业整体高度看待问题，而不是从部门和个人的角度。在这种情况下，冲突各方可以为这个共同的战略目标相互谦让或做出牺牲，避免冲突的发生。

(3) 制度的建立和执行

制度的存在虽然让许多人觉得受到约束，但它是一条警戒线，足以规范成员的行为。因此通过制定一套切实可行的制度并将企业成员的行为纳入制度的规范范围，靠法治而不是人治来回避和降低冲突。

(4) 各方的妥协

妥协就是在彼此的看法、观点的交集基础上，建立共识，彼此都做出一定的让步，达到各方都有所赢、有所输的目的。当冲突双方势均力敌或焦点问题纷繁复杂时，妥协是避免冲突、达成一致的有效策略。

(5) 强制执行

这是同妥协相对立的解决方式，当管理者需要对重大事件做出迅速处理时，或者需要采取不同寻常的行动而无法顾及其他因素时，以牺牲某些利益来保证决策效率也是解决冲突的途径之一。

总之，项目中的冲突主要以沟通为基础来解决。

17.4 冲突解决方法与运用

项目冲突的解决列举了五种方法，每种方法并不是适用于项目全生命周期的每个冲突的解决。不同的阶段、不同的冲突诱因，其冲突的解决方法也不尽相同。

(1) 做好冲突管理的总体布局

研究冲突的起源、冲突的性质，并把冲突的解决放在项目的全生命周期来考虑，才能有利于寻求更好的模式解决冲突。一般来说，项目经理部可以掌控项目要素的时候，冲突强度较低，一旦对项目掌控有限的时候，冲突会加剧。因此，为了很好地掌控项目，需要制定科学严密的计划、分工精确的岗位职责、严密细化量化的合同条款、规范可行的管理程序与管理手册、合理优化的资源配置，有利于减少项目的冲突。当计划不清、方向不明、分工模糊、合同条款模棱两可、程序管理不规范、资源配置混乱的时候，冲突的概率将大大提高。

在项目初期，由于项目组织处于创建期，人与人之间缺乏了解，项目的总体计划与安排不是很清楚，管理目标较为模糊时，冲突的可能性最大。经过组织磨合、管理规范后，冲突一般由个人的知识、经验和素质方面决定得多一些。当然，项目经理的管理能力和水平对冲突的发生频次起着重要的作用，项目经理应根据其已掌握的多种组织资源，以整体的方式来解决冲突。

（2）不同冲突解决方法的运用

"正视"在大多数情况下被认为是理想的方法，但是根据纠纷局面的特定内容，其他模式也同样有效。从一定程度上来说，"正视"可能包括所有处理冲突的模式。"正视"的实质就是在特定的冲突中寻求最恰当的解决方式。而"正视"的目的，就是寻求恰当的解决方法，从而得到有关方面都能接受的最佳方案。

"撤退"可以在得到新信息之前暂时用来平息团队成员之间不友好的行为。但如果不能找到根本的解决办法，而把"撤退"作为一种基本的长期策略，最终可能使某种冲突逐渐升级。

"妥协"和"缓和"不严重影响整体项目目标，可以把它们当作有效的策略；"竞争"是一种"非赢即输"的模式。

（3）加强团队建设

加强团队建设，有助于减少冲突和冲突的解决，即使有冲突，但这些冲突是积极的、向上的。团队建设要做到以下几点：

1）组建核心层

充分发挥核心成员的作用，使团队的目标变成行动计划，团队核心层成员应具备领导者的基本素质和能力，不仅要知道团队发展的规划，还要参与团队目标的制定与实施，使团队成员既了解团队发展的方向，又能在行动上与团队发展方向保持一致。大家同心同德、承上启下，心往一处想，劲往一处使，减少内部冲突，团结协作解决对外冲突。

2）制定团队目标

团队目标来自于公司的发展方向和团队成员的共同追求。它是全体成员奋斗的方向和动力，也是感召全体成员精诚合作的一面旗帜。制定目标时，要遵循目标的 SMART 原则。

3）训练团队精英

训练精英的工作是建立一支训练有素的项目管理队伍，提升个人能力、提高整体素质、改进服务质量、提升项目管理水平，进而提升正视解决冲突的能力。

4）培育团队精神

团队精神是指团队成员为了实现团队的利益和目标而相互协作、尽心尽力的意愿和作风，它包括团队的凝聚力、合作意识及士气，形成敢于负责、敢于担当的勇气。增加团队成员的精诚合作，项目主要领导要以身作则，将团队精神落实到工作的实践中去。

5）做好团队激励

团队建设是容易与别人的观念发生冲突的工作，做好激励，调动他们的积极性，使其主动自发地把个人的潜力发挥出来，从而确保既定目标的实现而减少冲突，对于故意制造冲突的成员要形成震慑。

总之，冲突管理和解决是项目管理中的重要内容。在项目的冲突环境中，项目经理不仅要清楚冲突的可能来源，更要把握冲突的强度、性质，从而预见它们在项目全生命周期中何时最有可能发生。针对项目的冲突，要有优质的项目团队，更好地做到趋利避害。

第18章 项目投资

随着国家经济结构的调整，经济进入新常态。面对新环境和新的发展格局，工程建设企业为了生存与发展，不断探索和创造新的发展道路，不断探索适应新形势下的发展战略模式，这也是贯彻新发展理念的重要举措。工程建设企业受规模、企业能力限制，在转型发展中需要找到适合自身发展的工程项目。工程建设企业以自身产业为基础，通过产业链前后延伸，以资本为纽带，走多元化发展之路势在必行。通过参股、股权并购或收购等方式参与项目产业链等相关的经济活动，带动企业不断创新、不断发展。产业链包括项目投资、工程咨询、可研论证、规划设计等。通过参与投资，以股权交易结构的分工为基础带动主业发展，同时参与项目后端产业链运营、营销和自主经营等，通过资本运作、融资、保理、信托等为经营活动筹集资金，盘活存量、激活增量。

工程建设项目投资的根本目的和意义是利用自身资源，投资带动企业发展。这和市场经济发展趋势是一致的。因此，工程建设企业的项目投资活动也是市场被动行为的一种表现。对项目发起人来说，工程建设企业利用管理和社会资源优势，参与项目投资，形成多方合作共赢。作为参与方，政府或相关企业往往是在占有了项目资源后，在资金缺乏或者债务承压过大的情况下寻求第三方合作，通过让渡部分股权、运营权、利润，吸引工程建设企业参与投资，形成联合体或者股权参与项目。因此，从现实意义来看，项目发起方获得了更多资源，推动项目有序进行，工程建设企业被动参与投资，带动主业发展，形成较为理想的双赢局面。因此，工程建设企业的项目投资更多的是防控风险，确保资金安全，赚取合理利润。

本章节从工程项目投资的原理和项目投资实践进行阐述，主要包括驱动项目的资金、投资项目的成本构成、投资项目的交易结构、资金的筹措使用回收、投资项目的收益构成等方面。

18.1 项目投资的基本原理与方法

18.1.1 工程经济的基本原理

(1) 资金时间价值定义

工程经济学中的资金在不同的时间和不同的利率条件下，随着时间的变化而相对发生变化，这就是资金时间价值。不同的利率，不同的时长，资金的价值是不同的。在工程建设项目中，随着资金投入、项目建设和运行，形成的项目产品的价值大于原始投入价值。这就是资金投入工程建设项目产生的价值。

利息就是时间价值量化衡量的直接指标，一般单位资金增值的量化指标为利率。利率一般受时间、风险和通货膨胀三个重要因素影响较大，正常工程建设项目论证估算采用的是以时间关系为基础的价值。风险和通货膨胀一般均纳入风险管理部分，在项目论证各项指标的计算中不考虑。

（2）影响资金时间价值的约束因素

资金时间价值的大小受到三个因素的约束：资金投入量、资金投入方式和利息计算方式。

1) 资金投入量

资金投入量就是通常讲的本金，在相同时间和计算方式下，投入越大得到的利息就越大，本利和也越大。

2) 资金投入方式

按资金投入额和间隔期可以将资金投入方式分为五种：一次性全额投入、等额分期有序投入、不等额分期有序投入、等额分期无序投入、不等额分期无序投入。不同的投入方式，资金时间价值的大小也不同。定期存款利率比活期存款利率高，就是这个道理。

3) 利息计算方式

利息计算有单利法和复利法两种方式。

单利法计算公式为

$$F = P(1+in)$$

复利法计算公式

$$F = P(1+i)^n$$

式中，P 为本金/现值；F 为终值；i 为折现率；n 为期数。

用单利法计算的价值少于同期用复利法计算的价值，项目论证通常采用复利（即利滚利）的计算方法。

（3）资金时间价值的计算方法

1) 终值

工程建设投资项目的复利终值是指一笔或多笔资金按一定的利率复利计算若干年后所得到的本利和。终值的计算公式为

$$F = P(1+i)^n$$

2) 现值

投资项目未来资金的现在价值称为现值。现值的计算公式为

$$P = F/(1+i)^n$$

在工程投资领域，现值是一个重要概念，是投资中各项计算方法的基础。通过现值法，投资人能将未来各种预期转化为当前条件下的现值，有助于直观判断项目的经济价值。现值法是将工程投资项目中不同阶段的资金价值全部换算成现值来进行价值判断，即项目起始点（0年）的价值。这样，在时间序列的关系上就有了可比性，这也是现值法的基础。在计算

现值时,如果不加说明,通常把每年的资金流入或流出都看成在年末发生,而不是年初发生。年初资金的现值是指上一年年末或本年年初的资金价值。年末是指本年持续一年的资金价值,需要折算到年初,在时间价值上与年初比较,多出一年的利息价值。可研论证阶段,建设期间的利息,一般以半年期为计算基础折算;投资实施阶段,以每笔资金投放的时间来计算建设期利息。通过年初资金的现值以及投资的流入和流出,可以计算出项目投资周期(以"年"为单位)的价值比较。

3)年金

年金是指在一定时期内每间隔相同时间流入或流出相同数额的款项。年金的资金价值按其贴息时序又分为年金终值和年金现值。

普通年金终值的计算公式为

$$F = A[(1+i)^n - 1]/i$$

普通年金现值的计算公式为

$$R = A[(1+i)^n - 1]/[i(1+i)^n]$$

式中,A 为年金值。

4)投资回收年金值

投资回收年金值是已知现值求年金,即在固定折现率和期数的情况下,对一笔投资现值,每年回收的等额年金值。计算公式为

$$A = P[(1+i)^n - 1]/[i(1+i)^n]$$

5)资金存储年金

资金存储年金是已知终值求年金,即对一笔终值投资,每年存储的等额年金值。计算公式为

$$A = F\frac{i}{(1+i)^n - 1}$$

6)资金等值计算公式

资金等值计算汇总见表 18.1。

资金等值计算汇总　　　　表 18.1

名称	说明	函数关系	计算公式
终值系数	已知现值求终值	$F=P(F/P, i, n)$	$F=P\times(1+i)^n$
现值系数	已知终值求现值	$P=F(P/F, i, n)$	$P=F\times(1+i)^{-n}$
年金终值系数	已知年金求终值	$P=A(F/A, i, n)$	$P=A\times\dfrac{(1+i)^n-1}{i}$
年金现值系数	已知年金求现值	$F=A(P/A, i, n)$	$F=A\times\dfrac{(1+i)^n-1}{i(1+i)^n}$
等额系列资金回收系数	已知现值求年金	$A=P(A/P, i, n)$	$A=P\dfrac{i(1+i)^n}{(1+i)^n-1}$
等额系列偿债基金系数	已知终值求年金	$A=F(A/F, i, n)$	$A=F\times\dfrac{i}{(1+i)^n-1}$

7) 回收期

一般均以动态回收期来计算投资项目的回收期，同时项目建成投产后各年的净现金流不相同。

计算公式为：

$$P_t = 上一年累计净现金流量的绝对值 / 出现正值年份的净现金流量$$

$$P_t = 累计净现金流量出现正值的年份数 - 1 + \frac{上一年累计净现金流量的绝对值}{出现正值年份的现金流量}$$

18.1.2 项目投资的评价方法

（1）静态评价方法

1）投资收益率（E），又称投资利润率，它是项目投资后所获的年净现金收入或利润（R）与投资额（K）的比值，即

$$E = \frac{R}{K}$$

2）投资回收期（T）是指用项目投产后每年的净收入（或利润）补偿原始投资所需的年限，它是投资收益率的倒数，即

$$T = \frac{1}{E} = \frac{K}{R}$$

3）若项目的年净现金收入不等，则回收期为使用累计净现金收入补偿投资所需的年限，投资收益率则是相应投资回收期的倒数。

4）投资项目的评价原则。投资收益率越大，或者说投资回收期越短，则经济效益就越好。

不同部门的投资收益率（E）和投资回收期（T）都有一个规定的标准收益率 E_m 和标准回收期 T_m，只有评价项目的投资收益率 $E \geqslant E_m$，投资回收期 $T \leqslant T_m$ 时项目才是可行的；否则，项目就不可行。

（2）追加投资回收期和追加投资收益率

追加投资是指不同的投资方案所需投资之间的差额，追加投资回收期 T_a，就是利用成本节约额或者收益增加额来回收投资差额的时间。

计算公式若用成本节约额表示，则为

$$T_a = \frac{K_1 - K_2}{C_2 - C_1}$$

计算公式若用收益增加额表示，则为

$$T_a = \frac{K_1 - K_2}{B_2 - B_1}$$

追加投资收益率为

$$E_a = \frac{1}{T_a}$$

式中，K_1、B_1、C_1 和 K_2、B_2、C_2 分别为方案 I 和方案 II 的投资、收益和成本。

如果 $T_a < T$ 或者 $E_a < E$，则表明高投资方案的投资效果好。

(3) 动态评价方法

1) 净现值法

现值（PV）是指将来某一笔资金的现在价值。净现值法是将整个项目投资过程的现金流按要求的投资收益率（折现率），折算到时间等于零时，得到的现金流的折现累计值，即净现值（NPV），然后加以分析和评估。

项目净现值表示计算期每期现金流净流入按照某个折现率折算到项目初始点的数额之和，其表达如下

$$NPV = \Sigma(CI - CO)_t(1 + i_0)^{-t} = \Sigma A_t(1 + i_0)^{-t}$$

式中，A_t 为第 t 年的净现金流量；CI 为第 t 年收入额；CO 为第 t 年支出额；n 为项目全生命周期；i_0 为期望的投资收益率或折现率。

净现值指标的评价准则是：当折现率取标准值时，若 $NPV \geq 0$，则该项目是经济的；若 $NPV < 0$，则该项目是不经济的。

2) 内部收益率法

内部收益率法又称贴现法，通过项目投资的财务条件，得出一个项目内部收益率（IRR），这个内部收益率使项目使用期内现金流量的现值合计等于零，即

$$NPV = \Sigma(CI - CO)_t(1 + i_0)^{-t} = \Sigma A_t(1 + i)^{-t}$$

当计算出 NPV 值等于 0 时，得出内部收益率 i 的值，与规定的 i_0（基准收益率）比较，评价准则是：当标准折现率为 i_0 时，若 $i \geq i_0$，则投资项目可以接受；若 $i < i_0$，则项目是不经济的。在对两个投资相等的方案进行比较时，应选择 i 值较大的方案。

3) 财务基准收益率法

财务基准收益率是企业评价项目投资价值的重要指标，它指的是在项目投资开始到结束的整个计算期内各年净现金流量的现值累计（净现值）等于零时的折现率。这个收益率也被称为基准折现率，是企业或行业投资者以动态观点确定的、可接受的技术方案最低标准的收益水平。对于工程建设项目投资，不同的企业根据自身财务状况、银行授信、货币存量等因素，对不同性质的建设项目从风险控制角度来看，均规定了其财务基准收益率的最低值。如某企业规定智慧城市项目，财务内部收益率不低于 10%；基础设施建设项目，财务内部收益率不低于 10%；则基准收益率 i_0 为 10%。

4) 动态投资回收期法

考虑到资金的时间价值后，投入资金回收的时间即为动态投资回收期（T_d）。

$$T_d = \frac{-\ln(1 - \dfrac{Pi}{A})}{\ln(1 + i)}$$

式中，A 为投产后年收益；P 为原始投资额。

相应的项目动态投资收益率为

$$E_d = \frac{1}{T_d}$$

动态投资回收期和动态投资收益率的评价准则是：当 $T_d \leqslant T_{标准}$ 时，项目投资是可行的；当 $T_d > T_{标准}$ 或 $E_d < E_{标准}$ 时，项目投资是不可行的。

有很多项目，不考虑时间因素的动态投资回收期小于 $T_{标准}$，认为经济效益可取；而考虑了贷款利息之后，动态投资回收期却大于 $T_{标准}$，则从经济效益看可能就是不可取了。

5）缺口补贴法

可行性缺口补贴，是指使用者付费不足以满足投资企业成本回收和合理回报，而由政府以财政补贴、股本投入、优惠贷款和其他优惠政策形式给予社会资本或项目公司的经济补助。通过补助后，投资企业的成本和合理利润得到保障。一般在大型 PPP 投资项目中常常用到。一般缺口补贴法需要与其他评价方法共同使用，并作为其他评价方法的补充。缺口补贴法有多种方式，可以通过财政转移支付，也可以由政府直接通过财政支付。偏远地区公路项目、中等城市的轨道交通项目，需要通过转移支付或者政府补贴方式做到缺口补贴，形成对投资企业的回报。

为了增加激励，通常在运营过程中增加绩效考核，以提升项目的运营效率。

18.1.3 不确定性分析

不确定性分析是一种经济分析方法，旨在计算和分析项目投资财务计算基础数据中各种不确定因素的可能变化，以及这些变化对投资项目经济效益的影响程度。通过不确定性分析，可以推测项目可能承担的风险，从而进一步确认项目的可能性及可靠性。

项目论证阶段必须对项目进行不确定性分析是基于以下两方面的原因：

1）由于市场不断变化，在对项目进行可行性研究时，涉及的因素、收集到的数据，随着时间的推移、市场条件或项目环境因素的变化而可能发生不同程度的变化。

2）用于决策项目可行性研究时所取得的数据和系数不可能非常完整全面或者有取值偏差。主观判断的局限性和客观条件变化的制约性，使项目的可行性研究具有不确定性，预测的项目效益也有不确定性。因此，在项目论证时，除基本状况分析外，还应该鉴别关键变量，估计变化范围或直接进行风险分析。常用的不确定性分析方法有盈亏平衡分析、敏感性分析等。

（1）盈亏平衡分析（静态的不确定性分析）

盈亏平衡分析是指项目投产后，在一定的市场、生产能力及经营销售条件下，确定产量、成本、价格、生产能力利用率、利润、税收等因素之间的关系，找出一个平衡点，在这一点上保证收入和支出持平，净收益等于零。

1）建立基本的盈亏平衡方程

基本的盈亏平衡方程为

$$PQ = F + VQ$$

式中：P 为产品价格；Q 为设计产量；F 为固定成本；V 为单位产品变动成本。

2）计算各种盈亏平衡点

① 以量表示的盈亏平衡点

$$Q = \frac{F}{P-V}$$

② 以价格表示的盈亏平衡点

$$BEP_p = \frac{F}{Q} + V$$

③ 以设计生产能力利用率表示的盈亏平衡点

$$BEP_q = \frac{F}{Q(P-V)} \times 100\%$$

对于工程建设企业投资来说，重点是固定资产的投资建设。通过审计结算后形成固定资产，即固定成本。项目达到使用条件后，固定资产投资需要通过项目的运营回收投资。运营成本可以理解为变动成本，产品价格理解为营销后收入。营销收入一部分用于支付运营成本，一部分用于支付固定资产投资回收。由于基础设施投资巨大，营销后收入无法支付变动成本和固定资产的投资回收，存在缺口。这时，需要通过缺口补贴方式弥补。否则，项目不成立。特别是地铁和有轨电车的建设投资，缺口补贴的情况非常明显。

3）盈亏平衡点及经营风险分析

以产量表示和以生产能力利用率表示的盈亏平衡点越低，项目未来的经营风险越小；以价格表示的盈亏平衡点越低，则项目未来经营风险越大。通过盈亏平衡方程的分析还可以得出固定成本比率越高，项目生产的风险越大的结论。

（2）敏感性分析（动态的不确定性分析）

工程建设企业投资的敏感性分析是指在论证方案中一个或多个因素发生变化时，对整个项目经济评价指标所带来的变化程度的预测分析。进行敏感性分析以时间价值为基础，现值动态分析法为主，分析单因素或多因素的变化对投资结果产生的影响程度，具体体现在投资财务内部收益率的变化和净现值的动态变化。具体分析如下：

1）确定实施方案各项因素

在确定投资项目实施方案并计算方案中净现值和内部收益率时，对构成项目净现值的各项因素对投资内部财务收益率的影响进行分析。

2）选定分析因素及其变化范围

选用的因素为影响投资测算公式中数据采集的各项条件变化导致输入数据的变化，并初步预测敏感性因素变化的可能性，再进行多次试算。判断敏感性因素，包括但不限于投资总额、建设年限、项目生命周期、生产成本、销售价格、投产期和达产期、利率的浮动等其他因环境变化而导致项目基础计算数据的变化。投资环境的复杂性，对敏感性的计算非常重要。选定的原则是：

① 选取其变化将较大幅度影响经济评价指标的因素。如银行利息的波动。

② 选取项目论证时数据准确性把握不大或今后变动幅度大的因素。如轨道交通的通行人口数量。

3) 单因素敏感性分析：

项目测算公式由多个因素构成。假设只有某一个因素变化而其他因素不变，将新预测的数据取代基本情况表的相关内容，重新计算变动后的净现值和内部收益率，从而考虑评价指标的变化大小对项目或方案取舍的影响。如利息的变化，项目周期长采用长期贷款利息，项目周期短时则采用短期贷款利息，这对于EPC+F类项目影响较大。

4) 多因素敏感性分析：

在其他因素不变的情况下，计算两个或多个因素变化对项目经济效益的影响。一般先通过单因素敏感性分析，确定出两个或多个主要因素，然后用双因素或多因素敏感性图来反映这些因素同时变化对项目经济效益的影响。特别是有些工程建设企业，为了获得市场份额，以施工利润补贴债务利息，相比之下，当项目确定时，企业利润基本固定，但由于建设周期较长，利息随时间一直在计取，验算下来可能会出现亏损。这里面存在两个因素，即时间和利率，项目生命周期加长，利率也因短贷变成长贷而提高，对项目的经济影响巨大。

5) 对敏感因素进行排序：

对整个项目的敏感性分析进行汇总、对比，从中确定各因素的敏感程度和影响大小的先后次序，根据风险评级的方法进行评级。根据评级后的结果决策项目是否可行以及实施时应重点采取的措施。

18.2 项目财务评价

财务评价是项目经济评价的首要内容之一，是在项目的层面上，按照现行国家财税制度、市场经济运行体系来测算项目财务盈利能力、清偿能力等各项财务指标，从而为投资方决策提供可行性依据。

18.2.1 财务评价的目的和作用

财务评价是企业进行项目评估和决策的重要依据，通过对项目的财务评价，科学分析项目盈利能力，为企业做出正确的投资决策。

财务评价是企业根据项目的各项条件，获取相应的基础数据、参数和计算方法，通过测算，获取正确的资金渠道，通过合适的金融手段合理有效地获取项目融资的前提。

财务评价也是有关部门审批拟投资项目的重要依据，特别是国资企业，也是上级企业"三重一大"决策的重要投资依据。

18.2.2 财务评价的步骤

(1) 基础数据的获得

财务基础数据主要包括投资总额及构成、工程建设企业参与方式、建设期与运营期、资本金和债务资金的比例、建设期资金投入计划、运营期资产更新计划、回报方式或还款方式、保底情况、现金流入流出的业务构成及方式、合理的利润率、折现率、综合回报率、运营成本、合作期限、项目全生命周期等参数的设定等。获得上述数据后，根据企业的情况进行预测、估算和分析，编制适合本企业的财务评价报告。

(2) 投资计划及资金筹措

根据项目获取的信息和基础数据，拟定该项目的投资计划、资金筹措方式，以及自有资本金提供、保函、保证金及债务资金的获取预案。债务资金主要由政策性银行、商业银行、第三方资金等提供，或者由拟定的本项目合作方提供，但要满足有关规定及政策要求。

为了确保投资效益，项目资金投入依据开发投资建设和运营的进度进行。单体项目工程建设其他费在先期投入，工程建设费按照开发进度估算。群体项目以单体项目的开发流程依次投入相应资金的汇总，现在的片区开发就是依次开发，实现前后资金滚动，确保投资财务数据平滑。

(3) 回报机制和还款计划

回报机制与还款计划是投资资金回收的关键机制。一旦项目投入运营，其收益额和计提的折旧额、无形资产摊销额将用于收回项目投资。这些常见的政府付费、运营回收、售卖资产或现金等都是重要的回报来源。

(4) 成本费用测算

成本费用的测算主要是计算出用于投资项目的各项成本，主要包括两个方面：一是资金成本，主要涉及利息、筹资成本、财务费用等，与资金筹划方案有很大关系。二是实施成本，主要包括项目总投资、运营及相关的其他费用成本，用于形成投资项目合同范围内的资产总和的各项费用以及项目运营期内发生的各项费用。如 EPC 项目有报批、设计、施工等相关成本费用。

(5) 营业收入、税金及附加

投资项目的实施过程相当复杂，涉及项目的发起、谈判、融资、建设、运营和移交等诸多环节，工程建设企业参与的环节一般集中在谈判、融资、建设阶段，后期就是投资款回收阶段。但如果是工程建设企业与发起人一起组建 SPV 公司的项目，可能参与周期更长，甚至是项目全生命周期参与，营业收入涉及范围更广。在施工期间，形成施工营业收入；在项目投成达产后，参与运营项目，获得运营收入。但两者的营收主体不一样，需要分别计算，分别建立账套。施工营业收入属于施工企业的营业收入，而运营期间的营业收入属于项目公司，一般不纳入施工企业的营收账表之中。税收策划需要根据项目的性质属性、所在地区投资介入方式以及其他涉及的税收政策与优惠政策进行，确保应税优化、项目利润最大化。

(6) 编制和分析财务基本报表，并计算财务评价指标

根据上一步所得数据编制现金流量表、损益表、资金来源与运用表、资产负债表以及财务外汇平衡表等财务报表。根据已编制好的财务报表数据，可以计算各种财务评价指标，如反映项目盈利能力和清偿能力的指标等，而对于涉外项目还要计算外汇平衡能力指标。

(7) 不确定性分析

通过项目盈亏平衡分析、敏感性分析，评价项目的市场适应能力和抗风险能力。

(8) 财务评价结果

将计算出的经济效果评价指标与企业内部规定的投资有关要求文件的基准值加以比较，并结合不确定性分析的结果进行综合评价，最终从财务角度得出项目是否可行的结论，为投资决策作重要参考。

18.2.3　项目基本财务数据测算

项目基本财务数据预测是整个财务评价的基础，其准确与否将直接影响到财务评价和投资决策的准确性。因此，针对不同的工程项目，由于投资方式的不同，有必要建立不同财务测算模型进行设计，确保测算的准确性和实用性。

(1) 财务测算模型与设计

为了确保工程建设项目投资达到预期效果，并以获得经济效益为目标，需要对项目进行精确的预算和规划。通过工程经济学的方法，建立财务测算模型，对项目投资的一系列边界条件、基础数据、关联指标与表格，通过有关计算公式、财务原理和测算流程等形成一种财务测算方式。通过测算模型设计，针对工程项目的投资方式、商业模型和回报机制，对测算公式、项目收支和内部收益率等财务指标与表格、关联关系进行分析，选择与设计出一整套财务预测文件。PPP项目、BOT、EPC+F等诸多的投资类型，其测算模型不尽相同。工程建设企业被动投资参与项目的股权投资或者垫资施工时的计算基础各有不同，主要有以下几种方式：项目总投资、建设投资、建设成本、部分参与投资。财务测算模型与设计要根据具体情况而定，但一般情况下主要依据以下几个方面。

1) 项目总投资预测

项目总投资预测对工程建设企业非常重要，特别是在项目早期参与时。早期参与可以更好地预测总投资，帮助企业做出明智决策。稍晚或晚期参与时，总投资通常已经相对确定，企业可以通过谈判来解决相关问题。因此，企业需要根据自身参与项目的阶段和具体情况来选择合适的策略。项目总投资按其经济用途可分为固定资产投资和流动资金投资。

固定资产投资包括可以计入固定资产价值的各项建设费用支出，以及不计入交付使用财产价值内的应核销投资支出。

项目总投资额的计算公式：

项目总投资额＝固定资产投资＋固定资产投资贷款利息＋流动资金，即建设投资＋建设

期利息+流动资金三部分。

固定资产投资，即建设投资，主要包括工程建设费、工程建设其他费、预备费等。

不同项目的固定资产投资，其计算方式有多种形式，有的以概算为基础计算固定资产投资，有的以预算为基础计算固定资产投资，关键看工程建设企业参与项目实施的阶段。如某有轨电车示范线项目的建设投资是以概算为基础计算，如表18.2所示。

某项目建设投资概算　　表18.2

建设名称	×××电车示范线工程（一期）（第1段）				编号		1010017	
工程总量	10.226 正线公里	概算总额	195685.65 万元		技术经济指标		19136.09 万元/正线公里	
章号	工程或费用名称	概算价值（万元）					技术经济指标（万元）	费用占比（%）
		I 建筑工程费	II 安装工程费	III 设备购置费	IV 其他费用	合计	其中外资（万美元）	
	第一部分：工程费用	69670.62	25541.23	19448.76		113129.61		11062.94	57.81
一	车站	1781.83				1781.83		174.24	0.91
二	区间路基工程	26402.72				26402.72		2581.92	13.49
三	桥梁工程	7600.59				7610.59		744.24	3.89
四	沿线景观绿化	1610.23				1610.23		157.46	0.82
五	轨道	15344.21				15344.21		1500.51	7.84
六	智能控制系统		2273.34	8870.23		11142.57		1089.63	5.69
七	供电系统		10681.15	8459.06		19140.21		1871.72	9.78
八	火灾自动报警、环境与设备监控		406.82	408.98		815.8		79.78	0.42
九	车辆基地	16931.07	12179.92	1710.49		29281.48		2863.43	14.96
	第二部分：工程建设其他费用				37498.76	37498.76		3667	19.16
十	工程建设其他费用				37498.76	37498.76		3667	19.16
	第三部分：预备费					7524.67		735.84	3.85
十一	预备费					7524.67		735.84	3.85
	第四部分：专项费用					37532.61		3670.31	19.18
十二	专项费用					37532.61		3670.31	19.18
	概预算总额					195685.65		19136.09	100.00

I 工程建设费用主要包括建筑工程费、安装工程费、设备购置费（表18.3）。如果设备购置费由业主方单独承担，则工程建设费包括建筑工程费和安装工程费。一般以初步设计概算为基础，但是对于工程建设企业来说，涉及造价降造率的因素，工程建设费用会出现调整。如某项目投资降造率为3%，那就注明是概算降造率还是预算降造率，对工程建设企业

打开盈利空间非常重要。具体要看合同中约定的计价规则。

工程建设费 表 18.3

概算名称	×××有轨电平示范线工程（一期）(第1段)			概算编号				TSYG01-C-08-01-GJ-00-00-00X		
工程总量	10.226 正线公里			概算总额	195685.65 万元			经济指标	19136.09 万元/正线公里	
章号	工程及费用名称	单位	数量	概算价值（万元）					其中外资（万美元）	指标（万元）
				I 建筑工程费	II 安装工程费	III 设备购置费	IV 其他费	合计		
	第一部分：工程费用	正线公里	10.226	69670.62	25541.23	17908.76	0	113129.61		11062.94
一	车站	正线公里	10.226	1781.8				1781.8		174.24
	一、土建工程	座	10	1281.78				1281.78		128.19
	二、变电所	座	10	500.05				500.05		50.01
二	区间路基工程	正线公里	10.226	26402.72				26402.72		2581.92
	一、路基	双延米	7123.3	19996.79				19996.79		2.81
	二、涵洞	万元		1212.59				1212.59		
	三、取弃土场加固及防护	万元		524.2				524.2		
	四、路基监测	正线公里	10.23	364				364		35.58
	五、其他	万元		605.14				608.14		
	六、试验段	双延米	1720	3700				3700		2.15
三	桥梁工程	正线公里	10.226	7600.59				7610.59		744.24
	一、闫家村籍河大桥	双延米	682.7	3910.62				3910.62		5.73
	二、框廊段	双延米	700	3689.97				3699.97		5.29
四	沿线景观绿化	正线公里	10.226	1610.23				1610.23		157.46
五	轨道	正线公里	10.226	15344.21				15344.21		1500.51
	一、正线	铺轨公里	20.28	11747.29				11747.29		579.25
	（一）新建	铺轨公里	20.25	11747.29				11747.29		580.11
	1. 高架段	铺轨公里	2.74	1349.7				1348.7		492.23
	2. 地面段	铺轨公里	17.51	10399.59				10398.59		593.87
	二、车辆基地	铺轨公里	3.91	1754.91				1754.91		448.83
				1754.91	0	0	0	1754.92		
	（一）车辆段	铺轨公里	3.84	1723				1723		448.7
	1. 铺轨	铺轨公里	3.94	739.26				739.26		187.63
	2. 铺道岔	组	29	669.98				669.98		23.1
	3. 铺道床	铺轨公里	3.84	307.63				307.63		80.11

续表

章号	工程及费用名称	单位	数量	概算价值（万元）					其中外资（万美元）	指标（万元）
				Ⅰ建筑工程费	Ⅱ安装工程费	Ⅲ设备购置费	Ⅳ其他费	合计		
	4.橡胶道口板	m²	15.33	6.13				6.13		0.4
	（二）车辆段出入段线	铺轨公里	0.07	31.91				31.92		456
	1.铺轨	铺轨公里	0.07	25.97				25.97		371
	整体道床	铺轨公里	0.07	25.97				25.97		371
	2.铺道床	铺轨公里	0.07	5.94				5.94		84.86
	（1）碎石道床	m³	87	2.76				2.76		0.03
	（2）整体道床	m³	55	3.18				3.18		0.06
	三、线路有关工程	正线公里	10.23	1842.01				1842.01		180.06
	（一）有关工程	铺轨公里	24.16	432.75				432.75		17.91
	（二）线路备料	铺轨公里	24.16	896.35				896.35		37.10
	（三）铺轨基地	处	2	400				400		200
	（四）扣件防锈	套	83264	112.91				112.91		0.1
	四、其他	正线公里	10.23	284.68				284.68		27.83
	（一）CPⅢ轨道控制网（含一次建网、两次复测）	项	1	103.72				103.72		103.72
	（二）轨道精调测量	项	1	180.96				180.96		180.96
六	智能控制系统	正线公里	10.226		2273.34	8870.23		11142.57		1089.63
	一、信号系统	正线公里	10.226		1816.73	4935.37		6751.1		660.19
	（一）正线	正线公里	10.226		320.69	1327.51		1648.2		161.18
	（二）运营控制中心	处	1		21.08	656.3		677.38		677.38
	（三）车辆段	联锁道岔	29		943.94	1307.41		2251.35		77.63
	（四）车载设备	列	17		401.2	1151.99		1553.19		91.36
	（五）维修与培训中心	处	1		64.91	246.08		310.99		310.99
	（六）信号维修室	处	1		15.12	79.54		94.66		94.66
	（七）信号培训室	处	1		49.79	166.54		216.33		216.33
	二、专用通信系统	正线公里	10.226		366.98	3437.67		3804.65		372.06
	三、自动售检票系统	正线公里	10.226		89.63	497.19		586.82		57.39

续表

章号	工程及费用名称	单位	数量	概算价值（万元）					其中外资（万美元）	指标（万元）
				Ⅰ建筑工程费	Ⅱ安装工程费	Ⅲ设备购置费	Ⅳ其他费	合计		
	（一）车站设备	万元			76.92	263.29		340.21		
	（二）运营控制中心	万元			12.71	233.9		246.61		
七	供电系统	正线公里	10.226		10681.15	8459.06		19140.21		1871.72
	外部电源	座	3		1006.61	94		1100.61		366.87
	一、变电站增馈线	座	3		13.56	94		107.56		35.85
	变电站馈线间隔	处	3		13.56	94		107.56		35.85
	二、10kV电力进线	km	6.8		993.05			993.05		146.04
	10kV电力连线	km	6.8		993.05			993.05		146.04
	变电所	座	15		4427.98	6698.8		11126.78		741.79
	环网电缆	正线公里	10.226		2406.66			2406.66		235.35
	环网电缆	正线公里	10.226		2406.66			2406.66		235.35
	牵引网（接触轨）	正线公里	10.226		1120.24	29		1149.24		112.38
	一、架空接触网（充电网）	正线公里	10.226		1120.24	29		1149.24		112.38
	（一）正线	套	22		694.74	9.8		704.54		32.02
	（二）车辆段	套	13		425.5	19.2		444.7		34.21
	（三）停车场	套	10							
	电力监控(SCADA)	正线公里	10.226		682.31	460.62		1142.93		111.77
	正线变电所电力监控	座	12		585.6	396		981.66		81.81
	停车场变电所电力监控	座	1							0
	车辆段变电所电力监控	座	3		96.71	64.62		161.33		53.78
	供电车间及其他系统	正线公里	1		95.67	1082.14		1177.91		1177.91
	供电车间	万元			95.67	1082.14		1177.91		0
	动力与照明	正线公里	10.226		941.68	94.5		1036.18		101.33
	正线动力照明	正线公里	10.226		941.68	94.5		1036.18		101.33
八	火灾自动报警、环境与设备监控	正线公里	10.226		406.82	408.98		815.8		79.78
九	车辆基地	正线公里	10.226	16931.07	12179.92	1710.49		29281.48		2863.43
	以上各章合计	正线公里	10.226	69670.62	25541.23	19448.76		113129.61		11062.94

Ⅱ工程建设其他费，主要是列入建设项目总概预算或单项工程综合概预算的除建筑工程费、安装工程费和设备购置费、预备费以外的费用，所有这些费用的支出目的是为项目工程建设得以实施创造条件。包括工程咨询、可研编制、项目论证、专题研究、土地、青苗等补偿费和安置补助费、建设单位管理费、研究试验费、生产职工培训费、办公和生活家具购置费、联合试运转费、勘察设计费、供电补贴费、施工机构迁移费、矿山巷道维修费、引进技术和进口设备项目的其他费用等。

工程建设其他费如表18.4所示。

工程建设其他费　　　　　　　　　表18.4

概算名称	×××有轨电车示范线工程（一期）（第1段）			概算编号			TSYG01-C-08-01-GJ-00-00-00X		
工程总量	10.226 正线公里			概算总额	195685.65 万元		经济指标	19136.09 万元/正线公里	
章号	工程及费用名称	单位	数量	概算价值（万元）					指标（万元）
				Ⅰ建筑工程费	Ⅱ安装工程费	Ⅲ设备购置费	Ⅳ其他费	合计	其中外资（万美元）	
十	第二部分：工程建设其他费用	正线公里	10.226				37498.76	37498.76		3560.96
	前期工程费	万元					14313.3	14313.3		
	一、土地征用及补偿费	亩	438.34				8766.8	8766.8		857.3
	二、临时占地费	m²·年	36918.45				221.51	221.51		21.66
	三、建（构）筑物迁建补偿费	万元					1084.25	1084.25		
	（一）房屋补偿费	m²	1300				1040	1040		101.7
	（二）构筑物补偿费	万元					44.25	44.25		4.33
	四、树木及绿化赔偿	m²	7535				150.7	150.7		14.74
	五、管线迁改费	项	1				2790	2790		
	六、渣土排放费	立方米	431389				215.69	215.69		21.09
	其他费用	正线公里	10.226				23185.46	23185.46		2267.3
	一、场地准备费	万元					2263.98	2263.98		
	二、项目建设管理费	万元					2899.73	2899.73		
	三、建设工程监理与相关服务费	万元					2037.58	2037.58		

续表

章号	工程及费用名称	单位	数量	概算价值（万元）					其中外资（万美元）	指标（万元）
				Ⅰ建筑工程费	Ⅱ安装工程费	Ⅲ设备购置费	Ⅳ其他费	合计		
	四、招标代理服务费	万元					292.18	292.18		
	五、招标交易服务费	万元					11.69	11.69		
	六、前期工作费	万元					3428.15	3428.15		
	（一）财政承受能力论证服务委托合同	万元					15	15		
	（二）PPP物有所值评价服务委托合同	万元					25	25		
	（三）测绘合同	万元					4.45	4.45		
	（四）×××城市轨道建设投资有限公司线路改造施工合同	万元					1.6	1.6		
	（五）×××渭峡桥检测试验与评估鉴定委托合同	万元					5	5		
	（六）用有软件使用许可合同（财务）	万元					2.1	2.1		
	（七）通信传输线路迁改	万元					2	2		
	（八）建设规划评估合同	万元					29.8	29.8		
	（九）聘请法律顾问协议书	万元					3	3		
	（十）工程可行性研究评估报告编制合同（节能评估报告）	万元					7.8	7.8		
	（十一）×××有轨电车示范线工程（一期）PPP项目技术咨询合同	万元					210	210		
	（十二）×××有轨电车示范线沿线地形图测绘合同	万元					20.4	20.4		
	（十三）可行性研究费	万元					880	880		

续表

章号	工程及费用名称	单位	数量	概算价值（万元）					其中外资（万美元）	指标（万元）
				Ⅰ建筑工程费	Ⅱ安装工程费	Ⅲ设备购置费	Ⅳ其他费	合计		
	×××示范线工程可行性研究及相关支持性专题研究报告编制项目合同（可研及相关专题）	万元					860	860		
	×××示范线工程可行性研究评估报告编制合同（可研评估报告）	万元					20	20		
	（十四）环境保护费	万元					725	725		
	（十五）客流预测报告编制费	万元					308	308		
	（十六）地震安全性评价费	万元					50	50		
	（十七）地质灾害危险性评估费	万元					50	50		
	（十八）节能评估费	万元					275	275		
	（十九）社会稳定风险评估费	万元					594	594		
	（二十）防洪评价费	万元					220	220		
	七、研究试验费（外部电源接入）	万元					180	180		
	八、勘察设计费	万元					5545.15	5545.15		
	（一）勘察费	万元					905.59	905.59		
	（二）设计费	万元					4639.56	4639.56		
	九、咨询费	万元					905.6	905.6		
	（一）设计咨询费	万元					452.8	452.8		
	（二）工程造价咨询费	万元					452.8	452.8		
	十、施工图审查费	万元					301.57	301.57		
	十一、引进技术和设备其他费	万元					86.35	86.35		
	十二、综合联调及试运行费	万元					922.9	922.9		
	（一）综合联调费	万元					616.12	616.12		

续表

章号	工程及费用名称	单位	数量	概算价值（万元）					其中外资（万美元）	指标（万元）
				Ⅰ建筑工程费	Ⅱ安装工程费	Ⅲ设备购置费	Ⅳ其他费	合计		
	（二）试运行费	万元					306.78	306.78		
	十三、生产准备及开办费	万元					1417.5	1417.5		
	（一）生产职工培训费	万元					810	810		
	（二）生产办公、生活家具用具购置	万元					405	405		
	（三）工器具购置费	万元					202.5	202.5		
	十四、工程保险费	万元					792.39	792.39		
	十五、特殊设备安全监督检验费	万元					10	10		
	十六、安全生产保障费	万元					940.1	940.1		
	十七、第三方测量	万元					389.83	389.83		
	十八、施工扬尘排放费	万元					339.6	339.6		
	十九、河道产权部门占压费	万元					50	50		
	二十、竣工图编制费	万元					371.16	371.16		
	第三部分：预备费	正线公里	10.226					7524.67		735.84
十五	预备费	正线公里	10.226					7524.67		735.84
	第四部分：专项费用	正线公里	10.226					37532.61		3670.31
十六	专项费用	正线公里	10.226					37532.61		3670.31
	一、车辆购置费	列	14					30100		2943.48
	二、建设期贷款利息	万元						7292.61		
	三、铺底流动资金	万元						140		
	项目总投资	正线公里	10.226					195685.65		19136.09

预备费，主要包括基本预备费和涨价预备费，一般按比例提取，如按工程建设费及工程建设其他费的5%提取。

① 建设期利息（复利方式）：各年应计利息＝（年初借款本息累计＋本年借款/2）×有效年利率。其中，本年借款的利息计算按一半来计，考虑到资金是持续投入，计息时间按平均考虑为半年。

② 流动资金：又称"营运资金""周转资金""开办资金"。流动资金由储备资金、生产资金、产成品资金、结算及货币资金等组成。

工程项目在建设完工后顺利投入生产，必须具有足够项目正常运行所必需的流动资金。

③ 工程项目总投资树状图如图18.1所示。

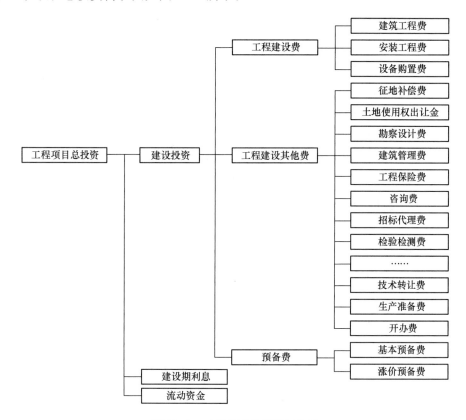

图18.1　工程项目总投资树状图

2）总成本预测

总成本预测主要包括建设成本预测和运营期成本预测。

① 建设成本预测

建设成本是指项目投资按照批准的建设内容，由项目建设资金安排的各项支出（即工程项目在建设过程中所耗费的物化劳动和活劳动的货币支出总和）。包括：列入工程概（预）算，构成投资完成额的各项费用；不列入工程概（预）算，不构成投资完成额但实际发生时允许列支的费用（可以理解为工程建设企业按照合同的范围、内容，为完成合同内容所需要支出的一切费用，包括但不限于土地、建设、安装、采购、配套工程、报批报建、项目管理等费用）。建设成本预测因企业的能力、资源、组织和项目组织管理等综合因素而异。通常，企业会以内部定额为基础进行预测，确保准确性。但在项目实施的不同阶段，若预算成本的条件不成熟，企业可凭借类似工程的经验进行成本估算。这种估算的可行性取决于企业自身的经验积累程度。

② 运营期成本预测

运营期成本是指在运营期内为生产和销售产品而花费的全部成本和费用。

项目运营期总成本费用＝材料费＋动力燃油费＋职工工资＋固定资产折旧费＋修理费＋摊销费＋财务费＋税金＋管理费＋其他。

对于采用运营回收投资费用的项目，如 BOO、BOT 类项目，运营期成本测算非常重要。以轨道交通投资项目为例，运营期成本包括但不限于人工成本、原材料成本、水电费、管理费、营运费、设备更新改造中的大修费用等。固定资产折旧则作为回收款的一部分来考虑，但要计入运营期成本，否则所得税成本太高。

3) 营业收入和税金预测

工程建设企业参与投资的项目，作为投资属性的营业收入均属于项目公司，不计营收，只计利润分红。项目生命期结束后，投资款通过建立退出机制退出，项目结束。施工企业的营业收入计入施工企业，并缴纳相关税费。这里从投资和施工两个角度说明营业收入和税金预测问题，便于工程建设企业对投资利润和施工利润进行测算，确保项目投资建设测算的真实性。

① 参与股权和投资的营业收入和税金预测

营业收入也是销售收入，是指拟建项目建成投产后，产出各种产品和服务的销售所得。其计算公式为：

销售收入＝产品销售量×产品销售价格＋其他收入（如广告收入等）

工程建设项目建成达产后，销售收入一般有多种形式，即租赁、出售（BT 模式）或运营（BOT/BOO 模式）。我们在计算时，通常是在工程项目达产后全部出售或者全部租赁，形成销售收入。在公式中，产品销售量的估算可假设生产出来的产品全部都能销售，即销售量等于生产量，也可以根据各年生产负荷加以确定。销售价格的估算一般采用直接销售价格（如出厂价、销售票价）。

但是运营收入的预测，还要考虑项目实现产能达到设计能力的过程和市场接受程度。结合市场预测情况，分析销售量能否达到生产量，是否会有不能售出而造成积压的多余产品或者市场价格不及预期的情况。产品销售单价是否高于主管部门和物价部门规定的价格或实际价格，防止人为故意增加单价，以虚报销售收入。

根据项目的具体情况，正确估算产品达到设计生产能力的时间。一般工程投资项目有一个蓄客周期，达到全部产能需要有一定的时间，只能采用估算的办法确定相关价格与销量。

综合上述因素，销售收入的估算公式为：

销售收入＝项目设计生产能力×生产能力利用率×产品销售率×产品销售单价

② 施工营业收入

对于工程建设企业，营业收入还表现在工程建设期间的施工收入。按合同约定，通过验工计价获得应收账款，形成营业收入。

③ 税金及附加

税金的预测可根据以上预测得到的销售量和销售收入以及销售收入乘以相应税率得到。投资类的工程项目涉及多种行业，在实施过程中涉及多个环节，所涉税种也不尽相同，但总体来说主要有增值税、城建税、教育附加税、地方教育附加税、企业所得税、房产税、印花税、城镇土地使用税、耕地占用税、关税和契税等。由于投资项目可能符合国家发展方向，如民生工程、饮水工程等，其税费也可能为零。还有投资项目属于招商引资进入，为了促进发展，地方政府针对不同的项目采取不同的优惠政策，减免税费，如 PPP 项目有的地方给予项目投资方"三免三减半"政策。由于投资项目涉及环节很多，部分税收可以抵扣，而有的税种不可以。因此，收集项目所在地的政府政策，进行税金及附加的策划非常关键。

参与股权投资的企业，涉税主体主要是项目公司和股东。在股权资本金注入阶段，一般不会涉税。利用股权进行融资时，就会涉及融资印花税，在 SPV 公司运行期间，按《公司法》作为应税主体，缴纳相关税金。前期的工程建设其他费及项目公司运行费可以在公司缴税时抵扣。在项目建设阶段，项目公司应税主要是工程建设费用纳税、工程建设其他费用应税、预备费、财务费用等，但上述税种不尽相同。拆迁可能无法应税。施工主体按照建设工程分不同税目收入，按相应税种缴纳。EPC 类项目涉及勘察设计和设备采购，按照相应税种缴纳。股权转让一般不涉及应税问题。其他税收的缴纳，在运营阶段有使用者付费、政府付费和缺口补助，应按相关政策处理。

项目施工的应税，按营业额附加相应的税率进行缴纳。施工单位可以抵扣部分税，同时，在人、材、机、设备等资源采购分包时，有小规模纳税人和一般纳税人，应税税率不尽相同。测算时要甄别清楚，防止因应税的问题降低利润。

4）利润预测

项目利润是项目财务经济目标的集中表现。通过利润预测，可以估算拟建项目投产后每年可以实现的利润和企业每年预计留存的利润额。

利润的计算公式为：

$$利润总额 = 产品销售收入 - 总成本费用 - 销售税金及附加$$

$$税后利润 = 利润总额 - 所得税$$

税后利润的分配，各企业按照企业发展需要进行处理。

（2）基本财务报表的编制

根据基本财务测算数据，编制项目投资的现金流量表、合资公司现金流量表、股东现金流量表、损益表、长期债务偿还表、利润表等基本报表。

1）财务测算基础数据的制定

获取项目的具体资料，对测算财务指标的各项数据要做到真实有效。数据失真失效可能导致经济评价结果错误，甚至带来很大损失。这些基础数据在合同签订时要确保一致，为财务测算和决策提供保证。合伙公司是项目实施主体，以合伙公司的实施方案、项目可行性研究报告、银行及金融机构有关政策、项目所在地区的优惠政策、税务政策、企业参与合伙公司的股权、投资、企业自身的能力优势及企业内部的有关投资方面的决定为基础进行梳理。将企业的要求与项目的要求融为一体，才能制定出适合本企业投资需求的财务报表。一般项目投资的财务测算基础数据见表18.5。

财务测算基础数据　　　　表 18.5

序号	项目	单位	数值	备注
1	项目总投资额（不含建设期利息）	元		下浮率为多少，注明是投资下浮、工程建设费下浮还是其他（经营谈判获取）
1.1	建设投资额	元		工程建设费、工程建设其他费、预留金
1.1.1	第1年投资额度或比例	元/%		建设期各年投资数量或比例
1.1.2	第2年投资额度或比例	元/%		
……	……	元/%		
1.1.j	第j年投资额度或比例	元/%		
1.2	建设期利息	元		计息与不计息，计息利率，计息周期
1.3	流动资金	元		参照《工程项目投资可行性研究报告》
2	建设成本	元		工程建设企业根据企业能力测算出利润率
3	合伙公司资本金	元		数据出处（参照批复的实施方案）
4	合伙人之一	元		出资额、股权比例、数据出处（参照批复的实施方案）
5	合伙人之二	元		
5.1	融资金额	元		总投资－资本金
5.2	注册资本金	元		数据出处：合伙公司的注册，项目实施方案
6	政府方注册资本金出资额	元		合伙公司项目实施方案
7	社会资本方注册资本金出资额	元		
8	建设期	年		数据出处（参照批复的实施方案）
9	运营期	年		数据出处（参照批复的实施方案）
10	还款期	年		数据出处（参照批复的实施方案），很多项目还款期不一定是运营期
11	5年期以上贷款实际利率	%		现行银行金融机构人民币贷款基准利率调整表或者第三方金融机构
12	1～5年（含5年）期贷款实际利率	%		现行银行金融机构人民币贷款基准利率调整表或者第三方金融机构
13	1年以内（含1年）短期贷款利率	%		现行银行金融机构人民币贷款基准利率调整表或者第三方金融机构

续表

序号	项目	单位	数值	备注
14	增值税率	%		现行行业或者地方该类项目的属性及优惠政策，涉及多种税率，分别考虑
15	所得税	%		现行税务政策
16	采购（货物、劳务）增值税率	%		现行税务政策
17	增值税附加税率	%		现行税务政策
18	城市建设维护税	%		项目所在地区的税收政策
19	教育费附加税	%	3	应纳教育费附加＝（实际缴纳的增值税＋消费税＋营业税）×3%
19.1	地方教育附加税	%	2	地方教育附加税＝（增值税＋消费税＋营业税）×2%
19.2	企业所得税	%	25	《中华人民共和国企业所得税法》
19.3	法定盈余公积金率	%	10	《中华人民共和国公司法》第一百六十六条，公司分配当年税后利润时，应当提取利润的百分之十列入公司法定公积金。公司法定公积金累计额为公司注册资本的百分之五十以上的，可以不再提取
20	参股分红比例	%		明确合资公司是否参与分红
21	合理利润率（财务基准利率）			工程建设企业关于投资项目的有关规定
22	折现率			应高于银行5年期以上贷款实际利率（参照批复的实施方案）
23	施工份额			按投建比或者划分的施工合同标的价格
24	施工利润率			工程建设企业根据企业能力测算出的施工利润（如有降造，按降造后的参投内容考虑）
25	投资回报率			注明是资本金回报率还是全项目回报率
26	回报率或还款			投资资金回报率或回报公式
27	其他需要说明的			不同的项目，需要根据项目判断

2）投资计划与资金筹措方案制定

投资计划与资金筹措方案依据项目总体投资计划来制定。单体项目投资计划与资金使用围绕项目投资建设运行管理等方面进行。群体项目投资计划与资金使用以单体项目开发进度在某段时间的汇总来确定。最终形成总投资计划。

投资计划的制定依据是《工程项目投资可行性研究报告》估算或概算指标中的数值在某个节点或某时间段投资金额的汇总，即投资计划，相应的投资额度为资金需求。作为参与投资的企业，其投入资金的比例按签订的合同介入项目中。

案例：如某项目投资总规划面积为$143km^2$，规划建设用地$64km^2$。项目分三期滚动开发，根据本项目规划条件进行投资估算，本项目动态总投资为 173.94 亿元，其中：工程费用 113.51 亿元、工程建设其他费 35.63 亿元（含土地成本 29.81 亿元）、预备费 11.70 亿元、铺底流动资金 1.75 亿元、建设期利息 11.35 亿元（表 18.6）。

项目投资构成表　　　　　　　　　　　　　　表 18.6

序号	工程和费用名称	金额（万元）	占比
1	建设投资	1625883	93.47%
1.1	工程费用	1135055	65.25%
1.2	工程建设其他费用	356332	20.49%
1.2.1	含：土地成本	298104	17.14%
1.3	预备费	117019	6.73%
1.4	铺底流动资金	17477	1.00%
2	建设期利息	113503	6.53%
合计	项目总投资	1739386	100.00%

本项目分三期进行建设，总工期为 4 年，每个项目开发周期为 2 年，一、二、三期连续无间歇滚动开发。总体开发进度计划见表 18.7。

某项目总体开发进度计划表　　　　　　　　　表 18.7

周期（年）	1	2	3	4	5	6	7	8	9	10	11	12	13	14	15
一期开发	投资建设				销售、物业管理										
二期开发			投资建设				销售、物业管理								
三期开发					投资建设				销售、物业管理						

根据业主方可研，投资强度由弱变强再变弱，其中第一年投资占总投资 11.51%；第二年投资占总投资 31.52%；第三年投资占总投资 40.00%；第四年投资占总投资 16.97%。

根据与项目发起单位（某发展集团）的沟通反馈，本项目资本金暂按 34.79 亿元（占总投资 20%）考虑，项目建设其他资金采用金融机构融资方式予以解决。资本金及债务融资根据项目投资进度分期投入。

结合《工程项目投资可行性研究报告》和开发进度安排，建设期投资计划见表 18.8。

某项目建设期投资计划（单位：万元） 表 18.8

序号	项目	合计	1	2	3	4
1	总投资	1739386	191306	532078	696564	319438
1.1	静态投资	1625883	187181	512357	650353	275992
1.1.1	工程费用	1135055	130674	357685	454022	192674
1.1.2	工程建设其他费用	356332	41023	112289	142533	60487
	其中：土地成本	298104	34319	93940	119242	50603
1.1.3	预备费	117019	13472	36876	46807	19864
1.1.4	铺底流动资金	17477	2012	5507	6991	2967
1.2	建设期利息	113503	4125	19721	46210	43447
2	资本金	347877	38261	106416	139313	63887
3	债务融资	1391510	153045	425662	557251	255552

工程建设企业合作期为 6 年，自建投公司出资开始至第 6 年完成基金份额退出。

3）现金流量估算表

现金流量估算表根据项目生命周期内每年的现金流入量和现金流出量及两者之间的差额等数据编制而成。项目现金流量估算表反映项目生命周期内现金的流入和流出，表明该项目获得现金和现金等价物的能力。用现金流量估算表可以更好地反映项目在生命周期内的盈利或偿债能力。

现金流量估算表一般由三部分组成：现金流入、现金流出、净现金流量。

① 现金流入

现金流入是指项目建成投产后所取得的一切现金收入，它主要包括：

a. 营业收入。此项是投资项目现金流入的主要来源。

b. 回收固定资产余值。它是指固定资产报废后残值减去清理费用后的净残值。为了简化测算，一般项目的净残值率为 3%～5%，中外合资企业项目净残值率为 10% 以上，它在项目计算期最后一年回收，其计算公式表示为：固定资产余值＝固定资产原始价值×固定资产净残值率。

c. 回收流动资金。在建设期和生产期该项资金的流入为零；当项目生命周期结束时，可以收回垫支的流动资金，从而形成现金流入的一项重要内容。

② 现金流出

现金流出是指一个项目从开始建设到寿命终了的全过程中，为该项目投入的所有资金（表 18.9）。

其中，经营成本＝总成本费用－折旧－流动资金利息－摊销费。

③ 净现金流量

净现金流量是指现金流入量与现金流出量的差额，它是项目全生命周期内的过程净效益。当它为负值时，表示项目在该年现金流入量小于现金流出量；反之，表示现金流入大于现金流出。

④ 现金流量表的编制

项目现金流量表，以项目投资作为计算基础，考察和分析评价项目的投资盈利能力。项目投资现金流量表是用以计算项目投资所得税前及所得税后财务内部收益率、财务净现值及投资回收期等评价指标的表格，通过计算结果来对项目投资的效果进行评价。

a. 项目现金流量表（按现行会计准则编制），见表18.9。

项目现金流量表（单位：元）　　　　　　　　　表 18.9

序号	项目	时间段		建设期			运营期或还款期				
		合计	年份	1	2	3	4	5	6	…	n
1	现金流入										
1.1	营业收入										
1.2	增值税销项税										
1.3	铺底流动资金										
2	现金流出										
2.1	资本金										
2.2	还本										
2.3	付息										
2.4	经营成本										
2.5	税金及附加										
2.6	增值税进项税										
2.7	增值税										
3	所得税										
4	税前净现金流										
5	税前累计净现金流										
6	税后净现金流										
7	税后累计净现金流										

b. 资本金还本付息现金流量表

资本金现金流量表以投资者的投资资金为计算基础，考察项目资本金的盈利能力。该表从投资者整体的角度出发，以投资者出资额作为计算基础，把借款本金偿还和利息支付作为现金流出。通过计算结果评价资本金的盈利能力。资本金还本付息现金流量表与项目现金流量表不同之处在于，根据投资实施方案，为了减少资金成本，有序组织资本金返还和借款资金回款，同时借款资金需要支付资金使用的利息。

c. 工程建设企业参与项目现金流量表

工程建设企业参与项目现金流量表，以工程建设企业参与股权投资、参与项目建设，并以参与单位投入的资金、获得的收益为基础计算，考察参与项目的综合盈利能力。该表以参与投资企业在本项目的投资建设为基础，综合期间经营活动产生的成本（俗称通道费）为借款本金偿还和利息支付活动，把股权资金和经营活动成本作为现金流出，以股息和还本为流入，综合评价以施工利润为收入来计算。工程建设企业参与项目投资带动工程施工，其施工项目的税费均由企业缴纳。工程施工企业参与股权投资项目一般有两部分收益：一是股息收益或者股权投资收益作为投资收益。二是施工利润收益。

4）财务内部收益率估算表的编制

财务内部收益率估算表反映项目计算期内部收益率的情况，其格式及实例见表18.10。

某项目财务内部收益率估算表（单位：万元）

表 18.10

序号	项目生命周期（年）	1	2	3	4	5	6	…	14	15	累计净现值
1	税后净现金流	-203794.00	-557832.00	-112465.00	479233.00	192258.00	29467.00		24252.00	1721661.00	
2	高折现率 预估值 15%	0.87	0.76	0.66	0.57	0.50	0.43		0.14	0.12	
3	年净现值	-177212.17	-421801.13	-73947.56	274003.02	95586.20	12739.40		3427.50	211582.64	-22210.08
4	中折现率 预估值 13%	0.88	0.78	0.69	0.61	0.54	0.48		0.18	0.16	
5	年净现值	-180348.67	-436686.28	-77943.89	293922.57	104349.94	14153.55		4381.77	275277.67	59948.61
6	低折现率 预估值 11%	0.90	0.81	0.73	0.66	0.59	0.53		0.23	0.21	
7	年净现值	-183598.20	-452748.97	-82233.44	315685.62	114095.77	15754.26		5626.34	359834.63	167078.57
8	内部收益率	从上述11%、13%、15%三个折现率算出，净现值出现正值与负值夹13%与15%之间，利用右侧公式计算			$i = R_1 + (R_2 - R_1) \dfrac{NPV_1}{NPV_1 + |NPV_2|}$				注：在EXCEL中利用IRR公式可直接算出		
		内部收益率 $= 13\% + (15\% - 13\%) \times \dfrac{60391.23}{60391.23 + |-31266.38|} = 14.31\%$									

计算出内部收益率后,应与企业内部关于投资规定的基准收益率相比较。若项目内部收益率大于企业的基准收益率,则表示项目在财务上是可行的。

5) 资产负债表的编制

项目资产负债表反映项目在投资各个阶段的年末资产、负债及所有者权益(表 18.11)。通过资产负债表可以了解项目在本年度的投资情况、资金情况以及投资效果,是否增加或减少所管理项目投资实施过程中的所有者权益,是否增加净资产、负债、投资收益,并且表明该段时间的投资是否达到预期。项目经济评价是指对项目全过程的资产负债进行过程评估,即风险防控,确保投资人对项目投资的信心,该项指标在项目投资决策中一般作为辅助功能,也可以不计算,但在项目实施报表中,要重点考虑。

某项目资产负债表(单位:万元)　　　　　　　表 18.11

序号	时期项目	建设期		投产期		达到设计能力生产期			合计
		1	2	3	4	5	6	... n	
1	资产								
1.1	流动资产								
1.1.1	应收账款								
1.1.2	存货								
1.1.3	现金								
1.1.4	累计盈余资金								
1.1.5	其他流动资产								
1.2	在建工程								
1.3	固定资产								
1.3.1	原值								
1.3.2	累计折旧								
1.3.3	净值								
1.4	无形及递延资产净值								
2	负债及所有者权益								
2.1	流动负债总额								
2.1.1	应付账款								
2.1.2	其他短期借款								
2.1.3	其他流动负债								
2.2	中长期借款								
2.2.1	中期借款								
2.2.2	长期借款								
2.3	所有者权益								
2.3.1	资本金								
2.3.2	资本公积金								
2.3.3	累计盈余公积金								
2.3	累计未分配利润								
	清偿能力分析								
	资产负债率(%)								
	流动比率(%)								
	速动比率(%)								

6) 损益表的编制

损益表反映项目全生命周期内各年的利润总额、所得税及税后利润的分配情况,也称之为利润表(表 18.12)。建设期间一般不能形成利润,销售或运营期间有了营业收入后,才有可能形成利润。当本年的销售收入或运营收入大于营业成本时,才能形成利润。

某项目损益表　　　　　　　　　　　表 18.12

序号	项目	合计	建设期		还款期或运营期						备注余值
			1	2	3	4	5	…	N−1	N	
1	项目销售或营业收入										
2	销售税金与附加										
3	总成本费用										
4	利润总额										
5	所得税										
6	税后利润										
7	可供分配利润										
7.1	盈余公积金										
7.2	应付利润										
7.3	未分配利润										
7.4	累计未分配利润										

表中,项目建成后的销售、出租营运收入、销售税金及附加和总成本费用的数据从项目基本数据预测中得到。

利润总额=销售或营业收入−销售税金及附加−总成本费用

所得税=应纳税所得额×所得税税率

税后利润=利润总额−所得税

可供分配利润=盈余公积金+应付利润+未分配利润

根据损益表的预测数据,可以计算项目的投资利润率、投资利税率和资本金利润率等指标。

18.2.4　项目财务盈利能力分析

根据项目现金流量表可以进行项目财务盈利能力分析,项目盈利水平可以用以下指标表示:

(1) 财务内部收益率 (FIRR)

财务内部收益率是指项目在整个建设期内各年净现金流入量现值等于净现金流出量现值的折现率,即使项目净现值为零的折现率。

其表达式为

$$NPV = \sum_{t=0}^{n}(CI-CO)_t(1+FIRR)^{-t} = 0$$

式中,CI 为现金流入,CO 为现金流出,$(CI-CO)_t$ 为第 t 年的净现金流量,n 为计算期。

财务内部收益率一般可采用试差法来计算。先假设一个初始 i 值，一般可采用相当于机会成本的贴现率来试算，如果净现值刚好为零，则此初始 i 值就是所求的内部收益率；如果净现值为正，就加大 i 值，直到净现值接近或等于零，此时的贴现率就是所求内部收益率；反之，若净现值为负就减少 i 值，直到净现值接近或等于零。计算公式为

$$i = R_1 + (R_2 - R_1) \frac{NPV_1}{NPV_1 + | NPV_2 |}$$

式中，R_1 为较低贴现率；R_2 为较高贴现率；NPV_1 表示与 R_1 对应的正净现值；$| NPV_2 |$ 表示与 R_2 对应的负净现值的绝对值。

（2）财务净现值（$FNPV$）

财务净现值就是按现行行业基准收益率或设定的折现率计算项目计算期内各年的现金净流量的现值之和。其计算表达式为

$$FNPV = \sum_{t=0}^{n} (CI - CO)_t (1 + i_0)^{-t}$$

式中，CI 为现金流入；CO 为现金流出；$(CI - CO)_t$ 为第 t 年的净现金流量；i_0 为基准收益率或设定的折现率；n 为计算期。

（3）投资回收期

投资回收期是指投资项目所获得的净收益达到全部投资（固定资产投资、投资方向调节税、流动资金）所需要的年限，它是考察项目在财务上收回投资能力的主要指标。投资回收期一般从建设期开始计算，如从投产年开始计算，要予以说明。

静态投资回收期的计算表达式为

$$Pt = （累计净现金流量出现正值的年份数 - 1）+ \frac{上一年累计净现金流量的绝对值}{出现正值年份的财务净现值}$$

动态投资回收期是按现值法计算的投资回收期，其计算公式为

$$Pt = （累计净现金流量出现正值的年份数 - 1）+ \frac{上一年累计净现金流量的绝对值}{出现正值年份的财务净现值}$$

（4）投资利润率

投资利润率是指当项目达到设计生产能力后的某一正常生产年份的年利润总额与项目总投资额的比率，它是考察项目单位投资获利能力的静态指标。对生产期利润变动幅度较大的项目，应计算生产期内年平均利润总额与项目总投资的比率，求得投资利润率，计算公式为

$$投资利润率 = \frac{年利润总额或年平均利润总额}{项目总投资} \times 100\%$$

18.2.5 项目清偿能力分析

项目清偿能力分析可考察项目计算期内各年的财务偿债能力。根据资金来源和资产负债表可计算项目的资产负债率、流动比率、速动比率等评价指标。

(1) 资产负债率

资产负债率是指负债总额与资产总额的比率，它是反映项目的财务风险和偿债能力的静态指标。其计算公式为

$$资产负债率 = \frac{负债总额}{资产总额} \times 100\%$$

(2) 流动比率

流动比率是指流动资产总额和流动负债总额的比率。它是反映项目各年偿付流动负债能力的指标。项目能否偿还短期债务，要看项目的流动资产和流动负债的多少及其关系，所以流动比率比资产负债率更好地反映了项目短期偿债能力。其计算公式为

$$流动比率 = \frac{流动资产总额}{流动负债总额} \times 100\%$$

(3) 速动比率

速动比率是指流动资产总额减去存货后的余额和流动负债总额的比率。由于存货的变现能力较差，存在许多不确定因素，所以剔除存货后的速动比率能较流动比率更好地反映项目的偿付能力。其计算公式为

$$速动比率 = \frac{流动资产总额 - 存货}{流动负债总额} \times 100\%$$

18.2.6 案例

某项目建设投资，动态总投资为 173.94 亿元，其中：工程费用 113.51 亿元、工程建设其他费 35.63 亿元（含土地成本 29.81 亿元）、预备费 11.70 亿元、铺底流动资金 1.75 亿元、建设期利息 11.35 亿元。项目全生命周期为 15 年，分三期进行建设，总工期为 4 年，一、二、三期连续无间歇滚动开发。投资强度由弱变强再变弱，其中第一年投资占总投资比 11.51%；第二年投资占总投资比 31.52%；第三年投资占总投资比 40.00%；第四年投资占总投资比 16.97%。

该项目为总部服务小镇组团，由 TOD 核心区、文体中心、学校、办公区、居住区和绿地等区块组成。项目中心区域为商务办公和 TOD 核心区，TOD 核心区与总部办公组团之间有生产办公组团和研发办公组团，形成大的商务办公板块。建设内容主要包括房建工程、市政工程、附属工程、能源工程、住宅装饰工程、其他建筑装饰工程。

房建工程计划分三期建设完成，主体建筑部分占地面积共计 69.64hm²，建筑面积约 208.62 万 m²，其中地上建筑面积 143.42 万 m²，地下建筑面积 65.2 万 m²。第一期用地 22.6hm²，建筑面积 71.94 万 m²（地上建筑面积 50.29 万 m²，地下建筑面积 21.65 万 m²）；第二期用地 33.11hm²，建筑面积 99.51 万 m²（地上建筑面积 66.5 万 m²，地下建筑面积 33.01 万 m²）；第三期用地 13.93hm²，建筑面积 37.17 万 m²（地上建筑面积 26.63 万 m²，地下建筑面积 10.54 万 m²）。配套工程同步建设，市政工程为区域内道路建设。道路建设总面积为 58.55 万 m²；附属工程主要包括景观绿化、海绵城市建设、智能化工程；能源工程

主要为清洁能源相关工程，以建筑面积计，覆盖房建地上建筑面积 143.42 万 m^2 以及地下建筑面积约 4 万 m^2。

(1) 项目现金流量表（表 18.13）

1) 现金流入。根据开发计划，第 1 年、第 2 年是建设期，没有现金流入；第 3 年一期项目进入销售、物业管理期，营业收入为 68.11 亿元，销项税为 5.62 亿元；第 4 年二期同步销售并进入物业管理期，营业收入为 97.34 亿元，销项税为 3.25 亿元；第 5 年三期进入销售、物业管理期，营业收入为 19.36 亿元，销项税 0.88 亿元；第 6~14 年进入物业管理期，营业收入稳定在 3.3 亿~3.5 亿元，销项税为 600 万~650 万元；第 15 年进入有偿转让、销售资产期，收回流动资金、固定资产，营业收入为 208.68 亿元，销项税为 16.99 亿元，所得税为 12.91 亿元。

2) 现金流出。第 1 年建设投资为 18.71 亿元，进项税为 1.66 亿元。第 2 年建设投资为 51.24 亿元，进项税为 4.55 亿元。第 3 年建设投资为 65.04 亿元，营业成本为 4.52 亿元，进项税为 8.06 亿元，所得税为 5.64 亿元。第 4 年建设投资为 27.60 亿元，经营成本为 6.84 亿元，进项税为 5.29 亿元，所得税为 10.47 亿元。第 5 年，建设投资结束，经营成本为 1.17 亿元，进项税为 0.51 亿元，所得税为 1.06 亿元。第 6~14 年，每年经营成本为 270 万~290 万元，进项税 16 万~18 万元。第 15 年，经营成本为 11.85 亿元，进项税为 7.01 亿元，销项与进项差增值税为 0.2328 亿元，交易形成利润，所得税为 12.91 亿元。

某项目现金流量表（单位：万元） 表 18.13

序号	项目	一期	建设期		销售、物业管理				有偿转让、销售资产期
		二期		建设期		销售、物业管理			有偿转让、销售资产期
		三期			建设期		销售、物业管理		有偿转让、销售资产期
		合计	1	2	3	4	5	...	14	15
1	现金流入	4532512	0	0	737381	1005946	202400		36128	2274222
1.1	营业收入	4241832	0	0	681140	973418	193567		35480	2086749
1.2	增值税销项税	273203	0	0	56241	32528	8833		648	169996
1.3	铺底流动资金回收	17477	0	0	0	0	0		0	17477
2	现金流出	2753797	203794	557832	849846	526713	10142		11876	552561
2.1	建设投资	1625884	187181	512358	650354	275992	0		0	0
2.2	经营成本	246275	0	0	45194	68371	11762		294	118405
2.3	税金及附加	291204	0	0	17243	24788	−17313		3906	232692
2.4	增值税进项税	270875	16613	45474	80642	52851	5075		18	70067
2.5	增值税	2328	0	0	0	0	0		0	2328
3	所得税	317231	0	0	56413	104712	10618		7658	129070

续表

序号	项目	一期	建设期		销售、物业管理			有偿转让、销售资产期
		二期		建设期		销售、物业管理		有偿转让、销售资产期
		三期			建设期		销售、物业管理	有偿转让、销售资产期
		合计	1	2	3	4	5 … 14	15
4	税前净现金流	2095945	−203794	−557832	−56052	583944	202875　31910	1850731
5	税前累计净现金流		−203794	−761626	−817678	−233734	−30859　245215	2095945
6	税后净现金流	1342364	−203794	−557832	−112465	479233	192258　24252	1721661
7	税后累计净现金流		−203794	−761626	−874091	−394858	−202601　57054	1778715
	计算指标	所得税前		所得税后				
	财务内部收益率（IRR）	17.80%		14.41%				
	财务净现值 FNPV（IRR=6%）	805902		606278				
	动态投资回收期	6.05 年		11.71 年				

通过上表，计算出的财务内部收益率为所得税前 17.80%、所有税后 14.41%；财务净现值以投资牵头企业的内部投资规定为 $IRR=6\%$，可获得所得税前 80.59 亿元盈余、所得税后 60.63 亿元；在所得税前动态投资回收期为 6.05 年，所得税后动态投资回收期为 11.71 年。动态投资效果满足投资要求。

(2) 资本金现金流量表

资本金现金流量表以实施方案资本金作为计算基础编制。

某项目建设投资，动态总投资为 173.94 亿元（表 18.14），其中：工程费用 113.51 亿元、工程建设其他费 35.63 亿元（含土地成本 29.81 亿元）、预备费 11.70 亿元、铺底流动资金 1.75 亿元、建设期利息 11.35 亿元。项目全生命周期为 15 年，项目分三期进行建设，总工期为 4 年，一、二、三期连续无间歇滚动开发。投资强度由弱变强再变弱，其中：第一年投资占总投资比 11.51%；第二年投资占总投资比 31.52%；第三年投资占总投资比 40.00%；第四年投资占总投资比 16.97%。

某项目资本金现金流量表（单位：万元） 表 18.14

序号	项目	合计	1	2	3	4	5	6～13	14	15
1	现金流入	4532512	0	0	737381	1005946	202400		36128	2274222
1.1	营业收入	4241832	0	0	681140	973418	193567		35480	2086749
1.2	增值税销项税	273203	0	0	56241	32528	8833		648	169996
1.3	铺底流动资金回收	17477	0	0	0	0	0		0	17477
2	现金流出	3166310	54874	151890	338805	339277	85144		11876	552561
2.1	资本金	347877	38261	106416	139313	63888	0		0	0
2.2	还本	1391510								
2.3	付息	299010	0	0	0	24668	75002		0	0

续表

序号	项目	合计	1	2	3	4	5	6～13	14	15
2.4	经营成本	246275	0	0	45194	68371	11762		294	118405
2.5	税金及附加	291204	0	0	17243	24788	−17313		3906	232692
2.6	增值税进项税	270875	16613	45474	80642	52851	5075		18	70067
2.7	增值税	2328	0	0	0	0	0		0	2328
3	所得税	317231	0	0	56413	104712	10618		7658	129070
4	税前净现金流	1683432	−54874	−151890	454989	771380	127873		31910	1850731
5	税前累计现金流		−54874	−206764	248224	1019605	1147478		−167298	1683432
6	税后净现金流	1366202	−54874	−151890	398576	666669	117255		24252	1721661
7	税后累计现金流		−54874	−206764	191812	858480	975736		−355459	1366202

(3) 工程建设企业参与投资的现金流量表

某工程建设企业参与股权投资，根据双方签订的合同约定：投入资本金10亿元，资金利息为6.9%，合作期限为6年，1～5年只付息，第6年一次还本金，施工企业获得106.54亿元施工合同。投建比为1∶10。工程建设企业根据自身的管理水平和能力测算，确定施工利润为合同额的8%。测算如下：

1) 投资收益

某工程建设企业的出资均要求固定回报并实现本金回收。经测算，年化收益率为6.9%（单利）时，资金投入10亿元，扣除基金综合管理费后，6年合作期内最终预计可获得固定收益合计为3.96亿元。

2) 工程利润

某工程建设企业在本项目中的工程投资最高为106.54亿元，包括房建工程、市政工程、住宅装饰工程、其他建筑装饰工程，具体工程投资额见表18.15。

工程投资额　　　　　　　　　　　　　　　　表18.15

工程项目	工程投资（万元）
房建工程	664569
市政工程	46840
住宅装饰工程	99740
其他建筑装饰工程	254245
合计	1065394

某工程建设企业全额出资10亿元，投建比为1∶10，考虑工程降造，可得（降造后）施工利润为8.56亿元。根据工程开发进度，获得份额，第1年施工利润为1.1亿元，第2年施工利润为3.02亿元，第3年施工利润为3.83亿元，第4年施工利润为1.63亿元（表18.16）。

某工程建设企业股权参与项目现金流量表（单位：万元）　　　　表 18.16

序号	项目	合计	0	1	2	3	4	5	6
1	现金流入	141400	0	6900	6900	6900	6900	6900	106900
1.1	收入	141400	0	6900	6900	6900	6900	6900	106900
2	现金流出	101800	100000	300	300	300	300	300	300
2.1	股权出资	100000	100000	0	0	0	0	0	0
2.2	通道费	1800	0	300	300	300	300	300	300
3	净现金流（税前）	39600	−100000	6600	6600	6600	6600	6600	106600
4	施工利润	95837	0	11033	30201	38335	16268	0	0
5	累计现金流		−100000	−93400	−86800	−80200	−73600	−67000	39600
6	净现金流（含施工利润）	135437	−100000	17633	36801	44935	22868	6600	106600
7	累计现金流（含施工利润）		−100000	−82367	−45566	−632	22237	28837	135437
计算指标			不含施工利润		含施工利润				
财务内部收益率（IRR）			6.60%		25.00%				
财务净现值 FNPV（IRR=6%）			2783		80481				
投资回收期					4.2 年				

3）评价结果

某工程建设企业资金投入 10 亿元：

在不含施工利润的前提下，建投公司及联建单位收益率为 6.60%。

含施工利润，收益率为 25%。

企业内部基准收益率 $IRR=6\%$，则财务净现值为 2783 万元，含施工利润为 80481 万元。

投资回收期为 4.2 年。

18.3　项目交易结构

18.3.1　项目公司

项目公司也称项目的直接主办者，是为了项目的建设和生产经营而由项目发起人注册成立的独立经营并自负盈亏的经营实体。项目公司直接参与项目投资和项目管理，直接承担项目债务责任和项目风险。项目公司的组成形式主要有契约式合营和股权式经营两种。

（1）契约式经营

契约式经营也称合作经营，是项目公司最常见的组织方式。法人式合作经营是指合作双方组成具有法人资格的合营实体。这个实体有独立的财产权，法律上有起诉权和被诉权，董事会是其最高权力机构，并以法人的全部财产为限对其债务承担责任。非法人式合作经营是指合作双方各自以法人资格按合同规定的比例在法律上承担责任，合作双方可以组成一个联合管理机构来处理日常事务，也可以委托一方或聘请第三方管理。

（2）股权式经营

由合作双方共同组成有限责任公司，共同经营、共负盈亏、共担风险，并按股权额分配利润。在以项目融资方式筹措项目资金时，公司作为借款人，将合资企业的资产作为贷款的物权担保，以企业收益作为偿还贷款的主要资金来源。项目发起人除了向贷款人做出有限担保外，不承担为项目公司偿还债务的责任。

18.3.2 项目交易结构

项目交易结构是指参与项目投资各方以合同条款为形式所确定的，协调与实现交易双方最终利益关系的一系列安排。项目交易结构包括：交易标的、交易价格、公司治理、投资人特殊权利、违约责任追究机制。上述交易结构的内容是由股东协议、项目合同、投资合同、融资合同等一系列合同构成的围绕投资展开的各项经营活动。

（1）交易结构的内容

1）交易标的

交易标的就是指所要投资的项目，各参与投资项目的投资、融资、建设、运营等一系列经济活动的内容。简单理解就是与投资项目各方的合同范围与内容。

2）交易价格

交易价格一般理解为参与交易合同的价款。具体标的是指参与投资项目的合同方谈判签订的范围与内容对应的合同价款。包括参与股权投资合同、债权投资合同、项目合同、施工合同、融资合同、采购合同等。

3）公司治理

通过股东协议，拟定公司章程，建立项目公司的股东会、董事会、监事会和经营层各级管理机构，并按照一定的议事规则、表决机制、职权分立、职责安排而形成各司其职、协调运转和有效制衡的公司法人治理结构，通过建立、完善公司制度约束和规范员工行为。

4）投资人特殊权利

项目性质的不同导致了参与投资项目的各方追求目标不同，不同的追求目标导致投资人的特殊权利不同，表现在项目治理体系中项目公司股东或投资人的特殊身份，因而投资人的特殊权利由项目性质决定。对于很多基础设施类项目，社会投资人追求的是利益最大化，而参与项目的平台公司或政府追求社会效益最大化。这种身份的特殊性和目标的不一致性导致公司治理过程中的信息不对称性。如果缺少有效监督管理机制，社会资本可能会利用信息优势谋求利益最大化而损害社会公共利益，政府也可能利用强势地位以保护公众利益的名义冲击社会资本利益。同样，工程建设企业参与项目投资的目的就是承揽项目工程施工份额，股权投资人注重项目的未来收益，债务投资人关注的是项目的利息。因此，这种投资人的特殊权利来自参与投资项目的目的和追求，表现在公司治理结构中的就是决策权、股东权、参与权、表决权，通过公司治理的权力实现自身利益。比如，股东拥有公司盈余和剩余资产分配权、投资退出回购权等，这一权利直接体现其在经济利益上的要求，具体体现在有权按照实缴出资比例分红、公司解散清算时有清算优先权、有权要求取得公司剩余资产等；政府投资人通过监督、否决社会投资人的不当所得，实现社会效益最大化，服务地方经济。特殊权利体现在公司治理结构、合同约定和投资管理过程中。

5）违约责任追究机制

责任追究机制在于强化交易标的各方责任与义务，提高执行能力和质量，确保投资各项工作高效有序运行，制止和惩戒不负责任的行为，积极推进各项工作良性开展。它要求参与投资的各方有相应交易标的范围内的责任担保，有违约赔付的经济能力和法律手段，对造成违约的要有经济赔偿和合同解除处罚等措施。对于上述交易结构中的部分权利的追究与现行有关规定要求不一致时，双方可通过补充协议等方式加以明确。

工程建设企业在参与项目投资时，要根据交易结构中自身所处位置与角色明确自身的权利与义务，使用实现自身利益最大化的手段与方法，避免不必要的利益损失。

（2）项目交易的原则

1）合法合规性原则

不同的项目投资均需遵循相近的国家法律法规和政策文件，如资本金的最低标准，股权资金、债务资金的相关要求等。特别是关于房地产资金的约束、PPP项目的约束等，无论是在项目操作程序上，还是金融约束上，投资项目均要满足合法合规的要求。同时，要充分利用好有关的国家政策与法律法规，如针对民生工程、乡村振兴工程、高新技术项目的投资鼓励政策，城市更新项目的有关政策等。由于相关政策的推出，项目的税收等方面会得到一定优惠，如所得税减免、"三免三减半"等。

2）可操作性原则

不同的项目交易结构设计的可操作性主要体现在交易结构要遵循地方政府政策指引，尊重各方利益诉求和投资项目的特点。在融资结构设计上，要符合地方政府、金融机构对项目的政策要求；在投资回报机制方面，要满足各方利益诉求；在项目实施方面，要充分考虑项目实施要点。在退出机制上，有可操作途径。

3）效益最大化原则

工程建设项目的投资交易结构设计所追求的效益最大化就是要实现投资方与相关方的社会效益有效统一。通过项目投资实现各方利益的最大诉求，如政府参与项目利益体现更多的是社会性，社会资本参与项目利益体现更多的是经济性。设计出能实现项目绩效和多方主体利益最大化的交易结构，从而实现投资各方共赢。

（3）项目交易结构设计

由于项目交易结构本质上是买卖双方以合同条款的形式所确定的，协调与实现交易双方最终利益关系的一系列安排。项目交易结构设计就是按照相关交易顺序实现这些安排的相互关系与界定的内容。

1）识别项目的目标与投资特征

通过识别项目的目标与投资特征，可以分析投资人投资项目的目的和意义，分析投资人最终需求。参与投资项目的各方，都以获取自身利益最大化来参与项目投资。因此，项目的目标与投资特征决定了投资人在投资活动中的角色和作用。投资项目最终要实现各投资方的需求与目标。采用什么样的交易结构实现共同的有机整体，获取更多的社会资源或资金，各自通过何种方式实现投资回报，这是由项目的目标与投资参与者双方共同决定的。

按项目的目标不同，可划分为经营性项目和非经营性项目：

① 经营性项目以实现所有者权益最大化、追求商业利润为目标，绝大多数生产或者流通领域的项目都属于这种类型。

② 非经营性项目不以追求盈利、不以追逐利润为目标。这包括本身就没有经营活动、没有收益的项目，如城市道路、公共绿化等。这类项目的投资一般由政府安排，营运资金由政府支出。

③ 介于非经营性项目与经营性项目之间的项目，有的建成后直接为社会公众提供基本生活服务，本身有生产经营能力且有营业收入。但运营服务价格由政府给出限制，不由市场调节形成。这种项目有的能收回投资，有财务生存能力；有的不能收回全部投资，需要政府补贴才能维持运营。

按项目的投资来源不同，可划分为政府投资项目和企业投资项目：

① 政府投资项目是指政府使用政府性资金的投资项目以及有关的投资活动。

② 企业投资项目是指企业不使用政府性资金的投资项目，包括企业使用政府补助、转贷、贴息投资建设的项目。

2）分析项目交易结构需要解决的问题

① 项目交易结构要解决的是项目的标的、价格、投资管理模式、公司治理、特殊权力、违约责任、退出机制、利益分配等方面的内容。从流程上看，即项目筛选、项目尽调、项目投资、投后管理、投资退出、项目清算等。

② 项目标的和项目融资。项目的融资需要以项目标的为基础，评估投资价值、投资风险，确定投资价格，规划投后运作方案和策略，论证项目的可行性。从项目本身的价值去研究项目的投资可行性。项目的价值研究是项目标的重要核心内容，通常是我们理解的项目自平衡能力、可融资性和项目的可行性。需要融资的项目，根据项目形成资产后的经营预期，银行决定债务资金的可融额度，从而决定项目的资本金额度或比例。一般在项目前期需要进行工程可研和投资可研论证。经营性资产是项目融资的基本条件，金融机构对优质资产提供的融资额度与优惠条件相对更好。

③ 项目的价格。投资价值包括项目本身的价值和投资后的收益，本身价值是指项目的投资额，工程项目的投资额主要是工程费和工程其他费用、开办费及其他各项费用。投资收益是指建设完成达到正常状态后的收益。

④ 投资模式与建造模式。首先是社会资本方以何种形式获得项目标的，是采用 BOT 模式、PPP 模式、ABO 模式还是其他模式。不同投资模式下工程建设企业的角色与定位差别

很大。其次是成立项目公司后的建造模式如何确定,工程建设企业本身具有一定的建造能力,其获得标的诉求是哪些,这些都需要在建造模式中体现出来,是采用 DB 模式、DBB 模式、EPC 模式还是其他模式等。

⑤ 尽调与谈判。尽调项目标的的负债情况、市场地位、竞争优势、风险与合规等。如果是为了项目而增资扩股的形式介入标的项目公司,还需要对标公司的商业模式、盈利能力,市场地位,竞争优势,财务、现金流状况,风险与合规情况进行尽调。通过尽调,与交易双方形成投资备忘、标前承诺、协议协调、投资合同关键条款的洽谈记录等。

⑥ 股权与公司治理。按《公司法》或双方约定设置合理的股权比例或增资扩股的额度,通过股权比例或增资扩股的额度决定董事会、经营层和监事会的席位与相关岗位安排。股东权利与所持股权比例的非对等性影响,特别是国有企业参与投资的并表与出表问题,造成项目公司的控制权不占主导地位。在表决权行使上或是利润分配方式上,与股东实际所持的股权比例具有非对等性。

⑦ 合理分配特殊的权力。特殊权力是项目执行过程中保障自身利益与目标的实现,这种参与项目投资的意图导致各自所追求目标的不同,社会投资人一般以商业利益为侧重点,而政府投资人追求社会公共利益。

⑧ 违约责任。由于利益和目标不同,各方在项目的运营中会促使项目的发展朝着有利于自身的方向倾斜,从而造成利益不公平,它会通过违反既有约定来实现。为了确保公平,需制定约束各方行为而采取的有关罚则。

⑨ 退出机制。项目结束或调整时投资人会退出项目,这种退出是建立在一定的条件基础上的,这些条件包括股权退出。因此,需要对退出方进行一系列的条件设置,从而保障参与各方的利益。

⑩ 利益分配。项目产生的收益如何进行分配,需要建立一整套利益分配的条件,如公积金的提留、利润分配等。

⑪ 要正确处理投资人、市场和社会干系人的关系,为投资提供良好的外部环境。

3)项目运作模式设计

项目的运作模式,就是项目投资模式与项目管理模式的组合,工程建设企业参与项目投资,既要从投资参与的项目重点谋划,也要从建造模式方面充分考虑,确保投资带动经营生产。

一般来说,首先是项目发起人通过选择投资人,共同参与项目的投资。投资人可以项目投资和股权投资的方式参与项目。参与项目投资后,工程建设企业参与项目投资与发起人协商,或者按照投资或股权比例的份额设计施工部分的项目内容,从而带动相关产业发展,从投资的角度促进工程建企业的经营活动。

① 投资模式

投资模式主要有项目投资模式和股权投资模式,项目投资模式主要有 BOT 模式、BOO 模式、TOT 模式、PPP 模式等,一般通过公开招标、竞争性磋商、竞争性谈判等方式选择社会投资人。通过选择社会投资人与实施主体（授权平台公司或者通过招标的投资人）平台共同组建项目公司，并按照《公司法》有关规定运行。

出资比例决定了双方的股权比例。从双方利益角度出发，根据各方利益诉求来决定，一般情况下，政府利用其优势地位，在项目实施方案中给出明确意见。为了确保投资模式的有效性，常常针对股权比例等重要的内容和核心条款，通过市场测试完成相应的实施方案。否则，项目易造成流标或者无法实施。工程建设企业根据自身的企业能力与条件参与项目投资，以便和实施主体获得一致性意见。

以某有轨电车 PPP 投资项目为例，项目投资约 40 亿元。政府指定交通局作为项目实施机构，交通局完成项目方案设计及"两评一案"工作，授权市城投公司作为政府出资方代表与社会资本方联合出资（出资比例分别为 20%、80%）建立 PPP 项目公司。项目公司资本金为 20%，交通局与项目公司签署 PPP 项目合同，授权项目公司在一定期限内运营该项目，直至合作期届满项目公司将该投资项目资产无偿移交公交公司。除资本金 8 亿元由项目公司提供，其余 32 亿元作为债务资金向银行贷款。由于有轨电车属于准经营性项目，政府还需对项目公司的政策性亏损进行财政缺口补贴。根据 PPP 项目的投资模式，设计如图 18.2 所示的项目投资交易结构。

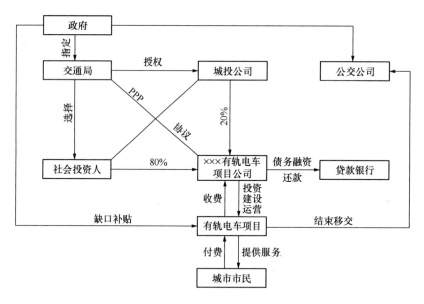

图 18.2　项目投资交易结构

② 建造模式

本项目的实施内容为投资、建设、运营一体化，工程建设企业具有一定的设计、采购、施工总承包能力。对工程建设企业来说，通过投资带动经营工作，采用 EPC 建造模式，不仅获得设计份额、物资采购权力，还为工程项目带来了施工份额。该建造模式极大提高了投资效率，并为政府简化了管理工作，达成双赢。其建造模式见图 18.3。

③ 联合体设计

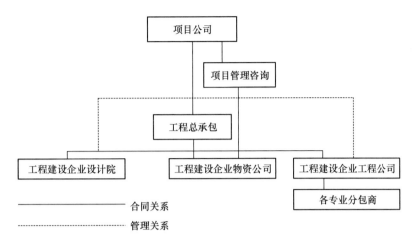

图 18.3 有轨电车 EPC 建造模式

联合体是两家及以上企业共同参与项目的社会投资人。根据当前国内建筑业的分工，工程建设企业一般在施工管理方面具有一定优势，但设计方面还存在很大短板，特别是对一些专业性、行业属性较强的项目，受设计资质限制，需要联合工程建设企业所属企业之外的设计单位参与设计。此时，工程建设企业作为牵头单位，可以股东协议来联合设计单位共同参与项目投资建设。

工程建设企业是一个负债率高、现金流要求极高的单位。为了参与项目投资，工程建设企业还可以联合基金公司、财务投资人共同组建联合体，共同参与项目投资。

联合体协议就是联合体成员为了共同参与投资项目，规定相互之间的出资、分工与责任，包括但不限于联合体基本信息、连带责任、联合体的管理、授权委托书、共同投标协议的有效期、联合体名称和成员数量、牵头人名称和地址等。一般最终以牵头人作为投资联合体的名义履行招标投标各项手续。联合体各方的责权利根据其参与项目的需求共同研究决定。

④ 股东协议与章程

股东协议是股东之间成立项目公司的权利与义务的约定。一般政府实施机构选定社会投资人后，由授权指定出资代表与其签订股东协议，共同注册成立项目公司。如果社会投资人是联合体，一般由牵头人联合各方共同与政府出资代表签订股东协议和章程。

⑤ 注册资本金

注册资本金对公司实力以及税务登记等产生一定影响。公司的注册资本金表现出公司实力和有无做大项目的能力，一般不低于注册项目公司的基本要求。同时，项目公司需要申请一定资质时，注册资本金要求或有变化。

（4）项目融资结构设计

项目融资结构设计主要解决项目资本金的来源、性质和用途，以及项目资产的形成和转移方式。按照有关对固定资产投资项目资本金的规定，以及金融机构放贷对项目资本金的要求（金融机构根据项目资产的经营性优良评估发放的融资额度），项目资本金设为 $A\%$（不低于20%），债务资金 $B\%$（$A\%+B\%=100\%$），资金缺口由项目公司向银行、基金、信托等财团贷款或发行企业债的方式筹集。

（5）回报机制设计

回报机制的设计，主要是对投资的资金以何种方式进行回收并获得回报，是项目回报机制设计的基本要求。一般项目可以分为公益性资产项目、准经营性资产项目和经营性资产项目三大类。公益性资产缺乏经营能力，没有收益，如一些城市道路项目；准经营性资产项目服务于公众，也有一定的经营能力，但经营能力较弱，收益在一定时期内无法覆盖项目投资成本和运营成本，如城市轨道交通项目；经营性项目，属于有一定的经营能力，在正常运营条件下和一定的期限内，收益不仅能覆盖运营成本，还能回收项目资产的摊销或折旧，从而全面回收项目投资。

公益性资产项目的回报机制，一般是政府购买服务或者由使用者按照项目的投资额及资金回报率在一定的时期内分期支付或一次性支付。

准经营性资产项目的投资回报机制，一般是在一定的运营期限内，由使用者付费作为回报，同时由政府或相关机构项目投资资金回报的缺口进行补助，很多PPP项目采用的是使用者付费和缺口补贴外加资金回报共同支付。

经营性资产项目的投资回报机制，一般是以项目合作经营获得收益，通过一定期限的运营，完成项目的总投资并获益。如EPC+O类的污水处理厂项目、停车场、充电桩项目等。

经营性资产项目的投资回报重点在于对市场的调研，对未来收益的预期和预测，是市场化行为，需要投资人对投资标的将来运营收益进行预判。同时，风险也很大。

多项目投资包的回报机制需要对每一个子项的投资回报进行预测分析。对于混合包中的公益性资产，通过经营性资产的经营年限的拉长，用经营性资产的收益覆盖公益性资产，项目回报机制依然成立，否则，项目回报机制不成立。如EOD项目，对于公益性资产与经营性资产进行捆绑，出台相关政策，形成以EOD项目为融资的混合投资项目，通过延长经营性资产的运营时限，来平衡项目的资金缺口。

（6）退出机制的设计

退出机制是工程建设企业将投入项目中的资本由股权形态转化为资本形态，以实现资本增值，避免和降低财产损失的整个过程。项目发展相对成熟，合作期结束后社会资本退出；由于各种原因导致项目不能持续健康发展，社会资本退出。这是社会资本退出机制需要保障的两个方面。无论何种原因，只有合理的退出机制才能保障社会资本退出时的安全，甚至还需要确保资产保值与增值。

退出机制的设计主要有清算、无偿移交、回购股权、股权转让、公开发行拍卖等其他多种形式。

合作期结束后的退出机制是按项目约定期限无偿移交，对资产残值不做清算，如BOT模式。合作期结束后，项目没有达到预期目标，通过延长运营年限直至达到目标后再退出。

如果项目投资过程中出现不可持续的情况，需要清算后再进行退出。项目运营一段时间后，由政府回购项目股权，社会投资人自然退出。项目运营一段时间后，由新的投资人收购社会投资人时，社会投资人在股权交割完成后自行退出。项目运营后，对资产进行拍卖，社会投资人收回投资后退出。协议退出，需要视项目的情况，具体判断退出方式。在退出机制设计时，项目是通过等额本息还是等额本金，需要根据具体情况分析。

18.4 项目融资

项目融资是项目的实施主体（通常是项目公司或合伙公司）以项目投资的未来收益和资产为融资基础，由项目的参与方按照股东协议和章程以及各自权益共担风险，具有有限追索权性质的融资方式。工程建设企业可以股权投资的方式或者债务投资的方式进入项目投资，通过建设工程施工份额的获取来平衡项目投资。

18.4.1 项目融资各方的关系

项目公司由项目投资者按照股东协议，签订公司章程，按照《公司法》依法注册而设立，其主要法律形式以有限公司为主，特殊情况除外（如借款机构要求提供股东担保或者增信，国有资本的股东一般选择退出）。项目公司以公司法人身份进行融资并承担相关责任，直接参与项目投资和项目管理，承担项目债务责任和项目风险，项目公司拥有管理和处置公司资产的一切权利，并承担债务的责任。项目融资各方的关系如图 18.4 所示。

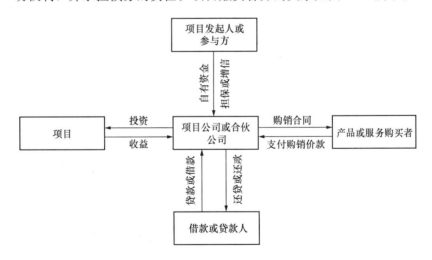

图 18.4 项目融资各方关系图

18.4.2 项目融资的内容

项目性质不同，项目融资对象也有所差别。项目符合国家政策的，有政策性银行或专项债等多种融资方式。项目的融资对象包括但不限于各大商业银行、租赁公司、财务公司、投资基金、非银行金融机构、国家政府出口信贷机构、国外资金及国有资金盈余的企业等（含民营企业资本)。项目融资根据标的大小,可以由一家或者多家融资企业提供贷款,也包括银团等机构。项目融资按构成项目投资来源分类,主要有权益融资和债务融资两个部分。

(1) 权益融资

权益融资是通过扩大企业的所有权益吸引新的投资者,通过发行新股、追加投资等来实现。当项目确定时,项目发起人因自身资金不足或减少现金投入,让渡部分权益给第三方,从而满足项目总体权益资金需求。如在投资项目中缴纳资本金,是指在项目总投资中,由投资者认缴的出资额,对投资项目来说是非债务性资金,项目法人不承担这部分资金的任何利息和债务;投资者可按其出资的比例依法享有所有者权益,也可转让其出资,但不得以任何方式抽回。在项目的总投资中,必须拥有一定比例的资本金。对于工程建设项目的投资资本金比例不得低于20%,个别地方的金融机构根据项目的可融性研判,对发放贷款的项目要求资本金更高。从实践情况来看,工程建设项目投资标的一般较大,且工程建设企业在现行环境下的资产负债已经很高。为了获得对项目的投资、获取工程建设份额,投资者一般希望可以尽量减少自有资金投入。因此,投资者努力寻求项目资本金的融资方式,希望可以通过融资来解决全部或者部分资本金,从而提高投资收益率。但是,国家政策及相关规定对资本金的来源与形式进行了严格的限制。因此,项目资本金融资渠道和方式也就更加严格。对基础设施领域和国家鼓励发展的行业,鼓励项目法人和项目投资方通过发行权益型、股权类金融工具,多渠道规范筹措投资项目资本金。一般来说,项目资本金的融资方式可以通过权益型金融工具和股权类金融工具获得。权益型金融工具主要有永续债券、可转换债券、权益型REITs等。股权类金融工具有银行理财产品、信托计划、基金等。工程建设企业参与项目投资,一般以股权类基金形式参与比较普遍,通过参与股权基金获得固定收益,按投建比获取工程建设施工份额,这是目前常见的方式。

【案例】某项目权益融资模式

某项目动态总投资为173.94亿元,其中:工程费用113.51亿元、工程建设其他费35.63亿元(含土地成本29.81亿元)、预备费11.70亿元、铺底流动资金1.75亿元、建设期利息11.35亿元。资本金融资方案如下:

1) 合作方式:

某建投公司牵头组织联建单位,以基金股权出资方式与某发展集团共同成立合资公司,由合资公司负责项目投资、建设等。建投公司及联建单位参与本项目工程建设。

建投公司及联建单位出资不少于10亿元,不多于21亿元。建投公司实际出资上限为2亿元,其他联建单位认购剩余额度,超出认购额度将根据业主方需要,联合金融机构资金作为增量资金提供给合作方。

建投公司及联建单位出资的回收期限为出资满6年之日止全部回收完毕,出资收益每年计付一次,年收益率为5年,基准利率(当期)上浮至6.9%。建投公司及联建单位对应投建比不低于1∶6,建投公司及联建单位获得的最低工程额为60亿元。

2) 出资方式:

合资公司注册资本金 30 亿元，资金筹集安排为基金股权投资方式。剩余补充资本金由某发展集团认缴。

牵头人发起规模 10 亿～20 亿元的有限合伙型基金，资金来源为建投公司牵头认购的 2 亿元（LP），余下份额由联建单位认购（LP），由基金公司进行管理（GP）。该有限合伙型基金与某发展集团共同成立合资公司（图 18.5）。

合资公司章程约定，部分重大事项（包括但不限于工程招采方案）需要全体董事同意。

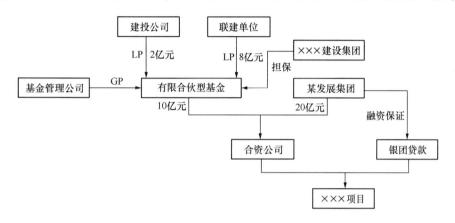

图 18.5　基金股权出资模式

3）退出机制：

某发展集团对建投公司及联建单位的股权资金退出采取"5+1"方式进行回购，×××建设集团为建投公司及联建单位的股权资金退出提供强担保。

从对合资公司出资到位后第 5 年起到第 6 年，某集团受让联建方全部 LP 份额。

（2）债务融资

债务融资是指通过银行或非银行金融机构贷款或发行债券等方式融入资金。债务性资金必须到期偿还，一般还要支付利息。负债融资的方式在基础设施融资类型中非常普遍，也较为常用。项目融资是以项目公司为融资主体的融资方式，项目融资的形式很多，比较灵活。项目融资以项目公司为主体，以项目的未来收益和资产作为还款基础，融资方对项目发起人只是以项目为主体的有限追索，风险由项目参与方按权益承担。一般项目形成的债务不进入发起人的资产负债表，不影响其信用（如果股权架构设计不合理，造成发起人之一对项目有控制权或者满足并表条件的除外），贷款的方式一般需要获得融资方认可，较为复杂。项目债务资金投入存在一定风险，融资成本相对于基准利率高，必要时贷款人参与项目管理或者监督项目执行。一般项目融资的负债率接近 80% 的较多，个别低于此值，也有个别更高。

18.4.3　项目融资的原则

（1）有限追索原则

项目融资模式设计的基本原则是实现对项目投资者的有限追索，理想状态是达到无追索。项目融资的追索形式和追索程度因项目经济强度、投资规模、投资结构、财务状况、生产技术实力、市场运作能力和所处行业的风险系数等因素的不同而不同。因此，在项目融资模式设计中，着重考虑以下几个方面的问题：

1) 在正常投资活动下，项目的经济运行能力与力度是否足以支持融资债务的偿还；

2) 能否找到除投资者之外的强有力的信用支持（如参与分包的合作伙伴）；

3) 对于融资结构的设计可否做出适当的变通处理。

（2）风险分担或转移风险原则

项目融资模式设计需要确保投资者不承担项目的全部风险责任和兜底责任，即遵循风险分担和风险转移的原则。要确保在投资者、贷款银行以及其他各类利益相关者之间实现项目风险的有效划分。例如，按照高风险高收益原则，将更高的收益转给投资机构或者融资机构或利益相关者，使他们收益提高，但承担更大风险，以起到很好的分担市场风险的作用。

（3）成本降低原则

对于项目投资，尤其是大型工程项目投资来说，资本密集度高、建设周期较长，在项目建设前期通常会产生数量较大的税务亏损。以项目性质为载体，以相关税法和政府为发展经济而制定的优惠及补助政策优化税收缴纳，做好融资和投资结构的优化组合，降低资金成本。选择适当的项目融资模式设计、合适的融资对象，可以在一定程度上实现融资成本的有效降低。如部分基础设施项目可以获得政策性银行贷款，利率相对来说非常低。也可以将项目性质与国家政策相比对，争取获得政策优惠的支持。

（4）项目融资与市场安排相结合原则

项目融资需要立足于市场需求，项目融资与市场安排之间是互为基础和互为前提的关系。长期的市场安排是实现项目融资的信用基础，否则项目很难获得融资，合理的市场安排和市场价格是保证投资活动优化的前提，这个前提是对市场公平价格的确定。对于融资机构或银行来说，低于公平价格的市场安排意味着银行将承担更多风险；而对于项目投资者来说，高于公平价格的市场安排则意味着项目融资利益的缺失。因此，项目融资和市场安排相结合的公平价格的确定至关重要。对于投资者来说，最大限度地实现融资利益与市场安排利益相结合是项目融资设计应遵循的一个重要原则。

（5）近期融资战略和远期融资战略相结合原则

与项目周期相对应，项目融资可以分为近期融资战略和远期融资战略。在长期和短期之间，如果影响项目融资的各种基本因素变化不大，则项目融资结构可以长期保持不变；但当某些因素朝着有利于投资者方向发生较大变化时，就会产生重新安排项目融资结构的需要，以降低融资成本。因此，需要从战略的角度对融资进行判断，近期的融资可以采用短融短贷或叠贷。在进行项目融资模式设计时，投资者需要明确选择某种项目融资方式，同时对重新融资问题加以考虑，以兼顾近期融资战略和远期融资战略。

（6）融资结构最优化原则

项目融资结构是指在项目融资中，诸如资金来源、融资方式、融资期限、利率、时间等构成要素的组合方式。项目融资结构的优化需以融资成本和效率为标准，以确保各构成要素的多元化和合理化。项目融资模式的设计应注意内部筹资和外部融资、国内融资与国际融资相结合,直接融资与间接融资相结合,兼顾短期融资与长期融资,规避资金来源、融资方式、融资期限和利率等方面的单一性,以减少融资风险,降低融资成本,进而提高融资的效率和效益。具体而言,该最优化原则又包括:

1) 融资方式种类结构最优化,适当选择使资金来源多元化。

2) 融资成本结构最优化,通过多元化的资金来源,多方协商争取最低的融资成本。

3) 融资期限结构最优化,保持一个相对平衡的债务期限结构,尽可能使债务与清偿能力相适应,以体现均衡性。

4) 融资利率结构最优化,当资本市场利率水平相对较低且有上升趋势时,应尽量争取以固定利率融资,以避免利率升高可能带来的损失;反之,当市场利率处于相对比较高的水平且有回落趋势时,就应考虑用浮动利率签约。

5) 融资货币币种结构最优化,融入资金的币种应能与筹资项目未来收入的币种相吻合,即现在所筹集的资金货币就是将来的还款货币。同时,要把握软硬货币的比例关系。

6) 融资方式可转换性原则。公司在筹集资金时,应充分考虑筹资调整弹性,即筹集方式相互转换的能力。应选择转换能力较强的融资模式,以避免或减轻风险。

(7) 融资与收益平衡原则

项目投资的本质是通过项目的投资建设获取未来收益,这是投资项目的本质。工程建设企业为了获得施工份额,被动参与项目投资,在有限的建设周期和还款周期内,通过投资股权收益或利息收益结合施工利润等各项收益来做整体收益平衡,一旦回收资金的时间加长,由于利润对不同的企业来说相对固定,但融资成本过高的情况下,由于时间的延长或者项目因融资推进不力,投资平衡点很快被打破,造成项目失败。特别是对于当前状况下的政策投资项目,由于项目实施效率不高,常见拆迁赔偿纠纷,合同在签订时出现了一些不公平约束条件,造成项目拖期、失败。

18.4.4 项目融资模式

(1) 生产支付和预先购买模式

1) 生产支付

生产支付(Production Payment)是项目融资形式之一。融资机构从项目中购买到一个特定份额的生产量,这部分生产量的收益也就成为偿还项目融资本息的主要资金来源。因此,生产支付的特点是以拥有项目的产品和销售收入为前提介入项目融资,而不是通过抵押或权益转让来实现融资的信用保证。该融资模式适用于开发前景较好的烂尾项目或者由于某种原因导致估值很低的项目,银行只需投入少量资金就可以将项目盘活。融资机构优先获取收益并偿还本息,如医院、康养、道路、市政、污水处理等项目,这些项目一般前期投入很大,但由于资金链断裂造成项目无法完全达到验收条件,致使烂尾。生产支付方式适用于对预期结果非常明确,只需要有资金介入就能马上盘活并进入使用或者产生效益的项目。对于工程建设企业来说，一般满足投建比要求时即可参与项目投资。我们常见的 TROT 模式就属于其中一种投资模式。

生产支付融资模式具有如下几个特点：

① 所购买特定份额的生产量及其销售运营收益是用于支付各种建设成本和债务还本付息的来源。因此，能够比较容易将融资安排成无追索或有限追索的形式。

② 融资期限短于项目的实际经济生命周期，以确保项目能够通过运营获得收入。

③ 在生产支付融资结构中，融资机构一般只为项目建设所需的资本费用提供融资，而不提供用于项目经营开支的资金，并且要求项目投资者提供最低生产量、最低产品质量标准等方面的担保。

2）预先购买

预先购买模式也是生产支付的一种，是更为灵活的项目融资方式。其灵活性表现在贷款人可以成立专设公司，这个专设公司不仅可以购买规定数量的未来产品或者工程施工份额，还可以直接购买这些产品未来的现金收益。项目公司交付产品或收益的进度，将被设计成与规定的分期还款、偿债计划相配合。预先购买是工程建设企业被动投资行为的一种，通过预先购买股权基金获取施工份额，形成的施工利润一般会覆盖项目投入的资金，降低了参与投资的风险，同时还为企业的生产发展创造了营业收入。

（2）融资租赁模式

租赁是一种承租人可以获得固定资产使用权而不必在使用初期支付其全部资本开支的一种融资手段。相当多的大型项目通过融资租赁方式来筹措资金。常见的融资租赁形式是，当项目公司需要筹资购买设备时，由租赁公司向银行融资并代表企业购买或租入其所需设备，然后再租赁给项目公司。项目公司在项目营运期间以营运收入向租赁公司支付租金，租赁公司以其收到的租金向贷款银行还本付息。污水处理厂在建造时，污水处理设备一般由专业厂家设计、施工、调试和运营，在项目实施过程中，可以采用 EPC＋O 的模式，将污水处理设备以融资租赁的方式，由设备制造与安装单位向融资方获取资金参与到项目的融资中，独立完成设计、生产和运营，并获取使用费用于向融资机构还本付息。工程建设企业在项目建设过程中，也可以通过让渡部分收益，缓解项目公司的融资压力，更有利于投资方将有限的资金用于工程建设，有利于项目尽快完工，尽早形成收益。

融资租赁一般是以专业公司与技术参与到项目中，因此对融资租赁企业扩展市场份额起着一定的作用。其特点还表现在：一是融资租赁可以通过厂房和设备的折旧为项目发起人带来资本让税，从而降低项目总成本；二是在融资租赁中，租赁资产的所有权没有发生转移，仍在融资人掌握之中，因此债权人对租赁资产比较放心，从而降低了贷款风险。租赁期结束后，出租人基本上可以收回全部成本并取得预期的商业利润。

（3）资产证券化模式

资产证券化模式（Asset Backed Securitization，ABS）是以项目所属资产为支撑，以 SPV 公司为载体的证券化融资方式，即它是以项目所拥有的资产为基础，以项目资产可以带来的预期收益为保证，通过在资本市场发行债券筹集资金的一种项目融资方式。目前，资产证券化以金融资产为主，如美国的住宅抵押贷款、汽车贷款、信用卡贷款、应收账款等。在资产证券化项目融资中，债券的筹集成本与信用等级密切相关，发行债券机构信用等级越高表明债券的安全性越高，债券利率越低，债券的投资级别也就越高。例如，根据标准普尔公司的信用等级方法，信用等级 AAA、AA、A、BBB 为投资级，债券的信用等级只有达到 BBB 以上时才具有投资价值，才能在证券市场上发行债券筹集资金。因此，利用证券市场筹集资金一般都希望进入高档投资级证券市场。但对于那些不能获得权威性资信评估机构较高级别信用等级评估的企业和其他机构，往往不能进入高档投资级证券市场。

(4) 银行保理融资模式

银行保理业务是集贸易融资、商业信用调查、应收账款融资、信用风险担保为一体的新型综合性金融服务。工程建设企业常用应收账款融资模式，就是通过银行的审核后，公司将应收款项转让给银行以提前获得资金的业务，具体可分为买断型保理业务和回购型保理业务。银行对保理业务的审核点主要是债务人（就是欠公司钱的公司）的还款能力。其操作方式分为：

有追索权的保理，是指供应商将应收账款的债权转让给银行（即保理商），供应商在得到款项之后，如果购货商拒绝付款或无力付款，保理商有权向供应商追索，要求偿还预付的货币资金。当前，银行出于谨慎性原则考虑，为了减少日后可能发生的损失，通常情况会为客户提供有追索权的保理。

无追索权的保理则相反，由保理商独自承担购货商拒绝付款或无力付款的风险。供应商在与保理商开展保理业务之后就等于将全部风险转嫁给了银行。因为风险过大，银行一般不予接受。

(5) BOT 融资模式

所谓 BOT 是 Build（建造）-Operate（营运）-Transfer（转让）的缩写。这种融资方式的特点是借助私人投资建设原来要由政府开发的基础设施。BOT 的一般做法是：政府部门与投资者签订投资项目的特许权协议，使投资者具有建造经营的权利。项目公司在项目经营特许期内，利用项目收益偿还投资及营运支出，并获得利润。当特许期满后，投资者将该项目无偿交还给当地政府。

对于筹资者来说，采用 BOT 方式筹资的主要优点是：①可以直接利用私有资金发展国家重点建设项目；②通过引进国外先进的生产与管理技术，改善和提高项目管理效率；③方式灵活，能产生一些衍生产品，如 BOO（建设—经营—拥有）、BOOT（建造—经营—拥有—转让）、BLT（建造—租赁—转让）、BTO（建造—转让—经营）等。基于上述优点，BOT 已成为近年来国际上较为流行的由私有资金参与国家公共基础设施建设的一种融资模式。

18.4.5 融资计划与融资方案

项目投资计划是完成项目所需投资资金的安排，主要是建设投资、建设期利息和流动资金的总和在建设期各阶段的使用计划。项目资金计划是项目投资活动实际需要的资金计划，反映的是在项目投资活动中，根据扣除项目利润后所需要的资金而制定的项目投入的资金使用计划；项目融资计划以项目投资资金需要计划为基础制定，是项目公司自有资金不满足投资资金需要的缺口计划。

三者关系为：投资总额＝项目资金需求＋项目经营利润

项目资金需求＝自有资金＋融资

对单一投资项目来说，由于投资期间项目公司没有获得经营利润，投资总额＝项目资金需求。对复合投资项目来说，在投资一段时间后，投资还在继续，先期投资形成资产产生利润，投资总额＝项目资金需求＋项目经营利润。

当自有资金满足投资资金需求时，不需要融资。但自有资金不能满足投资资金需求时，需要通过融资填补资金需求的缺口。

融资计划考虑的是资金的来源方式和解决方案。合理的融资计划有利于提高项目融资效率，降低融资成本。在时间价值杠杆驱动下，合理的融资计划是项目实施的必要保证，更是项目实施达到预期目的的基础。融资方案在提前预测、综合统筹、成本优化、经营利润再投入的基础上确立。因此，融资方案的根据是以项目全生命期实施的方案为主，综合项目生产、投资、经营和财务等一系列活动，在某一时期为达到项目实施资金需要而制定的计划。不同时期融资的数量确保某一时间财务现金流量表中的来源资金大于运用资金，使项目处于资金充沛状态。但也要防止资金过多，影响财务成本。

（1）项目总投资

项目总投资可分为固定资产投资和流动资金投资。其中，固定资产投资包括可以计入固定资产价值的各项建设费用支出，以及不计入交付使用财产价值内的应核销投资的支出（如停工费）；流动资金投资由储备资金、生产资金、结算及货币资金等组成。

1）编制流程，见图18.6。

2）项目总投资计划的编制

根据项目管理分解，以项目建设期投资概算的内容为基础，以项目建设期总计划为时间主线（横道图），以分部投资计划和概算内容为计算依据，计算出各分部投资计划内完成概算内容的持续时间，并折算成月度投资计划，各项概算指标以月度进行合计，可以得出月度投资计划，以年为单位得出年度投资计划。对于一次性投入的资金，根据实施方案进行判断，决定资金的使用时间，并按照计划表中对应的月份进行累加。关于项目总投资计划的制定，在时间管理计划章节中给出了相应的方法，这里不再叙述。

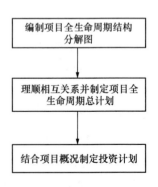

图18.6 项目总投资计划编制流程

① 项目全生命周期分解。应基于可交付成果对项目结构进行分解，将项目的所有投资资金按总投资组成进行分类。如果没有概算，按专家法进行估计分类，形成可以独立计量的

工作包或者复合工作包，即管理单元。

② 项目总计划的制定。根据全面项目管理的时间管理计划章节中提到的方法，总体预测项目管理的内容和工程程序，进行项目管理结构的分解。根据分解的各工作包按逻辑与组织关系进行排列，估算各工作包的持续时间，形成计划网络图。以计划网络图形成横道图，基本就理顺了项目的总体计划。

总体程序为：项目建议书 → 计划立项 → 征地 → 可行性研究 → 初步设计 → 扩初设计 → 编制项目概算 → 施工图设计 → 工程建设 → 销售运行 → 项目结束。

③ 根据总计划的安排及持续时间，将管理单元的投资费用持续时间进行分配并汇总，得到月度投资计划的总费用。将每月计划合并，以年为单位，得出投资期内每年的投资计划（图18.7）。

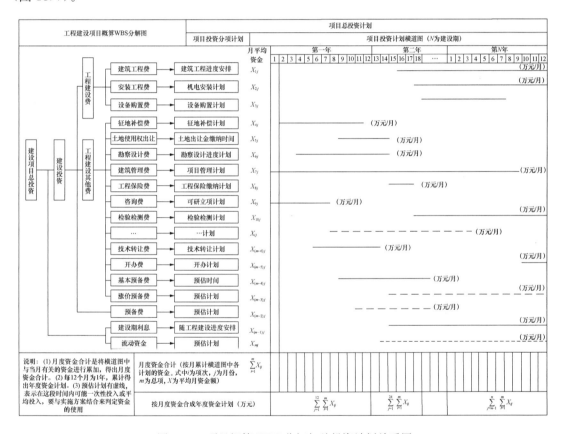

图 18.7　项目概算 WBS 分解与总投资计划关系图

（2）投资资金需求计划

投资资金需求计划，要保证投资项目管理实施的各项目标实现。具体来说，就是保障投资项目按照项目全生命周期计划来完成，确保项目按照既定投资目标达到既定效果。在投资项目管理中一定要制定合理的投资资金需求计划，保证投资项目资金需要，实现项目目标，控制投资支出，节约投资资金，合理使用投资费用，提高资金利用效率，科学、有效地为项目筹资、融资，合理有效地控制资金的使用成本，为投资管理提供决策依据，确保投资目标的实现。

1) 项目投资资金计划的编制原则

① 保证投资项目目标

编制项目投资资金计划是为了保证投资效果的实现。投入项目一定的资金后,通过项目正常运行,形成自身造血功能,减少对外部投入资金的依赖,减少融资成本,保证投资项目合理实现。编制融资计划并不是一味要求降低成本以提高资金使用效率,而是要在项目平稳运行的基础上实现经济节约。这就要求在制定资金使用计划时,应以投资项目的既定目标为前提,将资金计划与工程进度计划结合起来,制定出保证投资效果的资金计划,保证投资项目目标实现。

② 提高投资资金利用效率

项目投资资金具有资金成本。在筹集资金时,项目公司通过投资管理确保项目的现金流正常运转,不能一味地依赖外部资金来驱动项目。特别是对一些超大型的 EOD \ TOD 类和片区开发类项目,开发周期长,投入一定的资金后,要确保项目滚动开发;在项目启动后,需要制定投资、销售、运营于一体的资金管理方案。随着营收的增加,项目实际投资额将比项目总投资低很多,不仅降低了资金的使用峰值,也降低了后续融资的难度,降低了资金成本支出。因此,将有限的资金在项目实施周期内统筹合理运用,对提高资金的使用效率是非常必要的。

2) 资金计划编制

资金计划的编制一般按概算确定的总额作为项目投资活动的开始,有些以可研估算为基础来决定项目总投资,概算费用的各项投资资金也均由估算值代替。资金计划是确保项目能否正常实施的重要依据,受资金时间价值的影响,不同阶段资金使用量不同,资金的财务成本也不尽相同。项目资金总额是指由项目决策、设计、建设、运营、税费、利润构成的综合成本,而用资成本和筹资成本又是资金成本的重要构成。因此,编制资金计划要重点考虑项目的用资成本和筹资成本。工程建设企业参与投资项目时,项目的立项、可研等工作由发起方独立完成,部分项目发起方还完成了初步设计,当项目公司成立后或者增资扩股完成后,这些由发起人垫付的费用根据承继协议一并转入项目总投资。

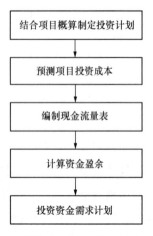

图 18.8 项目投资资金计划编制流程

3) 编制流程

项目投资资金计划编制流程如图 18.8 所示:

① 预测项目投资成本。根据市场情况和投资项目的性质,进行总体成本估算,一般以工程建设费用降造率来表示,工程建设其他费用则按照市场行情询价估计确定。

② 根据项目的预测经营情况以及投资、建设、运营等情况制定实施方案,编制项目现金流量表。以投资总成本作为投资项目的流出编制项目现金流量表,项目总流入与总流出之差作为判

断投资资金的使用计划。

③ 计算资金盈余。一般对于单个项目的开发，投资总额和所需的资金总额基本相同。但对于滚动开发、分期开发的项目，先期项目进入销售或运营期已产生收益，项目所需资金总额相对来说比投资总额要少。为了节约资金成本，在确保项目有留储资金且有盈余的情况下安排融资金额。资金盈余通常是通过现金流量表来计算，账面盈余过多，资金成本加大，账面盈余资金不足，需要安排资金。在项目建设期内，要安排保底流动资金（储备金），以防止资金不足对项目的正常运行造成影响。在项目投资资金方案准备的时候，就要做好储备金和资金计划的预测。

(3) 融资计划

融资计划的确定以投资项目资金需求为基础，项目公司根据项目的经营情况、资金平衡情况，满足资金盈余且盈余资金满足储备资金需要，不需要融资。如果存在资金缺口，则需要融资，并以资金缺口作为融资计划安排，融资的数额要确保项目资金盈余且盈余资金满足储备资金需要。

受资金成本的时间价值影响，项目资金运用与数值大小均需以保证项目实际进度来安排。账面资金量过大，造成投资成本增加；账面没有资金，容易造成投资降效或失败。因此，合理数量的资金运用是项目持续高效推进的重要保障。

项目资金来源与运用是围绕项目总计划分段筹措与实施的，项目投资资金来源与运用表反映项目计算期内各年的资金筹措、使用及盈余情况。工程建设企业参与到项目过程中，要做好资金筹措方案，确保项目具有一定的可容性（银行也会根据项目的资产质量情况来确定项目的融资额度和资本金的额度要求），同时，还需要对其他参与项目投资或融资的企业或相关方做出较为准确的判断，避免由于资金短缺、被动垫资而造成项目停工或损失。资金的来源有自有资金、吸收资金、专项资金、第三方贷款等。项目在经营过程中的资金来源主要是外部股东、机构或者其他第三方。自有资金包括由国家财政投入的资金（国家基金）和企业内部形成的资金（企业基金）。吸收资金也称"借入资金"，主要包括企业向银行或第三方金融机构的借款及结算过程中形成的应付未付款等，或企业向第三方融资借款或者以项目建设的标的向承建方融资介入获得。专项资金指企业除经营资金以外具有专门用途的资金。专项资金的来源有的由企业根据项目性质申报提取，有的由国家财政或上级主管部门拨给，有的根据有关政策获取专项债务等。不同所有制、不同业务性质的企业，其资金来源及构成也不相同。

投资企业在项目投资注册时需要注册资金，多数项目的注册资金与项目资本金要求一致。因此，项目资金的来源最初是项目资本金，项目启动后，根据资本金的要求进行融资。对于银行债务资金，这是以项目作为融资主体的必要条件。作为单体运作项目，投资资金在项目建设期结束、进入运营之前达到最高值，即总投资额；对于群体投资项目，由于先期投资的建设完工的时间早于后期投资建设的时间，先期投资的营收利润冲抵部分投资费用，也可能使资金筹措的最高值低于项目总投资。项目实施单位的自有资金一般为项目资本金,折旧费为固定总资产在还款期或运营期作为成本的计提。借款一般为项目融资,有各种形式。对于项目租售形成的利润在利润总额中考虑。对于项目末期的转让在最后一年一次性清算完成。资本金在项目全生命周期结束后才能退还,在项目实施过程中,由于参股企业自身资金的需要,对投入项目中的资本金可能采用股东借款的形式流出,在最后一年一次清算。

1) 融资计划的编制原则

① 融资资金最小化原则。融资资金越少,项目的资金成本越低,支付的财务成本越少,对项目越有利;融资资金越多,项目的资金成本越高,支付的财务成本越多,对项目的投资收益影响越大。

② 融资成本最低化原则。融资成本越低,对项目越有利;融资成本越高,对项目越不利。

2) 融资计划的编制

融资计划的编制流程如下(图 18.9):

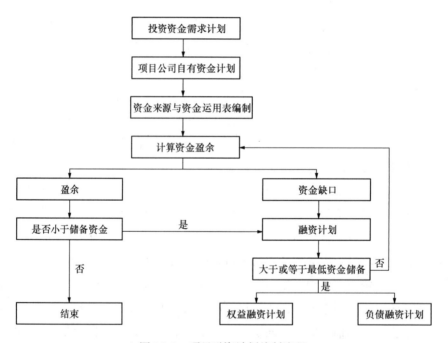

图 18.9 项目融资计划编制流程

① 明确项目投资资金的需求计划,确定各阶段资金需求安排。

② 项目公司根据公司的注册及权益资金(资本金实缴情况)安排,确定项目公司自有资金可投入的计划安排。一般项目公司自有资金为权益资本,工程建设项目投资也称为资本金,确定资本金的数量及投入计划。以项目资本金实缴时间为依据。

③ 编制资金来源和运用计划,见表 18.17。

资金来源与资金运用表（单位：万元） 表 18.17

序号	项目	合计	建设期		还款期或运营期						备注余值
			1	2	3	4	5	…	N-1	N	
1	资金来源										
1.1	利润总额										
1.2	折旧费										
1.3	摊销费										
1.4	长期借款										
1.5	流动资金借款										
1.6	其他短期借款										
1.7	自有资金										
1.8	其他										
1.9	回收固定资产余值										
1.10	回收流动资金										
2	资金运用										
2.1	固定资产投资										
2.2	建设期利息										
2.3	流动资金										
2.4	所得税										
2.5	应付利润										
2.6	长期借款本金偿还										
2.7	流动资金借款本金偿还										
2.8	其他短期借款本金偿还										
3	盈余资金										
4	累计盈余资金										

可将该表分为资金来源、资金运用和盈余资金三部分。在项目投资过程中，是以资金来源和运用叠加到项目现金流量表中，用于补充项目在没有资金投入、出现负值时需要的融资参与。其中，盈余资金是资金来源和资金运用的差额。在编制该表时，先计算项目计算期内各年的资金来源和资金运用，并求其差额情况，通过差额反映计算期内各年的资金盈余或短缺情况。一般来说，当它为正数时表示该项目在该年有资金盈余，负数则表示该年有资金短缺。为了避免项目因资金短缺而不能按计划顺利进行，应调整项目的资金筹措方案以及借款和偿还计划，使表中各年的累计盈余资金数额始终保持大于或等于零。

如果项目公司自有资金盈余且盈余资金满足储备资金的需要，不需要融资。如果存在资金缺口，则需要融资。为了提高账面资金的使用效率，常以不同阶段的资金缺口作为融资安排，融资的数额要确保项目资金盈余且盈余资金满足项目资金需要。

融资分为权益融资和负债融资。根据项目公司的权益要求（一般指资本金），确定权益资金和负债之间的比例。权益资金要大于或等于注册资金，其融资上限为项目缴纳的注册资本金与自有资金的差额。负债融资的比例不得高于总投资与注册资本金的差额。不同的项目，注册资金与资本金有差额，最终以资本金实缴为准。根据这些要求，制定权益融资计划和负债融资计划。

18.4.6 融资方案

项目投资的融资方案主要包括：一是资金来源，调查研究如何确定融资主体以及权益资金的能力与意愿，债务资金的来源与渠道和筹措方式。二是融资成本，从资金结构、用资成本、筹资成本等融资成本方面分析融资需要支付的融资成本，并从融资优化组织的角度分析参与融资的资金结构，确定不同性质融资的合理比例及资金偿还的方式（如本息、本金偿还等）。三是融资风险的分析和应对措施，从影响融资风险出发，多方位、多角度分析融资方案，结合财务分析和经济评价、融资对象的信誉和能力、融资合同订立的风险等侧面分析初步融资方案，并对产生风险后的应对措施与方法做好预案与风险规避，结合财务分析，比较、选择、确定拟建项目的融资方案。

(1) 资金筹措方案规划

1) 资金来源

项目融资方案是确保项目投资活动成果的一项重要内容。由于资本对各种投资活动极具敏感性，投资活动的可行性和必要性以及未来收益的吸资能力是资金筹措方案的根本。有了这个基础作为保障，各种融资主体就会释放主观能动性。因此，要根据项目的未来收益调查研究确定融资主体、权益资金的能力与意愿、债务资金的来源与渠道及筹措方式，确保资金供应满足要求。如股东融资、参建方被动融资、投资基金对未来收益前景看好的主动融资、设备供应的租赁融资、银行保理的主动参与、BOT 等。

2) 方案规划

融资方案是根据项目的投资计划、投资资金、需求计划、融资计划编制的一套完整的资金筹措方案。根据项目实施主体的交易结构、注册资金的缴纳、资本金的要求等情况，确定股权融资和负债融资的比例，并根据融资计划按时段确定资金筹措的方式与方法。在实践中，资本金到位后，才可以进行负债融资。在使用资金时，要做好资金的放款审批，掌握好时效，防止资金链断裂。

做好资金使用时间的规划，一般五年及以上贷款为长贷，其余为短贷，不同年限的资金贷款利率不同，需要做好规划。一般通过销售还款的项目，用短贷与长贷结合；以运营和缺口补贴还款的项目，还需考虑采用长贷方式。

采用等额本金、本息方式还款，最后需要支付的资金成本有很大不同，所以要做好规划。要明确还款计息周期，计息周期小于一年的，实际支付利率高于年化利率。

(2) 资金结构与资金成本分析

在确定资金筹措方案规划后，需要对资金结构与资金成本进行分析，确保资金使用得到优化。以权益融资的成本与以负债融资的成本对项目预期利润的获得有很大影响。

1) 资金结构

项目资金结构主要指筹集权益资金、债务资金的形式以及各种资金的占比、来源等。同时，还需要分析权益资金中的自有资金与融资资金的比例或组成。

总资金结构：项目资金结构的一个基本比例是项目的资本金（即权益投资）与负债融资的比例，称为项目的资本结构。

资本金结构：参与投资的各方投资人占有多大的出资比例对于项目的成败有着重要影响。各方投资比例需要考虑各方的利益需要、资金及技术能力、市场开发能力、已经拥有的权益等。

债务资金结构：债务期限配比、境内外借贷比、外汇币种选择、偿债顺序安排。

2) 资金成本

资金成本主要是分析获取资金时的用资费用与筹资费用，以及还款时的还款方式，如采用本息与本金还款，长贷还是短贷，权益融资的分红、收益以及回报；负债融资主要分析债务资金的利息、计息周期、还款方式等所需支付的合理，在项目融资方案的设计及优化中，资金结构的分析是一项重要内容。

① 用资费用。用资费用可以通俗地理解为需要支付使用资金给对方的报酬，与借银行的钱需要支付利息道理一样。用资费用是决定资金成本高低的主要因素。在其他两个因素不变的情况下，用资费用越大，资金成本就越高；反之，用资费用越小，资金成本就越低。

② 筹资费用。筹资费用是获取资金所需支付的手续费、通道费、押金等相关费用。其对资金成本的影响主要表现在对筹资净额的扣减上。筹资费率越高，扣减的筹资费占总筹资额的比例越大，资金成本就越高。具体计算时，需扣除的筹资费可采用绝对额和相对数不同形式，如用相对数表示，则表现为筹资费率。筹资费用一般按时间分段支付，筹资费用是筹资时的一次性支付，也可以是每次筹资获取时支付。如果是通过银行筹资，筹资费用可能就是零。每次筹资费用需视不同情况确定。

③ 筹资总额。筹资总额是投资项目时需要使用的资金数量，是企业采用某种方式筹集的资金总额，是决定资金成本高低的另一主要因素。在其他两个因素不变的情况下，某种资金的筹资总额越大，其资金成本越低；反之，筹资总额越小，其资金成本越高。

④ 资金成本的计算：

第一种情况：不考虑时间价值情况下的资金成本的测算原理

$$K = \frac{D}{P-F} \text{ 或 } K = \frac{D}{P(1-f)}$$

式中：K 为资金成本，用百分率表示；D 为用资费用；P 为筹资总额；F 为筹资费用；f 为用费用率，即筹资费用与筹资总额的比率。

第二种情况：考虑时间价值情况下的资金成本的估算原理

在考虑资金时间价值的情况下，资金成本是使各年支付的费用和本金的现值之和与企业所筹到的资金相等时的折现率。

利用贴现模型来估算企业的资金成本，其基本公式见表 18.18。

企业资金成本估算公式　　　　　　　　　　　表 18.18

序号	筹资类型		公式	式中说明
1	长期借款资金成本	长期借款的筹资额为借款本金；筹资费为借款手续费，一般较低，可忽略不计；借款利息在所得税前支付，具有抵税作用	$K_L = \dfrac{L \times i(1-T)}{L(1-f)}$ $K_L = \dfrac{I(1-T)}{L(1-f)}$ $K_L = \dfrac{i(1-T)}{(1-f)}$	公式中： K_L—长期借款资金成本； L—长期借款总额； T—所得税税率； f—长期借款筹资费率
2	发行债券的资金成本		$K_b = \dfrac{I(1-T)}{B_0(1-f)}$ $K_b = \dfrac{M \times i(1-T)}{B_0(1-f)}$	公式中： K_b—债券的资金成本； I—债券的利息； T—所得税税率； B_0—债券发行总额（按发行价格计算）； f—债券筹资费用率； M—债券的面值
3	发行普通股的资金成本		$K_s = \dfrac{D}{P_0}$	D 为股利，即股份数量×每股股利； P_0 为发行股份数量×每股面值×（1-筹资费率）
4	发行优先股的资金成本		$K_P = \dfrac{D}{P_0(1-f)}$	D 为用资费用，P_0 为发行股份数量×每股面值×（1-筹资费率）
5	综合资金成本		$K_w = \sum W_j K_j$	K_w 为综合资金成本 W_j 为第 j 种资金占总资金的比例 K_j 为第 j 种资金的成本

$$P_0 = \frac{D_1}{1+K} + \frac{D_2}{(1+K)^2} + \frac{D_3}{(1+K)^3} + \cdots + \frac{D_n}{(1+K)^n}$$

P_0 为几种不同筹资情况下的计算。

（3）融资风险管理与担保

工程建设项目一般建设周期和投资周期比较长，随着市场、政策及投资环境的变化，项目的融资风险也会出现变化。由于项目投资建设过程中出现延期或未达到预算的交付成果，将导致项目的融资方案变更，项目需要具备足够的再融资能力。因此风险的应对需要做出预案。

方案设计中应考虑备用融资方案，一般包括：项目公司股东的追加投资承诺，贷款银团的追加贷款承诺，银行贷款承诺高于项目计划使用资金数额，或备用银行或融资机构的候选等。

1) 项目融资风险管理（图 18.10）

在项目融资中，作为融资主体及融资相关方对风险的管理都放在首要位置。在各参与方博弈后，各方均会按照自身管理风险的能力进行谈判，当风险得不到合理解决时，最终会转嫁到项目本身。保障项目各方利益与风险平衡，识别、评价项目风险，制定措施以应对，具有十分重要的意义。

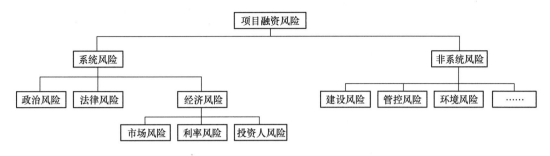

图 18.10　项目融资风险

根据项目融资的特点，对于超出自身控制范围的风险，与环境有关的，我们称之为系统风险；对于投资项目自行控制与管理的风险，我们称之为非系统风险。无论何种风险，需要按照相关的风险管理手段加以控制。

① 系统风险及其管理

A. 系统风险的类型

系统风险主要包括政治风险、法律风险和经济风险。

（a）政治风险

政治风险是指由于各种政治因素，如政策环境、政绩工程、政府换届、政策支持等变化导致项目融资和清偿变化，项目资产和收益受到损害的风险。政治风险的大小与政府及政策稳定性密切相关。政治因素的变化难以预料，由此造成的风险往往也很难避免。政治风险一般来源于政府主导的可研报告、财政评估数据不可靠，因此，需要验证报告的真实可行性和可靠性。具体的政治风险可能来自：项目需要政府许可证、特许经营权或其他形式的批准。项目本身对国家基础设施或安全产生重要影响；项目对政府的社会政策或国际形象有重大影响等。对于政府参与投资的项目或者引进基础设施投资项目，缺口资金的补助从财政能力来看，明显不足以支持项目的还款而导致项目融资后偿还的可能性极小。在国家对房地产调控趋势不改的情况下，地方以土地或产业园为驱动方式带动投资项目在融资方面失败的风险也很高。

（b）法律风险

法律风险是因法律法规不健全给项目带来的风险，或者一方规避法律、利用强势地位招标将不平等条款或者霸王条款以合同或者政策形式加以固化导致的风险。此类风险主要体现在以下几个方面：

a）没有完善的法律体系或者合同中的法律条款容易出现偏差而发生纠纷，或是不能为项目融资提供令人满意的法律保证。

b）在解决法律纠纷时，一般以项目所在地法院为调解机构，法院出于地方保护主义使司法公正性受到挑战或者法律裁定结果拖期难以执行，导致项目严重延期，增加投资成本和融资难度。工程建设企业负债一般都很高，拖期项目的现金流甚至影响到企业的现金流，并形成连锁反应。

c) 由于地方政府的政策性规定，项目发起人不能有效建立项目融资组织结构和进行正常的项目经营。

d) 地方的法律法规时有变动。特别是环保、地方民生保护等问题，出现项目拆迁、土地交付、沿线的政策处理等相关因素导致项目投资达不到融资单位的预期，从而使其变更融资条件，改变对各参与方的约束，进而改变各参与方的地位，从而带来法律风险。

(c) 经济风险

经济风险包括市场风险、金融风险等。

a) 市场风险。项目最终产品的市场风险主要由价格风险、竞争风险和需求风险三个方面组成。项目公司必须直接面对市场风云变幻的挑战，除了存在价格、竞争、需求等风险因素外，市场风险还可能存在于项目资源的供给方面。由于市场环境的变化，投资项目的建设一般采用固定总价合同，被动参与投资的工程建设企业话语权很小，项目建设过程中的风险已大部分转移到参与项目建设的企业，资源价格的涨跌直接影响项目收益增减。

b) 金融风险。金融风险包括外汇风险与利率风险。

外汇风险涉及经营收益的自由汇出以及汇率波动所造成的货币贬值问题。境外项目发起人一般希望将项目产生的利润以其本国货币或者硬通货汇往自己国家，以避免因为项目所在国的通货膨胀而蒙受损失。而资金投入与利润汇出两个时点上汇率的波动可能对项目发起人的投资收益产生较大影响。

利率是投融资项目非常敏感的因素之一，由于利率变动直接或间接造成项目价值降低或收益受到损失。如果投资方利用浮动利率融资，一旦利率上升，项目融资成本就会上升；如果采用固定利率融资，当市场利率下行时，相对要付出更多的资金成本。利率风险与国家的投资环境和发展有很大关系，判断时要和经济的热度一并思考。

B. 系统风险的管理

(a) 政治风险的管理

首先要预判项目建设的可行性，系统分析项目的经济评价效果、清偿能力或还款方式，从区域经济发展角度或政策支持的角度进行可行性的预判以规避风险。项目实施过程中降低项目政治风险程度的办法之一是政治风险保险，包括纯商业性质的保险和政府机构的保险。在安排项目融资时应尽可能要求项目所在地区政府、银行、税收部门或其他有关政府机构出具有关的书面保证，或者通过与政策银行或者其他银行平行贷款减少政治风险。考察政府信誉和政府负债、财政能力或者政策支持的力度，并通过对前期项目实施过程中的调查考察地方的投资环境。同时对项目的性质或属性进行必要的论证，属于民生、基础设施还是提升形象的工程（政绩特征较为明显），工程建设项目的合法依规程序是否完善等。特别是政府主导的投资项目，要研究地方的财政环境、经济发展与项目发展的匹配是否相适应，如果是明显不匹配的项目，其实风险在一开始就蕴含其中。

(b) 法律风险的管理

对于参与融资建设的工程建设企业，管理法律风险的最好办法是在早期通过自己的风控管理对项目的法律风险进行系统、全面的研究。特别是合同条款，合同订立前项目要有合法依规手续，过程中针对项目的前置条件如规划许可证、土地使用证的办理等，要做出理性判断。必要时需要相关协议，真正做到互惠互利，也为项目的发起人和贷款人提供了法律保护。

针对签订的投资协议与项目合同条款要做到定性与定量分析相结合。如合同条款"项目通过验收时，按三年等额本息返还投资款"，看上去没有毛病，但仔细分析，其中蕴含了巨大的投资风险，比如验收故意拖期怎么办？无法验收又怎么办？投资款怎么收回？这里必须要进行界定。

（c）经济风险的管理

市场风险的降低在于对项目建设期内的市场进行充分的宏观经济研究，判断项目建设期内可能存在的相关材料价格因素。在项目建设合同签订时，需要考虑风险分担机制和风险转移机制。风险分担机制是与项目发起方或者投资人之间的调价机制；风险转移是利用供应链关系将部分风险进行转移，通过订立相关协议或者风险分担协议进行部分或者全部转移，在很大程度上降低项目的市场。

金融风险。金融风险中汇兑风险可能与政治风险与法律风险相关，与相关国的经济政策有关。汇率风险的消除要利用一些金融衍生工具，如汇率期权、掉期交易来对冲。

利率风险的消除也可以通过金融衍生工具来对冲，其条件是资产、负债及收益使用的是可交易的硬通货。常用的消除利率风险的金融衍生工具包括利率期货、期权、掉期、远期利率协议等。

② 非系统风险及其管理

A. 非系统风险的类型

（a）建设风险

建设风险是项目按照融资节点的控制无法达到预期的融资节点和预期运行标准的风险。达到项目投资交付条件是项目融资的主要风险之一，如果项目不能按照预定计划建设投产、进入运营，项目融资所赖以存在的基础就受到了破坏，将导致项目建设成本增加、项目贷款利息负担加重，项目不能按计划取得收益。建设风险主要是从资金的供应、项目的组织、定额工期的水准、类似工程建设周期、项目管理团队的能力与水平、相关利益方的支持和验收标准等方面判断。

（b）管控风险

管控风险是围绕项目安全生产所有要素，制定项目管理风险的实施方案，按计划、技术标准与规范进行有效实施。合法依规地办理有关手续、解决投资环境中的问题，尤其是各种资源要素、技术方案、供应链、销售运营及经营等产生的风险等。风险管控直接影响到项目能否正常运转，有时还会产生高额的还本付息成本。

a) 资源风险。资源的整合过程是项目管理的过程，对资源的依赖是项目的重要基础，特殊资源的准备是关键中的关键，如铁路建设中的砂石料场问题、自然环境恶劣造成劳动力短缺的问题等。

b) 技术风险。技术是保障项目成功的关键性因素。技术风险包括：新技术新材料面临垄断或断供、技术人员的熟悉程度、建筑与安装的矛盾等，如重载线路遇到海相淤泥时需要提升路基承载力的问题。

c) 供应链风险。项目的正常生产与管理过程中的必要保障，如原材料供应、能源供应以及分包服务等。

d) 成本控制管理风险。成本控制由项目投资者对所开发项目的经营管理能力所决定。经营管理者的能力直接影响项目的质量控制、成本控制和生产效率。

（c）环境风险

环境风险主要是指项目安全生产过程中影响项目的各种外部因素，如社会环境、交通环境、环保环境等。要化解外部环境的各种风险因素，就意味着项目成本的增加，或者增加新的资产投入改善项目生产环境，更严重的甚至迫使项目停产。对于项目融资的贷款银行来说，必须直接或间接地承担环境问题带来的压力与责任。因此，在项目融资期内可能出现的任何环境问题方面的风险应该受到足够重视。

B. 非系统风险的管理

（a）项目建设风险的管理

为了限制和转移项目的建设风险，贷款银行通常要求建设交付的风险由工程承建公司提供相应的"完工担保"作为保证。项目公司可以通过投保来保障项目交付的风险。工程建设企业作为集投资与建设于一体的实施单位，需面对完工和交付两个方面的压力。因此，在投资方面需要加强融资监控，确保建设资金足以覆盖项目建设期。同时，加强项目自身的管理、增强力度、调配资源，确保建设项目按时交付。作为项目施工企业参与投资，需要做好双向建设风险的管理，加强投资敏感度分析与应对，增强施工管理能力。

（b）项目管控风险的管理

制定项目实施总计划，明确关键线路和非关键线路的各种关系，并以此为基础制定各项管理计划，压实项目管理责任，明确分工，做到考核与绩效监测。

加强项目进度的前锋线管理，及时纠偏和修正项目进度，重点分析产生进度偏离计划的原因，做好应对措施。

做好资金使用计划，明确资金节点，做好资金的保障。

保证项目实施过程中能有信用好且可靠的供应商，签订有约束力的、长期的、价格固定的合同；订立严格的条款，涉及承包商和供应商的延期惩罚、固定成本，以及项目效益和效率标准，这些都是加强项目团队的经营管理水平和公司管控力度也是降低生产风险的可行之道。

（c）项目环境风险的管理

应做好环境风险的管理与策划，做好风险评估，制定有效的项目管理组织，定期或不定期进行排查、评估，及时进行跟踪修正。办理工程一切险、意外险和环境责任险等，避免项目因自然灾害造成实体的损失。加强与易产业周边环境问题的相关人员、组织保持有效沟通，分散项目风险，保护各参与方的环境利益，强化环境损害的监督机制，减少政府的环境压力。

总之，项目融资的风险管理主要原则是让利益相关者承担风险，通过各种合同文件和担保文件，实现项目风险在各项目参与方之间合理、有效分配，将风险带来的冲击降至最低。

2）融资担保

① 担保人担保

担保人担保是以法律协议形式做出承诺，担保人向债权人承担了一定的义务。义务可以是一种第二位的法律承诺，即在被担保人（主债务人）不履行其对债权人（担保受益人）所承担义务的情况下（违约时），必须承担起被担保人的合约义务。主要有项目投资者、利益相关者的第三方、商业担保人等三种形式。

项目投资者作为担保人，项目发起人作为担保人，是项目融资中最主要和最常见的形式。在大多数情况下，项目公司可以用自身的资产作为贷款抵押。但由于项目公司在资金经营等方面一般不足以支持融资，而使得在很多情况下，贷款银行要求项目公司之外的担保作为附加的债权保证，这种担保责任通常落到了项目发起人身上。如果项目发起人向项目公司提供直接担保，则应该将这种担保至少作为一种负债形式出现在资产负债表中。

利用与项目有利益关系的第三方作为担保人，是指在项目的发起人之外寻找其他与项目开发有直接或间接利益关系的机构为项目提供担保，这样可以使项目发起人将债务放在资产负债表之外或免受贷款条款的限制。同样，第三方担保人也可以从提供担保中得益。能够提供第三方担保的机构可以是有关的政府机构、地区开发银行金融机构以及与项目开发有直接利益关系的其他机构，如承包商、供应商及项目最终用户等。

A. 商业担保人

以提供担保作为盈利手段，承担项目的风险并收取担保服务费用。商业担保人提供的担保服务是担保项目投资者在项目中或者项目融资中所必须承担的义务。这类担保人一般为商业银行、投资公司和一些专业化金融机构，所提供的担保一般为银行信用证或银行担保。对于意外事件提供的担保，一般由商业保险公司提供。

B. 物权担保

物权担保主要体现在对项目资产的抵押和控制上，包括对项目的不动产（如土地、建筑物等）和有形动产（如机器设备、成品、半成品、原材料等）的抵押，对无形动产（如合约权利、公司银行账户、专利权等）设置担保物权等几个方面。如债务人不履行其义务，债权人可以行使其对担保物的权利来满足自己的债权。物权担保有抵押或质押两种形式。

C. 担保协议

这种形式不需要资产和权益占有的移转或者所有权的转移，而是债权人或债务人之间的一项协议。

D. 贷款担保

贷款担保是担保机构为放款人（金融机构和借款人）提供的第三方保证。担保机构保证在借款人没有按借款合同约定的期限还本付息时，负责支付借款人应付而未付的本金和利息。贷款担保合同在借款人收到所借款项时生效，借款人或担保人偿还本息后失效。贷款目的是缓解项目公司融资困难等问题，对项目融资可能产生的风险，起到保证信用贷款安全、促进项目公司发展的作用。

② 项目融资中风险担保的形式

A. 项目融资信用担保

项目融资信用担保也称为人的担保，是以法律协议形式做出的。它表明担保人向债权人承担一定的义务，如必须承担起被担保人的合约义务或是在担保受益人的要求下立即支付给担保受益人规定数量的资金，而不论债务人是否真正违约。项目融资信用担保的形式主要有完工担保、资金缺额担保。

B. 项目融资物权担保

在项目融资中，与人的担保相对的是物权担保。物权担保是指项目公司或第三方以自身资产为履行贷款债务提供担保。项目融资物权担保按担保方式又分为以下几种形式：

（a）固定担保。它又可以按标的物的性质分为不动产物权担保和动产物权担保。

不动产物权担保。不动产指土地、建筑物等难以移动的财产。在项目融资中，一般以项目公司的不动产作为担保标的，而不包含（除非有协议）项目发起人的不动产。

动产物权担保。动产与不动产相对，可以将其分为有形动产和无形动产两类。有形动产如船舶、车辆、设备、商品等；无形动产如合同、股份和其他证券、应收账款、保险单、银行账户等都可以被借款方项目公司用来作为履行合同的保证。与不动产相比，动产物权担保在技术上更为方便易行，故而在项目融资中被广泛使用。其理由有两个方面：其一，有形动产的价值与不动产价值一样，在项目失败时可大大降低风险；其二，无形动产涉及众多项目参与方，其权利具有可追索性，并且这种追索有合同文件等书面保证。而且，在项目融资中，无形动产担保比有形动产担保更为方便。

（b）浮动质押（Floating Charge）。浮动质押与固定担保不同，后者是指借款方以确定的资产作为还款保证，而前者则是一种把公司资产（包括未来的资产）和经营收益作为担保并获取收益的担保方式，同时公司具有正常经营这些资产的权利。

另外，项目融资中还有消极担保条款、准担保交易、从属债等其他担保方式。

③ 项目融资担保文件

项目融资担保文件可分为三类：基本文件、融资文件和专家报告。其中，与项目融资担保直接相关的项目文件为：

A. 基本文件。包括各项政府特许经营协议与其他许可证、关于土地所有权的文件、承包商和分包商的履约保函和预付款保函、项目的各种保险合同、原材料与能源供应协议、销售协议。

B. 融资文件。

(a) 贷款协议。包括消极保证、担保的执行。

(b) 担保文件。包括对项目基本文件给予权利的享有权、对项目产品销售协议及营业收入等的享有权、对项目公司股份的享有权、对项目现金流量的享有权、对土地及房屋等不动产抵押的享有权，对动产和债务及在建生产线抵押的享有权等。

(c) 支持文件。

a) 项目发起人的支持。它包括还贷担保、完工担保、运营资本合同、现金差额补偿协议保证书等。

b) 项目发起人的间接支持。包括使用合同、无条件运输合同、供应保证协议。

c) 政府的支持文件。包括许可证、项目批准、特殊权利、免于没收保证、外汇供应保证等。

3）退出机制

① 权益资金的退出

(a) 通过降低注册资本，将项目闲置资金取回。在征得实施机构和债权人同意后，履行减资程序，降低项目公司的注册资本。将运营期闲置的资金收回，或者是项目全面完成后，销售结束，项目公司注销，资金全部回笼。

(b) 资产证券化。是以固定资产形成的现金流作为偿付支撑，通过资产证券化盘活资金的退出。这是一种比较理想的做法，但实操性并不是很强。

(c) 通过母公司借款退出。可以通过母公司向子公司借款方式将资金提前转移到母公司。

(d) 通过发行 REITs 基金退出。将存量项目发行基础设施 REITs 打通投资退出渠道。

(e) 通过股权转让的方式退出。股权转让指的是投资机构依法将自己的股东权益有偿转让给他人，套现退出的一种方式。工程建设企业常常以这种方式退出，有利于企业资金回笼，降低企业的负债率。

(f) 清算模式。清算模式对于投资项目最后残值的回收具有一定的意义。只要不是投资失败，项目清算也是一种可以退出方法；但若是被动清算模式，则属于投资失败，可能收不回投资款，但也是减损的一种方法。

② 债务资金的退出

债务资金的退出主要是项目运行过程中，采用还本付息的方式做偿还贷款。一般在项目建设期完成项目公司有营业收入之后再进行债务资金的退出。其退出有如下几种模式。

(a) 等额本金还本付息：以计息周期为基准，将贷款总额平均分配到每个还款计息周期内，每个计息周期偿还同等数额的本金和剩余贷款在该计息周期内所产生的利息，这样由于每个计息周期内的还款本金额固定，而利息越来越少，项目公司开始还款压力较大，但是随时间的推移每月还款数越来越少。

(b) 等额本息还本付息：以计息周期为基准，在还款期的每个计息周期内偿还同等数额的贷款（包括本金和利息）。开始还款时每个计息周期内还款额度相对等额本金来说小，但随着计息周期的延长，最终所还利息会高于等额本金。

（c）合同约定模式：该种模式以借款合同中的还款方式为主。对于销售类的项目，项目建设期结束后，项目公司账面一般会盈余大量闲置资金，需要通过合同约定或者协商解决还款问题。

18.5 项目投资风险分析与应对措施

风险管理是项目投资管理的重要内容，工程建设项目的投资具有复杂性和系统性，其成败影响面大，做好投资项目的风险管理是投资成功的关键。风险不会消除，但必须控制在合理的范围内，这是风险控制的原则。对投资项目来说，做好参与各方的风险合理分配，实现风险收益对等，是风险管理的重要原则。要对产生风险的诱因加以识别，要提升风险的管理能力、风险应对和化解能力。做好风险分析与风险应对，确保项目投资安全，保证收益是风险管理的目的。根据项目实施过程特征分析，投资项目的风险与防范应对有六个阶段，包括决策阶段、运作阶段、建设阶段、销售阶段、运营阶段、移交阶段等。

18.5.1 项目投资决策阶段的风险管理

正确决策是合理确定与控制项目投资的前提。工程建设项目的投资决策具有高度的复杂性和系统性，其成败影响面大、风险大。

（1）预算超标，基础数据不准确的风险

项目概算是控制项目投资的基础，预算是执行项目投资的经济核算指标。当预算超过概算指标时，原有的投资测算基础将不成立，经济评价将缺乏基础，项目可行性基本就不成立；基础数据不准确，项目可行性研究报告数据作假，夸大预期收益，脱离实际，最终导致项目投资回报或者本金很难返还。很多使用者付费项目在投资回报的测算中放大运营收入，导致投资后运营效果远不及预期。前几年，部分地区的 PPP 基础投资进入运营期后，地方政府无力还款，这些问题已经显现。应对方法是在项目合规前提下，到项目所在地进行深入调研，结合当地实际情况对项目数据进行分析，编制投资可行性研究报告，自行组织经济技术论证，对获取数据的真实性、准确性进行论证。特别是对项目的投资概算与基础数据，要做到真实有效（如采用 OD 调查），通过经济技术论证确保该项风险可控。必要时对投资设定保底回报，反向论证，确保有效控制风险，如保底客流量的设置等。

（2）依法合规的风险

项目投资都要履行一定的报批报建手续，如果投资项目不满足报批手续或通过非法手段或造假手段获得批准，这种项目存在很大风险。项目报批报建的手续不合理，未批先建一般都会引发投资失败的连锁反应。应对方法是根据项目属性和特点按合法的批准手续逐条比对分析，查验清楚后再行决定投资，对于未批先建的项目更是要谨慎应对。

(3) 主要股东的风险

1) 信息真实性风险

前期项目发起人的信息是否真实有效，是否是空壳公司，要谨慎调查。应对方法是互访尽职调查其投资人身份的真实可靠性。很多投资人的名号与央企国企看似相同，似是而非，实际与央企国企没有任何关系。还有部分企业，原来是央企国企控股参股，央企国企退出后仍用原来的名号，更是真假难辨。

2) 信用风险

这类投资人往往有不良的业绩，善于将风险转嫁给合伙企业，主要体现在个别民营企业投资的项目。这类风险很难辨识，也是很多央企国企只要涉及民营企业一律不参加的原因。

(4) 政府风险

政府风险主要是政府主导的项目投资。这类项目最大的风险是换届风险，一旦换届，政策、方向都将发生改变，导致项目重要性下降、关注度降低，支持力度也大幅下降。特别要注意政府主导的投资项目风险。应对方法是查验主要领导的任职情况或者政府信誉，充分评估项目投资，更重要的是评估政府财政能力是否足以支持项目的投资。

(5) 市场风险

这类风险一般都会随着大环境的变化而变化，涉及因素比较多。利率变化、项目建设后营业收入减少、区域经济的改变等都会影响项目运营，如房地产行业下行等。这类风险需要企业从宏观经济角度进行战略研判，也可以进行多因素风险分析后，通过与机会成本进行比较，将投资结果控制在可接受的范围内。

18.5.2 项目公司运作中的风险识别及防范措施

(1) 项目超概预算风险

在项目实施的过程中，项目建议书和可行性研究阶段的投资估算，初步设计中的设计概算，施工图设计阶段的预算，招标投标阶段的合同造价，竣工验收阶段的结算价格，最后的决算价格，这些内容都是项目控制风险的重要环节。上述风险应在不同的阶段按范围进行控制，随着项目的进展，风险对造价的影响呈递减趋势，但每个阶段预算风险建议控制在10%的浮动范围，累计造价浮动也应控制在投资概算的10%以内。否则，一旦超过概算的10%，项目的立项需要重新审批或者论证，这样会造成拖期或者失败。应对措施是参与投资时自行核算概算、编制预算、查验施工图阶段是否限额设计，编制预算时尽量将预算接近概算，预算内容应根据施工图及实施方案详细编制，用以检验概算，并为项目结算、决算奠定基础。在投资执行过程中，要避免行政干预，防止额外增加不必要的预算，造成超概现象。特别是政府投资项目，当行政干预不可避免时，需要预留一定的风险预算。在运作过程中，工程建设企业作为项目施工方，要加强合同管理、工程施工现场管理、变更管理、工程结算管理等。

(2) 融资失败风险

项目融资失败也是项目投资运作过程中经常出现的问题，主要表现在融资难以落地或者不能完全达到融资额度。其根本原因是项目的融资条件不符合融资机构的投资预期而不看好此类项目，另外，实施主体的信誉存在问题也是影响融资的重要方面，毕竟，资本对风险非常敏感。防范措施是将融资前置，给出足够的融资谈判时间或与更多的金融机构洽谈，拓宽多元化融资渠道，促进沟通；统筹资金的规划投入，即做好资金的需求计划，确保融资不会过于集中；融资洽谈完成后及时完善融资合同，确保资金供应的稳定性。

融资风险过高，指项目进行经济评估时对社会资金面的供应情况过于乐观，将融资利率设定过低，当低于市场预期时，无法完成融资。由于投资测算在决策前已经完成，相比之下，融资成本过高的风险就会产生。应对与防范措施是在项目决策时将影响经济评价的主要指标与市场对标，锁定目标融资机构。

(3) 审计扣减风险

审计扣减风险对任何项目都是存在的，很多投资人对项目的审计均以固定费用＋审减额作为服务费。因此，审计过程中任何支撑凭证或依据不充分，都会造成扣减。市场还存在审计时效延迟的情况，全面跟踪审计还不是很普遍，更多的是项目完成后一段时间再进行竣工审计，过程中资料不齐全、依据不充分、验工计价未确权、设备物资与材料未及时定价，以及行业发生逆转、项目建设相关人员调离，会导致在施工中已经发生的很多实际成本被审计单位扣除，这将极大损害工程建设企业的利益。应对措施与方法是加强过程的项目管理，及时与审计单位进行沟通，要求地方政府的审计单位对项目实施过程进行跟踪审计；及时将项目概算、预算、中间计量结算等资料上报审计单位进行审批，确保结算的支撑资料相对齐全；保存项目建设全过程的关键资料、原始资料、会议纪要、决策资料，尽量书面化，尤其是各种与预算批复不符的变更资料要签字齐全，记录完整。

18.5.3　项目建设中的风险识别及防范措施

(1) 项目征地拆迁拖延风险

征地拆迁拖延是项目投资较为普遍存在的问题，城市更新项目拆迁更是矛盾重重。征拆过程中，一般征拆风险不可控，这将导致项目不能按进度建设，增加各项成本，降低投资收益。

防范措施：征地拆迁难易程度取决于项目性质。为更好地规避征地拆迁风险，项目公司一是在初期对项目实施进行统筹规划，完善项目征拆节点，报政府部门审查；二是以投资者身份建议政府成立征地拆迁专项小组，督促政府方按照项目公司计划的征拆节点进行工作安排；三是在拆迁过程中做好各种备忘、会签文件和图像资料，便于后期还原现场和索赔。

(2) 成本超支的风险

在项目建设期，管理不善、材料价格上涨、变更、税收政策变化、建设期延长、不可预见等因素造成建设期费用超支，即意味着后续可能会出现现金流不足，进而削减项目利润等问题。为规避此类风险，要约定材料价格上涨、变更、税收、不可预见因素等情况出现时的应对措施。例如，针对材料价格变动，可设置调价机制；针对变更，固化报审及审批程序；关于税收,一般是与政府约定按政策调整执行,纳入政府付费。

(3)建设期延长、竣工验收延迟风险

项目建设期延长,一方面会直接增加建设期管理成本,降低施工效益;另一方面会造成运营期起点滞后,资金成本增加,减少项目整体投资收益。

应对与防范措施:一是加强项目管理,按照合同工期设置里程碑节点,加强过程的进度测量与纠偏,合理组织工程建设。二是根据项目实际情况,通过有节奏的资金投放控制工程进度,不要迫于工期压力赶工,造成资金流断裂。在合同谈判期,要详细约定竣工验收条件与运营事项,避免验收拖期和销售与运营工作受阻。在项目建设期,要重视项目质量控制,保证项目质量符合合同约定要求,提前准备好项目验收资料,确保项目及时验收。

18.5.4 项目销售运营还款期的风险识别及防范措施

(1)运营成本偏高的风险

工程建设企业参与项目运营几乎无经验可言。由于在管理模式上无确定性,运营过程中出现管理费用、人工成本、机械使用成本、材料成本等无法估计,对大修、小修也无概念,从不熟悉到熟悉是一个较为漫长的过程。应对与防范措施是委托运营、转移风险。

(2)运营绩效考核不达标的风险

运营绩效主要体现在一般以使用者收费项目的管理中,特别是PPP类有政府付费或可行性缺口补助的项目,均与绩效考核挂钩。如果运营维护达不到合同约定的绩效考核标准,运营收入必然受到影响。因此,运营绩效要分阶段考核设计。项目在运营期的质量考核和运营质量考核一体进行会带来巨大风险。建设期项目的分部分项工程均有使用寿命限制,如防水一般为五年,五年后可能出现渗漏或其他情况,考核效果必然不尽如人意。当考核指标系数与此挂钩,将会带来灾难性后果。应对与防范措施:1)委托运营转移风险。2)建设期严格控制项目质量,确保项目所有功能满足设计要求。3)邀请有类似经验的企业参与图审,从源头确保运营质量。4)在项目合同中详细约定绩效考核内容,对政府考核打分的主观性进行约束,有效规避绩效考核不达标的风险。

(3)销售风险

投资项目建成后,面对市场的调研,与预期有出入或者销售市场发生变化,项目销售可能出现去化率不及预期。应对与防范措施是提前展开销售营销工作,通过营销蓄客分析项目的销售动态,及时调整销售策略。或者针对市场情况进行定制销售,中间去化营销成本,实现购销双方满意。具体还需要营销咨询等相关机构协助策划。

(4)拖延付费的风险

一般项目进入运营期,运营收入应覆盖项目固定资产折旧、运营成本及相关税费。但对于政府付费项目(一般为平台公司),一旦出现拖延付费,则偿还银行贷款的大额资金将由投资人承担,势必给投资人带来极大的资金压力,影响其现金流。当现金流不足以偿还银行贷款时,将推高投资人企业的负债。特别是具有高负债特点的工程建设企业作为投资人时,一旦出现现金流减少，企业经营会出现重大问题，严重影响企业资信，对长远发展产生负面效应。当下流行的 EPC＋F 类项目将很多工程建设企业带入困境。一旦政府主要人员更换，将会给投资人带来灾难性后果。与政府的纠纷解决会耗费大量时间和资金成本。因此，如何有效避免政府拖延付费是项目风险防范的重点。

应对与防范措施：1) 投资人根据合同约定及时递交书面资料并要求政府方签收，保存签收书面凭证。2) 在合同中明确约定因政府方原因导致延迟付费的违约责任及经济赔偿条款。3) 如合同约定以审计金额为付费基数，则关于审计审核时间要予以明确，不能无限期拖延或设定固定时间作为计费时间；如在约定的时间审计未完成，则暂以预算金额为基数进行支付。要阻止政府以审计没有完成为不能支付的理由。必要时以政府相关可转化现金的项目资产抵押，以便后续资金支付不足时的处理。

18.5.5 项目移交中的风险识别及防范措施

(1) 建设完成即移交风险

项目功能不满足项目移交需要，一般常见于 EPC 类投资项目，设计由投资人主导，项目完工可能出现部分或全部无法移交的情况。要具体分析接受方是主观不接受还是客观不接受，主观不接受是不想支付项目看管费用，客观不接受是存在设计缺陷。应对与防范措施：①主观不接受的，通过谈判解决看管费用的问题；②客观不接受的，移交前对项目进行全面检修，与合同对标检查，邀请政府监督。

(2) 运营结束期移交风险

应对和防范措施是项目移交前半年至 1 年，双方均成立专业移交小组，开展移交准备工作，整理移交所需全部资料。及时清理债权债务，移交时不得存在抵押、质押、留置或任何其他形式的担保或权利。

作为投资项目，上述内容基本涵盖项目全过程的风险分析与应对。工程建设企业根据参与项目的合同条件确定合同范围内的风险。上文列举的风险是一般常发生的风险。在不同阶段，应根据风险的不同内容采取应对措施，切记风险分析与应对是投资项目必须重视的内容。

18.5.6 其他风险

除项目投资全生命周期内的上述风险外，其他风险也不容忽视。如：

(1) 政策风险

项目投资活动过程中，地方的政策风险一般在项目可行性研究报告中都已进行过系统性研究。但随着国家经济的发展，强规强条或政策方向上的改变，都会影响项目的可持续性，如经济发展过热时，利率上调导致项目融资成本上升，财务内部收益率低于预期。应对与防范的措施是预测经济走势，采用固定利率签订融资合同或者风险分担的利率合同等。

(2) 不可抗力风险

不可抗力风险是一种极端情况，但在自然灾害中这类风险经常存在。如 2021 年河南郑州"7·20"特大暴雨灾害属百年一遇，地震、泥石流、山体滑坡等自然灾害频发，但都很难预测。工程建设项目周期长、环境复杂、投资额度大（如线路工程、水利工程），不可抗力风险发生的概率相对较高。因此，除了正常采用建设手段防范外，还需购买工程一切险加以减损。

上述内容对投资项目的不同阶段可能存在影响投资情况的风险进行了梳理。但风险还远不止这些，工程建设项目管理的风险识别、分级、应对等方法在"风险管理"章节中有较为系统的描述，这里不再叙述。

18.6 可行性研究

18.6.1 工程建设企业项目投资可行性研究报告与工程项目可行性研究报告的区别与联系

（1）工程建设企业项目投资可行性研究报告与工程项目可行性研究报告的关系

第一，两者都是参与项目投资的前期论证文件，是前期论证工作的载体和重要工作内容。

第二，工程建设企业项目投资可行性研究报告是在项目可行性研究报告基础上的提升和拓展，两者既不排斥也不重复，各成体系。

第三，系统深入的可行性研究可以为项目实施打下坚实基础，尤其是大型复杂的建设项目更是如此。

第四，工程项目可行性研究报告需要向所有投资人公开，并获得政府核准，工程建设企业投资项目可行性研究报告为企业内部商业机密，可以不向外部公开（有其他要求的除外）。

（2）工程建设企业项目投资可行性研究报告与工程项目可行性研究报告的区别

1）目的不同

工程建设企业项目投资可行性研究报告的目的是论证投资项目的可行性，包括市场前景可行性、技术方案可行性、财务可行性、融资方案可行性等；是以项目可行性研究报告为基础，从企业自身角度看项目的可行性情况，需要解决的是企业董事会等投资决策机构的有关问题。

2）角度不同

工程建设企业项目投资可行性研究报告是从企业角度进行的研究，侧重于从企业能力、战略和内部相关角度进行技术经济论证。工程项目可行性研究报告是从项目的可行性角度，从公共利益代言人、政府角度进行论证，是从宏观角度、外部性角度进行的经济、社会、资源、环境等综合论证。

3）内容不同

工程建设企业项目投资可行性研究报告从市场预测、厂址选择、工程技术方案论证、设备选型、投资估算、财务分析、企业投资风险分析等方面进行研究，回答企业自身所关心的问题。工程项目可行性研究报告从维护国家经济和产业安全、合理开发利用资源、保护生态环境、优化重大布局、保障公众利益、防止出现垄断等方面进行论证，回答政府所关心的问题。

4）时序不同

工程项目可行性研究报告的编写一般先于企业项目投资申请可行性研究报告。项目可行性研究决定项目立项实施的可能，企业投资可行性研究报告的重点在于项目的投资安全与投资回报。工程只有项目可行性研究获得有关合法性批准后，参与企业根据发展战略规划和企业投资回报的要求，编制企业投资可行性研究报告，并获得企业内部决策机构、董事会批准后生效实施。国有企业性质的工程建设企业，企业投资项目还需要经过党委前置批准、经营层研究论证、董事会决策等程序。

5）法律效力不同

企业投资项目可行性研究报告用于企业内部的投资决策，对企业内部股东及董事会负责，遵循企业内部管理规定及公司法人治理结构的约束。项目可行性研究报告编写和报送具有政府行政的强制力约束，是企业在进行项目投资建设活动中必须履行的社会义务，受国家有关法律法规制约，如行政许可法及国家行政主管部门要求的有关项目投资管理规定的约束。

18.6.2　企业项目投资可行性研究报告编制的原则与要求

（1）企业项目投资可行性研究报告可以作为工程建设企业参与项目投资决策和实施的重要依据。企业项目投资可行性研究报告是项目投资的首要环节，工程建设企业投资决策者主要根据企业项目投资可行性研究的评价结果，来决定一个建设项目是否应该投资和如何投资。因此，它是企业项目投资的主要依据。

（2）企业项目投资可行性研究报告可以作为筹集资金、向企业申请资金的重要依据。企业需组织对投资项目进行全面、细致的分析，项目是否具有偿还贷款能力、是否承担过大的风险，决定是否同意批准和参与投资的资金。

（3）企业项目投资可行性研究报告，是工程建设企业经营层向董事会报告项目投资并获得批准的主要依据。批准后的企业项目投资可行性研究报告是企业参与投资项目商谈合同、签订协议的依据。

（4）企业项目投资可行性研究报告作为项目管理策划，制定实施方案，进行工程设计、设备订货、施工准备等基本建设前期工作的依据；也是编制设计文件、进行建设准备工作的主要依据。

（5）企业项目投资可行性研究报告是企业对投资项目进行最终评价的依据，是考核项目管理的基准文件，是过程中对投资监管的重要对标标尺和纠正投资偏差的合法依规文件。

(6) 企业项目投资可行性研究报告是企业评估投资风险、制定应对措施的重要依据。通过可行性研究对参与项目投资的各种风险进行评估，企业应对风险的能力，决定风险的接受程度，并对风险给出范围和规定。

(7) 企业项目投资可行性研究报告是设计承包合同或施工承包合同签订的重要依据，在项目投资收益率满足企业规定的情况下，确保投资带动生产获得营业收益和取得相关利润。

18.6.3　企业项目投资可行性研究报告的编制

企业项目投资可行性研究报告的编制是由参与投资项目的企业根据项目情况进行充分论证，论证在企业自身能力支持下，在符合企业战略发展规划总体方向下，且收益得到有效保证、风险可控条件下的可行性。只有企业项目投资可行性研究报告获得参与投资企业董事会批准后，方可签订投资合同并履行投资义务。企业项目投资可行性研究报告既是项目实施过程中监督与管理的依据，也是项目投资后考核与评价的重要依据。评判企业项目投资成功与失败，要与可研报告内容进行对比，并最后进行系统评价。

工程建设企业项目投资可行性研究报告主要依据项目规模和性质、参与的程度和深度，以及企业关注的重点。不同企业的可行性研究报告各有侧重，所采用的企业项目投资可行性研究报告格式不尽相同。

(1) 项目总论

项目总论是对项目投资整体内容进行简要的概述，也是形成项目投资报告内容的主要组成部分。可行性研究报告在编写时，要对项目总体情况进行说明，即企业参与投资项目的主要内容、条件与结论。要说明参与此项目的筹资与企业发展规划方向是否一致，给企业带来的发展与增强市场竞争力情况。要说明企业参与投资测算的各项经济指标，包括获取的各种财务指标、投资回收期、投资利润、施工利润、营业收入等，并与公司投资此类项目的基准文件比较是否满足，给出投资建议。要指出参与投资的项目存在的问题及本企业参与项目存在的问题与应对措施，重点要阐明存在的风险和风险如何控制，以及需要企业给予项目的支持或需要解决的问题。最后提出问题解决的建议。

总论一般包括如下内容：

1) 项目背景。拟参与投资项目的内容、时间和投资情况、项目总体交易结构、本企业参与的程度与深度。

2) 主要技术经济指标。包括财务内部收益率、投资回收期、投资利润、施工利润、营业收入等。

3) 可行性研究的结论与企业投资此类项目的基准文件比较是否满足，给出投资建议。

4) 存在问题及建议。重大风险的应对措施等，需要企业解决的问题。解决问题的意见和建议。

(2) 项目背景和发展概况

项目的背景条件是项目的发起过程、提出的理由、前期工作的发展过程、投资者的意向、投资的必要性等可行性研究的基础工作。在编制企业项目投资可行性研究报告时，需将项目的提出背景与发展情况结合起来系统叙述，说明项目发起人对项目提出的背景研究、投资缘由和建设意义；要详细研究清楚工程项目可研之前的工作情况及相关成果、重要问题的决策和决策过程中的关键问题；要清楚地知道工程可行性研究报告的重点和存在的问题；要结合企业能力和战略规划要求，给出参与项目的背景和投资理由。同时，还需要对前期的可行性研究及项目进展情况、相关政策与政府的支持力度、项目的投资环境调查、区域经济对项目的影响，以及金融机构对项目的认可程度进行研究调查。在叙述项目发展概况的同时，应能清楚地提出项目可行性研究的重点和问题。一般来讲，包括以下几个方面：

1) 项目提出的背景。
2) 项目发展概况。
3) 投资的必要性。
4) 项目投资环境的描述。
5) 项目整体规划情况，项目总体工作推进计划等。
6) 项目当前已完成的工作、批复手续，按时间节点没有取得批复文件的理由与情况。

（3）依法合规

项目的依法合规管理是企业参与投资活动稳健经营的根本要求，也是防范违规违法风险的基本前提。依法合规是项目的生命线，更是项目能否推进的重要依据。依法合规存在问题，会导致项目不成立或者得不到相关的政策支持，资金风险增大。如果此时投入资金，资金的收益、本金都将受到严重威胁。如规划许可证、土地使用证等证件的获准隐含了规划的边界红线问题和土地性质、来源与使用许可的问题。一些地区缺乏资金，政府急需社会资本介入来推动地方经济发展，在手续不完备情况下动工。随着国家督查和社会监督的介入，项目停止，前期投入的资金基本无归还可能，特别是对于工程建设企业来说，工程款的回收更是无法确定。因此，依法合规是工程建设企业防止投资损失的防护墙和防止决策失误的基本原则。

1) 报批批建项目手续

包括立项报告、项目可行性研究报告、项目建议书、实施方案（对于特许经营项目）、建设用地土地使用证、工程建设规划许可证、行政方专项审批文件。如长江生态改造项目需水利部长江水利委员会审批，划拨林业用地建设道路工程需自然资源部门审批，在航空线路上的项目需空管部门审批等。

社会资本方与项目公司的权责相关资料。一旦建设程序倒挂，依法合规得不到相应的支持，最后项目投资失败在所难免。

2) 特许经营

工程建设项目的特许经营期限是指特许经营权从生效到终止时点的期限。特许经营期内，投资方根据前期的研究、设计、规划等，在运营期内合法经营实现利润，而政府则直接或间接监督投资方的建设和运营状态，并在合同范围内或道义合理范围内给予支持。特许经营期是划分政府和私营企业各自权利、义务的时间分界线。特许经营期限受多种因素综合影响，是各种因素综合影响和平衡的结果，应保证私营企业在此期间收回投资并获得合理的投资回报。

(a) 特许经营权

项目公司负责在合作期内根据项目合同规定进行本项目的投融资、建设、运营维护及期满移交工作，并享有本项目全部资产的运营维护权、收益权及其他相关权益。

(b) 特许经营期

包括本项目合作期限、建设期期限、运营期期限。

(4) 市场分析与建设规模

市场分析是对投资项目市场前景的初步判断，也是依据项目可行性研究报告中一些数据对项目合理性进行的初步判断，特别是对于交通投资类以使用者付费且缺口补助通过财政评估不足以支持的项目。任何一个项目，其生产规模的确定、技术的选择、投资估算以及区域位置，都必须在对市场需求情况有充分了解之后才能解决，而且市场分析的结果还可以决定未来营运和销售收入，最终影响项目的营利性和可行性。在工程建设企业项目投资可行性研究报告中需要给予一定的研究。这一部分主要包括以下几个方面：

1) 市场调查。

2) 市场预测。

3) 市场推销战略。

4) 产品方案和建设规模。

5) 产品销售收入预测。

(5) 建设条件

建设条件主要是对该项目的环境条件进行研究，主要资源的供应，主要物资与设备的市场研究，可利用资源的情况，按照项目的建设规模和位置对社会情况、政策处理、交通情况及自然情况进行研究。这些研究对于参与建设项目的成本测算有着重要的意义。这一部分主要包括以下几个方面：

1) 大宗物资与设备的供应和价格。

2) 交通运输情况、对于道路工程的便道穿村和占用情况要充分研判。

3) 自然情况，天气、地质、水文、季节性气候的影响等。如线路的隧道工程周边有大型水库、河流的影响，山体泥石流对设施的影响等。

4) 周边重要设施对本项目的影响评估。如国防线缆、煤气库等。

(6) 项目管理技术方案

技术方案是可行性研究的重要组成部分。它主要研究项目合同范围内的组织管理、建设程序与顺序。包括对采用的生产方法、工艺和工艺流程、重要设备及其相应的总平面布置、场地临时设施、专项设备、关键性技术等方面进行策划与安排，不同阶段的场地布置、分段分区组织，主要技术方案和新技术、新材料运用等，估算主要分项工程的工程量和其他工程量等内容。在这一部分中，除文字叙述外，还应将一些重要数据和指标列表说明，并绘制总平面布置图、工艺流程示意图等。这一部分主要包括以下几个方面：

1) 项目组成。

2) 主要施工组织技术方案。

3) 总平面布置和运输。

4) 主要分部工程。

5) 其他工程。

（7）环境保护与劳动安全

在项目建设中，必须贯彻执行国家有关环境保护和职业安全卫生方面的法律法规。项目可能对环境造成的近期和远期影响的因素、可能对劳动者健康和安全造成影响的因素，都要在可行性研究阶段进行分析，提出防治措施，对其进行评价，并推荐技术可行、经济、布局合理、对环境的有害影响较小的最佳方案。按照国家现行规定，凡从事对环境有影响的建设项目都必须执行环境影响报告书的审批制度。同时，在可行性研究报告中，对环境保护和劳动安全要有专门论述。这一部分主要包括以下几个方面：

1) 建设地区的环境现状。如自然保护区、水源涵养地的限制。

2) 项目主要污染源和污染物。

3) 项目拟采用的环境保护标准。

4) 治理环境的方案。

5) 环境监测制度的建议。

6) 环境保护投资估算。

7) 环境影响评价结论。

8) 劳动保护与安全卫生。

（8）项目实施模式

工程建设企业作为社会资本方参与投资主要有项目投资和股权投资两种形式，通过直接投资项目或通过股份投资获得参与项目的投资。同时，作为工程建设企业的投资的主要目的还是获取工程项目，带动相关产业的发展，项目建造模式的设计也是非常重要的。要明确项目的运作流程，要设计好项目的交易结构，明确各方的权利与义务，重点要在项目的交易结构、合作期限、回报机制、土地获取、资产权属、履约保障、退出机制、治理结构、融资方案等方面做出明确的描述。

（9）项目实施进度安排

项目实施进度安排也是可行性研究报告的一个重要组成部分。项目实施时期也可称为投资时期，是指从正式确定建设项目（批准可行性研究报告）到项目达到正常生产的这段时间，包括项目实施准备、资金筹集安排、勘察设计和设备订货、施工准备、施工和生产准备、试运转直到竣工验收和交付使用等各个工作阶段。这个阶段的各项投资活动和各个工作环节，有些是相互影响、前后紧密衔接的；有些是同时开展、相互交叉进行的。因此，在可行性研究阶段，需将项目实施时期各个阶段的各个工作环节进行统一规划、综合平衡，并做出合理而又切实可行的安排。这一部分主要包括以下几个方面：

1) 项目实施的各阶段。

2) 项目实施进度表。

3) 项目实施费用。

（10）投资估算与资金筹措

全项目投资估算和资金筹措分析是项目可行性研究内容的重要组成部分，要明确项目的融资模式，计算项目所需要的投资总额，分析投资的筹措方式并制订用款计划。同时，对资金来源和参与投资资金进行分析。这一部分主要包括以下几个方面：

1) 项目总投资估算和概算。

2) 投资计划、资金需求计划、融资计划、回报机制和还款计划。

3) 资金筹措计划，工程建设企业参与投资资金的计划。

（11）财务与敏感性分析

在建设项目的技术路线确定以后，必须对不同的方案进行财务、经济效益评价，判断项目在经济上是否可行，并比选推荐优秀的建设方案。财务与敏感性分析是参与投资建设方案取舍的主要依据之一，也是对建设项目进行投资决策的重要依据。

1) 财务分析

主要是对投资资金、获取利润、还本付息、参与投资资金的内部收益率等进行分析，得出项目的收益测算，并为决策提供根本性依据。这一部分分析内容如下：

① 项目总成本预测和参与投资项目施工利润的分析。

② 项目的营业收入和销售运营成本分析。

③ 基础数据获得并建立财务计算模型与设计。

④ 现金流量表。

⑤ 财务内部收益表。

⑥ 股东或参与投资的还本付息现金流量表。

⑦ 工程建设企业参与项目的现金流量表。

⑧ 财务经济评价。

2) 不确定性分析

不确定性分析主要是对影响财务指标评价的几个重要因素进行分析，判断其改变对评价结果的影响。一般主要有利率、投资周期、建设期变化、施工利润率、投建比和降造率等。通过上述因子变化得出对内部收益率变化的影响。从上述变化的顺序，决定风险控制的大小。

3) 社会评价

① 国民经济评价。

② 社会效益和社会影响分析。

(12) 风险分析及应对措施

由于工程建设项目的投资周期长、投资额大、涉及的环境因素多，项目投资风险的不确定因素比较多。依据项目全生命周期的顺序来梳理，项目的风险一般涵盖以下方面：

1) 项目立项决策阶段的风险与应对；

2) 项目执行阶段的风险与应对；

3) 项目融资风险；

4) 项目建设管理风险；

5) 项目销售、运营与还款风险。

(13) 责任人：包含主要责任人和相关责任人，主要责任人是指投资项目的负责人，相关责任人是对项目重要内容进行调查、研究和主导实施的负责人。

(14) 可行性研究结论与建议

主要包括以下几个方面：

1) 结论与建议，说明项目的投资建设对企业的重义和发展战略的支撑作用。

2) 附件。主要是前期已获得的有关文件批复、依法合规文件、政策支持、市场调研成果、方案和重要论证的说明。

3) 附图与附表（对项目论证的补充说明）。

第 19 章　项目质量管理

19.1　工程建设企业质量管理的重要意义

我国经济已进入高质量发展阶段，高质量发展成为当前和今后一个时期的重点发展战略和中心任务。高质量发展离不开高品质的工程、产品和服务。因此，还需要进一步强化质量管理和过程控制，推动工程、产品和服务质量持续提升。建设工程质量作为建设工程投资的三大目标之一，其优劣直接关系到项目投产后运行状况的本质安全，关系到工程竣工投入使用后的正常运行，更关系到人们的生命安全。建设工程项目具有规模超大、工艺流程复杂、投资金额大、建设周期长等特点，对项目建设的质量管理和控制更是重中之重，否则可能带来重大安全隐患。鉴于建设工程质量的重要性，近年来，我国不断加强建设工程质量管理，各级人员越来越重视工程质量管控。自 2014 年住房和城乡建设部下发《建筑工程五方责任主体项目负责人质量终身责任追究暂行办法》以来，各个项目负责人更加严抓工程质量，我国建设工程品质总体水平稳步提升。但由于建设工程项目的特点和复杂性，各种质量问题依然时有发生。如何将国家及行业有关法律法规、标准规范和先进质量管理方法有效落实到具体项目质量管理工作中，切实保证项目质量和工程质量，需要广大项目管理人员特别是项目质量管理人员努力实践和探索。而精准有效的项目质量策划，是实现建设工程项目质量目标并使项目获得成功的重要保证，又是促进建设工程项目高质量发展的一种途径和手段。

工程建设企业的恶性竞争使得利润越来越薄，稍有不慎就面临亏损。以投资带动企业项目经营承揽，让很多企业面临巨大债务压力，深陷债务危机，许多企业面临破产兼并。而市场上很多资金到位的项目，由于投标门槛随着竞争的加剧而不断提高，特别是对质量的要求更是重中之重。随着市场的竞争，招标规则透明，招标结果透明，给很多不注重提升质量管理的企业带来致命打击，每一次公开招标的工程项目，几乎有上百家企业参与竞争，这就要求招标人不断提高招标要求的门槛。

从近几年国内工程建设项目招标市场来看，不断增长的企业综合实力、项目经理及技术负责人的工作业绩，持续改进的质量管理对工程建设企业在市场竞争中发挥的重要作用不言而喻。在招标市场上，对企业的资质、业绩、拟投标的项目经理等有着明确要求，工程质量业绩更是放在重要位置。从市场选择施工企业的要求来看，不断加强项目精益化管理，提高质量要求，是市场选择的必然结果。由此可见，全职质量管理在项目管理中具有举足轻重的位置。

19.2 工程建设项目质量的特性

工程建设项目是建筑产品创造的过程和项目管理过程的组合体。因此，体现在产品创造过程的是安全性、适用性与耐久性等属性。体现在项目管理过程的是可靠性、经济性以及与周边环境协调性，这些属性最终决定工程项目建成后满足社会需要的价值。合理的工期条件下，合理的成本、顺利完成项目使得相关利益者满意，是工程建设项目质量管理的根本目标。

（1）适用性

适用性既是项目功能，也是工程建设项目的意义和目的。通过功能的实现，项目的投资建设才能实现其社会价值和商业价值。不同的项目其适用性在项目立项时就已经决定，在设计图完成后有了清晰的表达。包括使用性能、建筑性能、结构性能、外观性能以及为实现工程建设项目使用目的的各种性能，包括理化性能、结构性能、使用性能、工艺性能、外观性能以及配合使用性能的各种配套性能。

（2）耐久性

耐久性指工程使用寿命，即工程竣工后合理使用的生命周期。不同类型的建筑其寿命不同。一般住宅为70年，公共建筑为40年，高速铁路为25年，公路为10年（不同等级的公路各有不同）等。同样的工程项目，由不同的分部分项工程组成，其寿命也不尽相同，有些外墙使用寿命为20年。

（3）安全性

工程项目建成后在使用过程中保证结构安全、人身和环境免受危害的程度就是工程项目的安全性。建设工程项目的结构安全度，抗震、耐火及防火能力，防辐射、抗爆炸波等能力，是否达到特定要求，都是安全性的重要标志。

（4）可靠性

工程项目在规定的时间和条件下完成规定功能的能力即为可靠性。工程项目不仅在交付使用时应达到规定指标，在一定的使用时期内也应保持应有的正常功能。如工程项目的防洪与抗震能力，工业生产用的管道防"跑、冒、滴、漏"等，均属于可靠性的质量范畴。

（5）经济性

工程项目从立项、规划、勘察、设计、施工到交付整个项目使用的全生命周期内的成本和消耗的费用反映了项目的经济性。工程项目的经济性具体表现为设计成本、施工成本、使用成本及工程相关费用之和。所以，判断工程项目的经济性必须从项目的全生命周期考虑，从投资的角度来看，就是总投资，而不是某一阶段或某一分部所需要的费用。当工程项目形成固定资产时，在决算组资时，所有与项目有关的费用都会纳入工程建设成本当中，作为固定资产的组成部分。

(6) 与环境的协调性

工程项目不是独立存在，而是存在于一定的环境之中，应与其周围的社会环境与生态环境相协调，与所在地区经济环境相协调，与周边工程项目相协调，与资源供给及配套基础相协调，以适应可持续发展的需要。

对于不同类型的工程，对质量的特性要求也不尽相同，景观工程侧重于环境的协调，防爆工程侧重安全性的需要等。

19.3 工程项目建设的质量与工期、成本之间的关系

工程项目建设的实施是项目管理的过程和产品创造的过程，是以项目为对象的系统管理，通过项目管理组织，对项目进行高效率的计划、组织、指导和控制，以实现项目全过程的动态管理和项目目标的综合协调与优化。最终实现在合理的工期条件下，以经济的成本达到标准的质量，完成工程项目建设。

(1) 质量与工期的关系

工期是工程建设的时间。正常情况下，工期越长，质量越好，慢工出细活就是这个道理。但按价值工程的原理，工期无限延长不能带来质量无限提高，性价比随着工期延长而降低。根据工程项目管理实践总结，质量与工期的关系如图 19.1 所示。

从图中我们可以得出，在质量达到一定程度时，工期趋近于最合理；再延长工期时，质量的提高也不再明显。为了保证工程实施效率，应在保证质量满足要求的范围内确定工期，一般在工程实际中，我们取的工期为定额工期，即根据施工的工程量、能够投入的资源量（工人数、机械台数和材料量等）进行计算。

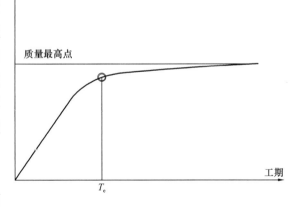

图 19.1 质量与工期关系图

(2) 质量与成本的关系

工程成本是指工程材料费用、施工前准备费用、施工费用和管理费用的总和，质量成本包含在工程成本之中。从工程成本的定义我们得出，质量成本是构成项目总成本的重要组成部分，工程成本也可以理解为产品成本和质量成本之和。

建筑产品成本是企业为了生产产品而发生的各种生产耗费，是生产产品过程中支出的物质消耗、劳动报酬、管理费用和销售采购费用的总和。建筑产品成本是企业生产经营水平的综合反映，一般以企业内部定额进行计算量化。建筑产品成本中的一部分成本，既有支付实际发生的损失，也有假定发生的损失（一般采用定额损耗率来表示）。

质量成本是指企业为了保证和实现产品质量而发生的一切费用以及由于产品质量未

达到既定质量标准或等级而支出的一切费用的总和，包括外部损失成本、内部损失成本、预防成本和鉴定成本四个方面。为了便于理解，将外部损失和内部损失成本理解为因质量缺陷或不满足质量要求而造成的损失费用，称之为质量损失费；将预防成本和鉴定成本理解为防止质量缺陷或不满足质量标准而采取措施确保质量问题不发生，称之为质量保证措施费。

1) 质量损失费

质量不达标后产生的费用，"质量不达标、后果很严重"就是这个道理，包括外部损失和内部损失两个方面。

外部损失成本指工程建设完成后因不达标而造成的损失，主要包括质量赔偿、折价损失、质量索赔费用、无法交验、保修费和缺陷整改、诉讼费等。

内部损失成本指工程建设过程中发生的缺陷而造成的损失，如混凝土浇筑不合格返工、瓷砖空鼓和装修环保材料浪费、停工等原因而造成的损失费用。

2) 质量保证措施费

为确保质量达标而采取的相关措施所发生的费用。一般项目管理是可控的，"质量要达标、预防很重要"就是这个道理，包括预防成本和鉴定成本。

预防成本是指企业预防不合格品与故障等而发生的各项质量保证措施费用。预防成本包括计划与管理、人员培训、过程质量管理、提高设计质量、增加生产管控确保质量达标的各种成本。

鉴定成本是为保证质量达标需要检验检测而发生的一切费用，包括材料与设备等进场检验费、过程检测费、试验费、评估评审费等。质量与成本之间的关系如图 19.2 所示。

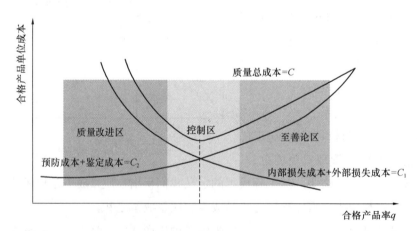

图 19.2　质量与成本关系图

（3）质量、工期与成本之间的关系

从质量与工期的关系、质量与成本的关系分析，我们得出最佳项目管理的目标是在合理的工期条件下，以经济的合适的成本，以最适当的质量标准来建设项目。

质量、工期与成本的关系如图 19.3 所示。

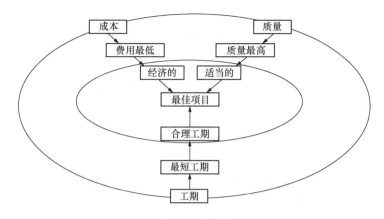

图 19.3 质量、工期与成本关系图

从上图我们可以看出，优质高效的项目管理要实现的就是合理的工期，以合理的质量成本达到最适当的质量，就是项目质量管理的最佳目标。

19.4 工程建设企业项目管理目标的制定

（1）企业对项目管理质量目标的要求

企业的生存与发展由适应性环境决定，企业的战略推力随着企业的发展方向而不断调整。差异化战略、成本领先战略、集中化战略等不同的战略决定了企业在实施项目管理时采用不同的质量目标。对企业来说，集中化战略项目的质量要求最高，是提升企业开拓市场与发展能力的重要举措，竞争对手一般属于同行业，对比性非常强，因此，质量标准对企业来说是最高级别的。差异化战略一般针对新兴产业或者新型项目的建设，走别人没有走过的路，如新基建项目。成本领先战略一般对企业来说，质量要求不高，满足一般的合同要求即可，更多的目的是取得经济效益最大化或者规模最大化。

（2）现行工程质量的标准与要求

现行工程质量的验收与评定有质量标准与质量等级两个方面的要求。前者是指符合国家验收规范要求；后者根据不同的项目要求一般有国家级、行业级、地方级和企业级等不同的等级。

1）质量标准

质量标准一般只分为合格标准与不合格标准。质量标准一般是对施工单位工作成果的评定，并作为竣工验收条件。工程建设项目的质量标准在合同中一般都明确为合格标准，工程质量合格标准是竣工验收时所要达到的基本条件。工程质量标准应从最基本的工作包开始评定，关键性的材料与设备单独评定，并逐级综合，最后形成总的项目评定。一般工程项目按分项工程、分部工程、单位工程、合同段、建设项目逐级进行评定，评定依据是相应的规范、规程、标准与设计及合同的内容等。

施工合同的质量标准只能填写为合格。不同性质的工程项目的验收按照相关行业规定或合同规定的验收标准进行，一般由项目实施机构组织项目合同各方共同评定。如建筑工程施工质量验收应符合相关专业验收规范；由建设方根据施工方的竣工验收报告组织设计方、施工方、工程监理方等有关单位进行竣工验收，并受政府法定的质量监督部门监督。竣工质量验收的内容包括：①完成建设工程设计和合同约定的各项内容；②有完整的技术档案和施工管理资料；③有工程使用的主要建筑材料、建筑构配件和设备的进场试验报告；④有勘察、设计、施工、工程监理等单位分别签署的质量合格文件；⑤有施工单位签署的工程保修书等。

分部分项验收标准按照不同分项的质量验收规范在过程中验收和评定，如钢筋的材料验收、混凝土结构规范验收标准等。

2）质量等级

质量等级一般分为四个：国家级、行业级、地方级、企业级。其评定是在项目竣工验收并取得工程建设项目备案的条件下，投入运营或使用一定期限后进行的。质量等级带有同行业竞争性质，是工程建设企业增加市场信用、提升知名度、提升企业资质的重要依据，更是增加企业竞争力的砝码。很多重点项目在招标实施单位时，将获得一定质量等级项目业绩作为加分条件，有力引导了工程建设企业高质量发展。不同行业、不同性质的工程项目，评定的标准与内容不尽相同，一般以获得"×××奖"或"×××杯"来衡量工程质量成果。

（3）工程项目管理质量目标的设定

工程项目管理质量目标的设定，一般最低要求是满足合同中约定的质量标准与质量等级。由于工程建设项目的性质和施工企业不同，工程建设企业出于战略需要，将工程项目的质量等级提升，以实现企业的战略目标。

1）合同约定的质量标准与质量等级

根据签订的合同文件，对合同范围和工程质量要求做出明确的规定，这是合同签订的基本内容之一。双方约定的质量标准一般为合格，但在质量等级方面的描述不尽相同，主要是业主方会根据自身需要和工程建设项目的意义要求合同方必须达到一定的质量等级。如国家重点项目、地区重点项目或者具有代表性意义的工程，如 2008 北京奥运会主场馆鸟巢、北京大兴国际机场等项目。

2）企业战略与发展规划的需要

企业战略与发展规划的需要，会根据战略规划在一定期限内获得一定数量的高级别质量等级项目，保持其持续发展的市场竞争力。中国建筑集团的下属公司和地方性龙头施工企业，会根据企业的战略布局，要求一定的项目获得"鲁班奖"，用于提升企业综合能力，通过顶尖项目的实施，培养一批年轻人才，占领一方市场，提升市场竞争力。

级别越高的质量奖，一般需要达到一定的评审条件才可以申请，如科技创新、新技术、新材料、新工艺的运用，不断促进管理创新、科技攻关，通过环保设计、专利发明、工法总结、文明施工、环保节能、安全管理、设计创新等诸多评审因素，不断增强企业管理能力的提升,为可持续发展打下坚实的基础。

不同的质量等级的评定,要求工程建设项目具有一定的规模、资质或者相关要求,在合同约定基础上,企业根据质量等级的评审条件、战略规划,最终确定项目质量等级目标。

工程建设质量目标的制定流程如图 19.4 所示。

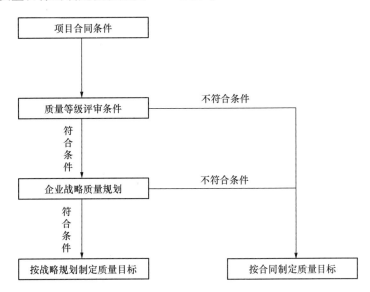

图 19.4 工程建设质量目标制定流程

19.5 项目全生命周期各阶段的质量控制

(1) 立项可研阶段

立项可研是项目投资决策的基础,也是项目的生命起源。项目的立项必须符合地区经济发展和总体规划的要求,通过勾勒项目的概念方案,初步确定使用条件和功能,系统地进行技术经济分析、环境分析及相关专项条件分析,为投资做出决策。通过可行性研究,对项目的技术、经济、社会、环境及其他有关方面进行调查研究,对各种可能的项目方案及其经济效益、社会效益、环境效益等进行技术经济分析、预测和论证,以确定项目的可行性,通过多方案比较从中选择出最佳方案,作为项目决策和开发的依据。在项目的可行性研究阶段,需要确定项目的总体质量要求,并与项目的费用目标相协调。所以,项目的可行性研究直接影响项目的决策质量和开发质量。

项目决策是通过项目的可行性研究和项目评估,对项目方案做出决策,使项目能充分反映顾客的意愿,并使项目的费用、质量、时间等目标达到协调和平衡。所以,项目决策阶段对项目质量的影响主要是确定项目应达到的质量目标和水平。

可见,项目立项可研阶段对项目质量的形成是至关重要的。

(2) 项目开发阶段

项目开发阶段需要界定项目的范围，明确项目的方案，进行项目规划，设计项目质量。项目开发阶段是决定项目质量的关键环节，在这一阶段，项目的质量目标和水平将通过对项目的策划、研究、构思、设计和描绘而得以具体体现。"质量是设计出来的，而不是加工出来的"准确反映了项目开发阶段对项目质量形成的重要性。工程建设企业对这一阶段的管理往往容易被忽视，这一阶段不仅仅是质量管理的重要阶段，更是影响成本与效益的重要阶段。该阶段的设计水平的高低将影响工程质量的70%，比如结构设计，异形混凝土结构设计多了，施工质量自然很难达到高的标准，工厂化标准构件多了，质量自然有了更高的保障。项目开发阶段的功能空间的布局合理性直接影响到项目验收，比如公共建筑的楼层面积一般不超过 $2000m^2$，超过之后，消防的设备与设施增加一倍等，如果增加的成本用于提高工程质量，社会效益与经济效益得到双重提高。特别是工程建设企业主导投资建设的项目，这种情况尤其明显，导致出现质量投诉的现象并不少见。虽然工程总承包的概念提出来很多年，但是由于传统的建设框架体系导致设计—施工一体化还处于一种"割裂"的状态，没有达到真正的有机融合。

(3) 项目实施阶段

项目实施是按照项目开发阶段所提出的要求、规划，将项目意图付诸实现最终形成项目成果的活动。只有通过实施，项目才能变为现实。所以，项目实施决定了项目意图能否体现，它直接关系到项目的最终成果，在一定程度上，项目实施是形成项目质量的决定性环节。

(4) 项目收尾阶段

项目收尾阶段需要对项目质量进行验收，考核项目质量是否达到预期要求、是否符合决策阶段确定的质量目标和水平，并通过验收确保项目质量。可见，项目收尾阶段对项目质量的影响是对项目质量的确认和项目最终成果质量的保证。

19.6　影响项目质量的因素

影响项目质量的因素是多方面的。不同的项目，影响因素也会有所不同，但无论何种项目，也无论在任何阶段，影响项目质量的因素可以归纳为"人、机、料、法、环"五类因素，即人（Man）、机械（Machine）、材料（Material）、方法（Method）和环境（Environment），简称为4M1E因素。

(1) 人对项目质量的影响

就项目而言，人是项目活动的主体，具体体现在：项目的决策者是人，项目的管理者是人，项目的操作者也是人。项目的所有环节、所有阶段都是通过人来完成的。所以，人将会对项目质量产生最直接、最重要的影响。人对于项目质量的影响取决于人的素质和质量意识。人的素质包括人的知识、经验、能力、职业道德、身体素质等。项目的参与人员应具备与其所承担的工作相适应的专业知识、文化水平、技术水平、工作经验、决策能力、管理能力、组织能力、作业能力、控制能力、创新能力；应具备最基本的职业道德和身体素质。人的质量意识是指人对于项目质量重要性的认识及对项目质量所持有的态度。项目的参与者如果对项目质量的重要性没有足够的认识，将会导致对项目质量不重视、项目质量控制不严格等一系列问题，也就不可能使项目的相关方达到满意状态。在项目进展过程中，如何提高项目参与者的素质和质量意识将始终是项目管理的一个重要问题。

（2）机械设备对项目质量的影响

项目中的机械设备分为两类：一类是构成项目本身的机械设备、机具等。例如，建筑工程项目中的电梯、通风设备等机械设备构成了建筑设备安装工程或工业设备安装工程，形成了完整的使用功能。另一类是项目形成过程中使用的各类机械设备、仪器等。例如，软件开发项目中使用的计算机。这类设备是项目实施的手段，它会直接影响项目质量。当然，不同类型的项目，其机械设备对项目质量的影响程度不一样，有些是较为重要的因素，有些则可能是较为次要的因素。因此，在项目实施过程中，应有针对性地加以分析，以明确机械设备对项目质量可能造成的影响。

（3）材料对项目质量的影响

材料泛指构成项目实体的各类原材料、构配件、半成品等，是形成项目的物质条件，是项目质量的基础。材料的选用是否合理、质量是否合格、是否经过检验、保管是否恰当等，都会直接影响项目质量，甚至会造成质量事故。使用不合格材料是产生质量问题的根源之一。所以，在项目实施过程中，应加强对材料的质量控制，杜绝使用不合格材料是项目质量管理的重要内容。

（4）方法对项目质量的影响

方法是指项目实施所采用的工艺方案、技术方案、作业方案和组织方案等。在项目实施过程中，选用方法的合理性、先进性、可靠性、科学性都将会对项目质量产生重大影响。方法合理、先进、可靠、科学将会大大促进项目质量的提高，反之则可能降低项目质量。方法选择失误，往往会对项目质量的保证造成重大障碍。所以，采用成熟的新技术、新工艺、新方法，不断提高方法的科学性和可靠性，是保证项目质量稳定提高的重要因素。

（5）环境条件对项目质量的影响

环境条件是指对项目质量产生影响的环境因素。不同类型的项目，其环境条件会有很大不同。例如，工程项目的环境条件包括工程技术环境，如工程地质环境、水文、气象等；工程作业环境，如施工环境、防护设施等；工程管理环境，如工程实施的合同结构与管理关系的确定，组织体制及管理制度等；周边环境，如工程项目邻近的地下管线、构筑物等。而产品开发项目的环境条件就比工程项目的环境条件简单。但无论环境条件简单还是复杂，都会对项目质量产生特定的影响，只不过是影响的程度不同而已。因此，在项目实施过程中，应对项目的环境条件加以认真分析，有针对性地采取措施，进行环境管理，改善环境条件，创造有利于保证项目质量的环境。

根据性质划分，影响项目质量的因素又可分为偶然因素和系统因素。

1）偶然因素是指随机发生的因素。这类因素一般是不可避免的，其对项目质量所造成的影响较小，往往在允许的范围之内。

2）系统因素是非随机发生的，是不正常行为所导致的。这类因素对项目质量所造成的影响较大，往往超出允许范围。通过采取有效措施，这类因素是可以避免的。

19.7　项目质量管理的原则

在《质量管理体系　基础和术语》GB/T 19000 的"质量管理原则"中规定，为了成功地领导和运作一个组织，需要采用一种系统和透明的方式进行管理。针对所有相关方的需求，实施并保持持续改进其业绩的管理体系，可使组织获得成功。最高管理者可在八项质量管理原则的指导下，领导组织进行业绩改进。工程建设企业的项目质量管理的原则基于企业管理的需要而制定，从企业层面全面、系统、有计划地展开项目质量管理的各项工作。

（1）以顾客为关注焦点

工程建设企业项目组织的关注焦点是项目合同业主方，以项目合同为基础，通过与业主方的沟通来了解业主方当前和未来的需求，通过制定相应的措施与方法来满足业主方的要求并争取超越业主方的期望。以业主方为关注焦点，重点是全面研究合同内容，了解合同中有关工程项目质量的要求，并根据这些要求制定质量管理目标与指标。为了赢得业主方的满意，很多工程建设企业会提高项目的质量等级以体现对业主方关注度的回应，必要时制定创优计划、精品工程实施方案等相应的措施与方法来全面实现项目的改进措施。在项目管理过程中，通过定期与不定期地与业主方交流沟通，有计划、系统地测量顾客满意程度并针对测量结果采取改进措施，处理好与业主方的关系，让业主方满意。同时，在重点关注业主方的前提下，还需要兼顾其他相关方的利益，使组织得到全面、持续的发展。

（2）领导作用

工程建设企业领导者应建立企业的质量方针、企业使命和企业愿景，形成质量管理的文化氛围，树立全员质量意识。《质量管理　组织的质量　实现持续成功指南》GB/T 19004 中指出：最高管理者的领导作用、承诺和积极参与，对建立一个有效的和高效率的质量管理体系，并使所有相关方获益是必不可少的。在领导方式上，最高管理者还要做到透明、务实和以身作则。

树立全员质量意识，了解项目相关方的需求，制定质量方针，明确企业的使命和企业愿景，对企业质量管理做好规划，将质量目标进行层层分解，并设定挑战目标，倡导全员质量管理意识。创造并坚持一种共同的价值观，树立职业道德榜样，形成组织的精神和文化。同时，展开有关质量培训，倡导先进技术的运用，展开 QC 攻关、质量评比等活动来促进企业质量的整体提升，充分发挥领导的作用。

（3）全员参与

质量管理是一个系统化的过程，涉及影响质量的各种因素，而这些因素最终都是通过组织中的人员来解决与处理。因此，一个企业质量要管理得好，必须是全员参与，才能从根本上解决质量管理的问题。工程质量管理不仅需要最高管理者的正确领导，还有赖于全员的参与。工程建设企业一般通过职业道德教育，促使全体员工了解其贡献的重要性和在组织中的作用。通过质量培训和导师带徒来提升质量管理技能水平，通过开展各种竞赛来促使劳动技能水平的提高，从而识别影响质量效果的制约条件及解决问题的责任。根据分解的质量目标，通过质量矩阵分工，压实质量责任，实现全员有指标、全员有责任，并纳入绩效考核或业绩测评，从而实现全员的质量参与。引进来、送出去展开质量管理交流，通过对标对表来提升质量管理也是工程建设企业常用的方法。

（4）过程方法

工程建设项目管理的过程是创造产品的过程，在该过程中，通过系统识别和管理组织所有过程，通过各项管理措施，不断促进质量管理水平的提高和质量控制的效果，从而持续改进使得顾客满意。识别质量管理体系所需要的过程，制定各项施工方法、管理制度、管理流程、建设程序与顺序等。针对工程项目特点、难点和重点制定应对措施，并压实责任。明确质量标准和工作标准，并对其进行监测、纠偏和评价等，评估可能产生的风险、后果及对顾客、供方和其他相关方的影响。

（5）管理的系统方法

系统的方法是全面质量管理的基础，是从项目管理体系入手，将各项质量管理的手段与方法通过相应的规章、制度、流程、方案和计划体现出来，形成一整套质量管理的方法。通过设立项目质量目标，分解目标、压实责任，设计或策划为达到目标而应采取的各项措施和步骤以及应配置的资源，以形成一个完整的方案。在方案的实施过程中，通过系统管理而提高管理的有效性和效率，一般通过项目管理策划或者施工组织设计来进行全面的策划与规划，实现组织的质量目标和质量方针。工程建设企业一般需要通过质量体系的认证，建立一个以过程方法为主体的质量管理体系，通过明确的程序文件、工作手册、标准化管理来协调项目过程的运行。通过测量和评审质量管理体系，采取措施以持续改进体系，提升企业的质量管理水平与能力。

（6）持续改进

持续改进是增强满足要求能力的循环活动。工程建设企业为了实现组织的整体业绩，需不断改进其产品的质量，提高质量管理体系及过程的有效性和效率，以满足业主和其他相关方日益增长和不断变化的需求与期望。只有坚持持续改进，企业才能得到不断发展。建立持续改进的制度，如鼓励创新、开展QC活动等，对员工进行持续改进的方法和工具的培训。使创造产品的过程和项目质量管理的过程持续改进成为组织内每个员工的目标，并根据目标的执行纠偏进行改进，树立标杆和质量管理能手等进行表扬和奖励。

（7）基于事实的决策方法

项目管理的过程是一系列决策所组成的活动，有效决策应建立在数据和信息分析的基础上，以事实为基础，通过科学决策，达到有效管理的目的，避免盲目决策。收集项目的各种信息，包括但不限于工程资料、往来文件和相关变更等，明确规定收集信息的种类、渠道和职责，并有意识地收集与目标有关的各种数据和信息，以确保其准确性和可靠性。通过这些信息，根据管理者的分析、经验和科学判断来做出正确决策。

（8）与供应方互利的关系

工程建设企业一般是以总承包为主，项目的供应方有供货方、分包方、服务方等，这些供方都是与工程建设企业互惠互利、相互依存的，这种关系可增强双方创造价值的能力。随着管理分层、资源整合、专业化和协作日益发展，与供方的关系有利于增强市场竞争力。为了有效的质量管理，识别并选择合格的供方，形成有效的合同供应商、分包商和供货商，建立稳定的、同进退的利益同盟，形成重要供方共享专门技术、信息和资源，创造一个畅通和有效的沟通渠道，及时解决质量管理中存在的问题和联合改进措施，激发、鼓励和承认供方的改进及其成果。

19.8　项目质量管理的基本原理

项目质量管理可归纳为七个基本原理：系统原理、PDCA 循环原理、全面质量管理原理、质量控制原理、质量保证原理、合格控制原理和监督原理。

（1）系统原理

WBS 是现代项目管理的核心内容，根据 WBS 分解，项目的质量目标根据工作的需要可分若干个子项，各个子项可以再分解成若干个子项目，实现各个子项目标才能确保实现项目总目标。这些不同的子目标，构成了项目管理过程中的目标实施的不同环节、不同阶段和不同的要素，各个环节、各个阶段和各个要素之间存在着相互矛盾又相互统一的关系，最终服务于项目的总体目标。因此，工程项目是一个有机的整体，是一个系统工程。

从项目质量管理的主体来看，项目的质量管理是由项目的相关方共同推进的，项目的各个相关方存在着相互矛盾又相互统一的关系。工程建设企业实施项目管理，有建设方、监理方、设计方、政府方以及围绕着项目整体运转的相关合作方。从实施分合同来看，有各种供应链和分包商、供应商、供货方、设备提供商、工程咨询等相关单位，以项目组织为核心的相关方存在相互矛盾和相互统一的关系，这些关系对项目质量管理主体而言至关重要。

无论是从项目质量管理的主体还是客体来说，关联双方都存在着监督和被监督、管理与被管理的关系，相互之间必然存在各种矛盾。但为了工程项目的总体实现，各方又要形成一个有机总体。因此，在项目质量管理的过程中，应该系统分析，用统筹的观念和系统方法对项目质量进行系统管理，使项目总体达到最优，从而实现项目管理整体目标。

（2）PDCA 循环原理

在质量管理过程中，无论是整个项目的质量管理，还是针对项目管理过程中的某一质量问题进行的管理，都包含从质量计划的制定到组织实施的完整过程。即提出质量目标，根据目标制定计划（Plan），这个计划不仅包括质量目标，还包括为实现质量目标而需要采取的措施，计划制定后再组织实施（Do），在实施过程中不断进行检查（Check），并将检查结果与计划进行比较。根据结果对质量状况进行判断，针对质量状况分析并处理（Action），根据结果实施的情况，决定是否再一次进行循环，从而达到质量管理的要求。这就是 PDCA 循环原理。

（3）全面质量管理原理

全面质量管理是指质量管理的范围不仅局限于产品质量本身，还包含质量管理的各个方面，即将质量管理工作从生产扩大到设计、研制、生产准备、材料采购、生产制造、销售和服务等各个环节；将产品质量扩大到工序质量、工作质量和管理质量。所以，全面质量管理是一种涵盖全员、全面、全过程的质量管理体系。

全面质量管理是在项目全生命周期内，以顾客（一般依据项目合同）为关注点，以项目的管理环境（围绕项目管理的社会环境、资源环境等）为依托，对构成项目的每个单元的质量管理，都需要从影响此单元质量的各个方面入手，包括但不限于设计、技术方案、施工条件准备、材料采购、施工安装工艺、成本保护等，以及对不同单元的实施按自身的操作流程与方法进行质量管理。

在项目质量管理中，必须将项目的质量管理对象、过程、活动、主体等看成一个有机整体，对影响项目质量的各种因素，从人、机、料、法、环等各方面进行综合管理，以实现项目的综合目标。具体到单元质量的管理，就是将项目要实施的施工过程、施工工艺、施工人员等围绕施工内容的一切要素看成一个有机整体，保证施工条件具备、操作人员合格、施工方法满足要求，并对周围环境影响等进行综合管理，以实现项目质量目标。

全面质量管理在工程建设项目质量管理中的应用需要强化以下几方面重要思想：

1）质量效益的思想

工程建设项目质量管理与效益管理是相互统一又相互矛盾的。统一的一面体现在预防措施和检验措施的提高有利于减少质量事故，降低项目的内部损失（在过程中发生的质量事故与问题、造成的返工返修等质量补救措施）与外部损失（项目完成后因质量问题造成的投诉、罚款、折价等应对措施）。矛盾的一面体现在质量标准越高，需要的质量成本也就越高，项目的效益可能就会降低。所以，项目的相关方在追求质量的同时还需要追求经济效益。但是，追求效益必须以确保项目的质量标准为前提，最终实现项目整体的效益。

2）以人为本的思想

牢固树立全员质量意识，贯彻质量方针，创建质量文化，落实质量政策，做到统一思想，落实行动。不断提高所有项目参与者的素质，确保绝大部分参与工程项目的人员要对本专业、本工种、本流程的实施有一定的经验、知识和素养，充分调动和发挥他们的积极性和创造性。

在过程管理中，要进行全面质量管理的实施方案、质量要求的宣贯，倡导树立质量精神和培养质量意识,形成项目质量文化的氛围,增强凝聚力。

通过目标管理的责任分解与压实、绩效监测与监督,使参与项目的每个人都明确项目的质量目标与指标,过程有方法与措施,行动结果有考核。

对于参与项目的所有人员要做到岗前质量教育。

倡导和鼓励全面质量管理创新,规划和鼓励开展质量专项活动、QC 活动、合理化建议等,提高质量管理的积极性。

3) 预防为主、一次成功的思想

工程建设项目已进入微利时代,任何的质量损失和质量事故对企业都会造成极大的影响,企业必须强调"预防为主、一次成功",杜绝"死后验尸、劳民伤财"。一旦质量事故形成,损失的不仅是质量成本,更是工程成本(工程成本包括项目实施的人、材、机等实际成本和质量成本,质量成本占比一般较小)。预防为主就是要预先系统地分析影响项目质量的各种因素,并找出主导性因素,采取措施加以控制,变"事后把关"为"事前预防",使质量问题消灭在质量形成过程之中,做到防患于未然。

4) 技术与管理并重的思想

项目质量与项目所采用的技术是密切相关的。在项目进场前需要全面系统地分析项目的构成。通过项目结构分解分析项目需要实施的内容,识别相关技术;通过专家法或者头脑风暴法进行比较,选择企业技术水平与能力可以达到的最优技术,包括但不限于专业技术、实施方法、管理技术、BIM 技术、装配式的运用、创新方法等。合理的技术方案,再加上科学、完善的管理,才能使项目质量得以保证;如果技术方案选择不合理,管理再完善也难以保证项目质量,如采用全钢模板方案比散拼木胶板实施的混凝土表面质量高出很多,同时还会降低装修抹灰成本。因此,技术是保证项目质量的基础,质量管理是实现项目质量目标的重要途径,两者同等重要。

5) 注重过程的思想

全面质量管理的最终目标是工程项目最终的完成情况。施工工序质量是指人员、机械、材料、方法和环境等五方面的综合质量。工作质量是指项目参与者在完成项目的过程中,其工作符合要求的程度。工序质量和工作质量是在项目实施过程中形成的,因此,质量是所有工作落实的基点。

(4) 质量控制原理

工程项目质量控制的目标就是确保项目质量能满足项目合同约定的质量要求和企业质量目标。质量控制的范围涉及质量目标形成的各个方面,包括但不限于分部、分项、工序等方面,以及质量形成的各个过程、各个流程、各个环节控制过程。

项目质量控制的工作内容包括作业技术和活动,即创造产品的过程和项目管理的过程,每个过程均围绕着"人、机、料、法、环"的控制过程展开。同时进行检验与纠偏,及时进行检验和过程验收,发现问题,通过开展 PDCA 活动、专家判断、类似经验识别、技术比较等方法纠正,防止类似问题再次出现。

(5) 质量保证原理

质量保证是致力于质量要求得到满足。得到业主的满意与信任，是工程项目质量保证的要求，是通过业主方向项目质量管理体系施加压力，从而保证项目质量，并向对方提供信息，以便于及时采取改进措施，得到"确信"和"信任"是质量保证的基础。

工程项目的质量保证的主要工作是促使完善质量控制，以便准备好客观证据，并根据对方的要求有计划、有步骤地开展提供证据的活动，从而保证质量满足合同方的需求。项目需要建立质量保证体系，建立健全项目组织，分工明确，责任压实。质量保证还有赖于企业的信誉和类似工程的经验，质量管理体系标准的推广和应用（通常以认证通过为标志），公司对项目的重视程度和领导对项目重视程度，项目自我质量监督的水平与能力等。

(6) 合格控制原理

在项目实施过程中，为保证项目或工序质量符合质量标准，从采购源头控制、过程检验、验收控制、成品保护、不合格品处理等方面加以落实。

源头控制，从原材料的进场开始把关，落实合格控制，实施进场落地检验。如钢筋进场检验批的抽查、防水材料的抽查试验、合格证的使用等。

过程控制，及时判断项目或工序质量合格状况，防止将不合格品交付给用户或使不合格品进入下一道工序，实现流程中的分段检验。通常采用交接检验的方法来确保每道工序合格，对于重要分项工程一般采用联检的方式来界定分项验收的质量，对于重点部分、关键部位，按专项实施方案的要求进行检验，每道工序、分项及分部的检验必须符合相应的规范、规程、工艺等施工标准，并按创优计划中约定的实施细则进行控制。此外，还要按照相应的质量验收标准对每个环节进行质量判断，并给出评定。

借助于某些方法和手段，检测项目或工序的质量特性，并将测得的结果与规定的质量标准相比较，从而对项目或工序做出合格、不合格或优良的判断（称为合格性判断）。如果项目或工序不合格，还应做出适用或不适用的判断（称为适用性判断），以使后续工序质量得到有效的保障。

工程项目合格控制的基本环节是：检验与检测、按验收标准比较、判断合格情况和不合格情况，并做出处理。

(7) 监督原理

项目实施方获取利润的方式有两种：一种是在保证质量的前提下提高生产效率、获取利润；另一种是通过偷工减料、压榨管理环节各项费用为代价来获得利润。有部分工程建设企业作为合同的实施方，在利润驱使下很难做到质量与成本之间的平衡。如果不加以监督，势必以牺牲质量为代价获取项目利润，从而导致合同业主方不满意，甚至造成工程质量事故。

质量监督包括政府监督、社会监督、第三方监督和自我监督。

1) 政府监督基本上是一种宏观监督，包括质量的法治监督、各种相关法规实施状况的监督、行业部门或职能部门的行政监督等。政府监督一般是属于强制性的。

2) 社会监督就是通过舆论、社会评价、质量认证等行为对项目质量进行监督。

3）第三方监督是由项目管理公司、咨询公司、监理公司等第三方所实施的监督。

4）自我监督是指工程建设企业自身所组织的监督，其有效性就在于项目的实施方对质量的重视程度。

19.9　项目质量管理过程

工程建设项目质量管理的过程是全面实施项目的过程，依据企业的质量战略目标、质量方针、程序文件、质量手册、规章制度、合同条件及往来文件，以及项目本身的环境条件、属性，适用的法律、法规、规范、规程、设计文件等，按照项目建造过程和项目管理的方法，对项目进行全生命周期的质量计划、组织、控制的过程。

（1）项目质量规划

1）项目质量规划的概念

质量规划指识别哪些质量标准适用于本项目，并确定如何满足这些标准的要求。项目管理有质量、工期与成本三大基本要求，质量的规划应与成本、工期等相关活动结合共同规划。

项目质量规划是通过质量策划，形成质量计划和质量技术文件，实现质量过程控制的各阶段、各分部及子项等（单位工程、分部、分项、工序等）一系列生产活动管理与控制，从而达到质量规划要求的标准与内容，最终实现项目的总体质量目标。

现代质量管理的一项基本准则是：质量是规划、设计出来的，而不是检查出来的。

美国项目管理知识体系指南（PMBOK）对项目质量规划进行了归纳，为了便于叙述，我们将项目质量规划与 PMBOK 比较，见表 19.1。

项目质量规划与 PMBOK 体系的比较　　表 19.1

序号	依据		工具与技术		成果	
	PMBOK	工程运用	PMBOK	工程运用	PMBOK	工程运用
1	环境因素	项目环境，周边环境等	成本效益分析	质量与效益的关系	质量管理计划	质量计划
2	组织过程资产	项目实施的过程	基准对照	质量验收标准	质量测量指标	质量目标
3	项目范围说明书	合同的范围与内容	实验设计	确定质量因素的方法	质量核对表	验收评定标准
4	项目管理计划	项目计划	质量成本分析	质量与成本的关系分析	过程改进计划	特点、难点的质量改进
5			其他质量规划工具	创新技术工具	质量基准	质量绩效的考评要求
6					项目管理计划	动态调整项目计划

2）项目质量规划依据

工程建设项目质量规划的主要依据包括以下几个方面。

① 环境因素。

主要是项目的场地环境，交通、自然环境，必要的社会环境、文化环境等。

② 组织过程资产。

主要是项目实施的过程、主要依据、企业的质量方针、质量管理计划、企业积累的经验教训，以及企业为质量管理归纳总结的各种表格，如计划表、风险清单表等。

企业质量组织进行工作的过程与程序，包括：企业质量体系认证的文件、规章制度、企业的能力、开展的各项质量活动，如程序文件与程序管理手册、企业制定的各项规章制度、质量方针、企业质量管理实施方案、项目授权文件等。

企业有关质量库，包括：合格供应商名录，合格分包商库，企业工法、科创成果、新技术、新材料、新工艺的运用，工程建设项目有效目录清单等企业内部定额等依据以及数字化技术，如 BIM 技术的运用等。

③ 项目范围说明书。

范围说明书主要是实施项目质量管理的范围，一般均是合同约定的范围与内容，达到质量标准与要求，满足合同文件中的技术措施等，以及实现工程项目所需的法律法规、标准、条例、规程、规范、图集等的要求。

④ 项目管理计划。

项目总计划是指导项目实施的纲领性文件，项目总计划对各分部分项工程的起始时间、完成工作内容、结束时间有明确的安排。根据项目总计划，由各专业、各单位组织编写范围内应完成的具体工作包和内容。根据项目总计划，各时间节点、里程碑节点需要向各相关方提供成果依据，来确定合同内容的执行情况。同时，这也是质量管理交付成果所需要达到的质量标准，这些内容均是项目质量规划的重要依据。

3）项目质量规划的方法

① 质量与效益分析

统筹分析与安排质量与效益的关系，评估通过质量的实施能给项目或者企业带来的效益，这种质量与效益的评估是多方面的，不仅仅局限于项目的效益，还要综合考虑企业的效益。如获得鲁班奖将会增加企业的市场竞争力，提升企业资质。通过质量的提升，有助于立一座丰碑，创一方市场。质量与效益的关系，实质是通过质量管理来实现企业的重要目标，合理的质量管理反向促进项目管理，提高项目管理的工作质量，减少内部与外部损失。

② 质量的成本分析

根据质量与成本的关系，我们得出质量成本与效益存在着制约关系，相互影响、相互制约。因此，对质量与效益之间的关系要做好评估，但一定要达到合同约定的质量标准，过高的质量预防成本减少项目的收益，过低的质量成本容易造成质量措施不到位，造成不良后果。做好质量与成本效益之间的评估，是质量规划的必要条件。质量成本分析有助于在项目质量规划过程中权衡质量与费用的关系，实现质量与费用的最佳匹配。

③ 对照分析

按照类似工程做法，依据企业的经验（有的企业编制了实体质量标准化），对照分析，在满足标准的前提下，参照类似工程、类似做法，分析判断工程项目的质量。工程实施过程中，常采用质量交底或者参观学习考察的方法来制定适合本项目的质量管理办法。

④ 质量设计

质量设计的本质是对影响项目质量的因素进行统计分析，识别影响因素的权重，最终达到各种影响因素平衡，实现效益最优。

⑤ 重点、特点、难点方面的质量管理

针对此类项目的质量，应根据其界定范围集中展开质量攻关，采用专家判断、关系图、模块图、流程图和优先排序矩阵等工具系统推进质量管理活动，必要时拟定科创课题或QC活动。

4）项目质量规划的成果

① 质量计划

质量计划是从质量管理体系、项目管理组织、质量控制、质量保证、持续改进等方面实施质量管理的一系列措施。质量计划的制定是以企业的管理目标为导向，以质量方针为方向基础。

② 质量测量指标

根据工程建设项目的验收和质量评定要求，针对不同的分部、分项、单位工程按照对应的规范、标准，来验收评定项目的质量，并按设计内容进行功能验收。重点分部分项工程需要做好专项验收，确保验收指标的实现，并履行验收手续。以工程总计划为基础，制定质量计划，特别是分阶段验收等中间验收记录要明确，如北京地区创优工程，在结构工程完成后要接受北京市质量协会关于结构质量的评定，否则后续的创优工程将无法实现。

③ 质量核对表

按照程序文件和质量手册，对质量管理过程中的质量情况进行记录，形成质量留存资料。通过留存资料，检验质量管理的过程是否完善，质量的要求和评定是否满足要求等。必要时，还需参照《工程资料规程》（各地区执行的不一样）中有关要求进行评定，作为档案验收的资料。

④ 过程改进计划

过程改进计划是质量不断提高过程的有关说明。工程建设项目针对新工艺、新方法的持续改进计划比较多。一般计划执行时通过PDCA法、因果分析法等进行分析总结，持续改进。

⑤ 质量基准

质量基准也是对标质量标准，通过质量目标的分解，形成各分部分项、工序等质量指标。这些质量指标形成质量检查的对标依据，完成的差异是衡量质量实施的效果情况，也是质量管理水平的体现。质量基准记录了项目的质量目标，是绩效衡量基准的组成部分，用于衡量和汇报质量绩效。

⑥ 项目管理计划

项目总计划随着工程的进展，受资金、环境、设计进度或营销策略的影响而不断改变。在项目实施过程中，项目质量计划要随着更新后的总计划进行调整，并纳入项目管理计划和过程改进计划中。

（2）项目质量策划

项目质量策划是围绕着项目所进行的质量目标策划、运行过程策划、确定相关资源等活动的过程。项目的质量目标是由企业项目战略和项目合同决定的，根据项目章程、企业战略，项目合同的质量标准等因素决定项目质量目标，也是项目质量目标策划的基本依据。项目策划要明确达到质量目标应采取的措施，包括必要的设计、施工管理过程；明确应具备质量活动的必要条件，包括人、机、料、法、环等方面；明确项目的业主方、设计方、监理方需要配合的质量要求（如设计中采用了淘汰的材料，需要协调更改设计）；明确项目组织经营层各部门或岗位的质量职责（一般在项目管理制度和岗位职责中明确）；明确项目作业层、供应链、分供方、分包方的质量责任（一般在合同中明确）。质量策划的结果形成项目质量计划、质量技术文件等。

实践证明，如果项目质量策划到位，项目质量计划编制得完整、准确、具有可操作性，对后续项目一系列活动开展的指导和控制作用就发挥得好。相反，项目质量策划不认真不扎实、可实施性不强，甚至存在"两张皮"现象，后续项目执行过程中往往会出现较多质量问题，特别严重的甚至发生重大质量事故。因此，项目质量管控工作中首要的任务就是组织好项目质量策划，编制可满足后续质量控制需要且能执行落地的项目质量计划。

工程建设项目的质量策划需要由建设单位、勘察单位、设计单位、施工单位和工程监理单位等多方责任主体共同来实施建设，具有复杂性和多阶段、多界面协调的特点，需要系统实施有针对性的项目质量策划，形成项目质量计划及其他支持性程序文件，用于后续项目质量控制和指导。

1）项目质量目标策划

根据现行质量目标的划分，在质量标准上必须达到合格要求，但是从质量奖项、创优工程等方面来看，又有不同的质量等级。项目的质量目标是项目在质量方面所追求的目的。无论何种项目，其质量目标都包括总目标和具体目标。项目质量总目标表达了项目拟达到的总体质量水平，如某建筑项目的质量总目标就是合格品率为 100%，优良品率为 80%。项目质量的具体目标包括项目的性能目标、可靠性目标、安全性目标、经济性目标、时间目标和环境适应性目标等。项目质量的具体目标一般应以定量的方式加以描述。不同的项目，其质量目标策划的内容和方法也不相同，但考虑的因素是基本相同的，主要有：

① 项目本身的功能性要求。每一个项目都有其特定的功能，在进行项目质量目标策划时，必须考虑项目本身的功能性，满足项目的功能性要求。

② 项目的外部条件。项目的外部条件使项目质量目标受到制约，项目质量目标应与其外部条件相适应。在确定项目质量目标时，应充分掌握项目的外部条件，如工程项目的环境条件、地质条件、水文条件以及工程建设企业质量战略规划的要求。

③ 市场因素。市场因素是社会或用户对项目的一种期望。所以，进行项目质量目标策划时，应通过市场调查、探索、研究这种需要，并将其纳入质量目标之中。

④ 质量经济性。项目的质量是无止境的，要提高项目质量，必然会增加项目成本。所以，项目所追求的质量不是最高，而是最佳，既能满足项目的功能要求和社会或用户的期望，又不至于造成成本的不合理增加。

2）运行过程策划

项目的运行过程主要有两个方面：一个是项目创造产品的过程即工程建设项目实现的过程，另一个方面是工程建设项目实现建造过程的管理即项目管理的过程。全生命周期的运行过程策划主要围绕着上述两个方面展开。

从分部分项工程或者某一个工作包来看，产品创造的过程要满足施工工艺流程或设计流程，不同的分部分项工程的施工流程和设计流程不尽相同，但至少要满足调研、设计、采购、施工、检验验收、成品保护、试运行、维修维保（缺陷期维修）、移交等质量管控过程的要求。这些过程，我们可以确定质量管理的环节，而每个环节质量管控的要点和内容也不尽相同，但要符合质量标准和质量基准，更要满足相应的验收规范和设计标准。我们把这些影响质量的各个环节，从识别到评定能否满足质量要求的各种活动，称之为质量环。不同的分项工程、工序都有自身的质量环，如施工项目的质量环一般包括：接收任务→准备→采购→组织生产→检测与试验→功能验收→竣工交验→回访与保修等各个环节。

质量管理程序，一般通过质量认证的企业，根据自身企业的能力与水平编制适合于自身企业管理的质量管理程序，明确质量管理的工作流程等。从分部分项工程或者工作包的项目管理过程来看，在不同的阶段，有着不同的质量管理内容与重点，作为工程建设项目，项目管理的流程有策划、实施、控制和检验验收等过程，包括但不限于工程项目前期经营、施工准备、物资与设备采购、施工、检验与试验、功能设计验收、竣工交验和回访保修等流程。

质量管理措施，包括质量管理技术措施、组织措施和其他措施等。

质量管理方法，包括项目质量控制方法、质量评价方法等。

3）确定相关资源

为了进行项目质量管理，需建立相应的质量管理组织机构，选派一些具有质量管理经验的管理人员，准备好具有一定施工经验的劳务人员，采购合格的材料、施工机具，以及检验检测设备、试验设备等。这些都应通过项目质量策划加以确定。

4）质量策划的依据

① 项目性质、特点、难点与重点。不同性质、类型、规模、特点的项目，其质量目标、质量管理运行过程及需要的资源各不相同。针对不同的项目属性需要根据项目的条件进行策划。不同的项目，在工期、质量与成本方面的要求各不同，应针对项目的具体情况进行质量

策划。

② 工程建设企业的质量方针与质量要求。企业的质量方针是企业履行社会责任的重要方针，企业的质量总体目标要求为各项目的质量目标的确定提供了最基础的要求，根据企业质量方针和总体质量目标，确定项目的质量方针和质量方向，为项目的质量宗旨指明了方向。

③ 项目承包合同的范围与内容。项目承包合同的范围与内容确定了项目质量管理的范围，合同中的技术标准、质量要求，为质量的实施提供了基础性依据。

④ 项目情况描述。工程建设项目要对组成项目范围内的各单位工程、单项工程、分项工程等进行阐述，并根据各要素之间的关系，进行统筹资源的配置和组织管理。对项目中的重大组织要求，重点、难点的分部分项等内容要做到详细地描述，这些要素一般是社会、业主及相关使用者较为关注的，并对质量的后果有着直接的影响。在策划时，需重点关注并策划该要素的专项实施质量控制方案，对于采用的新技术、新材料、新工艺、新设计等要做出突出的说明。

⑤ 质量验收标准和规则。工程建设项目是复杂的系统工程，由不同的分部工程、不同的专业特色等构成。不同行业、不同领域对项目都有相应的质量要求，验收标准与等级要求也各有不同。验收标准与规则也会因时间差异有所不同，新规范的变更、材料的淘汰、防火验收标准、新行业标准的出现，都对质量的验收产生影响。因此，有些规范、规程、标准、图集及各地方质量行业主管部门的验收要求，都需要通过标准、规范、规程等形式加以明确，这些标准和规则对质量策划将产生重要影响。如房建工程的混凝土结构验收规范是结构验收的标准，随着规范的不断更新，钢筋的搭接长度随着抗震烈度的不同也在不断修改。

⑥ 图纸设计及图集。照图施工是施工的基本原则，但图纸设计中的内容受合同标准的约束，其质量标准也会有所不同。如木门设计，有高档、中档和普通木门的设计，由于安装方式和成本保护的要求不同，在质量策划时要提前考虑其预埋门框的方式等。

5）质量策划的方法

在质量策划过程中，应采用科学的方法和技术，以确保策划结果的可靠性。常用的质量策划方法和技术主要有以下几种：

① 流程图法。

流程图法主要是组织关系与逻辑关系的表述，一般根据项目质量管理的运行过程来策划。主要包括系统流程图和因果分析图。

系统流程图。该图主要用于说明项目各要素之间存在的相关关系。利用系统流程图可以明确质量管理过程中各项活动、环节之间的关系。

因果分析图。分析和说明导致或产生各种潜在问题和结果的因素和原因，通过带箭头的线表示质量特性和质量因素之间的关系，找出问题或现象的所有潜在原因，从而追踪出问题根源的方法。影响工程质量的因素很多，一般从人、设备、材料、方法、环境等方面进行分析（类似的还有鱼刺法）。

② 质量成本分析。

质量成本分析就是研究项目质量成本的构成和项目质量与成本之间的关系，从而进行质量成本的预测与计划。质量成本是指实施工程质量管理活动所需支出的有关费用；工程质量收益是指满足工程质量要求而获得的经济效益。编制工程质量计划时，必须考虑成本与收益之间的平衡。工程质量成本包括：①内部质量损失成本，因施工未能满足质量要求所造成的损失（如重新提供服务、返工、报废等）。②外部质量损失成本，在工程竣工验收后因产品未能满足质量要求所造成的损失（合同约定质量不达标的罚款、折价、维修等）。③预防成本，即确保工程质量而进行预防工作所产生的费用（如质量工作计划、质量情报、质量管理教育、质量管理活动等工作产生的费用）。④鉴定成本，对是否符合质量要求所进行的试验、检验和检查所发生的费用。项目的质量管理需要实施两方面的工作：一是质量保证工作，二是质量检验和质量纠正工作。质量成本主要有质量保证成本（由预防成本和鉴定成本组成）和质量损失成本（由内部质量损失成本和外部质量损失成本组成），这两类成本呈反方向变动关系：质量保证成本越高，质量损失成本也就越低；质量保证成本越低，质量损失成本也就越高。成本收益分析就是要使质量保证成本和质量损失成本之和最小。项目质量与其成本密切相关，它们既相互统一，又相互矛盾。所以，在确定项目质量目标、质量管理流程和所需资源等质量策划过程中，必须进行质量成本分析，以使项目质量与成本达到最优化的组合。

③ 类比法（标杆法）。

类比法（标杆法）就是将拟进行的项目与已完成的类似项目或者分部分项工程的质量相比较。好的做法形成标杆，为实施项目的质量管理提供成熟的经验和思路，如模板工程施工质量成本对比分析。

④ 数字化仿真模拟法。

随着数字化时代的到来，信息化、数字化技术在工程建设企业中大量运用，对于部分工程技术质量的策划采用数字模拟仿真，达到预知质量的效果，如BIM技术的运用。

（3）质量计划

质量计划应明确指出所开展的质量活动，并直接指出或间接指出（通过相应程序或其他文件）如何实施所要求的活动。其内容主要包括：

1) 编制依据。
2) 工程项目的概况及工程特点、难点与重点的描述。
3) 需达到的质量目标，包括项目总质量目标和具体目标。
4) 质量管理工作流程，可以用流程图等形式展示过程的各项活动。
5) 在项目的各个不同阶段，职责、权限和资源的具体分配。
6) 项目实施中需采用的具体的书面程序和指导书（可以单独成册，常见的施工方案）。
7) 有关阶段适用的试验、检查、检验和评审大纲。
8) 达到质量目标的测量方法。

9) 随项目的进展而修改和完善质量计划的程序。

10) 为达到项目质量目标必须采取的其他措施,如更新检验技术、研究新的工艺方法和设备、用户的监督、验证等。

以上这些内容可能包含在质量计划的不同文件之中。

(4) 质量技术文件

质量技术文件主要用以表述保证和提高项目质量的技术支持内容,包括与项目质量有关的设计文件、工艺文件、研究试验文件等。质量技术文件应准确、完整、协调、一致。文件以纸质或电子信息生成和保存,要明确电子信息的合法性。

19.10 质量保证

(1) 质量保证的基本内容

工程建设项目质量保证的基本要求是科学有效地、基于项目发展的需要,制定项目的质量总目标。根据项目的组成结构进行分解,确定实现总目标的各项分目标。以各组成结构需要达到的质量验收标准及要求,以项目总计划为基础,以分解的项目各分目标对应的项目工作内容,确立该组成结构内容实施的质量计划方案。确保质量计划的方案满足项目管理的需要,分别制定项目组成部分内容所需要的质量管理控制流程。通过建立健全质量保证体系和体系的运行,确保质量目标实现。通过持续有效的质量改进措施,实现全面的质量管理,实现工程建设项目的管理目标。也就是确立目标、建立流程、组织运行、目标实现。

1) 工程建设项目由很多不同的分部分项工程构成,不同的分部分项工程有不同的质量验收标准。将质量目标的要求制定成相应的质量标准,并将标准转化为定性和定量的指标,以定性和定量的标准,制定相应的施工管理质量控制措施与方法,确保这些定性和定量指标的实现。

2) 不同的分部分项工程,根据总计划的安排,组成项目的分部分项工程实施阶段各有不同。根据实施方法,不同行业、不同种类项目的工作流程不尽相同,制定的质量保证和控制流程也不尽相同。

3) 工程项目管理的过程是通过项目组织的系统运行来确保项目各项管理工作的实施,企业通过建立质量保证体系并使之有效运行来实现质量管理的目标。不同的企业有其自行运行的规律,全面质量管理体系运行要求全员参与,因此,质量管理体系的组织体系与企业运行体系基本相同,但会在质量管理方面通过设置专职部门专项岗位来确保和监督质量体系的运行。如企业设置安全质量部监督项目经理部的质量运行,成本物资设备部在材料、设备采购方面把关,企业发展管理部确保和监督质量体系运行,工程技术部确保和监督项目质量的实施和技术保障实施,安全质量部作为企业质量管理牵头部门负责企业日常的质量管理工作。企业的相应部门对项目的相应部门通过职能管理,确保质量管理体系在项目管理过程中得到有效实施。

(2) 质量保证的实施

质量保证的实施是以项目管理计划为主线，以质量计划为指导而系统实施各项质量管理的过程，通过这些质量保证的过程实施，满足实施过程中的各项要求，最终实现质量管理的目标。

美国项目管理知识体系指南（PMBOK©）归纳了实施质量保证的要点，我们根据PMBOK体系结合工程实践加以演化和应用（表19.2）。

实施质量保证的要点　　　　　　　　　表19.2

序号	依据		工具与技术		成果	
	PMBOK	工程运用	PMBOK	工程运用	PMBOK	工程运用
1	质量管理计划	质量计划	质量规划工具与技术	质量规划工具与技术	请求的变更	
2	质量测量指标	质量标准	质量审计	质量审计	推荐的纠正措施	
3	过程改进计划	过程改进计划	过程分析	过程分析	组织过程资产	项目实施的变化
4	工作绩效信息	交验质量达标情况	质量控制工具和技术	质量控制工具和技术	项目管理计划	项目计划的调整
5	批准的变更请求	批准的设计变更	其他相关工具与技术	其他相关工具与技术		
6	质量控制衡量	质量控制结果与质量标准对比				
7	实施的变更请求	按变更进行施工				
8	实施的纠正措施	对质量偏差进行纠正				
9	实施的缺陷补救	质量偏差采取的方法				
10	实施的预防措施	质量保证的措施				

1) 实施质量保证的依据

① 质量管理计划。质量管理计划就是质量实施的总体方案，也称之为质量计划。质量计划中明确各分部分项、工序的质量保证措施如何实施。做到有目标、有措施、有方法、有效果。

② 质量测量指标。经项目质量目标分解后到各分部分项、工序要达到的定性与定量的评定指标。

③ 过程改进计划。过程改进的目的是推动变革、加快创新、提升效率，提升质量管理水平。具体到项目质量过程改进是为了减少质量问题的出现，减少返工，降低质量风险，提高顾客满意度的有效方法。过程改进需要通过辨识改进目标，制定改进流程和方法，实施改进行动，改进效果评价等过程来实现过程改进的目的。过程改进要与效益相结合，确保提升

质量管理，增强企业能力。在项目实践中，通过开展 QC 活动来实现过程改进的案例比较多。如某获奖 QC"提高钢管工程注浆一次施工优良率"就是过程改进的案例。

④ 工作绩效信息。即质量实施后的效果，包括技术性能指标、交验状态、需要的纠正或改进措施、质量评定等，是质量保证的重要依据。

⑤ 批准的变更请求。批准的变更请求有设计变更及施工方案的修改等各种变更。这些变更需要经过审核审批后方可实施。对审批后的变更要分析可能对质量实施产生的影响，分析其对产品要求、质量核对的影响。

⑥ 质量控制衡量。质量控制衡量是质量实施后的质量评估，评估项目实施的质量标准和过程，为后续质量改进提供依据和参考。

⑦ 实施的变更请求。项目管理过程中对变更的实施。

⑧ 实施的纠正措施。保证项目的实施结果符合项目计划的要求而付诸实施的批准的纠正措施。通过检查、监测、纠偏，确保质量满足要求。

⑨ 实施的缺陷补救。已经由项目管理团队在项目执行过程中实施的批准的缺陷补救。如返工、降低标准使用等。

⑩ 实施的预防措施。为了减少项目风险而采取的预防措施与手段。

2) 实施质量保证的工具与技术

① 质量规划工具与技术。质量保证规划是进行全面质量保证的规划和提前安排，是指导项目质量整体策划的基础，是质量保证计划、质量实施标准的系统性统筹与安排。通过质量规划的安排，形成项目质量保证体系，为项目的质量保证提供基本质量标准。

② 质量审计。质量审计是指对质量体系进行的独立审查，确保项目质量保证的实施满足程序文件和质量手册的要求。同时，对程序文件和质量手册等质量管理文件进行评审，使其得到有效的使用，使质量处于受控状态。一般企业通过培训，由企业内部具有质量审计资格的内审员进行质量审计，确保质量体系的运行，在体系认证年审时需要借助外部有资质的评审机构对体系的运行进行全面审计，确保质量体系的健康运行。

③ 过程分析。过程分析是指按照过程改进计划中所要求的步骤，从组织和技术的角度识别所需的改进。同时，也对质量管理过程中存在的问题、执行程序的偏差等进行检查。纠正和预防不正确的质量管理活动，限期整改，确保质量体系的有效运行。

④ 质量控制工具和技术。采用必要的质量控制工具和技术实施质量保证，以确保质量保证的有效性。

⑤ 其他相关工具与技术。质量检验：通过测试、检查、试验和送检等检验手段确定质量控制结果是否与要求相符。根据质量管理的要求，确保质量保证范围等按相应的要求进行检验。

3) 实施质量保证的成果

① 变更带来的质量提升。通过实施质量改进，提高项目实施的质量政策、过程和程序的效率和效力，会为所有项目利害相关者带来增值。

② 管理改进。管理改进是指在进行质量保证活动（如审计和分析过程）后立即采取的措施，使质量体系的组织运行效率增加。

③ 按修改更新后的质量保证措施施工。修改后的保证措施需在达到质量标准的管理过程中得到验证。项目计划发生变化后，项目质量计划也将根据更新后的质量保证措施进行更新管理。

19.11 质量控制

（1）工程质量控制的特点

项目的质量控制不同于一般产品的质量控制。受多方因素的影响，工程质量控制的特点主要有以下几个方面。

1）影响质量的因素多

工程建设项目一般规模大、周期长，涉及内容多。工程环境一般为露天作业多，工作连续性强，环境相对恶劣，受天气、社会条件等诸多因素的影响较大，有很多难以人为掌控的因素。随着工程进度的推进，根据施工内容的不同，工种、机具等都在不断变化，影响项目质量的因素也是动态变化的。项目的不同阶段、不同环节、不同过程和不同的分部分项工作内容，影响因素也不尽相同。这些因素有些是可知的，有些是不可预见的。有些因素对项目质量的影响程度较小，有些对项目质量的影响程度则较大，有些对项目质量的影响则可能是致命性的。

2）质量控制的阶段性

工程项目立项、可研、设计、施工、交验和运营等不同的阶段，工作内容、工作结果都不相同。同时，不同阶段很多工作交叉进行，阶段性的干扰不可避免，所以每阶段的质量控制内容和控制重点也不相同。

3）工程质量变异

质量变异主要是偶发因素和系统因素导致，主要由工程材料的离散性质决定和管理不到位导致。在施工过程中难以控制，一些成熟技术和材料实施的质量变异的可能性较小，但是对一些新材料、新设备、新员工等要素导致的质量变异要加以防范和识别。如防火材料的保管，受到雨水侵蚀后防火剂流失造成防火等级降低。

4）工程质量容易误判

在项目质量控制中，需要根据质量数据对项目实施的过程或结果进行判断。由于工程项目的复杂性、多样性，随机抽样的不确定性，容易造成质量误判。此时，需要严格按照相应的检验和验收方法判定质量的结果。同时，造成误判的环境因素也非常重要，随着新基建的推广，信息技术在工程设计中大量使用，电子信息、网络技术的设备也对环境要求非常严格。

5）项目的一次性

项目的一次性说明项目完成后质量就基本固定，很少再做一次。否则，要么返工，要么降低使用标准。由于工程存在大量的隐蔽工程，一旦漏检或者检查不到位，将造成质量控制难以保证。

6）项目质量受成本、工期的制约

构成工程项目的基本要素是成本、质量与工期，三者互为矛盾，却又统一一体，互相制约。因此，工程质量受到成本和工期的约束非常大，做好质量与工期、成本的相互协调，项目管理策划势在必行。

(2) 项目质量控制的步骤

就项目质量控制的过程而言，质量控制就是监控项目的实施状态，将实际状态与事先制定的质量标准作比较，分析存在的偏差及产生偏差的原因，并采取相应的对策。这是一个循环往复的过程。项目质量控制过程主要包括以下步骤：

1）选择控制对象。项目进展的不同时期、不同阶段，质量控制的对象和重点也不相同，这需要在项目实施过程中加以识别和选择。质量控制的对象可以是某个因素、某个环节、某项工作或工序、某阶段成果等一切与项目质量有关的要素。

2）为控制对象确定标准或目标。

3）制定实施计划，确定保证措施。

4）按计划执行。

5）跟踪观测、检查。

6）发现、分析偏差。

7）根据偏差采取对策。

(3) 质量因素的控制

影响项目质量的因素主要有五大方面：人、材料、设备、方法和环境。对这五方面因素的控制，是保证项目质量的关键。

人的控制更为重要的是提高人的质量意识，形成人人重视质量的项目环境。材料的控制主要通过严格检查验收，正确合理地使用。设备控制应根据项目的不同特点，合理选择、正确使用、管理和保养。方法控制主要通过合理选择、动态管理等环节加以实现。合理选择就是根据项目特点选择技术可行、经济合理、有利于保证项目质量、加快项目进度、降低项目费用的实施方法。动态管理就是在项目进行过程中正确应用，并随着条件的变化不断进行调整。环境控制应根据项目特点和具体条件，采取有效措施对影响质量的环境因素进行控制。

(4) 项目不同阶段的质量控制

项目的不同阶段对其质量的形成起着不同的作用，也有着不同的影响，所以其质量控制的重点也不相同。

1）项目概念阶段的质量控制

项目概念阶段包括项目的可行性研究和项目决策等。项目的可行性研究直接影响项目的决策质量和规划质量。在项目的可行性研究中，应根据规划条件进行投资方案与概念比较，提出对项目质量的总体要求，使项目的质量要求和标准符合项目投资者的意图。质量的要求应与投资项目的其他目标相协调，与项目环境相协调。

项目决策是影响项目质量的关键阶段，项目决策的结果应能充分反映项目所有者对质量的要求和意愿。在项目决策过程中，应充分考虑项目费用、时间、质量等目标之间的对立统一关系，确定项目应达到的质量目标和水平。

2）项目规划设计阶段的质量控制

项目规划设计阶段是影响项目质量的关键环节。在项目规划设计过程中，应针对项目特点，根据决策阶段已确定的质量目标和水平，使其具体化。质量规划是一种适合性质量，即通过规划设计，使项目质量适应项目使用的要求，以实现项目的使用价值和功能；使项目质量适应项目环境的要求，使项目在其生命周期内安全、可靠；使项目质量适应用户的要求，使用户满意。实现规划阶段质量控制的主要方法是方案优选、价值工程等。如在满足项目概念功能设计的基础上，从价值工程的角度来比选方案。如结构的选型，在满足功能的前提下，采用何种形式的结构更为合理，更利于质量控制也非常关键，应从结构整体的耐久性、工期、工艺的适应性、设计施工技术等功能权重比选，选择较为理想的概念方案。价值工程的优选方案，对概念阶段的质量控制非常关键。规划设计的不同阶段，设计质量的控制不尽相同。

① 方案设计阶段的质量控制

方案设计工作是在概念设计的成果上展开设计工作，是执行概念设计的具体体现，也是落实规划概念阶段的构想和思路。根据项目可研要求，方案设计能体现项目总体功能设计的需要，通过估算为投资者进一步投资提供投资回报依据。因此，此阶段的方案比选非常重要，一般通过方案招标奖励的方式获得。

② 初步设计阶段的质量控制

深化落实方案设计，首先，应对总体设计方案进行审核，使其与设计纲要及设计目标相符。其次，对实现方案的技术条件进行研究，对复杂问题、特殊工艺流程方面的试验和设备的技术定型等展开各项研究，根据研究成果形成专业设计方案，把好审核关。在对专业的设计方案进行审核比选时，不仅要从技术先进合理性方面审核，还要进行多方案的经济分析，要符合设计纲要的要求。最后，初步设计应总体落实方案中的各项技术指标、功能定位、材料与设备选型、业态落实、交通、环境、节能等，并形成初步设计概算。初步设计是设计阶段对各项经济指标决定性的重要阶段，也是设计对质量控制影响的重要阶段，应充分考虑质量与效益之间的关系。协调并积极鼓励设计人员采用新技术，充分发挥工程项目社会效益、经济效益和环境效益。

③ 施工图设计阶段的质量控制

严格控制建筑工程施工图设计文件的设计深度，加强施工图设计阶段质量控制的设计监理，重视质量控制的限额设计工作。项目建设管理人员应根据设计计划的要求，除督促设计单位按时完成全部设计文件外，还应准备或配合设计单位办理设计图纸和资料的提交工作，及时按照有关规定将施工图设计文件送审。

④ 设计变更和现场服务的质量控制

严格控制设计变更的质量，减少设计修改，使设计变更和工程洽商可以更加有针对性。避免使用淘汰材料或设备。统筹考虑设计变更需求，确定其必要性，考虑设计变更对总体工程建设周期和成本的影响，使设计变更对工程施工产生的不利影响降低到最小。做好设计技术交底、技术咨询答疑和现场施工图纸会审等，实施人员正确理解并贯彻设计意图和思路。对设计文件的难点、特点、疑点的理解要作为重点交底。进行全面细致的图纸审查，施工过程中对实际出现的技术难题、技术关键点进行设计指导。

3) 项目实施阶段的质量控制

项目实施是项目形成的重要阶段，是项目质量控制的重点（图19.5）。项目实施阶段所实现的质量是一种符合性质量，即实施阶段所形成的项目质量应符合设计要求。

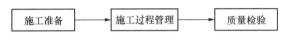

图 19.5　质量控制过程

不同分部分项工程、工作包，可以按其自身的实施流程进行管理，最终形成项目整体的质量管理。不同环节、不同工作内容、不同时间阶段，一般将项目实施阶段的质量控制分为事前、事中、事后三个部分。

事前，主要是实施的准备工作，实施前的材料设备检验、技术方案准备、实施人员的资格与要求。

事中，全面控制实施过程，重点控制工序或工作质量。其具体措施是：工序交接有检查（交接检）；质量预控有对策；项目实施有方案；质量保证措施有交底；动态控制有方法；配制材料有试验；隐蔽工程有验收；项目变更有手续；质量处理有复查；行使质控有否决；质量文件有档案。

事后，工作完成形成成品或半成品后进行质量检查、验收及评定。

4) 项目最终完成阶段的质量控制

分部分项工程的最终完成阶段的质量控制，应组织专项评定、专项验收，如幕墙工程的验收、结构工程的验收等，必要时参与各种质量奖项的评定。

项目最终完成后的质量控制，应进行全面的质量检查与评定，判断项目是否达到其质量目标。一般应组织竣工验收。

（5）工序质量控制

1）工序质量控制

工序质量包括两方面内容：一是工序活动条件的质量；二是工序活动效果的质量。控制工序活动条件的质量，使每道工序的人、机、料、法、环的质量符合要求；控制工序活动效果的质量，使每道工序所形成的产品（或结果）达到其质量要求或标准。工序质量控制就是对工序活动条件和活动效果进行质量控制，从而达到对整个项目的质量控制。

一般根据检查、抽样、测量、检验等行统计、分析，判断整个工序质量的稳定性。如果工序不稳定，则应采取对策和措施予以纠正，从而实现对工序质量的有效控制。

2）工序质量控制点

工序质量控制点是指在不同时期工序质量控制的重点。工程项目的质量控制点主要是对工序的合格的操作人员、投入的材料设备满足设计参数及原材检验的标准，施工的工机具满足操作工艺、施工的环境（包括温湿度）满足条件，施工的程序与顺序正确或按技术方案执行等。

（6）质量标准合格的控制

质量标准的控制是项目质量管理的重要组成部分，是保证和提高项目质量必不可少的手段，也是质量目标实现的标准。对质量标准的控制一般严格按照以下几个方面来判定：

一是与图纸及相关技术件核对，是否满足图纸设计的有关要求，是否达到设计要求的有关标准与要求。

二是与合同条件相对照检查，特别是合同条款中约定的材料档次、设备型号等与合同中要求的是否相符，因不同的工程，建设单位要求的技术特征会有所不同，一般在合同中的技术条件中会有明确的说明。

三是合格检查控制，要按照质量评定标准的要求进行评定，并以抽查、全检、合格证检查、抽样检查为辅助手段，来进行质量标准要求的评定。

四是对于创优工程的合格评定，还需要根据创优条件中的规定来满足验收的要求。